国家出版基金项目
NATIONAL PUBLICATION FOUNDATION

长江文化史

第四卷

长江专门史丛书

李学勤 徐吉军 主编

长江出版社
CHANGJIANG PRESS

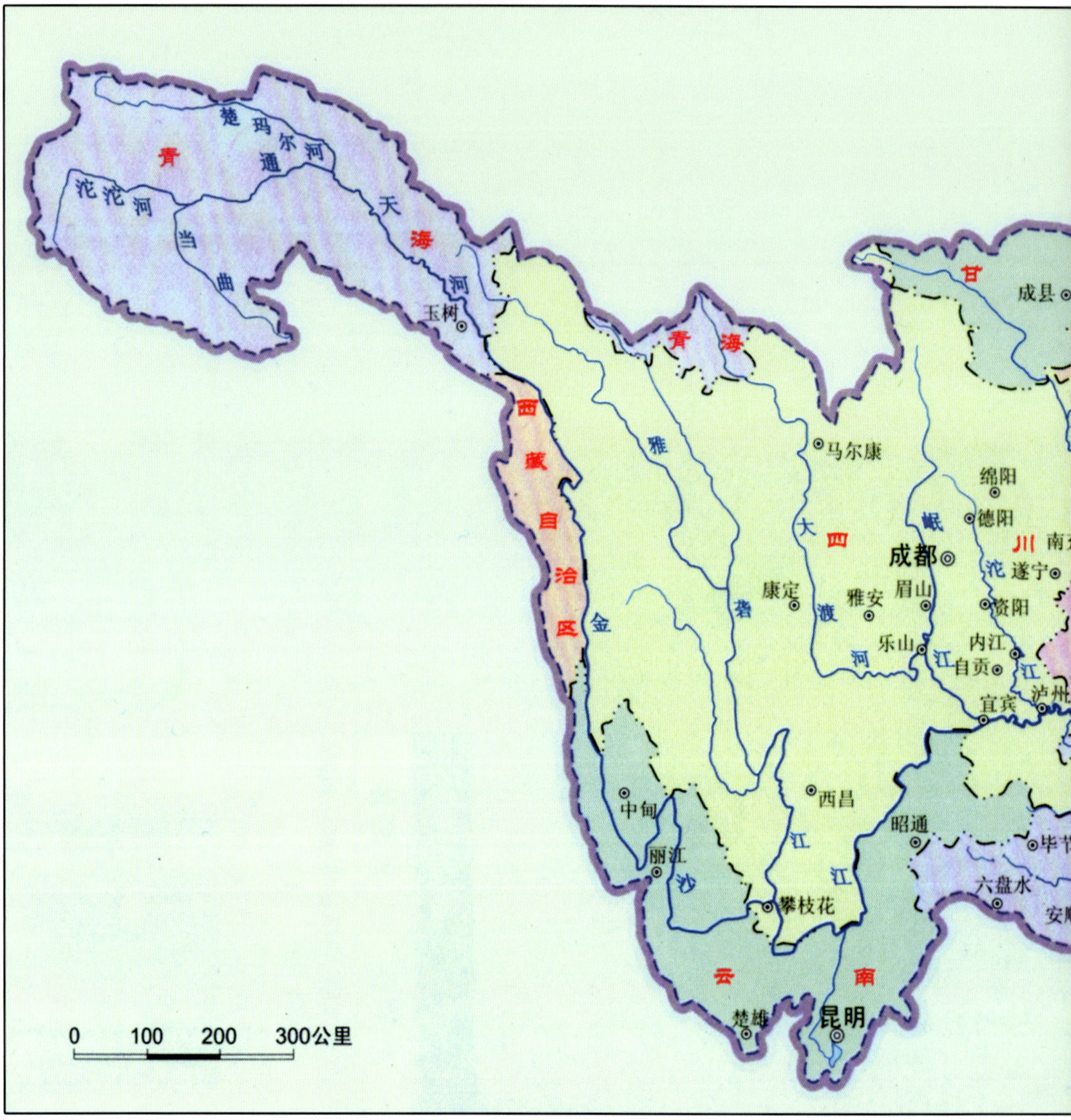
青海
楚玛尔河
沱沱河
通天河
当曲
玉树
西藏自治区
青海
甘
成县
马尔康
雅砻江
大渡河
四川
成都
绵阳
德阳
岷江
沱江
遂宁
资阳
康定
雅安
眉山
乐山
内江
自贡
宜宾
泸州
金沙江
中甸
西昌
昭通
丽江
攀枝花
毕节
六盘水
云南
楚雄
昆明
0 100 200 300公里

商洛
丹江
河南
南阳
西
水
安康
十堰
汉水
湖北
荆门
孝感
武汉
黄冈
宜昌
鄂州
黄石
荆州
长江
恩施
咸宁
九江
重庆
张家界
常德
岳阳
洞庭湖
湖南
吉首
沅江
益阳
长沙
娄底
湘潭
株洲
铜仁
怀化
湘江
邵阳
衡阳
贵州
凯里
永州
郴州
广西壮族自治区
合肥
滁州
巢湖
扬州
镇江
南京
马鞍山
芜湖
安徽
铜陵
宣州
安庆
贵池
常州
无锡
太湖
苏州
南通
江苏
大运河
上海市
上海
浙江
湖州
嘉兴
杭州
鄱阳湖
景德镇
江西
南昌
上饶
信江
鹰潭
抚川
宜春
新余
萍乡
吉安
赣江
赣州
福建

长江流域图

前 言

长江是世界第三、我国第一大河，发源于青藏高原的唐古拉山主峰各拉丹冬雪山西南侧，自西而东流经青海、四川、西藏、云南、重庆、湖北、湖南、江西、安徽、江苏、上海等11个省（自治区、直辖市）注入东海。支流展延至贵州、甘肃、陕西、河南、浙江、广西、广东、福建等8个省（自治区）。流域面积约180万km^2，约占我国国土面积的18.8%。

长江是中华民族的母亲河，是中华民族发展的重要支撑。长江以其庞大的河湖水系，独特完整的自然生态系统，强大的涵养水源、繁育生物、释氧固碳、净化环境功能，维护了我国重要的生物基因宝库和生态安全；以其丰富的水土、森林、矿产、水能和航运资源，保障了国家的供水安全、粮食安全和能源安全；通过流域的治理与开发，养育了4.59亿人口，孕育了灿烂的长江文明，在经济社会发展中发挥了重要作用。

（一）重要的生态屏障

长江流域山水林田湖草浑然一体，是我国重要的生物基因宝库。地跨热带、亚热带和暖温带，地貌类型复杂，生态系统类型多样，川西河谷森林生态系统、南方亚热带常绿阔叶林森林生态系统、长江中下游湿地生态系统等是具有全球重大意义的生物多样性优先保护区域，其中长江中下游湿地是百余种、百万余只国际迁徙水鸟的中途停歇地和重要越冬地，也是世界湿地和生物多样性保护的热点地区；森林覆盖率达41.3%，河湖、水库、湿地面积约占全国的20%，物种资源丰富，珍稀濒危植物占全国总数的39.7%，淡水鱼类占全国总数的33%，不仅有中华鲟、江豚、扬子鳄、大熊猫和金丝猴等珍稀动物，还有银杉、水杉、珙桐等珍稀植物，是我国珍稀濒危野生动植物集中分布区域。

长江流域分布有众多的国家级生态环境敏感区，是我国重要的生态安全屏障区。目前已建立有国家级自然保护区93个，面积2399.3万hm^2，分别占全国的30.7%、26.3%；国家级水产种质资源保护区253个，占全国的51.0%；国家级森林公园255个，占全国的28.9%；国家级地质公园54个，占全国的29.3%；同时拥有世界文化和自然遗产地15处、国家级风景名胜区75处。

（二）重要的资源支撑

长江流域是我国水资源配置的战略水源地。长江流域水资源相对丰富，多年平均水资源量9959亿m^3，约占全国的36%，居全国各大江河之首，单位国土面积水资源量为59.5万m^3/km^2，约为全国平均值的2倍。每年长江供水量超过2000亿m^3，支撑流域经济社会供水安全。通过南水北调、引汉济渭、引江济淮、滇中引水等工程建设，惠泽流域外广大地区，保障供水安全。2017年长江流域净调出水量达92.14亿m^3。

长江流域是实施能源战略的主要基地。长江流域是我国水能资源最为富集的地区，水力资源理论蕴藏量达30.05万MW，年电量2.67万亿kW·h，约占全国的40%；技术可开发装机容量28.1万MW，年发电量1.30万亿kW·h，分别占全国的47%和48%，是我国水电开发的主要基地。流域内风能、太阳能、生物能、地热能等十分丰富，是我国新能源发展的重点地区。

长江是联系我国东中西部的"黄金水道"。长江水系航运资源丰富，3600多条通航河流的总计通航里程超过7.1万km，占全国内河通航总里程的56%；通航能力大，2017年完成客运量1.84亿人次，占全国水路客运量的65.0%，完成货运量47.14亿t，占全国水路货运量的70.6%。

长江流域是我国重要的粮食生产基地。耕地面积为4.62亿亩，粮食产量1.63亿t，占全国粮食产量的32.5%。

长江流域矿产资源丰富。储量占全国比重50%以上的约有30种，其中钒、钛、汞、铷、铯、磷、芒硝、硅石等矿产储量占全国的80%以上，铜、钨、锑、铋、锰、铊等矿产储量占全国的50%以上，铁、铝、硫、金、银等矿产储量占全国的30%以上。

（三）重要的战略地位

长江流域横跨我国西南、华中和华东三大区，2017年流域总人口4.59

亿，占全国的33%，城镇化率达到49%。流域人口密度较高，约为全国平均人口密度的1.8倍。

长江流域形成了长江三角洲城市群、长江中游城市群、成渝城市群、江淮城市群、滇中城市群和黔中城市群，聚集地级以上城市50多个。2017年长江流域地区生产总值29.3万亿元，占全国的35.4%，是我国经济重心所在、活力所在，长江三角洲地区是我国经济最发达的区域之一。流域内已建立起比较完善的水运、铁路、公路、航空等综合交通运输体系，初步形成了综合立体交通走廊。

长江是长江经济带发展、长江三角洲一体化发展等国家战略的重要依托，是连接丝绸之路经济带和21世纪海上丝绸之路的纽带，集沿海、沿江、沿边、内陆开放于一体，具有东西双向开放的独特优势，在我国经济社会发展中具有重要地位。

鄱阳湖夕照

目　录

第四卷

第九章　明代长江文化的繁荣

明代长江流域在经济上、文化上均处于全国最领先的地位。

在经济上，长江文化最大的特色是商品经济较为发达。综合经济体制的发展，逐渐改变了传统的以种植粮食作物为主的自给性的经济体制，经济作物普遍种植，农业集约化程度提高，形成了农作物专业种植区，即有了农业经济区域的自然分工，如湖广地区的粮食作物区、江南地区的蚕桑棉植作物区等。农业经营方式也相应地发生了变化，以雇佣劳动为基础的经营地主制和富农经济得以发展，农业经济结构发生了整体性的变化。尤其是明中叶番薯、玉米等高产作物的传入，促进了农业经济作物更大面积的种植。农林副牧渔得到了协调发展，人们开始对生态平衡有所认识，这样就较合理、较充分地推进了农业经济中的商品经济的发展，当然，从总体上看，自然经济仍占主导地位。城乡手工业商品生产在农业商品经济和海外贸易、国内流通渠道扩大的基础上，不断向前发展。长江流域的丝织业、棉织业、瓷器业、矿冶业等在全国都处于举足轻重的地位。商业在农业、手工业发展的基础上，取得了较充分的流通机会。商业资本逐渐呈现出与生产相结合的“产业型”趋势。总之，明代长江流域经济处于较为蓬勃的发展阶段，商品经济比重渐趋扩大，导致了封建经济结构的演变。

由于国内商品市场不大，投资环境尚不健全，一些积累了财富的工商业者，找不到商品生产扩大再生产的场所，于是只能走回头路，或投资土地，或投资地方慈善事业，或开办学塾书院，或搜集图书扩建藏书楼，或延师培育士子学人。大部分工商业者，致富之后只知追求个人的享受，建造宅舍别墅园林，或营坟造墓。更有甚者，则追求声色犬马，吃喝嫖赌，产生了负面的社会效应，导致社会风气趋向奢靡。

在商品经济的推动下，城市化进程开始加快，其主要标志是大中城市继续发挥经济职能，而中小市镇大量勃兴，成为联结城乡经济的枢纽，推动着商品经济持续发展。

随着城市经济的发展，大量的人口向市镇聚集，新兴的工商业者在市镇中充当新兴市民的角色，成为市镇的主人。这些市镇的经济职能较为明显，封建政权对它的控制力远不如大中城市。特别是明中叶以来，最高统治者大都昏庸无能，统治中枢矛盾重重，派别斗争尖锐，相对地放松了对远离统治中心的长江流域的控制，于是，这些新兴的城镇中的工商业者就萌生了平等意识和市民意识。

在这种客观环境中，明代长江流域的文化就自然地打上了时代性和区域性的烙印，逐渐摆脱传统文化的束缚，朝着功利主义、民主主义、人文主义方向发展。长江流域文化最大的特色是开放性，它打破了传统的封闭型文化结构。尤其当明末西洋传教士带来西方的自然科学和科技后，许多知识分子开始认真学习西方先进的科技文化知识，这使得明代长江流域文化呈现出注重事实、注重应用的特征。

新兴的市民阶层从商品经济发展中意识到金钱的潜势力，讲究实际，注重功利，不尚空谈，在学界形成一股思潮，有的学者称之为实学，长江流域则是实学兴起的策源地。在政治思想领域中则有了具有启蒙思想性质的民主主义和“工商皆本”以及人文主义思想的出现。在文学艺术中则出现了以描写市民生活为主要内容，供给市民欣赏的市民文学，如“三言”“二拍”和茶馆文学（如说唱、曲艺等）。在经济思想中则有了“奢易生”说，还出现了以供给经商和旅游者（包括科举考试）的需要的日用类书——商书的大量编纂翻刻。

由于受到封建自然经济的限制，商品经济发育不足，找不到广阔的投资前景，无法扩大再生产，一些文化水准较低的富商巨贾，转而贪图享乐，败坏了社会风气，淫荡、嫖赌之风渐盛，这是文化中的畸形部分，是消极、颓废的，应予以批判与否定。

第一节　明代长江流域的经济发展

一、明初恢复经济的措施

至正二十八年（1368 年）正月初四日，朱元璋在应天（今江苏南京）登基建立明王朝。永乐十九年（1421 年）明政府迁都北京。明代历 12 代 16 帝，共 276 年（1368—1644），至李自成农民起义军攻占北京，明王朝灭亡。

洪武初年，因多年战争，经济凋敝，民生艰难，遍处“耕桑变为草莽”①。长江流域，“人多流亡，地尽荒秽”。面对这样的严重局面，朱元璋推行了“安养生息”的政策②。

（一）奖励农耕，实施屯田

面对人口流徙、土地荒芜的惨象，洪武元年（1368 年）朱元璋令各州县允许百姓垦荒，

① 〔清〕嵇璜：《钦定续文献通考》卷二《田赋考》，《景印文渊阁四库全书》，台北“商务印书馆”2008 年版，第 626 册，第 44 页。

② 〔清〕谷应泰：《明史纪事本末》卷一四《开国规模》，中华书局 1977 年版，第 1 册，第 195 页。

谁开垦，土地就归谁，并免税三年作为奖励。

明太祖朱元璋像

垦荒分民屯、军屯、商屯三种。民屯劳力来自三个方面：一是迁狭乡农户至宽乡开垦；二是募流民或无地农民垦荒；三是谪发罪犯屯田垦荒。

军屯即军队于驻地垦荒，且战且耕，兵农结合。大将沐英在云南先行军屯，朱元璋认为此法善，“屯田之政，可以绵民力，足兵食，边方之计，莫善于此”①。“令天下卫所督兵屯种。庶几兵农兼务，国用以舒”②。军屯“东自辽左，北抵宣大，西至甘肃，南尽滇蜀，极于交趾，中原则大河南北，在在兴屯矣”。军屯实施成功，使粮食储备丰富，供给充足。洪武时上缴屯粮 500 余万石，永乐时 2300 余万石。朱元璋曾自豪地说：“养兵百万，不费民间一粒米。”③史评曰：“军而不困民，莫善于屯田。”④

商屯即“开中法”，因边防驻军粮饷不足，如果都赖军屯或由外地运粮食很是困难，也不合算。采用召商输粮之法，凡输一石粮米供给盐一引(100 千克)。盐引可以贩卖，后来商人出钱募民在边地开垦种粮，以所种粮食换盐引。商屯也取得成效，“畚锸盛于戈矛，墩埤密于亭障，军民错居，守望相助”⑤。

屯田储粮卓有成效，至洪武二十六年垦田数为洪武元年的 4 倍，粮食比元代增加 2 倍。《明史》称：“洪永熙宣之际，百姓充实，府藏衍溢。盖是时，劭农务垦辟，土无莱芜，人敦本业；又开屯田、中盐以给边军，军饷不仰藉于县官，故上下交足，军民胥裕。”⑥

(二)兴修水利

鉴于水利多年失修，明初开始大力兴修浚导水利。至洪武二十八年，全国共修浚河道 4162 处，陂渠堤岸 5048 处。京杭大运河是明代重要的南北交通线，尤其是漕运由此“一衣带之水”输送京师，“国家定都北方，东南漕运岁百余万艘，使船往来无虚日，民船贾

① 〔清〕傅维鳞：《明书》卷六七《土田志》，《四库全书存目丛书》，齐鲁书社 1996 年版，史部第 38 册，第 677 页。

② 《明太祖实录》卷一九五，洪武二十一年丁丑条。

③ 〔清〕傅维鳞：《明书》卷六七《土田志》，《四库全书存目丛书》，齐鲁书社 1996 年版，史部第 38 册，第 678 页。

④ 〔明末清初〕孙承泽：《春明梦余录》卷三六《屯田》，北京出版社 2018 年版，第 600 页。

⑤ 〔明〕叶向高：《屯政考》，见陈子龙辑：《明经世文编》卷四六一，中华书局 1962 年版，第 6 册，第 5060 页。

⑥ 〔清〕张廷玉等撰：《明史》卷七八《食货志二》，中华书局 1974 年版，第 7 册，第 1895 页。

舶，多不可籍数，率此焉道”①。因此，明政府视京杭大运河如命脉，十分重视管理，“成祖迁都，讲求河政日益精详”②，制定了工程管理详尽的规章制度。第一，积泄有法。明政府推行保漕为先的水利政策，规定“舟楫、硙碾者不得与灌田争利，灌田者不得与转漕者争利”③，沿线“湖泉之水，导引蓄泄，皆以济漕为运道所关”④，要求确保漕运期间京杭大运河水源充盈，漕船不滞。水源则由国家统一管理，就是“积泄有法”，即，根据漕运的需要决定水源或积或泄，严禁任何泉源湖塘盗引盗决，如成化九年（1473 年）规定：“凡故决山东南旺湖、沛县昭阳湖堤岸，及阻绝山东泰山等处泉源者，为首之人，并遣充军，军人犯者，徙于边卫。”⑤此后，蜀山湖、安山湖、扬州高宝湖及“苏、松、常、镇、杭、嘉、湖七府，苏州、镇江等卫所地方，系官湖塘场泊”，陆续做了同样规定。⑥ 其次，闸坝管理。京杭大河沿线有各种闸坝 222 座。其中，闸 175 座，坝 46 座，堰 1 座。⑦ 岁修规定“岁加修葺，勿令圮坏”⑧。“建闸节水，必择坚地开基”钉桩，“缝上用龙骨木，地平板铺底用灰麻艌过方砌底石，仍于迎水用立石一行、拦门桩二行，跌水用立石二行、拦门桩八行。如地平板铺完，工过半矣。自金门起两面垒砌完，方铺海漫雁翅。金门长二丈七尺，两边转角至雁翅各长五丈，共用石三千一百丈，闸底海漫、拦水跌水共用石九百丈，二项共用石四千丈”，加上各种物料及工匠工食银 3000 两有奇；滚水石坝，“必择要害卑洼去处”，“俱用立石拦门，桩数层”，“须扎鹰架，用悬硪钉下”，“石缝须用糯汁和灰砌缝，使水不入，如石坝一座”，“坝身连雁翅共长三十丈，坝身根阔一丈五尺，收顶一丈二尺，高一尺五寸，迎水阔五尺，跌水石阔二丈四尺，四雁翅各斜长二丈五尺，高九尺，用粗细石计长一千三百九十余丈”，加上各种物料及工匠工食银 1900 多两；车船坝的筑法：“先筑基坚实，埋大木于下，以草土覆之，时灌水其上，令软滑不伤船。坝东西用将军柱各四，柱上横施天盘木各二，下施石窝各二，中置转轴木各二根，每根为窍二，贯以绞关木，系蔑缆于船，缚于轴，执绞关木环轴而推之”⑨。闸坝启闭制度要求严格地遵守。如成化九年（1473 年）令：“若豪强

① 〔明〕陈子龙等编：《明经世文编》卷五四《重修吕梁洪记》，中华书局 1962 年影印明崇祯中云间平露堂刊本《皇明经世编》。

② 〔清〕顾炎武：《天下郡国利病书》卷二八《江南一六・苏州备录下》，《顾炎武全集》第 12 册，上海古籍出版社 2011 年版，第　页。

③ 〔清〕张廷玉等：《明史》卷七二《职官一》，中华书局 1974 年版，第 6 册，第 1761 页。

④ 《大明会典》卷一九七《运道二》，《万有文库》本。

⑤ 黄彰健：《明代律例汇编》卷三〇《工律二・河防》，“中央研究院历史语言研究所”1983 年版。

⑥ 黄彰健：《明代律例汇编》卷三〇《工律二・河防》，“中央研究院历史语言研究所”1983 年版。

⑦ 《大明会典》卷一九七《运道二》，《万有文库》本。

⑧ 〔明〕潘季驯：《河防一览》卷一三《条陈善后事宜疏》，文澜阁《四库全书》本。

⑨ 〔明〕潘季驯：《河防一览》卷四《修守事宜》，文澜阁《四库全书》本。

逼勒擅开，走泄水利，及闸开不依帮次争开者，听闸官将应问之人拿送管闸并巡河官处究问。”①万历七年(1579年)，因潘季驯题准清江浦通济、福兴、清江三闸启闭之法，遂降诏“有势豪人等阻挠的，即便拿了，问罪完日，于该地方枷号三个月发落，干碍职官，参奏处治”，并将诏书立碑各闸之上。② 此后，这一规定为各闸引用，从而成为统一的闸坝禁令。堤防维护也是经常性的，“因河安则修堤以固本，因河危则塞决以治标，因冬春则沿堤以修，因夏秋则据堤以守”，并有“四防二守”规定，所谓“四防”，即，昼防、夜防、风防、雨防；所谓“二守”，即官守、民守。③

明政府在对京杭大运河水源、闸坝、河道等管理做出整体布局的同时，对江南运河也做了相应规定，如：永乐九年(1411年)规定江南运河深不能超过7尺，目的是充分利用水源，防止河水多泄；成化十二年(1476年)规定江南运河必须两年疏浚一次，在岁修、大挑时，堤防应与河道同时修治，并于河口“置水车，卷江漕，灌注河内，通利舟楫”④，又置京口、丹徒、吕城、奔牛四闸，节制水利，“冬闭春启，蓄水以待运船”⑤。

(三)重视劳动力的使用

元代的“驱丁”“驱户”，至明初均被释放，令曰：“诸遭乱为人奴隶者复为民。”严禁使用奴隶，“庶民之家，存养奴婢者杖一百，即放从良。”四川一次被释者达23000余户，占四川民户的四分之一。对度牒为僧尼也严加规定，“民年二十以上者，不许落发为僧。年二十以下者来请度牒，俱令于在京诸寺试事三年，考其廉洁无过者，始度为僧”。此外，还禁止40岁以下的女子出家为尼。

(四)清查土地、户口

经过20余年的清查登记造册，明初查清了全国的土地户口，绘制土地总册“鱼鳞册”，编制了户口总册“黄册”。规定五年一均徭，十年一“大造”。从此以“鱼鳞册为经，土田之讼质焉；黄册为纬，赋役之法定焉”⑥。史称“清土田及税赋，法甚善”⑦。

除了“黄册”用以登记户口外，还设计了“户帖”。以“户帖”来管理户口和人口流动，并以“户帖”来征收赋役。这是过去历史上所没有的，值得重视。

明初结束了战争以后，社会渐趋安定，政府必须要整理户籍，建立户口管理制度，掌

① 〔明〕杨宏：《漕运通志》卷八《漕例略》，浙江范懋柱家天一阁藏本。

② 〔明〕潘季驯：《河防一览》卷八《查复旧规疏》，文澜阁《四库全书》本。

③ 〔明〕陈子龙等编：《明经世文编》卷一〇一《工政七・河防六》，中华书局1962年影印明崇祯中云间平露堂刊本《皇明经世编》。〔明〕万恭：《治水筌蹄》，水利电力出版社1985年版，第72页。

④ 《明英宗实录》卷二二，正统元年九月甲午条。

⑤ 《明神宗实录》卷三三，万历二年闰十二月己丑条。

⑥ 〔清〕张廷玉等撰：《明史》卷七七《食货一》，中华书局1974年版，第7册，第1882页。

⑦ 《明书》卷六七《土田志》，《四库全书存目丛书》，齐鲁书社1996年版，史部第38册，第674页。

握户口来确定赋役税收，这是建国初年的大事。朱元璋在洪武三年（1370年）十一月即下诏，据《明太祖洪武实录》卷五八记："核民数给以户帖，先是上谕中书省臣曰：民，国之本。古老组带民岁终献民数于王，王拜受而藏诸天府，是民数有国之重事也。今天下已定，而民数禾（未）核实，其命户部籍天下户口，每户给以户帖，于是户部制户籍户帖，各书其户之乡贯丁口名，岁合籍与帖以字号编为勘合，识以部印，籍藏于部，帖经以民，仍令有司岁计其户口之登耗类为籍册以进，著为令。"《明史·食货志》亦载："太祖籍天下户口，置户帖，户籍，具书名、岁、居地。籍上户部，帖给之民。有司岁计其登耗以闻。及郊祀，中书省以户籍陈坛下，荐之天，祭毕而藏之。"由此可见，明初已制定统一户帖户籍，由户部统一印制，每岁都要编制户口之增减数。册籍年年郊祀，祭毕归户部保管，而户帖发给每一民户自行保管。采用勘合形式，一分为二，勘合无误才可作为凭证。

户帖制先在江南推行，是宁国知府陈灌首创的。《明史》卷二八一《循吏传》云："行户帖，以便稽民，帝取为式，颁行天下。"此为洪武三年（1370年）事，也就是说洪武三年朱元璋下诏推行的户帖是建立在陈灌于宁国试制成功的基础上的。

户帖到底是什么样子，史籍记载未存样张。明嘉、隆、万时人李诩曾见过户帖，详细介绍述其式样："周围梅花阑，大不满二尺，号数处用户部印，合同半钤，年月日下空处全印，后有一大部字，印下花押。直连者三，又横并者三，无官司吏职衔姓名。背后沿边，县刊一小牵长腔宕印于其上，首行：江阴县提调官，下分注知县钱文德，县丞傅学。第二行：司吏麋宗文。第三行：典史朱贯道。每人皆有花押。末行洪武三年十一月日。县印向前，不在年月处。"有关户帖内容，李诩介绍曰："一户某，府、州、县、乡、都、保，附籍户计家口，男子，成丁不成丁，妇女口大小，事产基田瓦草屋。右户帖会某收执，准此。洪武三年（1370年）十一月日。"[①]李诩又说："此帖人罕得见矣，余从一处觅来，录之以备典故。"从洪武三年印制户帖，到李诩时约过250余年，已很难见到样张，李诩是个有心人，才"录之以备典故"，但他所录仅是一张空白的户帖。

胡琢《濮镇纪闻》卷一记户帖，此当为存世唯一的户帖实物，特录下以供研究明代户籍户帖者参考：

洪武户帖

今里人张松家有先世户帖一纸，如式录后：

户部洪武三年十一月二十六日，钦奉圣旨：说与户部官知道，如今天下太平了也，止（只）是户口不明白俚（哩）。教中书省置天下户口的勘合文簿户帖，你每（们）户部官出榜，去教那有司官将他所管的应有百姓，都教入官附名字写著，

① 李诩：《戒庵老人漫笔》卷一《半印勘合户帖》。

他家人口多少，写得真，着与那百姓一个户帖，上用半印勘合，都取勘来了。我这里大军如今不出征了，都教去各州县里下着这地里去点户比勘合，比着的，便是好百姓，比不着的，便拏来做军。钦此，(除)钦遵外，今给半印勘合户帖，付本户收执者。

一户张得肆，系嘉兴府崇德县梧桐乡二十九都贻字图，本户计今四口：

男子二口，成丁一口，本身三十四岁。

不成丁一口，男，阿狗，年一岁。

妇女二口，妻宋大娘，年二十六岁。

女阿胜，年四岁。

事产：民田三亩五分一厘，房屋一间一厦。令印。

右帖付张得肆收执，准此。

洪武　年　月　日

半印

半字二百三十六号

押押押押

这份户帖是张松保存下来的，到清乾隆五十二年(1787 年)胡琢《濮镇纪闻》将它辑录在内，已经历了 417 年。可惜此户帖没有记录官吏姓名，只有四个押字。①

《濮镇纪闻》4 卷，国内仅北京图书馆藏有抄本。濮镇即今桐乡县濮院镇，古为槜李墟，古名梅泾、幽湖，宋建炎前是御儿的一个草市，建炎二年(1128 年)著作郎濮凤从山东曲阜来此定居，至六世孙濮斗南以援立宋理宗有功授吏部侍郎，赐居第，额曰“濮院”，兹为镇名之始。经宋、元、明、清，成为江南有名五大镇之一。

张得肆户帖与李诩所录略有不同，见下表：

崇德张得肆户帖江阴×××户帖备考你每(们)户部官出榜你每(们)户部家出榜

以官为确止(只)是户口不明白俚都教去各州县里下着这地里去点户比勘合止(只)是户口不明白都教去各州县里下着绕地去点户比勘合以喱为确有司官吏隐藏了的百姓每户躲避了的有司官吏隐瞒了的百姓每自将躲避了的以瞒为确依律要了罪通拏来做军依律要了非这拏来做军以通为确钦此，钦遵外钦此，除钦遵外应加“除”为确。

① 经查对盛枫《嘉禾征献录》卷三二《卞大同传》附录明初户帖及明许元溥《吴乘窃笔》中《洪武安民帖》，与崇祯《嘉兴县志》卷九的《林荣一户帖》内容、文字均相同。

张得肆为浙江嘉兴府崇德县梧桐乡二十九都贻字图人。宣德后，崇德县划建桐乡县。张得肆为张松的先祖。

户帖由三部分组成。首先是洪武帝的圣旨，朱元璋用半文半白的口语写的，对地方官吏和住户申明户帖的意义和建立户帖的重要性，要他们老老实实地填写，如实申报。第二即中间部分，为户帖的主体，写明籍贯（所在府州县乡都保图地址）、户主、户口数、男子丁口、妇女口数、与户主关系、事产（基田、瓦屋或草屋）。第三即最后部分，为令印、编号、官吏签押。

户帖是明代户口登记的凭证，通过建立户帖户籍以掌握天下户口数，消除元末战乱带来的户口混乱局面，政府可以根据户籍管理户口和确定赋役征收额，这是明初建国的首要任务。但初创的户帖制仍有不完备的地方，如未载明户口丁和田地的等则。到了洪武十四年（1381 年），开始编造赋役黄册。黄册的编成，标志着更完备的户籍管理制度的建立。

洪武三年（1370 年）命户部籍天下户口，每户给以户帖，重民事。于是户部制户籍，各书其户之乡贯丁口名岁，合籍与帖以字号编为勘合，识以部印，籍藏于部，帖给于民。仍令有司点户比对，其法甚严，故版籍无一隐漏者。至洪武十四年，全国官民田达 3667000 余顷，洪武二十六年全国垦田 8507000 余顷，有户 16052860，人口 60545812。据《明史·食货志》："是时，宇内富庶，赋入盈羡，米粟自输京师数百万石外，府县仓廪蓄积甚丰，至红腐不可食。"

从明初至宣德，整个社会比较安定，几代皇帝也较为励精图治，社会经济得到发展。

二、明中叶以来长江流域商品经济的发展

（一）张居正改革对稳定社会、发展经济的作用和意义

张居正像

正统、景泰、成化、正德、嘉靖间虽有社会动乱，但影响不大，至成化、弘治间社会较为稳定，经济有所恢复与发展。嘉靖一朝倭寇骚扰不断，对东南沿海经济破坏较大，实行海禁使海外贸易大受影响，《明史·食货志》："世宗以后，耗财之道广，府库匮竭。神宗乃加赋重征……海内困敝，而储积益以空乏。"隆庆、万历年间，实施了一系列的改革，如赋役制的一条鞭法实施，在一定程度上推进了社会经济的发展，初步扭转了财政的匮乏局面。"自正德、嘉靖朝虚耗之后，至万历十年间，最称富庶"，多得益

于张居正、张学颜辈的理财才能，“太仓之粟可支十年，冏寺积金至四百余万……一时治绩炳然”①。长江流域，尤其是长江中下游的湖广、江南二大经济区均获得很大的发展。时人诸葛升称：“江南寸土无闲，一羊一牧，一豕一圈。喂牛马之家，鬻刍豆而饲焉。……江南园地最贵。民间莳葱薤于盆盎之中，植竹木于宅舍之侧，在郊桑麻，在水菱藕，而利薮共争，谁能余隙地?”②张瀚说：“自昔吴俗习奢华、乐奇异，人情皆观赴焉。……工于器者，终日雕镂，器不盈握，而岁月积劳，取利倍蓰。工于织者，终岁纂组，币不盈寸，而锱铢之缣，胜于寻丈。是盈握之器，足以当终岁之耕；累寸之华，足以当终岁之织也。”③

隆庆、万历后再开海禁，民间海上贸易发展，国内的商品通过民间私人贸易渠道向海外输出，也间接推动了国内商品经济的发展。当时，全国较大的工商业城市共有 33 个，其中，南方 24 个，占全国总数的 72.7%，江苏、浙江 11 个，又占南方总数的 45.8%，杭州与苏州为江南地区两大商业中心之一。

(二)运河等的修浚及水利事业的兴修对长江流域经济发展的影响

北起北京、南迄杭州的京杭大运河，是沟通全国南北交通的大动脉，在元代全线贯通。“东南漕运岁百余万艘，使船往来无虚日，民船贾舶，多不可籍数，率此焉道”④。

但京杭大运河由于黄河干扰、水位落差、水源供给等因素，河窄水浅，不堪重载。明成祖朱棣建都北京后，仍大抵承袭太祖时代的“河海兼运”，“命平江伯陈瑄及前军都督佥事宣信俱充总兵官，各帅舟师海运粮饷。瑄往辽东，信往北京”⑤；又采纳户部尚书郁新利用卫河水陆转运的方式，具体路线是：“淮安用船可载三百石以上者的漕船运入淮河、沙河，至陈州颍岐口跌坡下，复以船可载二百石以上漕船运至跌坡上，别以大船载入黄河，至八柳树等处，令河南军夫运赴卫河，转输北京”⑥。而海上风急浪大，动辄船覆人亡，且运河运输也不甚便利。为了确保

明成祖朱棣像

① 〔清〕张廷玉等撰：《明史》卷二二二《张学颜传》，中华书局 1974 年版，第 19 册，第 5856 页；〔清〕谷应泰：《明史纪事本末》卷六一《江陵柄政》，中华书局 1977 年版，第 3 册，第 958 页。

② 〔明〕徐光启：《农政全书》卷八《农事・开垦上》引诸葛升《垦田十议》，石声汉校注，上海古籍出版社 1979 年版，第 184 页。

③ 〔明〕张瀚：《松窗梦语》卷四《百工纪》，中华书局 1985 年版，第 79 页。

④ 〔明〕陈子龙等编：《明经世文编》卷五四《重修吕梁洪记》，中华书局 1962 年影印明崇祯中云间平露堂刊本《皇明经世编》。

⑤ 《明太宗实录》卷一八，永乐元年三月戊子条。

⑥ 《明太宗实录》卷二一，永乐元年七月丙申条。

朝廷粮食供给，朱棣竭力维持并不断改造京杭运河，他命尚书宋礼役夫30万疏通会通河。宋礼采用汶上老人白英“南旺导汶”之策，于宁阳之北筑堽城坝，于坎河之西筑戴村坝，以遏汶水，分流南北济运；又自汶上袁家口开新河于旧河东，北至寿张沙湾连接旧河；置闸38座，东岸设水柜，西岸设斗门，河城运道畅通，“自浚会通河，帝命都督贾义、尚书宋礼以舟师运。礼以海船大者千石，工窳辄败，乃造浅船五百艘，运淮、扬、徐、兖粮百万，以当海运之数”①。永乐十三年(1415年)，平江伯陈瑄开凿清江浦，筑新闸，修湖堤，于淮安、临清等建水次仓转输漕粮。粮船在淮安不必过坝，漕运更加便利，“自是漕运直达通州，而海陆运俱废”。至永乐十五年(1417年)，漕运增至509万石，超过了元代海运和漕运的总量，内河航运达到前所未有的高峰，每年航行在运河上的粮船达到10000艘以上，从而进入了中国运河航运史上的繁盛时期。隆庆三年，海瑞上疏要浚吴淞江，此项工程完成，使江南地区水利得以改善。朱国祯说：“堤之利，莫利于下乡之田……久之皆成沃壤，今吴江人往往如此法，力耕以致富厚，余目所经见二十里内，有起白手致万金者两家。”②

宋应星《天工开物》中的“漕舫图”

总体来说，明代运河通航应该是十分顺畅的。据不完全统计，在永乐九年(1411年)至崇祯十七年(1644年)的234年中，出现故障的年份计132年，故障率为0.57。③ 当时运河上非常盛行夜航船。《拍案惊奇》卷一二载余杭游人蒋霆随同两位同乡客商“过了钱塘江，搭了西兴夜船，一夜到了绍兴府城”。虽系小说家之言，但这确实反映了京杭大运

① 〔清〕张廷玉等：《明史》卷七九《食货三》，中华书局1974年版，第7册，第1916页。

② 〔明〕朱国祯：《涌幢小品》卷六《堤利》，上海古籍出版社2012年版，上册，第114—115页。

③ 蔡宏恩：《明代京杭运河通航效率研究基于通航状况的成本分析》，清华大学硕士论文，2014年，第28页。

河和浙东运河通航的概况。夜航船并非漕船或一般的货船、客船，而是以载客为主的夜间行驶的航船。船上设施较好，除了茶水酒招待之外，有时还配备娱乐设施，有说书、弹词、演唱等专职人员在船上服务。乘夜航船也不是一般客人，多是有身份的士商，人员较为复杂。明代文人张岱写有一部名叫《夜航船》的书，此书内容非常丰富，分天文、地理、人物、考古、政事等 20 部，可以说是一部琳琅满目的小型百科全书。张岱在该书的序文中说："天下学问，惟夜航船中最难对付。盖村夫俗子，其学问皆预先备办。"①他取书名为《夜航船》当是自谦为雕虫小技，实则从另一个角度反映了夜航船中乘客的旨趣、学养、风习等。

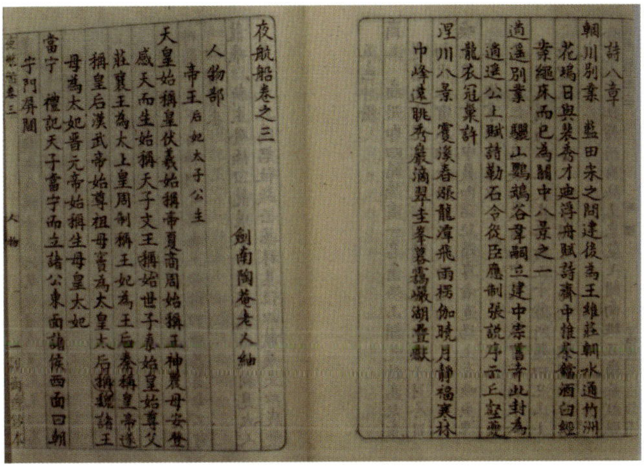

张岱《夜航船》书影

(三)高产粮食作物的引进对经济发展的影响

明嘉靖、万历年间，原产于中南美洲墨西哥和哥伦比亚的番薯通过海陆二线传入中国。

番薯通过陆路从印缅传入中国云南，再传到广东；万历二十一年福建侨商从吕宋经千辛万苦将其引种到福建，经过试种逐渐推广到全国。崇祯年间，周亮工详细地记载了当时番薯从吕宋传入漳州以及在福建沿海推广的情形："番薯，万历中，闽人得之外国……初种于漳郡，渐及泉州，渐及莆(莆田)，近则长乐、福清皆种之。……中国人截取其蔓，挟小盒中以来，于是入闽十余年矣。……其初入闽时，借闽饥，得是而人足一岁。"②大约在嘉靖年间，玉米亦经海陆二线从墨西哥和秘鲁传进中国的云南和浙、闽、粤等地，继在广西、南直隶等地推广。万历元年，浙江杭州人田艺蘅记述："御麦……花开于顶，实

① 〔明〕张岱：《夜航船》序，浙江古籍出版社 1987 年版，第 1 页。
② 〔明〕周亮工：《闽小纪》，《说铃丛书》本，第 43—44 页。

结于节，真异谷也。吾乡传得此种，多有种之者。”①

番薯、玉米等高产粮食自从明中叶作物从海外引进中国和扩种成功后，对经济发展起了不可估量的作用，它的影响与意义也是很深远的。它丰富了中国粮食的品种结构，缓解了日益增长的人口对土地和粮食的压力，对推进山区的开发，以及间接推动经济作物的种植与商品经济的发展都是很有意义的。②

1. 番薯是高产、耐旱、耐风、耐虫的粮食作物，在救荒赈灾上起过巨大作用

徐光启说：“甘薯所在，居人便足半年之粮。民间渐次广种，米价谅可不至腾踊矣。”又说：“闽广人赖以救饥，其利甚大。”③谢肇淛曰：“饥馑之岁，民多赖以全活。”④苏琰曾在万历年间作《朱薯疏》，略云：“甲申乙酉间（万历十二三年），漳、潮之交，有岛曰南澳，温陵（泉州）洋泊道之，携其种归晋江五都，乡曰灵水，种之园斋……甲午乙未间（万历二十二至二十三年），温陵饥，他谷皆贵，惟薯独稔，乡民活于薯者十之七八。”⑤谈迁也说：“朱薯产吕宋国，被野连山，不待种植，夷竟食之。万历中，闽人移蔓以归。种之，数日即荣。瘠卤沙岗皆可植。粪之，加大。泉人资以充饥。”⑥有了番薯的收成，米价在一定程度上得到了抑制。

2. 番薯播种普遍，缓解了人口增长后对粮食需求的压力

有限的土地资源与迅速增长的人口数量是一对矛盾，如何充分利用土地，种植高产粮食作物，缓解人口增长后对粮食的需求压力，是平衡社会机制、推进经济发展的先决条件。

3. 番薯等高产粮食作物的种植，促进了经济作物的种植与商品经济的发展

明清时期福建本是缺粮区，经济作物与稻争田的现象十分严重，如《泉南杂志》卷上载泉州“有改稻田种蔗者，故稻米益乏，皆仰给于浙直海贩”。粮食可从浙江等地贩入一部分，另外种植了番薯、玉米等也可作为口粮，如此才能维持原有经济作物（茶、烟、蔗、兰、果品等）的种植面积。

---

① 〔明〕田艺蘅：《留青日札》卷二六《御麦》，上海古籍出版社1985年版，第851页。

② 何炳棣：《美洲作物的引进、传播及其对中国粮食生产的影响》，转引自《历史论丛》第五辑，齐鲁书社1986年版；陈树平《玉米和番薯在中国传播情况研究》，《中国社会科学》1980年第3期；陈学文：《论番薯的引进中国及其意义》，见台湾《思与言》第30卷第1期，1992年3月版。

③ 〔明〕徐光启：《农政全书》卷二七《树艺·蓏部》，石声汉校注，上海古籍出版社1979年版，第694、689页。

④ 〔明〕谢肇淛：《五杂俎》卷一一《物部三》。

⑤ 〔清〕龚显曾：《亦园脞牍》卷六引。

⑥ 〔明〕谈迁：《枣林杂俎·荣植·甘薯》。

4. 促进了人口的流动(移民与山区的开发)

番薯种植于闽、浙、赣、皖山区后,大片的荒山被开垦为种植番薯、玉米、兰草、靛青的场地,于是人口稠密区的农民携亲带眷移居到偏僻的山区从事于垦荒。这些新来的移民开始搭棚居住,被称之为棚民或棚户。他们有的租山开垦,还雇用其他劳动者来共同开垦种植高产的粮食作物,如番薯、玉米、茜草、烟草等,自己则成了租地的农业经营家,给较偏僻为落后的山区,带来了具有近代意义的雇佣关系的新生产方式。移民流向人口稀疏的地区,促进了人口的合理布局,同时又推动了山区的经济开发,这是有积极意义的。如浙江湖州府"流人之来益众,则棚益广,西至宁国,北至江宁,南且由徽州,绵延至江西、福建……皆棚民占居"①。

关于携带薯种方法记载不一。何乔远《金薯颂并序》说:"截取其蔓咫许,挟小蓝中以归。"②而嘉庆《同安县志》卷一四《物产》载:"密截其蔓,置小盖中归而种之。"较为可靠的说法是侨商通过将薯藤苗绞入汲水绳中带回的。王象晋《甘薯疏》说:"取薯绞入汲水绳中,遂得渡海。"根据陈经纶与金学曾的记载,此说是可成立的,《金薯传习录》中上录禀帖就有:"所献薯藤是否可种。"

在番薯引进中,陈振龙、陈经纶父子及陈世元等陈氏世家与福建巡抚金学曾功劳永世不泯。陈振龙不是那种只关心自己经商得利的侨商,他深知福建"负山阻海,土狭人稠",粮食不敷食用,并深切了解灾荒给人民带来的苦难。所以,他在吕宋时就处处留心番薯种植、施肥、收藏等方面的技术和知识,冒着风险携种归国。陈经纶也是一个热心人,得种后马上向巡抚上帖请求推广播种。巡抚金学曾是一名好为人民办事的父母官,他不草率从事,先经试种,"俟各属造报,再有效验,别行具题"。在获得实际效验后,才批准"如禀准饬各属依法栽培"。他还亲自撰写了《海外新传七则》,以官方文书形式介绍种植番薯的好处与方法。万历二十二年(1594 年)正好碰到"岁荒……以当谷食,荒不为灾"。后来福建百姓特地建祠纪念他,陈文旻《明都御史金学曾报功祠记》曰:"万历旱魃为虐,野草无青……(番薯)所收视稻有加,即逢旱亦可收其半。数百年来民资以不困者,公之功也。"叶向高《金薯歌并引》称颂他:"闽僻处南服,土瘠民稠,火耨水耕,仅资糊口,若逢旱潦,凶歉相仍,乃今三十年来滨海相沿而不闻灾眚,金公大造之功。"

陈振龙子孙世代为番薯的传播而长途跋涉,不遗余力,立下了不朽的功劳。五世孙陈世元还汇编了《金薯传习录》这部有关番薯的知识与历史专著,成为我国重要的农学遗产。

① 〔明〕沈垚:《落帆楼杂著》,《续修四库全书》,上海古籍出版社 2002 年版,第 1525 册。

② 〔明〕何乔远:《闽书》卷一五〇《南产》。

番薯引种到我国后，农学家徐光启首先注意到它的价值与意义，他于万历三十六年(1608年)曾先后三次取种在松江地区试种。至崇祯间(1628—1644)，毗邻福建的浙江温州府泰顺县已种有番薯，据崇祯六年(1633年)修的《泰顺县志》卷二《土产》记载："薯：红白二种。"

需要说明的是，在论述番薯意义的时候，也应充分注意到玉米引进推广的意义。所以上述对番薯引进意义的分析，同样适用于说明玉米的价值。

（四）农业中经济作物的普遍种植与渔业捕捞

长江流域水土资源丰富，气候条件良好，与域外的水陆交通便利，这都有利于经济作物的种植和推广。

1. 棉植业

棉花传入中国后，自元代开始在江南一带大量种植。至明，"其种(棉)乃遍布于天下，地无南北皆宜之，人无贫富皆赖之。其利视丝枲百倍焉"①。

在江苏的太仓州，吴伟业《木棉吟及序》云："隆万中，闽商麇至镇洋，采购木棉，州赖以饶……眼见当初万历间，陈花富户积如山。福州青袜乌言贾，腰下千金过百滩。"王在晋也说："迩年郊原四望，遍地皆棉。"②"州地宜稻者亦十之六七，皆弃稻袭花。"③上海、嘉定，"通邑栽之，以资纺织"④。王锡爵说："其民托命于木棉"⑤。"本县地形高亢，土脉沙瘠，种稻之田约止十分之一，其余止堪种花豆"⑥。常熟，"凡高乡皆种棉，花工纺织为布贸之以资生业"，"有白紫二种……西北乡人岁计赖焉"⑦。崇明，"我崇田地高下新旧不一，如高者宜麦宜花(棉)豆，下者宜稻"⑧。苏州昆山，"田土高仰，物产瘠薄，不宜五谷，多种

① 〔明〕邱浚：《大学衍义补》卷二二《贡赋之常》，《景印文渊阁四库全书》，第712册，第307页。

② 〔清〕顾炎武：《天下郡国利病书》卷二八《江南一六·苏州备录下》，《顾炎武全集》第12册，上海古籍出版社2011年版，第546页。

③ 〔明〕崇祯《太仓州志》卷一五，清康熙十七年补刻本。

④ 〔明〕万历《嘉定县志》卷六《物产》，《四库全书存目丛书》，史部第208册，第771页。

⑤ 〔明〕王锡爵：《永折漕银碑记》，见〔明〕万历《嘉定县志》卷一九《文苑》，《四库全书存目丛书》，史部第209册，第161页。

⑥ 〔明〕万历《嘉定县志》卷七《田赋考下》，《四库全书存目丛书》，史部第208册，第778页。

⑦ 〔明〕弘治《常熟县志》卷一《土产》，《四库全书存目丛书》，齐鲁书社1996年版，史部第185册，第34页；〔明〕嘉靖《常熟县志》卷四《物产志》，《北京图书馆古籍珍本丛刊》，书目文献出版社1998年版，第27册，第1063页。

⑧ 〔明〕万历《崇明县志》卷一《风俗》，《上海府县旧志丛书》之《崇明县卷》(上)，上海古籍出版社2011年版，第80页。归有光：《论三区赋役水利书》，见《崑新两县志》卷三六《艺文二》，《中国地方志集成》之《江苏府县志辑》，第15册，江苏古籍出版社1992年版，第574页。

木棉。土人专事纺织”①。

在浙江余姚，“产海蠕，以为絮，或纺之作布，民尤大利之”，“民以种棉为业”②。徐光启说：“浙花出余姚，中纺织，棉稍重，二十而得七。”③温州，据元陈高的诗，在元代已有种棉，“炎方有橦树，衣被代蚕桑。……结实成秋蜜，皎结如雪霜。及时以收敛，采采动盈筐。缉治入机杼，裁剪衣如裳。御寒类挟纩，老稚免凄凉。”④

安徽庐州无为州：“木棉，山乡种艺颇多，民贫不能自谋，率贩之外商。”⑤

其他四川、云南、湖广、江西诸省史料不详。不过，湖北蕲水“多植棉花”，“机杼之声，户相闻焉”⑥。

值得注意的是在太湖流域，特别是松江一带，种稻与植棉的比例基本上对等。有些沙土比例大的县份，如嘉定一带已达 3∶7，棉花占七分。吴伟业说：“上海、嘉定、太仓境俱三分宜稻，七分宜木棉……有花田花租之名。”⑦嘉定竟达 90%种棉，知县朱廷益说：“种稻之田约止十分一，其余止堪种花豆。”⑧故棉花在国民收入和生活来源上占重要地位，“国之赋额庸调，民之服食器用，与夫养生送死交际之费，胥此焉出。此其用至广利至博者”⑨。实施棉花大面积的种植，必须有商品粮的输入，如做不到这点就不可能发展棉植业，还要有畅达的商品流通渠道和交通运输业的发展。从这一侧面也反映出江南棉植业的发展已具备了商品交换的性质。

2. 蚕桑业

蚕桑业以长江下游的太湖流域为主，如：

杭州，城东北“田畴万顷，一望无际。春时桑林麦陇，高下竞秀”。余杭县，“男务稼

---

① 〔明〕归有光：《论三区赋役水利书》，见《崑新两县志》卷三六《艺文二》，《中国地方志集成》之《江苏府县志辑》，第 15 册，江苏古籍出版社 1992 年版，第 574 页。

② 〔清〕光绪《余姚县志》卷六《物产》引嘉靖志，《中国方志丛书》（华中地方）第 500 号，成文出版社 1983 年版，第 121 页；杨式傅：《果报闻见录》，不分卷，《四库全书存目丛书》，子部第 250 册，齐鲁书社 1995 年版，第 354 页。

③ 〔明〕徐光启：《农政全书》卷三五《蚕桑广类》，石声汉校注，上海古籍出版社 1979 年版，第 961 页。

④ 〔元〕陈高：《陈高集》卷三《种棉花》，浙江古籍出版社 2014 年版，第 53 页。陈高：《不系舟渔诗集》卷六《种橦花》，《景印文渊阁四库全书》，台北“商务印书馆”2008 年版，第 1216 册，第 154 页。

⑤ 〔清〕乾隆《无为州志》卷七《物产》，清乾隆八年刻本。

⑥ 〔清〕陈梦雷等辑：《古今图书集成 · 方舆汇编 · 职方典》卷一一七八《黄州府部》，中华书局、巴蜀书社 1986 年版，第 18377 页。

⑦ 〔明〕吴伟业：《梅村家藏稿》卷一〇《木棉吟》，《续修四库全书》，第 1396 册，第 117 页。

⑧ 〔明〕万历《嘉定县志》卷七《田赋考下》，《四库全书存目丛书》，史部第 208 册，第 778 页。

⑨ 〔明〕万历《嘉定县志》卷三《物产》，《上海府县旧志丛书》之《嘉定县卷》（一），上海古籍出版社 2012 年版，第 74 页。

穑，女勤织纴，尤善御蚕”。新城县，“桑麻弥望，任力勤作，无旷土”①。

嘉兴，宋时“语溪无间，塘上下地必植桑，富者等侯封，培壅茂美，不必以亩计；贫者数弓之宅，地少隙必栽，沃若连属，蚕月无不育之”。崇德县，弘治间“桑林稼陇，四望无隙”，“地饶桑田，蚕纱成市”②。秀水县，“土著耕桑，十室而九”。嘉兴县，“柔桑千树缘云屯”。海盐县，“桑柘遍野，无人不习蚕矣”，“比户养蚕为急务”③。

湖州府桑蚕为江南之冠，桑“属县俱有，城东有桑墟，其处尤多”。谢肇淛说：“湖民力本射利，计无不悉，尺寸之堤，必树之桑……富者田连阡陌，桑麻万顷。而别墅山庄求竹木之胜无有也。”“桑叶宜蚕，县民以此为恒业，傍水之地，无一旷土，一望郁然”④。

江苏，苏州太湖洞庭山一带盛产桑叶，各地多至此添购，成为著名的桑市。“以蚕桑为务，地多植桑，凡女未笄，即习育蚕，三四月谓之蚕月”⑤。小说《醒世恒言》卷一八曰：“（盛泽）合镇缺了桑叶，施复家也只勾两日之用……忽见邻家传说，洞庭山余下桑叶甚多，合了十来家过湖去买。”

安徽，建平县“一意蚕织”。广德州，“丝，《明一统志》云，州县俱出”⑥。

四川，“民重蚕事，成都古蚕丛之国，其民重蚕事，故国中二月望日鬻花木蚕种，号曰蚕市”⑦。

在蚕桑业中已出现了专门经营桑秧蚕种者。杭州北新关有“桑秧市”，出售桑秧有

---

① 〔明〕高濂著、陈立勋校注：《遵生八笺校注》，人民卫生出版社 1993 年版，第 97 页；万历《杭州府志》卷一九《风俗》，《中国方志丛书》（华中地方）第 524 号，成文出版社 1983 年版，第 1392 页；万历《新城县志》卷一《风土志》，清抄本。

② 〔明〕弘治《嘉兴府志》卷二五《崇德县》，《四库全书存目丛书》，齐鲁书社 1996 年版，史部第 179 册，第 345 页；〔明〕王穉登：《客越志》，见《丛书集成续编》，上海书店 1994 年版，史部第 65 册，第 164 页。

③ 〔明〕万历《秀水县志》卷一《方域》，《中国地方志集成》之《浙江府县志辑》，上海书店 1993 年版，第 31 册，第 545 页；〔明〕正德《嘉兴志补》卷九《题咏》，《四库全书存目丛书》，齐鲁书社 1996 年版，史部第 185 册，第 299 页；〔明〕天启《海盐县图经》卷四，《四库全书存目丛书》，齐鲁书社 1996 年版，史部第 208 册，第 397 页。

④ 〔明〕弘治《湖州府志》卷八《土产》，《四库全书存目丛书》，齐鲁书社 1996 年版，史部第 179 册，第 507 页；〔清〕同治《湖州府志》卷二九《舆地略・风俗》引谢肇淛：《西吴枝乘》，《中国方志丛书》（华中地方）第 54 号，成文出版社 1970 年版，第 567 页；〔清〕乾隆《湖州府志》卷四〇引王道隆《菰城文献》，清乾隆四年刻本。

⑤ 〔明〕王鏊：《震泽编》卷三《风俗》，《四库全书存目丛书》，齐鲁书社 1996 年版，史部第 228 册，第 689 页。

⑥ 〔明〕嘉靖《建平县志》卷一《风俗》，《天一阁藏明代方志选刊》，台北新文丰出版公司 1985 年版，第 8 册，第 841 页；〔清〕光绪《广德州志》卷二二《物产》，《中国地方志集成》之《安徽府县志辑》，江苏古籍出版社 1998 年版，第 42 册，第 334 页。

⑦ 〔明〕嘉靖《四川总志》卷三《郡县志》，《北京图书馆古籍珍本丛刊》，书目文献出版社 1998 年版，第 42 册，第 58 页。

"地桑出于南浔,有条桑出于杭之临平"①。蚕种对出茧率和丝质关系至大,蚕桑户是很注意选择蚕种的。据高铨说:"丹杵种出南浔太湖诸处;白皮种、泥种出千金、新市诸处。余杭亦出白皮及石小罐种。有以卖种为业者,其利浮于卖丝……每幅纸小者值钱千文,大者千四、五百文。"②这表明随着蚕桑业的发展,分工也愈细密,也愈讲究技术的提高。

在太湖流域蚕桑区,桑蚕的收益也大大高于稻谷,并已成为国民经济收入的主体。如湖州府"蚕桑乃湖民衣食之本"。乌程县,"俗谓春宝,一年生计,诚重之也"③。张履祥《补农书》对稻桑的经济收益做了比较:"田极熟,米每亩三石,春花一石有半,然间有之;大约共三石为常耳。地得叶盛者,一亩可养蚕十数筐,少有四、五筐,最下二、三筐……米贱丝贵时,则蚕一筐即可当一亩之息矣……米甚贵,丝甚贱,尚足与田相准。"④一般情况下,每亩桑田的经济收益是良田或中等稻田的 3.36～6.25 倍。二者之间经济收益的差距,往往使农户弃稻种桑。

3. 染料、烟、茶、油料作物、药材、果树

为了适应棉麻丝织业的发展,染料作物利用空地普遍种植起来,如在浙江绍兴,"蓝草可染青,山阴人种之为业"。处州府宣平县,福建人来此搭棚种靛,"靛苎诸利,利归闽人"⑤。

江苏兴化,"货物则蓝靛蒲包"。苏州"土人无不栽……岁常三四收,出郡城者为杜蓝"。如皋县,"惟靛青用最广,江南多取资焉。近颇有采蓝收其利者"⑥。

江西赣州,"城南人种蓝作靛,西北大贾岁一至,泛舟而下,州人颇食其利"。"四方商民种蓝其间"。泰和县,"明弘治时,土人种蓝少,至成化末年,有自福汀贩买蓝子至者,于

① 〔明〕黄省曾:《蚕经》,引自《禽鱼虫兽编》,上海古籍出版社 1993 年版,第 170 页。

② 〔明〕高铨:《吴兴蚕书》,引自光绪《归安县志》卷一一《蚕桑》,《中国地方志集成》之《浙江府县志辑》,上海书店 1993 年版,第 27 册,第 420—421 页。

③ 邬桥沈氏:《奇荒纪事》,引自《双林镇志》卷三二《艺文》附"条议",上海商务印书馆民国六年铅印本,第 47—50 页;崇祯《乌程县志》卷四《物产》,《日本藏中国罕见地方志丛刊》,书目文献出版社 1991 年版,第 10 册,第 300 页。

④ 〔清〕张履祥:《杨园先生全集·文集》卷五〇《补农书》,中华书局 2014 年版。

⑤ 〔清〕乾隆《绍兴府志》卷一七《物产志》引弘治志,《中国地方志集成》之《浙江府县志辑》,上海书店 1993 年版,第 39 册,第 461 页;〔清〕乾隆《宣平县志》卷九《风俗志》,引崇祯时任知县的王在镐语,《中国方志丛书》(华中地方)第 181 号,成文出版社 1975 年版,第 507 页。

⑥ 〔明〕万历《兴化县新志》卷二《地理之纪》,《南京大学图书馆藏稀见方志丛刊》,国家图书馆出版社 2014 年版,第 21 册,第 350 页;〔明〕正德《姑苏志》卷一四《土产》,《天一阁藏明代方志选刊续编》,上海书店 1990 年版,第 11 册,第 946 页;〔清〕嘉庆《如皋县志》卷六,引万历四十六年县教谕吕克孝语,《中国方志丛书》(华中地方)第 9 号,第 537 页。

是洲居之民，皆得而种之，不数年，蓝靛之出与汀州无异，商贩亦皆集焉”①。

四川新都县，杨佥宪“有所红花庄子，满地种着红花，广衍有一千余亩，每年卖到红花有八九百两利息”②。湖南湘潭，“明末蓝靛骤盛，官资以养驿马”③。

烟草原产于吕宋，名淡巴菰、相思草，万历间传入中国，“今则遍于东南”。上海，“崇祯之季，邑城有彭姓者，不知其从何所得种，种之于本地”④。由于吸烟者众，种烟能获大利，遍地种植。张介宾说：“我明万历时出于闽广之间，自后吴楚地土皆种植之。”⑤陆耀《烟谱》：“浙江塘西（栖）镇、山东之济宁州，衡烟以衡州名，川烟以四川名。”嘉兴府，崇祯间“遍处栽种”⑥。尤以江西、福建种植尤多，颇夺南亩之膏，影响到当地百姓口粮供应，明政府多次下令严禁种植。谈迁说：“天启二年……借径广西，姑移其种……今艺及江南北。崇祯十六年，敕禁私贩至论死，而不能革也。”⑦因为其利厚，屡禁不能，“一亩之收可以敌田十亩”⑧。经济收益的杠杆推动着烟草夺南亩之膏而广为种植。

植茶也为长江流域一大农产品。全国名茶多产在此区域内，除四川巴县和陕西一带有大量的茶园之外，其他如南直隶的常州、庐州、池州、徽州诸府，浙江的湖州、严州、衢州、绍兴诸府，江西的南昌、饶州、南康、九江、吉安诸府，湖广的荆州、长沙、宝庆诸府，四川的重庆、嘉定、夔州、泸州诸府，无不是相当著名的产茶之处。据谈迁说：“自贡茶外，产茶之地，各处不一，颇多名品，如吴县之虎丘、钱唐之龙井最著。”⑨顾起元说：“吴门之虎丘、天池岕之庙后、明月峡，宜兴之青叶、雀舌、蜂翅，越之龙井、顾渚、日铸，天台、六安之先春，松萝之上方、秋露白……”洞庭山的碧螺春遐迩闻名，“茶出吴县西山，谷雨前采焙，

---

① 〔明〕天启《赣州府志》卷三《物产》；张廷玉等撰：《明史》卷二一〇《张翀传》，中华书局1974年版，第18册，第5566页；〔清〕同治《泰和县志》卷二，《中国地方志集成》之《江西府县志辑》，江苏古籍出版社1996年版，第64册，第61页。

② 〔明〕凌濛初：《二刻拍案惊奇》卷四《青楼市探人踪，红花场假鬼闹》，人民文学出版社1996年版，第81页。

③ 〔清〕光绪《湘潭县志》卷一一《货殖篇》，《中国方志丛书》（华中地方）第1115号，成文出版社1970年版，第1732页。

④ 〔清〕郭起元：《论闽省务本节用疏》，〔清〕贺长龄辑、魏源等编：《皇朝经世文编补》卷三六《户政十一·农政上》，中华书局1992年版，第893页；叶梦珠：《阅世编》卷七《种植》，中华书局2007年版，第189页。

⑤ 〔清〕赵学敏：《本草纲目拾遗》卷二《火部》，商务印书馆1955年版，第28页。

⑥ 〔清〕王逋：《蚓庵琐语》，不分卷，《四库全书存目丛书》，齐鲁书社1995年版，子部第249册，第547页。

⑦ 〔明〕谈迁：《枣林杂俎》中集《金丝烟》，中华书局2006年版，第478—479页。

⑧ 〔清〕杨士聪：《玉堂荟记》卷四，《续修四库全书》，上海古籍出版社2002年版，第1175册，第211页。

⑨ 〔明〕谈迁：《枣林杂俎》中集《茶》，中华书局2006年版，第477页。

极细者贩于市，争先腾价，以雨前为贵也。昔洞庭出茶，尝入贡水月院茶”①。《明史》所载浙江、安徽、江西诸府县均有茶产，四川有成都、重庆、嘉定、夔州、泸州，湖南有长沙、宝庆，湖北有武昌、荆州，而名茶则多在江、浙、皖三省。四川茶多贩销至藏族居住地，故需求量较大。据何宇度《益部谈资》所记：“茶为蜀中郡邑常产……成都之灌县，夔门之开县，初春所采，不减江南。”②安徽霍山，“江南地暖，故独宜茶，大江以北，则称六安。然六安乃其郡名，其实产霍山县之大蜀山也。茶生最多，名品亦振”③。

药材在民间多有种植。江西樟树镇、江苏苏州的虎丘、浙江杭州的笕桥，都是著名的药材产销地。虎丘盛产灵芝、枸杞、何首乌、石龙芮等50余味药材。杭州笕桥早在宋代已是药材产地，“蛇床子生(出)笕桥”④。嘉靖县志、万历府志记该地产有药材20余种。樟树镇位于鄱阳湖之南，是长江中游药材会集地。

油料作物品种很多，有芸苔、豆类、麻等，皆可榨油，可食用或点燃。但明代已有利用田畔路旁屋边种乌桕，也有辟田地种植，徐光启说：“乌桕树，收子取油，甚为民利。他果实总佳，论济人实用，无胜此者。江浙人种者极多……彼中一亩之宫，但有树数株者，生平足用，不复市膏油也。临安郡中，每田十数亩，田畔必种桕数株，其田主岁收桕子，便可完粮。……凡高山大道，溪边宅畔，无不种之，亦有全用熟田种者。”⑤

果树，橘在长江流域诸省皆产，尤以苏州所产最著，“苏之洞庭山，人以种橘为业”。“民……以橘柚为常产”。“洞庭之间桑麻橘柚之饶，家称连骑，户拟素封。”⑥吴江也不弱于洞庭，“三十年来吴江盛植之，结实不减洞庭”⑦。浙江，“近衢州航埠沿溪三十里，夹岸树橘。”“衢州橘林傍河十数里不绝”⑧。湖北“江陵千树橘，当封君家”⑨。

---

① 〔明〕顾起元：《客座赘语》卷九《茶品》，中华书局1987年版，第305页；〔明〕正德《姑苏志》卷一四《土产》，《天一阁藏明代方志选刊续编》，上海书店1990年版，第11册，第968—969页。

② 〔明〕何宇度：《益部谈资》，见《巴蜀旅游史资料选编》，电子科技大学出版社2006年版，第210页。

③ 〔明〕许次纾：《茶疏》，见《中国茶文献集成》，文物出版社2016年版，第3册，第493页。

④ 〔宋〕《咸淳临安志》卷五八《物产》，《中国方志丛书》(华中地方)第49号，成文出版社1970年版，第4415页。

⑤ 〔明〕徐光启：《农政全书》卷三八《种植》，石声汉校注，上海古籍出版社1979年版，第1065—1066页。

⑥ 〔明〕陆容：《菽园杂记》卷一三，中华书局1985年版，第156页；《大明一统志》卷八《苏州府》，巴蜀书社2018年版，第1册，第386页；万历《长洲县志》卷一《风俗》，《中国史学丛书三编》，台湾学生书局1987年版，第49号，第60页。

⑦ 〔明〕弘治《吴江志》卷六《土产》，《中国史学丛书三编》，台湾学生书局1987年版，第44册，第242页。

⑧ 〔明〕卢之颐：《本草乘雅半偈》卷三《橘》，《景印文渊阁四库全书》，台北“商务印书馆”2008年版，第779册，第177页；〔明〕王士性：《广志绎》卷四《江南诸省》，中华书局1981年版，第75页。

⑨ 〔明〕张自烈：《正字通》卷五，清康熙二十四年清畏堂刻本。

其他果树也多植之，苏州“其他樱桃、枇杷、杨梅、卢橘、梅、杏、桃李、葡萄、椒栗，累累如缀”①。镇江产樱桃，“三邑皆有之，丹徒最盛，城南夹漕河而树者亘十里，熏炙饷远闻于天下”②。杭州塘栖盛产枇杷、橘等。张岱记山阴“橘百树，岁获绢百匹，不愧木奴”③。江西弋阳产梨，“弋阳、德兴产梨颇大，有至一斤九两者，土人谓之斤九梨”④。

上述这些经济作物的大量种植，绝大多数是为了适应市场的需求，以获取更多的经济收益，故常有改稻田为桑地、棉田、烟田、橘园等现象，这就意味着商业性农业的增长会导致农业经济体制的演化，“农业中资本主义的增长首先表现在自然农业向商业性农业的过渡上”⑤。

4. 渔业

长江等水系皆可用来养鱼，苏州有以养鱼捕鱼为生者。“吴俗善渔……太湖渔人，以三等网行湖中，最下为铁脚。鱼之善沉者遇之。中为大丝网，上为浮网，以载鱼无遗……渔人以鱼入市，必击鼓卖之。其卖者，以鱼斗数鱼。以二斤半为一斗”⑥。常熟，“邑多水泽，民以网罟为业”⑦。它若江苏嘉定县“北乡人多畜之，鬻以为利”⑧。嘉湖沿太湖一带有一大批专业渔民世代以渔为业，不居陆地，相传在明初被洪武帝惩为堕民而不准上岸，世代居于湖上。

也有专业育鱼秧者以供给各地养鱼之需。苏州，“细如针缕，池圃间以时下此三年可食矣，东乡畜以贩鬻”。“今之俗惟购鱼秧，其秧也，渔人泛大江，乘潮而布网取之者，初也如针锋然，乃饲之以鸡鸭之卵黄，或大麦之麸屑，或炒大豆之末，稍大则鬻鱼池养之家”⑨。江西一带也有专育鱼秧者，江浙一带常有人驾轻舟昼夜不停赶去购买鱼苗养殖。湖州就有鱼秧船专门贩销鱼苗，“鱼苗出九江，曰鱼秧，春间以舟由苏常出长江往贩，谓之鱼秧

① 〔明〕王鹏：《太湖赋》，见《吴都文粹续集》卷二二，《景印文渊阁四库全书》，台北“商务印书馆”2008年版，第1385册，第575页。

② 〔明〕万历《镇江府志》卷三〇《物产志》，明万历刻本，天津图书馆藏。

③ 〔明〕张岱：《陶庵梦忆》卷五《樊江陈氏橘》，上海古籍出版社2001年版，第82页。

④ 〔清〕褚人获辑撰：《坚瓠集》壬集卷二《斤九梨》，上海古籍出版社2012年版，第679页。

⑤ 列宁：《列宁全集》，人民出版社1959年版，第22卷，第64页。

⑥ 〔明〕正德《姑苏志》卷一三《风俗》，《天一阁藏明代方志选刊续编》，上海书店1990年版，第11册，第906—908页。

⑦ 〔明〕弘治《常熟县志》卷一《风俗》，《四库全书存目丛书》，齐鲁书社1996年版，史部第185册，第12页。

⑧ 〔明〕万历《嘉定县志》卷六《物产》，《四库全书存目丛书》，史部第208册，第775页。

⑨ 〔明〕黄省曾：《养鱼记》，引自谢国桢：《明代社会经济史料选编》（上），福建人民出版社1980年版，第99页。

船，其行极速”①。

明崔子忠《渔乐图》

需要指出的是，明代的海洋捕鱼业已经有了很大的进步与发展，其最明显的体现就是渔民的活动范围日益扩大，已经到达深海。明代福建近海有人从事捕鱼业，而且渔场扩大到了西沙甚至南沙一带。② 据现有的研究成果可知，明代广东的海上渔场有涠洲岛、琼州、香港、东沃等 36 处，而福建则有深沪澳、崇武澳、北桑列岛等九处。福建霞浦的官井渔场是东海水域最有名的渔场之一。

在明代，渔民在海上捕鱼时，已完全按鱼群发旺时机和海域特点进行捕捞。如明人屠本畯在《闽中海错疏》中说：“四明海上，以四月小满为头水，五月端午为二水，六月初为三水，其时生者，名洋生鱼。”在各季所出之鱼中，其中以“头水”为最佳，而“二水”也胜过“三水”。此外，八月所出之鱼，称“桂花石首”，而腊月所出则名“雪亮”。

捕鱼之俗，最值得一记的是浙江沿海渔船每年捕捞黄花鱼。据史载，每年海上有一大鱼汛，大概是在每年五月石首鱼汛发生之时。每当此时，浙江宁波、温州、台州人相率用大船到海上捕捞。其鱼汛发于苏州之洋山海面上，因为鱼要产卵，所以浮于海面上。每年分为“三水”，也就是三次捕捞期。每水又分出日期，而在每一鱼汛期间，鱼就会如山排列而至，轰隆有声。渔师就用篙筒下水听鱼发出的声音，如果鱼声向上，就下网，声音向下，则不下网。可见，渔师是海上捕鱼业中非常关键的人物，可以“司鱼命”。渔船上还有舵师，夜看星斗，白天看罗盘，平视风涛，俯察礁岛，以避冲就泊。可见，舵师在渔船上属于“司人命”的角色，关系到一船之人的生死。船上还有长年，替船主造船。每条船上，一般募工 20 多人。在渔船上，只有渔师、舵师、长年可以同船主一同坐食，其余之人全都

① 〔清〕同治《湖州府志》卷三三《物产下》，《中国地方志集成》之《江西府县志辑》，上海书店 1993 年版，第 24 册，第 629 页。

② 闵宗殿：《明清时期的海洋渔业》，《古今农业》，2000 年第 3 期。

听命于船主，有犯则加以笞打，即使至死，也完全由自己处理，不烦有司，这被称为“五十日草头天子”。意思是说在捕鱼期内，船主可以在海上行使皇帝一样的权力。渔船上面的床榻全是用绳悬挂，船上必须准备充足的淡水与盐。等到鱼汛至，就联舟下网，有时一网得鱼太多，怕沉船，就将渔网割破，放鱼归海，也有一网得鱼很少者。每期一般下三天网，然后回浙江宁波的小港口，在这一港口卖鱼。每当此时，港口上舟舻相接，长达十里。如果运气好，一船可以得利二三百两银子，否则就只好贷子母息回家。卖毕以后，再去下二水网，三水网也同。如果是渔船获利，就打着鼓乐，回到渔港；反之，就只好掩面而归。即使十年不获利，只要有一年获利，就可偿十年之费。①

（五）商业性农业的发展

在江南，养鱼已成为维持生态平衡、发展综合经济的必要手段，植桑育蚕养羊养鱼已成为一个生产系列。蚕矢（粪）投放池塘可以供鱼食，鱼肥可以肥桑，枯桑可以饲羊，羊矢可以肥桑，形成了生态循环系统，互相制约，共同发展，保持着良好的生态环境和生态平衡。徐光启说：“作羊圈于塘岸上，安羊。每早扫其粪于塘中，以饲草鱼。而草鱼之粪，又可以饲鲢鱼。”②无锡安氏养鱼获巨资，“明嘉靖中，安桂坡国因岁旱，大出粟募民穿池，池成广数百亩……盖是役民以得食，而所溉田与所入鱼芡茭蒲之利不可胜计”③。张履祥《补农书》中所附载的《策邬氏生业》就有详细记载：“池畜鱼，其肥土可上竹地，余可壅桑；鱼，岁终可以易米。”把养鱼作为生业来经营。

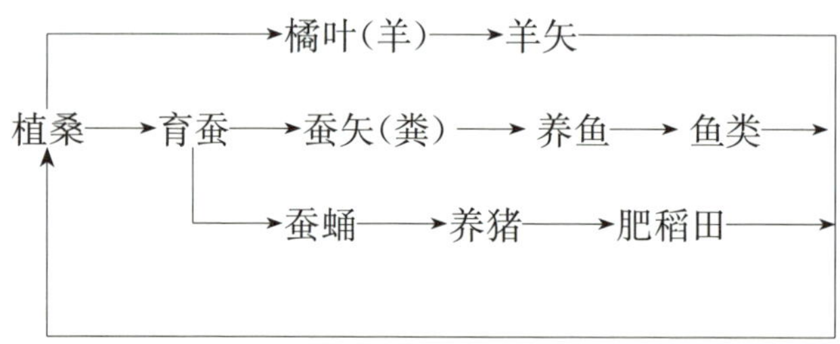

生态循环图

明中叶以后长江流域由于水地资源丰富，气候条件良好，水陆交通便利，人口密集，农业经济的发展趋向于通过精耕细作，提高单位面积的产量，农业集约化程度日趋提高。农业经济已从自给型占绝对统治地位的传统自然经济逐渐地向多种经营综合型的商品

① 〔明〕王士性：《广志绎》卷四《江南诸省》，中华书局 1981 年版，第 75—76 页。

② 〔明〕徐光启：《农政全书》卷四一《牧养·鱼》，石声汉校注，上海古籍出版社 1979 年版，第 1177 页。

③ 〔清〕陈梦雷等辑：《古今图书集成·方舆汇编·职方典》卷七二〇《常州府部古迹考》，中华书局、巴蜀书社 1986 年版，第 12 册，第 14234 页。

经济过渡，当然这种过渡是漫长的过程，新旧常常交织在一起，而且旧的生产形态还比较顽强。

农业的商业化主要表现在农业经济结构，从单一稻作经济趋向于以棉花或蚕桑为主的综合型多种经济的发展，它的生产已与市场发生联系，由市场的需求和经济效益来调节作物品种。经济作物大量种植，一些地区甚至发展成为以棉或桑蚕为主体的农业经济结构，以棉或桑为中心重新形成农业经济体系，出现了棉争稻田、桑争稻田。大量土地因地因时制宜改变了专种稻谷的现象，以改种经济收益较高的某一经济作物，重新调整或组合农作物的品种。

农业的商业化还表现为农产品的品种受市场需求所制约，劳动者以投放市场能获利为前提来组织农业生产。生产的出发点是交换，以销售产品获得的货币去购买商品粮等日常生活必需品。因为长江流域有便利的交通条件，各省区之间可以互通有无，大批长途贩卖商，参与农产品的流通过程。

农业商业化的发展，使农业分工愈来愈细密。如蚕桑业中已分化专种桑苗和培育蚕种者，形成了专业农产品市场“蚕市”。渔业也从农业中分离而成为独立的专业生产，也有一批专门培育和贩卖鱼秧者。农业部门愈来愈细密，生产效率也愈高。在一个区域内也会形成自然分工的作物专业种植区，即农业专门化。如归安县，“极东乡业织，南乡业桑，西乡业薪竹，北乡负郭东业蔬靛，荻港业藕，湖趺、断头业苇，埭溪业苎，善琏业笔，菱湖业蚕，捻丝为绸尤工”①。

农业商业化的发展使农业生产与市场发生联系，劳动者讲求经济效益，追求利润。为了获益，人们必须借助于科学技术，注意总结生产技术，不断改良作物品种。如劳动者采用剪枝嫁接等方法，创造出许多新品种的桑树。从长期经验积累中，人们注意到生态环境，努力保持生态的平衡，如养羊养鱼和蚕桑业之间内部形成生物链，既维持和促进了生态平衡，又可以获得更多的经济效益。

农业的商品生产还表现在“各种不同的农产品的交换”②。长江中游湖广一带种植稻谷，下游江南地区发展蚕桑、棉植业，形成了两个各具特色的经济区。有宋以降“苏湖熟，天下足”的江南，现在则变成缺粮区，明天顺间（1457—1464）则是“湖广熟，天下足”了③。湖广是粮食作物区，江南为棉桑区。缺粮的江南则可从长江顺流而下的贩销粮中得到补

① 〔清〕同治《湖州府志》卷三九《舆地略·风俗》，引〔明〕嘉靖《归安县志》，《中国地方志集成》之《江西府县志辑》，上海书店1993年版，第24册，第550页。

② 列宁：《俄国资本主义的发展》，人民出版社1956年版，第10页。

③ 〔宋〕吴泳：《鹤林集》卷三九《隆兴府劝农文》，《景印文渊阁四库全书》，台北“商务印书馆”2008年版，第1176册，第383页；李延昰：《南吴旧话录》引《乡评录》，当为天顺间著，弘文馆藏。

充。太湖洞庭山发展果树和园艺，也可从苏州枫桥米市上取得商品粮以补给。于是各农产品产区之间的交换借助于畅达的水陆交通工具得以实现，使专业化生产更趋发展。

(六)手工业

1. 铜铁矿业

明代长江流域银矿主要分布在浙江温、处二府，湖广，云南大理；铜在四川夔州府、云贵、湖广武昌、衡瑞等府，江西铅山则有大铜矿，“江西信州铅山铜井，其山出空青井，水碧色，以铅锡放水浸二昼夜则成黑锡，煎之则成铜”①。云南铜矿产量较高。铁产在湖南浏阳，铅产于进贤、新喻、分宜、黄梅。四川产的铜经荆州转运到湖广一带。云南铜矿生产，王士性《广志绎》卷五中有详细记载：矿场由硐头承包，硐头要有垫支资本，采矿所得四份平分，以铜矿支付“义夫”(砂工)工资。这里需注意硐头实是雇主，义夫实是雇工，这两者之间以支付实物作为雇值。硐主当为拥有相当资金的作坊主工场主身份。但是这种矿场要受到政府控制，硐主要缴纳四分之一铜矿以作税收。其次要注意到铜矿未经冶炼还是铜矿苗，矿场周围已有炉主备有冶炼的生产工具，炉主亦需缴纳税金给官府，炉户与义夫、硐主关系究竟如何，尚不明确。估计是两种形式：一是义夫、硐主将矿苗卖给炉主，由他冶炼归炉主所有；二是炉户代工收取冶铸费用。这些炉户又具备了工场主或作坊主的身份。再次，在矿场周围已形成一个服务性的网络，有酤者、屠者等，这些商业服务业人员通过为矿场人员服务获取费用。这样以矿场为中心形成一个生产与消费的网络，形成一个居民集结点与经济实体。

云南永昌腾越等地所产金银铜铁器，因其“精好甲他处”，在四方均有市场，“辐辏转贩，不胫而走四方”②。

2. 井盐业

四川产井盐，西南诸省食盐供给俱赖之。明代已具有相当的技术和规模，如严如煜《三省边防备览》卷一〇载：“四川货殖最巨者为盐。川北之南部、西充、射洪、乐至、蓬溪；川南之犍为、富顺、荣县、资州、井研；川东之忠州、云阳、开县、大宁、彭水；川西之简州；上川南之盐源，州县著名产盐者二十余处。而地出咸水，可以熬盐，闾阎私井不卖者，不在此数。大盐厂如犍、富等县，灶户佣作商贩各项，每厂之人以数十万计。而沿边之大宁、开县等厂，众亦以万计。灶户煮盐，煤户、柴行供井用，商行分张，小行贩肩挑贸易，或出资本取利，或自食其力，各营生计。”以盐厂为中心，外地佣工大批涌入盐区，“川中沃饶，

---

① 〔明〕沈周：《石田杂记》，《丛书集成初编》本，第30页。

② 〔明〕谢肇淛：《滇略》卷四《俗略》，国家图书馆藏明刻本。

为各省流徙之所聚，其他陆路来者无论矣。即大江拉把手，每年逗留川中者不下十余万人，岁增一岁，人众不可数计。”①经营如此庞大规模的盐厂，需要有较多的资金，明代前大都采用“合众家之力，攒百两之金，经年累月而后成”②。内部已实行较细密的技术分工，并已具备了工场手工业的生产性质。

3. 酿酒业

明代酿酒业逐渐与农业相脱离，成为一种相对独立的手工业。史料记载镇江府酿酒业的变化：“自汉以后，代有酒禁。宋法为独严，犯私曲多者，罪至弃市。至明而弛其禁。今(按：指明末清初)则酒酤于道。京口以酒名擅利者滋众，每当岁歉，二麦不登，则官禁造曲，而富家之违禁造曲也如故。”③这是康熙十四年(1675年)的记载。其实，京口老酒，在明末就已经相当知名。据载，当时由于周宪王朱有燉好饮“京口老酒”，其后，京口人每年造数万瓮，溯黄河而上，以此供给开封之人，于是京口老酒在明代又被称为“汴梁酒”。从当时开封城内酒店林立中，无疑已可知京口酒在开封的盛行。

明代著名文人徐渭曾记载，“(会稽)自酿之利一昂，而秫者几十之四，粇者仅十之六。酿日行而炊日阻。”④这也说明了绍兴的酿酒业在明代的飞速发展。

4. 制糖业

明代甘蔗的种植与加工，主要集中在闽、广、浙、赣、四川等地区，尤其是闽、广。据载，甘蔗“产繁闽、广间，他方合并，得其十一而已”⑤。在福建，种蔗人“皆漳南人，遍山谷”，广东东莞的篁林、和田一带，“白紫二蔗，动连千顷”⑥，所以每当冬日榨浆时，“遍诸村冈垅，皆闻戛糖之声”。由于种植甘蔗可以得到厚利，于是这些地区的稻田，便越来越为蔗田所挤占。陈懋仁曾记福建南部地区的实况道：“其地为稻利薄，蔗利甚厚，往往有改稻田种蔗者。”⑦明末清初人屈大均也说广东地区，“糖之利甚溥，粤人开糖坊者多以是致富。盖番禺、东莞、增城糖居十之四，阳春糖居十之六，而蔗田几与禾田等矣”⑧。可见，在这些地区的农业经济中，甘蔗的种植已经占据越来越重要的地位。

---

① 〔明〕严如煜：《三省边防备览》卷九《山货》，清道光二年刻本。

② 〔明〕嘉靖《四川总志》卷一六《经略志》，《北京图书馆古籍珍本丛刊》，书目文献出版社1998年版，第42册，第306页。

③ 〔清〕康熙《镇江府志》卷四《风俗》，清康熙十三年刻本。

④ 这也说明了绍兴的酿酒业在明代的飞速发展。〔明〕徐渭：《徐文长三集》卷一七《会稽县志总论·物产论》，《徐渭集》，中华书局1983年版，第498—499页。

⑤ 〔明〕宋应星：《天工开物》卷上《甘嗜第六》，江苏广陵古籍刻印社1997年版，第195页。

⑥ 〔明末清初〕屈大均：《广东新语》卷二《地语·茶园》，中华书局1985年版，第59页。

⑦ 〔明〕陈懋仁：《泉南杂志》卷上，收入《说郛续》，清顺治三年刻本。

⑧ 〔明末清初〕屈大均：《广东新语》卷二七《草语·蔗》，中华书局1985年版，第689—690页。

明代在制糖业方面，其生产工序，诸如榨蔗从“入碓捣烂”，一直到应用糖车，技术已较过去有了明显的进展。当时的制糖人除了能制作黑糖之外，到嘉靖年间已经掌握了制造白糖与冰糖的技术。① 据时人李调元讲，“上农”一般每家设榨糖寮一所，“中农”五家合设一所，“下农”则十家合设一所。所产之糖，远销内地或供应出口。到明代中后期，“粤东蔗糖行四方”，已经成为“天下所资”的商品。②

三、明中叶农业经济结构和农业经营方式的演变

明中叶以来长江流域农业中商品生产的发展，引起农业经济结构和农业经营方式的变化，出现了资本主义萌芽。

（一）一些地主把土地收回，改租佃为自营，大片种植经济作物，把土地作为经营资本，把农产品作为商品，与农产品的商品市场发生了密切的联系，逐渐地演化为经营地主

如湖州茅坤之父与弟都是以经营大片桑田而致富的，“家人商贾为业，弟艮笃朴安分，嗜农桑利”③，“伯服贾，善筹画；季力田，精稼穑。鹿门其仲也。各以多财雄乡邑，广田畴……治生有法，桑田畜养所出恒有余饶”④。唐顺之说“湖俗以桑为主，处士（茅坤之父）治生业，喜种桑，则种桑万余唐家村上”⑤。其弟艮“好稼穑，尤精治桑。桑之利倍收于田，以故家益饶”⑥，潜心于以桑治生，还著有《农桑谱》6 卷。茅艮“树桑且数十万树，而君并能深耕易耨，辇粪菑以饶之。桑所患蛀与蛾，君又别为劙之拂之，故府君之桑首里中……君之田倍乡之所入，而君之桑，则又什且百乡之所入，故君既以田与桑佐府君起家，累数千金而羡”⑦。茅坤本人也治桑又经商，“广田宅，起市廛”。“所措市廛旗亭百队，环货喧哄……今半植桑麻”⑧。茅氏父子三人皆以桑致富。其桑“万余株”“数十万树”。这样大规模种植，而且“深耕易耨”，非雇用帮手不可。茅坤还记载另一对以种桑养蚕缫丝为主

---

① 〔清〕刘献廷：《广阳杂记》卷二，中华书局 1957 年版，第 104 页；〔明末清初〕屈大均：《广东新语》卷一四《糖》，中华书局 1985 年版，第 389 页。

② 〔明〕黄佐：《粤会赋》，载雍正《广东通志》卷五二《物产志》，清雍正九年刻本。

③ 〔明〕李乐：《见闻杂记》卷一〇，上海古籍出版社 1986 年版，第 790 页。

④ 〔清〕张履祥：《杨园先生全集》卷三八《近鉴》，《四库全书存目丛书》，齐鲁书社 1995 年版，子部第 165 册，第 233 页。

⑤ 〔明〕唐顺之：《重刊荆川先生文集》卷一五《茅处士妻李孺人合葬墓志铭》，《四部丛刊初编》，上海书店 1989 年版，第 7 页。

⑥ 〔清〕光绪《归安县志》卷二二《艺文》，《中国地方志集成》之《浙江府县志辑》，上海书店 1993 年版，第 27 册，第 500 页。

⑦ 〔明〕茅坤：《茅鹿门先生文集》卷二三《亡弟双泉墓志铭》，《续修四库全书》，上海古籍出版社 2002 年版，第 1345 册，第 31 页。

⑧ 民国《双林镇志》卷四《街市》，商务印书馆民国六年铅印本，第 6 页。

的李珪夫妇经营生业的事："故田之所入，数以倍他人。织之所鬻，他贩者来数争操厚价以购之"①。王世贞家"陆字畜牸蹄角以百计，水孳鱼鳖以石计，圃人治果窳芥蔬以顷计。诸水陆之饶，计口称其羡，时赢缩而息之，醯酱盐豉不食者新之，而子母之利归焉"②。

经营地主除了从事农业外，还兼营刻书，甚至做商业买卖，经营典当业。如湖北兴国州徐子义，"从长老辨土谷之宜，兴场圃之计"，"间以余粟易金逐什一"，"子钱行于旁邑"③。

经营地主还很注意改进生产技术。汪道昆记载一个名叫吴荣让的经营地主："吴处士名荣让，字子隐，歙西滨南人……奉母帅妻子徙桐庐，卜焦山居焉。处士喜曰：此吾畏垒也，于是部署土著，以身先之，度厚隰使田，度山林使种树……于是易以茶漆栌栗之利，积薪山浒以十岁市之，民利视昔有加……三年而泉，三年而穰，居二十年，处士自致巨万，远近镪至，庶几埒都君云。"④又如《补农书》作者张履祥居于桐乡县炉头镇杨园村，自己经营一片田地，兼事丝棉织，又事教育，他家中有丝车三架，曾托友人徐敬可代购棉花纺织，"若牙行有棉花可赊，为之经营数十斤，而待其以纺织所得偿之"⑤。他治农富有经验，《补农书》是他一生从事农业的经验总结。他在《别楮》中谈道："凿池之土可以培基，基不必高，池必宜深，其余土可以培周池之地。池之西或池之南，种田之亩数略如其池之亩数，则取池之水，足以灌木矣……池中淤泥，每岁起之，以培桑竹，则桑竹茂而池益深矣。"⑥这说明他已能科学合理安排农事，也懂得综合利用水土资源。

他们还充分利用地理条件，注意水利，改良土壤，筹划经营。"堤之功莫利于下乡之田……明农者因势利导，大者堤，小者塘，界以埂，分为塍，久之皆成沃壤。今吴江人往往用此法力耕以致富厚。余目所经见二十里内有起白手致万金者两家。"⑦归有光的父亲"少时亦尝读书，后弃之，夫妇晨夜力作……府君相水远近，通溪置闸，用以灌溉……晚年

---

① 〔明〕茅坤：《茅鹿门先生文集》卷二二《舅氏怡稼李公并邵母合葬墓志铭》，《续修四库全书》，上海古籍出版社2002年版，第1345册，第23页。

② 〔明〕王世贞：《弇州山人稿》卷八五，引自谢国桢：《明代社会经济史料选编》（上），福建人民出版社1980年版，第122页。

③ 吴国伦：《甔甀洞稿》卷三六《明判府典膳徐君墓志铭》，引自谢国桢：《明代社会经济史料选编》（上），福建人民出版社1980年版，第123页。

④ 汪道昆：《大函集》卷四七《明故处士吴书孺人陈氏合葬墓志铭》，引自谢国桢：《明代社会经济史料选编》（上），福建人民出版社1980年版，第212页。

⑤ 〔清〕张履祥：《杨园先生诗文》卷八《与徐敬可》，《续修四库全书》，上海古籍出版社2002年版，第1399册，第130页。

⑥ 〔清〕张履祥：《杨园先生诗文》卷五《别楮》，《续修四库全书》，上海古籍出版社2002年版，第1399册，第67页。

⑦ 〔明〕朱国祯：《涌幢小品》卷六《堤利》，上海古籍出版社2012年版，上册，第114—115页。

诸子悉用其法，其治数千亩如数十亩，役属百人如数人。吴中多利水田，府君家独以旱田，诸富室率逐肥美，府君选取其硗者”①。

目前最能说明经营地主雇工经营的材料还是万历时湖州庄元臣《曼衍斋草》的记载：“凡桑地二十亩，每年雇长工三人，每人工银二两二钱，共银六两六钱。每人算饭米二升，每月该饭米乙(一)石八斗，逐月支放，不得预支，每季发银二两，以定下用，四季共该发银八两。其叶或梢或卖，俱听本宅发放收银，管庄人不得私自作主，亦不许庄上私自看蚕。”这是典型的经营地主雇工自营桑田，桑叶“或梢或卖”，种桑是为了在市场上出售获利。并不是自给自足，而是较大规模的商品生产。与雇工的关系是计时工资，通过金银货币的支付，把雇工雇来经营农业生产，与雇工关系仅仅是雇与佣的关系，这倒比较典型的具备了农业资本主义萌芽的形态。

（二）由自耕农上升为上农者为数不少，这些上农也是推进农业商品生产的主力军之一

自耕农因经营土地得法，种植经济作物的收益比稻谷高，易上升为上农。上农有的地方文献上称之“富农”，本人不脱离生产，或有时雇短工帮忙。据长洲人吴宽说：“三吴之野，终岁勤动，为上农者不知其几千万人”②。上农成分较为复杂，可能尚包括一些亲自参加劳动的经营地主在内。江阴“上农资累巨万；次农自足产业，不仰给于人；下农无寸土一椽，全仰给于人”③。这种上次下三种农民的区分已很清楚，次农则是自耕农，下农应是贫雇农。上农虽参与劳动，但也有靠剥削雇工来经营产业而致富的，故有“吴上食九人而兴”之谓④。

上农备有较好的农具，能抗旱保收，也兼放典。嘉兴府万历时，“富农倩佣耕，或长工或短工……十月治谷米输租，往时谷既登，麦种毕，富农高廪盖藏……迩来富商设米典佃农，将上米质银别以下中者抵租”⑤。“春麦无雨，民间非富有力者不能耕种，(万历)己丑(1589年)年种田者，十之半耳”⑥。松江的上农有牛耕，一牛可抵一人十天的工效，“上农

① 〔明〕归有光：《震川集》卷一九《归府君墓志铭》，引自谢国桢：《明代社会经济史料选编》(上)，福建人民出版社1980年版，第10页。

② 〔明〕吴宽：《匏翁家藏集》卷三六《心耕记》，《明别集丛刊》第一辑，黄山书社2013年版，第55册，第461页。

③ 〔清〕陈梦雷等辑：《古今图书集成·方舆汇编·职方典》卷七一五《常州府部风俗考》，中华书局、巴蜀书社1986年版，第12册，第14181页。

④ 〔明〕万历《兴化县新志》卷二《地理之纪》，《南京大学图书馆藏稀见方志丛刊》，国家图书馆出版社2014年版，第21册，第350页。

⑤ 〔明〕万历《秀水县志》卷一《风俗》，《中国地方志集成》之《浙江府县志辑》，上海书店1993年版，第31册，第564—565页。

⑥ 〔明〕崇祯《嘉兴县志》卷一七《丛谈志·杂记》，崇祯十年刻本。

多以牛耕，无牛犁者以刀耕……人日耕一亩，率十人为一牛”①。

（三）大量存在的雇佣劳动者，是农业商品化发展所必需的，是经营地主和富农经营农业商品生产的前提条件，雇佣关系存在是衡量农业资本主义萌芽的标准

农业商品化的发展打破了农村中千百年存在的固着于土地自给自足的平静局面，贫富分化则趋明显，失去土地的农民则成为雇佣劳动者，流入城镇找工作糊口，引起了人口的流徙。列宁认为“商业性农业正是农民分化的主要因素”②。这种农业雇佣劳动者有长工、短工、忙工、日工等名称。如江苏吴江，“无产小民投雇富家力田者谓之长工；先借米谷食用，至力田时撮忙一两月者谓之短工”③。秀水“四月望至七月望日，谓之忙月，富农倩佣耕，或长工或短工。”④浙江嘉善，“无产者受直雇佣有长工、短工、闲工、忙工之别，计岁受直者曰长工，计时者曰短工，闲时曰闲工，忙时曰忙工”⑤。江西“新城之民，农之家什九，农无田者什七……受直而助其耕曰工”⑥。宁都，“吾宁田旷人少，耕家多佣南丰人为长工，南丰人亦仰食于宁……每年佣工不下数百”⑦。湖北蕲水县，“亦有饶者，最贫则为人佣工，或计岁或计日而岁值焉”⑧。

从上引史料来看，长江流域在明代基本上都普遍存在一大批离开生产资料的农业雇佣劳动者，尤以江浙等农业商品化发展比较快的地区为甚。这里土地关系也较复杂，存在着大量以雇佣制为基础的经营地主和富农，他们经营着农产品的商品生产，就需要雇佣较多的劳动力。雇主与佣工之间不存在着封建人身隶属关系，仅仅是劳动力的买卖关系。

从明代一些文献记载来看，雇主对佣工只能以酒肉相待，劝其为之出力，而不能打骂奴役，这正是马克思所说的“彼此作为身份平等的商品所有者发生关系，所不同的只是一个是买者一个是卖者，因此双方是在法律上平等的人”⑨。《沈氏农书》记载约于嘉靖间已

① 〔清〕嘉庆《松江府志》卷五《疆域志》，《中国地方志集成》之《上海府县志辑》，上海书店 1991 年版，第 1 册，第 154 页。

② 列宁：《列宁全集》，第 3 卷，人民出版社 1959 年版，第 240 页。

③ 〔明〕弘治《吴江志》卷五《风俗》，《中国方志丛书》（华中地方）第 446 号，台湾成文出版社 1983 年版，第 225—226 页。

④ 〔明〕万历《秀水县志》卷一《风俗》，《中国地方志集成》之《浙江府县志辑》，上海书店 1993 年版，第 31 册，第 564 页。

⑤ 〔清〕光绪《嘉兴县志》卷一五《农桑》，《中国地方志集成》之《浙江府县志辑》，上海书店 1993 年版，第 318 页。

⑥ 〔清〕孔鼎：《新城县重修蛇师坡记》，见《魏源全集》，岳麓书社 2004 年版，第 19 册，第 468 页。

⑦ 〔清〕魏禧：《魏叔子文集》卷七《与曾庭闻》，引自谢国桢：《明代社会经济史料选编》（上），福建人民出版社 2004 年版，第 202 页。

⑧ 〔清〕乾隆《蕲水县志》卷二《风俗》，乾隆五十九年刻本。

⑨ 马克思：《资本论》，人民出版社 1975 年版，第 1 卷，第 190 页。

是雇主对雇工"非酒食不能劝"，"供给之法，亦宜优厚。炎天日长，午后必饥；冬日严寒，空腹难早出。夏必加下点心，冬必予以早粥。若冬月雨天罱泥，必早予热酒，饱其饮食，然后责其工程；彼既无辞谢我，我亦有言诘之。"张履祥说："自古农人只有劝之一法……至于工银酒食似乎细故，人心得失，恒必固之……谚云：食在厨头，力在皮里；又曰：灶边荒了田地……俗云做工之人要三好：银色好，吃口好，相与好。"①

雇佣关系建立在货币买卖上，工钱有以时计、以件计两种。计时，长工一年五两银子，连同开支费用十三两。计件工资，如养蚕，"以筐计，凡二十筐，佣金一两。看缫丝之人，南浔为善，以日计，每日佣金四分，一车也六分"②。后者采用计时计件的方式来计算工资，支付的工钱已用银通货来计值。计件以银发工资，在上海的潘允端《玉华堂日记》中也有发现。该日记记着一个经营地主从万历十四年至二十九年的经济活动，如记：万历十七年三月初二日，"与瞿京挑泥银二两"。万历二十二年八月十四日，"与砟稻工银三两"等③。

农业商品化的发展，改变了农业经济结构和经营方式，导致了农民日趋分化，列宁说："随着农产品变为货币，劳动力也变为货币，商品生产逐渐变为资本主义。"④

雇佣关系早在明代以前就已存在，问题在于雇佣条件、性质的变化，即无人身隶属关系的自由雇佣劳动者的出现，这点马克思在《资本论》和《资本主义生产以前各形态》中都有科学论证。自从明万历十六年朝廷发布文告至乾隆五十三年法律条文公布，雇主与雇工的关系逐渐为法律所承认和规范。雇主与雇工在身份上是平等的，这在受雇时便通过契约形式固定下来。今见一份极为珍贵的雇工契约，完全可以说明明代在农业中已有自由雇佣关系的存在，农业中出现了非常明确的资本主义萌芽。今抄契约如下：

> △里△境△人为无生活，情愿将身出雇与△里△境△人农耕田一年。凭中议定工资银若干，言约朝夕勤谨，照管田园，不敢逃懒，主家杂色动用器皿，不致（敢）疏失。其银约按季支取不缺。如有风水不虞，此系己命，不干银主之事。今欲有凭，立契存照。⑤

---

① 〔明〕佚名：《沈氏农书·运田地法》，引自谢国桢：《明代社会经济史料选编》（上），福建人民出版社2004年版，第201—202页；张履祥辑、陈恒力校释：《补农书校释》，农业出版社1983年版，第141—142页。

② 〔明〕黄省曾：《蚕经》，引自谢国桢：《明代社会经济史料选编》（中），福建人民出版社1980年版，第216页。又重订增补《陶朱公致富奇书》卷二《畜牧部》亦载。

③ 张安奇：《明稿本〈玉华堂日记〉中的经济史资料研究》，《明史研究论丛》1991年第5辑。

④ 列宁：《列宁全集》，第13卷，人民出版社1959年版，第273页。

⑤ 〔明〕五云豪士天乐生言：《新镌燕台校正天下通行文林聚宝万卷星罗》卷二五《体式门》，万历二十八年刻本，日本蓬左文库珍藏明刻本。

(四)土地关系,契约文书

明中叶以来,土地经营方式已有变化,土地买卖和租佃变得频繁。为了确立买卖,租佃的关系已采取契约文书的法制化程序。这些资料分散在明代善本书或一些图书馆、博物馆部门的珍藏室中,读者不易得见。笔者经多年搜集,经考释择其要者先披露于世。

买田契:

某里某人,为因无银用度,情愿将自己受分田一段,几址该几亩分,载米若干。东西至某人田,南北至某处。托中引就某宅,三面言议,实值时价若干两,其人即日交足,其田听从买主掌管,召佃收租。至造册之日,除割收户当差,不得刁蹬勤贴赎回等情。其田的系已分物业,与叔伯兄弟无干,亦不曾典挂外人财物不明等事。如有此情,卖主承当,不干买主之事,所买所卖皆是二家情愿,不得反悔。今欲有凭,立契存照。①

此为活套形式,用者采取此格式填上数据和买卖双方姓名等即可。明代日用类书中是类活套大量编纂在内,以供时人采用。今见田契原件如式:

田契

十都七保住人张孟威同侄张玉,今因缺少军装盘缠,自情愿将承祖(租?)父买业朱永靖、朱永成、朱永坚、周字二百伍拾玖号地玖厘,土名弯里,今系火佃程税真等盛物种菜,递年叫工使用,其地东西四至自有保簿□□□□开写。今自情愿挽中人行立契,出卖与同都胡相名下为业。面议时值价银贰两正。其银当日收足,其地今从出卖之后,一听买人自行叫工管业。如有内外人占拦及重复交易,一切不明等事,尽是卖人之当,不及买人之事。所有税粮造册之年,听从本户收割无词。今恐人心无凭证,立此契永远为照。

嘉靖四年三月十一日

立卖契人张孟威等

同侄张玉

中见人李文付

程税真

奉书侄孙张焯

今就契内领去价银并收足讫,同年月日再批。领。②

---

① 此件为《订补全书备考》所收,崇祯十四年郑尚玄订梓,醉花居士鉴定,人瑞堂藏板,34卷,版面25×15厘米,分上下二层/栏刊刻,日本京都大学人文科学研究所和蓬左文库收藏。

② 原藏浙江省图书馆。

这是一份完整的买卖田契，契中载明买卖双方姓名、田地坐落位置、数量、田界（四至）、附属物、价钱、税粮过户以及与买卖相关之事，如无重复交易等不明之事，还需有立契人、中见人画押，载明立契时间，最后须有政府官印验证。

另有一种情形，土地买卖时不再重立新契，只是将原田契加上新买卖双方姓名，原契仍具法律效应，浙江省图书馆收藏的明代一份转契内容如下：

> 九保住人汪镃，承父有竹山壹号，坐落土名土头山，系卑字九百八十五，计山西亩另。新立四至，东至吴舍后山，西至东坑口，南至人行大路，北至降，四至内该身三分之一。自情愿凭中将前项山骨苗尽行立契出卖与本都李宗明名下为业。面议价银陆两贰钱伍分正，其价契当日收讫，契后再不立，领卖后一听买人管业。未卖之先即无重复交易，如有来历不明等事，尽是卖人之当，不及买人之事，其税粮造册起割，其来脚契未付，要用当照。今恐无凭，立此为凭。
>
> 前顶山骨并苗竹照价转与用业人汪正名下为业。
>
> 万历廿年七月二十日立
>
> 转契人李体仁
>
> 见人李应奎
>
> 嘉靖三十五年十二月十四日
>
> 立契人汪镃
>
> 见人朱文贵

这是一份嘉靖时的买契，经36年后再由李体仁转卖给汪正，连同山林苗竹一并出卖，此为一次卖绝契，即将“骨”买尽。

农村土地关系中还存在租佃关系，租田者亦须立契为凭，表示土地使用权与土地所有权的分离。

> 承佃批式：
>
> 某里某人，为无田耕种，今就某宅佃田若干亩，递年约纳租谷若干石，早六冬四理还，依凭本宅量秤，不敢少欠。如若少欠，即另召佃，不敢执占，今恐无凭，立承佃为照。①

此契式有三点值得注意：佃户交租按早六晚四交纳；租谷要按业主量秤为准；业主拥有召佃权，佃户必须遵守上述条约，如有违反，业主就可撤佃予他人。另一佃田契更为详细明确。

---

① 录自新刻艾先生天禄阁采精便览《万宝全书》卷六《文翰门》。日本蓬左文库藏，35卷，分上下二层刻，版面为13.5×23.7厘米，页12行，有长洲陈仁锡序。

佃田文约：

某里某人，置有晚田，某坐落某里地名某处，原系若干亩，年文书苗米若干桶，乡原有四至分明。今凭某人作保，引进某人，出赔价细丝银若干，当日交收足讫明白，自给历头之后，且佃人自用前去掌业，小心耕作，亦不得卖弄界至移位换段之类。如遇冬成，备办着一色好谷，挑送本主仓所交纳，不致拖欠，过限年月佃种不愿耕作，将田退还业主，接取前银两相交会，不致留难。今给历头一扇，付与执照。①

按：此契明确规定佃户需交给业主一定量的"赔价丝银"，这实为押佃金，此银待退佃时需交还给佃户，还规定佃户不许扩界移丘换段，只能在原址上耕种。值得注意的是，立此契必须有担保人。但是久佃之后，有些佃户则享有永佃权，可以将原所佃之田转让给其他人佃种，自己则可再收到一定的租谷，长久以往，就形成了佃户享有永佃权。浙闽一带常有"一田二主"或"一田三主"情形，出现了田底权与田面权的分离，将土地所有权实施分割。万历《南靖县志》卷四《赋役志·税粮》载："同此田也，买主只收税谷，不供粮差，其名曰业主。粮差割寄他户，收田之税皆其供纳，亦名一主。此三主之说也。"这种现象的出现，表明明代农业经济商品化的发展和封建土地所有权有所松懈。

但是，后来的一些租佃契约则加上了不许佃户自行转佃的契约内容，如：

某宅有田一段若干亩，坐某处落。今有某人前来承佃，年纳干圆租谷若干石，早六冬四理还，依凭本宅量秤，不许拖欠，及转佃他人。如有此色，即时召佃，不得执占。今欲有凭，立田批付照。

接受佃户，亦须立契付给业主为照。

承田批：

某里某境某人，为因无田耕种，今就某宅佃田若干亩，递年约纳干圆谷若干石，早六冬四理还，凭本宅量秤，不敢少欠。如是少欠，即时召佃，不敢执占。今欲有凭，永承佃为照。

上述文书出自《新刊翰苑广记补订四民捷用学海群玉》的第23卷，该书为万历三十五年（1607年）刊，题为便用学海群玉种德堂刊，潭阳熊冲宇梓，而卷首题为京南武纬子补

---

① 录自余象斗纂《新刻天下四民便览三台万用正宗》卷一七《民用门》。该书题为三台馆主人仰止余象斗纂，明万历己亥孟秋书林余文台梓，43卷，8册本，为宽永未年买本，盖有尾阳内库印记。分上下二层刻。该书为明代日用类书中最具权威性的一部，日本仁井田升认为是"十六世纪具有代表性的日用百科全书之一……对于研究十六七世纪的农业、手工业和商业史是非常珍贵的"。日本东京大学和蓬左文库收藏。

订，闽建熊冲宇刊行。日本仁井田升藏，转引自仁井田升《中国法制史研究》。有了上述佃契与承佃契，手续较完备，并明确订立不许“转细他人”，如违则可“召佃”，虽有明文订立，但有时执行起来仍有许多困难。

业主是田地所有者，可以是地主、富农，也可以是仅有少量田地的自耕农等，一些田地多而劳力不足者，除了把土地出租召佃外，也会雇用长工短工来经营，所以农村中雇工现象是十分普遍的。雇用农工亦须订立契约。

四、城乡手工业的发展

(一)丝织业

丝织业包括缫丝、丝织两个方面，明代丝织业发展以江南、四川阆中、陕西潞安以及闽粤等地为盛。

1. 技术的提高

明代缫丝技术及丝的质量以湖州最高，时有“湖丝遍天下”之谚①。其义有二：一是指湖州丝的产量高、质量好，即“丝绵之多之精甲天下”②。二是湖丝占领全国市场，销路广。若“东南之机，三吴越闽最多，取给于湖茧；西北之机，潞最工，取给于阆茧”③。清初人唐甄在《潜书》下篇下《教蚕》中说：“吴丝衣天下，聚于双林，吴越闽番至于海岛，皆来市焉。五月，载银而至，委积如瓦砾。吴南诸乡，岁有百十万之益。”湖丝质量好的原因，一是茧好水好；二是缫丝技术高超。湖州一带有良好的泉水，水清则所缫之丝洁、重。高铨《吴兴蚕书》云：“湖丝甲天下，著在维正。”所谓维正，是指操作合乎程序。蚕茧“一入良工之手，增多丝至数两，而匀称光洁”④。对鲜茧要“出水干”，结茧时注意湿度使茧丝尽快干燥。缫丝要“出水干”，“细圆匀紧”四字诀，经此程序缫出之丝质量当为上乘。宋应星说：“凡结茧必如嘉、湖，方尽其法。……若嘉、湖产丝成衣，即入水浣濯百余度，其质尚存。”⑤在丝织工具方面，明代也有大改进。明中期弘治间闽良工林洪新发明了改机，“有林洪

① 〔明〕宋雷：《西吴里语》卷三，引自谢国桢：《明代社会经济史料选编》（上），福建人民出版社2004年版，第3页。

② 〔明〕王士性：《广志绎》卷四《江南诸省》，中华书局1981年版，第70页。

③ 〔明〕郭子章：《郭青螺先生遗书》卷二〇《蚕论》，引自〔明〕徐光启：《农政全书》卷三一《蚕桑》，石声汉校注，上海古籍出版社1979年版，第836页。

④ 〔清〕同治《湖州府志》卷三一《舆地略·蚕桑下》，《中国地方志集成》之《江西府县志辑》，上海书店1993年版，第24册，第584页。

⑤ 〔明〕宋应星：《天工开物》卷上《乃服第六·结茧》，潘吉星：《天工开物校注及研究》，巴蜀书社1989年版，第307页。

者，工杼轴，谓吴中多重锦，闽织不逮，遂改缎机为四层，故名改机”①。使用方法是：“凡工匠结花本者，心计最精巧。画师先画何等花色于纸上，结本者以丝线随画量度，算计分寸杪忽而结成之。张悬花楼之上，即织者不知成何花色，穿综带经，随其尺寸度数提起衢脚，梭过之后居然花现。”②织造时，挽花工按照机工唱的歌诀，上下呼应，边唱边拉边织，“手口合工，不爽毫发”。根据明末宋应星《天工开物》的记载，花机和腰机是当时最主要的两种丝织机具。在苏州，到明末时更是出现了绫机、绢机、罗机、纱机和绸机五种丝织机。花机采用，大大提高了丝织品的品种和质量。在江南，不但出现了像苏州、杭州、嘉兴、湖州那样的“丝绸之都”，而且以丝绸生产为主业的专业市镇也蓬勃发展，诸如乌青镇的大环绵，唐栖镇的绵绸，王店镇的王店绸、画绢，双林镇的包头纱，濮院镇、盛泽镇的纺绸。如濮院镇，“万历中改土机为纱细，制造尤工，擅绝海内”。

此外，在练染等技术方面也有很大的改进。诸如：通过发展脱胶、炼白技术，采用白度好于以前的炼白丝，以使浅色更加光亮润泽；通过采用套染，使色彩更丰富多彩。由于改进了染色工艺，进而可以染出玄、墨两种色彩。染色工艺的发展与改进，势必带来服饰面料色彩的更多样化和不断更新。据研究，明末的丝绸色彩至少有 120 余种，其中有 70 种色彩不曾见于以前的记载。陕西向皇宫进贡的银鼠皮，其皮张的染色，极具皇家特点，色彩丰富多彩，分别有柘黄、玄色、真紫、大红、深青、福青、明黄、鹅黄、鹦哥绿、柳青、翠蓝、桃红、天青、明绿、出炉银等 17 种颜色。③ 在红、白颜色之中，明代还有许多新的名称。如纯白，称为“玉带白”；深红，称为“宫锦红”；淡红，称为“醉仙颜”④。尤其值得注意的是，其中不少色彩，均是到明末才出现。如石蓝，至明末在南京才出现。

与此同时，民间的刺绣工艺也得到了长足的发展，而且出现了不少著名的刺绣艺人，其中最堪称道的是顾绣艺人韩希孟、浙江浦江的倪仁吉，以及邢慈静、董小宛、薛素素、王月等十余人。这种刺绣工艺的发展，可以在某种程度上满足人们追求服饰美观的心理要求。

2. 精品名产的出现

明代丝绸主要产自杭州、嘉兴、湖州、松江、苏州诸府。丝绸的品种很多，可细分为绫、罗、绸、缎、纱、绢、改机、绒、锦、褐、琐幅等，而且每一种面料又因品质或工艺的不同而区分为不同的种类。其精品名产有：

---

① 〔明〕万历《福州府志》卷三七《物产》，海风出版社 2001 年版，第 349 页。

② 〔明〕宋应星：《天工开物》卷上《乃服第六·结花本》，潘吉星：《天工开物校注及研究》，巴蜀书社 1989 年版，第 322—324 页。

③ 〔明〕杨一清：《杨一清集》卷四《为谨服用以崇圣学类》，中华书局 2001 年版，第 141 页。

④ 〔明〕黄瑜：《双槐岁钞》卷八《玉堂赏花》，中华书局 1999 年版，第 162 页。

辑里丝：是江南湖丝中最精品，朱国祯说：“湖地宜蚕，新丝妙天下……湖丝唯七里者尤佳，较常价每两必多一分，苏人入手即识，用织帽缎，紫光可鉴……为法愈密，所产益良，前后几二十年，岁无败者。①”

锦：“蜀中锦，有真江湖州大百花孔雀锦，有四色百花孔雀锦，有二色湖州大百花孔雀锦。（按）此盖蜀中仿湖州为之。②”四川蜀锦制法特殊，产品精良：“蜀锦刻丝，与通身盘龙盘枝，则截梭斗合，节节换法矣。机杼之巧，殆天工乎！”③

倪绫：为湖州双林倪氏所织，绫质薄精细，据记：“盖奏本面用绫上有二龙，惟倪姓所织，龙睛突起而有光，他姓不及也。”④

皓纱、吴绫：杭州张纱衙，明末蒋昆丑居此织纱，制作者迎合当时浮华的时尚，注意到质色厚重并不受时人喜好，“乃以团花疏朵，轻薄如纸，携售五都，市廛一哄，甚至名重京师，名曰皓纱”⑤。吴绫产于吴江县，唐时已为贡品，“工家多以脂发光润，故俗称油缎子。吴绫为裳，暗室中力持曳，以手摩之良久，火星直出”⑥。

王店褚绸书绢薛机绸：为万历褚叔铭创制，“王店褚绸为最，书画亦甲天下”。薛机绸是绸上加绣的高级工艺品，“甲于江南”⑦。

濮绸：质厚牢固耐用，过去山海关上旗就系濮绸所制，经风雨不败，“濮绸之名驰于海内”。“湅丝熟净，组织亦工，有制成纺绸者，质细而滑，且柔韧耐久，可经浣濯”。以陆澄怀、沈周望所制更优⑧。

云锦：产于南京，用五彩斑斓的丝织成，如同天上的云彩，故得此名。多层次装饰，一件织物达数十种色彩，艳而不俗，繁而不乱。

---

① 〔明〕朱国祯：《涌幢小品》卷二《农蚕》，上海古籍出版社 2012 年版，上册，第 38—39 页。

② 〔清〕同治《湖州府志》卷三三《舆地略・物产下》，《中国地方志集成》之《江西府县志辑》，上海书店 1993 年版，第 24 册，第 622 页。

③ 〔明〕方以智：《物理小识》卷六《花机》，引自谢国桢：《明代社会经济史料选编》（上），福建人民出版社 1980 年版，第 127—128 页。

④ 民国《双林镇志》卷一六《物产》，商务印书馆民国六年铅印本，第 7 页。

⑤ 〔清〕黄士珣：《北隅掌录》卷下引《江皋杂识》，《武林掌故丛编》本。

⑥ 〔清〕同治《苏州府志》卷二〇《物产》，《中国地方志集成》之《江苏府县志辑》，江苏古籍出版社 1992 年版，第 7 册，第 487 页。

⑦ 〔清〕光绪《梅里志》卷七《物产》引何志，《中国地方志集成》之《乡镇志专辑》，上海书店 1992 年版，第 19 册，第 97 页。

⑧ 〔清〕杨树本：《濮院琐志》卷一《机杼》，《中国地方志集成》之《乡镇志专辑》，上海书店 1992 年版，第 21 册，第 441 页；〔清〕光绪《桐乡县志》卷七《食货志下》，《中国地方志集成》之《浙江府县志辑》，上海书店 1993 年版，第 312 页。

南京云锦

紫薇绸：李日华说："硖石人积梅雨水，以二蚕茧缫丝织成，有自然碧色。"①

3. 丝织品的专业化生产，并出现了专业市镇

南浔辑里以产丝绵著名，双林产包头绉绫绢，王店产书绢，濮院产厚实的濮绸，杭州产皓纱吴绫，湖州产线绫绉纱，南京产云锦，苏州出纻丝，盛泽产丝、罗、纱，吴江产缯，四川出蜀锦，这些都具有地方特色，形成各专业产区。不仅如此，在这里城镇周围的农村也形成了一个个丝织专业生产的村落。

4. 出现了资本主义的萌芽

丝织业资本主义萌芽的出现，表现在以下几个方面：

一是工场手工业的出现。万历二十九年苏州发生织工抗税斗争，巡抚曹时聘曾向神宗皇帝报告道："吴民生齿最烦（繁），恒产绝少，家杼轴而户纂织，机户出资，机工出力，相依为命久矣……浮食奇民，朝不谋夕，得业则生，失业则死，臣所睹记，染坊罢而染工散者数千人，机房罢而织工散者又数千人，此皆自食其力之良民也。"②所说染坊机房是具有较大规模、有分工协作的关系的工场。"惟以织造为业者，俗曰机房"③。像苏州"郑灏……其家有织帛工挽丝佣各数十人"④。

① 〔明〕李日华：《紫桃轩杂缀》，引自〔清〕嘉庆《硖石续志》卷五《物产》，《中国地方志集成》之《乡镇志专辑》，上海书店1992年版，第20册，第17页。

② 《明万历实录》卷三六一，万历二十九年七月丁未条。

③ 〔明〕万历《长洲县志》卷一《风俗》，《中国史学丛书三编》，台湾学生书局1987年版，第49号，第56页。

④ 〔明〕陆粲：《庚巳编》卷四《郑灏》，中华书局1987年版，第43页。

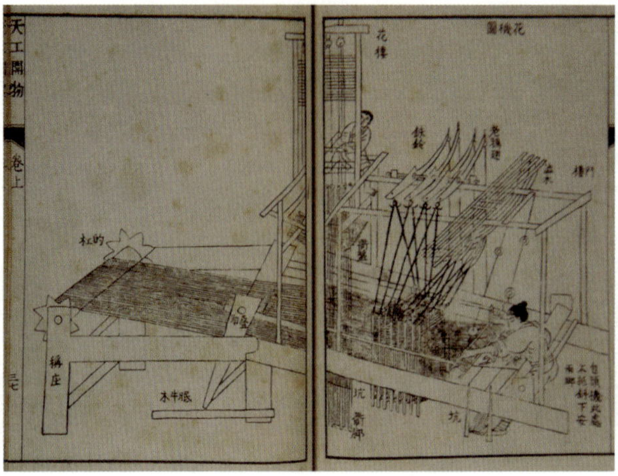

宋应星《天工开物》中的花织机

二是由小业主上升为工场主。由封建生产方式向资本主义生产方式的推进是有两条道路的，即“二重地进行的。生产者变成商人和资本家，而与农业的自然经济，与中世纪城市产业在行会中结合着的手工业相对立……或者是商人直接支配生产”①。这两种形式在丝织业中都曾存在过。张瀚的先祖“毅庵祖家道中微，以酤酒为业。成化末年，值水灾……因罢酤酒业，购机一张，织诸色纻币，备极精工。每一下机，人争鬻之，计获利当五之一。积两旬，复增一机，后增至二十余。商贾所货者，常满户外，尚不能应，自是家业大饶。后四祖继业，各富至数万金”②。这描写的是一个小机户逐渐积累成为拥有 20 余张织机的工场主。同样的例子在明代一部小说中也得以展现，这不能纯视为小说家之言，在一定意义上也是历史的记录。“且说嘉靖年间，这盛泽镇上有一人姓施名复……家中开张绸机，每年养几筐蚕儿，妇络夫织，甚好过活……施复是个小户儿，本钱少，织得三四匹，便去上市出脱……一日，已积了四匹……到个相熟行家来卖……照常织下的绸拿上市去，人看时光彩润泽，都增价竞买，比往常每匹平添钱多银子。因有这些顺溜，几年间就增上三四张绸机，家中颇为饶裕……欲要又添张机儿……恰好间壁邻家住着两间小房，连年因蚕桑失利……急切要把来出脱，正凑了施复之便……夫妻依旧省吃俭用，昼夜营运，不上十年，就长有数千金家事。又买了左近一所大房屋居住，开起三四十张绸机，又讨了几房家人小厮，把个家业收拾得十分完美。”③施复其人不一定是真人，但嘉靖年间正是明代商品经济较为发达的时期，盛泽又正是江南丝织业最发达的地方之一，在时间

① 马克思：《资本论》，第 3 卷，人民出版社 1975 年版，第 373 页。

② 〔明〕张瀚：《松窗梦语》卷六《异闻纪》，中华书局 1985 年版，第 119 页。

③ 〔明〕冯梦龙：《醒世恒言》卷一八《施润泽滩阙遇友》，时代文艺出版社 2001 年版，第 267—276 页。

地点上绝不是偶然的巧合。用文学的形式来反映的历史事实，是合乎情理的，这就是由小业主上升为工场主的历程。这种情形在江南是比较普遍的，所以张瀚又说，“余尝总览市利，大都东南之利，莫大于罗绮绢纻，而三吴为最……今三吴以机杼致富者尤多”①。

三是商人投资丝织工场，即“商人直接支配生产”的推移形式。丝织业由商人直接投资工场变成工场主的史料较少，在杭州塘栖镇上，“徽、杭大贾视为利之渊薮，开典、屯米、贸丝、开车者，骈臻辐辏，望之莫不称为财赋之地”②。徽商和杭商除了开米行经营典当贩卖丝绸外，也经营“开车”。“开车”是指开动缫丝机缫丝，也可指开动织机从事丝织。

四是有了自由雇佣者和劳动力市场。明苏州人蒋以化记曰：“我吴市民罔藉田业，大户张机为生，小户趁织为活。每晨起，小户百数人口，嗷嗷相聚玄庙（观）口听大户呼织，日取分金为饔飧计。大户一日之机不织则束手，小户一日不就人织则腹枵。两者相资为生久矣。”③又，据乾隆《苏州府志》卷三《风俗》云：“明万历苏民无积聚，多以丝织为生……工匠各有专能，匠有常主，计日受值。有他故，则唤无主之匠代之，曰唤代。无主者黎明立桥以待，缎工立花桥，纱工立广化寺桥，以车纺丝者曰车匠，立濂溪坊。什百为群，延颈相望，粥后散归。若机房工作减，则此辈衣食无所矣。”

根据上述四点，有了拥有大批脱离土地的自由雇佣劳动者，又有了拥有资金的商人或小业主逐渐积累资金，开设以技术分工为基础的作坊或工场，从事商品性的丝织生产，这种工场属于资本主义生产方式的一种萌芽形态，这更意味着在丝织业中已存在着资本主义的萌芽。以自由雇佣劳动为基础的，有技术分工、拥有较多劳动者于同一时间同一地点在同一雇主所开设的工场或作坊中劳动，这带有资本主义生产性质。由于它脱胎于封建制母体，并发育得不健全，我们才称之为资本主义的萌芽。马克思说：“资本主义生产，事实上是在这个地方开始，在这个地方，同一个资本同时雇用较多数的劳动者，以至劳动过程扩大了它的范围，而以较大的量的规模来供给生产物。较多数劳动者在同时在同地（或在同一工作场所），在同一资本家的命令下，生产同种商品，在历史上和在概念上都是资本主义生产的出发点。”④在丝织业中，这种工场无疑当可列入此范畴。

（二）棉织业

自从黄道婆从海南传入纺织技术和先进工具后，江南一带棉纺织业技术大有发展。

① 〔明〕张瀚：《松窗梦语》卷四《商贾纪》，中华书局 1985 年版，第 85 页。

② 〔清〕王同：《唐栖志》卷一八《事纪·纪风俗》引明人胡元敬《栖溪风土记》，孙忠焕主编《杭州运河文献集成》，杭州出版社 2009 年版，第 4 册，第 443 页。

③ 〔明〕蒋以化：《西台漫记》卷四《纪葛贤》，《续修四库全书》，上海古籍出版社 2002 年版，第 1172 册，第 53 页。

④ 马克思：《资本论》，第 1 卷，人民出版社 1953 年版，第 384 页。

絮棉与棉籽混粘在一起，黄氏传入踏车乃使絮棉去籽纺松卷纱。据《南村辍耕录》记："初无踏车椎弓之制，率用手剖去子，线弦竹弧置案间，振掉成剂，厥功甚艰"①。尔后新工艺采用"至于错纱配色，综线挈花，各有其法。以故织成被褥带帨，其上折枝、团凤，棋局、字样，灿然若写"。纱车已有三锭，提高了工效，"凡纺工能者一手握三管，纺于锭上"②。砑光技术也有所提高。

一是出现了名产品和专业生产区。棉织素以松江最著，浆染以芜湖为尚。棉织品种繁多，"而精线绫、三梭布、漆纱方巾、剪绒毯，皆为天下第一……要之，吾乡所出，皆切于实用，如绫布二物，衣被天下，虽苏杭不及也"③。名产还有标布、官布、云布、飞花布、丁娘子布、织花绒布、尤墩布、紫花布等。④ 苏州所产的药斑布、苎布、缣丝布、模花布、斜纹布、麻布、黄草布也很有名。⑤ 嘉定产紫花布、棉布、斜纹布、药斑布、棋花布、诸暨布、胜花纹布、丁娘子布。

外岗镇以产飞花布闻名，"纱细工巧"。岗尖布，"鲜妍可爱，他处不及"。

安亭镇产药斑布、高丽布、黄纱布、棋花布，还产黄纱花、线毯等。

殷家行、江湾出紫花布，"纱必匀细，工必良手"。

钱门塘产丁娘子布。

娄塘产斜纹布，"经直纬错，织成水浪胜子纹"。

南翔镇产扣布，"光洁而厚，制衣被耐久"。

真如产杜布，宝山产粉青布。

特别是药斑布在纺织、印染上都很有特色，"灰药涂布染青，俟干拭去，青白成文，有山水楼台人物花果鸟兽诸像"。还出现了混纺织品，如诸暨布是麻棉混纺品，缣丝布是"以苎兼丝织成，有极精细者"⑥。

二是棉织业中出现资本主义萌芽。棉织业大都分布于乡村中，以织助耕，具有副业生产性质，因此关于作坊或工场生产的史料较缺乏，但在棉织加工业和棉布再加工制造

① 〔元〕陶宗仪：《南村辍耕录》卷二四《黄道婆》，中华书局1959年版，第297页。

② 〔明〕宋应星：《天工开物》卷上《乃服第六・布衣》，潘吉星：《天工开物校注及研究》，巴蜀书社1989年版，第332页。

③ 〔明〕正德《松江府志》卷四《风俗》，《天一阁藏明代方志选刊续编》，上海书店1990年版，第5册，第213—214页。

④ 〔明〕崇祯《松江府志》卷七《风俗》，《日本藏中国罕见地方志丛刊》，书目文献出版社1991年版，第22册，第185—186页。

⑤ 〔明〕正德《姑苏志》卷一四《土产》，《天一阁藏明代方志选刊续编》，上海书店1990年版，第11册，第964—965页。

⑥ 〔清〕嘉庆《嘉定县志》卷三《物产》，《上海府县旧志丛书・嘉定县志》，上海古籍出版社2012年版，第1442页。

业中资本主义萌芽则较为明显。顾公燮说："前明数百家布号，皆在松江枫泾、洙泾乐业，而染坊、踹坊，商贾悉从之。"①这些染坊踹坊是布号的附属部分，布号商人收购了棉布，还需根据各地市场的需求再行加工，先染各种颜色，再经踹坊研光磨平，求得外观好，易出售，这就是商人投资加工业的商人资本与"产业资本"的结合。踹坊、染坊已具一定规模，并有一定技术分工，坊中多雇用一些有专门技术的工匠，"枫泾多布局，局中所雇染匠、砑匠，皆江宁人"②。这已具备了带有资本主义萌芽的性质。

在棉布加工品暑袜生产中，范濂《云间据目抄》卷二记："松江旧无暑袜店，暑间穿毡袜者甚众。万历以来，用尤墩布为单暑袜，极轻美，远方争来购之，故郡治西郊，广开暑袜百余家。合郡男妇皆以做袜为生，从店中给筹取值，亦便民新务。"这百余家暑袜店，又是以原料尤墩布供给"合郡男妇"加工成暑袜，然后收购其成品暑袜，这些加工者不管是城市居民或乡间农民，都是获取暑袜代工费的，这是包买商控制生产的一种形式，列宁认为是商人转向"工业资本"的一种形式，也是包买商与产业结合的最高形式。"在商业资本的最高形式下，包买主把材料直接分配给家庭手工业者，使其为一定的报酬而制作。家庭手工业者成了在自己家中为资本家工作的真正雇佣工人；包买主的商业资本在这里都转为工业资本"③。类似这样的情形在湖州、温州等地也存在。弘治前后，温州"贫家无棉花无苎麻者，或为人分纺分织，日不肯暇"。万历时，"永(嘉)之双线布，乐(清)之斜文布，独为他郡最，或有出男子所织者"④。他们从商人处领得棉花、苎麻，连日连夜赶纺赶织，一昼夜即成一匹，称为"鸡鸣布"，然后送到商人手中领取工钱和原料，已成为包买商的场外加工者。朱国祯《涌幢小品》记湖州情形是："往往商贾从旁郡贩棉花，列肆吾土。小民以纺织所成，或纱或布，侵晨入布，易棉花归，仍治而纺织之。明旦复持以易，无顷刻闲。纺者日可得纱四五两，织者日成布一匹"⑤。

(三)榨油业

明代浙江嘉兴府崇德县石门镇上，已经有了规模较大的榨油工场，万历十七年贺灿然的《石门镇彰宪亭碑记》载："(石门)镇饶米菽丝纩，商贾辐辏浮于邑……镇油坊可二十

---

① 〔明〕顾公燮：《消夏闲记摘抄》卷中《芙蓉塘》，引自谢国桢：《明代社会经济史料选编》(中)，福建人民出版社1980年版，第89页。

② 〔清〕光绪《重辑枫泾小志》卷一〇《拾遗》，《中国地方志集成》之《乡镇志专辑》，上海书店1992年版，第2册，第139页。

③ 列宁：《俄国资本主义的发展》，人民出版社1956年版，第299页。

④ 〔明〕弘治《温州府志》卷一《民事》，《天一阁藏明代方志选刊续编》，上海书店1990年版，第32册，第55页；〔明〕万历《温州府志》卷二《舆地下》，《四库全书存目丛书》，齐鲁书社1996年版，史部第210册，第516页。

⑤ 〔清〕雍正《浙江通志》卷一〇二《物产二》，中华书局2001年版，第5册，第2365页

家，杵油须壮有力者，夜作晓罢，即丁夫不能日操杵，坊须数十人，间日而作。镇民少，辄募旁邑民为佣。其就募者类赤身亡赖，或故髡钳而匿名避罪者，二十家合之八百余人，一夕作，佣直二铢而赢……镇不能废油坊之业，势不得不募工作，工作不能尽取之土著。”①这段史料很能说明问题，石门榨油作坊或工场规模很大，已有技术分工，一个工场约有 40 余名工匠，工匠是“赤身亡赖”，与雇主仅有雇佣关系，他们“千百为群，即坊主人亦畏之”。他们每天按日计工资，每日为二铢。全镇有 20 余家油坊，合计工匠约 800 余名，这个石门镇可说是一个榨油专业市镇。其原料与销路都在远方，“远方就市者众，亦称一熟。商人从北路夏、镇、淮、扬、楚、湖等地贩油豆来此作油做饼，又或转贩于南路。商人豆船皆集包角堰，谓之小瓜洲”②。从生产性质与规模来看都已具备了资本主义萌芽的性质。③

（四）造纸业

明代造纸业的发展盛况空前，浙江、福建、安徽、江西等地均大量生产纸张。江西铅山是造纸手工业的中心之一，此地多山多水，产竹，可以利用水漂竹料或用水碓舂纸料，故铅山多“以造纸为业”。特别是铅山县的石塘镇，“其地多宜于竹，水极清洌，纸货所出，商贾往来贩卖”。万历二十八年（1600 年）时，石塘已有“纸厂槽户不下三十余槽，各槽帮工不下一二千（应作十）人”④。纸业规模之大，可以想见。槽户要有一定资金才能设槽雇工经营纸业，纸都是供应市场的。帮工“皆系他方糊口之人，稍不如意，便率众停槽”⑤。浙江衢州地区的造纸业同样如此，据陆容《菽园杂记》记载：“衢之常山、开化等县人，以造纸为业。其造法，采楮皮蒸过，擘去粗质，糁石灰，浸渍三宿，蹂之使熟。去灰又浸水七日，复蒸之。濯去泥沙，曝晒经旬，舂烂，水漂，入胡桃藤等药，以竹丝帘承之。俟其凝结，掀置白上，以火干之。白者，以砖板制为案卓状，圬以石灰，而厝火其下也。”⑥由此可见其造纸技术已经达到了相当高的水平。

宋应星《天工开物·杀青篇》对于当时制造竹纸、皮纸等各种纸张的选料、配料和工艺等，都有较为细密的方法，这是历代造纸实践积累丰富经验的结果。当时纸的品种类

① 〔明〕靳一派修，明李太冲、张洪儒纂：《崇德县志》卷七《纪文》，明万历三十八年（1610 年）刻本。

② 〔明〕靳一派修，明李太冲、张洪儒纂：《崇德县志》卷一二《外纪》，明万历三十八年（1610 年）刻本。

③ 陈学文：《关于石门镇榨油业的调查》，载《中国社会经济史研究》1989 年第 1 期

④ 〔清〕康熙《铅山县志》卷一《舆地志》，《中国方志丛书》（华中地方）第 908 号，成文出版社 1989 年版，第 45 页；〔明〕万历二十八年陈九韶《封禁条议》，转引自乾隆《上饶县志》卷八《封禁考略》，乾隆九年刻本。

⑤ 〔清〕康熙《铅山县志》卷一《舆地志》，《中国方志丛书》（华中地方）第 908 号，成文出版社 1989 年版，第 46 页。

⑥ 〔明〕陆容：《菽园杂记》卷一三，中华书局 1985 年版，第 157 页。

别较多，达100多个。除明初承元余绪，有过少量的黄白麻纸外，主要分绵纸、竹纸两类。绵纸以桑皮为主料，竹纸则采用竹子的纤维为原料。皖南的宣纸，江西的连史纸、毛边纸以及福建的玉扣纸都是明代有名的文化用纸。胡应麟在《少室山房笔丛》中述及当时的纸品质量高下时说："凡印书，永丰绵纸为上，常山柬纸次之，顺昌书纸又次之，福建竹纸为下。绵贵其白且坚，柬贵其润且厚，顺昌坚不如绵、厚不如柬，直以价廉取称。闽中纸短窄黧脆，刻又舛讹，品最下而直最廉，余筐箧所收，什九此物，即稍有力者弗屑也。近闽中则不然，以素所造法演而精之，其厚不异于常而其坚数倍于昔，其边幅宽广亦远胜之，价直既廉而卷帙轻省，海内利之，顺昌废不售矣。余他省各有产纸，余弗能备知。大率闽、越、燕、吴所用刷书，不出此数者。"①

明代刻书，早期常见用白、黄绵纸，嘉靖、隆庆间用白绵纸多，也有少量竹纸印本，晚明则多用竹纸。一般来说，嘉靖之前的绵纸质佳，纸质莹洁，有如玉版，韧性亦佳；隆庆之后，所制则较为粗厚。竹纸薄且易老化，但绝少虫蛀。明谢肇淛说："国初用薄绵纸，若楚、滇所造者，其气色超元匹宋；成、弘以来渐就苟简，至今日而丑恶极矣！"②所谓"丑恶极矣"，指的就是竹纸。相对于绵纸而言，竹纸质较次而价亦廉。明中叶之后，私人刻书勃兴，书坊为降低成本而用竹纸，是图书商品化的必然结果③。

（五）瓷器制造业

瓷器以江西景德镇最盛，王宗沐说："景德镇民以陶为业，弹丸之地，商人贾舶与不逞之徒皆聚其中"④；"佣工皆聚四方无籍游徒，每日不下数万人"⑤。一窑分工很细，至少有数十人，工匠来自附近，以获取工资维生，这些佣工来去自由，以技售值，"工兴则挟佣以争，工毕则鸟兽散"⑥。这里也是以资本主义的生产方式来经营民窑的⑦。

---

① 〔明〕胡应麟：《少室山房笔丛》卷四《经籍会通四》，中华书局1959年版，第57页。

② 〔明〕谢肇淛：《五杂组》卷一三，《续修四库全书》，上海书店出版社2001年版，第1130册，第608页。

③ 章宏伟：《论明代杭州私人刻书的地位》，载中国印刷技术协会编：《第七届中国印刷史学术研讨会文集》，2010年8月版。

④ 〔明〕万历《江西省大志》卷七《陶书》，《中国方志丛书》（华中地方）第779号，成文出版社1989年版，第911页。

⑤ 〔明〕萧近高：《参内监疏》，引自熊寥、熊微编注：《中国陶瓷古籍集成》，上海文化出版社2006年版，第92—93页。

⑥ 〔明〕王世懋：《饶南九三府图说》，《丛书集成初编》本，中华书局1985年版，第6页。

⑦ 梁淼泰：《明清景德镇城市经济研究》，江西人民出版社1991年版，第18—19页。

1985 年江西省景德镇市珠山御窑遗址出土的明宣德年间青花方流直颈壶

1986 年江西省景德镇市珠山御窑遗址出土的明成化年间斗彩龙纹小杯

1994 年江西省景德镇市珠山御窑遗址出土的明成化年间斗彩海怪纹天字盖罐

1994 年江西省景德镇市珠山御窑遗址出土的明洪武年间明代青花缠枝莲纹直口大碗

1999 年江西省景德镇市珠山御窑遗址出土的明永乐年间青花云龙纹爵及山盘

2003 年江西省景德镇市珠山御窑遗址出土的明永乐年间青花釉里红云龙纹梅瓶

五、城镇经济的发展

明代城镇经济比之两宋有了很大的发展，主要是由于明代城乡商品经济有了较高程度的发展，社会分工进一步扩大，水陆交通便利，商业和商业资本十分繁荣，这都对城市、市镇经济的发展起了推动、促进作用。宋应星《天工开物·序》中说："幸生圣明极盛之世，滇南车马纵贯辽阳，岭徼宦商横游蓟北。为方万里中，何事何物不可见见闻闻。"①明代长江流域的城市分布于沿长江、运河的两大水系上，王士性列举天下著名码头及其商品，其中大都分布在长江流域内："天下码头，物所出所聚处。苏、杭之币（帛），淮阴之粮，

① 〔明〕宋应星：《天工开物》卷序，潘吉星：《天工开物校注及研究》，巴蜀书社 1989 年版，第 208 页。

维扬之盐，临清、济宁之货，徐州之车赢，京师城隍、灯市之骨董，无锡之米，建阳之书，浮梁之瓷，宁、台之鲞，香山之番舶，广陵之姬，温州之漆器。”①著名者有南京、扬州、苏州、杭州、武昌、成都、南昌等。张瀚曰：“南则巴蜀……而成都其会府也。䌛、叙、重、夔，唇齿相依，利在东南，以所多易所鲜……大江以南，荆楚当其上游，鱼粟之利，遍于天下……其地跨有江汉，武昌为都会。郧、襄上通秦、梁、德、黄，下临吴越，襟顾巴、蜀，屏捍云、贵，郴、桂通五岭，入八闽。其民寡于积聚，多行贾四方。四方之贾，亦云集焉。沿大江而下为金陵，乃圣祖开基之地。北跨中原，瓜连数省，五方辐辏，万国灌输。三服之官，内给尚方衣履，天下南北商贾争赴。自金陵而下控故吴之墟，东引松、常，中为姑苏。其民利鱼稻之饶，极人工之巧，服饰器具，足以炫人心目，而志于富侈者争趋效之。庐、凤以北，接三楚之旧，苞举淮阳。其民皆呰窳轻弥，多游手游食……自安、太至宣、徽，其民多仰机利，舍本逐末，唱棹转毂，以游帝王之所都，而握其奇赢。休、歙尤夥，故贾人几遍天下……杭州其都会也……桑林遍野，茧丝䌛苎之所出，四方咸取给焉。虽秦、晋、燕、周大贾，不远数千里而求罗绮缯币者，必走浙之东也……古南昌为都会……九江据上流，人趋市利。南饶、广信，阜裕胜于建、袁，以多行贾。而瑞、临、吉安，尤称富足……（滇南）会城之中，土沃饶食，不待贾而贾恒集，以丹砂朱汞金碧珍贝之所产也。”②张瀚这段话大体已勾画出长江流域的主要城市概貌。

明代中国城市化的趋势已有一个显著的新动向，大中城市基本上已趋定型化，保持着原貌而变化不大；代表着城市化前进的方向则开始转向中小城镇，特别是市镇的大量勃兴发展。赵冈在《论中国历史上的市镇》一文中指出：“两宋以后，大中城市的发展完全停顿，城市化的新方向转到市镇。”③大中城市基本稳定，变化不大，但不是完全停顿。牟复礼（F. W. Moto）也说：“中国工业主义滥觞于各市镇，而不在大城邑。”④所以我们研究明代城市经济的发展时应把侧重点转移到市镇方面去。

（一）主要城市的概况

一个城市的繁荣离不开商业，马克思说：“商业依赖于城市的发展，而城市的发展也要以商业为条件。”⑤而商业的发展与交通、人口、物产等密切相关。明代长江流域的城市，主要有成都、武汉、南昌、南京、上海、杭州、苏州、扬州、镇江、荆州等。其中，尤以苏、杭两城最为繁荣。这两个城市位于江南平原，大运河南北贯流，周边水网密布，水陆交通

① 〔明〕王士性：《广志绎》卷一《方舆崖略》，中华书局1981年版，第5页。
② 〔明〕张瀚：《松窗梦语》卷四《商贾纪》，中华书局1985年版，第82—85页。
③ 赵冈：《论中国历史上的市镇》，《中国社会经济史研究》1992年第2期。
④ 转引自《民生的开拓》，生活·读书·新知三联书店1992年版，第333页。
⑤ 马克思《资本论》，见《马克思恩格斯全集》，第25卷，第371页。

十分畅达。据明代《士商要览》所列 100 条交通路线，其中有 6 条是以苏州为起点。它为江南富庶之所在，人口密集，商旅往来频繁。

1. 南京

南京是长江下游一大城市，明初曾建都于此，成祖迁都北京后成为留都。城内工商业繁荣，吸引了各地商人至此贸易。顾起元说："自大中桥而西，繇淮清桥达于三山街、斗门桥以西，至三山门，又北自仓巷至冶城，转而东至内桥、中正街而止，京兆赤县之所弹压也，百货聚焉。其物力，客多而主少。京魁駔侩，千百嘈杂其中。"①吴敬梓《儒林外史》描写道："城里九十条大路、四百条小巷都是人烟稠集，金粉楼台。"各地商人会汇金陵，纷纷设立会馆，"金陵五方杂处，会馆之设，甲于他省……新安在马府街，洞庭在徐家巷，崇明在江东门"②。

《南都繁会图》充分展示了南京繁华的景象

大市为人货所集。明初建立街巷，百工货物买卖，各有区肆。自三山街至斗门桥，为果子行；大中桥、北门桥、三牌楼等处，也是大市集，买卖鱼肉蔬菜之类；铁作坊一带，为买卖铜铁器之处；笪桥南，为皮市；三山街口，旧西内之南，为鼓铺；轿夫营，为履鞋铺；武定桥之东，为帘箔铺；应天府街之西，为伞铺；弓箭坊一带，专卖弓箭；南面的钞库街，北面的木匠营，为木器铺。③

2. 苏州

明代苏州为江南最大的城市之一，风景优美，物产丰饶，经济十分繁荣，昼夜不息，全

① 〔明〕顾起元：《客座赘语》卷一《风俗》，中华书局 1987 年版，第 26 页。
② 〔清〕甘熙：《白下琐言》卷二，南京出版社 2007 年版，第 24 页。
③ 〔明〕顾起元：《客座赘语》卷一《市井》，中华书局 1987 年版，第 23 页。

国各地客商会聚至此。海陆珍宝，如纱罗绫缎、金银珠玉，百工技艺，富商大贾，全都荟萃于苏州。尤其是阊门、码头之间，“楚商闽舶，辐辏云集”①。“自吴阊至枫桥列市二十里。”②商店林立，商旅充盈于市。王世贞说：“今天下之称繁雄郡者，毋若吾郡；而其称繁雄邑者，亦莫若吴邑。吴固东南大郡会也，亡论财赋之所出，与百工淫巧之所凑集，驵侩诪张之所倚窟。”③明成化间，莫旦记苏州：“列巷通衢，华区锦肆，坊市綦列，桥梁栉比……货财所居，珍异所聚。”④弘治间，朝鲜人崔溥目见：“苏州……控三江、带五湖，沃野千里，士夫渊薮，海陆珍宝，若纱罗绫缎，金银珠玉，百工技艺，富商大贾，皆萃于此。自古天下以江南为佳丽地，而江南之中，以苏杭为第一州，此城尤最。”⑤“苏州为江南首郡，财赋奥区，商贩之所走集，货财之所辐辏。”⑥到万历时，苏州更是达到鼎盛，“财赋粤区，商贩之所走集，货财之所辐辏，游手游食之辈，异言异服之徒，无不托足而潜处焉。名为府，其实一都会也”。郑若曾说：“天下财货莫(不)聚于苏州，苏州财货莫(不)聚于阊门。”“凡四方难得之货，靡所不有，过者烂然夺目，枫桥尤为商舶渊薮，上江诸郡及各省菽粟棉花贸易咸聚焉。南北往来停桡解维俱于此。”⑦唐寅有诗：“翠袖三千楼上下，黄金百万水西东。五更夜市何曾绝，四远方言终不同。”其繁华之流风影响到全国。张瀚曰：“吴制服而华，以为非是弗文也；吴制器而美，以为非是弗珍也。四方重吴服，而吴益工于服；四方贵吴器，而吴益工于器。是吴俗之侈者愈侈，而四方之观赴于吴者，又安能挽而之俭也？”⑧

商贸市场的发展，促进了商品的生产。“商业资本的任何一种发展，会促使生产越来越具有以交换价值为目的的性质，促使产品越来越转化为商品。”“商业和商业资本的发展，到处都是生产朝着交换价值的方向发展，使生产规模扩大。”⑨于是苏州的丝织业迅猛发展，丝织工场遍布。“以杼轴冠天下”⑩。苏州府诸县、市也盛产丝绸，冯梦龙描写曰：“络纬机杼之声，通宵彻夜。那市上两岸绸丝牙行，约有千百余家，远近村坊织成绸布，俱

---

① 崔溥著、葛振家点注：《漂海录》卷二，社会科学文献出版社1992年版，第108页。

② 〔明〕崇祯《吴县志》序，上海图书馆珍藏崇祯十五年刻本。

③ 〔明〕王世贞：《弇州四部稿·弇州续稿》卷二八《送吴令湄阳传君入觐序》，见《景印文渊阁四库全书》集部第1282册，台北“商务印书馆”1986年版，第373页。

④ 〔明〕莫旦：《苏州赋》，见康熙《苏州府志》卷二。

⑤ 〔朝鲜〕崔溥：《漂海录》卷二，转引韩大成《明代城市研究》修订本，中华书局2009年版，第62页。

⑥ 〔明〕万历《镇吴录》，转引韩大成《明代城市研究》修订本，中华书局2009年版，第62页。

⑦ 〔明〕郑若曾：《江南经略》卷二上《枫桥险要说》，《景印文渊阁四库全书》，台北“商务印书馆”2008年版，第728册，第104页。

⑧ 〔明〕张瀚：《松窗梦语》卷四《百工纪》，中华书局1985年版，第79页。

⑨ 马克思：《资本论》，见《马克思恩格斯全集》，第25卷，第365—366、371页。

⑩ 〔明〕申时行：《赐闲堂集》卷一二《赠长洲江侯考绩驰封序》，《四库全书存目丛书》集部第134册。

到此上市，四方商贾来收买的蜂攒蚁集，挨挤不开，路途无伫足之隙。”①成化、弘治之后，“盛泽、黄溪四五十里间，居民乃尽逐绫绸之利”②。苏州就成为全国最大的丝绸市场，“丝绸之利日扩，南北商贾咸萃”③。“两京各省商贾所集之处，又有南北濠上下塘，为市尤繁盛。”④也吸引各地商贾辏集于苏州。艾纳居士《豆棚闲话》第三则《朝奉郎挥金倡霸》：“那平江是货物码头，市井热闹，人烟凑集。开典铺的甚多。”苏州周边有 23 个镇、22 个市，若吴江县盛泽镇，“居民乃尽逐绫绸之利”。

明佚名《沈周像》

苏州还是一个美丽的江南旅游城市，吸引国内外众多游客。利玛窦记曰：“以它的繁荣富饶，以它的人口众多和以使一个城市变得壮丽所需的一切事物而闻名。……城内到处是桥，虽很古老，但建筑美丽。”⑤当时多少文人名士徜徉于此，结社唱吟，号称“士夫渊薮”。明代苏州大才子唐寅、祝允明、文徵明、仇英、沈周辈皆以苏州为中心，吟诗作画，称雄江南⑥。

3. 杭州

明代杭州是江南名城，风景优美，交通畅达，工商业发达，是与苏州并称的江南商业中心。史载其地“为天下南北之要冲，四方辐辏，百货毕集”⑦。明代王士性《广志绎》载：“杭州省会，百货所聚。其余各郡邑所出，则湖之丝，嘉之绢，绍之茶之酒，宁之海错，处之磁，严之漆，衢之橘，温之漆器，金之酒，皆以地得名。惟吾台少所出，然近海，海物尚多错聚，乃不能以一最佳者擅名。”⑧时人曾将杭州与两京、闽、广并称。成、弘间，“物产之富……商贾货财之聚，为列郡雄”⑨。隆万间(1567—1620)，已“舟航水塞，车马陆填，百货之委，商贾贸迁”⑩。万历间，城市经济呈现出空前的繁荣景象。正如万历《杭州府志》所

① 〔明〕冯梦龙：《醒世恒言》卷一八《施润泽滩阙遇友》。

② 〔清〕乾隆《吴江县志》卷三八《生业》。

③ 〔明〕弘治《吴江县志》卷二上，上海图书馆珍藏薛氏邃汉斋钞本。

④ 〔明〕正德《姑苏志》卷一八，《景印文渊阁四库全书》本。

⑤ 〔意大利〕利玛窦：《利玛窦中国札记》第四卷第四章，中华书局 1983 年版。

⑥ 按：历来称吴中四子者为唐寅、文徵明、祝允明、徐祯卿，称明四家者为唐寅、沈周、文徵明、仇英。这些名士都是苏州籍，以苏州为活动中心。

⑦ 〔明〕陆楫：《蒹葭堂稿》卷六，明嘉靖四十五年陆郯刻本，第 37 页。

⑧ 〔明〕王士性：《广志绎》卷四，中华书局 1981 年版，第 67 页。

⑨ 〔明〕成化《杭州府志》，夏时正序，《四库全书存目丛书》，史部第 175 册，齐鲁书社 1996 年版，第 3 页。

⑩ 〔明〕万历《杭州府志》卷三五《全浙风俗》。文渊阁《四库全书本》。

说："今民居栉比，鸡犬相闻，极为繁庶。"[①]据当时的文献记载，是时杭州"舟航水塞，车马陆填，百货之委，商贾贸迁，珠玉象犀，南金大贝，珠儒雕题，诸藩毕萃，既庶且富"[②]。人口也迅速增长到百万之众。对此，江山杨魁不禁赞美说："(杭州)城有四十里之围，居有数百万之众。"[③]李长卿也云："武林生聚繁茂，盖以列郡之期会至者，殊方之懋迁至者，奚翅二三百万，即以百万计之，日食米万石。"[④]王士性说："杭城北湖州市，南浙江驿，咸延袤十里，井屋鳞次，烟火数十万家，非独城中居民也。又如宁、绍人什七在外，不知何以生齿繁多如此。"[⑤]"嘉靖七年，奏定门摊客货不税，苏松常镇四府皆然，于是商贾益聚于苏州，而杭州次之。"[⑥]"舟车所辏，湖山所环，其四方之游士贾客，肩摩踵蹑"[⑦]。

杭州城内店肆林立，延亘数十里，各地商品荟萃于此，市场通向全国。据聂心汤目击："入钱塘境，城内外列肆几四十里，无咫尺瓯脱，若穷天罄地，无不有也。……五方辐辏，无窳不售。盖物盛所聚，何必自其地产哉！"[⑧]城内商业区分布有序，官巷口为花市，炭桥为药材市，北关门外、卫桥为米市，候潮门外为鱼、猪市，还有布珠市等。[⑨] 府城内有寿安坊市、清河坊市、文锦坊市、塔儿头市、东花园市、众安桥市、盐桥市、褚堂市等 8 处市镇，特别是寿安坊市，府市之盛，唯此为最。嘉靖《仁和县志》卷一载寿安坊市"夜则燃灯秉烛以货，烧鹅、煮羊一应糖果面米市食"[⑩]。府城外有嘉会门市、沙田市、夹城巷市、宝庆桥市、德胜桥市、石灰坝市、江涨桥市、北新桥市等 14 处市镇。其中，湖墅市已扩大到地方十里、人口数十万的商业区。时人王士性《广志绎》认为明代湖墅一辖区已远胜北方一郡邑："杭城北湖州市、南浙江驿，咸延袤十里，井屋鳞次，烟火数十万家，非独城中居民

① 〔明〕陈善等修：万历《杭州府志》卷一九《风俗》，成文出版社有限公司 1983 年明万历七年刊本影印，第 1365 页。

② 〔明〕陈善等修：万历《杭州府志》卷三三《城池》，成文出版社有限公司 1983 年明万历七年刊本影印，第 2480 页。

③ 〔明〕陈善等修：万历《杭州府志》卷三三《城池》，成文出版社有限公司 1983 年明万历七年刊本影印，第 2490 页。

④ 〔明〕李鼎：《李长卿集》卷一九《借箸编·早计第一》，万历四十年豫章李氏家刻本。

⑤ 〔明〕王士性：《广志绎》卷四《江南诸省·浙江》，载周振鹤点校《王士性地理书三种》，上海古籍出版社 1993 年版，第 326 页。

⑥ 〔明〕壮游子纂：《水陆路程》卷七，万历四十五年刻本，日本尊经阁文库藏。

⑦ 〔明〕章潢：《图书编》卷三八《全浙习俗》，《景印文渊阁四库全书》，台北"商务印书馆"2008 年版，第 969 册，第 799 页。

⑧ 〔明〕万历《钱塘县志·纪疆》，《武林掌故丛编》第 16 册，清光绪十九年刻本。

⑨ 〔明〕嘉靖《仁和县志》卷一；万历《杭州府志》卷三四。

⑩ 〔清〕翟灏《艮山杂志》卷二载："仁和有枸橘衖市、白石庙市、沙河沿市、新塘市、彭家埠市，俱在艮山门外。所聚食货，不亚于沙田夹城。"载孙忠焕主编：《杭州运河文献集成》，杭州出版社 2009 年版，第 2 册，第 647 页。

也。……而河北郡邑乃有数十里无聚落，即一邑之众，尚不及杭城南北市驿之半者。”① “北郭湖州市：武林门外，自夹城巷街北连左家桥街至归锦桥，街东西两带，凡南北货物多集于此”。② 明人陈玄锡说得较为具体，从“武林门外至北新关为湖墅。湖墅地方十余里，而居民稠密，市舶檥聚，一大都会也。关以东为河塍，河塍为各省通衢，较西街而便，车蹄辐辏”③。北新关附近形成了热闹非凡的商业贸易区，“百物辐辏，商贾云集，千艘万舳，往回不绝。东南财赋之乡，此其征也”④。“凡郭门之外皆曰关，武林门在城北，故门以外皆称北关。以清湖闸上为上关门，闸下为下关门。盖水陆辐辏之所，商贾云集。每至夕阳在山，则樯帆卸泊，百货登市，故市不于日中，而常至夜分。且在城闉之外，无金吾之禁，篝火烛照，如同白日。凡自西湖归者，多集于此。熙熙攘攘，人影杂沓，不减元宵灯市，洵熙时之景象也”。⑤ “北关夜市”成为钱塘八景之一。通过这些市场，杭州的商品远销海内外，姚叔祥说：“室必布席，杭之长安织也；妇女须脂粉、扇、漆，诸工须金银箔，悉武林造也。”⑥

明政府在杭州设立北新关、南新关，征收船科商税。仅北新关税额，弘治元年（1488年）为银4000两，嘉靖二十二年为34975两2钱5分6厘8毫；万历三十九年（1611年）为49700两。⑦ 从这些税额的增加也可看出杭州商业的发展。

杭州的手工业也很发达，诸县皆以产丝绸闻名，“虽秦晋燕周大贾，不远数千里而求罗绫缯帛者，必走浙之东也”⑧。丝绸工场、作坊遍布。若仁和“迄今一乡之人皆织绫绵为业”⑨。丝绸销向全国，曾德昭说：“它的物产是丝绸，无论生丝还是成品，也不管是茧还是原料，都运往各地。”⑩

杭州、苏州、福建为明代三大刻印书业中心，杭州书肆集中于镇海楼外、涌金门内、弼

---

① 〔明〕王士性：《广志绎》卷四《江南诸省·浙江》，载周振鹤点校《王士性地理书三种》，上海古籍出版社1993年版，第326页。

② 〔明〕陳讓、夏時正纂修：成化《杭州府志》卷三《封畛三》，明成化刻本。

③ 〔明〕陈玄锡：《北关修筑荆街记》（万历四十六年），〔清〕佚名：《北新关志丛钞》，孙忠焕主编：《杭州运河文献集成》，杭州出版社2009年版，第1册，第25页。

④ 〔清〕许梦闳：《北新关志》卷首《北新关四境图说》，孙忠焕主编：《杭州运河文献集成》，杭州出版社2009年版，第1册，第78页。

⑤ 〔清〕李卫修：《西湖志》卷三《名胜一·北关夜市》，王国平主编：《西湖文献集成》，杭州出版社2004年版，第4册，第230页。

⑥ 〔明〕姚士麟：《见只编》（上），《丛书集成初编》本，中华书局1985年版，第51页。

⑦ 〔清〕沈翼机等：《浙江通志》卷八六《榷税》，清乾隆元年重修本，台湾华文书局1967年影印“中国省志汇编”本，第1466—1467页。

⑧ 〔明〕张瀚：《松窗梦语》卷四《商贾记》，中华书局1985年版。

⑨ 〔明〕嘉靖《仁和县志》卷三，《武林掌故丛编》第17集。

⑩ 曾德昭：《大中国志》，上海古籍出版社1998年版，第15页。

教坟、清河坊一带。杭州的锡箔制品名播全国，在孩儿巷、贡院后、万安桥一带，“制造者不下万家，三鼓则万手雷动，远自京师列郡皆取给焉”。文物古董、珍宝也很畅销，“三代八朝之骨董，蛮邦闽貊之珍异皆集焉”。①。

杭州环境幽美，风景秀丽，湖光山色佳秀，与苏州合称“人间天堂”，是旅游胜地，吸引了国内外众多旅游者。史载这里“舟车所凑，湖山所环，其四方之游士贾客，肩摩踵蹑”②。王士性记曰：“西湖业已为游地，刚细民所籍为利，日不止千金。……杭城北湖州市，南浙江驿，咸延袤十里，井屋鳞次，烟火数十万家，非独城中居民也。”自明正德以来外国传教士、旅行家、商人、游客纷来沓至。西班牙人门多萨记：“在街道上，彼此相隔一定的距离，筑有很多的极漂亮的牌坊，那是用石修筑，按古罗马的式样奇妙地装饰。他们的房屋一般有三道门，中间是大门，其余的要小些，但极其协调。”③他们对杭城的河湖桥很感兴趣，“每一条河，街上都造有非常好的桥通行，中是则是繁忙的船只来往，驶向各处。”④对于西湖，更是欣赏，曾德昭记：“西湖，它是世界奇景之一，四周有 30 里，合 6 英里，其中筑有优良的宫庭，覆盖着青草，植物和树林，美丽的山峰，围绕这些宫庭，潺潺流水，从一头进水，另一头流出。水之清澈令人乐于观赏，湖底细沙纤毫悉睹。湖上有铺石道路任行人随意玩乐通行，备有小艇，供休歇宴乐之用，船舱或头舱，设有厨房，中间地方作厅室用。上层是妇女居所。……这类船其色彩和镀金形式，奇特而且多样化，航行设备很完善，不致遭受水淹。”他还很仔细地观察了杭州特产丝绸，“它的特产是丝绸，无论生丝还是成品，也不管是茧还是原料，都运往各地”⑤。

4. 成都

成都是沿长江的大城市，是四川的中心城市。成都城市手工业以生产蜀锦、蜀纸著名。蜀锦“名天下”，设有官织染局，为督造蜀锦贡品，民“多工巧，绫锦丝缕之物被天下”。成都的刻书业也是全国闻名，“招致天下名刻书佣集成都，故蜀多巧匠”⑥。仿制的薛涛笺是上好的诗笺。蜀丝产量多。成都附近所产的蒙山茶、峨眉茶等都在成都集散，商业十分繁盛。如大圣寺附近是成都商业贸易中心，“据阛阓之腹，商列贾次，茶炉药榜，篷占筵

① 〔明〕张岱：《陶庵梦忆》卷七《西湖香市》，上海古籍出版社 1982 年版。

② 章潢：《图书编》卷三五《全浙风俗》，文渊阁《四库全书》本。

③ 〔西班牙〕门多萨《中华大帝国史》，中华书局 1998 年版，第 25 页。

④ 〔葡萄牙〕费尔南·门德斯·平托：《葡萄牙人在华见闻录》，海南出版社、三环出版社 1998 年版，第 97 页。

⑤ 〔葡萄牙〕曾德昭：《大中国志》，上海古籍出版社 1998 年版，第 15—16 页。

⑥ 〔清〕嘉庆《华阳县志》卷四四《杂识》，《四川历代方志集成》第二辑，国家图书馆出版社 2015 年版，第 8 册，第 731 页。

等，倡优杂戏之类，全集其中”①。

5. 武昌、汉口

武昌在明代是长江航线上一个大城市，是湖广的中心城市。长江的商船麇集于此转销各种货物，“商船四集、货物纷华”②，盛于明中叶以后，刘继庄《广阳杂记》卷四中认为可与北京、苏州、佛山媲美。

“汉口不特为此省咽喉，而云贵、四川、湖南、广西、陕西、河南、江西之货皆于此焉转销输”。列为“天下四聚”③。孙加淦记汉口“水陆之冲，舟车辐辏，百货所聚，商贾云屯，其山川之雄壮，民物之繁华，南北两京而外，无过于此”④。

6. 扬州

扬州是沿运河的商业城市，是漕粮、淮盐的转运中心之一。“皆四方贾人，新安贾最盛，关陕、山西、江右次之，土著十一而已”⑤。其中盐商最众。宋应星说：“商之有本者，大抵属秦、晋与徽郡三方之人。万历盛时，资本在广陵不啻三千万两。”本地人也善商，嘉靖《维扬志》卷一一说：“国朝江都为江淮之要冲，民俗善商……四方客旅，杂寓其间。人物富盛，为诸邑最。”

扬州以漆器业著名，扬漆工艺精致，遐迩闻名。

7. 荆州

荆州商业的发展，到明末达到了极盛。据刘献廷的记载，荆州沙市，明末极盛之时，“列巷九十九条，每行占一巷。舟车辐辏，烦盛甲于宇内”，⑥其盛大有超过北京、苏州之势。

（二）市镇的发展

1. 市镇的概况

明代是长江流域市镇大发展的时期，特别是在长江三角洲一带市镇大量勃兴、发展。如苏州吴江县，弘治间为3市4镇，嘉靖间为10市4镇，崇祯间为10市17镇。嘉定县：正德间为15个市镇，万历间为3市17镇。常熟县：正德间为14个市镇，嘉靖间为22个

① 侯溥：《寿宁院记》，见《巴蜀佛教文献集成》，巴蜀书社2004年版，第116—117页。

② 〔清〕康熙《汉阳府志》卷一《舆地志》，引《旧志》，清康熙八年刻本。

③ 〔清〕刘献廷：《广阳杂记》卷四，中华书局1957年版，第193页。

④ 孙加淦：《南游记》，见贺长龄：《清经世文编》卷六《学术六》，清光绪十二年思补楼重校本。

⑤ 〔明〕万历《扬州府志》卷一《郡县志上》，《北京图书馆古籍珍本丛刊》，书目文献出版社1998年版，第25册，第34页。

⑥ 〔清〕刘献廷：《广阳杂记》卷四，中华书局1957年版，第200—201页。

市镇。

又如杭嘉湖苏松的市镇，发展更为迅猛，这从下表中可以清楚地看出：

年代	宋	元	明	清
杭州府	30	/	69	130
嘉兴府	/	20	33	42
湖州府	18	/	22	37
苏州府	/	/	95	146
松江府	/	/	62	95

2. 典型市镇

在长江中下游和东南沿海一带众多市镇中，知名的有江西的樟树镇，苏州的盛泽镇、震泽镇，嘉兴的濮院镇、江泾镇，湖州的双林镇、菱湖镇，松江的枫泾镇、朱泾镇、朱家角和杭州的塘栖镇等。

(1)江西樟树镇。在江西丰城、清江之间，烟火数万家，这里是川陕诸省中药材的集散地。王士性说："樟树镇在丰城、清江之间，烟火数万家，江、广百货往来与南北药材所聚，足称雄镇。"①

(2)景德镇。景德镇是江西东北部大镇，为唐宋以来陶瓷生产专业市镇，有瓷都之誉。冯梦龙描写该镇："镇上白姓都以烧造瓷窑为业，四方商贾，都来载往苏杭各处贩卖。"②时人诗曰："陶舍重重倚岸开，舟帆日日蔽江来。"③景德镇以烧窑做陶瓷为业，民窑日佣达数万人，从技术分工、雇佣关系来看都已具有若干资本主义萌芽的气息。

清佚名绘《陶器生产过程图册·成坯入窑》

(3)盛泽镇。盛泽镇为苏州府吴江县一市镇，明初仅是一个只有 50～60 家的村落。成化间"居民附集，商贾渐通，后遂成镇"。弘治间"丝绸之利日扩，南北商贾咸萃"④。到嘉靖间人口倍增，以织"绫绸为业，始称为市"，成为丝织业专业生产与丝绸销售的市镇。冯梦龙《醒世恒言》说："镇上居民稠广，土俗淳

① 〔明〕王士性：《广志绎》卷四《江南诸省》，中华书局 1981 年版，第 85 页。
② 〔明〕冯梦龙：《醒世恒言》卷三四《一文钱小隙造奇冤》，时代文艺出版社 2001 年版，第 529 页。
③ 〔清〕康熙《浮梁县志》卷一《舆地志》，清康熙十二年增修本。
④ 〔明〕莫旦纂：《吴江县志》卷二《沿革》，弘治元年(1488 年)刊印。

朴，俱以蚕桑为业。男勤女谨，经纬机杼之声，通宵彻夜。那市河两岸，绸丝牙行，约有千百余家。远近村坊织成绸匹，俱到此上市。四方商贾来收买的，蜂攒蚁集，挨挤不开，路途无停足之隙；乃出锦绣之乡，积聚绫罗之地。江南养蚕所在甚多，惟此镇处最盛。”①明人周灿有诗：“吴越分歧处，青林接远树。水乡成一市，罗绮走中原。尚利民风薄，多金商贾尊。人家勤织作，机杼辄晨昏。”②

(4)瓜洲镇。瓜洲镇位于扬州府，晋时已建，盛于唐宋，介于镇江与南京之间，为七省咽喉。镇周 3 千米，滨江，是漕运的渡口，“商贾繁盛，居民殷阜，第宅蝉联，甲于扬郡”③。多牙侩，“瓜洲拥大江，引吴会飞挽，万货纷集，居民悉为牙侩”④。

(5)平望镇。平望为苏州府吴江县的巨镇，在苏州南 20 千米，有“小枫桥”之称。洪武时“为八省通衢，冲繁最剧，地方三里，居民千家，百货凑集如小邑。然成、弘以来尤盛……耕桑食货熙攘盈繁，屹为吴江巨镇。万历中置关，以榷商”⑤。宣德时“甍栋鳞次，商舶之走集无虚日，廛市幢幢，罗络旁午，实东吴之胜地也”⑥。吴涵说嘉靖间，“市廛辐辏，鱼米充盈”⑦，已是江南著名的米市，“居民日增，货物益备，而米及豆麦尤多，千艘万舸，远近毕集，俗以枫桥目之”⑧。

(6)许市镇。浒墅关在苏州西北 12.5 千米，靠着运河，以产草席著名。当地方志曰：“吴中草席自昔著名天下，浒墅乡村妇女织席者十之八九……席草之市，席机之匠，惟浒墅有之……凡四方商贾，皆贩于此。而宾旅过吴者，亦必买焉。”⑨宣德间设钞关于此，嘉靖间，“四无旷土，商贾辐辏”⑩。地因“襟江而带湖……关市之区，人竞锥刀，逐驵侩，仰机

① 〔明〕冯梦龙：《醒世恒言》卷一八《施润泽滩阙遇友》，时代文艺出版社 2001 年版，第 267 页。

② 〔清〕乾隆《吴江县志》卷五〇《撰述五》，《中国方志丛书》(华中地方)第 163 号，成文出版社 1975 年版，第 1426 页。

③ 〔清〕嘉庆《瓜洲志》卷首凡例，民国十二年(1923 年)铅印本。

④ 〔明〕万历《扬州府志》卷一《郡县志上》，《北京图书馆古籍珍本丛刊》，书目文献出版社 1998 年版，第 25 册，第 35 页。

⑤ 〔清〕道光《平望志》卷一《沿革》，光绪十二年(1886 年)刻本。

⑥ 卢瑛：《平望志旧序》，引自《吴江历代旧志辑考》，广陵书社 2015 年版，第 122 页。

⑦ 〔明〕《存留清真道院记》(嘉靖三十七年)，引自《平望志》(三种)，广陵书社 2011 年版，第 78 页。

⑧ 〔清〕乾隆《吴江县志》卷四《镇市村》，《中国方志丛书》(华中地方)第 446 号，成文出版社 1983 年版，第 123—124 页。

⑨ 〔清〕道光《浒墅关志》卷一一《物产》，《中国地方志集成》之《乡镇志专辑》，江苏古籍出版社 1992 年版，第 5 册，第 183—184 页。

⑩ 〔明〕嘉靖《浒墅关志》卷四，上海图书馆藏嘉靖钞本。

利而食"[①]。弘治间称许市镇,"民居际水,农贾杂处,为一大镇。旧有巡检司、急递铺"[②]。漕运都需过此,为一交通枢纽,"冠盖走集,商贾辐辏,而大农之粟,少府之钱,岁输以巨万亿计,舳舻相衔"[③]。

(7)南翔。南翔在嘉定县南12千米,镇域东西2.5千米,南北1.5千米,是嘉定县首邑。以产棉布著名,有浆纱刷线。刷线又名扣布,"光洁而厚,制衣被耐久,远方珍之,布商各字号俱在镇,鉴择尤精,故里中所织甲一邑"[④]。也是棉布、米粮贸易要地,各地商人齐集于此,"往多徽商侨寓,百货填集,甲于诸镇"[⑤]。南翔所产的棉布远销各地,"商贾贩鬻,近至杭歙清济,远至蓟辽山陕;其用至广,而利亦至饶"[⑥]。

(8)枫桥。枫桥位于苏州阊门北3.5千米许,是一个繁荣的米市。长江流域上中游的粮食运至此,苏州外"枫江之舳舻衔尾,南濠之货物如山,则谓此亦江南一都会矣"[⑦]。粮食经运河运销到江浙乃至闽广,它是一个专业米市。"为水陆孔道,贩贸所集,有豆市米市"[⑧]。郑若曾于隆庆间记:"自阊门至枫桥将十里,南北二岸居民栉比,而南岸尤盛。凡四方难得之货,靡所不有,过者烂然夺目,枫桥尤为商舶渊薮,上江诸郡及各省菽粟棉花大贸易咸聚焉。南北往来停桡解维俱在于此。"[⑨]

(9)塘栖镇。塘栖位于杭州府仁和县北25千米,介于杭州与湖州之间,分属杭州府仁和县和湖州府德清县。宋元时未成市镇。明正统七年(1442年)通判易靦、巡抚周忱主持开凿运河新道,从杭州北新桥起至崇德县界。由于运河改道,塘栖"水陆通行,便于漕饷,而唐栖始为南北往来孔道。于是驰驿者舍临平由唐栖,而唐栖之人烟以聚,风气以开"[⑩]。迅速成为南来北往的水陆要道,完全取临平而代之,由一片荒村发展成一个繁华市镇,开始建镇。弘治十一年(1498年),跨越京杭大运河,连接仁和、德清两县的广济桥

---

① 〔明〕申时行:《兴贤桥记》,转引自康熙《浒墅关志》卷一五《桥梁》,清康熙十二年刻本。

② 〔明〕正德《姑苏志》卷一八《乡都》,《天一阁藏明代方志选刊续编》,上海书店1990年版,第12册,第91页。

③ 〔明〕申时行:《赐闲堂集》卷一七《浒墅关修堤记》,明万历刻本。

④ 〔清〕嘉庆《南翔镇志》卷一《物产》,《中国地方志集成》之《乡镇志专辑》,江苏古籍出版社1992年版,第3册,第461页。

⑤ 〔明〕万历《嘉定县志》卷一《疆域考上》,《四库全书存目丛书》,史部第208册,第690页。

⑥ 〔明〕万历《嘉定县志》卷六《物产》,《四库全书存目丛书》,史部第208册,第776页。

⑦ 〔明〕崇祯《吴县志》卷首王心一《序》,《天一阁藏明代方志选刊续编》,上海书店1990年版,第15册,第17—31页。

⑧ 〔清〕乾隆《苏州府志》卷一九《乡都》,清乾隆十三年(1748年)刻本。

⑨ 〔明〕郑若曾:《江南经略》卷二上《枫桥险要说》,《景印文渊阁四库全书》,台北"商务印书馆"2008年版,第728册,第104页。

⑩ 〔清〕王同《唐栖志》卷一《图说》,孙忠焕主编《杭州运河文献集成》,杭州出版社2009年版,第4册,第12页。

建成，塘栖更日趋繁荣。当时因“北通苏湖常秀润等河，凡诸路纲运及贩米客舟皆由此达于城市”，跃为“舟车之冲”①“泉货丰衍”的大镇②。嘉靖十九年（1540年），陈霆撰《塘栖镇通济桥碑记》，曰：“唐栖去浙城不五舍，其地襟带江湖，接引瓯越，萦洛吴会，使传之经行，商贾之走集，徒旅之往来……市区氓椽鳞次栉比，北乡左右，越墟出贩者，晨驰夕骛，肩摩迹累。”③正因塘栖成了南来北往之枢纽，隆庆六年（1572年）周诗《塘栖镇添设水利通判厅记》曰：“塘栖去会城五十里，而遥当水陆孔道，控带三郡，盖浙藩北一大门户也……泉货丰衍。”④万历《湖州府志》卷三也说，塘栖“在县治东三十五里，官道舟车之冲要，丝缕粟米皆聚贸于此”。凭借优越的水陆条件，塘栖成为交通转运中心，“北通苏、湖、常、秀、润等河，凡诸河网运及贩米客舟皆由此达于城市”。“风帆棱织，其自杭而往者至此得少休，自嘉秀而来者亦至此而泊宿”⑤。由于交通便利，官船商舶络绎不绝，吸引了大量富商大贾来塘栖买卖经营，或开设典当，或顿米卖米，或开车缫丝，逐渐成为财富渊薮，明末胡元敬《栖溪风土记》指出：“镇去武林关四十五里，长河之水一环汇焉。东至崇德五十四里，俱一水直达，而镇居其中。官舫运艘、商旅之舶，日夜联络不绝，屹然巨镇也。财货聚集，徽杭大贾视为利之渊薮，开典、顿米、贸丝、开车者，骈臻辐辏，望之莫不称为财赋之地。”⑥

（10）乌青镇。乌青镇实为乌、青二镇隔河而立、合二为一，是典型的双子并立的市镇，以车溪为界，东青镇属嘉兴府桐乡县，西乌镇属湖州府乌程县。在明之前，乌青镇主要职能仍以军事为主。逮明，因交通地位重要，为“三郡七邑之门户”“三州之会，水陆之交，运河由此而过，北枕太湖”⑦，成为交通枢纽型的商品集散中心，经济职能日趋明显。“迨成化弘治间，年谷屡登，居民殷富，锐于兴作，卑者高之，隘者广之……民居则鳞次栉比，延接于四栅，睚直尽复，且又过之”⑧。成为“民物繁缛，甲于他所”的工商市镇。本地以生产棉布、绵绸、丝织品著名。乌青镇所产铁器、竹器为蚕桑业提供了生产工具和用

① 〔明〕嘉靖《仁和县志》卷二《山川》，《四库全书存目丛书》，齐鲁书社1996年版，史部第194册，第38—39页。

② 〔明〕丁养浩：《明故存济沈公夫妇墓志铭》，转引自王同《唐栖志》卷一七《冢墓》，孙忠焕主编《杭州运河文献集成》，杭州出版社2009年版，第4册，第403页。

③ 〔清〕王同：《唐栖志》卷三《桥梁》，孙忠焕主编：《杭州运河文献集成》，杭州出版社2009年版，第4册，第65页。

④ 〔清〕王同：《唐栖志》卷一八《纪衙署》，孙忠焕主编：《杭州运河文献集成》，杭州出版社2009年版，第4册，第434页。

⑤ 〔清〕王同：《唐栖志》卷一《图说》，孙忠焕主编：《杭州运河文献集成》，杭州出版社2009年版，第4册，第12页。

⑥ 〔清〕王同：《唐栖志》卷一八《纪风俗》，孙忠焕主编：《杭州运河文献集成》，杭州出版社2009年版，第4册，第443页。

⑦ 〔清〕耿维祜等修、潘文辂等纂：《桐乡县志》卷二，道光元年（1821年）刻本。

⑧ 〔清〕陈观：《旧序》，见清乾隆《乌青镇志》，民国七年刊本。

品。正德《桐乡县志》卷二《物产》曰:“筛、簸出青镇,虽京师亦自此去焉。”乌青镇还是江南著名的桑叶市,每到春蚕时,太湖流域的许多蚕农划船至此购买桑叶饲蚕。

(11)双林镇。双林镇位于湖州东南27千米,属归安县,镇域7千米,是一个丝织手工业专业生产和丝的销售市镇。“乡村无不栽桑”①。附近有凤凰泉,“水深而洌,乡人取以缫丝,洁润异常”。又有“龙山泾之水,其水清,丝绵特肥白”②。“溪左右延袤数十里,俗皆织绢”。织旋漾,“纺织家环聚其中”;纱机埭,“明初织纱机者聚此”③。明嘉靖间双林已称巨镇,“庐井千区,于郡城东南,称巨镇。然地隘民稠,尺寸之嬴,皆为阛阓”④。明末,双林更趋繁荣,“亭台相望,殿宇嵯峨,津梁几百十带,居人三四千户,高门鳞次,甲第云连”⑤。“隆万以来,机杼之家,相沿此业,巧变百出,有绫有罗,有花纱、绉纱、斗绸之缎,有花有素,有重至十五六两,有轻至二三两,有连为数丈,有开为十方,每方有三尺、四尺、五尺,长至七八尺。有花样:有四季花、西湖景致、百子图、八宝龙凤,大小疏密不等……各直省客商云集负贩,里人贾鬻他方,四时往来不绝”⑥。丝织品以包头纱绫绉绢著名,明弘治《湖州府志》卷八载:“包头纱惟双林一方人织之。”用于妇女首饰,也有用于福建、北方防风沙裹面。轻者称海丈,只有二三两重。稍重者称狭贡、顶贡。明女诗人梁小玉《双林包头》云:“轻霞薄雾”。其特产是裱绫、画绢,如东庄倪绫,用于奏本封面,上织二龙,眼睛突起有光,栩栩如生。同时,这里也是江南最大的生丝市场,唐甄说:“吴丝衣天下,聚于双林。吴越闽番至于海岛,皆来市焉。五月载银而至,委积如瓦砾。吴南诸乡岁有百十万之益,是以虽赋重困穷,民未至于空虚。室庐舟楫之繁庶,胜于他所,此蚕之厚利也。”⑦

(12)濮院。濮院位于嘉兴府桐乡县东北4.5千米,亦为江南著名古镇。宋淳熙时,濮氏致意蚕桑,“淳熙以后,轻纨素锦,日工月盛”⑧。“元时有豪右濮氏,其富不赀,雄于一郡,远近居民咸聚而依之,以贸易成市,遂为富庶之地”⑨。“至弘正间……机杼之利,日生万金,四方巨贾,负赀争委”⑩。这里是丝织业专业市镇,至万历时,由于生产技术的改进,

① 民国《双林镇志》卷一六《物产》,商务印书馆民国六年铅印本,第7页。

② 〔清〕吴玉树:《东林山志》卷二一《方产》,民国十一年铅印本。

③ 民国《双林镇志》卷二《水道》,商务印书馆民国六年铅印本。

④ 〔明〕沈稠:《庆善庵新建观音楼序》(嘉靖四十年),转引自民国《双林镇志》卷三一《艺文》。

⑤ 〔清〕释道元:《双林镇舆地图说》卷首《图说》,商务印书馆民国六年铅印本。

⑥ 〔清〕茅应奎:《东西林汇考》卷一《土产志》,清乾隆三十一年稿本。

⑦ 〔明〕唐甄:《蚕教》,《皇朝经世文编》卷三七《户政》,见《魏源全集》,岳麓书社2004年版,第15册,第139页。

⑧ 〔清〕光绪《桐乡县志》卷二《八景图》,清光绪十三年刻本。

⑨ 〔明〕陈邦献:《濮川八景诗序》,嘉庆《濮川志略》卷四《文》,嘉庆二十五年刻本。

⑩ 〔明〕陈邦献:《濮川八景诗》,《濮川志略》卷四《文》,嘉庆二十五年刻本。

丝织工艺大有提高，其产品精良，遐迩闻名。“万历中改土机为纱绸，制造尤工，擅绝海内”①。李培说：“迩来（万历十九年）肆廛栉比，华厦鳞次，机杼声轧轧相闻，日出锦帛千计。远方大贾携橐群至，众庶熙攘，于是集往，亦嘉禾一巨镇。”“濮绸之名驰于海内”②。由于丝织业的发展，人口增加，“居者渐繁，人可万余家，因以濮院名镇”③。镇域扩大一倍，“拓街衢，广庐舍，五十年来，绵亘逾倍”④。濮绸质量上乘，“光滑胜吴锦，花似嘉绫，巧并传”⑤。质净、细滑、精致，柔软耐用，久濯不变色。全镇织绸为业，归有光说：“濮院镇民务丝纻，亦农贾，商贾辐辏。”⑥

（13）石门镇。石门镇在嘉兴府崇德县北10千米，明弘治间成镇，“民物阜蕃，贸易尤盛”，是沿运河市镇，“地当南北孔道，舟车驿骚，彻昼夜勿绝”⑦。此镇为桑叶集散地，以产桑种闻名。“叶市甲于禾郡”⑧。每到桑蚕时，遍处采摘桑叶，一片繁忙景象。石门又是缫丝、丝织、棉织业发达的手工业市镇，仲弘道《石门作》：“茧丝石门丝，机纺石门绸。夹岸烟柳茂，商贾群嬉游。”石门镇的商业也很发达，钱梦得说：“石门故商贾薮也”，素“为吴越闽广孔道，贡赋漕挽，輶使四出”⑨。南来北往的船舶停泊于此，“每薄暮，帆樯云集，夜市颇盛”⑩。榨油业很发达，原料来自附近及东北诸省。石门镇油坊坊主和工匠之间是一种资本主义性质的雇佣关系，是典型的带有资本主义萌芽性质的工场手工业，由此可见，资本主义萌芽已在石门镇萌发着。

（14）王江泾镇。王江泾镇是明清江南五大镇之一（另四个是盛泽、震泽、濮院、双林），建镇确切时间尚有不同说法，一般说成市早于建镇。早在宋代以前已有望族闻人氏

① 〔清〕金淮：《濮川所闻记》卷一《开镇源流》，《中国地方志集成》之《乡镇志专辑》，上海书店1992年版，第21册，第222页。

② 〔清〕杨树本：《濮院琐志》卷一《机杼》，《中国地方志集成》之《乡镇志专辑》，上海书店1992年版，第21册，第441页。

③ 〔明〕万历《秀水县志》卷一《市镇》，《中国地方志集成》之《浙江府县志辑》，上海书店1993年版，第31册，第561页。

④ 〔清〕金淮：《濮川所闻记》卷一《开镇源流》，《中国地方志集成》之《乡镇志专辑》，上海书店1992年版，第21册，第222页。

⑤ 〔清〕陆以诚：《鸳鸯湖棹歌》，清乾隆四十年（1775年）刻本。

⑥ 转引自《濮川所闻记》卷一《风俗》，《中国地方志集成》之《乡镇志专辑》，上海书店1992年版，第21册，第222页。

⑦ 〔清〕光绪《石门县志》卷首引黄汝亨《序》，《中国方志丛书》（华中地方）第185号，成文出版社1975年版，第83—86页。

⑧ 〔清〕施钟成：《玉溪杂咏》，引自《桐乡文史资料》，第24辑，台海出版社2006年版，第285—286页。

⑨ 〔明〕钱梦得：《宁辑石门市民序》，《光绪嘉兴府志》卷八二《艺文》，上海书店1992年影印本。

⑩ 〔清〕光绪《桐乡县志》卷一《疆域上》，清光绪十三年刊本。

居此，设行招商而成市[1]，而唐佩金说："宋始有闻川市，元称王江泾，皆以姓氏得名。""宋为闻川市，又名王江泾。元设王江泾巡检司。"[2]李道悠《闻湖诗三钞》卷二曰："宋祝穆《方舆胜览》云：王江泾在漕河东，因巨姓王氏、江氏居此，原作黄江泾。又东五里有巨浸，为闻家湖，故名闻川。元人岑士贵《税暑亭记》云：闻川市，又名王江泾市。旧在官塘东，宋徙置塘西，则今之铁店港。莫家村正前日市廛处也。"康熙《嘉兴府志》卷一《疆域》所载基本相同，只有二处有异。异一为："巨姓黄氏、江氏居此，原作黄江泾。"王氏居此当为王江泾，以姓氏为市名，哪有黄江泾之理，疑王氏应为黄氏之误。郑濂《新溪棹歌》："祝穆《方舆胜览》云：王江泾在漕河东，因巨姓王氏、江氏居此，故名。"二书均记为王江泾为王、江氏所居，则为何取名为黄江泾？此其一；王、江氏居此，当为明代事，而祝穆为宋代人，怎知有王江氏居此？此其二；今查《方舆胜览》未见此段文字。此三点有疑，待考。上述记载都肯定宋代或早于宋代已成市，先由闻人氏居而成草市，宋移市于塘西，元代仍为市，并设巡检司。

王江泾在嘉兴府城东北 15 千米，为古射襄城址，初在官塘之东，宋时徙于塘西，"接战港莫家村，正古市之墟也"[3]。王明福《旧闻川市诗》："接战港口春草萋，莫家村树有鸟啼。岂知前代肩摩处，此日繁华让水西。"[4]王江泾旧址即古之墟市在塘（水）西莫家村。《明一统志》则曰在府城北 27 里（相当于 13.5 千米），不准确，应是 15 千米。明初仍为市，至迟在天顺弘治间（1457—1505）也还没有正式设镇。明确有文字记载王江泾为镇应是万历间（1573—1619）。据万历《秀水县志》卷一《舆地・市镇》载："凡为镇者四，镇各列征，续通商贾，乃乡曲之走集也。王江泾镇在县江三十里永乐乡，旧有王氏江氏所居，因以名镇。"万历《嘉兴府志》卷一载秀水县"其市镇四，新城、濮院、陡门、王江泾，治北三十里"。据上引诸志所记，应该判定王江泾在宋之前已有闻川市之称，为草市。至宋因黄江泾市，成化、弘治间称市，间偶称镇，正式名之王江泾镇并有文字根据应是万历间。但《闻川志稿》卷一《地理志・沿革》认为建镇在宣德间（1426—1435），"明宣德初属秀水县，而王江泾为永乐乡北境，及思贤乡地，旧为王氏、江氏所居，因以名镇"。如以建市计约 900 年，建镇计约 500 余年。

王江泾镇地处江浙两省交界处，水陆交通便捷，为交通枢纽，运河穿镇域而过，据明黄汴《一统路程图记》卷七《江南水路》之六《杭州跳船至镇江府》，卷七之五《杭州府官司

① 樊树志《明清江南市镇探微》："五代时，有闻人氏居此。"复旦大学出版社 1990 年版，第 427 页。

② 〔清〕唐佩金：《闻川志稿序》、卷一《地理志・沿革》。

③ 〔清〕唐佩金：《闻川志稿》卷一《地理志》引《明一统志》。

④ 〔清〕光绪《嘉兴府志》卷四。按：《闻川志稿》卷三《古迹・名胜》作"此日繁华让水西"，"此日"为误，应是"今日"为是。

塘至镇江府水路》之七《苏松二府至各处水》，王江泾都是苏杭两地必经之地，由杉青闸15千米至王江泾，又15千米至平望。陆路更是交通要道。因地理位置关系，在军事上历来是兵家必争之地，多少次战事在此发生，“地当孔道，自来兵事必争”①。这里历来也是士族富商首选择居之地，因地制宜，就地经商。明代“相传巨姓王氏、江氏建房贸易于此，故名”②，“为运河所经”，“镇当要冲，阛阓殷阗”③，招徕了各地商贾来此经商，遂成为工商业市镇。

王江泾镇是丝绸产地和销售市场，若镇西龚家湾，“居民大半织纴为业”，附近新溪的伴娘坟，“其地民多纺织”。南北亭子桥，“两岸多桑树”，缫丝泉，“每到蚕月，乡村远近，咸来汲泉”。大张圩，“民皆纺织（绢）为业，向有夜航赴盛泽市”④。明中叶，“多织绸收丝缟之利，居者可七千余家”⑤，计楠《桑梓吟》：“估舶列市梢，人家夹河岸。秋灯耿不眠，鸣梭响夜半。”短短20个字已充分描述了以王江泾镇为中心的镇乡丝绸生产的繁忙景象，也写出各地的贩丝船通过市河排列在市梢头的场景。

（三）明代城镇经济的发展

1. 城市化与市镇群体

上面我们论述的几个典型城市和市镇，大体上已显现了中国历史上城市化的进程，表明明代长江流域的大中城市基本上已趋定型化，继续发挥着区域经济中心的作用，联络和连接全国广大的城乡，使长江流域经济在全国处于非常重要地位。特别是苏州，它在经济上，在文化上，对全国所起的趋导性的作用很明显，各地皆以苏州的衣食住行文化娱乐等为追慕的对象，流风所及遍及全国。逮至晚明，东林、复社无不以江南城市为活动中心，讽议朝政，结党抗争，都体现了新时代新文化新气息。

明代市镇的勃兴和发展，是城市化的主流，是推动商品经济向更高水平发展的动因，在中国封建经济结构嬗变中起着特殊的作用。

明代南方，特别是长江流域，市镇大量勃兴、建立、发展，从时间上看随着明代社会经济的发展，在成化、弘治年间开始勃兴，经济发达、交通便利的一些沿河沿江村落或居民聚落点，人口聚集成为村市、市集、小市、市镇；至嘉靖间经济有所发展，但东南沿海一带立即遭到倭寇骚扰，正在发展着的城乡经济受到破坏；至隆庆、万历间，海禁解除，海上交

① 〔清〕唐佩金：《闻川志稿序》，卷一《地理志·沿革》。

② 〔清〕唐佩金：《闻川志稿》卷三《古迹》。

③ 〔清〕顾祖禹：《读史方舆纪要》卷九一《嘉兴府》；祝穆《方舆胜览》卷三；王世贞《槜李往哲列传》。

④ 严振乾：《新溪诗汇》第二集。

⑤ 〔明〕万历《秀水县志》卷一《舆地·市镇》。

通和海外贸易发展起来，也刺激了长江流域经济的复苏、发展。于是，在沿江沿河的水运交通线上以及经济发达的城乡，商品流通量扩大，商品经济以前所未有的速度迅速发展，于是一批批市镇在此时建立、发展，大约在每15千米辐射线内形成了一个个市镇，并成为一个个群体分布于经济发达的地区，呈现出网络化的特征。

城市、市镇是完全脱离或部分脱离农业，以从事工商业活动为主体，并拥有一定的地域的，非农业人口相对集中的社会的、经济的、地理的实体。城市化意味着城乡分离，并导致乡村也逐渐城市化。因为"城市是经济、政治和人民生活的中心，是前进的主要动力"①。"现代的历史是乡村城市化"②。这些市镇的勃兴、建立、发展经过了多种途径：一是从世族、官僚聚居地发展而来。如卜店市，"元卜氏家富，聚而成市"。魏塘镇"宋时有巨姓魏氏筑塘起屋，聚商贸易成市，后升为镇"③。二是从官僚世族择居聚商发展成市镇。如王店镇是五代后晋工部尚书王逵"聚货贸易，因名王店"④。三是榷税榷酒务而成市镇。如新塍镇，"唐会昌筑土城，谓是新城税课局，宋置新塍酒务，元置柿林乡新城务"。四是交通枢纽，因商旅往来频繁而成市镇。如南翔镇"地当江海之交，民物隐辚"；"舟车纷繁，民殷物庶，甲于强镇"。宝山镇是"海舶往来，最为冲要"⑤。五是从原有军事重镇演化为市镇。如澉浦镇，唐宋以来一直为军队驻扎地，至元代就成为七大市舶司所在地，遂成为海港市镇。六是传统工商业加工的场所逐渐成为专业市镇。如盛泽、菱湖就是因丝织业发展而成为丝织业生产和销售的市镇，景德镇是陶瓷业生产和销售的专业市镇。

2. 市镇职能的划分

明代的市镇按其职能可分为四大类：一是手工业专业市镇，如景德镇的陶瓷业，庵村的铁冶业，南翔、罗店的棉织业，双林、盛泽的丝织业，这类市镇为数很多。二是商业服务性市镇，如枫桥、平望、长安的米市，八斥的旅馆饭店。三是交通枢纽型的市镇，如瓜洲、乌青、塘栖。四是文化、旅游的市镇，如曹王庙、屠甸镇，因佛宇禅院丛立，吸引了各地的香客游人来此参拜游览。至于有些市镇兼具府、县治所在的功能，则仍带一种政治性的职能，是当地行政权力的中心。

城市与市镇已成为一个体系，形成茂密的网络，以大中城市为圆心，向四周辐射。如

① 列宁：《列宁全集》，人民出版社1959年版，第19卷，第264页。

② 《马克思恩格斯全集》，第46卷，人民出版社1979年版，第480页。

③ 〔明〕万历《崇德县志》卷二；〔明〕弘治《嘉兴府志》卷一四《嘉善县》，《四库全书存目丛书》，齐鲁书社1996年版，史部第179册，第222页。

④ 〔清〕道光《梅里志》卷一《沿革》，清道光五年刻本。

⑤ 〔清〕嘉庆《南翔镇志》卷二；〔明〕万历《嘉定县志》卷一《疆域考》，《四库全书存目丛书》，史部第208册，第692页。

苏州、杭州附近就有数十个大小市镇围绕在四周，为苏杭等大中城市的市民提供了生活必需品，如蔬、薪、粮、果等，又形成了一个生产和销售网络。这些分布在苏杭四周的市镇，主要是丝织业市镇，市镇的产品（包括粗加工品、半成品）送到城市去销售，进行技术深加工。这些市镇就是大中城市的卫星城镇群体，围绕着城市经济的发展而运转。

3. 市镇的格局

江南市镇按河道布局，与水结有不解之缘。市镇沿河分布，大的市镇格局大体上是十字型的，河道交叉点上就是大镇所在地，如浙江湖州的南浔镇，运河穿镇东西流向，市河南北纵向流通，董蠡舟《浔溪棹歌》："运河横贯市心中，南北支流屈曲通。"二河交叉可以容纳较多的人口、房屋、船货。另一种是二河平行，呈线型分布，也有一条市河把一个镇分为二个，成为双子并立型的市镇；也有一种包孕型的母子城镇，如湖州，既是府城，是归安、乌程二县县治所在地，又是一个大镇。市镇的居民、商店分布在市河两岸，前店后坊，便利于商品、原料的运输和居民的生活。还有一些沿河的市镇，为适应江南多雨水气候，并便利船运，筑有长廊。这种延亘数百米的廊棚，既便于船货舣泊、买卖、运载、避雨和挡阳，又便于居民晒晾、休息、纳凉。如嘉兴的西塘镇、德清的新市镇都有长廊棚。姚驾鳌《梅花溪棹歌》："一苇长廊旁水涯，雨余不湿踏青鞋。"还有许多水市，用船运载货物直接在河面上船舱里进行交易。如"菱湖人居舟中列诸货物市之，谓之水市"①。"南浔贾客舟中市，西塞人家水上耕"，"十里桑阴水市通"②。市镇上店坊、民屋大都沿河分布，前店后坊后房，便于生活、作业、买卖。

4. 市镇的命名

这些市镇的取名也大都与水字有关，如：

泾：河道的沟，如王江泾、风泾。

洲：水中之陆地，如洲泉、长洲。

浦：水边，或河流入海之处，如乍浦、澉浦、范浦。

塘：堤岸、水池，如魏塘、斜塘、塘栖。

溪：溪流，如梅溪、埭溪。

湖：湖泊，如菱湖。

港：江河支流，如荻港。

---

① 〔清〕光绪《菱湖镇志》卷一《疆域》，引《苕纪》，《中国地方志集成》之《乡镇志专辑》，上海书店1992年版，第24册，第777页。

② 〔清〕范锴：《浔溪纪事诗》，见《南浔镇志》，上海科学技术文献出版社1995年版，第399页。

5. 市镇的交通运输

城市与市镇，市镇与市镇之间，市镇与乡村间都有便利的交通运载工具，如湖州的新市镇"水陆环绕，舟车通利"①。经济发达的地区，商品流通量大，商旅往来十分频繁，如湖州还有夜船至各处：

东门夜船七十里至震泽，又夜船一百三十里至苏州灭渡桥，至南浔六十里。南去嘉兴府，至乌镇九十里，至练市七十里，至新市八十里，至双林五十里。

西门夜船至浩溪、梅溪并九十里（梅溪通竹篺，水陆并三十里至安吉州），至思安一百二十里，至长兴县六十里，至湖平（平湖）五十里。

南门夜船至瓶窑一百四十里，至武康县一百七十里，至山（三）桥埠、德清县并九十里。

北门夜船九十里至夹浦，过太湖，广四十里入里港，九十里至宜兴县。

南门夜船三十六里至龙湖，又三十六里至改山，又二十里至雷店（雷甸），又二十里至武林港（北五里至塘栖），南五十里至北新关，二十里至杭州府。

湖州至各处俱是夜船，惟震泽、乌镇二处亦有日船可搭②。

市镇与市镇保持着一定的距离，在江南平原地带，一般是15千米左右，乡民早晨上市，下午回乡，往返时间约需一天，所以市镇上买卖最热闹时间大都在中午前后，各地上市的乡民此时大都已经到市镇上。

6. 市镇的性质、功能、作用

明代兴起的市镇，是城市化进程中的新现象，意味着商品经济的发展和商品流通渠道的开发。而市镇群体的出现，又表明了市场网络的形成，它担负着商品生产的加工，是乡村农副产品技术加工和销售的中心。它将附近乡村中副业、手工业加工的商品聚集起来，经过长途贩运商的购销活动将它运销到全国各地。因此市镇在促进商品流通中起了很大作用，加快了商品流通运转的速度，同时也推进了商品流动量的发展。马克思认为商品流通的发展对社会经济发展起过很重要作用，他说："商品流通是资本的起点，商品生产和发达的商品流通，即贸易，是资本生产的历史前提。"③

明代的市镇，是在吸收乡村过剩人口的过程中发展起来的。农民从土地上分离出来，或部分地脱离生产资料，成为半农半工的劳动力，投奔到附近的市镇中打工糊口，以献出自己的技艺而谋生。市镇的大量发展，缓解了农村过剩人口的矛盾，调和了人口过

① 〔清〕乾隆《湖州府志》卷一五《城镇》，清乾隆二十三年刻本。
② 壮游子：《水陆路程》卷七、卷二九《湖州府四门夜船至各处》，万历四十五年（1617年）刊本。
③ 马克思：《资本论》，第1卷，人民出版社1975年版，第167页。

剩对社会的压力。这正如列宁所说：这些“工业中心的形成，其数目的增加，以及它们对人口的吸引，不能不对整个农村结构产生极其深远的影响，不能不引起商业性农业和资本主义农业的发展”①。城市、市镇、农村是作为一个整体在运转着，城镇的发展，对推动农业经济体制的变化是很有意义的。通过市镇将城市关系渗入农村，促进农业商业化的发展，使农村商品生产得以更快的速度发展，自然经济发生分解，使小农经济向商品经济靠近。

星罗棋布的专业市镇的发展，会对整个封建社会经济结构产生巨大的作用，担负着大中城市与广大乡村联系的中介和枢纽，它对自然经济产生巨大的冲击力，成为分解自然经济体制的前沿阵地。在封建经济向资本主义经济的演进上，它又是首先产生资本主义萌芽因素的重要基地，成为资本主义萌芽的诞生地。

市镇上聚居了大量工商业人口，也吸引了乡居的地主，特别是经营地主纷纷移居到生活方便的市镇上来，使自身的文化也得以发展。市镇的工商业气息渗透到市镇居民生活中来，它比作为各地政权驻地省、府、县城自由得多，封建政权控制力也较为薄弱，他们在这里自由自在地享受着清闲优悠的生活，在茶馆酒楼书场中享受着新生的市民文化生活，并在此不断地培育和发展市民文化。

必须充分估计明代长江流域市镇经济发展的意义，把它置于现代化条件之一的城市化这样一个大环境中，去认识它对整个社会、经济、文化所产生的深远影响。它是社会分工进一步扩大、商品经济较高程度发展的产物，是生产力发展的标准之一，它一经诞生必然会对周围的乡村产生向心力，也会推进城乡的分离过程。因为“商品经济的发展是各种工业部门之逐一地跟农业分离……商品经济的发展就是表示日益众多的人口跟农业分离，即表示工业人口之由于农业人口减少而增加”②。

（四）明代城镇的茶馆、酒楼和妓院

1. 茶馆

茶馆是市民文化娱乐的场所，茶馆文化也构成了城市特有的文化现象。市民乡农在此欣赏说唱讲故事，演奏曲艺。如濮院镇的“茶肆中有演小说者，据案高谈阔论，听者杂沓盈肆，遂引外方歌唱百戏沿门索钱”③，也是市民生活的重要组成部分。排解纠纷、谈论婚姻等民事也往往在茶馆的轻松气氛中进行。

① 列宁：《列宁全集》，第3卷，人民出版社1959年版，第20页。

② 列宁：《俄国资本主义的发展》，人民出版社1956年版，第11页。

③ 〔清〕杨树本：《濮院琐志》卷七《杂流》，《中国地方志集成》之《乡镇志专辑》，上海书店1992年版，第21册，第501页。

茶馆的大量涌现，大体是在明代中期以后，尤其是在晚明。明人顾起元言："人第知金陵近日始有茶坊，不知宋时已有之矣。"①所言虽仅限南京一地，但基本可以概括明代的实况。

明代中后期杭州茶馆也非常兴盛。田汝成记载道："杭州先年有酒馆而无茶坊，然富家燕会，犹有专供茶事之人，谓之茶博士。……嘉靖二十六年三月，有李氏者，忽开茶坊，饮客云集，获利甚厚，远近仿之，旬日之间，开茶坊者五十余所，然特以茶为名耳，沉湎酣歌，无殊酒馆也。"②张岱记载杭州西湖一带所开设的茶馆，选址都极佳，颇便于休憩赏景："由昭庆缘湖而西，为餐香阁，今名片石居。闳阁精庐，皆韵人别墅。其临湖一带，则酒楼、茶馆，轩爽面湖，非惟心胸开涤，亦觉日月清朗。"③

高档茶馆或为文人墨客品茗吟诵之所，或为巨商大贾洽谈生意之地，或为达官仕宦联络感情、交际应酬之所，其功能是多方面的。高档茶馆设有雅座，环境幽静，桌椅茶具清净。"金壁交辉，雕梁画栋，匾额对联，单条屏幅，悉臻幽雅，悬挂各式灯景，玻璃窗棂，即瓷器均皆精致"④。一般茶馆设有一排排茶位，茶馆伙计称茶博士，提壶加水很有礼貌，提着茶壶面对着客人，表示听从客人吩咐。二人对坐品茶，主人应先替对方斟茶，连续三次，称为"凤凰三点头"。而客人亦应回礼，以手指连连在桌叩击，以表示谦让感谢。如王希范《西湖赠沈茶博》诗："百斛美醪终日醺，碧瓯偏喜试先春。烟生石鼎飞青霭，香满金盘起绿尘。诗社已无孤闷客，醉乡还有独醒人。因思儤直銮坡夜，特赐龙团出紫宸。"这些所谓的茶坊，从其经营范围来看，不过是以茶为名，里面还是"沉湎酣歌"⑤，事实上与酒馆无异。涌金门有"藕香居茶室"，三面临湖，欣赏荷花，茶室中有一副对联："欲把西湖比西子，从来佳茗似佳人。"

茶馆遍及城镇，乌青镇就有"访庐阁"等茶馆。茶馆分档次，下档叫茶肆，大都开设在市栅头，便于乡农入镇出镇歇脚的方便。"茶店为商人聚集之场，关系市面甚巨，往时著名茶园有一洞天……凡四栅各业欲灵市面，均集于此，故营业较盛……又西栅茶店都为乡农出市叙集之所，故只乡航到时座中客满，及至下午即清闲无人"⑥。一般中小市镇的茶坊则是乡农市民休息歇脚的地方，也在此商谈生意，探听讯息，会友办事。

需要说明的是，明代茶馆除了卖茶之外，还兼卖瓜子、炒豆、橘柚查梨。如崇祯六年

① 〔明〕顾起元：《客座赘语》卷四《徐十郎茶肆》，中华书局1997年版，第133页。

② 〔明〕田汝成：《西湖游览志余》卷二〇《熙朝乐事》，上海古籍出版社1998年版，第299页。

③ 〔明〕张岱：《西湖梦寻》卷三《西湖中路》"片石居"条，江苏古籍出版社2002年版，第33页。

④ 〔清〕范祖述：《杭俗遗风》，见《西湖文献集成》，杭州出版社2004年版，第19册，第18页。

⑤ 〔明〕田汝成：《西湖游览志余》卷二〇《熙朝乐事》，上海古籍出版社1993年版，第77、78页。

⑥ 民国《乌青镇志》卷二一《工商》，《中国地方志集成》之《乡镇志专辑》，上海书店1992年版，第23册，第600页。

(1633 年)，在绍兴城内开设的“露兄”茶馆，就是这样一类的茶馆，可以让顾客“一壶挥尘，用畅清谈”①。

2. 酒楼

明代杭州作为旅游城市，为客人提供饮食服务的餐饮业相当发达。张岱称：“其临湖一带，则酒楼茶馆，轩爽面湖。”②西湖边上的酒馆，主要集中在临湖岳王庙以东。另外出了钱塘门，“室庐蔽岸，时于隙处见青帘在木末，知有当垆以俟游人者”③。

3. 青楼

明代的青楼，也算是城市铺房的一种特殊形式。南京教坊司所属官妓十四楼，史籍记载甚详，却互有出入。据《实录》载，先是在江东诸门外建十楼，其名分别为鹤鸣、醉仙、讴歌、鼓腹、来宾、重译等。到洪武二十七年(1394 年)，又建成五楼，号称十五楼。④ 据明人沈德符考证，明太祖所建十楼，除上述所列六楼之外，还有清江、石城、乐民、集贤四楼。而后建五楼，则分别为轻烟、淡粉、梅妍、柳翠，余下一楼，史所不载。⑤ 又据《洪武京城图志》载，明初所设妓楼，当为十六楼，分别为江东、鹤鸣、醉仙、集贤、乐民、南市、北市、轻烟、翠柳、梅妍、淡粉、讴歌、鼓腹、来宾、重译、叫佛。嘉靖年间编的《南畿志》，也说只有十四楼，缺江东、叫佛二楼。综上所述，明初南京妓楼当为十六楼。如洪武时进士李泰，有集句咏十六楼，其中提到清江、石城二楼。⑥ 而永乐年间，晏振之《金陵春夕诗》又说：“花月春江十四楼。”⑦显然，十四楼之说，相沿已久。

除官妓外，尚有私妓。南京私妓汇集之处，叫勾栏，分为两处：一处在武定桥东：一处在会同桥南。又有珠市(又称猪市)，在内桥旁。南京秦淮河的河房，别具一格。河房雕栏画槛，绮窗丝障，十里珠帘。河房之外，家家有露台，朱栏绮疏，竹帘纱幔。河房便寓，便交际，便淫冶。画船箫鼓，去去来来，周折其间。夏月浴罢，杂坐露台，两岸水楼中，茉莉风起动，香飘四溢。女客团扇轻纨，缓鬓倾髻，软媚动人，煞是一派艳景。⑧ 南京妓院分为高、低两个档次，房屋也大相径庭。旧院称“曲中”，前门对着武定桥，后门在钞库街，为

---

① 〔明〕张岱：《陶庵梦忆》卷八《露兄》，上海古籍出版社 1982 年版，第 76 页。

② 〔明〕张岱：《西湖梦寻》卷三《西湖中路·片石居》，江苏古籍出版社 2002 年版，第 55 页。

③ 〔明〕王士性：《五岳游草》卷三《出涌金门过孤山至岳坟记》《出钱塘门观戒坛至灵隐上三天竺记》，载周振鹤编校：《王士性地理书三种》，上海古籍出版社 1998 年版，第 299 页。

④ 《明太祖实录》卷二三四，洪武二十七年八月庚寅条。

⑤ 〔明〕沈德符：《万历野获编补遗》卷三《建酒楼》《禁歌妓》，中华书局 1997 年版，第 899—900 页。

⑥ 按：〔明〕谢肇淛关于十六楼的记载，也有石城、清江二楼。参见〔明〕谢肇淛：《五杂组》卷三《地部一》，上海书店出版社 2001 年版，第 49 页。

⑦ 〔明〕顾起元：《客座赘语》卷六《十四楼》，中华书局 1997 年版，第 202 页。

⑧ 〔明〕张岱：《陶庵梦忆》卷四《秦淮河房》，上海古籍出版社 1982 年版，第 30—31 页。

高级妓女居住区。妓家鳞次，对屋而居，屋宇洁净，花木萧疏，令人有迥非尘境之慨。珠市为低级妓女居住区，在内桥旁，曲巷逶迤，屋宇湫隘。①

明代版画《青楼韵语》书影

唐寅《孟蜀宫妓图》

明代春宫画《花宫锦阵》

明代春宫画《帝王临幸图》

明代春宫画《棋趣》

明代春宫画《玩莲图》

六、商业

商业即贸易，是适应商品经济和社会经济发展的商品流通贸易，亦是人们日常生活的基本需求。商贸离不开市场，供求双方都需藉市场进行研究商业活动。

（一）商贾

行商坐贾是商人的基本形态，行商可分长短途商贸商人，还可分国内和对外贸易商

① 〔清〕余怀：《板桥杂记》上卷《雅游》、中卷《丽品·珠市名姬附见》，上海古籍出版社 2000 年版，第 8、49 页。

人。商业是以市场为契机的商品经济基本形态。商品市场有收购市场、集散市场、零售市场、批发市场等。商贾在各类商品市场中扮演着重要角色，推动着南北商品的流通以及商品经济的发展。如嘉靖、隆庆时江西人李鼎描写当时商品流通的盛况道："燕赵、秦晋、齐梁、江淮之货，日夜商贩而南；蛮海、闽广、豫章、南楚、瓯越、新安之货，日夜商贩而北……舳舻衔尾，日月无淹。"①正德时人张弼说："盖北货过南者，悉皆金帛轻细之物；南货过北者，悉皆盐铁粗重之类。"②嘉靖、万历时，太仓人王世懋说："凡福之绸丝，漳之纱绢，泉之蓝，福、延之铁，福、漳之橘，福、兴之荔枝，泉、漳之糖，顺昌之纸，无日不走分水岭及浦城之小关，下吴越如流水。其航大海而去者，尤不可计。"③广东广州、潮州等地，"以香、糖、果、箱、铁器、藤、蜡、番椒、苏木、蒲葵诸货。北走豫章、吴、浙，西北走长沙、汉口。其黠者南走澳门。至于红毛、日本、琉球、暹罗、吕宋，帆踔二洋，倏忽数千万里，以中国珍丽之物相贸易，获大赢利"④。以明代知名的松江布为例，其行销范围覆盖了华北、西北、东北、华中和华南的广大地域。万历时，有商人曾说："至于布匹，真正松江，天下去得。"⑤意思是说只要是松江布，就可以畅销于天下。万历《嘉定县志》卷六《物产》也载：明代嘉定棉布，"商贾贩鬻，近自杭歙清济，远至蓟辽山陕"。江西景德镇瓷器为江西商人向外输出的主要商品。嘉靖《江西省大志》载："其所被自燕云而北，南交趾，东际海，西被蜀，无所不至，皆取于景德镇，而商贾往往以是牟大利。"由此，明人张瀚对商业的功能和作用有充分的阐述，他说："四方之货，待虞而出，待商而通，待工而成，岂能废哉？"⑥胡宥曰："民有所资，匪商能坐致乎？"⑦

商贾在商业活动中易获取利润。明中叶以来，弃农弃儒从贾之风大开。林希元说："今天下之民，从事于商贾技艺，游食者十而五六。"⑧隆庆、万历年间，何良俊说："昔日逐末之人尚少，今去农而改业为工商者三倍于前矣。"⑨这是因为"农之获利倍而劳最，愚懦

① 〔明〕李鼎：《李长卿集》卷一九《借箸篇 永利第六》，万历四十年豫章李氏家刻本。

② 〔明〕张弼：《张东海集》文集二《梅岭均利记》，《四库全书存目丛书》本。

③ 〔明〕王世懋：《闽部疏》，《丛书集成初编》本。

④ 〔明末清初〕屈大均：《广东新语》卷一四《食语·谷》，中华书局 1985 年版，第 371—372 页。

⑤ 〔明〕余象斗：《三台万用正宗》卷二一《商旅门》，万历三十七年刻本。

⑥ 〔明〕张瀚：《松窗梦语》卷四《百工纪》，中华书局 1985 年版，第 77—78 页。

⑦ 〔明〕胡宥：《崇邑蔡侯去思亭记》，万历六年(1578 年)，碑存嘉兴石门龙吟寺。详见《晚明经济思想史上的一大发展》，初刊《天中学刊》2010 年第 1 期；转刊中国人民大学书报资料中心《经济史》2010 年第 4 期。

⑧ 〔明〕林希元：《林次崖先生文集》卷二，《四库全书存目丛书》集部第 75 册，齐鲁书社 1997 年。

⑨ 〔明〕何良俊：《四友斋丛说摘抄》三，《四库全书存目丛书》子部第 103 册。

之民为之;工之获利二而劳多,雕巧之民为之;商贾之获利三而劳轻,心计之民为之。"①

商贾各以己之长,或开店囤货,或车载舟运。嘉靖《常熟县志》卷四《食货志》记载明代常熟棉布,"用之邑者有限,而捆载舟输,行贾于齐鲁之境常十六,彼民之衣缕往往为邑工也"。浙商多以经营盐茶为业,张瀚《松窗梦语》曰:"吾浙富厚者多以盐起家,而武林贾氏用鬻茶成富,致累世不乏。"②明万历间,宁波商人孙春阳在苏州开设南货店致富。"苏州皋桥西偏有孙春阳南货铺,天下闻名,铺中之物亦供上用。案春阳,宁波人,明万历中,年甫弱冠……遂弃举子业……其为也,如州县署,亦有六房,曰南北货房、海货房、腌腊房、酱货房。一日一小结,一年一大结。自明至今已有二百三四十年,子孙尚数十万家。惟孙春阳为前明旧业,其店规之严,选制之精,合郡无有也。"③这是一家著名商铺,管理严密,选货精良,历两百多年而不衰。

(二)商帮

商贾为了在市场竞争中取胜,同宗同族同里的商贾相互结成团体,他们多以会馆或公所为据点进行活动,美国学者威廉·罗(Willian. T·Rowe)说会馆是"复合结构","中国会馆兼有同行同业组合的双重特征"④。会馆互助互济,为生老病死者提供一些资助,或叙桑梓增里谊,或储放商品、提供食宿等。如苏州,"五方商贾,辐辏云集,百货充盈,故各省郡邑贸易于斯者,莫不建立会馆"。苏州会馆多达122所。⑤

明中叶各大商帮纷纷登场,关于商帮含义,张海鹏、张海瀛认为:"商帮是以地域为中心,以血缘乡谊为纽带,以'相亲相助'为宗旨,以会馆公所为其在异乡的联络计议之所的一种既'亲密'而又松散的自然形式的商人群体。"⑥陈学文则以为:"商人们为了在竞争中取胜,必须联合起来对付另一群商人,于是就形成了以地缘为基础,以血缘和乡情里谊为纽带,以保护共同利益为目的的商人集团和群体,即为商帮,这种组织带有浓厚的中国宗法制的特色。"⑦据史学界研究明清时期中国有十大商帮,其中徽商、晋商、江右商、洞庭商、龙游商已活跃于明中叶。当时流传着三句谚语:"无徽不成镇""钻天洞庭遍地徽""遍地龙游"。其他五大商帮为陕西商帮、宁波商帮、山东商帮、广东商帮、福建商帮,则在清代崛起。

---

① 〔清〕顾炎武:《天下郡国利病书》第四册《苏上》引万历耿橘语,《四库全书存目丛书》史部第171册,齐鲁出版社1997年版。

② 〔明〕张瀚:《松窗梦语》卷四《百工纪》,中华书局1985年版,第页。

③ 〔清〕钱泳:《履园丛话·杂记》下,中华书局1979年版。

④ 转引王日根:《乡村之链:明清会馆与社会变迁》,天津人民出版社1996年版,第19页。

⑤ 《嘉应会馆碑记》,《明清苏州工商业碑刻集》,江苏人民出版社1981年版,第305页。

⑥ 张海鹏、张海瀛:《中国十大商帮·前言》,黄山书社1993年版。

⑦ 陈学文:《明清时期太湖流域的商品经济》,浙江人民出版社2000年版,第124页。

1. 徽商

安徽徽州素有“徽人从商十居其七”之说。这一现象与当地的自然环境密切相关。这里的自然条件恶劣，山地狭薄，“田少无以给耕者，而齿日蕃”①。这种人多田少、不敷食用的现象，使外出经商成为当地人谋生求生存的唯一出路。嘉靖时，歙县黄氏族谱称当地“非其乐为商也，其势不家食也”②。由此，昆山人归有光说徽州“无平原旷野可为耕田，故虽士大夫之家，皆以畜贾游于四方”③。嘉靖《徽州府志》卷二《风俗》记载：“徽之山，大抵居十之五，民鲜田畴，以货殖为恒产。春月持余赀出，贸十二之利为一岁计，冬月怀归，有数岁一归者。上贾之所入，当上家之产；中贾之所入，当中家之产；小贾之所入，当下家之产。善识低昂时取予，以故贾之所入视旁郡倍厚。然多雍容雅都，善容仪有口，而贾之名擅海内。”万历《歙志·货殖》则称：“谚语‘以贾为生意，不贾则无望’，奈何不亟亟也……人人皆欲有生，人人不可无贾矣。”

据学者研究，徽州商帮应是成化、弘治之际形成的。这时徽州商帮形成的标志都已显现出来了。④ 也有学者认为，嘉靖三十九年（1560年）北京歙县会馆的建立，可以认为是徽商成帮的标志，也是徽商群体心理整合完成的标志，徽商价值观的确立，标志着徽商心理整合的完成、徽州商帮的形成。⑤

明代徽商以“茶木盐曲”占领中国半壁江山，与之相抗衡的晋商（山西商）以经营典当票号为主，使商业资本转向金融资本。徽州大贾藏镪有至百万者，其他有二三十万资产者不过是中贾而已。他们平常过日子相当节俭，一个铜钱分成八个子花。家里臭猪油成坛，肉却不买四两。即使大熟之年，米只需五钱一石，他们也只是吃些清汤不见米的稀粥。菜肴更简单，不是盐豆，就是咸鸭蛋。从瓶中倒出几粒盐豆，或吃半个咸蛋，权充一餐菜肴。但是徽商外面却又要装饰体面，惯去闯寡门，吃空茶，假耽风月，见一个略有颜色妇人，便看个半死。至于嫖娼讨妾，徽商个个一掷千金，决不吝啬。话本小说多所刻画，不必多说，甚至被四方之人传为口实。⑥

在徽州商人中，盐商是最为富有的商人。万历时人谢肇淛说：“富室之称雄者，江南则推新安，江北则推山右。新安大贾，鱼盐为业，藏镪有至百万者，其他二三十万则中贾

① 〔明〕嘉靖《新安左田黄氏宗谱》卷四《处士黄公邻夫妇合葬墓志铭》。

② 〔明〕嘉靖《新安左田黄氏宗谱》卷四《处士黄公邻夫妇合葬墓志铭》。

③ 〔明〕归有光：《震川先生集》卷一三《白庵程翁八十寿序》。

④ 张海鹏、王廷元主编：《徽商研究》，安徽人民出版社1995年版，第2—8页；王世华：《富甲一方的徽商》，浙江人民出版社1997年版，第37页。

⑤ 唐力行：《商人与文化的双重变奏》，华中理工大学出版社1997年版，第19—25页。

⑥ 〔明〕谢肇淛：《五杂组》卷四《地部二》，上海书店出版社2001年版，第74页。

耳。山右或盐，或丝，或转贩，或窖粟，其富甚于新安。新安奢而山右俭也。”①关于他们的生活习俗，明人陈铎与薛论道各有一首以《盐商》为题的歌曲，可以反映盐商的“风月”冶游生活。歌曲道：

下场引方才告缴，脱空钱早已花销。衣冠假儒士，风月花胡哨，那里也十万缠腰。

累岁经年守候着，将到手支头欠少。

花乡酒乡，处处随心赏。兰堂画堂，夜夜笙歌响。五鼎不谈，三公不讲；受用写芙蓉锦帐，粉黛红妆。江湖那知廊庙忙？舞女弄霓裳，金樽饮玉浆。三枚两谎，真个是人间天上。②

这两首歌曲对商人的风流生活和挥霍金钱作了细致刻画，是当时商人生活习俗的真实反映。从中不难看出商人生活的基本特点：一是商人以赚钱为目的，他们可以“五鼎不谈，三公不讲”，做官封荫当然不是他们的理想目标，但“衣冠假儒士”一句，显然也已说明尚儒之风在商人中开始风行；二是商人也开始追求舒适、雅致的生活，诸如建造画堂、兰堂，在里面有粉黛、红妆、舞女，夜夜笙歌，而且还在风月场中花里胡哨地乱窜，过着一种与士大夫一般的生活，真如人间天上；三是商人经商，说谎、作假还是他们的常态。

2. 龙游商帮

什么是龙游商帮，《龙游商帮》一书有扼要介绍：“龙游位处山区，但地当浙闽皖赣四省通衢，水陆畅通，商民因而长期铡畈四方，无远弗届，有‘遍地龙游’之谚。龙游商帮在明清时最为鼎盛，曾与徽商等帮竞逐商坛，衢商除经营四方，更试从贩运业转向上游手工业生产发展，最终因未能适应近代交通与经济观念条件变化的冲击，为宁波商所取代。”③龙游商帮是以浙江龙游县为主体的浙江衢州府诸县商人集团，或可简称衢商。明中叶已活跃大江南北、西南边陲以及海外贸易。“挟资以出，守为恒业，即秦晋蜀滇，万里视若比舍，俗有‘遍地龙游’之谚。”④“遍地龙游”说明了它已角逐于各地市场上。以一个小小县份竟有如此能量的商贾，岂不奇哉！有人以为这是龙游人自诩之言，不足为凭。其实，历史事实是不容篡改的，这绝不是万历时修志者的编纂。万历《龙游县志》为公认的佳本志

① 〔明〕谢肇淛：《五杂组》卷四《人部二》，上海书店出版社2001年版，第74页。

② 路工编：《明代歌曲选》，上海古典文学出版社1956年版，第16—17、109—110页。

③ 参见陈学文：《龙游商帮》，香港中华书局、台湾万象图书公司1995年版；陈学文：《龙游商帮研究：近世中国著名商帮之一》，杭州出版社2004年版；陈学文：《称雄于明清时期的龙游商帮》，刊台湾《历史》总160期，2001年5月；陈学文：《中国历史上西部开发的先驱者：龙游商帮》，《浙江学刊》2003年第3期；陈学文：《明清龙游商帮与儒学文化》，收录于《2006年中国衢州国际儒学论坛论文集》，浙江人民出版社2008年版。

④ 〔明〕万历《龙游县志》卷五《风俗》，浙江图书馆珍藏明刻本，南京图书馆藏胶卷本。

书，修志者是严谨学者。此外还有许多例证，如万历时诸多著名官员、学者亦皆有同样见识和论断，明人王世贞、唐顺之、李维桢、胡应麟、王穉登、归有光、顾炎武等人多有对龙游商贾的论述，此其一；官修嘉靖《浙江通志》卷六五《风俗》："水以南务耕稼，以北尚行商。"嘉靖《衢州府志》卷一《风俗》、天启《衢州府志》卷一《风俗》亦有同样记载，如天启《衢州府志》卷一六载："龙游之民多向天涯海角远行商贾，几空县之半，而居家耕种者，仅当县之半。"此其二；谱牒亦多有记载宗族于各地经商者，如《龙游高阶余氏家谱》《桐冈童氏宗谱》等亦有多处记录童氏、余氏宗亲的商贾业绩，此其三；明代重要典籍《皇明条法事类纂》卷一二记有："龙游等县客商……在卫府生理。"此其四。有此四者，则可认为龙游商帮之说并非子虚乌有、空穴来风。

除了作为中坚的龙游商帮外，衢州府诸县亦多有从商贾为生者。如：常山"闽楚之会，地狭民稠，习尚勤俭，业事医贾"。江山"庐舍鳞次，商贾辐辏""释耒而逐负担"。西安"贾人皆重利致富，于是人多驰鹜奔走，竞习为商，商日益众"①。但是诸志书还是以龙游多商贾记载较多，故称为"龙游商帮"。

为什么衢州、龙游多商贾，这与地理环境和人文传统密切相关。龙游地处"龙邑为入闽要道，八省通衢，居民市肆尤麇聚于是镇；稠密喧阗，罕有其匹，贵官星使络绎于道"。阮元称："龙游为东南孔道。"②龙游"数百里之水，遥通两浙咽喉，接婺苍，几千叠之山，环列三衢保障，商贾遍地天涯海角"。③ 早在宋代已是水陆驿必经之路，宋人蔡元定曰："入瀔江之滨，乃衢龙要冲之地，水驿当其南，马驿当其北，东连严睦，西引信闽。行人往来循绳络绎咸经于此。"④明万历时"龙丘浙衢佳壤，水陆辐辏"⑤。它是浙闽皖赣四省要冲，是通向中国的中西部盐粮道。虽为山区，但水陆路交通还是畅通的。据明代憺漪子《新刻士商要览天下水陆行程图》和周文焕《新刻天下为民便览·万宝全书》卷二，明代壮游子《天下水路行程》卷一均记有四条行程都是经过龙游。所以，徐延长初在《重建县治记》载："邑当孔道，舟车所至，商货所通，纷总填溢。"除了交通便利之外，还有一大内因，即龙游山多田少，民生维艰，须赖商贾谋生，这与徽商有颇多同通之处。王世贞说："龙游地呰

① 〔明〕嘉靖《衢州府志》卷一《风俗》，浙江图书馆珍藏抄本；〔明〕天启《衢州府志》卷一《风俗》；雍正《浙江通志》卷一百《风俗》；〔明〕天启《江山县志》卷一《风俗》；康熙《江山县志》卷一《风俗》。

② 高英：《重修官驿前堤岸碑记》；阮元：《龙游县重建驷桥碑铭》，民国《龙游县志》卷三六。香港语丝出版社，1999年版。

③ 〔明〕天启《衢州府志》卷首《龙游县治图》，浙江图书馆藏明刊本。

④ 〔宋〕蔡元定：《和渠虹桥记》，见民国《龙游县志》卷三三《文征一》。

⑤ 〔明〕万延谦主修：万历《龙游县志·万序》，该志修于万历壬子（四十年，1612年）。参见民国《龙游县志》卷末《前志源委及修志始末》，第4册315页。按：万历时还有一县志，即万历丙子（四年，1576年）涂志修，余汀、童珮纂，已佚。

薄，无积聚，不能无贾游。”①“龙游地瘠硗，罕蓄聚，必贾游乃可资生。”②

龙游商帮肇始于宋元，鼎盛于明中叶至鸦片战争前后，衰落于清光绪以后。南宋时，龙游韦塘村人朱世荣，“年二十好博，其父逐之，流寓常州，致巨富，置产亘常州三县之半。后归里，复大置产，当时以为财雄衢、常二郡”③。元至正间，机工山镇项家村项子容易，“商于四川大宁井，子孙遂居四川”④。至明中叶，“龙丘之民往往半糊口于四方，诵读之外，农贾相半”⑤。明天启，“龙游之民，为商贾几半。”“龙游衢之要邑也，其民庶饶，喜商贾。”“龙游之民，多向天涯海角，远行商贾，几空县之半，而居家耕种者，仅当县之半”⑥。龙游人自明代起已意识到经商与考取功名同等重要，从轻商重儒转变为商儒并重，自此经商者日众。2006 年 6 月龙游横山塔修葺时发现一方塔铭碑文：“大明嘉靖十三年(1534 年)岁次甲午夏六月吉日，横山张氏同心合力建造宝塔一座，祈保各家子姓，功名显达，买卖遂心……”建塔竖碑者张文愚本人就是辛丑科进士，以他为代表的龙游儒生在传统观念中已有大变化，视“买卖遂心”亦为人生理想的追求。

龙游商贾多以衢州府所产山货(竹木米油药材等)肩负船运马驮贩至各地，而资金稍有雄厚者则多从事长途贩运，如龙游商李汝衡将丝绸运至湖广。据明代大文人李维桢记：“李十二汝衡，越之龙游人。自其父鹤汀贾江陵，迄今人与年盖两世矣。父子饶心计，趋时不失黍累，至汝衡而资益拓，所居积绮縠纻，穷四方之珍异，挽舟转毂以百数，所冠带衣履，遍楚之十五郡。而善与时低昂，人或就之贳贷无所靳，亦不责子钱，久乃或负之，遂不复言。……楚人慕其谊，争交欢汝衡。汝衡雅好客，置酒事会，佐以声伎之乐，其门填噎，诸同贾者莫敢望。”⑦李维桢为隆万间礼部尚书、太子太保，却为一区区商人作序，实属难得。他还认为李汝衡是“侠而隐于贾者也”。李汝衡几乎垄断了湖广的丝绸销售市场，每次货运船多达百艘。⑧

龙游商帮还插手矿冶业，将商业资本转化为产业资本，开拓了商业资本的门路，是商品经济的重大发展，还促进了矿冶业的发展。龙游商祝十八，嘉靖四十一年至浙闽赣三省交界的江西平洋铜塘开发铝矿。“龙游人祝十八，矿徒数百人从江山经玉山程村往浦

---

① 〔明〕王世贞：《弇州续稿》卷七二《童子鸣传》，影印文渊阁本《四库全书》本，集部第 221—223 册，台湾“商务印书馆”，1986 年版。

② 《桐冈童氏宗谱》卷一《记·存五七公传》。

③ 民国《龙游县志》卷二四《丛载·轶闻》，香港语丝出版社 1999 年版，第 3 册，第 24 页。

④ 《泗塘项氏宗谱》，嘉靖十九年项湇始修。

⑤ 〔明〕万迁谦：《申明乡约保甲条规》，见万历《龙游县志》卷五《风俗》。

⑥ 〔明〕天启《衢州府志》卷一六；涂志：《重建龙游城记》，见民国《龙游县志》卷三四。

⑦ 〔明〕李维桢：《大泌山房集》卷四八《赠李汝衡序》，明万历三十九年(1611)刻本。

⑧ 陈学文：《晚明的高官与商人：从李维桢为李汝衡传说起》，《光明日报》2004 年 3 月 23 日。

城，欲邀众分劫平洋铜塘，为官兵所拒，不得逞，退至常山复振，集四百余人，杀伤县兵，突前至草坪，过玉山，屯吴村。”①祝十八以巨商兼矿徒首领身份开发了江西矿冶业。此外，衢州府西安有银矿，江山县有煤矿，龙游商人亦多有染指其间者。

龙游地多产竹木，竹是制纸的材料。龙游商人就地取材开设造纸作坊、工场，供应苏杭等地印书纸和用纸，又利用木材刻制印书版。龙游商帮中就出了多位著名书商。陆容《菽园杂记》载：“衢之常山开化等县，以造纸为业。”常山造纸技术精湛，“球川人善为之，工经七十二到”。“凡江南、河南等处赃罚及湖广福建大纸官纸，俱来本县买纳。”②龙游著名书商童珮、胡贸，还是学问家。

童珮(1524—1578)世居龙游谷水乡，其父童彦清就是书贾，珮幼时随父贩书各地，一有空就在贩书船上读书，后就业于归有光，归有光很赞赏他的好学精神，归曰：“子鸣于书盖历能诵之，余以为是益奇子鸣。”王世贞云：“子鸣有藏书万卷，皆其手所自雠校者。”“尤善考证诸书画、名迹、古碑、彝敦之属。”集诗文家、藏书家、考证家、印书家、书贾于一身的童珮，著有《童子鸣集》《珮荑杂录》《九华游记》《南岳东岱诗》，还与余汀修纂万历《龙游县志》，为方志佳作。“搜采旧闻，参以新得，芟其繁芜，补其阙遗，其有未尽之旨，每篇复为论列。”编有《杨盈川集》《徐侍郎集》等。经他考证校刊收藏珍本书二万五千卷，成为藏书家，编出《童子鸣藏书目》，胡应麟《报童子鸣书》云：“得足下藏书目阅之，所胪列经史子集，皆犁然会心，令人手舞足蹈。”③他与明中叶诸大家王世贞、王登、胡应麟、韩邦宪、归有光都有交集。“世为书贾，珮独以诗文游公卿间，尝受业于归有光，其殁也，王世贞为作传，王登为作墓志，盖亦宋陈起之流也。诗格清越，不失古音。”④

另一个书商胡贸，出生于世代书贾之家，从小就喜欢读书，善于校编印，因印书而结识了大学问家唐顺之。唐任太仆处卿、右通政，“于学无所不窥”“洽贯群籍”。唐顺之(荆州)称之：“一生碌碌勤苦，从事于割截离合”，还说自己“非贸，则予事无与成；然贸非予，则精技亦无所用，岂亦所谓各致其能者哉！”“书佣胡贸，龙游人。父兄故书贾，贸少乏，不能贾，而以善锥书往来诸书肆及士人家。”⑤胡贸病故后，唐顺之助资安葬，特作《胡贸棺记》。

刻印贩销书籍，对于杭州、龙游乃至全国文化发展起了很大的推进作用，这也是龙游

---

① 雍正《常山县志》卷一《舆地志·物产·货之属》；雍正《浙江通志》卷一〇六《物产》。

② 〔明〕归有光：《送童子鸣序》；王世贞：《弇州山人续稿》卷七二《童子鸣传》。归、王氏二文均见民国《龙游县志》卷三四《文征》。

③ 〔明〕尹焘：万历《龙游县志·序》，见民国《龙游县志》卷末，第4册，第313页。

④ 《四库全书总目·集部三十一·别集类存目五·〈童子鸣集六卷〉》整理本，中华书局1997年版，第2472页。

⑤ 〔明〕唐顺之：《胡贸棺记》，文渊阁《四库全书》本。

商帮的一大贡献。

珠宝收藏属于社会上层阶级的生活享受，经营此行业得有雄厚资金，还需具备文物知识，更需与上层社会有密切联系，而珠宝又多来自海外贸易进口，能够以事珠宝生意就证明了龙游商贾拥有财力、智力和社交能力。王士性记："龙游善贾，其所贾多明珠翠羽宝石猫眼类轻软物。千金之货，只一身自赍京师，败絮、僧鞋、蒙茸、褴褛、假痈、巨疽、膏药内皆宝珠所藏，人无所知者。异哉？贾也。"①据此可知，龙游商人虽然只身一人也敢到京城贩卖价值千金的明珠、翠羽、宝石、猫睛之类的珠宝，当然他们通常是将珠宝藏在败絮、僧鞋、蒙茸、褴褛、假痈、巨疽、膏药之中，很少被人发觉，从而保证旅途安全。由此，明人王士性不免发出这样的感慨："异哉，贾也！"王氏所言可证之龙游商人之实，如龙游珠宝商童巨川。"嘉靖初，与弟随舅氏同往都城市珠及珍宝，宣府大同贸易边庭……一往返旬月获利必倍，岁得数万金，自是兄弟相往来，垂二十余年，遂成大贾。治产营室恢宏，先绪盖十倍之，厥后子若侄嗣其业，资利益饶。"童洋，"字盛川，身言信行如其兄，而应务接人之缜密和厚则又过焉。……其往大同宣府也，去则精金珠宝，来则盐引茶封，动有巨万之资。皆卷束于怀袖，舟车鞍马之上，萧然若贫旅，而无慢藏之诲，是以履险若夷，居积致富，俨若陶朱。性儒雅，所交游者皆士大夫"②。

从事珠宝业必与海外贸易相关，龙游商贾亦多染指海外贸易。王文禄《分剿疏》所说："今寇渠魁不过某某等数人，又每船有船主……其他胁从大约多闽广宁绍温台龙游之人，或乏生理，或因凶荒，或迫豪右，或避重罪，或素泛海，或偶被掳。"③

龙游商帮无远弗届，携亲带眷远至西南边陲云贵一带屯田拓荒，早在明成化年间(1465—1487)已有一批龙游商贾在云南姚安（今楚雄彝族自治州姚安县）垦拓致富。史载："成化元年十一月初七日，礼部等衙门题为建言民情等事，该湖广布政司等衙门右参议等官人等郑序等建言：……姚安军民府阴阳学术甘卫理言一件，禁约游食事，切见云南远在万里，各边卫指府军民相参，山多田少，不通舟车，近年雨水不调，五谷少收，米粮涌贵，过活艰难。有浙江江西等布政使司安福龙游等县客商人等，不下三五万，在卫府生理，遍处城市乡村屯堡安歇，生放钱债，利上生利，收债米谷，贱买贵卖，娶妻生子，置买奴仆，游食无度，二三十年不回原籍。"④王士性《广志绎》卷四《江南诸省》载："滇云地广人稀，非江右商贾侨居之，则不成其地。"姚安等地聚集了江右（西）商帮和龙游商帮数万人

---

① 〔明〕王士性：《广志绎》卷四《江南诸省》，中华书局 1981 年版，第 75 页。

② 《桐岗童错宗谱》卷一《德五公传》；卷三《行传上》。

③ 〔明〕王文禄：《策枢》卷四《分剿疏》，《丛书集成初编》本。

④ 〔明〕戴金编次：《皇明条法事类纂》卷一二《户部类·云南按察司查江西等处客人躲住地方生事例》，台湾文海出版社 1996 年版。

在此屯垦，因人手不足，他们先采用雇佣农工屯垦，开发中国西部，使商业资本趋向生息资本发展，这是龙游商帮的辉煌业绩，其远见和豪迈气概令人钦慕。

以一个县命名的龙游商帮，无远弗届，“遍地龙游”，将商业资本转向矿冶业，还携手江右商帮挺进滇省边陲，从事屯垦业，是中国本土西部开发的先驱者。它投资印书业，对推进文化事业发展作出贡献；拓阔视野，参与海外贸易。龙游商帮是一个具有开拓精神的儒商集团。

3. 福建商帮

福建沿海居民“素以航海通番为生，其间豪右之家，往往藏匿无赖，私造巨舟，接济器食，相倚为利”①。在福建商帮中，又以泉、漳等支商帮为代表。如泉州安平镇，在明后期经商蔚为风气，人们经商非常普遍，在泉州商帮中有着十分重要的地位。何乔远说：“吾郡安平镇之为俗，大类徽州，其地少而人稠，则衣食四方者十家而七，故今两京、临清、苏、杭间，多徽州、安平之人。第徽人以一郡，而安平人以一镇，则徽人为多。是皆离其室家，或十余年未返者，返则儿子长育，至不相识，盖有新婚之别聚以数日离者。”又说：“安平一镇在郡东南陬……其民啬，力耕织，多服贾两京都、齐、汴、吴、越、岭以外，航海贸诸夷，致其财力，相生泉一郡人。”②泉州人李光缙也说：“吾温陵里中家弦户诵，人喜儒不矜贾。安平市独矜贾，逐什一趋利。然亦不倚市门，丈夫子生及已弁，往往庆著鬻财，贾行遍郡国，北贾燕，南贾粤，东贾吴，西贾巴蜀，或冲风突浪，争利于海岛绝夷之墟。近者岁一归，远者数岁始归，过邑不入门，以异域为家。壶以内之政，妇人秉之。此其俗之大都也。”又说：“安平之俗好行贾，自吕宋交易之路通，浮大海趋利，十家而九。”“安平人喜贾，贾吴越以锦归，贾大洋以金归”③。

4. 江右商（江西商）和洞庭商帮

江右商（江西商）以行商为主，经营米粮、瓷器、木材、药材、典当等行业。据文献记载，江西商帮形成时间相当早，早在天顺、成化时，当时的大学士李贤称其家乡河南邓州，已经是四方贾人所归之地，而“西江来者尤众”④。前面已经说过，成化元年（1465 年），云南姚安府官员称，云南各边卫府，江西吉安府安福县和浙江龙游商人等，“不下三五万人，在卫府坐（生）理，遍处城市乡村屯堡安歇，生放钱债，利上生利，收债米谷，贱买贵卖，娶

① 《明世宗实录》卷一八九，嘉靖十五年七月壬午。

② 〔明〕何乔远：《镜山全集》卷四八《寿颜母序》；卷五二《杨郡丞安平镇海汛碑》。

③ 〔明〕李光缙：《景璧集》卷四《史母沈孺人寿序》；卷一四《二烈传》、卷三《赠隐君擢吾陈先生寿序》。

④ 〔明〕戴金：《皇明条法事类纂》卷一二。

妻生子，置奴仆，二三十年不回原籍”①。弘治时，大学士丘濬说：“荆湖之地田多而人少，江右之地田少而人多。江右之人大半侨寓于荆湖。”这些寓居荆湖的江右之民有善贾之名，“至于贩易佣作者，则曰营生户”②。至嘉靖、万历时期，江西瑞州、临江、吉安三府因为经商人多，尤称富足。王士性《广志绎》说：江西人凡士商工贾，谈天悬地，人人善辩，“又其出也，能不事子母本，徒张空拳以笼百务，虚往实归，如堪舆、星相、医卜、轮舆、梓匠之类，非有盐商、木客、筐丝、聚宝之业也。故作客莫如江右，而江右又莫如抚州”。又说云南全省，“抚人居什之五六”，“所不外游而安家食，俗淳朴而易治者，独广信耳”；“滇云地旷人稀，非江右商贾侨居之则不成其地”；“铺金买埒，倾产入关，皆休、歙人所能。至于商贾在外，遇乡里之讼，不啻身尝之，醵金出死力，则又以众帮众，无非亦为己身地也。近江右人出外亦多效之”③。

太湖中区区东西洞庭山的洞庭商帮却走遍全国，在苏杭占领了大市场，史载：“两山之人，善于货殖，八方四路，去为商为贾，所以江湖上个口号，叫作‘钻天洞庭’。”苏州“枫桥米艘日以百数，皆洞庭人也”。“东山多大贾，走江淮间。”“商游江南北，以迨齐鲁燕豫，随处设肆，博锱铢于四方。”④

明代江西商帮和福建商帮等的兴起，与徽商兴起的原因相同。如张瀚《松窗梦语》卷四《商贾纪》说，江西一省“地产窄而生齿繁，人无积聚，质俭勤苦而多贫。多设智巧、挟技艺，以经营四方，至老死不归，故其人内啬而外侈。地饶竹、箭、金、漆、铜、锡，然仅仅物之所有，取之不足更费，独陶人窑缶之器为天下利。九江据上流，人趋市利。南、饶、广信，阜裕胜于建、袁，以多行贾，而瑞、临、吉安尤称富足。南、赣谷林深邃，实商贾入粤之要区也”。“福州会城及建宁、福宁，以江浙为藩篱，东南抱海，西北联山，山川秀美，土沃人稠。地饶荔、挺、橘、柚，海物惟错，民多仰机利而食，俗杂好事，多贾治生，不待危身取给……汀、漳人悍嗜利，不若邵、延淳简。而兴、泉地产尤丰，若文物之盛，则甲于海内矣。”福建人谢肇淛说：“吴之新安，闽之福唐，地狭而人众，四民之业无远不届，即遐陬穷发、人迹不到之处往往有之。诚有不可解者，盖地狭则无田以自食，而人众则射利之途愈广故也。”⑤

（三）长途贩运商

长途贩运多以甲地商品贩至乙地，回程又将乙地商品贩至甲地，一个来回赚得差额，

① 〔明〕李贤：《古穰集》卷九《吾乡说》。

② 〔明〕丘濬：《江右民迁荆湖议》，《明经世文编》卷七二。

③ 〔明〕王士性：《广志绎》卷四《江南诸省》、卷二《两都》、卷五《西南诸省》。

④ 《古今奇闻》卷三；康熙《休宁县志》卷一二；万历《歙志》卷五《物产》；万历《龙游县志》卷四；康熙《龙游县志》卷八《风俗》；民国《龙游县志》卷二《地理考》。

⑤ 〔明〕谢肇淛：《五杂俎》卷四《地部二》，上海书店出版社2001年版。

需资金雄厚，自备或雇用水陆交通运输工具（如船、骡马等）。主要商品有米粮、盐、丝绸、棉布等。汪道昆的祖父就是盐商，“徙武林，业骎骎起”①。张瀚说：“吾浙富厚者多以盐起家，而武林贾氏用鬻茶成富，至累世不乏。”②松江盛产棉布，“棉布盛行，操重资来市者，白银动以数万计，多或数十万，少亦以万计”③。胡友松“贸丝织缯绮，通贾贩易，竟用是起家”④。黄萝峰“由吴而荆湖而齐鲁，而南北大都，足迹声名殆半天下”⑤。洞庭商人，“上水则细缎布匹，下水惟米而已”⑥。

盐商资金巨富，在长途贩盐中还发现了商屯收入更为可观。他们就在边远地区，购地或租地从事屯垦业，开辟山丘田地种植经济作物，人手不足则雇用当地村民，甚至全家移居边陲云贵一带。这种屯垦经营方式，将商业资本转为生息资本，已是新生产方式的萌发。如徽商、江右商、龙游商多有在云南姚安（今楚雄彝族自治州姚安县）从事屯垦业，据《皇明条法事类纂》卷一二记载，成化元年（1465 年）已有浙江龙游、江西安福客商三五万人在云南开垦。

（四）外贸、海盗倭寇、海禁、平倭

明中叶以来国内商品如丝绸棉布瓷器等，大量外销，一些有眼光的商人看到了商机，大量投资外贸。江浙闽沿海港口就成为外贸商埠，如浙江嘉兴的澉浦镇，早在宋元时已是外贸港口，元代设市舶司，“每岁招集舶商，于蕃邦博易珠翠香货等物”⑦。元朝至元皇庆间宣慰使杨耐翁，“招集海商，番舶皆萃于此”⑧。“宋元时因通番舶，地方富庶。”⑨万历间丝商赵子明贩丝日本，周学诗贩丝暹罗吕宋，“有闽人杨才甫者，久寓于杭，与杭人张玉宇善，出本贩卖绸绢等货，同义男张明觅船户施春凡与商伙陈振松等三十余人，于七月初一开洋……又一起为抚院方拿省城通番人犯赵子明、沈云凤、王仰泉、何龙五名。子明自织造蛤蜊斑缎匹等货，有周学诗者贩至海澄贸易，遂搭船开往暹罗吕宋等处发卖，获利颇厚”⑩。

① 〔清〕叶梦珠：《阅世编》卷七，上海古籍出版社 1981 年版。

② 〔明〕张瀚：《松窗梦语》卷四《百工纪》，中华书局 1985 年版，第页。

③ 〔明〕陆师道：《陆尚宝遗文·友松胡君墓志铭》，上虞罗氏石印百爵斋丛刻本，第 5 册。

④ 《新安左田黄氏宗谱》卷三《行状》，温州图书馆珍藏明嘉靖三十七年刻本。

⑤ 王惟德：《林屋民风》卷七，《四库全书存目丛书》史部第 239 册，齐鲁书社 1997 年版。

⑥ 〔明〕戴金编次：《皇明条法事类纂》卷一二《户部类》，台湾文海出版社 1996 年版，钞本藏日本东京大学附属图书馆。

⑦ 〔明〕宋濂等撰：《元史》卷九四《食货志二·市舶》，中华书局 1976 年版，第 8 册，第 2401 页。

⑧ 〔清〕王彬、徐用仪修纂：光绪《海盐县志》卷四，光绪三年刻本。

⑨ 〔明〕董穀修纂：嘉靖《续澉水志》卷九，民国二十五年铅印本。

⑩ 〔明〕王在晋：《越镌》卷二一，见《四库禁毁书丛刊》集部第 104 册。

据谢肇淛《五杂俎》卷四记明中叶海外贸易十分繁盛，“东则朝鲜，东南则琉球、吕宋，南则安南占城，西南则满剌迦暹罗，彼此互市，若比邻然，又久之，遂至日本矣。夏去秋来，率以为常。所得不赀，什九起家，于是射利愚民，辐辏竞趋，以为奇货”。徐光启曰：“彼（日本）中百货，取资于我。最多无若丝，次则瓷，最急者无如药。通国所用，辗转灌输，不厌其多也。”①

日本国1467年发生“应仁之变”，室町幕府（1338—1593）足利氏政权名存实亡，封建领主与地方势力膨胀，已是群雄割据的“战国时期”（1467—1573），失业者、武士、浪人在领主支持下，向外扩张，借外贸之名实施掠劫，于是演成一场海盗掠劫和倭患。明嘉靖帝醉迷道教，严嵩当权，朝政腐败，海防不修，倭寇骚扰不断，明政府遂罢市舶实施海禁。“给事中夏言言，倭寇起于市舶，遂罢之。市舶既罢，日本海贾往来自如，海上奸豪与之交通，法禁无所施，转为寇贼。”②倭寇偕海盗屡犯中国东南沿海，人民生命财产惨遭屠杀劫掠，酿成嘉靖朝一场祸患。倭寇与海禁互为因果，先有倭寇，继而实施海禁。对此，赵翼有正确评判，赵翼曰：“谓倭乱由海禁所致矣，此犹是闽浙人腾谤之语。……海番互市固不必禁绝，然当定一贸易之所，若闽浙各海口俱听其交易，则沿海州县处处为所熟悉，一旦有事岂能尽防耶！”③负责剿倭的万表亦曰：“致乱之原，盖在于法弛，而非有严法以致之。”④日本著名史学家井上清说：“和中国的往来，不只是进行和平贸易……同时也是伺机变为海盗，掠夺沿海居民。倭寇和北欧古代海盗船，以及中世纪末的海盗船是一样的。”⑤

戚继光及他所创建的戚家军在平息倭寇中起了重大作用，其功绩永垂青史。与他并肩战斗并为他领导的谭纶曰：“戚继光忠诚懋著，文武兼资，貌虽不逾中人，才则可将十万。”而当时“法令废弛，行伍空虚，该卫所官兵，大都桀骜不驯，顽钝无耻，驱之戒行，则恍然自失”⑥。嘉靖三十八年戚继光来到江南，见明卫所与官军如此敝败，见倭寇来望风逃避，不堪一击，他即上陈招募义乌兵，并经他严格训练，组成一支戡倭的铁军。“继光至浙，见卫所军不习战，而义乌金华俗称彪悍，请招募三千人，教以击刺法，长短兵迭用，由是继光一军物精……戚家军名闻天下。”⑦后来这支“铁军”——戚家军调防戍守北方长城

① 〔明〕徐光启：《海防迂说》，见陈子龙《明经世文编》卷四九一。

② 〔明〕傅元初：《请开洋禁疏》，见顾炎武《天下郡国利病书》原编第16册。

③ 〔清〕赵翼：《廿二史札记》卷三四《嘉靖中倭寇之乱》，《丛书集成初编》本。

④ 〔明〕万表：《海寇议》，见《四库全书存目丛书》子部第31册。

⑤ 《日本历史》，天津人民出版社1974年版，第166页。

⑥ 〔明〕谭纶：《倭寇暂宁条陈善后事宜疏》（嘉靖四十二年），清高宗敕选《明臣奏议》卷二六，《丛书集成初编》本，商务印书馆1935年版。

⑦ 夏燮编著：《明通鉴》卷六二，上海古籍出版社1990年版。

一带，世世代代功勋不朽。①

第二节　明代西学东渐与长江文化

一、基督教的三次来华

基督教第三次传入中国，即是明末耶稣会士的来华传教。②

16 世纪时，欧洲资本主义已经萌芽并得到一定程度的发展，而这时天主教会却变得十分腐化。从教皇到主教都肆无忌惮地利用职权掠夺奴役人民、扩大势力。他们以宗教裁判所判处开除教籍或停止宗教仪式的威胁来迫害教徒，榨取钱财，并对反封建的言行给予严厉的制裁。新兴的资产阶级迫切要求宗教改革，于是各国先后发生宗教改革运动，形成新教，我们称之为基督教，也叫耶稣教。宗教改革使天主教在西欧、北美的势力日益缩小，即使在依然占有统治地位的西班牙、葡萄牙、意大利和南部德意志等地，也面临着严重的危机。因此，天主教会从 16 世纪后半期开始了反宗教改革的活动，耶稣会则为其重要工具。

耶稣会是西班牙贵族伊纳爵·罗耀拉于 1534 年创立的一个传教组织，1540 年获得教皇保罗三世的批准，其目的是扩张天主教势力。而这时西班牙、葡萄牙的殖民势力已扩展到东方，于是耶稣会士也就随之来东方传教。嘉靖二十年（1541 年）耶稣会士方济各·沙勿略（1506—1552）奉教皇之命，来东方传教。他先在日本传教，在获悉日本的一切文化都传自中国之后，又来到中国。嘉靖三十一年（1552 年）他乘葡萄牙船只冒险进入中国珠江口的上川岛。他在岛上建了小教堂，每天做弥撒。不久，他在饥寒交迫的困境中，染上了重病，于年底去世。

嘉靖三十二年（1553 年），葡萄牙殖民者买通明朝官吏，借口要到澳门岸上曝晒货物，乘机上岸居住。从此，葡萄牙殖民者不断扩大居住区，擅建城墙、炮台，自设官吏，把澳门窃为根据地。此后，澳门就成为耶稣会士向我国内地传教的基地。到嘉靖四十二年（1563 年），澳门有八个耶稣会士，外来人员 5000 左右。明隆庆二年（1568 年），耶稣会士卡内罗奉教皇之命，来到澳门做第一任中国主教。卡内罗为在广州成立会所，曾两次前

① 按：有关倭寇侵华和戚继光平倭，可详见范中义《戚继光评传》，南京大学出版社 2004 年版；陈学文：《明代倭寇事件性质的探讨》，《江海学刊》1958 年第 7 期；陈学文：《论嘉靖时的倭寇问题》，《文史哲》1983 年第 5 期；陈学文：《明代的海禁与倭寇》，《中国社会经济史研究》1983 年第 1 期。

② 基督教三次传入中国：第一次在唐代，称景教；第二次在元代，称也里可温教；第三次是在明代，传入的称天主教。

往广州，但均遭明官府拒绝①。万历六年（1578 年），耶稣会“印度和日本教务巡阅使”范礼安到澳门，研究耶稣会士进入中国内地传教的新方法，提出耶稣会士要学习中国语言文字，要中国化。从罗明坚开始，耶稣会士终于挤进了中国大门，进行传教活动。

1668 年阿达纳西斯吉和尔《中国志》附图

二、罗明坚、利玛窦等在华的传教活动

耶稣会士罗明坚是意大利人，生于 1543 年。万历七年（1579 年）被派到澳门。他遵照范礼安的指示，学汉语、习华文。从万历九年开始，他利用每年春秋两季葡萄牙商人到广州进行贸易之机，多次扮成商人随葡商到广州。当地官员看到一个外国人熟悉本国语言文字，且举措文雅，很有礼貌，便“破格相待，别人在谒见时，全都是俯伏跪拜，却允许他在谒见时，能够站立”②。当时中国政府规定在广州进行贸易的葡商日落后必须回船上过夜，他却“被赐与例外的特权，在市集期间不必像外国人一样在他们的船上过夜。甚至在供暹罗使团前来向天子朝贡时所专用的馆邸中还给他留了一个住处”③。

万历十年（1582 年），罗明坚应两广总督陈瑞之邀，携带了时钟等西洋器物，来到两广首府肇庆，并被获准在天宁寺居住传教。这时，陈瑞因依附张居正而被革职，罗明坚也就回到澳门。继任两广总督的郭应聘开始禁止耶稣会士传教，严禁中国人与之接触或接纳外国人，违者“将严行处死不贷”。但后来听说罗明坚有许多奇珍异物可以馈赠，就遣人请罗明坚到肇庆。万历十一年，罗明坚带另一耶稣会士利玛窦一起来到了肇庆，再次以珍奇宝物相赠。这次，罗明坚被允许建造了一所名为“仙花寺”的教堂。他用中文撰写了《天主圣教实录》，宣传天主教教义。郭应聘还邀请罗明坚到他的老家浙江绍兴传教。他的父亲受洗入教，“另外有两三个死婴孩被沐以超度的洗礼水送往天堂”④。这是耶稣会士第一次进入江南地区传教。万历十六年（1588 年）罗明坚回国，再也没有回来。

利玛窦（1552—1610），意大利人。出身于意大利马切拉塔城一个贵族家庭，7 岁入当地教会学校，后来进入罗马神学院。19 岁时加入耶稣会。他天资聪颖，刻苦好学，不仅通读天主教教义，而且努力研习各科科学知识。万历五年（1577 年），他经耶稣会批准，赴东

① 张力、刘鉴唐：《中国教案史》，四川省社会科学院出版社 1987 年版，第 4—15 页。

② 裴化行：《天主教十六世纪在华传教志》，商务印书馆 1936 年版，第 189 页。

③ 利玛窦、金尼阁著，何高济等译：《利玛窦中国札记》，中华书局 1983 年版，上册，第 145 页。

④ 利玛窦、金尼阁著，何高济等译：《利玛窦中国札记》，中华书局 1983 年版，上册，第 193 页。

方传教。万历十年，利玛窦抵达澳门，次年他随罗明坚到了肇庆。从此，他一直在中国居留，致力于传教事业，直至万历三十八年(1610 年)去世。

方塔娜《利玛窦传》封面

明游文昌绘《利玛窦像》

由于中国人对外国人有抵触情绪，因此利玛窦与同伴们刚开始传教时，十分谨慎，“为了使一种新宗教出现在中国人中间不致引起怀疑，神父们开始在群众中出现时，并不公开谈论宗教的事。在表示敬意和问候并殷勤地接待访问者之余，他们就抓紧时间研习中国语言、书法和人们的风俗习惯。同时他们努力用一种更直接的方法教导这个异教的民族，那就是以身作则，以他们圣洁的生活为榜样……从他们入境时起，他们便穿中国的普通外衣……”①因此，利玛窦刻苦学习汉语，钻研儒家经典，深入了解中国的文化习俗，在衣着、饮食、起居、礼仪等方面，尽量中国化。他广交缙绅，向他们讲授西方科技知识。在肇庆建立和开放了他的教会图书馆，这是我国第一所西文图书馆②。他在接待室里陈列了自鸣钟、三棱镜、日晷等各种西方制造的奇巧物品，并自制浑天仪、地球仪等许多天文仪器，分赠当地官员名流。为了迎合中国士大夫的自大心理，他还绘制了一幅用汉文标明的世界地图，故意“把地图上第一条子午线的投影的位置转移，把中国放在正中……这正是一种适于参观者的脾胃的地图，众司铎相信，以后在演讲时，一定能有许多便利，来宾见到西洋各国与中国的距离几乎远得无法测量，又有重洋相隔，便不再畏惧有外力来侵略”③。这一切，不仅使中国人眼界大开，而且也使利玛窦声誉四布。

万历十七年(1589 年)，利玛窦迁到韶州(治今广东韶关)，在光孝寺附近置地住了下

① 利玛窦、金尼阁著，何高济等译：《利玛窦中国札记》，中华书局 1983 年版，上册，第 168 页。
② 林金水：《利玛窦在中国的活动和影响》，载《历史研究》1983 年第 1 期。
③ 利玛窦、金尼阁著，何高济等译：《利玛窦中国札记》，中华书局 1983 年版，上册，第 168 页。

来。当地名宦如韶州通判吕良佐、兵备道邓美政、韶州知府谢台卿、曲江知县刘文芳、南雄知府黄门、英德知县苏大用等都给予方便，有的还与他结成好友。这时，他的汉语水平已很高，能流利阅读古典经文，对中国传统文化也已有更深入的了解。他发现自己初抵肇庆时用剃发剪须、披袈裟、取僧名的佛教习尚，在独尊儒家的中国并不能被尊重，便留须蓄发，穿丝服，按儒者装扮，这样更容易为中国人所接受。

在韶州，利玛窦开始注意培养和利用华人信徒为其服务，较典型的是原礼部尚书瞿景之子瞿汝夔。他在其父死后，因热衷于炼金术而使家道败落，便带着妻子仆人周游各地，在肇庆认识了利玛窦，要求利玛窦收他做学生。利玛窦同意了，并教他学习天文、算术、几何等西方科学。瞿汝夔把利玛窦讲解的欧几里得几何译成汉语，传给他的朋友看，还自制星盘、天球仪、日晷等科学仪器①。同时，他也是利玛窦传教活动的得力助手，“正是通过他的工作，神父们才和一位军官，叫作兵备道的，并和他的同乡、新上任的韶州长官都结成好友”②。

万历二十三年(1595年)，利玛窦到达南昌。在这里，他结交了许多朋友，如江西巡抚陆万垓、建安王朱多𤊨、乐安王朱多焿等。利玛窦向建安王赠送了卧式时钟、天文仪器、玻璃器皿等物，其中一部地图册和另一部《交友论》书籍最受建安王喜爱。建安王则赠送了丰富的丝料、银器和食品。利玛窦在这里共居住了3年。为了宣扬天主教，他在这期间撰写了《天主实义》一书，该书记载了他和文人学士的辩论及释疑，对中国传统经典广征博引，并竭力把天主教义和儒家学识结合起来。由于他用中国的圣贤之道来解释和传播天主教，故该书在当时中国士大夫中震动较大，许多人阅后皈依天主教。万历二十四年，利玛窦被任为耶稣会在华首任会长。

万历二十六年(1598年)，利玛窦在南京礼部尚书王弘诲陪同下，首次北上，同年九月到达北京。时值援朝战争，他作为外国人，有间谍嫌疑，故不得不南返，次年二月回到南京。他在这里不仅继续传播天主教教义和西方科学技术，而且还结交了许多文武大臣、社会名流和学者，如魏国公徐弘基，丰城侯李环，原司礼太监冯保，刑部尚书赵参鲁，侍郎王樵、王汝训，礼部尚书叶向高，户部尚书张孟男，理学名儒焦竑，进步思想家李贽等。李贽推崇利玛窦为“一极标致人也”，“我所见人未有其比，非过亢则过谄，非露聪明则太闷闷瞆瞆者，皆让之矣”③。他还赠扇给利玛窦，上题《赠利西泰》诗，曰：“逍遥下北溟，迤逦向南征。刹利标名姓，仙山纪水程。回头十万里，举目九重城。观国之光未？中天日正

① 利玛窦、金尼阁著，何高济等译：《利玛窦中国札记》，中华书局1983年版，上册，第247—248页。
② 利玛窦、金尼阁著，何高济等译：《利玛窦中国札记》，中华书局1983年版，上册，第247—248页。
③ 〔明〕李贽：《续焚书》卷一《与友人书》，中华书局1975年版，第35页。

明。”①另外，利玛窦在他的学生们帮助下，“制造了各种样式的日晷”和“标明着天体的天球仪和标明整个地球表面的地球仪以及其他科学仪器”②。

万历二十八年（1600 年），利玛窦再次赴京。向神宗进献了大量贡物，有时画天主圣像 1 幅，古画天主圣像 1 幅，天主经 1 部，自鸣钟 2 架，万国图志 1 册，大西洋琴 1 张，珍珠镶嵌十字架 1 座等。神宗见到贡物十分高兴，更激起了他对欧洲风情的兴趣。他虽未召见利玛窦，但派宦官向利玛窦了解欧洲的婚丧嫁娶、衣着服饰、饮食起居、建筑风格等，并把利玛窦待如上宾。“嘉其远来，假馆授粲，给赐优厚”③。还准许他在京定居，其日常生活皆由朝廷供给。

从此，利玛窦在京广交官宦名流，积极传教。“自是四方人士，无不知有利先生者，诸博雅名流，亦无不延颈愿望焉”④。“公卿以下重其人，咸与晋接”⑤。如大学士沈一贯、吏部尚书李戴、礼部尚书冯琦、刑部尚书萧大亨等，都有过较为密切的接触。登门拜访的人之多，使他有难以招架之感。万历三十八年（1610 年），他的工作更重了。这一年“来自全国各省的官员，总数达五千人之多，都聚集在北京朝觐皇上。与此同时，还正在举行中国的博士考试……北京的这一切活动大大增加了利玛窦神父的工作”⑥。过度的劳累，终于使他在同年五月病倒了。神父们遍请京城名医治疗，仍未见效，几天后去世。在临死前，他还“常常谈到教徒，谈到他正在修建的教堂，谈到使中国人皈依基督教，甚至还谈到使皇上皈依”⑦。这种精神确令局外人也感动。

在明朝后期，与利玛窦差不多同时来华传教的，还有：

郭居静（1560—1640），意大利人，字仰凤。1581 年加入耶稣会，万历二十二年（1594 年）来华。先在澳门学习华语，后到韶州协助利玛窦。利玛窦赴南京后，郭独掌韶州教务。后利玛窦离开南京赴北京时，即将南京教务托给他，并遥辖南昌、韶州两地教务。后在上海、杭州、嘉定三地开教。

龙华民（1559？—1654），意大利人。1582 年入耶稣会，万历二十五年（1597 年）来华。利玛窦去世后，继任耶稣会在华会长。万历四十四年（1616 年）南京教案中，他被驱逐。到天启六年（1626 年）因明与后金发生战争，需军事上帮助，乃被召回。崇祯三年（1630 年）他曾一度参加修历工作，不久即退出。崇祯九年以前，他主要在北京传教，以后

---

① 〔明〕李贽：《焚书》卷六《赠利西泰》，中华书局 1975 年版，第 247 页。
② 利玛窦、金尼阁著，何高济等译：《利玛窦中国札记》，中华书局 1983 年版，下册，第 352 页。
③ 〔清〕张廷玉等撰：《明史》卷三二六《外国七》，中华书局 1974 年版，第 28 册，第 8460 页。
④ 〔明〕徐光启：《徐光启集》卷二《跋二十五言》，王重民辑校，中华书局 1963 年版，第 87 页。
⑤ 〔清〕张廷玉等撰：《明史》卷三二六《外国七》，中华书局 1974 年版，第 28 册，第 8460 页。
⑥ 利玛窦、金尼阁著，何高济等译：《利玛窦中国札记》，中华书局 1983 年版，下册，第 611 页。
⑦ 利玛窦、金尼阁著，何高济等译：《利玛窦中国札记》，中华书局 1983 年版，下册，第 613 页。

则屡往山东济南、泰安、青州等处传教。他曾审定中国教徒所用的经文，汇编了《圣教日课》。

庞迪我（1571—1618），西班牙人，号顺阳。万历二十七年（1599 年）来华。范礼安遣他往南京与利玛窦共事。后利玛窦第二次进北京时，他也同往。南京教案时被逐。

熊三拔（1575—1620），意大利人，号有纲。万历三十四年（1606 年）来华，居于北京。因中国钦天监推算有差错，朝廷命他与庞迪我共同修历，著书推算经纬度数与日食结果。南京教案后，被逐至澳门。

罗儒望（1566—1623），葡萄牙人，号怀中。万历二十六年（1598 年）被派至韶州，后派到南京。他曾为瞿太素及徐光启付洗。徐光启驳斥沈㴶诬陷天主教的《辩学章疏》，他也参与草拟。去世后葬于杭州大方井。徐光启闻噩耗，全家持服，如遭父丧。

艾儒略（1582—1649），意大利人，字思之。万历三十八年（1610 年）来华。初至扬州，劝化一大吏，后随此人到陕西，传授葡萄种植技术。泰昌元年（1620 年）到杭州。天启五年（1625 年）以后，多次在福建各地传教。

阳玛诺（1574—1659），葡萄牙人，字演西。万历三十八年（1610 年）来华。南京教案时被驱往澳门。天启元年（1621 年）住北京，天启三年任耶稣会在华副会长。曾相继驻于南京、松江、上海、杭州，并到宁波开教。去世后葬在杭州大方井。

毕方济（1582—1649），意大利人。天启二年（1622 年）到上海，在附近传教。在常熟曾付洗 300 人。后又到过淮安、扬州、苏州、宁波和其他江浙城市。

傅泛际（1587—1653），葡萄牙人。泰昌元年（1620 年）到澳门。他的最大贡献是和李之藻合译了《名理探》《寰有诠》。

其他来华的传教士还有葡萄牙人麦安冬、孟三德，意大利人石方西、高一志、罗雅谷，法国人金尼阁，瑞士人邓玉函等。

三、西学的流播及其对长江文化的影响

（一）天主教在中国及长江流域的传播状况

利玛窦等耶稣会士经过几十年的努力，终于使天主教在中国逐步打开了局面。首先，加入天主教的中国人不断增加。万历十三年（1585 年）中国天主教徒有 20 人，万历十七年为 80 人，万历三十一年约为 500 人，万历三十三年有 1000 多人，万历三十八年为 2000 多人，万历四十五年有 3000 多人。到崇祯九年（1636 年）更增至 3.8 万人。许多朝廷要员、社会名流纷纷入教。如崇祯九年时，有一品大员 14 人、进士 10 人、举人 11 人、生员 300 余人加入了天主教。其中最著名的当推徐光启、李之藻、杨廷筠三人，教会史书上把他们称作中国天主教的三柱石。另外，由于司礼监总管、军政大权掌握者庞天寿信奉

天主教，而他可自由出入宫廷，因此许多皇室成员也纷纷入教。据统计，到崇祯九年，信教的亲王有 140 人，皇族 40 人，皇帝赐封的诰命夫人 80 余人①。

与此同时，全国各地纷纷建立教堂。《破邪集》中载崇祯年间黄贞的《请颜茂猷先生辟天主教书》云："艾氏（艾儒略）言会友二十人来中国开教，皆大德一体也。今南北两直隶、浙江、湖广、武昌、山东、山西、陕西、广东、河南、福建、福州、兴泉等处，皆有天主会堂，独贵州、云南、四川未有耳。呜呼！堂堂中国，鼓惑乎夷邪，处处流毒，行且亿万世受殃，而今缙绅大老士君子入其邪说，为刊刻天主教会义，为撰演天主教序文，贞目睹所及甚多，此其可愤可慨者五也。"黄贞所言，虽出于反教，但反映了崇祯年间教堂纷纷建立，天主教盛行的实际状况。

长江流域一直是西方传教士传教活动的重要地区之一。在上海，对天主教传播影响最大的是徐光启。34 岁时，他在韶州认识了传教士郭居静，从此便与耶稣会士密切往来。万历三十一年（1603 年），他在南京受洗入教，圣名"保禄"，天主教内常称他为"徐保禄"。万历三十六年（1608 年），徐光启将郭居静带到上海，开始在上海传播天主教。郭在上海住了 3 年，有 200 人受洗，并创建了圣母玛丽亚祈祷所。在徐光启的影响下，不仅徐的子孙全部受洗入教，而且徐家汇周围地区的许多人也纷纷入教。

1735 年杜赫德绘徐光启和西方传教士利玛窦等铜版画

泰昌元年，郭居静又到嘉定，在信徒孙元化家中开教。孙元化出巨资建教堂，还建造了 10 余间传教士住宅。此后三四年中受洗入教的共有数百人。传教士将嘉定作为常驻教士之教堂。天启七年（1627 年），为讨论"上帝""天主"名称而举行的会议，也在嘉定举行，教会史上称之为"嘉定会议"。

① 张力、刘鉴唐：《中国教案史》，四川省社会科学院出版社 1987 年版，第 51 页。

杭州也由郭居静开教。万历三十九年(1611年),李之藻因丁父忧,邀请郭居静和另一传教士金尼阁(1577—1628)到杭州,为其父举行天主教追悼仪式。李之藻(1565—1630),杭州人,万历进士,官至太仆寺少保。他于万历三十八年在北京受洗入教,圣名"良"。郭到杭州后,即举行弥撒。这时,李的好友杨廷筠也到李家吊唁,见到郭、金二人,便请他们住到自己家里,向他们学习教义,请求领洗入教。杨廷筠(1557—1627)①,字仲坚,号淇园,浙江仁和(今杭州)人。万历七年(1579年)中举,万历二十年(1592年)中进士,曾任湖广道御史、光禄寺少卿等职,累官至顺天府丞。杨家为杭州官宦名门,人称"杨氏科第甲于武林"②。由于他是佛教徒,且有侧室,而天主教主张一夫一妻,不准纳妾,故郭、金不但要他弃佛,还要他弃妾,方同意其入教。在李之藻的规劝下,杨最后"屏妾异处,躬行教规"③。杨廷筠信教后,积极投身到天主教的传播事业。他先奉献自己住宅作教堂。天启二年(1622年)又献出杭州桃源岭大方井祖茔为教士墓地④。郭居静、金尼阁等许多传教士都葬于此。到天启七年,杨廷筠盖华丽教堂一所、教士住宅一所、修道院一所。同时,他还著书立说,宣传天主教理,为人们对天主教的质疑释疑。他写的《代疑篇》《代疑续篇》《天释明辩》和《圣水纪言》等,均是这方面的力作。正是在杨廷筠的帮助下,杭州天主教获得了很大的发展,并成为东南沿海天主教传播的中心⑤,仅崇祯七、八两年(1634—1635),由郭付洗者即达324人。杨廷筠也因此被教中人士称为"中国天主教的柱石"之一。

扬州由艾儒略开教,时间在万历四十一年(1613年)以后。不久,他又到福建各地开教。短短数年间,他在福建的福州、泉州等州府建教堂8所,并在各小城镇建教堂15所。又往永春及附近传教,每年新入教者900人左右。武夷山原有庙宇3所,在艾儒略归劝下,全都改为教堂,庙中人也全部入教⑥。

利玛窦于万历二十三年到达南京,准备开教。南京工部侍郎徐大任虽是利氏在广东就认识的好友,但这时却反对他在南京居住,他只得去南昌。万历二十七年(1599年),利

① 杨振锷《杨淇园先生年谱》、方豪《中国天主教史人物传·杨廷筠》均称杨廷筠生于嘉靖三十六年(1557年),钟鸣旦《杨廷筠——明末天主教儒者》认为杨廷筠生于嘉靖四十一年(1562年)。社会科学文献出版社2002年版,第6页。

② 丁志麟、艾儒略:《杨淇园先生超性事迹》,载钟鸣旦等编:《徐家汇藏书楼明清天主教文献》,台北辅仁大学神学院1996年版,第217页。

③ 丁志麟、艾儒略:《杨淇园先生超性事迹》,载钟鸣旦等编:《徐家汇藏书楼明清天主教文献》,台北辅仁大学神学院1996年版,第222页。

④ 方豪:《中国天主教史人物传》,中华书局1988年版,上册,第135页。

⑤ 曾德昭:《大中国志》称"杭州驻地在迈可(杨廷筠)博士的庇护下是最发达的",上海古籍出版社1998年版,第272页。

⑥ 方豪:《中国天主教史人物传》,中华书局1988年版,上册,第189页。

玛窦再次到南京，建立了教堂开教。第一批教徒是担任南京都指挥的全家男女及一些亲戚①。

另外，南昌由利玛窦于万历二十三年(1595 年)开教；武昌由何大化开教。传教士利类思于崇祯十三年(1640 年)到四川传教，正遇张献忠入川，便只身逃归。

(二)西方传教士来华对中国文化的影响

西方传教士的东来，带来了西方文化和先进的科学技术，对中国传统文化产生了极其深远的影响。

1. 天文学

西方传教士对中国古代天文学的发展有很大的贡献。利玛窦在肇庆时，即自制各种天文仪器，分赠中国官吏，后来又翻译西方多种天文历算著作。这些书在中国广为流传，影响较大。使西方的天文知识如"九重天说""四元行论""地圆学说"等传到了中国。他在《山海舆地全图》一书中，首次提到九重天说，阐述地球在诸天中的位置，并说明诸天运行、日月食发生、四季寒暑及诸节气发生的原因。这一切，都是"我中国昔贤所未及道者"②。有力地冲击了我国古老的"天圆地方"等错误的天文知识。

明代所采用的历法《大统历》，是根据元代科学家郭守敬的《授时历》修订而成的。但因《大统历》长期不修，误差越来越大，"交食往往不验"③。而在我国封建社会，历法一直被视为国家大典，日月食被看成有关国家治乱兴衰的象征。但钦天监自英宗正统六年(1441 年)至神宗万历二十四年(1596 年)这百余年里推算日食均有错误。因此，改革历法已十分迫切。崇祯二年(1629 年)，由于徐光启依西法预推日食成功，崇祯便命他督修历法。徐光启荐举李之藻及传教士龙华民、邓玉函主其事。李、邓不久即去世，徐又聘汤若望、罗雅谷来京修历。徐光启去世后，由原山东参政李天经主持修历工作。崇祯八年正式编成，定名为《崇祯历书》。

2. 数学

西方传教士将西方数学输入中国，其中影响最大的著作当推《几何原本》和《同文算指》。

《几何原本》为公元前 3 世纪时古希腊数学家欧几里得所著，是对古希腊数学成就的总结和升华。利玛窦一直想系统地将此书译成中文，并几次与中国士人合译，但因文化

① 利玛窦、金尼阁著，何高济等译：《利玛窦中国札记》，中华书局 1983 年版，下册，第 379 页。

② 〔明〕李之藻：《上西洋历法疏》，见《明史纪事本末》卷七三，中华书局 1977 年版，第 4 册，第 1223 页。

③ 〔清〕张廷玉等撰：《明史》卷三一《历志一》，中华书局 1974 年版，第 3 册，第 1882 页。

上的差异，全都失败。他不得不叹道："东西文理，又自绝殊，字义相求，仍多阙略，了然于口，尚可勉图，肆笔为文，便成艰涩矣。"①

万历三十四年(1606年)秋，利玛窦与徐光启经过反复讨论后，合作翻译《几何原本》，由利口授、徐笔述，于第二年春译完了该书15卷中的前6卷。

《几何原本》的翻译，在中国数学史上写下了新的一页。该书填补了我国数学科学的许多空白，如代数、对数、近代三角、无穷级数公式等。徐光启在翻译中所使用的一套术语，如点、线、面、平行线、直角、钝角、锐角等，也一直被沿用下来。梁启超赞誉此书"字字精金美玉，为千古不朽之作"②。

《同文算指》为利玛窦与李之藻合译，万历四十一年(1613年)译成。该书主要以克拉维斯《实用算术概论》和程大位的《算法统宗》为基础编译而成。共10卷，分前编与后编，附有别编。书中详细介绍了西方笔算方法，有整数和分数四则运算，以及比例、比例分配、多元一次方程组、开方等，还附有练习题。该书弥补了中国传统的筹算、珠算之不足，并且这种笔算方法一直被沿用到今天。

3. 地理学

在西方传教士来华以前，中国人的地理观念是天圆地方，中国是整个世界的中心。西方传教士的来华，把西方的地理知识输入中国。万历十一年利玛窦到肇庆时，绘制了一幅世界地图——《山海舆地全图》，吸收了15—16世纪地理大发现的成果，使中国人大开眼界，此图被大量印刷。万历二十三年至万历二十六年(1595—1598)应天巡抚赵可怀在苏州刻印；万历二十八年(1600年)南京吏部主事吴中明在南京刻印；万历三十年(1602年)李之藻请利玛窦据吴中明刻本加以增订，在北京刻印。

利玛窦绘制的世界地图，向中国介绍了西方的地理知识。如将世界分成五大洲、五带的划分、地圆说、欧洲地理新发现、经纬度、世界各国分布情况及各国地理状况，这一切都是中国人前所未闻的。因此，在中国士大夫中引起了巨大的反响。许多国名、地名一直被沿用至今，如亚细亚、欧罗巴、大西洋、南极、北极、古巴等。

天启三年(1623年)，庞迪我根据利玛窦《山海舆地全图》，增补成《职方外纪》，共5卷，为系统介绍世界各国的地理著作，对世界各国风土物产的介绍，十分详尽。在当时，该书影响较大。

4. 水利学

西方的水利学，也在明末传入中国。中国第一部介绍西方农田水利的专著是耶稣会

① 利玛窦:《几何原本》引，《利玛窦中文著译集》，复旦大学出版社2001年版，第301页。

② 〔清〕梁启超:《中国近三百年学术史》，中国书店1987年版，第9页。

士熊三拔编著的《泰西水法》。该书于万历四十一年刊行，共 6 卷。主要介绍龙尾车、玉衡车、恒升车、水库的性能作用以及寻泉作井之法等等，并附图说明。徐光启《农政全书》的水利部分，也采录了《泰西水法》的主要内容。

5. 枪炮制造术

西式火器的传入，始于葡萄牙人入侵中国。嘉靖二年（1523 年），葡别将别都卢率战舰侵犯广东新会西草湾，明军抗击，生擒别都卢等 42 人，缴获其炮，即佛郎机炮。其状"以铜为之，长五六尺，大者重千余斤，小者百五十斤，巨腹长颈，腹有修孔，以子铳五枚，贮药置腹中，发及百余丈……所击辄糜碎"①。嘉靖九年（1530 年），右都御史汪鋐奏准仿造佛郎机炮，在北方边塞使用。

汤若望像

女真崛起建立后金后，辽边告急。徐光启力请多铸大炮，以助辽边防御，未果。天启二年（1622 年），徐光启在通州、昌平练兵，与李之藻、杨廷筠合作，到澳门购置了四门西洋大炮。崇祯三年（1630 年），龙华民、毕方济奉旨招劝葡商集资捐大炮，传教士陆若汉及葡首领公沙地西劳率本国军队携带铳炮前来助战，在宁远等地屡败后金兵。崇祯十二年（1639 年），汤若望奉旨铸钢炮 20 门，大者重 600 千克，小者 150 千克。因验收效果甚佳，又铸 500 门，并由汤教授放铳法。不久，即将火器运往辽边参战。

徐光启的学生孙元化，善用西洋大炮，曾帮孙承宗、袁崇焕筑台制炮，抵抗后金，后任登莱巡抚，手下有王征、张焘等一批熟悉西洋火器的工程技术人员，并拥有不少西洋大炮和铳手，很有威力。孔有德叛变后，攻陷了登州，俘虏了孙元化，其精良火器皆为后金所有，使明与后金的军事力量发生了很大的变化。

另外，汤若望还口授《火攻挈要》，由焦勖笔译，于崇祯十六年（1643 年）译成刻印，分上、中、下三卷，叙述火器的制造、装配、运用法。卷上为造铳、造弹、造铳车、狼机、鸟枪、火箭、喷筒、火罐、地雷各种方法。卷中为制造、贮藏火药须知，以及装置各铳、运铳、火攻等基本原理。卷下为西铳之攻法。

6. 哲学

西方哲学在天启、崇祯间开始传入中国。耶稣会士高一志曾著《斐录汇答》2 卷，介绍

① 〔清〕张廷玉等撰：《明史》卷九二《兵四》，中华书局 1974 年版，第 8 册，第 2264 页。

西方哲学。“斐录”即西方哲学的音译。高一志原名王丰肃，于万历二十七年(1599年)来华。曾在南京等地传教，以文笔流畅、著述丰富见称。

天启五年，傅泛际和李之藻合译《寰有诠》，天启七年又译了《名理探》。两书都是古希腊哲学家亚里士多德所著。前者是中国的第一部宇宙学译本，后者则是西方逻辑学传入中国之始。

7. 音乐

嘉靖年间，葡萄牙人刚定居澳门，即建教堂传教。礼拜时使用风琴，“男女日夕赴寺礼拜，听僧演说。寺有风乐，藏革柜中，不可见，内排牙管百余，外按以囊，嘘吸微风入之，有声呜呜自柜出，音繁节促，若八音并宣，以合经呗，甚可听”①。“风乐”即风琴，这是西洋乐器传入中国的开始。自此后，西洋的音乐及乐器，陆续传入中国内地。

8. 语言学

由于汉字是表意文字，每一字有一个读音，因此不能从字体结构明其读音。魏晋以后，因受梵文拼音方法的影响，采用反切法，但让人有繁惑之感。耶稣会士在学习汉字时，也感到读者难以记忆。因此，他们采用罗马字母为汉字注音的办法，解决了反切法的缺陷。首先使用此法的是利玛窦。我国在20世纪50年代还出版了他的《明末罗马字注音文章》，称之为“中国第一个拉丁字母的拼音方案”②。

9. 绘画

明万历年间(1573—1620)，安徽新安程大约滋兰堂原刻彩色套印本《程氏墨苑》，收入名家刻绘的墨样共519种，墨形有圆形、方形、长方形、圭形等式样。全书内容丰富，包括山川景物、草木禽兽、佛道祥瑞等珍贵的图案资料。此书的另一特色是书中附有西洋宗教画“宝象图”(即圣经的图解)，图像由西洋传教士利玛窦所传。“宝象图”刻制极精，图说皆全，为最早受西洋画风影响的中国版画。

总而言之，虽然明末西方传教士在华的传教活动范围仍有一定的局限性，但这些地区却是我国当时政治经济的重心所在。他们的传教活动毕竟将一种与中国传统截然不同的文化输入中国，而且带来了一些中国人从未见到过的先进科技，这是中国历史上前所未有的，其对中国人思想的冲击自然不可轻视。天主教排斥偶像，反对祭祖祭孔，主张一夫一妻等，不仅引起中国人生活的不安，而且影响到固有的伦理思想。而西方科技的传入，更使中国的有识之士第一次较为全面而客观地认识世界、认识自己，看到了自己在

① 〔明末清初〕屈大均：《广东新语》卷二《地语·澳门》，中华书局1985年版，第37页。
② 金尼阁：《西儒耳目资》，文字改革委员会：《拼音文字史料丛书》，文字改革出版社1957年版。

科技上已落后于他人这一真实面貌。

（三）中国传统文化对天主教的抗拒

1. 中国对天主教的排斥及其原因

西方传教士的来华传教，强烈地冲击了中国传统文化。因此，自传教士踏上中国土地的第一天起，即遭到排斥。随着传教活动的不断深入，其冲突也越来越激烈。据统计，整个明朝发生的这种事件达 54 起之多，而且每次事件都首先发生在士子及官吏阶层①。

万历十二年，罗明坚、利玛窦在肇庆收留了一孤老，并让他入教。当时，此人患了不治之症、无人照料，处于贫病交加、求救无门的绝境。传教士收留了他，替他搭一间干净的小茅屋，靠近布道的房子，让他受洗入教。这老人在几天后死去，于是一些人便乘机造谣说："欧洲人从那个人的面容看出，他的脑子里藏有一颗宝石，他们在他生时照料他，为的是占有他的尸体，他死后就可以把那颗无价宝石取出来。"②同年，教士们获准在肇庆府的花塔背后修建教堂，当地百姓认为这座塔"会给全省带来好运气"，而教士们建教堂是冲犯了风水，因此加以阻拦，后来经常有人从塔上向教堂扔石头。传教士在肇庆时，教堂经常无故遭到邻居的袭击，耶稣会士石方西头上还被斧子砍伤。

万历三十五年（1607 年），南昌的一些文人学士对基督教的流行也感到不满，便上诉控告教士，说："利玛窦、苏如望、李玛诺及其他西国教士，对皇上犯有谋逆不道之罪……他们不断彼此交接，到处在河上肆行剽掠，聚敛钱财，然后散发给百姓以讨好群众。他们经常受到官员、显贵和军官们的访问，和这些人秘密盟誓，结成死党。这些人教导我们不要礼拜祖先遗像……他们的教义……使愚民极易受到欺骗……一旦他们建立起自己的庙宇，他们就要发动叛乱。"③当地官吏还逼李玛诺等神父穿上囚衣，跪在地上受审。由于当时利玛窦正在京享受皇上厚遇，地方官吏自然不敢对南昌的传教士治罪，但下令禁止他们在当地传教，不许聚众祈祷。教堂的财物被抄走。

天主教教义与中国传统文化迥异，是中国人强烈排教的根本原因。儒教是中国传统文化的基石，忠君孝亲则是儒家纲常的要义，因此，崇拜祖宗、祭祖对中国人来说是件极为重要的事情。而天主教排斥祭祖，以为这是迷信，这恰恰犯中国人之大忌。所以有人指责天主教以"遵从天主为见道，以天堂地狱为指归，人世皆其唾弃，独有天主为至尊。亲死不事哭泣之哀，亲葬不修追远之节。此正孟子所谓无父、无君人道，而禽兽者也"④。

① 张力、刘鉴唐：《中国教案史》，四川省社会科学院出版社 1987 年版，第 37 页。
② 利玛窦、金尼阁著，何高济等译：《利玛窦中国札记》，中华书局 1983 年版，上册，第 170 页。
③ 利玛窦、金尼阁著，何高济等译：《利玛窦中国札记》，中华书局 1983 年版，下册，第 569、570 页。
④ 〔明〕施邦曜：《福建巡海道告示》，载〔明〕徐昌治编：《圣朝破邪集》卷二，明崇祯刻本，第 32 页。

另外，中国人对宗教信仰的排他性不强，甚至一个人可信仰几种宗教，如可同时信儒、佛、道。而天主教教规则严禁教徒再信其他宗教，故天主教的流行，自然会强烈冲击中国传统文化。

中国人历来自视文化水准极高，对华夷之辨、正邪之别向来看得很重。非儒非华的夷教，一定是邪恶、野蛮的。“用夏变夷，未闻变于夷”是中国人历来所坚信的。另外，基督教教派有分歧，除罗马的天主教，还有传自英、法、德等国的路德新教，各派教士常互相攻击，其本身易让人引起怀疑。而且传教士在传教方式上，如聚众宣讲、男女杂沓之类，非中国人所素习，易引起中国人的反感。这一切，都是中国人强烈排斥天主教的原因所在。

明末一些士大夫纷纷著书立说，攻击天主教，其中最著名是黄贞，主要有《不忍不言》《破邪集》《请辟天主教书》等。他自称“天香居士”“白衣弟子”，既是儒家学者，又信奉佛教。他曾致书其师颜茂猷，罗列天主教可患可恨共五条。他的《破邪集》收录许多反天主教文章。其他文人反天主教的文章还有王朝式的《罪言》、钟始声的《天学初征再征》、林启陆的《诛夷论略》、李生光的《辟教辨正》、陈侯光的《辩学刍言》等。

但是，利玛窦在执掌中国教务时，能结合中国的实际，十分明智地允许教徒祭天、祭祖、拜孔，较好地处理了天主教与中国传统文化两者的关系，故其传教活动尚能开展。龙华民继掌中国教务后，严禁教徒尊孔祭祖，双方矛盾也就愈加尖锐，最终导致了南京教案的发生。

2. 南京教案

南京教案为明清时期西方传教士来华传教史上第一次大教案，是由沈㴶参奏引起的。时任南京礼部侍郎的沈㴶就质疑传教士：“既称去中国八万里，其资财源源而来，是何人为之津送？”①

沈㴶，浙江吴兴人，嘉靖进士，以礼部侍郎置南京礼部尚书。他先后三次上疏，参劾教士，力主排斥天主教。其理由一是传教士散处中国，时有窥伺之嫌；二是传教士劝人只奉天主，不得祭祖，是教人不孝，乃大逆不道；三是传教士私习历法，违律例私习天文之禁；四是夷教聚男女于一室，易伤风败俗，乱纲纪。万历四十四年(1616 年)，他上疏《远夷阑入都门暗伤王化》，指责天主教“诳惑小民，辄曰祖宗不必祭祀，但尊奉天主可以升天堂免地狱。夫天堂地狱之说释道二氏皆有之。然以之劝人孝弟而惩夫不孝不弟，造恶业者。故也有助于儒术。而今彼直劝人不祭祀祖先，是教之不孝也。由前言之，是率天下

① 〔明〕沈㴶：《参远夷疏》，载〔明〕徐昌治编：《圣朝破邪集》卷一，明崇祯刻本，第 10 页。

而无君臣；由后言之，是率天下而无父子。何物丑类，造此矫诬，盖儒术之大贼，而圣世所必诛”①。接着，南京的其他大臣如晕文辉、徐如珂等，纷纷响应，反教之声一时甚嚣尘上。

同年七月，徐光启上疏竭力为天主教辩护，此疏后被称为《辩学章疏》，疏中说：“……臣累年以来，因与讲究考求，知此诸臣（指传教士）最真最确，不止踪迹心事，一无可疑，实皆圣贤之徒也。其道甚正，其守甚严，其识甚精，其心甚定，在彼国中，亦皆千人之英，万人之杰。所以数万里东来者，皆务修身以事天主。”神宗看到徐光启的奏章后，遂把沈榷的疏章搁了起来。

但沈榷并未就此罢休，他于同年八月上第二疏，同时逮捕信教华人。他在疏中给传教士扣上反叛的罪名，并危言耸听地说：“一朝窃发，患岂及国”，请求朝廷速加处分。十二月，他再次上疏。在一片反教之声中，明神宗终于下旨放逐教士出国。庞迪我、熊三拔、王丰肃、谢务禄等被押解广东，其他许多西方传教士多避祸于民家。后庞迪我、熊三拔死于澳门，王丰肃、谢务禄改姓换名后，又潜入内地传教。在这次教案中，受审讯的中国教徒有 10 多人，而遭逮捕受牵连的共有数十人。是案给西方传教士的传教活动以很大的打击，他们无法再公开活动。但后来，由于明与女真在东北激战，急需西洋大炮，不得不求助于传教士，被迫开禁，天主教也就再度盛行。

对于明末西方来华传教士的作用，我们应客观评价，不能将他们与鸦片战争后来华的传教士相提并论。从他们在中国的活动看，主要是受罗马教皇派遣，到中国传播天主教，扩大教廷在东方的影响和势力，几乎没有为某个国家所控制，以实现政治侵略、经济掠夺为目的的。他们从事的是正当的传教活动，基本上无触犯中国法律的行为。而鸦片战争后的传教士是以西方大炮作后盾，凭借不平等条约踏上中国国土的，带有明显的侵略性。

但是，我们也必须看到，虽然西方传教士对当时西学东渐作出了很大贡献，但他们在中国一切活动都是以传播天主教为根本目的的，介绍西方科技仅是他们传教的手段，一块敲门砖而已。欧几里得《几何原本》全书共 15 卷，但译文只有前 6 卷。徐光启要求全译，却遭到利玛窦的拒绝。他在万历三十三年向罗马写的报告中称：现在只好用数学来笼络中国的人心②。该书的后 9 卷，直到咸丰时，才由李善兰与西方传教士伟烈亚力续译完毕。

① 〔明〕沈榷：《参远夷疏》，载〔明〕徐昌治编：《圣朝破邪集》卷一，明崇祯刻本，第 8—9 页。

② 钱宝琮：《中国数学史》，见《李俨钱宝琮科学史全集》第 5 卷，辽宁教育出版社 1998 年版，第 262 页。

第三节 商品经济下的社会风尚

一、重商思潮与观念的出现

(一)弃儒经商

随着明中叶商品经济的发展,人们的社会生活和思想观念都随之发生相应的变化,万历《歙志》卷五《风土》的记载就勾勒了这种变化的轮廓:“国家厚泽深仁重熙累洽,至于弘治益綦隆矣,于时家给人足,居则有室,佃则有田,薪则有山,艺则有圃,催科不扰,盗贼不生,婚媾依时,闾阎安堵,妇人纺织,男子桑蓬,臧获服劳,比邻敦睦,诚哉一时之三代也……寻至正德末嘉靖初则稍异矣,出贾既多,土田不重,操资交捷,起落不常,能者方成,拙者乃毁,东家已富,西家自贫,高下失均,锱铢共竞,互相凌夺,各自张皇。于是诈伪萌矣,讦争起矣,芬华染矣,靡汰臻矣……迨至嘉靖末隆庆间则尤异矣,末富居多,本富尽少,富者愈富,贫者愈贫,起者独雄,落者辟易,资爰有属,产自无恒,贸易纷纭,诛求刻覈,奸豪变乱,巨猾侵牟。于是诈伪有鬼蜮矣,讦争有戈矛矣,芬华有波流矣,靡汰有丘壑矣……迄今三十余则敻异矣,富者百人而一,而贫者十人而九,贫者既不能敌富,少者反可以制多,金令司天,钱神卓地,贪婪罔极,骨肉相残,受享于身,不堪暴殄。”①从这段文字中可以看出,弘治以前,家给人足,社会较为稳定;正嘉间,贫富有所分化,社会风气始趋奢侈;隆庆时,社会已是末富本穷;万历时,富贫悬殊,讲求功利。商品经济的发展加速了农村的富贫分化,冲破了千百年来自然经济封闭式的稳定局面。士农工商,何者易发财致富,众则趋之若鹜,不讲社会地位上的空名,只求实际的财富积累。人们的普遍心理是讲求功利、讲求实际,正如张瀚所说:“利者,人情所同欲也”,“财利之于人,甚矣哉”②。社会财富分配也不大一样了,“弘治时,世臣富;正德时,内臣富;嘉靖时,商贾富;隆万时,游侠富,然流寓盛,土著贫矣”③。

---

① 〔明〕万历《歙志》卷五《风土》,万历己酉刻本,南京图书馆藏。

② 〔明〕张瀚:《松窗梦语》卷四《商贾纪》,中华书局 1985 年版,第 80 页。

③ 〔明〕孙之騄:《二申野录》卷四,引自谢国桢:《明代社会经济史料选编》(中),福建人民出版社 2004 年版,第 103—131 页。

明佚名《夏景货郎图》

商人的地位逐渐提高，他们自己对走江湖、逛娼楼的生活乐而不疲，显得信心十足。张来仪《静居集》卷二有一首诗提供了充分的证据。诗云："长年何曾在乡国，心性由来好为客。只将生事寄江湖，利市何愁远行役。烧钱酾酒晓祁风，逐侣悠悠西复东。浮宅泛宅无牵挂，姓名不系官籍中。嵯峨大舶夹双橹，大妇能歌小妇舞。旗亭美酒日日沽，不识人间离别苦。长江两岸娼楼多，千门万户恣经过。人生何如贾客乐，除却风波奈若何。"①如此看来，这不仅仅是商人生活的自白，简直可以看作一曲"贾客乐"。

经商易致富，这自然吸引了人们追求此捷径，过去十年寒窗苦求功名，欲跻身士宦阶层，现在他们不图虚名，做起生意来了，这种儒人就贾表示明中叶以来人们价值观的大变化。于是诸如"吴中缙绅士大夫多以货殖为急"②，"吴人以织作为业，即士大夫家，多以纺

① 〔明〕陈益祥：《陈履吉采芝堂文集》卷一三《木钺》，明万历四十一年刻本。

② 〔明〕黄省曾：《吴风录》，中华书局1991年版，第4页。

织求利”[①]，“虽士大夫之家，皆以商贾游于四方”[②]，“富者溺于货利，而无暇于学问……与（弘治）三十年前大不侔矣”[③]，“乡落大姓，居货而贾者，数不可记”[④]。这样的文献记载在江南地区的方志、文人文集中频频出现，不胜枚举。徽州人认为“商贾为第一等生业，科第反在次著”[⑤]。只有财力不足者才去就儒，汪道昆说：“古时右儒而左贾，吾郡（徽）或右贾而左儒。盖诎者力不足于贾去而为儒，羸者才不足于儒反而为贾。”[⑥]如曹文修“舍儒就贾”，许文广“弃儒就商”，黄崇德“初有志举业，（父）文裳公谓之曰：‘象山之学以治生为先。’公喻父意，乃挟资商于齐东”[⑦]。浙江湖州，“费元庆，少习举不就，去而事什一，资日以盈”[⑧]。无怪乎孙枝蔚愤慨地叹息：“满路尊商贾，穷愁独缙绅。”[⑨]而张来仪羡叹：“人生何如贾客乐。”[⑩]李梦阳云：“今商贾之家，策肥而乘坚，衣文绣绮縠，其屋庐器用金银文画，其富与王侯埒也。”[⑪]

一些已有功名的士大夫也不甘落后，投身商业。如天启、崇祯间常熟的毛晋，将家“田数千亩，质库若干所，一时尽售出，即以买书刻书之用”，高价邀集名书良匠，“大为营造，凡三所。汲古阁在湖南七星桥载德堂西，以延文士……汲古阁后有楼九阁，多藏书板，楼下两廊前后俱为刻书匠所居”[⑫]。他的刻书工场规模极大，据其子毛康回忆：“吾家当日有印书作，聚印匠二十人，刷印经籍……今板逾十万，亦云多矣，窃恐秘册之流传尚

---

① 〔明〕丁慎行：《谷山笔尘》卷四，引自谢国桢：《明代社会经济史料选编》（中），福建人民出版社1980年版，第68页。

② 〔明〕归有光：《震川先生集》卷一三《白庵程翁八十寿序》，上海古籍出版社2007年版，第319页。

③ 〔明〕弘治《吴江志》卷六《风俗》，《中国史学丛书三编》，台湾学生书局1987年版，第44册，第221页。

④ 〔明〕嘉靖《江阴县志》卷二《市镇》，《天一阁藏明代方志选刊》，台北新文丰出版公司1985年版，第5册，第33页。

⑤ 〔明〕凌濛初：《二刻拍案惊奇》卷三七《叠居奇程客得助，三救厄海神显灵》，人民文学出版社1996年版，第685页。

⑥ 〔明〕汪道昆：《太函集》卷五四《明故处士溪阳吴长公墓志铭》，《续修四库全书》，上海古籍出版社2002年版，第1347册，第413页。

⑦ 歙县《竦塘黄氏宗谱》卷五《明故金竺黄公崇德公行状》，引自张海鹏、王廷元主编：《明清徽商资料选编》，黄山书社1985年版，第74页。

⑧ 〔清〕光绪《归安县志》卷三九《孝义》，《中国地方志集成》之《浙江府县志辑》，上海书店1993年版，第27册，第705页。

⑨ 〔清〕孙枝蔚：《溉堂后集》卷四《过仪真县有感》，《四库全目存书》，集部第206册，第639页。

⑩ 〔明〕张羽：《静居集》卷二，《四部丛刊三编》（集部），上海书店1986年版，第30页。

⑪ 〔明〕李梦阳：《空同子集》卷四〇《拟置盐法事宜状》，台北伟文图书出版有限公司1976年版，第1103页。

⑫ 〔明〕钱咏：《履园丛话》卷二二《梦幻·汲古阁》，中华书局1979年版，第579页。

十不及一也。”①毛晋之办书坊不单是兴趣所至，乃深含以刻印书籍增富的目的。时人说他“用意良深”，当“吴郡乡城富家，莫不力尽筋疲，而子晋处之自若”。这表明士大夫阶层在意识中已不拘泥于传统，以功利为第一。本来视书籍印刷为神圣的读书人的清高情趣，如今也为图书的销售能赚钱赢利，把印刷贩卖书籍作为发财致富之道，这在过去是行不通的，只有到了商品经济较发展，一切都商品化了，金钱关系已渗透于各领域时才能做到。黄省曾《吴风录》就说：“吴中缙绅多以货殖为急，若京师官店大郭开行债典兴贩盐酤其求倍尅于齐民。”商人发财致富后要求在社会地位上平等，跻身于上层社会，谢肇淛曰：“国家取士，从郡县至乡试，俱有冒籍之禁，此甚无谓……商亦籍也……而（商贾）子孙不许入试者，尤可笑也。”②

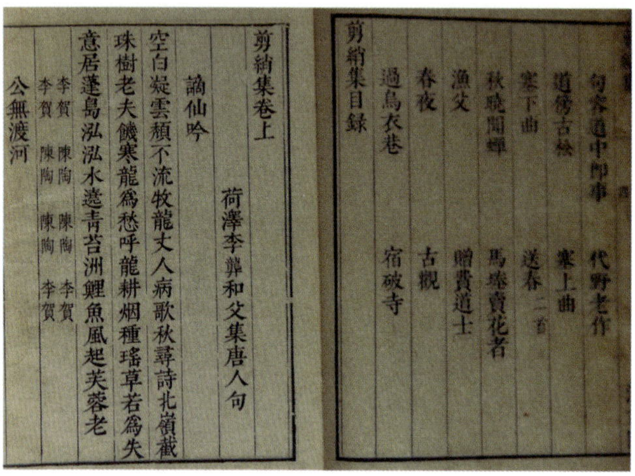
句容道中即事　代野老作
道傍古松　塞上曲
塞下曲　送春二首
秋曉聞蟬　馬塍賣花者
漁父　贈費道士
春夜　古觀
過烏衣巷　宿破寺
剪綃集目録

剪綃集卷上
荷澤李龏和父集唐人句
謫仙吟
空白凝雲頹不流牧龍丈人病歌秋聲詩北嶺截
珠樹老夫饑寒龍爲愁呼龍耕烟種瑤草若爲失
意居蓬島泓泓水遶青苔洲鯉魚風起芙蓉老
李賀　陳陶　陳陶　李賀
李賀　陳陶　陳陶　李賀
公無渡河

明代常熟毛氏汲古阁刻本《剪绡集》书影

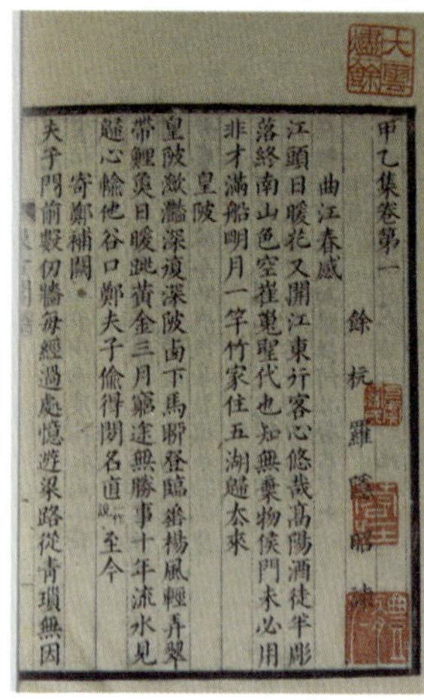
甲乙集卷第一　餘杭羅隱昭諫
曲江春感
江頭日暖花又開江東行客心悠哉高陽酒徒半彫
落終南山色空崔嵬聖代也知無棄物侯門未必用
非才滿船明月一竿竹家住五湖歸去來
皇陂
皇陂瀲灔深復深陂西下馬聊登臨垂楊風輕弄翠
帶鯉魚日暖跳黃金三月窮途無勝事十年流水見
歸心愉他谷口鄭夫子偷得閑名直至今
寄鄭補闕
夫子門前數仞牆每經過處憶遊梁路從青瑣無因

明代常熟毛氏汲古阁刻本

罗隐《甲乙集》（诗集）书影

（二）弃农就贾

不仅士人如此，许多农民也纷纷弃农就贾，愿意背井离乡从事长途贩运或去外地营商。长江之南正是“昔日逐末之人尚少，今去农而改业为工商者三倍于前矣”③。如苏州“洞庭之民，鲜务农耕，多商于远”④，“民生十七八即挟赀出商，楚卫齐鲁靡远不到，有数年

① 〔清末民初〕叶德辉：《书林清话》卷七《明毛晋汲古阁刻字之二》，中华书局 1957 年版，第 194—195 页。

② 〔明〕谢肇淛：《五杂俎》卷一四《事部二》，上海书店 2009 年版，第 288—289 页。

③ 〔明〕何良俊：《四友斋丛说》卷一三《史九》，中华书局 1959 年版，第 112 页。

④ 〔明〕杨循吉纂：嘉靖《吴邑志》卷首《吴县疆域图说》，广陵书社 2006 年版，第 8 页。

不归者"[①]。瓜洲"居民悉为牙侩……弗事农"[②]。淮安府"细民弃本事末"。扬州府"俗喜商贾不事农业"[③]。江西"豫章之商者,其言适楚犹门庭也。北贾汝宛徐邳鄂,东贾绍韶夏夔巫,西南贾滇楚黔沔,南贾苍梧桂林柳州,为盐麦竹箭鲍木旃罽皮革所输会"[④]。安徽徽州俗例,"人到十六岁,就要出门做生意"[⑤],"流寓五方,轻本重末"。到明代中叶以后,徽商已经成为中国商界的一支劲旅。民谚中有"钻天洞庭遍地徽""无徽不成镇"等誉称。时人谢肇淛在《五杂俎》中说:"新安大贾,鱼盐为业,藏镪有至百万者,其他二三十万,则中贾耳。……富室之称雄者,江南则推新安,江北则推山右。"

(三)重商思潮的出现

社会经济的发展和社会风气的变化,使一些有眼光的知识分子从理论上探讨和阐述商业在国民经济中的地位与作用,大声疾呼重商,把"重本轻末"的封建传统观念倒置过来,为"末"争一席之地。张又渠说:"男子治生为急,农工商贾之间,务执一业。"[⑥]庞尚鹏说:"民家常业,不出农商。"[⑦]

曾任万历朝内阁大学士、首辅的张居正(1525—1582),面对变化着的时代和社会现实,认为政策上不能再抑商了。商业在农业社会中的地位和作用不可忽视,商农结合,互相促进。他说:"古之为国者,使商通有无,农力本穑。商不得通有无以利农则农病,农不得力本穑以资商则商病,故商农之势常若权衡……故余以为欲物力不屈,则莫若省征发以厚农而资商,欲民用不困则莫若轻关市以厚商而利农。"[⑧]张居正不仅是大政治家,也是大理财家,他摆平了商业在国民经济中的作用,有魄力有勇气为商业正名,深邃而尖锐地提出"厚商而利农"的论点。事实上,商人们以金钱的潜在势力早已打开了提高它社会地位的通道,小说《二刻拍案惊奇》第二十九回借用人物之口说出:"经商亦是善业,不是贱流。"清人沈垚也曾议论:"天下之势偏重在商,凡豪杰有智略之人多出焉。其业则商贾

① 〔明〕蔡昇撰、王鏊重修:《震泽编》卷三《风俗》,《四库全书存目丛书》,齐鲁书社 1996 年版,史部第 228 册,第 689 页。

② 〔明〕万历《扬州府志》卷一《郡县志上》,《北京图书馆古籍珍本丛刊》,书目文献出版社 1998 年版,第 25 册,第 35 页。

③ 《明世宗实录》卷四、卷一六九;陈梦雷等辑:《古今图书集成·方舆汇编·职方典》卷七六〇《扬州府风俗考》引洪武志,中华书局、巴蜀书社 1986 年版,第 12 册,第 14556 页。

④ 〔明〕徐世溥:《榆溪集选·楚游传序》,引自傅衣凌:《明清社会经济史论文集》,人民出版社 1982 年版,第 190 页。

⑤ 〔清〕艾衲居士:《豆棚闲话》第 3 则《朝奉郎挥金倡霸》,转引自张海鹏、王廷元主编:《明清徽商资料选编》,第 136 条,黄山书社 1985 年版,第 46 页。

⑥ 〔清〕张又渠:《课子随笔钞》卷三,清光绪十四年(1888 年)刻本。

⑦ 〔明〕庞尚鹏:《庞氏家训》,见《中国历代家训大观》(上),大连出版社 1997 年版,第 329 页。

⑧ 〔明〕张居正:《张太岳集》卷八《赠水部周汉浦榷竣还朝序》,引自谢国桢:《明代社会经济史料选编》(下),福建人民出版社 1980 年版,第 258 页。

也，其人则豪杰也。为豪杰则洞悉天下之物情，故能为人所不为，忍人不所忍，是故为士者转益纤啬，为商者转敦为谊。此又世道风俗之大较也。”①一些头脑清醒的地方官，也为商人鸣不平。崇祯五年，谭元礼《苏商碑记》：“其将为某邑日用不足，供亿不给，往而备其不时之需乎，抑锱铢刀锥，唯利是知也。”②万历六年，胡宥所撰《崇邑蔡侯去思亭记》通过对崇德县令蔡贵重商之道，大力表彰地方官恤商有道，阐发了必须重商的道理。他道：“然民有四民，以商为末业，而最次商。周官治商之政无不备矣，四民固最次商，此在古代鲜而用简则然，世日降而民日众，风日开而用日繁，必有无相通，而民用有所资，匪商能坐致乎？守令固当可加意于民，商其可不加之意耶！廛法不兼行，使商悦而愿藏其市，此恤商之道可见矣……然蔡侯未令崇（德）其视商无分于民，而未尝夺利以益民，或不能无相竞以求直，俟务得其情而直之。”③作者打出周礼复古的旗号，论证古之制完备，则已注意到商的地位，特别处于“民日众”“用日繁”的情势下，必须恤商才利民生，这也是很有见识的，表明了面对着日益发展的商品经济仍较清醒的官吏学人为商呼吁，意识到生产和交换的相互关系。

（四）工商为本的思想观念

由重商思潮发展到工商皆本的思潮是明中叶以后顺理成章发展的结果。“工商为本”的思潮，学界一般认为是黄宗羲所首先提出，其实不然，应是明万历间冯应京（1555—1606）首先提出的，比黄早了半个世纪。

明中叶人们从社会经济发展中已逐渐意识到工商的重要，但较早看到这点并加以比较系统表述的是曾为高官的张瀚，他于万历二十一年在所著的《松窗梦语》中提出：“百工之事，固不可废”，“四方之货，待虞而出，待商而通”的论点。张瀚（1510—1593），字子文，杭州人，嘉靖十四年（1535 年）进士，授南京工部主事，万历六年（1578 年）任吏部尚书，加太子少保。他说：“圣王所为舟楫之用，以通川谷；服牛驾马，以达陵陆。致远穷深，所以来百工而足财用也。故曰四方之货，待虞而出，待商而通，待工而成，岂能废哉！……是以善为国者，令有无相济，农末适均，则百工之事，皆足为农资，而不为农病。”④这里张瀚论述“百工而足财用”，只有百工才能开发资源，制造器具为世所用，就是舟楫牛马车都是百工所制，只有有了这些运载工具才能使交通便利。商人在“有无相而通”中起了桥梁与

① 〔明〕沈垚：《落帆楼文集》卷二四《费席山先生七十寿序》，《续修四库全书》，上海古籍出版社2002 年版，第 1525 册，第 663—664 页。

② 〔明〕谭元礼：《苏商碑记》，见康熙《德清县志》卷八《艺文志》，《中国方志丛书》（华中地方）第 491 号，成文出版社 1983 年版，第 508 页。

③ 〔清〕光绪《石门县志》卷六《名宦》，清光绪五年刻本。

④ 〔明〕张瀚：《松窗梦语》卷四《百工纪》，中华书局 1985 年版，第 77—78 页。

媒介作用，其作用也不可否定。“四方之货”靠商人运输得以流通，使各地能互通有无，得以交换，经济始得以发展，民生才可安定。当政者应该“农末适均”，使百工商贾各得其所，各献其能。

冯应京，字可大、慕冈，江苏盱眙人，万历二十年(1592年)进士，任户部主事，二十八年任湖广按察佥事，出巡武昌、汉阳、黄州诸府。他出生于江苏，任职于武汉，出生地和任职地都是长江流域经济发达的地区，他目睹陈奉等中官兼矿税使搜刮民财，摧残正在发展着的工商业，思想上产生了对工商业者及其下层工商劳动者的同情，深知发展工商业的意义。

冯应京在《月令广义》中认为，工商与士农仅仅是职业分工上的不同，是社会需要的，都是“活生之事”。“士农工商，各执一业；又如九流百工，皆治生之事也……盖弓裘皆从世业，地利各趋所宜，或窑冶驵侩，各安生理之教也。”所谓“窑冶驵侩”，即是指从事手工业制造的工匠和从事长途贩运的商贾，他们都是“各安生理之教”的工作，如同士农都是各执一业的社会财富创造者，不应受到轻视。又说“(商贾)阜财通商，所以税国饷而利民用，行商坐贾，治生之道最重也”(《岁令·授时·商贾》)。他认为商贾不仅增加了国饷的收入，又利于百姓日常生活，对国家、对百姓都是有好处的。要“阜财”必须“通商”，因为商品流通了，可以促进商品的生产，可以增加社会的财富，所以他十分肯定商业和商人的作用，是“活生之道”，并且是“最重”的部门。要发展商业，商人自身要注意商业条规和商业道德，做到“贵贱趋时变而通会计，审天利而洽人情，秉公心而安天命”(《岁令·授时》)。于是他最后提出了“工商亦本业”的命题，认为此当为天经地义的。他应是“工商本业”思想的最初启蒙者①。

与冯应京前后的还有李贽，他认为：“凡民间一切治生产业等事，皆具所共好而共习。”②论商人道：“且商贾何鄙之有？挟数万之赀，经风涛之险，受辱于关吏，忍诟于市易，辛勤万状，所挟者重，所得者末。然必交结于卿大夫之门，然后可以收其利而远其害，安能傲然而坐于公卿之门者！”③赵南星代表东林党人的思想，提出了“士农工商，生人之本业”④。江西南丰籍学者梁份对商人角色也充分肯定，他认为商贾从事商品经营较之那些守经求荣的所谓名儒大有过人处：“劳心力以殖货财，其候时转物，致远穷深，经日月出入

① 按：有关冯应京的研究、评论，参见陈学文《冯应京经济思想初探》，载香港《抖擞》1983年第1期；《明代中叶“工商亦为本业”思想的出现》，载《湖北财经学院学报》1983年第6期。

② 〔明〕李贽：《焚书》卷一《答邓明府》，中华书局1975年版，第40页。

③ 〔明〕李贽：《焚书》卷二《与焦弱侯》，中华书局1975年版，第49页。

④ 〔明〕赵南星：《赵忠毅公文集》卷一〇《寿仰西雷君七十序》，载《四库全书禁毁书丛刊》集部68册，北京出版社1997年版，第255页。

地，所经营人不暇给，而处心应事有大过人者。乃以经术经世律之，不亦过乎世之名儒，守一经以求荣一命，其深沉得丧，咸委之命，况乎其他？吾不知学之负人，人之负学也，可慨也。”①这一观点虽不免偏激之处，但切中时弊，反映了当时人社会观念的转变。到明末清初，黄宗羲（1610—1695）接受了前人工商亦为本业的思想，从另一角度提出，以批判姿态反诘世人轻视工商的偏见，认为不应把它们列入末业，他说：“世儒不察，以为工商为末，妄议抑之。夫工固圣王欲求，商人使其原出于途者，盖皆本也。”②

明中叶随着社会、经济、文化的发展，一些官员、学者从社会分工、治生的现实出发，按各人素质来选择职业，四民皆为社会服务，不厚此薄彼，商人与士农工皆为谋生之生计，为生活而选择不同职业，必须各尽其能，为社会效劳。因人才能、家庭环境有异，不能强求一律，只要有正当职业并努力劳作就行，这是从治生视角为出发点来看待四民关系。明嘉靖时湖广按察副使、广东左参政事项乔（1493—1552），是王阳明理学信徒，又接受永嘉学派事功说，他认为四民都应“各安生理”，只要不是游手好闲、胡作非为就好。他说：“生理即是活计，若读书举业，士之生理也；耕种田地，农之生理也；造作器用，工之生理也；出外经营、坐家买卖，商之生理也。若无资质、无产业、无本钱、不谙匠作，甚至与人佣工挑担，亦是生理。惟是懒惰飘荡、游手好闲、为僧为道、为流民光棍、身名无籍之徒，便是不安生理。”③这是他接近民间，从谋生角度来谈四民关系。只要就各人资质、产业条件发而选择某一职业来维持生计，而不互相欺凌、安分守己就好。

明代大儒王守仁就倡导“四民异业而同道”说，他在《节庵方公墓表》中指出：“古者四民异业而同道，其尽心焉，一也。士以修治，农以具养，工以利器，商以通货，各就其资之所近，力之所及者而业焉，以求尽其心。其归要在于有益于生人之道，则一而已。士农以其尽心于修治具养者，而利器通货，犹其工与商也。故曰：四民异业而同道。”④阳明先生强调的“道”是什么？无非是“有益于生人之道”，也就是说对社会有利，对民生有益，这样就能“尽其心”也。余英时明确指出王阳明是适应形势承认社会变化了商人以炫耀财富而赢得应有的社会地位。“十六世纪以后的商业发展也逼使儒家不能不重新估价商人的社会地位。”⑤这样评判是完全正确的，王阳明能冷静面对社会现实，不回避商贾对士子的挑战，放下大儒的架子，委婉地承认四民平等的地位，而实际上也就是承认商人应享有与

① 〔明〕梁份：《怀葛堂集》卷五《王文佐传》，《豫章丛书》本。

② 〔清〕黄宗羲：《明夷待访录·财计三》，中华书局1981年版，第41页。

③ 〔明〕项乔：《项乔集》初编卷之八《项氏家训》，上海社会科学院出版社2006年版，第515页。

④ 〔明〕王守仁：《王文成公全书》卷二五《节庵方公墓表》，《景印文渊阁四库全书》本，集部第204册，台湾“商务印书馆”1986年。

⑤ 余英时：《中国近世宗教伦理与商人精神》，安徽教育出版社2001年版，第198—199页。

士同等地位，然而现实仍做不到，商人仍难以挤入儒生科举的行列，因为科举制对商籍仍有种种限制。王阳明对方麟弃儒业商也仅是对个体而言，并不是提倡、赞扬弃儒业商的社会流风。所以，余英时认为王阳明的《节庵方公墓表》是“新儒学社会思想史上一篇划时代的文献”①，这样的评价似乎是过高了。所以，明中叶以来就有恤商、厚商之说。

四民观的核心是治生说的各安生理，每一生民都应该根据自身条件和家庭社会背景等，特别是根据个体的素质（智力、体力、财力、技能）来选择一种职业，同时还可以随时调整职业，只要尽到心，努力实践就好了。提倡因材择职，为社会奉献，不论士农工商，都应一律对待。黄宗羲、沈垚等人是站在工商的立场上为工商，特别是为商贾争地位，反对重本抑末，贬低商人，具有时代的进步性。

（五）奢易为生说

奢易为生说，如同“工商为本”一样，也是时代的产物，同样具有很大的意义。

明中叶社会风气渐趋奢侈，面对这一社会现象，有主张返奢为朴者，有倡导奢易为生者，两种思想针锋相对。奢易为生说的代表人物是陆楫。陆楫（1515—1552），字思豫，上海人，未及仕而夭逝，但留下著作则很有名，有《蒹葭堂稿》《蒹葭堂杂著摘抄》，辑有《古今说海》142 卷。他在《蒹葭堂杂著摘抄》中提出了崇奢黜俭的观点，为明中叶以来奢侈之风呐喊助威。

陆楫认为：“论治者类欲禁奢，以为财节则民可与富也。噫！先正有言：天地生财，止有此数，彼有所损，则此有所益。吾未见奢之足以贫天下也。自一人言之，一人俭则一人或可免于贫；自一家言之，一家俭则一家或可免于贫，至于统论天下之势则不然。治天下者，将使一家一人富乎？抑亦欲均天下而富之乎？予每博观天下之势，大抵其地奢则其民必易为生；其地俭则民必不易为生者也。何者，势使然也。今天下之财赋在吴越，吴俗之奢，莫盛于苏杭之民，有不耕寸土而口食膏粱，不操一杼而身衣文绣者，不知其几何也！盖俗奢而逐末者众也……彼以粱肉奢，则耕者、庖者分其利；彼以纨绮奢，则鬻者、织者分其利。正孟子所谓通功易事，羡补不足者也。上之人胡为而禁之？若今宁绍金衢之俗，最号为俭，俭则宜其民之富也。而彼诸郡之民，至不能自给，半游食于四方，凡以其俗俭而民不能以相济也。要之先富而后奢，先贫而后俭。奢俭之风，起于俗之贫富，虽圣王复起，欲禁吴越之奢难矣。或曰不然。苏杭之境，为天下南北之要冲，四方辐辏，百货毕集，故其民赖以市易为生，非其俗之奢故也。噫！是有见于市易之利，而不知所以市易者，正起于奢。使其相率为俭，则逐末者以归农矣，宁复以市易相高耶！且自吾海邑言之，吾邑僻处海滨，四方之舟车不经其地，谚号为小苏州，游贾之仰给于邑中者，无虑数十万人，特

① 余英时：《中国近世宗教伦理与商人精神》，安徽教育出版社 2001 年版，第 198—199 页。

以俗尚甚奢，且民颇易为生尔。然吴越之易为生者，其大要在俗奢，市易之利，特因而济之耳。固不专恃乎此也。长民者因俗以为治，则上不劳而下不忧，欲徒禁奢，可乎？呜呼，此可与智者道也！”①

陆楫的思想要点有三：一是损益均衡。他认为损益是互相转化的，“彼有所损，则此有所益”。要放在大范围，“均天下而富之”。着眼点要扩大到全国全局而不拘泥于局部一方一地。可贵的是，他认识生产与消费是互相制约的，把社会生活（包括生产与消费）作为一个整体来对待，此处有所损，即消费了某一物资，而他处则根据消费需要又重新加以生产，损益像流水一样维持着水平线的流动。这里他把损益都视为动态的一个整体的两个方面，彼此维持着均衡的关系。商品是在流通中互通有无，如果没有明中叶以来交通的相当畅通和商品的全国范围内的流通，即国内市场的活跃，他也不会先验地提出此观点。事实上，明代中叶，东西南北交通畅达，南北商品日夜流通。李鼎说：“燕赵秦晋齐梁江淮之货，日夜商贩而南，蛮海闽广豫章南楚瓯越新安之货，日夜商贩而北。”②即使像乌青这样一个市镇，“长街迢遥两三里，日日香尘街上起，南商北贾珠玉场……吴绫蜀锦店装垛，羌桃闽荔铺堆屯”。他举衣食为例，要有猪肉吃就得有屠宰业、畜牧业和提供饲料的农业；要想穿丝绸就得有缫丝、丝织业和蚕桑业，社会的生产和消费就像一个轮子，轮子转动自然会带动生产和消费，工农商业等是互相结合的。所以不要怕消费多社会就会贫困了。顾公燮也有近似的看法，他说：“有千万人之奢华，即有千万人之生理。若欲变千万人之奢华而返于淳，必将使千万人之生理亦几于绝。此天地间损益流通不可转移之局也。”③

二是奢易为生。奢侈当然含有消费社会劳动成果的一个负面效果，但在一定条件下高消费会促进高生产，人类社会是不断在消费中前进的，生产的目的是为了消费，生产是手段，是为了维持消费。当然有限度的消费不是浪费和超前的高消费，不要脱离社会经济发展水平，稍有超前亦是正常的。稍有超前的高消费在经济条件具备下反会刺激生产的发展，这也是社会经济运动的一般规律。所以陆楫认为“其地奢，则其民必易为生”。他以苏杭为例，其消费水平是超过全国其他地方，但苏杭并不因此就穷困了，它的经济繁荣，人民生活水平仍居全国之首，这是因“俗奢而逐末者多也”。百工大量制作市民生活的必需品，商贾又从全国各地贩销过来日用品，使市场更为繁盛，像苏州，“天下财货莫

① 〔明〕陆楫：《蒹葭堂杂著摘抄》，《丛书集成初编》本，商务印书馆1936年版，第2—3页。

② 〔明〕李鼎：《李长卿集》卷一九《借箸编》，见张正明等：《明清晋商资料选编》，山西人民出版社1989年版，第56页。

③ 〔明〕顾公燮：《消夏闲记摘抄》上，引自谢国桢：《明代社会经济史料选编》（中），福建人民出版社1980年版，第85页。

(不)聚于苏州"①。王世贞说:"亡论财赋之所出,与百工淫巧之所凑集,驵侩诪张之所倚窟"②;"列巷通衢,华区锦肆,坊市棋列,桥梁栉比"③。苏州引导着全国的消费,风靡全国,张瀚说:"吴制服而华,以为非是弗文也;吴制器而美,以为非是弗珍也。四方重吴服,而吴益工于服;四方贵吴器,而吴益工于器。"④

三是奢致市易。他以奢侈的苏杭与俗俭的浙江宁绍金衢地区做比较,宁绍金衢俗俭,却"不能自给,半游食于四方",这是因为"先贫而后俭"。俭并不是主观自觉地要过俭朴日子,而是因为贫穷不得不为之,俭为贫所致。

陆楫进一步论证奢侈与市易并不是成正比的,不是市易致奢,而是奢才致市易。他以上海为例,上海因靠近俗奢侈的苏杭,招引了"数十万"的游贾。他认为"吴越之易为生者,其大要在俗奢,市易之利,特因而济之耳"。"所以市易者,正起于奢"。社会消费水平高,需求也高(俗奢),就会刺激消费品的生产;有了商品生产的高度发展,就会促进商品流通的发展。因此,高消费会促进高生产,有了高生产和高消费就需要与之相适应的商品流通(市场)。

以陆楫为代表的"奢能致富"思潮的出现,从较高层次上摆脱了传统的重本抑末、重俭抑奢的思想。无独有偶,后来的魏昭士的"奢比俭好"的经济观与陆楫非常相近。他说:"奢者之靡其财也,害其身。吝啬之积其财也,害其财。害其身者无损于天下之财;害其财,则财尽而民穷矣。今夫奢者割文绣为衣,壁柱琢珠玉而饰用器,倡优饮酒日费百万。然必有约之者,其财未始不流于民间也。"⑤他们共同点是:眼界较远大,已摆脱了以一家一户小生产为单位的生产、消费观,以全国全社会作为一个单位来观察,把生产与消费作为一个整体来观察,这是难能可贵的。

二、侈糜越礼的社会生活

明中叶社会财富积累较多,一些富室巨贾拥有大量金银在找不到扩大投资的情况下,就大量挥霍,追求物质或官能享受。谢肇淛就曾描述说:"田园精足,丘壑可怡;水侣

① 〔明〕郑若曾:《江南经略》卷二上《枫桥险要说》,《景印文渊阁四库全书》,台北"商务印书馆"2008年版,第728册,第104页。

② 〔明〕王世贞:《弇州山人续稿》卷六《送吴令湄阳傅君入觐序》,见《景印文渊阁四库全书》,台北"商务印书馆"1986年版,第1282册,第373页。

③ 〔明〕莫照:《苏州赋》,见同治《苏州府志》卷二《形势·附录唐宋元明旧疆域》,《中国方志丛书》(华中地方)第5号,成文出版社1970年版,第125页。

④ 〔明〕张瀚:《松窗梦语》卷四《百工纪》,中华书局1985年版,第79页。按:袁标《书隐丛说》卷一〇有近似文字评述。

⑤ 〔清〕魏世傚:《魏昭士文集》卷七《奢吝说》,清道光二十五年珍溪绂图书屋刻本。

鱼虾，山友麋鹿；畊云钓雪，诵月吟花；同调之友，两两相命；食牛之儿，戏着膝间；或兀坐一室，习静无营；或命驾扶藜，流连忘返。此之为乐不減真仙，何寻常富贵足道乎！”①著名文人袁宏道更是讲了人间生活的五大快活：

第一种快活，目极世间之色，耳极世间之声，身极世间之新，口极世间之谈；

第二种快活，堂前列鼎，堂后度曲，宾客满席，男女交舄，烛气熏天，珠翠委地，金钱不足，继以土田；

第三种快活，箧中藏书万卷，书皆珍异版本；宅畔别置一馆，馆中再约真正同心朋友十余人，人中立一识见极高，如司马迁、罗贯中、关汉卿者一人，作为主人，分曹别署，各成一书，远文唐宋酸儒之陋，近完一代未竟之篇；

第四种快活，千金买一舟，舟中置鼓吹一部，妓妾数人，游闲数人，泛家浮宅，不知老之将至；

第五种快活，人生受用至此，不及十年，家资田地荡尽，然后一生狼狈，朝不谋夕，托钵歌楼妓院，分餐孤老之盘，往来乡亲，恬不知耻。②

如果说游山玩水还算是有一定文化者了，那“其书冠鲜服画船箫鼓遨游于山水间者，类皆商贾之徒，胥吏之属及浮浪子弟，倡优仆隶而非有田者也”③。经济发达的江南地区，特别是有天堂之称的苏州和杭州，是这一风气的引导者。张瀚说：“民间风俗，大都江南侈于江北，而江南之侈尤莫过于三吴。自昔吴俗习奢华、乐奇异，人情皆观赴焉。……吴俗之侈者愈侈，而四方之观赴于吴者，又安能挽之俭也。”④王士性也认为，“善操海内上下进退之权，苏人以为雅者，则四方随而雅之，俗者，则随而俗之”⑤。《古今图书集成》则记载了杭州在这方面的情况：“杭民半多商贾，耳目侈声色之好，口腹恣刍豢之味，峻宇雕墙，履丝曳缟，冠婚丧祭，宴饮酬酢，无不踵事增华，虽素封之家，不出数年立见萧索，总由屋多田少、根本不固所致也。”⑥“民间首饰、衣裤、器用、文轴榱题多用金箔涂画，岁糜不赀。”⑦

---

① 〔明〕谢肇淛：《五杂俎》卷一三《事部一》，上海书店出版社2001年版，第258页。

② 〔明〕袁宏道：《袁宏道集笺校》卷五《锦帆集之三·尺牍》，上海古籍出版社1981年版，第205—206页。

③ 〔明〕郑若曾：《郑开阳杂著》卷一一《苏松浮赋议》，《景印文渊阁四库全书》，第584册，第647页。

④ 〔明〕张瀚：《松窗梦语》卷四《百工纪》，中华书局1985年版，第79页。

⑤ 〔明〕王士性：《广志绎》卷二《两都》，中华书局1981年版，第33页。

⑥ 《古今图书集成·方舆汇编·职方典》卷九四六《杭州府部》。

⑦ 〔明〕万历《杭州府志》卷一九《风俗》，万历七年刻本。

唐寅《悟阳子养性图》局部

(一)游乐风气的大盛

商业繁盛,商贾活动频繁,这对促进旅游观赏以及相适应的交通、服务、饮食都有直接关系。凡是自然景观或人文景观美好的地方都成为旅游的热点。各地达官名士,美姬名妓,各色人等,各种打扮,怀着各样旨趣,展示各异的心理,倾诉着不同的情怀,寄情于山水之间。如杭州西湖、苏州虎丘等,各地旅客商贾纷纷来此游玩观赏。

1. 杭州西湖、苏州虎丘等的旅游活动

杭州西湖游况的盛衰,已成为国家政治是否稳定的晴雨表。其时的西湖为国内的一大名胜。据《西湖游览志》所载统计,景点多达 450 多处,并形成了五条旅游线路。孤山路,从断桥出发,至今白堤、孤山、湖心、苏公堤、赵公堤,最后到杨公堤,景点 15 处;南山路,从涌金门出发,往南至南屏山、净慈寺、烟霞洞、南高峰、太子湾、三台山、花家山、龙井、虎跑、凤凰山、万松岭、包家山,景点 150 处;北山路,从涌金门出发,往北至钱塘门、昭庆寺、宝石山、葛岭、岳王庙、法华山、九里松、北高峰、灵隐寺,直至留下西溪,景点 200 处;吴山路,包括石佛山、七宝山、瑞石山、宝月山等,景点 50 处;浙江路,今江干一带,包括月轮山、六和塔、秦望山、五云山、风水洞等,景点 15 处。游览风气相当兴盛。史鉴论西湖旅游之风说:

> 钱唐为东南佳丽,而西湖为之最。重山环之,名藩枕之。凡峰峦之连络,城郭之逶迤,台殿亭榭之参错,举凌虚乘空以临其上,天光水色颠倒上下。烟云起灭,其状万殊。而酒棹游舻,往来交互,歌吹之声相闻,自春而夏,夏而秋,秋而冬,无日而息也。其盛矣哉!①

① 〔明〕史鉴:《西村十记·记西湖八》,载王国平主编《西湖文献集成》,杭州出版社 2004 年版,第 3 册,第 983 页。

大众的西湖旅游，多集中于断桥至苏堤一带。其游况之盛，正如袁宏道《断桥望湖亭小记》所说："歌吹为风，粉汗为雨，罗纨之盛，多于堤畔之草，冶艳极矣。"这是妇女的游湖之习。但更如张京元《断桥小记》所说："酒多于水，肉高于山，春时肩摩趾错，男女杂沓，以挨簇为乐。无论意不在山水，即桃容柳眼，自与东风相倚游者，何曾一着眸子也。"这就是群众性旅游的基本特点，其意不在山水，不在身旁之桃柳，而是关注于酒肉，甚至以"挨簇为乐"。"车马游人，往来如织"①，人与人相挤，挤得满身臭汗，暖风吹来竟有"粉汗"之味。

明谢时臣《西湖春晓图》

明唐寅《钱塘景物图》

西湖的游览必须有游船，尤其是到每年的春天，湖上人满为患，游船供不应求。为此，一些船家就向游人索取高价，一次几乎要千钱。② 文人墨客留连山色湖光，乘着彩绘美观的画舫，荡漾于西湖之上，品茗吟诗，饮酒作画，拥妓调笑，轻歌曼舞，江南丝竹悠扬于湖面上，确是一番美景良辰。明代的游船比宋时小巧轻便、美观、实用，设施合理，敞槛开窗，游人可以直接领略风光，与美景融于一体。游船命名典雅，富有诗意，如水月楼、烟水浮居、狎鸥行槛、露水仙龄、天上行舟等名目。船头饰有龙头、鹿头，五色装饰、异彩缤纷。明末汪然明所制"不系园"舫，以木兰为船料，精雕细刻，经四月始成，长 6.2 丈，阔

① 〔明〕张岱：《西湖梦寻》卷三《西湖中路·十锦塘》，江苏古籍出版社 2002 年版，第 34 页。

② 〔明〕王绍传：《西泠游记》，载王国平主编《西湖文献集成》，杭州出版社 2004 年版，第 3 册，第 1077 页。

1.2 丈有余。船上有廊、台,“台上张幔,若晨月夕,如乘彩霞而登碧落。若遇惊飙蹴浪,欹倚平桥,则卸栏卷幔,犹然一蜻蜓耳”①。舫设二席,又有斗室,可供卧吟。有些游船画舫是两层的,有楼,也称楼船。楼船形制巨大稳定,张岱之父所有的楼船,用“以木排数重搭台演戏,城中村落来观者,大小千余艘”。后巨风倏作,大雨倾盆,而船丝毫不动,稳固如山②。

明程嘉燧《西湖画舫图》

明人黄省曾所著的《吴风录》,说苏州的士大夫时常画船游泛,携妓登山,尤以虎丘为甚,即使遇到风雨,也无寂寞之日。③ 即使是一般的平民百姓,也知道享受生活的乐趣。家无斗粟,身上也敢穿“罗衣”,尤其是野游,更是成为他们生活的一部分。④ 每当春月,苏州的妇女就艳妆冶容,什伍成群,遨游于山水之间,主要有虎丘、观音寺等地。好游之风,可见一斑。而万历末叶南京的一些冶游之客,即使囊中羞涩,出门时也一定乘轿,“作贵人状”⑤。

2. 江南的庙会、香市与灯市、水市

江南乡村还有借着庙会、香市和集市各种名目的旅游、观赏、宗教、商业相结合的活动。

庙会各地时间、规模不一,敬奉的神主、菩萨、庙主亦不一样,但有一个共同点,即都是纪念或祭祀曾为民除害兴利,除暴崇良,或以某一高尚品行获得人们敬仰的偶像,也有祭祀保护神或各行业的祖师爷。如海宁的双忠庙会是纪念唐代忠臣名将张巡和许远,桐

① 〔清〕陆以湉:《冷庐杂识》卷六《不系园》,中华书局 1984 年版,第 315 页。

② 〔明〕张岱:《陶庵梦忆》卷八《楼船》,上海古籍出版社 2001 年版,第 129 页。

③ 〔明〕万历《长洲县志》卷一《风俗》,收入《稀见中国地方志汇刊》,中国书店 1992 年版;〔明〕嘉靖《常熟县志》卷四《风俗志》,明嘉靖十八年刻本。

④ 〔明〕姚旅:《露书》卷九,明天启刻本。

⑤ 〔明〕姚旅:《露书》卷七,明天启刻本。

乡的宗阳庙会是纪念抗倭将军宗礼，湖州总管庙会是纪念宋末抗金的金邦，嘉善的杨老爷庙会是纪念明代反严嵩权贵而牺牲的杨镇。善琏镇以制笔为业，奉秦将蒙恬为神主（祖师爷），每逢三月十六日、九月十六日为生忌日，举行迎神庙会，笔工等连续三天舞龙滚狮以示纪念。这些庙会既有寄托人们敬仰怀念之情，又有祈求保护神福佑五谷丰登、人安畜旺之意。庙会时间一般都安排在农闲季节，还进行文体活动和物资交流，借以调剂精神与物质生活。在江南水乡最具有代表性的庙会活动当属王江泾的网船会，太湖流域的渔民船工，正月二十日为开印日，八月十四为诞辰日，各地渔民船工驾舟齐集于江浙交界的嘉兴王江泾镇，“届期凡江浙之渔船咸集荡中，数以万计，演剧献牲，岁以为例”①，以纪念刘猛将军为民驱蝗之功。他们一边举行祭祀活动，一边表演水上竞技，热闹异常。

明《抗倭图》局部

香市是集宗教、旅游、商贸、交际于一体的特殊集市，比庙会规模大、时间长，带有宗教意识和明显的商业活动、旅游的性质。明代苏、杭等城市和市镇的香市很盛，最具时代地域特色，颇具江南文化特色。香市多分布于风光秀丽的风景区，如苏州的虎丘、杭州的西湖、嘉兴的南湖等处，以寺院庙宇为活动中心。只是会期不一，多在春夏间举行。湖州南浔嘉应寺香市为湖州十景之一，定于九月初一至初五为香市期，但实际活动可延至一月有余。届时江南诸城市和市镇皆举办香市，文人、香客、妇女、民间艺人携手联袂一边游览一边朝拜或借进香机会购物，观光会友，寺庙里拥挤不堪，欢乐无穷。善男信女，头裹香巾，腰系红巾衣带，肩挎黄布带，跟随着一队举牌者在嬉笑中行进，晚宿寺院或旅社，晚出晚归，寺院中热闹非凡。

杭州香市历史悠久，早在唐宋时已经出现，至明代范围扩大，地点更多。除天竺、昭庆、净慈、灵隐四大寺外，还有小和山、法华山、天竺、城隍山、岳坟、湖心亭等地，称“西湖香会”。时间从花朝至端午节（农历二月十二日至五月五日）。各寺院的香市时间不尽相同，如真武圣诞香会起于农历二月初五，止于四月初四（以下皆为农历记月日，不另注）。进香时间晨昏不辍，白天、夜晚皆可进香，“自茅家埠起，一路夜灯，香庙不绝”。届时，热闹非凡，太湖流域蚕农农妇成群结队，乘船来到杭州进香。进香仪式是由二人用木架抬着数十斤重巨烛和祭品，敲锣打鼓，鸣乐放炮，牵引着黄布袋成群结队，浩浩荡荡来到寺院敬香跪拜。到了寺院，先点上香烛，在黄、白二色布的牵引下成行，焚香虔诚跪拜，口中

① 〔清〕唐佩金：《闻川缀旧诗》，王江泾镇人民政府2015年内部刊印。

念念有词，祈求国泰民安、五谷丰登、蚕桑丰收。祭奠毕，又成群结队把点燃剩下的蜡烛带回去“照田蚕”，以兆丰年和人畜平安，全家吉利。此时正届花朝（农历二月十二），桃红柳绿，万紫千红，一派春光明媚。他们一边进香，祈求蚕神保佑；一边领略西湖风光，顺便购买日常生活用品、食品、农具，以备农（蚕）事等。张岱《陶庵梦忆》记载：“西湖香市起于花朝，尽于端午（农历五月五日）……至则与湖之人市焉，故曰香市……昭庆（寺）西廊故无日不市者。三代八朝之骨董，蛮夷闽貊之珍异皆集焉。至香市，则殿中边甬道上下，池左右，山门内外，有屋则摊，无屋则厂，厂外又棚，棚外又摊，节节寸寸。凡胭脂（胭脂）簪珥，牙尺剪刀，以至经典木鱼，伢儿嬉具之类无不集……如逃如逐，如奔如追，撩扑不开，牵挽不住，数百十万，男男女女，老老少少，日簇拥于寺之前后左右者，凡四阅月方罢，恐大江以东，断无此二地矣。”①各寺院和商人们每年借香市大做生意，史载“城中三百六十行生意，一年中敌不过春市一市之多。大街小巷，挨肩擦背，皆香客也”。留下（地名）一李姓“业竹篮者，每逢春香，一家要做千余串钱生意”②。

杭城除春季香市之外，七月在凤山门万松岭麓的地藏殿还有一次大规模的香市，其气派不亚于四大寺庙的香市。“山门内外摆设摊场，闲行者名曰游藏殿。凤山水门上至江干，下至湖墅，均有十里之遥，各有坐船来者，名曰香船”。商品齐全，“店摊各物齐全……行贩赶市，摊场盒桶木桌椅堆积杂货吃食点心各物等齐集买卖，四月底收市，此一季亦一宗大生易（意）也”。范祖述说：“下乡者，下至苏州一省，以及杭嘉湖三府属，各乡村民男女，坐船而来杭州进香，均泊于松木场。其上岸或自寻下处，或歇各寺院房头，或在船中居住，其船有千数之多。”这种船名为“香船”，停泊在一定埠头由专人看管，收取停泊费和保管费。③ 西湖上春意盎然，繁花似锦，桃红柳绿，春光明媚，美艳动人的江南姑娘，如花似玉，形成一道道流动的风景线，点缀了江南春色。

苏州虎丘一带的香市和庙会也很盛行。据文献记载，明代苏州有很多社会，诸如松花会、猛将会、关王会、观音会等等。其中松花、关王两会，一般是在有了旱蝗之灾时才举行，而关王会则以昆山县为盛，观音在苏州各地间一行之。当然，在各种社会中，当以“五方圣贤会”为最盛。在社会举行之日，流行一种“看会”之俗，“会过门之家，折简召宾客徒戚属闺秀婴奇，云至雨集”。尤其是在“五方圣贤会”举行期间，大多实行一种“妆会”的仪式，所表演的节目相当丰富，分别有：杂剧则，所演之戏包括虎牢关、曲江池、楚霸王、单刀

① 〔明〕张岱：《陶庵梦忆》卷七《西湖香市》，上海古籍出版社 1982 年版，第 61 页。

② 〔清〕范祖述：《杭俗遗风·时序类·下乡香市》，见《西湖文献集成》，杭州出版社 2004 年版，第 19 册，第 26 页。

③ 〔清〕范祖述：《杭俗遗风·时序类·下乡香市》，见《西湖文献集成》，杭州出版社 2004 年版，第 19 册，第 25 页。

会、游赤壁、刘知远、水晶宫、劝农丞、采桑娘、三顾茅庐、八仙庆寿。神鬼则，民间百姓自己扮演的神鬼故事包括观世音、二郎神、汉天师、十八罗汉、钟馗嫁妹、西天取经、雷公电母、后土夫人。人物则，民间百姓自己扮演的人物故事包括伍子胥、孙夫人、姜太公、王彦章、李太白、宋公明、状元归、十八学士、十三太保、征西寡妇、十八诸侯。技术则，多为表演杂技节目，诸如傀儡、竿木、刀门、戏马、马上橇、走索、弄伞、广东狮子。缠结则，即扎起诸如蓝关亭、镜子亭、麦柴亭、五云亭、九层亭、锦毯门、秋千架、采莲船，色彩斑斓，五花八门。乐部则，演奏多种鼓乐，乐曲包括柘枝鼓、得胜乐、军中乐、太平乐、清平调、单合笙、双合笙、欹拍鼓、十样锦、海东青。珍异则，展示各种奇珍异物，诸如金花铠、真珠带、飞鱼袍、蟒龙衣、犀角弓、紫檀筝、商金鞍、刻丝鞯、玳瑁笙、珠伞、水墨花伞、错金兵仗、螺钿兵仗、百斤沉香、百斤雄黄。散妆则，其实是一种队舞，其形式分别有打围场、野仙人、八蛮朝、山魈戏、太保参、平倭队、沙兵队、广兵队、毛女仙、小僧道、小医师、金钱卜、莲花鼓、琵琶妇、行脚僧、小将军、射生弩、斗蟋蟀、采芝仙、白猿精。① 如此热闹的场面，加上有如此精彩的节目，乃至各式各样的奇珍异物，无不吸引四方百姓前来观看。在社会举行期间，这些百姓既是活动的参与者，又是观赏者，通过参与、观赏，一年的紧张劳作得到了放松。简言之，也是一次很好的休闲旅游活动。

就连乡间市镇也有香市，如湖州南浔嘉应寺之香市庙会定九月初一至初五，“贸易者先期而至，手技杂戏毕集，报赛演剧无虚日……加以茶寮市列，或歌管纷喧，以是骚人逸士估客寓公无不流连光景，甫及一月始罢”②。

香市不限于大中城市，在一些市镇中也有举行，如嘉兴各镇“香市当年盛，犹绣履痕”。硖石与曹王庙的春天踏青游览者也很多。如“东山香市”，士女如云，“村妇约伴游硖石及曹王庙，买泥孩取宜男之意”③。因为香客是以桑农蚕妇为多，他们往往还到半山、曹王庙等地去买泥猫，以作养蚕驱鼠之镇物。“曹王庙售泥猫，养蚕之多买之，谓之可避鼠”，曹王庙因善制泥猫而发展成专制泥玩具的市镇。

若是灯节期间的灯市，那么节日时所演的诸多抬阁、戏剧，同样也就丰富了灯市的内涵，使其有了旅游的性质。如浙江绍兴的灯景相当闻名。每当灯节时，城中无论贫富之家，无不挂灯。在大街上，多者挂有百灯，而小巷亦有十灯。又在十字街头搭一木棚，挂大灯笼一个，当地人俗称“呆灯”，在上面画上《四书》或《千家诗》的故事，或者在上面写上灯谜，供人商猜。在“庵堂寺观以木架作柱灯及门额，写‘庆赏元宵’‘与民同

① 〔明〕王穉登：《吴社编》，《说郛续》卷二八。

② 〔明〕董斯张：《欤斋存草》，见《南浔镇志》卷一《风俗》，民国二十五年铅印本。

③ 〔清〕乾隆《梅里志》卷七《风俗》，清道光五年刊本。

乐’等字。佛前红纸荷花琉璃百盏，以佛图灯带间之，熊熊煜煜。庙门前高台鼓吹。五夜市廛，如横街、轩亭、会稽县西桥，闾里相约，故盛其灯。更于其地斗狮子灯，鼓吹弹唱，施放烟火，挤挤杂杂。小街曲巷有空地，则跳大头和尚，锣鼓声杂，处处有人团簇看之。城中妇女，多相率步行，往闹处看灯；否则大家小户杂坐门前，吃瓜子糖豆，看往来士女，午夜方散。乡村夫妇，多在白日进城，乔乔画画，东穿西走，曰‘钻灯棚’，曰‘走灯桥’，天晴无日无之”①。

水市是商品市场的扩大、延伸、转移，商品放在船上直接交易，尤以贩书船最多。夜市是白天忙不过来，延长交易时间至夜间。杭城的寿安坊，“百工技艺蔬果鱼肉，百凡食品之物皆于此聚易，夜则燃灯秉烛以货”②。六锦桥还是水市的夜市，“官商驰骛，舳舻相衔，昼夜不绝。”北关夜市尤为著名，“每至夕阳在山，则樯帆卸泊，百货登市，故市不于日中，而常至夜分。且在城闉之外，无金吾之禁，篝火烛照如同白日。凡自西湖归者，多集于此，熙熙攘攘，人影杂沓，不减元宵灯市，洵熙时之景象也。”③高得旸《北关夜市》云：“北城晚集市如林，上国流传直至今。青苎受风摇月影，绛纱笼火照春明。楼前饮伴联游袂，湖上归人散醉襟。阛阓喧阗如昼日，禁钟未动夜将深。”④

明代江南庙会、香市和灯市等的盛行，展现了商品经济的发展和文化生活的丰富，通过对这些特有民俗的研究，人们可以多角度认识明清江南社会经济文化的发展。庙会、香市和灯市等的作用是多功能的，有助于商品经济及民间文化艺术的发展。

3. 时人对旅游业的两种对立观点

当时人对于旅游也有两种对立的观点：一些人认为这是奢侈的浪费，应予禁止；另一些人认为这是人们文化的需求，还会促进其他产业部门（如饮食、交通、服务等）的发展，对社会经济发展有好处。

旅游从现象上看好像纯属享受型的消费，旅游业的发展会使酒楼、茶馆、妓院等文化娱乐场所随之兴旺，一些有钱的商人对于旅游乐此不疲。张来仪《静居集》卷二有一首诗描述说：“长年何曾在乡国，心性由来好为客。只将生事寄江湖，利市何愁远行役。烧钱酾酒晓祁风，逐侣悠悠西复东。浮宅泛宅无牵挂，姓名不系官籍中。嵯峨大舶夹双橹，大妇能歌小妇舞。旗亭美酒日日沽，不识人间离别苦。长江两岸娼楼多，千门万户恣经过。人生何如贾客乐，除却风波奈若何。”于是有些守旧的地方官就采取禁止的办法，结果适

① 〔明〕张岱：《陶庵梦忆》卷六《绍兴灯景》，上海古籍出版社 1982 年版，第 53—54 页。

② 〔明〕成化《杭州府志》卷三〇，南京图书馆藏明成化十三年刻本。

③ 〔清〕李卫修：《西湖志》卷三《名胜一·北关夜市》，王国平主编《西湖文献集成》，杭州出版社 2004 年版，第 4 册，第 230 页。

④ 〔明〕田汝成：《西湖游览志余》卷一二《才情雅致》，上海古籍出版社 1998 年版，第 180 页。

得其反，往往以失败而告终。顾公燮说："治国之道，第一要务在安顿穷人。昔陈文恭公宏谋抚吴，禁妇女入寺烧香，三春游屐寥寥，舆夫舟子肩挑之辈无以为生，物议哗然，由是弛禁。胡公文伯为苏藩，禁闭戏馆，怨声载道。金阊商贾云集，宴会无时，戏馆数十处，每日演剧，养活小民，不下数万人……苏郡五方杂处，如寺院、戏馆、游船、赌博、青楼、蟋蟀、鹌鹑等局，皆穷人大养济院。一旦令其改业，则必易至失业，且流于游棍，为乞丐，为盗贼，害无底止矣。"①说明这些守旧的地方官只看到社会风气趋于奢靡一个方面，却没有看到：一些城镇居民和商贾手中有了钱财，就要找到消费的途径，欣赏风景是其他消费的发展，同时可以间接解决流入城镇人口的生活。所以他们的严禁措施都为客观现实所否定。因此有识之士，如王士性、叶权都主张发展旅游业。

王士性(1546—1598)，字恒叔，号太初，又号元白道人，浙江临海人。明代著名地理学家。王宗沐从子。万历五年(1577年)进士，历任礼科给事中、太仆少卿等职。喜游历，足迹几遍全国，自云："昔人有言'州有九，游其八'。余未入闽，庶其近之哉。"②素以诗文名天下，所著有《广志绎》《广游记》《五岳游草》等。③ 他说："游观虽非朴俗，然西湖业已为游地，则细民所藉为利，日不止千金，有司时禁之，固以易俗，但渔者、舟者、戏者、酤者咸失其本业，反不便于此辈也。"其中，《广志绎》最突出。该书6卷——方舆崖略，两都(南、北两直隶)，江北四省(河南、陕西、山东、山西)，江南四省(浙江、江西、湖广、广东)，西南四省(四川、广西、云南、贵州)，四夷辑。但卷六《四夷辑》只存目录，未见正文，故现书实为5卷。康熙年间杨体元评价道："其志险易要害、漕河海运、天官地理、五方风俗、九徼情形，以及草木鸟兽、药饵方物、饮食制度、早晚燥湿、高卑远近，各因时地异宜，悉如指掌。"④叶权(1522—1578)，字中甫，安徽休宁人。所著《贤博编》反映了万历时的史事。他说："杭州之奢侈，钱氏时已然……小民仰给经纪，一春之计全赖西湖……四方宾旅渴想湖景，若禁其游玩，小民生意绝矣……余少时则见其愈游愈盛，则小民愈安乐耳，何烦禁之?"顾公燮以苏州为例，也说明必须发展旅游业，"即以吾苏而论，洋货、皮货、绸缎、衣饰、金玉、珠宝、参药诸铺，戏园、游船、酒肆、茶店，如山如林，不知几千万人……谚云：拨了田鸡

① 〔明〕顾公燮：《消夏闲记摘抄》卷上，引自谢国桢：《明代社会经济史料选编》(中)，福建人民出版社1980年版，第85页。

② 〔明〕王士性：《广志绎》卷一《方舆崖略》，载周振鹤点校《王士性地理书三种》，上海古籍出版社1993年版，第239页。

③ 〔清〕张联元修、方景濂编纂：康熙《台州府志》卷一〇《王士性传》；〔民国〕喻长霖等：《台州府志》卷一〇三《人物传四·明三·王士性》，民国二十五年铅印本。

④ 〔清〕杨体元：《刻广志绎序》，载周振鹤点校《王士性地理书三种》，上海古籍出版社1993年版，第235页。

饿杀蛇。窃恐田鸡未能救，而蛇先饿死矣”。综观上述，王、叶、顾三氏均认为发展旅游业可以相应地推动交通、服务、饮食、文化娱乐、商业等的发展，可以解决社会上就业的问题，使几千万人得以生存，这是从总体上来看社会消费事业的发展。

（二）服饰逾制

衣食既是表现人们生活水平和审美观，又是代表人们社会地位的一个标志。在明代，衣饰是有严格规定的，穿着不能随便。尤以冠巾表示等级，庶民百姓与官僚世家、缙绅不混用。张瀚说：“国朝士女服饰，皆有定制……命妇礼冠四品以上用金事件，五品以下用抹金银事件，衣大袖衫，五品以上用纻丝绫罗，六品以下用绫罗缎绢，皆有限制。今男子服锦绮，女子饰金珠，是皆僭拟无涯，逾国家之禁者也。”①但“富者服饰僭制逾过侈”②。明中叶以政纲松弛，政令申而不行，发财致富的富贾和乡居的缙绅士大夫，他们要冲破传统和政令的限制，好奇与逆反心理正是代表了经济地位上升的商贾以求一逞的心理，他们反其道而行，鬃帽方巾衣丝穿缎招摇过市，斗艳争奇。以瓦棱帽为例，嘉靖以前“非豪人不用”，价值四五两银一顶，万历时人皆载之。松江“瓦楞鬃帽在嘉靖初年，惟生员始戴，至二十年外，则富民用之，然亦仅见一二，价甚腾贵……万历以来，不论贫富，皆用鬃帽”③。许敦俅说海宁“当初（嘉靖）瓦楞帽价值四五两，非富室不戴，今（万历三丨八年）所值一二钱，虽丐者亦用”；“今则绢纻俱软，而夹裙锦裙细筒褶杳然不见矣”④。“嘉靖初，士大夫间有戴巾者，今虽庶民亦戴巾者”⑤。江西赣州“不分贵贱，不论贤愚，戴方巾被花绣，蹑朱履黄装银顶”⑥。女子发髻及发饰，在明代朝廷的舆服制度中都有明确的规定。但晚明社会风气的变化相当迅速，这在某种程度上也影响了妇女发式以及相关饰物的变化。以明代的留都南京为例，诸如首髻之大小高低，鬓发之饰物，花钿之样式，起初还是十多年一变，到了后来，不到两三年，就已簇然变新。⑦

---

① 〔明〕张瀚：《松窗梦语》卷七《风俗纪》，中华书局1985年版，第140页。

② 〔清〕光绪《石门县志》卷一一引正德志，清光绪五年刊本。

③ 〔明〕范濂：《云间据目抄》卷二《记风俗》，引自谢国桢：《明代社会经济史料选编》（中），福建人民出版社1980年版，第234页。

④ 〔明〕许敦俅：《敬所笔记》，《海宁小志集成》，方志出版社2015年版。

⑤ 〔明〕徐咸：《西园杂记》，《丛书集成初编》，商务印书馆1937年版。

⑥ 〔明〕天启《赣州府志》卷三《土俗》，《北京图书馆古籍珍本丛刊》，书目文献出版社1998年版，第32册，第85—86页。

⑦ 〔明〕顾起元：《客座赘语》卷九《服饰》，中华书局1997年版，第293页。

1958 年江西省南城县益庄王夫妇合葬墓出土的明双龙戏珠金帽帘

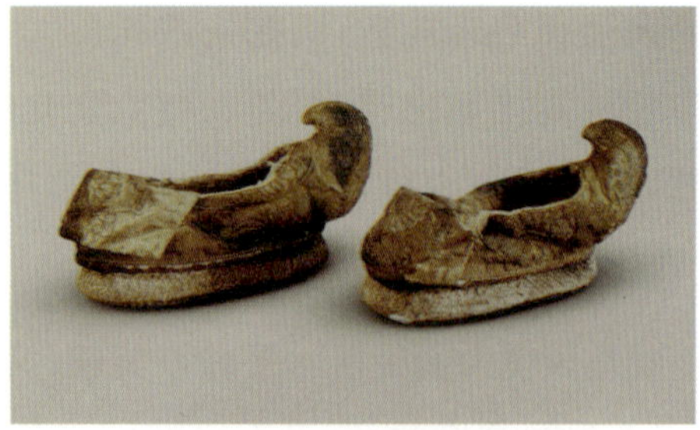

1980 年江西省南城县益宣王孙妃墓出土的明黄锦绣花鞋

1972 年江西省南城县红湖公社益端王夫妇合葬墓出土的明金凤簪

杭州萧山水漾坞明墓出土的鎏金蟾蜍纹银戒指

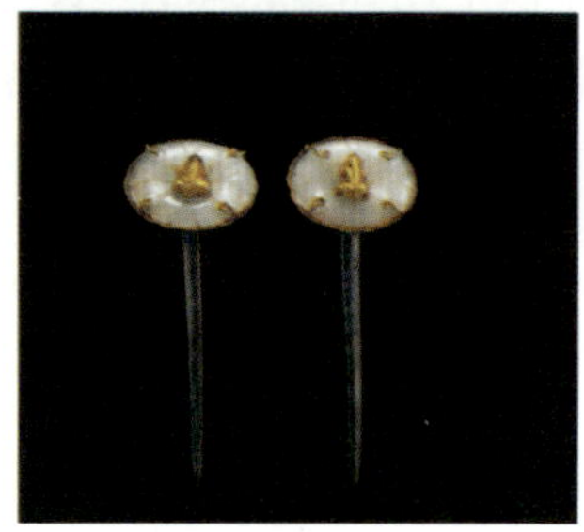

明金蛙嵌玛瑙银簪

明环嵌宝石梅花金耳环

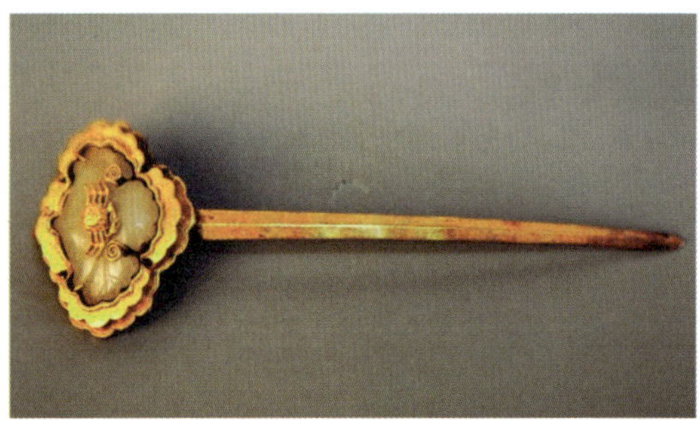

明金镶白玉如意形发簪

云形金累丝镶宝石簪

云形金镶宝石饰

南京人的服饰，在隆庆、万历以前还称得上朴素，官员戴忠靖冠，士子戴方巾。万历中期以后，从头到脚的服饰已是殊形诡制，日新月异。士大夫头上所戴之巾，名称就很繁多，有汉巾、晋巾、唐巾、诸葛巾、纯阳巾、东坡巾、阳明巾、九华巾、玉台巾、逍遥巾、纱帽巾、华阳巾、四开巾、勇巾。足上穿的靴履，开始只有云履、素履。后来鞋样陆续增加，新式样纷纷出现，有方头、短脸、毬鞋、罗汉鞋、僧鞋。鞋跟由高变低，并以浅薄为时尚，以致走路时显得有点拖曳。鞋的颜色，有红、紫、黄、绿，无所不备。①

松江在明初民间多穿布履，也有镶履，并有二镶、三镶两种制式。颜色用青、蓝，或用红、绿，称作“朝鞋”。至晚明，鞋的色彩采用纯红，各种镶履已很少有人穿用，而是新创了道鞋、毬鞋、靴头鞋。此外，还有一种董鞋，鞋面浅而稍阔；有网绣鞋，用彩线织成花样。鞋的面料，有的用纱，用皮金作衬；也有用布制作，称“布条鞋”。至于袜子的样制，开始较窄，后渐宽大，但较短，大致与鞋相等。袜子的质地多用纱、罗、绸、绫制成。

泉州的服饰风尚到万历年间也已趋于奢侈，而且等级制度荡然无存，甚至出现了所谓的“服妖”。②

追求华丽，质地要高档。在杭州，有专门从事金箔、销金之业的工匠、商人，他们的产品除了上供之外，大多用于民间百姓的首饰、衣袴。③ 温州“今富家子弟多以服饰为炫耀，逮舆隶亦穿绸缎，侈靡甚矣”④。

明折枝团花纹缎裙

色调鲜艳，男女式相杂。海宁“甲子（1564 年）年泮学中，朋友皆纱巾白布褶，间有一二富贵公子则穿色衣，今皆色衣，目中已无白布之衣矣”⑤。服饰追求新奇出众，引人注目，式样新颖。男子衣服自“隆万以来，皆用道袍，而古者皆用阳明衣，乃其心好异，非好古也……布袍乃儒家常服，迩年鄙为寒酸，贫者必用绸绢色衣，谓之薄华丽，而恶少且从典肆中觅旧缎旧服，翻改新制，与豪华公子列坐，亦一奇也。春元必穿大红履，儒童年少者，必穿浅红道袍”⑥。大势所趋，为求不落后于时代，一些人也只好随波逐流。范濂说：“余最贫，最尚俭

① 〔明〕顾起元：《客座赘语》卷一《巾履》，中华书局 1997 年版，第 23—24 页；杜文澜辑：《古谣谚》卷七〇《明季复社口号》，中华书局 1984 年版，第 799 页。

② 〔明〕万历重修《泉州府志》卷三《风俗》，收入《中国史学丛书》，台北学生书局 1987 年版。

③ 〔明〕田汝成：《西湖游览志余》卷二五《委巷丛谈》，上海古籍出版社 1998 年版，第 358 页。

④ 〔明〕万历《温州府志》卷二《舆地下》，《四库全书存目丛书》，齐鲁书社 1996 年版，史部第 210 册，第 516 页。

⑤ 〔明〕许敦俅：《敬所笔记》，《海宁小志集成》，方志出版社 2015 年版。

⑥ 〔明〕范濂：《云间据目抄》卷二《记风俗》，《笔记小说大观》，江苏广陵古籍刻印社 1995 年版，第 6 册，第 1 页。

朴，年来亦强服色衣，乃知习俗移人，贤者不免。”还有男性服装女性化，大有魏晋之遗风。李乐说：“（万历）二十年来，东南郡邑凡生员读书人家有力者，尽如妇人红紫之服……改得诗一首：……昨日到城郭，归来泪满襟；遍身女衣者，尽是读书人。”①

清佚名《小青像》中展示的明代贵妇服饰

在晚明，南京南曲中的妓女和苏州妇女，基本领导着天下服装的新潮流。据载，南曲中妓女的衣裳装束，“四方取以为式”，大约以淡雅朴素为主，不崇尚鲜华绮丽，体现一种全新的审美情趣，是对追求色调艳丽的审美风格的升华。明代民间流传着这样一句俗语：“若要俏，三分孝。”这句话其实就代表了一种民间的审美新时尚。孝服以素白为主，其审美趋向表现为素洁高雅。这种服饰流行于妓女中间，除了代表一种审美趣味之外，显然为了说明尽管她们身在肮脏之地，但还是要保持自己一种出淤泥而不染的高洁。

妓女衣之短长，袖之大小，都随时变易，在当时有“时世装”之称，②就是今天的时装。晚明曾流行两个新名词，这就是“苏样”和“苏意”。凡服装式样新鲜、离奇，一概称为“苏样”；见到别的稀奇鲜见的事物，也径称为“苏意”。如苏州妇女所穿之裙，起初是裙拖六幅，但后来又流行细褶，改为八幅，又攒幅为五彩。③

除了上述的服装新式样之外，尤其表现在服饰上喜新厌旧，突出一个“奇”字。所谓奇，一方面是服饰上的男女错位，也即男穿女服，女穿男衣；另一方面，则是指各种怪异服装。如顾承学，也是“时衣妇人衣，红衫粉额”④。晚明江南富贵公子的衣服，“大类女妆，巾式诡异”⑤。这是男子服朱裙画裤。与此相反，当时妇人的衣服却如文官，裙则如武官，⑥或者妇人“上衣长与男子等”⑦，体现了一种女服男装化的倾向。

需要指出的是，明代服饰的奢侈之习，倡导于士大夫。如有名臣之誉的张居正，性喜华楚，穿衣必“鲜美耀目，膏泽脂香，早暮递进”。据当时的礼部尚书陆树声亲眼所见，张居正请陆氏至内阁吃饭，在吃饭中间，侍者拿着鬃刷不时替居正刷鬓。最令人称奇的是，

① 〔明〕李乐：《见闻杂记》，上海古籍出版社1986年版，下册，第817页。
② 〔清〕余怀：《板桥杂记》上卷《雅游》，上海古籍出版社2000年版，第13页。
③ 〔明〕陆文衡：《啬庵随笔》卷四，清光绪二十三年刻本。
④ 〔明〕宋懋澄：《九籥集》卷五《顾思之传》，中国社会科学出版社1984年版，第95—96页。
⑤ 〔明〕李乐：《见闻杂记》卷二，上海古籍出版社1986年版，第155页。
⑥ 〔明〕郎瑛：《七修类稿》卷九《国事类·衣服制》，上海书店出版社2001年版，第97页。
⑦ 〔明〕赵世显：《客窗随笔》卷二，载《赵氏连城》，明钞本。

一顿饭的工夫，张居正所穿衣服就换了几次。[①] 当时徐泰时正好在工部任职，家中也丰资。每当有客人来访，就一定要先知道客人的穿戴，然后才披衣接待客人，“两人宛然合璧，无少参错，班行艳之”。于是，在当时的士大夫中形成一种“侈饰相尚”的风气。[②] 到了晚明，一些富贵佻达子弟甚至用纻丝绸缎做成衣裳的裾，[③]显然已是暴殄过分，奢华至极。而有一些仕宦家的内人，所戴珠冠，造费达银400余两，甚至有花费千两银子者。所用珍珠，也是“粗巨异常”[④]。

服妖的出现同样，大多源自那些人格狂放、行为怪诞的文人。他们的穿着打扮别具一格，怪模怪样，也形成一时的风气。如袁宏道记一“醉叟”：“冠七梁冠，衣绣衣，高权阔辅，修髯便腹，望之如悍将军。”[⑤]苏州人卜孟硕，曾经在夏季首挽高髻，身穿大红苎皮袍，跣足行歌市中。所用障面，长三四尺，而袖很小，仅方广数寸。[⑥] 邹公履，“披孔翠裘，戴槲笠如车轮”，也是一副怪相。[⑦]

（三）饮食讲排场

饮食是人们日常生活所必需的，明中叶财富多了，饮食方面也讲究山珍海味。请客非讲排场不可，一席酒菜满桌应有尽有，耗费巨大。“当初设席待客，前面空果罩五个，槟榔盒四个，每个四格，一糖色，一细壳，一小菜，一咸。案牲味五盘，盘亦大，而装亦满。又用点心一盘，如肉包、松团之类。汤三盏，先粉汤，木鱼汤。其鱼汤号为撬臀汤，以言客将去也。近身盐醋二碟，更无他物，待新亲亦不外此……今则席上约数十味，水陆具备，必觅远方珍异之物，然后发帖，非此主不足以申敬也。至如鳝鳖鳗鲗，当时名为厌钝之物，每斤价银二四厘，今以此厚待尊客，每斤索价银二分之外，亦奇异也。”[⑧]这不仅仅是追求口腹之欲，也是表示人们富有之程度，所以宴席必讲排场规格。何良俊说：“余少时，见人家请客只是果五色、肴五品而已。惟大宾或新亲过门，则添虾蟹蚬蛤三四物，亦岁中不一二次也。今寻常燕会，动辄必用十肴，且水陆毕陈。或觅远方珍品，以求相胜……当此末世，孰无好胜之心？人人求胜，渐以成俗矣。”[⑨]就是经济不甚发达的兴化，也“杯盘罗列，

① 〔明〕李乐：《续见闻杂记》卷一〇，上海古籍出版社1986年版，第888页。

② 〔明〕沈德符：《万历野获编》卷一二《士大夫华整》，中华书局1997年版，第316页。

③ 〔明〕张萱：《西元闻见录》卷二四《衣服》，《续修四库全书》本。

④ 〔明〕李乐：《续见闻杂记》卷一〇，上海古籍出版社1986年版，第849页。

⑤ 〔明〕袁宏道著、钱伯城笺校：《袁宏道集笺校》卷一九《醉叟集》，上海古籍出版社2008年版，第719页。

⑥ 〔清〕钮琇：《觚賸》卷二，上海古籍出版社1986年版，第29页。

⑦ 〔清〕曹禾：《顾玉川传》，载张潮辑：《虞初新志》卷三；〔清〕李寄：《天香阁随笔》卷一，陶社校刊本。

⑧ 〔明〕许敦俅：《敬所笔记》，《海宁小志集成》，方志出版社2015年版。

⑨ 〔明〕何良俊：《四友斋丛说》卷三四《正俗一》，中华书局1959年版，第314页。

堆积满案”①。松江一次宴会要耗银百两，宴席上“水陆奇珍百余品，而细果如松杏莲子瓜仁之属，装缀若鱼鲜，高一尺有奇……动费百金”②。

明仇英《桃李园图》

宴席上的餐具要用金银精制，有时还需有歌舞侑酒，才可显出富有程度和豪富气派。如何良俊在嘉兴曾亲临一次宴会，“是日客有二十余人，每客皆金台盘一副，是双螭虎大金杯，每副约有十五六两。留宿斋中，次早用梅花银沙锣洗面。其帷帐衾裯皆用锦绮。余终夕不能交睫，此是所目击者。闻其家也有金香炉”③。当然如严嵩、徐阶家中用金餐具就不足为奇了。“徐文贞归里，遍召亲故，一人取席间金杯藏之帽”之事④，也并非子虚乌有。何乔远说：“今士大夫家，宾飨逾百物，金玉美器，舞姬骏儿，喧杂弦管矣。”⑤扬州素为浮华之都，“民间或贵客，陈设方丈，伎乐褥陈，珍馐百味，无敢草略，或一筵辄费数金”⑥。

湖北明梁庄王墓出土的金杏叶执壶

① 〔明〕万历《兴化县新志》卷四《人事之纪下》，《南京大学图书馆藏稀见方志丛刊》，国家图书馆出版社2014年版，第21册，第622页。

② 〔明〕范濂：《云间据目抄》卷四，民国十七年奉贤褚氏重刊铅印本。

③ 〔明〕何良俊：《四友斋丛说》卷三四《正俗一》，中华书局1959年版，第316页。

④ 〔明〕焦竑：《玉堂丛话》卷五，中华书局1981年版，第182页。

⑤ 〔明〕何乔远：《名山藏·货殖记》，引自谢国桢：《明代社会经济史料选编》（中），福建人民出版社1980年版，第229页。

⑥ 〔清〕康熙《扬州府志》卷二〇《风物志》，清康熙三年刻本。

明金杯一组

当时的富贵人家不断借着各种节令，吃个不停，当然这并不限于吃，它还是人际交往的一种方式，一年之中有薄酌、萌酌、樽酌、杯酌、小酌、草酌、粗觞、杯茗、菲酌、豆觞、春酌、春酒等等名目。又如“婚丧宴会，竞以华缛相高，歌舞燕游，每与岁时相逐”①。“若夫富室召客，颇以饮馔相高，水陆之珍常至方丈。至于中人亦慕效之，一会之费，常耗数月之食”②。时风所及，民间饮食风俗也逐渐由俭素转向丰腆，果肴讲究，宴会不断。一切酒席，全用“簇盘”“糖缠”等物，上下仿效，习以为常。③

食品追求高档稀有的山珍海味，挥金如土，不惜人力物力从各地采办过来，只求一饱口腹之欲。谢肇淛说：“龙肝凤髓，豹胎麟脯，世不可得，徒寓言耳。猩唇獾炙，象豹驼峰，虽间有之，非常膳之品也。今之富家巨室，穷山之珍，竭水之错，南方之蛎房，北方之熊掌，东海之鳆炙，西域之马奶，真昔人所谓富有小四海者，一筵之费，竭中家之产不能办也。”④“远则岁致之，近则月致之、日致之”，真是不计人力，大有当年杨贵妃啖岭南荔枝之故事。如嘉靖、隆庆年间，无锡安氏家巨富，有“安百万”之号。他家饮食豪奢，专门在家宅旁另筑一庄，饲养家畜，以供膳食。平常养有子鹅数千只，每天宰杀三四只。有时夜半想吃鹅，来不及宰杀，就让厨子割鹅腿一肢，以供食用。吃毕，鹅还宛转未绝。⑤ 就是市镇上食品也很丰盛，时鲜及时上市，如浙江海宁袁花镇上，“色色俱全，杭嘉无异，特少烧鹅耳”⑥。

山珍海味吃腻了，就搜求“方物”，即吃地方名产。明末文士张岱就自称清馋，喜吃方物。他开列了一张自己吃过的全国各地特产单子，不妨引述如下：北京，有苹婆果、黄儠、马牙松；山东，有羊肚菜、秋白梨、文官果、甜子；福建，有福橘、福橘饼、牛皮糖、红腐乳；江

① 〔明〕隆庆《仪真志》卷一一《风俗考》，《天一阁藏明代方志选刊》，台北新文丰出版公司 1985 年版，第 5 册，第 536 页。

② 〔明〕万历《嘉定县志》卷二《风俗》，《四库全书存目丛书》，史部第 208 册，第 696 页。

③ 《明宪宗实录》卷八六，成化六年十二年庚午条。

④ 〔明〕谢肇淛：《五杂组》卷一一《物部三》，上海书店 2009 年版，第 217 页。

⑤ 〔清〕王应奎：《柳南随笔》卷三，中华书局 1983 年版，第 52 页。

⑥ 〔明〕许敦俅：《敬所笔记》，《海宁小志集成》，方志出版社 2015 年版。

西，有青城根、丰城脯；山西，有天花菜；苏州，有带骨鲍螺、山楂丁、山楂糕、松子糖、白圆、橄榄脯；嘉兴，有马交鱼脯、陶庄黄雀；南京，有樱桃、桃门枣、地栗团、窝笋团、山楂糖；杭州，有西瓜、鸡豆子、花下藕、韭芽、玄笋、塘栖蜜橘；萧山，有杨梅、莼菜、鸠鸟、青鲫、方柿；临海，有枕头瓜；台州，有瓦楞蚶、江瑶柱；浦江，有火肉；东阳，有南枣；山阴，有破塘笋、谢橘、独山菱、河蟹、三江屯蛏、白蛤、江鱼、鲥鱼、里河鰦。① 这些方物，有些在当地百姓看来，也不过是土产常物，但要吃遍天下方物，近则月致之、日致之，远则岁致之，非如张岱这样的有雄厚经济基础的士大夫，则是很难想象的。像张岱这样耽耽逐逐，整天为口腹谋的人，在明代士大夫中并不罕见。

这种饮食生活中的崇奢，不仅盛行于富人，即使下层百姓亦然。以杭州为例，王士性深刻地描绘道："杭俗儇巧繁华，恶拘检而乐游旷，大都渐染南渡盘游余习，而山川又足以鼓舞之，然皆勤劬自食，出其余以乐残日。男女自五岁以上无活计者，即缙绅家亦然。城中米珠取于湖，薪桂取于严，本地止以商贾为业，人无担石之储，然亦不以储蓄为意。即舆夫仆隶奔劳终日，夜则归市肴酒，夫妇团醉而后已，明日又别为计。故一日不可有病，不可有饥，不可有兵，有则无自存之策。"②

需要指出的是，明代人有了钱，即使身处穷乡僻壤，也能享受到城市一般的繁华生活。如四川建昌僻远万里，处于深山老林之中，但因生产杉木板材，为四方商人所聚，获利甚巨，大发横财。于是，杭州、苏州新织的种种文绮，吴中贵介公子尚未穿戴，建昌木商已经先得服用。妖童娈姬，比山外城市更胜一筹，山珍海味，也都获先尝。③

风气所及，专讲饮食烹调的食谱、菜谱、酒谱，就成了士大夫中相当流行的著作，而饮食口腹之学也成了一门专门的学问，登上了大雅之堂。④ 于是，一些士人中就出现了专门讲究烹饪之学的专家。如高濂著有《遵生八笺》一书，其中之《饮馔服食笺》，专讲饮食之事，其主旨就是"防饮馔之困膏腴，修服食，苦其口腹"⑤。又张岱之父、叔父，"家常宴会，但留心烹饪，庖厨之精，遂甲江左"⑥。张岱一家，在明季堪称饮食世家，其祖父张汝霖著有《饔史》四卷，专讲饮食正味。此书多取《遵生八笺》，在烹饪方法上又采用"大官庖法"，为张岱所不喜。为此，张岱在《饔史》基础上再加搜辑订正，著成《老饕集》一书。⑦

---

① 〔明〕张岱：《陶庵梦忆》卷四《方物》，上海古籍出版社 1982 年版，第 38 页。

② 〔明〕王士性《广志绎》卷四《江南诸省》，中华书局 1981 年版，第 69 页。

③ 〔明〕王士性：《广志绎》卷五《西南诸省》，中华书局 1981 年版，第 109 页。

④ 吴晗：《明代的仕宦阶级：社会的政治的、文化的关系及其生活》，载《明史研究论丛》，江苏古籍出版社 1991 年版，第 5 辑，第 44—45 页。

⑤ 〔明〕高濂：《遵生八笺》，原序，巴蜀书社 1988 年版，第 1 页。

⑥ 〔明〕张岱：《陶庵梦忆》卷八《张东谷好酒》，上海古籍出版社 1982 年版，第 72 页。

⑦ 〔明〕张岱：《琅嬛文集》卷一《老饕集序》，岳麓书社 1985 年版，第 24 页。

(四)房居的奢华

关于建房规格,历代亦有规定。唐制:六品以下,堂舍不得超过三间五架,门屋不能超过一间两架;百姓庶民,不能超三间四架,门口不准装饰。宋制:百姓民房只准五架一间两厦,其门窗栋梁也不准朱漆。明制稍有放宽,百姓民房准三间五架,已达到唐六品官的标准。但是到了明中叶,只要有钱,人们盖房往往竞相富丽,大大逾制。"江南富翁,一命未沾,辄大为营建。五间七间,九架十架,犹为常耳,曾不以越分为愧"①。徽州歙县的明代建筑民房保存至今,其建筑之规模、占地面积之广、构筑设计之精美,令人叹服。苏州士大夫富商的园林构建,都足以说明人们早已冲决了政府对建房的规定和限制。"当时人家房舍,富者不过工字八间,或窖圈四围,十室而已。今重堂窈寝,回廊层台,园亭池馆,金翚碧相,不可名状矣"②。以前盖房不敢用砖瓦,怕官府视为富豪,至明中叶,"邑在国初风尚诚朴,非世家不架高堂,衣饰器皿不敢奢侈,若小民咸以茅(草)为屋,裙布荆钗而已。即中产之家,前房必土樯茅盖,后房始用砖瓦,恐官府见之以为殷富也"③。杭州亦然,张瀚言:"世远者吾不知已,余所闻先达高风如沈亚卿省斋、钱都宪江楼,皆身殁未几,故庐已属他姓。至如近者一二巨姓,虽位臻崇秩,后人踵事奢华,增构室宇园亭,穷极壮丽。"④在松江,缙绅将居宅从乡下搬到城里,开始城居化的生活,"故宦宅第,转展相售,居必巧营曲房,栏楯台砌,点缀花石、儿榻、书画,竞争华侈"⑤。

明代黄花梨木嵌杂宝花卉龙纹长方桌

明万历御制黄花梨龙纹官皮箱

① 〔明〕唐锦:《龙江梦余录》卷四,引自谢国桢:《明代社会经济史料选编》(中),福建人民出版社1980年版,第228页。

② 〔明〕何乔远:《名山藏·货殖记》,引自谢国桢:《明代社会经济史料选编》(中),福建人民出版社1980年版,第232页。

③ 〔清〕乾隆《震泽县志》卷二五《风俗一》,清乾隆十一年刻本。

④ 〔明〕张瀚:《松窗梦语》卷七《风俗纪》,中华书局1985年版,第140页。

⑤ 上引资料出处,可分别参见:〔明〕嘉靖《太平县志》卷二《地舆志下·风俗》;〔明〕隆庆《仪真县志》卷一一《风俗考》;〔明〕嘉靖《邵武府志》卷二《风俗》;〔明〕万历《黄岩县志》卷一《风俗》;〔明〕万历《新昌县志》卷四《风俗志》,均收入《天一阁藏明代方志选刊》,上海古籍书店1982年版。

明宣德戗金彩漆缠枝花卉长方盒一套（四件）

明黄花梨无束腰小方凳

这股奢侈之风，同样反映在当时士大夫的居室布置上。于是，“好精华书室器具”成了一时的风尚。诸如以鸡毛帚扫地，用绵绸拭桌，已是相当奢华。家中到处都是流行时尚的器具，如黄锡卮、时大彬的砂壶、张铜的铜炉。书室不到一二年，就看着厌倦，拆掉重建，于是家中木工、漆工、金工、土工，时常不绝。①

明朱三松竹刻

桐荫玩月笔筒

明代树根随形洗

“归庄”款（归有光之孙）

明柳如是白端写经砚

明代树根随形

洗“归庄”款（归有光之孙）

明朱三松竹刻桐荫

玩月笔筒（苏州博物馆藏）

① 〔清〕张履祥：《杨园先生全集》卷三八《近鉴》，清同治十年江苏书局刊本。

(五)享乐主义的负面效应

人欲横流，沉渣泛起。缺乏崇高道德观念和文化修养的暴发户，只有追求物欲享受，吃喝玩乐，造成社会畸形的消费观和虚假的繁荣，这种暴发户正是《金瓶梅》中所刻画的西门庆、应伯爵之流。他们对社会负面影响很大，损坏了社会风气，毒害了一些淳朴的平民。清代史学家赵翼《廿二史札记・万历中矿税之害》谓："明之亡，不亡于崇祯，而亡于万历。"正是指明中叶后社会风气对政治、社会的消极作用。这种深入人灵魂的腐蚀剂，使国力财力消耗殆尽，人无斗志，两极分化，农民揭竿而起，清兵入关，内外夹攻，岂有不亡之理！其内伤致命处早在明中叶已经隐现。

三、人情世风的异化

(一)拜金主义的抬头

商品经济的发展，城市市镇经济的繁荣，给明中叶的社会带来新的气息，给人们的思想注入了新血液。人们的思想意识、生活方式都在发生巨变，面对着这错综复杂的现实，人们在探索，在沉思，有新时代的曙光，有对旧传统思想与意识的否定。新旧在激烈搏斗，各种思想、各种流派、各种风尚都在竞争，新世风在向旧传统发起了冲击。张瀚说："人情以放荡为快，世风日以侈靡相高，虽逾制犯禁不知忌也。"①由于社会生活中充满生机，同时也由于政府控制机制的削弱，一些新学派、新思潮、新风格、新流派正在萌发，近代思想家龚自珍说："有明中叶嘉靖及万历之世，朝政不纲，而江左承平……俗士耳食，徒见明中叶气运不振，以为衰世，无足留意。其实尔时，优伶之见闻，商贾之习气，有后世士大夫所必不能攀跻者，不贤识其小者，明史氏之旁支也夫。"②

明中叶经济比较繁荣，与过去相比生活渐趋富足与奢侈，社会生活发生了深刻的变动。万历《黄岩县志》卷一《风俗》上有一段很精彩很深刻的论述："民皆质直愿悫，以耕凿刍荛为生，以安土重迁为业，非贫困无聊者必不肯自堕于商贩胥徒之役，富贵之归故乡者至城市必舍车而徒，见父老必以齿为序。族稍大则置祭田建宗祠以为世守，婚嫁之择必先门第，吊死庆生，敦尚礼节，休风淳俗殆彬彬然矣。升平既久，法网稍疏，文物虽盛，而奢侈竞起，民庶大夫辄衣文绣，履丝策肥，妇女饰以金翠珠琲，嫁娶盛资送篋笥，缇帷焜燿涂危居，设厅事高广倍式，燕饮珍器盈席，竟夕鼓吹。俭者则嗤其悭，贫者自以为惭，复有华右吞茹齐萌，罗织有无，官司上下其手，狱讼嚣繁，善俗渐衰矣。"

自然经济占主导地位的社会，基本上是自给自足，人们生活可以各自独立，不需或少

① 〔明〕张瀚：《松窗梦语》卷八《风俗纪》，中华书局1985年版，第139页。

② 〔清〕龚自珍：《龚自珍全集》第三辑《江左小辨序》，上海古籍出版社1975年版，第200页。

需互相往来，城乡关系处于隔离状态。到了商品经济较高程度发展时，商品市场在沟通城乡各地居民生活中起了促进作用，打破了过去封闭状态。“嘉隆之世，人有终身未入城廓者……有少与外事者，父兄羞之，乡党不齿焉。今则武断者比比矣，而闭户不出者即群而笑之，以为其褦襶若此也”①。走向开放，眼光开阔，讲求实际，追求功利，人们在竞争中求发展，以自己的能力增加财富，谋求改善生活，追求生活的享受。金钱的潜势力已发挥巨大作用，一切渗透着金钱关系，拜金主义已成为时尚。

洪武通宝铜钱

“豫”折十铜钱

1958 年江西省南城县益庄王夫妇合葬墓出土的明镀金八卦纹银钱

在此背景下，社会上赌博成风。早在明初，杭州的游手光棍就以赌博为业，小则赌饮食，大则赌钱钞。到了晚明，风俗浮薄日甚一日，即使是富贵家的子弟，也染上赌博的恶习。赌资随之无限增大，小赌为金银珠宝，大赌则为田地房产，甚至连妻妾子女也成了他们的赌注与筹码。苏州“夜聚晓散，在在成伙”②。海宁“赌博之事，当初止有市中丛人之处，间有不良落此陷中。今乡村旷野，无处无之”③。在江苏常熟县，赌博之风也颇盛，既有“开场者”，也就是开赌场之人，也有“相客者”，也就是替赌客服务之人。在福建同安

① 〔清〕康熙《徽州府志》卷二《风俗》，引自谢国桢：《明代社会经济史料选编》(中)，福建人民出版社 1980 年版，第 233 页。

② 〔清〕顾炎武：《天下郡国利病书》(二)，见《顾炎武全集》，上海古籍出版社 2011 年版，第 599 页。

③ 〔明〕许敦俅：《敬所笔记》，《海宁小志集成》，方志出版社 2015 年版。

县，民间喜竞博。每次开赌，一人为主，其他十多人参与其中，“其注或十、或百、或千，尽昼夜不休”。精于赌技者，就可以操胜负、长短之术而发家致富，那些愚蠢之人，最后不免倾家荡产。福建同安的赌局，一般以“棚”为单位，每一棚内，则由“赌师”主持其中的赌博事务。①

甚至江浙的一些缙绅士大夫，也视赌博为风流之举，并将赌博当成一种娱乐，作为他们闲适生活的一部分。如长洲祝允明，“好酒色六博”；长洲皇甫冲，“通挟丸、击球、音乐、博弈之戏，吴中轻侠少年咸推服之”；福清何璧，也是“跅跑放迹，使酒纵博”②。余姚谢木斋致仕归家后，“每日与诸女孙斗叶子以消日。常买青州大柿饼、宣州好栗，戏赌以为乐”③。更值得一提的是，在苏州、常州一带的一些士大夫致仕归家以后，开设赌坊。到了万历末年，更是出现了进士“以不工赌博为耻”的奇怪现象。

（二）人际关系的新趋向

明中叶人伦关系原有的纲常礼节随着社会财富的变化而发生改变，金钱关系渗透到一切地方，人伦纲常也金钱化了，谁有钱谁就可颐指气使，不讲长幼尊卑，大有“金令司天，钱神卓地”之势，时人叹曰：“钱能使鬼。”④很像欧洲十五六世纪时的情形，“货币则是市民在政治上起重要权衡作用的工具”⑤。社会上似乎亦盛行“拜金主义”的现象，黄省曾说：“金钱之神，莫甚于今之时矣。”⑥在当时，人们往往以金钱之多寡来衡量社会地位。据万历时一些耆老乡饮时的回忆，隆、万前，“卑幼遇尊长，道傍拱让先屦。今（万历）冠人财主，驾车乘马，扬扬过闾里，刍牧小奚见仕宦，辄指呼姓名无忌惮。贵贱皆越矣”。就是宗族之内也缺乏亲情礼谊，“比族忌嫉，富贵贫贱，上下欺虐”。

师生之谊本是很受重视的，现在就不讲礼谊了，唯富是求，“当时先伯为蒙师，日立二礼，生卯而入塾，序行列唱揖，酉亦如之。课仿诵习毕，则分生徒为主宾，迎送寒暄，问答谢劳，歌诗而退……今日师求富东，弟子乐谀矣”；“今生儒辈，横臂骍途，眇目布老，车马簇从，赫奕临之”⑦。苏州一带，“数十年前（嘉、隆间）后辈见前辈必严重之，有行义者奉以

① 〔明〕洪朝选：《洪芳洲先生归田稿》卷二《王侯奖励序》；《洪芳洲先生读礼稿》卷三《代本县回劳军门咨访事宜》，台北洪福增1986年重印本。

② 〔清〕钱谦益：《列朝诗集小传》丙集《祝京兆允明》；丁集上、中《皇甫举人冲》《何侠士璧》，上海古籍出版社1983年版，第299、411、531页。

③ 〔明〕何良俊：《四友斋丛说》卷八《史四》，中华书局1983年版，第69页。

④ 〔清〕花村看行侍者偶录：《花村谈往》卷三，民国乌程张钧衡适园家刻本。

⑤ 恩格斯：《论封建制度的解体及资产阶级发展》，中国人民大学出版社1955年版，第3—4页。

⑥ 〔清〕黄宗羲：《明文海》卷九二《仕意篇》，中华书局1987年版，第903页。

⑦ 〔明〕何乔远：《名山藏·货殖记》，引自谢国桢：《明代社会经济史料选编》（中），福建人民出版社1980年版，第231—232页。

为楷模;迩者(万历)渐成侮老之习,即不得不貌敬者,背复笑之"①。

兄弟家室之间缺乏同胞手足之情,以财角雄长,"(昔)两家兄弟相视若同胞,今本支骨肉且自诪张,目击其贫贱忧患,睥睨去之矣";"当时民不知讼,或讼而枉,即见输服。同室有斗,其不直者,众争屈焉。而今竞工刀笔,称雄侣俦,诡词饰情矣";"今或弟强兄弱,反见唾詘矣"②。

友道趋薄。明初之时,友道尚直,取友成德。朋友相交,有过则规,凡是对方言动有差失之处,就提醒箴规,惟恐朋友陷身于不义。然自中期以后,友道已是日趋浮薄。子弟从小就不知择交,所遇尽是些势利之交,不过拿言语欺哄,甚至"面誉背毁者有之"③,未尝有一开心苦口以尽忠告之道的朋友。最可怪者,有些人一旦利心大发,即使是父子兄弟或者素厚朋友,也是"反心而不顾"④。在传统的观念看来,这是末世人心不古的一种反映,其实正是商业社会的必然现象。明代著名思想家李贽有鉴于晚明的现实,对"交道"有一种相当理性的分析。他敏锐地指出,在当时人们的交往中,普遍盛行的"交道",不过是一种"市道",也即所谓的"天下尽市道之交也"。这是商业观念向人们社会交往中的渗透。而这种所谓的"交道",其中之"交",不过是"交易""交通"之"交",而其背后起操纵作用的就是"利""势"两字。⑤ 这是商业社会中"交道"的基本特征。

人际往来重利寡义,动辄反目,争斗不息。人际间互借之事本常有,"今富者设机巧,取重利;贫人既贷,亦不思偿"⑥。人间充满着尔诈我虞。伍袁萃说:"吾乡自正德以前,风俗醇厚。而近则浇漓甚矣。大都强凌弱,众暴寡;小人欺君子,后辈侮先达。礼义相让之风邈矣。"⑦

名刺是人际交往中常用物,以前"刺片用纸,无红签全幅之柬"⑧。形制简朴实用,就连"贵游通刺,不过二指阔大,书某拜。乡中往来,更不投刺……今同室兄弟,率用六叶金

① 〔明〕万历《嘉定县志》卷二《风俗》,《四库全书存目丛书》,史部第 208 册,第 696 页。

② 〔明〕何乔远:《名山藏·货殖记》,引自谢国桢:《明代社会经济史料选编》(中),福建人民出版社 1980 年版,第 232 页。

③ 〔明〕涂时相:《养蒙图说·友直闻过》,清乾隆十三年刻本。

④ 〔明〕郎瑛:《七修类稿》卷一七《义理类·利》,上海书店出版社 2001 年版,第 172 页。

⑤ 〔明〕李贽:《续焚书》卷二《论交难》,中华书局 1975 年版,第 76—77 页。

⑥ 〔明〕何乔远:《名山藏·货殖记》,引自谢国桢:《明代社会经济史料选编》(中),福建人民出版社 1980 年版,第 231 页。

⑦ 〔明〕伍袁萃:《漫录评正》卷三,引自谢国桢:《明代社会经济史料选编》(中),福建人民出版社 1980 年版,第 228 页。

⑧ 〔明〕万历《兴化县新志》卷四《人事之纪下》,《南京大学图书馆藏稀见方志丛刊》,国家图书馆出版社 2014 年版,第 21 册,第 618 页。

帖……红笺锦标”①。

(三)婚姻不论门第而论财

婚姻形态总是与社会发展有着密切的关系，它是衡量经济、政治、文化道德的综合标尺之一。封建社会讲究门第，资本主义社会讲究财富，婚姻都不可能做到纯讲感情的，不能以爱情作基础来缔结婚姻关系。到了明中叶，金钱左右着婚娶配嫁。最有意思的是明中叶前后，民间婚姻形态竟有截然不同的变化，从这一角度也可看到明中叶以来社会经济的变化对人们思想意识、道德伦理、精神面貌都产生巨大的影响。

何乔远说：万历前，“当时婚娶但论门阀，媒妁定言，两不求备。今(万历)女家许聘，辄索财礼，既醮，乃论资装，稍不如意，非过期不归，则妇归见斥矣”②。万历时，崇德县“婚必亲迎而论财”③。各地婚嫁中多讲钱财，引起物议，把此列为十大恶风之一，“男婚女嫁，长子生孙，岂以贪财求富?”④

更有甚者，买卖婚姻盛行，扬州就有婚姻买卖市场(以钱买妾)，“里猾射利，多买贫家稚女稍有姿色者容饰之……贾买妾率称扬州，麇至蝇聚，填塞街市，或为媒妁所诳，误入乐籍者不少”⑤。娼妓之风随着商贾活动四处游荡，凡是大小码头城镇皆有娼妓，苏州“载妓之舟鱼贯于绿波朱阁之间”⑥。就连小镇上也是娼妓成群，如乌青镇的常青坊，“三桥贯横雪苕水，七巷远通花柳溪……南商北贾珠玉场，公子王孙风月市”⑦。湖州新市镇有条胭脂巷，“旧有女娼居此故名，今亦复为花粉之所”。“侨倡满巷，而本土之淫风不宣”⑧。名妓王翠翘(从王直入倭)曾居此，“妓楼歌馆，影照半溪”⑨。嘉兴王店镇丫髻桥，“两岸笙歌绕妓楼”。更有甚者，松江有以卖淫药、淫具而致富者。有吴卖婆者，“制造淫具淫药，以干妇人之好淫者，多得重货”。在明代的几部日用类书，如《新刻天下四民便览三台万用正宗》中的《青楼轨范》《新刻天下四民便览万宝全书》中的《风月机关》，都有介绍嫖娼

① 〔明〕何乔远：《名山藏·货殖记》，引自谢国桢：《明代社会经济史料选编》(中)，福建人民出版社1980年版，第231页。

② 〔明〕何乔远：《名山藏·货殖记》，引自谢国桢：《明代社会经济史料选编》(中)，福建人民出版社1980年版，第230页。

③ 〔明〕靳一派修，明李太冲、张洪儒纂：《崇德县志》卷一一，明万历三十九年刻本。

④ 〔明〕吕坤：《实政录》卷三《恶风十诫》，明万历二十六年赵文炳刻本。

⑤ 〔清〕康熙《扬州府志》卷二〇《风俗志》，清康熙三年刻本。

⑥ 〔明〕王锜：《寓圃杂记》卷五《吴中近年之盛》，上海古籍出版社2012年版，第110页。

⑦ 赵桓：《常青坊诗》，见朱辛夷等纂：《乌青镇志》卷一二《街坊》，《中国地方志集成》之《乡镇志专辑》，上海书店1992年版，第23册，第460页。

⑧ 〔明〕正德《新市镇志》卷一《街坊》，《中国地方志集成》之《乡镇志专辑》，上海书店1992年版，第24册，第11页。

⑨ 〔清〕光绪《梅里志》卷三《桥梁》，清光绪二十三年刻本。

调情的专章，这都是适应了在商品市场上暴发户的声色犬马之好。此外，《闲情女肆》《嫖经》《嫖赌机关》等色情诲淫诲盗乌七八糟的书，更是充斥书市，污染了社会。

婚姻关系中如双方感情不和或因他故，可以离婚，另缔婚姻关系。说明观念已有更新，并不认为离婚不好，冲破了封建传统从一而终的旧观念。在《新刻眉公陈先生编纂诸书备采万卷搜奇全书》（崇祯刻）中有一纸离婚书，样式如下："某里某人，先年娶妻某氏，因家贫反目，妇有二志，已告明亲长，今凭媒说合，情愿再出与某为妻，本日收银若干，并无债箅强逼、奸娶等情。某择日成婚，并无异说，立离书手印为照。"这份离婚书非常珍贵，是研究我国婚姻史的重要资料。

综上所述，从明中叶的民情风尚习俗意识诸方面的变化中，完全可以看出明中叶社会经济已发生了巨大变化，这是一个划时代的变化。清代文人龚自珍就看到明中叶社会风尚习俗的巨变的意义，而独具慧眼，指出这是新时代的曙光。他写道："有明中叶嘉靖及万历之世，朝政不纲，而江左承平……俗士耳食，徒见明中叶气运不振，以为衰世，无足留意。其实尔时优伶之见闻，商贾之气习，有后世士大夫所必不能攀跻者。不贤识其小者，明史氏之旁支也夫。"①

第四节　市镇文化

市镇与市镇经济的蓬勃发展，对城乡文化的发展具有重要意义，促进了独具特色的市镇文化的形成。

一、民居、园林与棚廊

（一）民居

由于地理环境和风俗的不同，明代各地民居风格的差异也很大。大体说来，长江以南，多楼居；而长江以北，则多为平房。这不仅取决于地势、气候，也与南北之间的人口与土地比例有关。明人王士性就从地理环境出发，考察了这种南北民居差异的原因。② 这种建筑的南北差异，同样决定了南北民间在防火上的优劣。南方民居，由于人口稠密，居住之处相当辐辏，而宫室之制，也是一片架木所成，无复砖石（尤以福建建宁、长乐为甚），一不小心着火，就会酿成燎原之势。而江北民家，土墙甓壁，以泥苫茅，即使着火，也不致延烧邻居。

① 〔清〕龚自珍：《龚自珍全集》第三辑《江左小辨序》，上海古籍出版社1975年版，第200页。
② 〔明〕王士性：《广志绎》卷二《两都》，中华书局1981年版，第23页。

明代南方民居，以徽州一带最具时代和地方特色，也基本上代表了长江流域民居的基本格局。民居多为砖木结构，坚固经久，材料多为就地取材，以青瓦、白墙构屋，青白相间，显得淡雅自然、古朴、稳重。山墙的主要作用，在于将自家与邻家隔开，防止火烛的蔓延，故称“封火墙”。天井庭院与正房配合得宜，人们除了室内起居外，尚有户外活动。天井庭院可采光通风，如歙县屯溪一些临街的民房商店，除了明的天井外，在楼房正中开设不露天的天井，光线充足，阳光可透过天井直射室内，居民可以利用天井来晒阳光。江浙的民居则为平房合院型，一家单独使用一房，东西厢房为主要起居处。城镇上的民居多傍水而建，市河呈十字形交叉或平行，或丁字型流过，民居就沿市河分布，这样便于汲水行舟。一些小镇上的民居与商店相结合，分三部分，前面是店堂，中间是作坊即加工商品的场所，后面是住房。后面靠着河流，货物由船运来靠近民居起卸。徽州民居以肃穆、古朴、和谐、静谧的风格见长。在砖、木、石等普通材料上装饰秀丽雅致的雕刻，门楼、门罩、柱础、梁架以及楼梯栏杆都有各式各样的雕镂，可以说整个建筑的装饰主要是由雕刻构成，而其中最有特色的是砖雕。砖雕图案的题材非常广泛，或以人物为题材，内容包括神话传说、戏曲故事和民间风习等；或以动物花鸟为题材，有龙凤图案、狮子图案及梅、兰、竹、菊等。明代砖雕古拙朴素，颇似汉代画像石。[①]

明余士、吴钺《徐显卿宦迹图》中的豪宅

江浙民居则具凝练、明亮、柔和和幽静的意境美，颇有“日出江花红胜火，春来江水绿如蓝”的江南景色。在南京城中，无论是巨室还是细家，家家住宅前都有竹篱门。据说这种风气，起源于六朝。[②] 这是南京民间建筑风尚的基本特点。

福建民居自具特色，尤以土楼最为著名。土楼呈圆形，四壁开窗，里面以廊穿连，生活设施一应俱全，并可作防御之用。在泉州、漳州，为了防止海风刮走屋顶瓦片，多采用筒瓦。筒瓦用山土烧成，均为黄色。民间房屋也多为黄屋，鸱吻异状，以致难以区分官廨与缙绅的居宅。[③] 在寿宁县，居屋多重屋，却少广厦。当地居民从山上取材，造房颇为方便。四周垒土，或用木板。只有瓦很难得到，甚至建房多年，屋顶尚无盖瓦。茅舍极少，有时用陶瓦，团沙为质，手劈可碎，不如泥瓦坚固。[④] 民间多养猪，

① 汪立信、鲍树民：《徽州明清民居雕刻》，文物出版社 1986 年版，第 1—7 页。
② 〔明〕王士性：《广志绎》卷二《两都》，中华书局 1981 年版，第 22—23 页。
③ 〔明〕王世懋：《闽部疏》，《说郛续》本。
④ 〔明〕冯梦龙：《寿宁待志》卷上《风俗》，收入《稀见中国地方志汇刊》，中国书店 1992 年版。

房闼之间，任猪往来。在门外，立一个木柜，作为猪的卧室。

广州的民居，楼房极少，多半是平房。广东民间造屋时，房屋两边的山墙常常高出梁栋五尺余，犹如城垛一般。其内近墙处，不盖瓦，只是用砖甃成路，如梯子状。究其原因，实乃近海多盗，造成这种形状，可以在夜里登到高处，便于瞭望守御。① 其实，在岭南，如从南雄到广州一路，民间为了防“蛮”，必据高山重险，建造“堡壁”，这与福建的土楼有异曲同工之妙。“蛮至，驱牛羊妇女老弱居之”②。这种“堡壁”又称“高楼”，主要分布于广州所属各县的村落中，除了生活的必需之外，还有军事防御的功能。据史料的记载，高楼主要由富家盖造，一般盖在水的中央，也就是四面环水的地方。凡是高楼多处，就是著名乡落，远远望去，高楼掩映于木棉、榕树之间，矗立烟波之上，方正大小，一一相似，势如山岳之峙。楼基全用坚石，其高有一丈七八尺。墙用砖或牡蛎壳，其高五六丈。或为单楼，或为双楼。若是双楼，就是前后两楼，盘回相接，雨水从露井四注，称为“回字楼”。楼内分为三层，每层开三四个小窗，以作瞭望之用。楼顶为战棚，上面堆积兵器、炮石，作为御敌之具。③

在广东沿海地带，每年都有台风侵袭。民间百姓为了防风，在建造自己的住宅时，就必须考虑到防风的功能。于是，一些巨室不得不用铁楞木为柱，或者用铜、铁为瓦，④以便防患于未然。

在广东，只有富家巨室造房子时用砖砌墙，而一般百姓都用蚬壳砌墙，“高者丈二三，目巧不用绳，其头外向，鳞鳞可爱，但不隔火”。⑤

（二）园林

明代一些官宦士大夫、商人贪图城市繁华的世俗生活，纷纷在城市修建园林、别墅，号称“城市山林”，借此在城市安度晚年。据有的学者研究，明代江南城市园林出现过两个高潮，一个是成化、弘治、正德年间，另一个是嘉靖、万历年间，而后一个时期较诸前者声势更为浩大。⑥

明代城市园林以苏州最为著名，苏州整个城市非常美丽，就像一所大型园林，其中著名的有拙政园，它始建于正德年间，以山水相映、台馆分峙、风格隽永而闻名。留园始建于嘉靖年间。上述二园与北京颐和园、承德避暑山庄并称为中国四大名园。有人计算，

① 〔明〕王士性：《广志绎》卷四《江南诸省》，中华书局1981年版，第103页。
② 〔明〕叶权：《贤博编·游岭南记》，中华书局1997年版，第42页。
③ 〔明末清初〕屈大均：《广东新语》卷一七《宫语·高楼》，中华书局1985年版，第469—470页。
④ 〔明〕谢肇淛：《五杂组》卷一《天部一》，上海书店出版社2001年版，第17页。
⑤ 〔明〕叶权：《贤博编·游岭南记》，中华书局1997年版，第43页。
⑥ 王春瑜：《论明代的江南园林》，载《中国史研究》1987年第3期。

苏州有255处园林。上海的豫园，是潘氏私家花园，“建第规模，甲于海上。面昭雕墙，宏开峻宇，重轩复道，几于朱邸，后楼悉以楠木为之，楼上皆施砖砌，登楼与平地无异，涂金染彩，丹垩雕刻，极工作之巧”①。

明佚名《春庭行乐图》

杭州也是明代园林最为集中的城市之一。明人薛冈言：“北土名园，莫多于都下；南中名园，莫盛于西湖。”②杭州西湖胜景，天下闻名。在西湖南路柳洲亭一带，更是多别墅园林。有寄园，是戴斐君的别墅；有钱麟武、商等轩、祁世培、余武贞、陈襄范各家园亭，又有黄元辰的池上轩，周中翰的芙蓉园。西湖边上的名园，当数包涵所的北园与南园。南园在雷峰塔下，北园在飞来峰下。大厅用栱斗抬梁，可以舞狮。北园有八卦房，园亭如规，分作八格，形如扇面。这是独具一格的造型。③

南京园林，早在王世贞写《游金陵诸园序》时，就确定了16座著名园林。下面根据王世贞之记，再结合顾起元的考辨，分述如下：东园，在武定桥东城下，西与教坊司为邻；西园，城南新桥西，骁骑仓南；凤台园，里面有一巨石，后废为上官瓦寺；魏公南园，在府第对门；魏公西园，在赐第之右，多石而伟丽，为南京诸园之冠；锦衣东园，在东大功坊下；万竹园，在城西隅，其地开阔，里面全种竹；锦衣北园，在府第东弄之东；金盘李园，在卞忠贞庙西；九公子家园，在府第对门；莫愁湖园，在三山门外莫愁湖南；同春园，在南门内沙窝小巷；武定侯竹园，在竹桥西，汉府之后；市隐园，在武定桥油坊巷；武氏园，在南门小巷内；王贡士杞园，在聚宝门外小市西之弄中。除此十六园之外，后起的有息园、宅傍园、乌龙潭园，也是南京著名的游览胜处。④

小巧玲珑的园林，是明代江南市镇引人入胜的人文景观。由于城镇比乡村人口密集，因此他们需要有与自然接近的空间，在繁忙工作之余能够有一个休息的场所。当然缙绅富商巨贾独建的园林是自家独享的，这些园林与他们的民居连成建筑整体。如浙江新塍镇上有一座小蓬莱园林，四周环水，如置身于岛国水乡之中，园内有绿树、流水、亭榭、楼阁、飞檐、洲屿、曲桥、池塘，就像一幅蓬莱仙阁的胜景。王店镇“自前明以来，士大

① 〔清〕叶梦珠：《阅世编》卷一〇《居地二》，中华书局2007年版，第242页。

② 〔明〕薛冈：《天爵堂文集笔余》卷二，载《明史研究论丛》，第5辑，第344页。

③ 〔明〕张岱：《陶庵梦忆》卷二《包涵所》，上海古籍出版社1982年版，第27页；〔明〕张岱：《西湖梦寻》卷四《柳洲亭》，上海古籍出版社1982年版，第58页。

④ 〔明〕顾起元：《客座赘语》卷五《金陵诸园记》，中华书局1997年版，第159—161页。

夫往往构园亭以为安息之所”①。有藿园、梅墅等数十处私人园林别墅。扬州有梅花岭、影园、休园、嘉树园、五亩之园等园林。

在园林建筑中，堆石是一种相当重要的建筑工艺，所堆之石，形成园林一道独特的风景。假山始于西汉。至宋宣和间，朱勔、童贯以花石自娱，其后人争效之，堆假山遂成一时风气。至明代，朱勔的子孙仍居住在虎丘之麓，以种艺、垒山为业，游于王侯之门，俗称为“花园子”。至于苏州的富豪之家，也竞相以太湖石筑起奇峰、阴洞，占据名岛，凿峭嵌空，形成很多妙景。而一些下户人家，当然造不起花园，就用湖石制成小小盆岛，作为装饰。

太湖石是园池中必不可少之物。此石产自太湖中之洞庭西山，黑质白理，高逾寻丈，峰峦窟穴，颇有自然之致。在明代，太湖石名声大噪，不胫而走。所卖价格，佳者值百金，劣者也不下十数金。而在福建，因条件所限，很难得到太湖石，就只好用当地的汤院石代替。汤院石出自白沙溪北的山上。此石脆而易琢，粗而滋水，窟宅、峰峦、礧磈之奇，不可名状。然与太湖石相比，毕竟稍逊一筹。太湖石不论时间长短，终究可以看到原始的石质，而汤院石岁月一久，就苔滋草生，荟蔚其上，虽有小山的风格，但还是失去了原本的石质与石貌。

在民间，园林中多种植一些花木，作为景色的点缀。如南京人家的园亭中，花木品种很多，主要有桃、李、梅、碧桃、海棠、牡丹、芍药、菊花等，名品最多，不堪胜载。竹子也是南京园亭常见之物，其品有斑竹、牙竹等，如西华门之郭府园，魏国公之万竹园，其园均以种竹著称。

毫无疑问，园林是一种综合的艺术。从其功能来看，除了游息宴闲之外，很多园林还是读书、静修甚至讲学之处。从园林的规制、结构来看，或浑朴宽敞，或工雅纤巧。即使园林建筑物的各种组成部分，诸如堂、楼、廊、亭等等，也是各有各的讲究。如园讲究幽深，这是在宽敞之上的一种幽静；廊讲究曲折，也就是曲廊层折；楼讲究轩敞，以显壮丽。园林美学境界的极致，就是要达到一种“物外之致”。

（三）书斋

在士大夫的生活习俗中，书斋既是追求功名的起始之地，又是功成名就之余的一方宁静之区，即所谓的藏修之地，更是急流勇退之后的消闲去处。他们对于书斋，不求过分的奢华，但求与败屋、图书、老树、修竹、鲜花为伴。请看下面几位士大夫的书斋：

李日华，他理想中的书斋是：在溪山纡曲处择书屋，结构只三间，上加层楼，以观云物。四旁修竹百竿，以招清风；南面长松一株，可挂明月。老梅寒蹇，低枝入窗，芳草缛苔，周于砌下。东屋置道、释二家之书，西房置儒家典籍。中横几榻之外，杂置法书名绘。

① 〔清〕乾隆《梅里志》卷六《园亭》，道光五年刻本。

朝夕白饭、鱼羹、名酒、精茗。一健丁守关,拒绝俗客往来。①

张瀚,致仕以后在杭州家居,屏居陋巷,营造小楼三间,在此饮食,往来应酬。虽处城市,足迹不及公府。小窗杂植花卉,四时常新。②

文徵明《桐荫书静图》

胡应麟,在明代算是著名的藏书家。他的藏书之室称"二酉山房",书房的匾额由黎惟敬用古隶书题写。书房之中,除藏书外,只有一榻、一几、一博山、一笔、一砚、一丹铅之缶而已。每当亭午深夜,坐榻隐几,焚香展卷,就笔于砚,取丹铅而雠之,倦则鼓琴以抒其思,如此而已。③ 书房雅致生活,于此可见一斑。

张岱在绍兴城内造梅花书屋、不二斋。梅花书屋内,设卧榻,对面砌石台,插太湖石数峰。内植花草树木。非高流佳客,不得入内。不二斋,图书四壁,充栋连床,鼎彝尊罍,不称而具。④

书斋案头并供人赏玩之物,尤以文房四宝为大宗,但也包括其他诸多可供清玩之物。

明代之纸,当以四川蜀王府所产之香笺最为著名。据《陇蜀余闻》载,成都府有一口薛涛井,在万里桥西,与锦江相通。明时蜀王府在井上建一亭,每年三月,汲井中之水,造笺二十四幅,以十六幅进御皇宫。又据《西清笔记》载,清代内府藏明代香笺很多,这种香笺,基本继承了宋代蜡笺遗意,而坚致过之。⑤

墨在明代流传着"墨不如新"之说,说明明代的制墨技艺已相当高,很多名墨已可与古墨相媲美。明代最为贵重之墨,当数徽州人所制的徽墨。⑥

笔在明代流传着这样一种说法:"天下笔工,惟称吴兴云。"湖州人善制笔,所制笔之精良,自元代以来就已名闻遐迩。明代皇帝所用之笔,每月十四、三十日两次进御,各 20 支。冬天用绫裹笔管,里面用绵作衬,春天用紫罗裹笔管,而夏、秋两季则用象牙、水晶、玳瑁等制作笔管。弘治年间,吴兴笔工造笔进御,有细刻小标记云:"笔匠施阿牛"。孝宗见到后,觉得其名鄙陋,就赐名为"施文用"。神宗皇帝所用之笔,大多是笔匠杨彦章所制。⑦ 当时吴兴之

① 〔明〕李日华:《紫桃轩杂缀》卷一,明刻本。

② 〔明〕张瀚:《松窗梦语》卷五《花木纪》,中华书局 1985 年版,第 101—102 页。

③ 〔明〕胡应麟:《少室山房笔丛》卷二《经籍会通二》,上海书店出版社 2001 年版,第 26 页。

④ 〔明〕张岱:《陶庵梦忆》卷二《梅花书屋》《不二斋》,上海古籍出版社 1982 年版,第 16 页。

⑤ 按:四川著名的薛涛笺,其实也是用芙蓉皮造的皮纸,其美在色,不在质料的特殊。说具〔明〕宋应星:《天工开物》卷中《造皮纸》,江苏广陵古籍刻印社 1997 年版,第 342 页。

⑥ 〔明〕宋应星:《天工开物》卷下《墨》,江苏广陵古籍刻印社 1997 年版,第 427 页。

⑦ 〔明〕李诩:《戒庵老人漫笔》卷三《御用笔》,中华书局 1982 年版,第 89 页;〔明〕于慎行:《谷山笔麈》卷二《纪述一》,中华书局 1984 年版,第 16 页。

笔除兔毫外，还有鼠毫、羊毫两种。后来又改用兔毫为主，羊毫辅之，刚柔适宜，称为“巨细”笔，一管值钱 100 文。湖笔最为奢侈者，是用貂鼠毫制作，圆劲殊甚，但稍觉肥笨，用起来反而感觉不自由。湖笔价格，在嘉靖中期，大概是用银一分就可以买到一支上好的湖笔。至嘉靖末年，其价上涨，一支湖笔需银三分。到了万历年间，一支湖笔甚至卖到三钱银子。

“砚为文房最要之具。”①一般以端砚为首，而端溪又有新旧坑之分。其实在唐代，柳公权论天下之砚，以青州为第一，绛州次之，根本没有提及端州。至宋代，唐彦猷论砚，仍是以红丝石为天下第一。所谓的红丝石，就是明代山东青州所出之石制作的红丝砚。此外，铜雀瓦砚，在砚中也属奇品，发墨虽倍于端砚，但终究燥烈易干。洮河绿石，贞润至坚，其价更是在端砚之上，却不易得。江南李氏有澄泥砚，属于陶砚，坚腻如石，其形或方或六角，旁刻有花鸟，甚为精致，四周还有罗笺纹，比起铜雀瓦砚来，更显精良。② 在明代，砚已推肇庆府所出的端州砚为第一。正德、嘉靖年间，明代的士大夫开始崇尚端砚，于是端砚流入苏州，为士人所争购。但明代端砚流遍天下，其实大都是福建人所造的赝品。③明代官府衙门中所用之砚，多为锡砚，最为俗陋。

明陈裸绘《李日华像》

明张瀚绘《张瀚宦迹图卷》

张岱像

江西省博物馆藏明代浮雕七弦琴包袱纹歙砚

① 〔明〕高濂：《遵生八笺·燕闲清赏笺》中卷《论砚》，巴蜀书社 1988 年版，第 498 页。
② 〔明〕谢肇淛：《五杂组》卷一二《物部四》，上海书店出版社 2001 年版，第 235—236 页。
③ 〔明〕沈德符：《万历野获编》卷二六《端州砚材》，中华书局 1997 年版，第 661 页。

除了上面所介绍的笔、墨、纸、砚这文房四宝外，还包括文具匣、砚匣、笔格、笔床等文房器具。如在明代，印章石一向以浙江青田所出的青田石为最好。青田石分三品：精者称"冻石"，种类不一，以透明无瑕如冻者为第一；其次为"封门石"；再次为"豆青石"。至明末，开始流行福建所产的寿山石，白者如玉，黄者如蜜蜡，红者如琥珀，精光透明，胜过冻石，价格与冻石相等，但便于镌刻。此外，如金、银、铜、晶石、瓷器也可以作为印章的材料，但镌刻甚难。至于犀牛角或象牙，在明代的风气中一般不入印谱。① 图书匣之制，有新剔红黑二种，也有二撞，但以方匣居多。此外，如填漆，或紫檀雕镂镶嵌玉石。至于一般常用之匣，以楠木制作者为佳。琴为书室中雅乐，不可一日不对清音。文人、居士凑在一起谈古，即使没有古琴，新琴也必须收藏一把。不论是否能操琴，都必须家中藏琴，清夜月明，操弄一二，作为一种修身养性之道。佩剑并非武士专利，也是文人雅事。在书室中，悬挂一把利剑，即使不能用以御暴敌强，也可以壮怀志勇。家中所藏之剑，以古剑为佳，明代新制宝剑，则以云南制者为佳。②

案头清玩是士大夫生活必不可少的一部分。山石造型，或自然逼真，或玲珑有趣，或奇形怪状。闲时摩挲玩石，或近观玩石，使人顿生尘外之想。蜡石产于岭南从化、清远、永安、恩平等地的溪涧之中。大小方圆各不相同，色大黄嫩者如琥珀，而玲珑穿穴者，又常有小菖蒲在石头里面结根，可以作为几席之玩。③ 岭南英石，产自英德具，峰峦耸秀，岩窦分明，丝毫没有斧凿之痕，并有金石之声，置之斋中，堪称奇品。福建玉华洞石，似昆山石，但晶莹过之，小者如拳，大者二三尺许。但玉华洞石，一般只有一二面形状可看，有些往往背后蚀土，殊为粗劣。若得四面如一，又无粗石皮附于表面，也可算是石中奇品。④ 瓶花、庭院种植之花乃至盆景，在明代士大夫看来，是"燕闲清赏"生活的一个组成部分，而在一般民众看来，也是为了美化生活。所谓"瓶花"，就是一种插花。明代插花已形成一门相当专门的艺术，对花瓶、花枝乃至插装的技巧都有一定的讲究。以花瓶说，就按照场地不同分为下面两类：一是在厅堂中插花，所用花瓶大多是铜制的汉壶，大的古代尊、罍，或者用官、私窑的大瓶诸如弓耳壶、直口敞瓶，以及龙泉窑的蓍草大方瓶，高架两旁，或置于几上，与堂相宜。二是在书斋中插花，所用之瓶就讲究短小，以官、私窑的胆瓶、纸槌瓶、鹅颈瓶、花觚、高低二种八卦方瓶、茄袋瓶、四耳小定壶、细口扁肚壶、青东瓷小蓍草瓶、方汉壶、圆瓶、古龙泉蒲槌瓶、各窑壁瓶为佳。其次则为古铜花觚、小尊垒、方壶、素温

---

① 〔清〕叶梦珠：《阅世编》卷七《食货六》，上海古籍出版社1981年版，第164页。

② 上面关于文具的诸多记载，除了注明出处者外，均可参见高濂：《遵生八笺·燕闲清赏笺》中卷《论文房器具》，巴蜀书社1988年版，第533—547页。

③ 〔明末清初〕屈大均：《广东新语》卷五《石语·蜡石》，中华书局1985年版，第178页。

④ 〔明〕谢肇淛：《五杂组》卷三《地部一》，上海书店出版社2001年版，第50—51页。

壶、匾壶，也可用于插花。此外，如宣德年烧制的花觚、花尊、蜜食罐、胆瓶、细花一枝瓶等，都可用作文房插花之玩。

插花艺术讲究花与瓶相配相称，花高于瓶四五寸则可。假如瓶高二尺，肚大下实，花出瓶口二尺六七寸，就必须折去斜冗花枝，铺撒左右，覆瓶两旁之半，才显得比较雅气。若是高瘦之瓶，却宜一高一低双枝，或屈曲斜袅，较瓶身稍短数寸。最忌讳的是花瘦于瓶，又忌讳花枝繁杂，如将花缚成把，殊无雅趣。若是小瓶插花，令花出瓶，须较瓶身短少二寸，如是八寸长的瓶，花只六七寸才妙。若瓶较矮，花高于瓶二三寸，也可插花有态，可供清赏。

按照四季不同，插花所用之花也不同，如瑞香、梅花、水仙、粉红山茶、蜡梅，都是冬天插花的妙品。除了花之外，如竹枝、松枝、灵芝草、吉祥草之类，也可以瓶插，即使是野草闲花，只要有之取采插几案，以供清玩，并得幽人雅趣，也无不可。南京几案上供设的盆景，原本只有刺虎等一二品而已。后有一些花园子（即园丁）从吴中运来很多盆景品种，有天目松、璎珞松、海棠、碧桃、黄杨、石竹、潇湘竹、水冬青、水仙、小芭蕉、枸杞、银杏、梅华等。盆景多有讲究，一般要取根干老，而枝叶又要有画意，再配以古瓷盆、佳石，其价高者，一盆可卖数千钱。① 此外，凤尾竹纤小婀娜，将它种在盆中，也可以作为“清玩”。

（四）棚廊

棚廊也是江南城镇特有的附属建筑设施，如浙江的塘栖、新市、斜塘、双林等市镇都有相当长的棚廊，有的长达 500 米之多，一排棚廊依河而建。这些棚廊是民居商店的附属建筑，大都用木材构建。江南多雨水，有了棚廊可以挡雨。夏天又利用棚廊挡烈日的直射；晚间纳凉，又利用棚廊设摊做买卖。小船也靠着棚廊，可直接在船上买卖，棚廊就成了系舟的地方。

二、市声、市语与招牌

（一）市声

城市中走街串巷买卖人的叫卖声，在明代一般又可以称为“市声”。市声，再加上城市中店铺的招牌，组成了一幅幅丰富动人的市井风情画。

店铺的小手艺人、小贩或相面、算命、占卦之人，往往手执招牌，或敲打特殊的响器，以引起人们的注意。据嘉靖《吴江县志》记载，在苏州，“其行卖于市者，或扣金，或击竹，装担皆分色目，见其装，则知其藏”。如卖针线脂粉者，则手摇“惊闺”；看病郎中，则手摇

---

① 上面除注明出处者外，均见〔明〕顾起元：《客座赘语》卷一《花木》，中华书局 1997 年版，第 17—19 页。

"报君知";算命先生,则打"响板";杭州市场上卖冰雪者,则敲铜盏,口喊"大(音柁)雪"。在开封,卖簪珥、女笄、胭脂、胡粉者,摇小鼓,两旁自击,其实就是拨浪鼓;磨镜洗剪刀者,用鳞砌铁叶,进退有声;卖彩线绣金者,则摇郎当;执杓卖油者,有阁阁柝声;卖豆汁者,则拍小铜钹。

中国国家博物馆藏明佚名《货郎图》

(二)市语

市语是城镇商贾进行商业活动的特有语言,只有同行业或商人集团内部的人员才能通用,具有一定的保密性。市语具有联想暗示性或用谐音方式使人明白其义。杭州的市语,"乃今三百六十行,各有市语,不相通用,仓猝聆之,竟不知为何等语也。有曰四平市语者,以一为忆多娇,二为耳边风,三为散秋香,四为思乡马,五为误佳期,六为柳摇金,七为砌花台,八为灞陵桥,九为救情郎,十为舍利子。小为消黎花,大为朵朵云,老为落梅风。讳低物为靸,以其足下物也。复讳靸为撒金钱,则又义意全无,徒以惑乱观听耳"①。这种市语是为对付同行之外的人,互通讯息,如市场价格、货源、销路等,真是"难理会,经纪人市语"。嘉兴王店镇也有市语,"外人不能了解,惟通行数目里人类能通一。如一曰札,二曰作,又曰排,三曰南,四曰方,又曰枭,五曰如,六曰龙,七曰折,又曰线,八曰边,九曰海,十曰了,十一曰了扎,十二曰了作,以次类推"②。

即使如妓院中的妓女,也有婊子行语。小说《金瓶梅》第32回谈到,帮闲应伯爵与粉头李桂姐、郑爱香打趣,郑爱香骂他:"不要理这望江南、巴山虎儿、汗东山、斜纹布。"据清人张竹坡的眉批,可知这是婊子行中的市语。"望"作"王","巴"作"八","汗"同"汗","斜"作"邪",合起来应为"王八汗邪"。

明《南都繁华图》局部

(三)招牌

一些店铺,为了招揽生意,则有招牌、招子,也称幌子、望子。酒店,一般高挂酒旗。据田汝成《西湖游览志余》卷一一记载,聂大年写有西湖十景诗,其中有句云:"摇坐酒旗

① 〔明〕田汝成:《西湖游览志余》卷二五《委巷丛谈》,上海古籍出版社1998年版,第367—368页。
② 〔清〕余霖纂:《梅里备志》卷二《风俗》,《中国地方志集成》之《乡镇志专辑》,上海书店1992年版。

何处去，炊烟起处有人家。”这种招牌在明人的小说中也有反映，如《梼杌闲评》第9回说到扬州街上店铺，一家门面上悬着粉牌，上写“定织妆花销金洒线”，另一面上则写“零剪纱罗绫缎绢绸”。楼檐下悬着一面横牌，上写“陈少愚老店”。《金瓶梅》第九十一回说到街上卦肆，青布帐幔，挂着两行大字：“子平推贵命，铁笔判荣枯；有人来算命，直言不容情。”据有的研究者统计，在明人绘制的《南都繁会图》中，有幌子、招牌109种之多。其中钱庄的招牌上写“出入公平”等字样。①

明代凡是像样一点的酒店都有考究的酒帘、酒旗，随风摇曳。酒帘又称“酒望子”，一般都置于高处，以便让饮酒者在很远之处即可看到。从明人小说的插图及明人的绘画作品中可知，诸如荒村野岭的小酒店，大多并无布制的酒帘、酒旗，仅仅是用稻草之类编成圈状，用竹竿缚于树巅，简称“望子”。②

三、图书的刻印与收藏

市镇上居住着许多文人学士，他们利用知识、资产和客观条件（产纸产木材），大量翻刻汇印文献典籍，这对推动文化教育事业的发展，促进科举兴盛，培养人才都起了一定作用。

（一）图书的刻印

明代有四大书市，胡应麟（1551—1602）说：“今海内书凡聚之地有四：燕市（北京）也，金陵（南京）也，阊阖（苏州）也，临安（杭州）也。”长江流域即占三个，而销售则大量集中于江南。胡应麟分析认为：“燕中刻本自希，然海内舟车辐辏、筐篚走趋，巨贾所携，故家之蓄，错出其间，故特盛于他处。第其直至重，诸方所集者，每一当吴中二，道远故也。辇下所雕者，每一当越中三，纸贵故也。越中刻本亦希，而其地适东南之会，文献之衷，三吴七闽，典籍萃焉。诸贾多武林龙丘，……吴会、金陵，擅名文献，刻本至多。巨帙类书，咸会萃焉。海内商贾所资，二方十七，闽中十三，燕、越弗与也。”③

刻书则全以江南为胜，据张秀民统计，明代书坊有名可考的，福建建宁府（建阳和建安）有书坊近百家，南京93家，北京13家，杭州24家，苏州37家，徽州10家。④ 胡应麟说：“凡刻书之地有三：吴、越、闽。其精吴为最，其多闽为最，越皆次之。其直重，吴为最；

① 陈宝良：《飘摇的传统——明代城市生活长卷》，湖南出版社1996年版，第317—318页。

② 王春瑜：《明代酒文化》，台北东大图书股份有限公司1990年版，第20—22页。

③ 〔明〕胡应麟：《少室山房笔丛》卷四《经籍会通四》，上海书店2001年版，第41页。

④ 张秀民：《中国印刷史》，上海人民出版社1989年版，第334—390页；李瑞良：《中国古代图书流通史》，上海人民出版社2000年版，第356页。

其直轻，闽为最，越皆次之。”①江南诸地以苏、湖、徽刻的书质量最好，它与这些地方拥有技术高超的刻工有关。“当今刻本，苏、常为上，金陵次之，杭又次之。近湖刻、歙刻骤精，遂与苏、常争价”。② 尤以徽刻最精，其黄姓刻工世代习刻，技术更为精湛。南京、徽州、湖州都在江南，至明全国刻书业中心当为江南了。

明代南京是政治、经济、文化中心，同时也是刻书中心。明代苏州城内书坊、书肆多分布在商业区阊门附近。

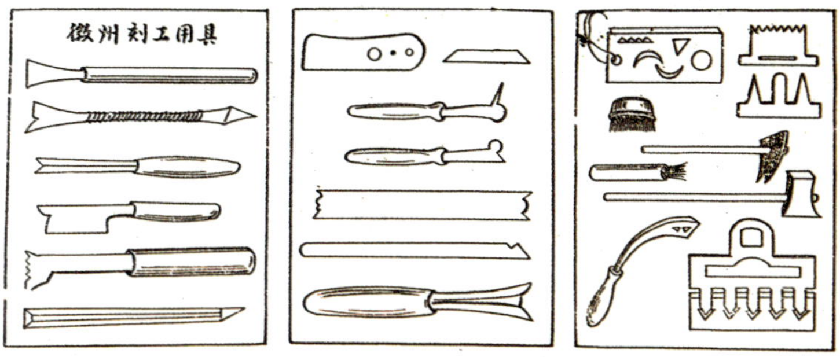

明代徽州刻工使用的工具

明代杭州的书坊刻书虽不如南宋发达，但仍然是全国重要的刻书中心。谢肇淛云：“宋时刻本以杭州为上，蜀本次之，福建最下。今杭刻不足称矣，金陵、新安、吴兴三地，剞劂之精者，不下宋版。楚、蜀之刻，皆寻常耳。闽建阳有书坊，出书最多，而板、纸俱最滥恶，盖徒为射利计，非以传世也。大凡书刻急于射利者，必不能精，盖不能捐重价故耳。近来吴兴、金陵骎骎蹈此病矣。”③陆深云：“石林时（指南宋。石林即叶梦得——引者注）印书以杭州为上，蜀本次之，福建最下。京师比岁印板殆不减杭州，但纸不佳；蜀与福建多以柔木刻之，取其易成而速售，故不能工。福建本几遍天下，然则建本之滥恶，盖自宋已然矣。今杭绝无刻。国初蜀尚有板，差胜建刻，今建益下，去永乐宣德间又不逮矣。唯近日苏州工匠稍追古作可观。”④然而据有关学者的深入研究，明代杭州书坊远不止上述几家，特别是在万历时期，杭州府的私人刻书出现了繁盛的局面，刻书家数量急遽增加，除了之前的刻书机构如谢天瑞复古斋继续活跃外，新的刻书家和刻书机构大量涌现，至少有 100 多家，它们分别是：倪炳，金学曾景贤堂，姚锦溪，李之藻，袁永和，寿春堂，钱谷，卓明卿崧斋，阳春堂，方毅，朱鸿，宋应昌，星聚堂，天宝堂，冯念祖卧龙山房，冯绍祖观妙

① 〔明〕胡应麟：《少室山房笔丛》卷四《经籍会通四》，上海书店 2001 年版，第 43 页。

② 〔明〕胡应麟：《少室山房笔丛》卷四《经籍会通四》，上海书店 2001 年版，第 44 页。

③ 〔明〕谢肇淛：《五杂组》卷一三《事部一》，上海书店 2009 年版，第 266 页。

④ 〔明〕陆深：《俨山外集》卷八，《景印文渊阁四库全书》，台北“商务印书馆”1986 年版，第 885 册，第 49 页。

斋，张文炎玉屑斋，武林樵云书舍，高濂雅尚斋，何养纯，何允中，舒曰敬，陈师，徐炬，徐汝晋，张师龄白雪斋，沈宗培，吴之鲸，钱士鳌有美堂，钱士鳌清芬馆，卓尔康，章天泽会文堂，天益山房，天绘楼，武林一初斋，蒋德盛武林书室，徐氏起秀堂，高应科，读书坊段景亭，顾汝学，双桂堂，杨尔曾草玄居，杨尔曾夷白堂，王澍，郑之惠，周礼，邹之峰，朱江，张起鹏毓秀斋，陈汝宗弘锡堂，汪元臣，潘懋功，杨廷筠，商濬继锦堂，朱文治，翁天霁，张斐敦睦堂，徐懋升，容与堂，江之源，江元禔，徐象橒曼山馆，钟人杰，吴邦相，黄汝亨，孙杰，林之盛，袁大道心远楼，李氏静常斋，张懋华、洪时蕃，何伟然黎云馆，俞思冲野计斋，黄凤池集雅斋，邵文聘，胡文焕文会堂，方清溪，世麐堂，书林西湖刘炯，郁文瑞尚友轩，高一苇，翁文源，翁时化，翁月溪，徐梁成，朝爽堂，诸时宝，二酉斋，翁见溪，凝瑞堂，张瑛，周兆斗，武林吴山里俞允谐求古堂，杨尔贤玉镜堂，张振先，茅籍吉，姚文蔚，凌登瀛，方天眷，张敷渐，洪瞻祖，倪洙龙，汪慎修。这里如钱士鳌有美堂、清芬馆，杨尔曾草玄居、夷白堂都是按一家计算的。而且刻书的篇幅数量也大，如万历元年倪炳刊宋李昉辑《太平御览》一千卷，万历十四年卓明卿崧斋刊《唐诗类苑》二百卷，万历二十年何允中刊明何镗辑《广汉魏丛书》七十六种二百五十四卷，万历三十二年郑之惠刊明冯琦编《经济类编》一百卷，万历三十八年容与堂刊元施耐庵撰，明李贽评《李卓吾先生批评忠义水浒传》一百卷一百回，万历四十四年徐象橒曼山馆刊明焦竑辑《国朝献徵录》一百二十卷，万历钟人杰刊《唐宋丛书》九十一种一百四十九卷、《史记》一百三十卷，方天眷刊明冯惟讷辑《诗纪》一百五十六卷，胡氏文会堂刻《格致书》有存一百九十八种六百四卷的，《百家名书》有存一百三种二百二十九卷的，这些动辄都是上百卷的大书。有的书坊延续时间也颇长，如张师龄白雪斋，崇祯十一年还刊有明张楚叔、张旭初辑《白雪斋选订乐府吴骚合编》四卷、《衡曲麈谭》一卷，明魏良辅撰《曲律一卷》；徐氏起秀堂天启年间刊有宋张预撰《新刻批评百将传正集》十卷、明何乔新撰《续集》四卷；读书坊段景亭天启六年刊有明陈子壮辑《昭代经济言》十四卷，汉扬雄撰，晋李轨，唐柳宗元，宋宋咸、司马光注《扬子法言注》十卷，天启年间刊有明梁辰鱼撰《怡云阁浣纱记》二卷，明苏复之撰《怡云阁金印记》二卷，魏王肃撰、明何孟春注《孔子家语注》十卷、《集语》二卷，周尹喜撰、宋陈显微注、明孙鑛评《关尹子注》二卷，明沈一贯辑、牛斗星重订《五经纂注》十八卷，明窦梦麟撰《证治医便》六卷，《艳异编》五十三卷，明陈继儒辑《古今诗话》七十九种、八十三卷，明徐渭撰《徐文长文集》三十卷，崇祯年间刊有明何镗辑、明慎蒙续、明张缙彦补《名山胜概记》四十八卷图、一卷、附录一卷，明袠昌龄撰《精镌出像杨太真全史》六卷等。张起鹏毓秀斋崇祯年间刊有《新隽穷乡便方》二卷，后来应该是把书坊传给了其子张宾宇，继续用"毓秀斋"牌号，刊有宋文天祥撰《新刻宋文丞相信国公文山先生全集》二十卷等。徐象橒曼山馆天启元年刊有宋苏轼撰、明焦竑批点《东坡先生尺牍》十一卷等，钟人杰天启年间刊有《战国策》十卷、《前汉书》一百卷、《后汉书》九十卷等，何伟然黎云馆天启年间刊有明闵景贤纂《快书》五十卷、何伟然辑《尺牍青莲集》十二卷《四六霞肆》十六卷等。尤其是像清平山堂洪楩刻书和容与堂刻书，在中国出版史上有一定地位。洪楩清平山堂刊本现存有嘉靖二年《六臣注文选》六十卷、嘉靖二十四年《唐诗纪事》八十一卷、嘉靖二十四年《新编分类夷坚志》甲集五卷、乙集五卷、丙集五卷、丁集五卷、戊集五卷、己集五卷、庚集五卷、辛集五卷、壬集五卷、癸集五卷，嘉靖二十五年洪楩辑刊医药摄生类八种，嘉靖三十六年《蓉堂诗话》二十卷以及嘉靖年《清平山堂话本》《清平山堂话本二集》《路史》四十七卷、《雨窗欹枕集》及《翡翠轩》一卷、《梅杏争春》一卷等。胡文焕一生共刻书 450 种上下。其编刻的《格致丛书》，是中国古代极负盛名的大型丛刻。种数或曰 386 种，或云 346 种，清顾修编辑《汇刻书目》著录 206 种，现存 168 种，多秘册珍籍；另刻有《百家名书》103 种，广录古今载籍，辑稗家、游览、谐史、寸札、寓文，刊为《胡氏粹编》。所辑刻的《群音类选》二十六卷，为明人辑刻的众多曲选中最有价值的本子之一。①

除木刻印书外，也用活字翻印，以无锡华氏最为有名。“当时印本有曰兰雪堂，有曰会通馆。兰雪堂为华坚、华镜，会通馆为华燧、华煜”②。无锡安国曾以铜活字印《吴中水利通志》。常熟毛晋将家产变卖作为刻书之用，创汲古阁，延揽海内名士校勘，刻工数十人，印工 20 余人，他“日与诸名士宴会其中，商榷古今，殆无虚日”③。凡持宋本上门，以叶计酬，每叶 200 文，旧钞本每叶 40 文，善本至门求售，别人出钱 1000 文，他则加价 1200 文。“于是湖州书舶云集于七星桥毛氏之门矣。邑中为之谚曰‘三百六十行生意，不如鬻书于毛氏。’前后积至八万四千册”④。所用之纸概出江西特制运来，刻工数十人，以字计值，三文银刻 100 字。

江南刻印书坊有三类：一类为文人学士办，为家刻；二是书坊，为坊刻；三是家庭刻印铺。除了鉴赏收藏外，主要还是以营利为目的。苏州洞庭富商席氏于万历间创扫叶山房，大量翻印书籍，至近代则在上海、汉口、松江开设分书坊，向近代资本主义企业转化了。

各地书肆大都开设在贡院、书院、学社或闹市区附近，书市在科举应试时最盛。南京

① 章宏伟：《论明代杭州私人刻书的地位》，载中国印刷技术协会编：《第七届中国印刷史学术研讨会文集》，2010 年 8 月版；曹之：《中国古籍版本学》，武汉大学出版社 1992 年版，第 299 页；罗树宝：《中国古代印刷史》，印刷工业出版社 1993 年版，第 345—347 页。

② 〔清末民初〕叶德辉：《书林清话》卷八《明锡山华氏活字板》，中华书局 1957 年版，第 205—209 页。

③ 〔清〕吴泳：《履园丛话》卷二二《梦幻·汲古阁》，中华书局 1979 年版，第 579 页。

④ 〔清末民初〕叶德辉：《书林清话》卷七《明毛晋汲古阁刻书之二》，中华书局 1957 年版，第 194—195 页。

书肆“多在三山街及太学前”，苏州“多在阊门内外及吴县前，书多精整”。杭州“多在镇海楼之外，及涌金门之内及弼教坊及清河坊，皆四达衢也”。省试时移至贡院前，香市时则移至岳坟、昭庆寺一带。书市上书价以“视其本，视其刻，视其纸，视其装，视其刷，视其缓急，视其有无。本视其钞刻，钞视其讹正，刻视其精粗，纸视其美恶，装视其工拙，印视其初终，缓急视其时，又视其用，远近视其代，又视其方，合此七者，参伍而错综之，天下之书之直之等定矣”①。也有流动书贩往来于各地。湖州有一个乡镇专门从事贩书活动，用书船运载到大江南北贩销，据《湖录》记：“书船出乌程织里及郑港、荻港诸村落，吾湖藏书之富起于宋南渡后直斋陈氏。……明中叶如花林茅氏，晟舍凌氏、闵氏，汇沮潘氏，雉城臧氏，皆广储签帙，旧家子弟好事者往往以秘册镂刻流传，于是织里诸村以此网利，购书于船，南至钱塘，东抵松江，北达京口，走士大夫之门。”②

湖州凌氏、闵氏已能用五色套印经史子集诸书，这是刻印书史上一大发展。凌氏、闵氏为名门望族，世代联姻。凌濛初是话本小说家，著有《拍案惊奇》。杭州胡文焕的文会堂书坊还刻印了《格致丛书》，嘉兴沈节甫刻《纪录汇编》等大型丛书。此外，还出现了“巾箱本”（袖珍本），便于携带。

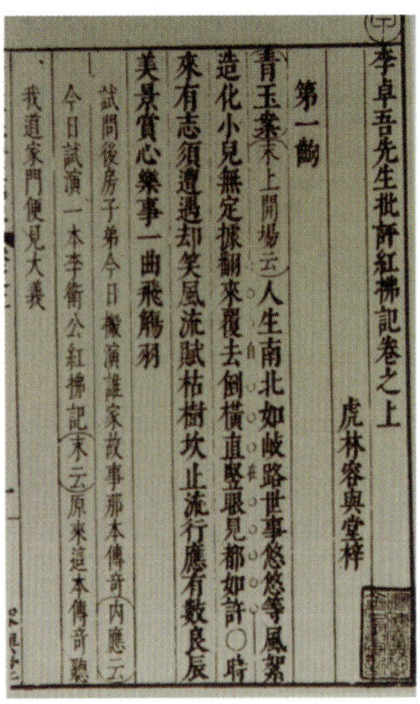
李卓吾先生批評紅拂記卷之上
虎林容與堂梓
第一齣
青玉案（末上開場云）人生南北如岐路世事悠悠等風絮
造化小兒無定據翻來覆去倒橫直豎眼見都如許○時
來有志須遭遇却笑風流賦枯樹坎止流行應有數良辰
美景賞心樂事一曲飛觴羽
試問後房子弟今日搬演誰家故事那本傳奇（內應云）
今日試演一本李衛公紅拂記（末云）原來這本傳奇聽
我道家門便見大義

明代杭州容与堂刻印的《红拂记》书影

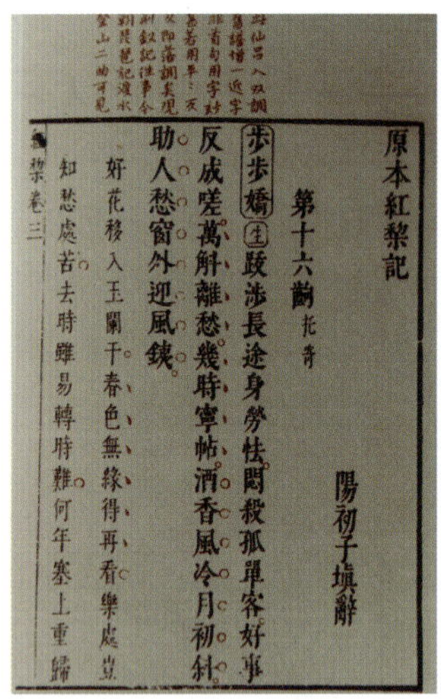
原本紅梨記
陽初子塡辭
第十六齣
步步嬌（生）跋涉長途身勞怯悶殺孤單客好事
反成嗟萬斛離愁幾時寧帖酒香風冷月初斜
助人愁窗外迎風鐵
好花移入玉闌干春色無緣得再看樂處豈
知愁處苦去時雖易轉時難何年塞上重歸
梨卷三

明代吴兴刻印的套印本《红梨记》书影

人们生活安定后要求文化生活丰富多彩，对于书籍的需求欲增强，陈继儒说：“吴兴原评本错出，无问贫富好丑，垂涎购之。”③冯梦龙还利用撰写印刻而获利，引起了小说家

① 〔明〕胡应麟：《少室山房笔丛》卷四《经籍会通四》，上海书店2001年版，第42—43页。

② 转引自〔清〕同治《湖州府志》卷三三《舆地略·物产下》，《中国地方志集成》之《江西府县志辑》，上海书店1993年版，第24册，第628页。

③ 〔明〕陈继儒：《史记钞序》，引自王重民：《冷庐文薮》，上海古籍出版社1992年版，第86页。

印书家的热望。凌濛初说："肆中人，见其(冯梦龙著作)行世颇捷，意余当别有秘本图书而衡之……因取古今……可新听佐谈谐者，演而畅之，得若干卷。"①他们把刻书作为赚钱的行业，这在文人学士观念中是一大变化。本以为校勘刻印是很高尚的事业，不沾一点铜钱臭，至明万历前后，人们的观念发生了变化，追求功利，追求金钱习以为常。他们除自任选书校勘之外，也延揽名儒充编纂，也雇用一些名匠充刻工印工装工等，形成了技术分工的作坊，专门印刷书籍。吴敬梓《儒林外史》第十三回写到嘉兴一书坊贴出广告："见一个新书店里贴着一张整红纸的报帖，上写道：'本坊敦请处州马纯上先生精选《三科乡会墨程》。凡有同门录及朱卷赐顾者，幸认嘉兴府大街文海楼书坊不误。"这位马纯上在"杭州各书肆里等我选考卷"，兼作选书工作。书坊还到处搜求书稿、样本作为翻印的蓝本，《明文奇赏》中就刊出《征启》："愿与征者，或封寄，或面投，须至苏州阊门，问的书坊酉酉堂陈龙山，当面交付。"②凌濛初《二刻拍案惊奇·小引》："丁卯(1627 年)之秋……偶戏取古今所闻一二奇居可记者，演而成说……为书贾所侦，因以梓传请，遂为钞撮成编，得四十种……贾人一试而效，谋再试之……聊复缀为四十则。"③他们千方百计侦听，如有新书稿出来就马上登门求稿，赶时间刻印出来以求利。选好书就征集工匠翻刻印制工作，其作业方式可见无锡顾起经、顾起纶二兄弟开设的奇字斋刻的《类笺王右丞诗集》中所附的一作坊工作日程表，从中可见书坊作业的情形："无锡顾氏奇字斋开局氏里：写戡：吴应龙、沈恒，俱长洲人；陆廷相，苏州人。雕梓：应钟，金华人；章亨、李焕、袁震、顾廉，俱苏州人；陈节，武进人；陈汶，江阴人；何瑞、何朝忠、王诰、何应元、何应亨、何钿、何钥、张邦本、何鉴、何镃、王惟棠、何铃、何应贞、何大节、陆信、何升、余汝霆，俱无锡人。装璜：刘观，苏州人；赵经、杨经，俱无锡人。程限：自嘉靖三十四年十二月望授锓，至三十五年六月朔完局。"这个"奇字斋"书坊拥有工匠 30 人，分为写戡、雕梓、装璜三个工序，费时五个月刻成一部约 500～600 页的书，主要工种是刻板工匠，计 24 名，占全部工匠的 80%。这种书坊当是资本主义萌芽的生产方式。如果把"奇字斋"和"文海楼"两者结合起来看待，这种书坊印出来的书就是为了在市场上销售，当是商品经济的经营方式，也就是带有资本主义性质的生产和流通方式。

当时最畅销的书是科举应试的参考书，明代人李诩看到刻书盛况，曾感慨地说："余少时学举子业，并无刊本窗稿。有书贾在利考，朋友家往来，钞得灯窗下课数十篇，每篇誊写二三十纸，到余家塾，拣其几篇，每篇酬钱二文或三文。忆荆川(指唐顺之——引者

---

① 〔明〕凌濛初：《初刻拍案惊奇》，人民文学出版社 1996 年版，第 1 页。

② 〔明〕天启《明文奇赏》，转引自赵馥《明代的"征文启事"》，《重庆师范大学学报》1983 年第 2 期。

③ 〔明〕凌濛初：《二刻拍案惊奇·小引》，人民文学出版社 1996 年版，第 3 页。

注）中会元，其稿亦是无锡门人蔡瀛与一姻家同刻。方山（指薛应旗——引者注）中会魁，其三试卷，余为怂恿其常熟门人钱梦玉以东湖书院活字印行，未闻有坊间板。今（指隆庆、万历间——引者注）满目皆坊刻矣，亦世风华实之一验也。”①顾炎武《日知录》在引了李诩这段话后有注：“愚按弘治六年会试，同考官靳文僖批已有‘自板刻时文行，学者往往记诵，鲜以讲究为事’之语，则彼时已有刻文，但不多耳。”这些欲登仕途的“敲门砖”，尽管学术价值甚微，但有实用价值。顾炎武感叹：“天下之人，唯知此物可以取科名、享富贵，此之谓学问，此之谓士人，而他书一切不观。……余少时见有一二好学者，欲通旁经而涉古书，则父师交相谯呵，以为必不得颛业于帖括，而将为坎轲不利之人，岂非所谓大人患失而惑者与！”这种图书销路很广，一印出来就销至大江南北。据顾炎武所说，这些书“皆出于苏杭，而中原北方之贾人市买以去”②。

明末的张溥、吕留良，都是当时著名的时文选注大家。吕留良设在南京的天盖楼，所出的吕氏所批注的时文本子，风行海内，不胫而走，发卖到坊间，其价一度达到 4000 两。③ 江南时文的文体成了号召天下的模式。如晚明时，江南文士的文体淡然宽博，平实无华，号称“松江体”，“一时多慕尚之”④。所以，江南士子的选文一出，往往有一些商人贩至北方牟利。

一些戏曲、通俗性小说以及大量日常实用刻本杂书也受市井欢迎。据叶盛说：“今书坊相传射利之徒，伪为小说杂书。南人喜谈，如汉小王（光武）、蔡伯喈（邕）、杨六使（文广）；北人喜谈，如继母大贤等事甚多。农工商贩，抄写绘画，家畜而人有之；痴呆女妇，尤所酷好。……作为戏剧，以为佐酒乐客之具。有官者不以为禁，士大夫不以为非；或者以为警世之为，而忍为推波助澜者，亦有之矣。意者其亦出于轻薄子一时好恶之为，如《西厢记》《碧云騢》之类，流传之久，遂以泛滥而莫之救欤。”⑤

此外，明代日用类书中有关商业经营、旅游舆图里程的实用性很强的书籍编印也很多，这是为了适应商品经济发展和商品流通扩大的实际需要，也是便于士子学人科举和旅游行程的参考。对这些实用性很强偏重于经商的书籍，我们称之为商书。

① 〔明〕李诩：《戒庵老人漫笔》卷八《时艺坊刻》，中华书局 1982 年版，第 334 页。

② 〔清〕顾炎武著，黄汝成集释，栾保群、吕宗力校点：《日知录集释》卷一九《十八房》，浙江古籍出版社 2013 年版，第 3 册，第 949 页。

③ 〔清〕王应奎：《柳南续笔》卷三《时文选家》，中华书局 1983 年版，第 163 页。

④ 〔明〕陶望龄：《歇庵集》卷三《张世调制义序》，明万历三十九年刻本。

⑤ 〔明〕叶盛：《水东日记》卷二一《小说戏文》，中华书局 1980 年版，第 213—214 页。

明万历年间休宁程氏滋兰堂刻彩色套印《巨川舟楫图》书影

明万历年间程氏滋兰堂刻彩色套印本《程氏墨苑》

明万历年间刻印的《玉杵记》书影

日用类书，宋元时已有汇纂刻印，内容有科举、书翰、启札、诗赋辞藻、氏族人物、故事、幼学启蒙等，如元刻有《书林广记》《居家必用事类全集》。明代商书类书籍编印就更多了，其著者有：黄汴《一统路程图记》8卷，隆庆四年刻，又名《图注水陆路程图》或《新刻水陆路程便览》(收录在江湖散人《新刻士商必要》中)。周文焕兄弟《新刻天下四民便览万宝全书》，万历间刻，32卷。陶承庆《新刻京本华夷风物商程一览》，万历刻，2卷。徐三友校正、郑世魁梓刻《新刻全补天下四民利用便览五车拔锦》，万历二十五年刻，33卷。徐曾瀛《文林聚宝万卷星罗》，万历二十八年刻，40卷。徐笔洞《万宝全书》，万历四十二年刻，34卷。壮游子(或署名商浚)《水陆路程》，万历四十五年刻，8卷。唐锦池《新安原版·士商类要》，天启六年刻，4卷。憺漪子《新刻士商要览天下水陆行程图》，又名《天下路程图引》，明末刻，3卷。李晋德《新刻合并客商一览醒迷天下水陆路程》，崇祯八年刻，8卷。崇祯《五刻徽郡释义经书士民便用通考杂字》《恩寿堂三刻世事通考》《新刻张侗初先生分类四民便用注释增补五朵云》3卷等书[①]。其中，明代徽商休宁黄汴的《一统路程图记》较典型。该书亦称《天下水陆路程》，8卷：卷一北京至十三省水陆路，卷二南京至十三省水陆路，卷三两京、各省至所属府水陆路，卷四各边路，卷五江北水路，卷六江北陆路，卷七江南水路，卷八江南陆路，列出144条水陆路程，详细记载了南北二京十三布政司的水陆路程、各地道路的起讫分合，以及水陆驿站的名称，并涉及食宿条件、物产行情、社会治安、行会特点、船轿价格等，是一部明代的国内交通指南，黄汴自己评说："俾一展册，而道路之远近，山川之险夷，及风波盗贼之有无，靡不洞其纤悉！九州地域在指掌间。""宦

① 陈学文：《明清时期商业书及商人书之研究》，台湾洪叶文化事业有限公司1997年版。

轺之所巡，商泊之所趋，访屐之所涉，庶此编为之旌导也。”①

这类商书的内容很庞杂，且都是汇编的，一些编纂者稍具文墨，文俚夹杂，也有个别编纂者具有较高文化水平，有些托名编纂，为了书籍的销售，假借名人之名编纂，如用陈继儒（眉公）、商浚等。但是一些编纂者自有亲身经历，所编商业知识、水陆行程都是有根有据、合乎实际的。如《士商类要》方一桂序：“几遍中原……取生平睹记总汇成编，余以斯集行而旅客携之以游都邑。”编纂者意图是便商便民，正如《合刻水陆路程叙》所示：“使天下仕者知立于朝，耕者知耕于野，商贾知藏于市，行旅知出于途。自西自东，自南自北，无往不适。使海内仕耕商旅，由天下之达道，登天下之正路，恍然驾轻车，就熟路，凡天下之大，四海之广，谁能舍正路不由哉！”

商书一经编成，各地竞相翻印，适应了社会上的大量需要，有些书为了阅读的方便就刻印成便于携带的袖珍本。也有的列入格式，便于读者利用，采用活套的方式，读者随时随地可以填入自己所需要的内容。这类书是社会上畅销书，冒名翻印者颇多，为此，他们力申自己编纂的才是真本，如壮游子《水陆路程》中说：“旧本未免鲁鱼亥豕，观者病之。余暇日搜集数家，究其同异，反复校雠，刻成袖珍，便于行者收携，俾展卷。”若《万宝全书》同名书不知其数，徐笔洞在《万宝全书》卷首说明：“坊间万宝全书，不啻充栋，然不一精检，鲁鱼亥豕，混杂编章者有之。本堂特请名士校雠，事物度数，一仿古典，启牍书札，别换新藻，端写绣梓，点画不差。应酬便用，价比南金矣。”为了招徕读者，畅销其书，多为自诩其精之举，如《三台万用正宗》扉页上说明：“坊间诸书杂刻，然多沿袭旧套，采其一，去其十，弃其精，得其粗，四方士子惑之。本堂迁锓此书，名为万用正宗者，分门定类，俱载全备，展卷阅之，诸用了然，更不待他求矣。”

究其实，这类商书确有很大用处。明代公家图书事业尚未普及发达，而社会上又需要各种信息、指南而不易获得，因此，这类商书迎合了这种社会需求。正如徐三友《五车拔锦》序：“予阅之，其间天文地理人纪国法，文修武备，与夫冠婚丧祭之仪，阴阳术数之学，悉皆分门定类，若网若纲，诚天下四民便观，百家众技得正印已……今而后寓中君子日用间，则不必推案五车玄览记载，一层卷之下，若揭锦囊而探物已。”时人认为功效不在“经书”之下。《三台万用正宗》：“百家众技繁非简，编则孰载孰传？而策籍充栋，浩如渊海，人亦焉得而遍观之？乃乘余闲，博综方技，汇而集之，门而分之，纂其要，撷其芳。凡人世所有日用所需，靡不搜罗而包括之。诚简而备精，而当可法而可传也。”商旅者时间匆促，讲求实效，不是学究式探讨，只求立竿见影的效用，所以商书是很合他们心意的。商旅学子，“苦其繁而不能竟读也。乃星罗之编，采万家之要，撷万氏之英，萃为一书，诚

① 〔明〕黄汴：《天下水陆路程》，山西人民出版社1992年版，前言。

文林之至宝也。展而阅之，三才已总，五行已悉，四序已彰，九州已备，万国已详，四海已周，八极已遍，五伦已阐，六艺已披，九流已演，百术已精。他如修真养生之方，劝谕侑将之策，谈笑风月之情，杂遝戏玩之意，靡所不载，靡所不昭，信无异于星辰之罗列太虚也。君子而有心于斯，则内外有裨，隐显有益，夷险有藉，远近有资，巨细有补……嗟夫！是编最为生人之要览，其有功于世道，不在六经四子书下。有神识者盖知宝焉，毋曰杂出之言"[①]。熊冲宇《新刻翰苑广记补订四民捷用学海群玉目录》："惟是可贵可重之物类聚一处，若群玉满案尽乎可取者矣，士以之仕，可大受亦可小知；农以之耕，知天时，亦知地利；工之所以奏技；贾之所以市倚。凡百家千技之流，其所以取捷目前者，一卷阅而了然，心目则其大用之不穷。"

商书按其内容分有水陆行程、经商、醒迷（劝诫教诲）、日用知识四大类，也有将行程与经商结合在一起，还有融四类内容于一书，《万宝全书》《三台万用正宗》即是也。在诸多商书中，还是以《三台万用正宗》为最早的蓝本，尽管有黄汴的《一统路程图记》，早于隆庆间编成，但它只偏重于天下水陆行程方面，对经商等内容未予编纂。日本学者酒井忠夫经过缜密考证后，认为"它不但是现存明代日用类书中最早的，而且是最详细的一部，比之其他日用类书，它还收集了一些纪事的出处和著者的名字，它是研究明代日用类书中所具有的最重要意义是很显然的"[②]。仁井田升也说："《三台万用正宗》是研究十六十七世纪工农业和商业最珍贵的资料。"今查《士商类要》中的《客商规略》和《士商要览》中的《士商规略》都抄录于《三台万用正宗》卷二一《商旅门》中的《客商规鉴论》。连清代吴中孚的《商贾便览》中的《江湖必读》《士商切要》中有 42 条都抄录于《新刻士商要览》，其源则来自《三台万用正宗》。

《新刻士商要览》，全称为《新刻士商要览天下水陆行程图》。日本内阁文库（国立公文书馆）明刻本，书题名为《新刻士商要览》，实为四卷。一卷为《天下水陆行程图》，二卷为《天时占》，三卷为《士商规略》《士商十要》《买卖机关》（五十二条），但第一卷分成二卷，故实为四卷。书内题签为天都澹子辑定，卷二分题为西陵澹子。有西陵澹子和天都金声条。金余作于"天启丙寅（六年）藏鸣周月天都金声正希氏题于凤山别业"。故人们推断此书刊于何时尚难断定，只是上限可断为天启六年而已。现查杨正泰校注本、内阁文库本、浙图本内容大同小异，只是内阁本为全本，其余两个版本应是节本，即《天下水陆行程》。

① 〔明〕徐会瀛：《文林聚宝万卷星罗》，万历二十八年书林茂斋詹圣谟梓行，日本蓬左文库藏明刻本。

② 〔日〕酒井忠夫：《明代日用类书和民众教育》，见林友春：《近世中国教育史研究》，东京都国土社1958 年版，第 39—54 页。

《新刻士商要览》在中国交通史、旅游史、文化史上具有重要的价值。卷一、卷二为天下水陆行程，共列出全国水陆路线一百条，这是千百年商人行旅者经验的总结，取最便捷、最安全、最短的路线。从交通路线分布来看，偏重于经济发达、交通便利的地方，长江以南有五十三条，华北四十七条，东北只有一条，即九十三条（北京由苏州至辽东陆路程）。由于作者是徽州人，尤注重徽州与各地的交通路线，以徽州为起讫点的路线共计十五条，为全国之冠，反映出徽州在明代交通、商业、文化上的重要地位。此外，长江三角洲分布最为稠密，起点计四十一条，终点二十七条。清代的商书水陆行程则以二京为中心，表明了二京仍是南北二大经济政治中心。诚如作者自序所云，过去图记仅山川城邑，道路次宿则记，今则"疆理山川之，津驿舍之次第，皆可以按程计里。纵横贯穿，回环往复，分率参合，无一抵牾。如度交会，而辰宿次舍，不失分寸。如营卫周布，而经络点穴，不差毫发"。自诩达到很高的精密度。该书水陆路线皆详细记载起迄，沿途各站点，以及每站点之间均记里程，有时间记各站点的物产、旅舍、民情风俗、运费等，富有实用性，可以说不仅仅是交通图，还兼具导游手册之功能。如第十四条（杭州由绍台二府至州府）："杭州府，出草桥门，渡江，二十里西兴槐树下。搭船，九十里绍兴府。八里蒿。七十里三界公馆。三十里仙岩公馆。四十里嵊县。三十里新昌县。陆路，四十里至会寺。二十里关县。四十里天台县。九十里台州县。赤城县，下船，一百里黄岩县。六十里店驿。六十里奥驿。六十里乐清县。东九十里有雁荡山，县有湖，惟雁宿焉，人莫能至，因名。雁荡峰峦峭拔，千形万状，天下峰密无有胜于此者。四十里馆头驿。四十里温州府。象浦驿，一百二十里至青田县。芝田驿，六十里至石门。洞内有瀑布飞泉，甚好亲玩，八十里处州府。丽水县，括苍驿。"这是一条水陆联运的路线，详细记载了各站点之间的里程，还记风景名胜雁荡、石门洞的景物，全程为一千一百里，二十一个站点（包括起讫点）。这条线基本上循着驿站展开，现在大陆 104 国道大体上也循此路线铺筑。有关路线记载对研究我国古代交通、历史地理很有价值。

从《新刻士商要览》记载来看，有水路、陆路和水陆结合三种类型。运载工具，陆路有车、马、驿、骡，也有肩挑的。水路则有船。夜航船的出现，表明了仅凭白天船运已不敷所用，必须有夜航船来补充，这就客观地反映出交通频繁正是由于商品流通量扩大，从另一侧面反映出明代中叶以来商品经济的不断发展。

随着交通事业的发展，在明代已出现了交通、旅游、服务三结合的服务形式，如杭州至宁波普陀南海的宗教旅游路线，就包含有交通、香火、住宿、饮食等系列性的服务，为朝拜者、旅游者提供了种种方便。

关于明代交通费，是饶有兴味的一个研究课题，据《新刻士商要览》记载：

北货过江费为六至七厘，

轿马过费为一分，
过钱塘江渡船费为五厘，
夜航船船费(九里路程)为一分，
曹娥江船从西兴至萧山县(十里)船费为银二分，
东关驿过曹娥搭梁湖船至上虞县(十里)船费为三分，
玉山到傍罗头或铅山河口船费为二分，
夜航船：苏州阊门→南浔→东港(十二里)为八厘，
湖州西门夜航船至杨家庄(九里)为一分。

上述交通费是根据里程、时间(夜间贵)、劳力支付、安全、难易程度不同等因素而定。如轿马上船路狭坡陡，所付劳力较大，故收费为银一分。夜航船行九里为银一分。从南浔至东港水路较平衡，十二里仅收八厘；背货过滩很艰难，定价六至七厘，略高于钱塘江渡船费的五厘。从西兴到萧山十里船费二分，最高为东门驿站过曹娥江之后搭梁湖船至上虞仅十里收费高达三分。同样的里程，梁湖船船钱要比曹娥船高三分之二，可能是梁湖船设备好一些。

《新刻士商要览》编纂者对于行商在行旅中可能出现的一些困难，也根据实际经验为行商出谋划策。如第九十条路线(北京由陕西至四川省陆路)，对四川至陕西一段栈道，作者介绍："非若剑阁县崖壁之险，一路有店舍、岩穴亦可宿，亦有带薪而炊者，种火以待来人。"这段文字可解除行者的紧张心理，并告诉行者沿途有食宿。在何种情况下宜择何种线路为宜呢？编纂者也会为行者设想："此路比走凤阳近五十里，但路空僻，店不好宿，如头口少并多月日短，宜走凤阳为妙。"

对于旅游景点的自然景观或人文景观、名胜古迹、故事轶闻，《新刻士商要览》的编者也尽量随路线的条目加以介绍。如第九十八条(昌府由沔县至襄阳府路)，沿线有多处为有关诸葛亮的古迹。如："邓山庙，系诸葛武侯六出邓山处""沔县东门外有诸葛武侯祠。南去八里至定军山，诸葛武侯墓在焉。"汉中府，"昔汉高祖筑坛拜将在南门外"。襄阳府，"南门外十五里至隆中，系诸葛武侯读书处，有茅庐在焉"。第二十九条"南京由漕河至北京水路程"，记淮阴府"此处文出甘罗，武出韩信，出王祥，逆出杨耿，俗谓四绝之地"。第四十一条"樟树镇由袁州至衡山县"，沿途"有昌田洞，洞深十里，秉烛可游"，滨江"有石乳洞，深五里，亦可游玩"。有些景点，编者还援引名人诗词以增加旅游的文化气息，如第八条(徽州府由常山县至建宁府路)，就援引朱文公作《武夷山九曲棹歌》，第三十六条(芜湖由江西樟树至广东路)，援引了文天祥名诗《过零丁洋》："辛苦遭逢起一经，干戈落落四周星。山河破碎风飘絮，身世浮沉雨打萍。惶恐滩头说惶恐，零丁洋里叹零丁。人生自古谁无死，留取丹心照汗青。"以激发人们触景生情，引发爱国爱乡之情怀。对于五顶胜迹，编者则有详细的描绘，如第七十九条（济宁州至泰安州山顶陆路）中介绍了东顶泰山："在济南府泰安州北门外十里。至红门上门，五里至高老桥，又五里至水帘洞，又二十里至十八里盘，十里至绝顶。上有石表云：秦时无字碑高一丈二尺许。其祠，曰青帝，曰碧霞。其古迹，曰封禅台，曰五大夫松、秦李斯篆唐摩崖碑、宋真宗御障。其石亭，曰高山流水，亭之傍曰曝经处。"又如程春宇之《士商类要》，对武当山的宫观也有详细的记载，如记太圣南崖宫云：

> 正殿上有金灯一盏，殿前有圣泽玉露井，殿后有圣父母殿。前有龙头香，左有石梁，石柱，殿内坐五百位灵官，旁有下碁亭，右有文昌祠、南秉亭。正殿后，右边有五龙捧圣亭，下即舍身崖。各有胜致，惟有南崖最多。谚云："南崖景，紫霄杪，到了五龙不思家。"登山观览，斯言信之矣。①

此外，如圣父母殿、元君殿、太岳太和宫之类，书中均有记载。

为方便于行商行旅记住地名，《新刻士商要览》的编者将地名编成歌谣，这一做法和经验于今仍有借鉴意义。如第二十九条（南京由漕河至北京水路程）中有《水驿捷要歌》："试问南京至北京，水程经过几州城？皇华四十有六处，途远三千三百另。从此龙江大江下，龙潭送过淮阴坝。广陵邵伯达盂城，界首安平近淮阴。一出黄河是清口，桃源经过古城区。钟吾直河连下邳，新安房村彭城期。夹沟泗亭沙河驿，鲁桥城南夫马齐。长沟四十到开河，安山水驿近章邱。崇武北送清阳去，清源水顺卫河流。渡口相接夹马营，梁家庄住安德行。良店连窝新桥到，砖河驿过又干宁。流河远望奉新步，杨青直沽杨村渡。河西和合归路河，只隔京师四十路。逐一编歌记驿名，行人记此无差误。"编者还用简洁的语言，把一些地名巧妙地编成诗歌，让人易记。如《北京九门》诗："要识都门九座分，正阳宣武及崇文，阜成东直与西直，安定朝阳德胜门。"

《新刻士商要览》为研究明代社会经济史提供了有价值的资料。该书所记物价、物产等经济史资料和社会民风习俗等社会史资料，对于研究明代社会经济史是很有意义的。以物产为例，我国地大物博，资源、物产均很丰富。对于商贾来说，熟知各地物产对于经商是很有帮助的，他们必须知道物产情况，以便互通有无。如山东东阿县出阿胶。苏州城北二十里盘山，"北方眼科称盘山眼药为最"。开市，"出棉花"。忠州云根县，"出桐油"。泸州富顺县，"出红铜、黑铅、大棉花"。最为可贵的史料是写到山西雁门地区居民已能穿上丝织品衣服，第八十七条（太原府由雁门关至蔚州路），诗曰："雁门关外野人家，不养蚕桑不种麻。说与江南人不信，早穿绵袄午穿纱。"为什么雁门关外居民能穿上丝织品？这说明当时交通和商品流通渠道畅通，能把江南丝织品贩销到边远的地方。再以市场来说，商人在商品流通中扮

① 程春宇：《士商类要》卷一，《明代驿站考》附录，上海古籍出版社 1994 年版，第 249—250 页。

演了重要角色，形成了许多商品市场。如樟树镇是全国最著名的药材贸易市场，各地药材商至此贩卖、收购药材。第五十二条记曰樟树镇，“药材俱集于此”。江西高楼“出青靛”，安徽水东“出麻”，港口“出柴”，这是地方性小市场。荆州附近“买卖客货俱聚于沙市”，货物皆聚散于此，“上下客货俱聚于沙市场发卖”（第二十七条）。货物流向也有记载，凡贩售到四川的货物，“秋冬由荆州雇川船装往各府去卖，春夏防川河水大难行”（第九十八条）。安徽从芜湖至徽州商品转运中心在五姑渡，“往徽州货物由此发牌”（第三十三条）。江西宁州三里处犀角津，“买卖炭船皆泊于此”。此外该书尚有多处注明“马头”，既是交通要道，又是商品集散的市场。又，税收是明代政府财政收入的重要来源之一，税率在该书也有所记载。卷一第一条（徽州府由徐州至北京陆路程）写到税收率及手续等：“上京货物，预将临清、河西务红单赴户部投报。除临清税过十分之二，每钱一文，连景府条钱、船钱，共纳六厘之数，加耗使用俱在内。外门杂每车五分，骡驮三分，崇文门太监收。”这份资料已十分明白，对明代税收制度的研究是很有价值的。

这些商书的编纂者大多数是商人，或商儒结合型的商贾。如《一统路程图记》的作者为新安休宁的黄汴，他在自序中曰：“余家徽郡……弱冠随父兄自洪都还长沙，览洞庭之胜，泛大江，溯维扬，薄戾燕都。是年河水彻底，乃就陆行，自兖至徐，归心迫切，前路渺茫，苦于询问，乃惕然兴感，恐天下之人如余之厄于歧路者多也。后侨吴会，与二京十三省及边方商贾贸易，得程图数家。于是穷其闻见，考其异同，反复校勘，积二十七年始成帙。”《士商类要》为新安程春宇所作。《新刻士商要览天下水陆路程图》，作者隐其名用憺漪子，但明其籍为西陵，即安徽徽州，又有徽人金声作序。这些商书中行程偏重于江南，分布在江南的路程最为繁密，有几部商书其水陆行程则以徽州为中心或为出发点，这一方面表明了徽商在全国商界中的地位，另一方面也说明这些商书编纂者的目的本就是为了给徽商经商行旅提供便利。

商书对经商之道详加论列，认为凡经商必须要具备几项基本常识。第一要熟悉商品，能辨别商品的真假、优劣。如贩卖粮食，要看米谷，“须看糠之细粗，皮之厚薄”。棉、棉布要根据产地来选择，“江阴厚实……尤墩身份紧而匹实，东门大布头脸阔而细……三林塘身份阔长胜似南垟（翔），珠泾差池不多，乌泥泾比江阴而较软，章练塘次常熟而多浆，嘉兴各行细者不及松江”。第二要注意市场信息，决定收或放（行语曰“盈缩”“囤抛”）。“行情一起，而得利不少”。还须注意天时，“贩粮食要察天时，既走江湖，须知丰歉……暮春风雨，菜子有伤……立夏之后雨多，蚕丝有损”。第三，必须把握时机，货物贵贱价格升降有一定规律，关键时要清醒地分析，“货有盛衰，价无定例，须识迟中有快……买必随时，卖须当令”，“买卖莫错时光，得利就当脱手”。第四要有商者之气度，心理上能自我调节，做到平衡，才不会惊惶失措，始可成为巨贾富商，“得意志不可骄，骄则必然有失；遭跌者气不可馁，馁则必无主张”。不要轻易改变经商的行业，要固守本。“能自守本业，技艺日加淬不历，着意用心，不失故物，是为固本之道”。第五要有职业道德，勤俭为本，戒懒戒酒色赌。“货之精粗实告经纪”，“宁使人骗我，莫使我骗人”，“待人必须和颜悦色……年老务宜尊敬，幼辈不可欺凌”，“富从勤得，贫系懒招”。良贾必须是“识量深宏，福高而禄厚”。此外，还有许多经商的经验，如出门行路务必结伴同行，要善于识人，经商要有帮手，要善于选择，与牙行、顾客、商贾交往时要处处注意。

此外，这些商书对辨别银色、度量衡、珠算都很重视，还列专章以供参考。

商书还力倡传统道德，做商行贾必须从立身处世做起，注意道德规范：“凡人存心处世务在中和，不可因势凌人，因财压人，因能侮人，因仇害人……处势益谦，处财益宽，处能益逊，处仇益德。”“凡人存心处世，务在中和。”“能忍能容，其德乃大。”“积恩则尚，积怨则亡。”“谦受益”，“怀人以德”，“和能处世，俭能治家。”“慎可律身，谨可远辱。”“声名千古，富贵一时”，“居安虑危”，等等。凡此教条，都是从修身养性上努力、自励，才可成为真正的良贾。

总之，明代商书保存了丰富生动的历史资料，对认识和研究明代长江流域商品经济的发展和市镇文化具有很高的文献价值，应值得我们重视。

（二）图书的收藏

在书籍刻印业、贩运业兴盛的同时，藏书业也随之勃兴。明代社会风气不好，有些人认为留财产给子孙，会使后代贪恋于物质享受，成为纨绔子弟。必沦为败家子，不如多藏书与子弟。有“遗子黄金满嬴不如一经”的训诫，使之才智扩拓，成为社会上有用的人才。一些藏书家就是在此思想指导下，把藏书与培养子弟联成一体，也把藏书作为储财的一种手段。姚翼在《玩画斋藏书目录》中申明其宗旨：“乃若书之好，千万人无二三焉。方吾之好而聚之也，人将群嗤之不暇焉，能更有同好者睥睨其旁哉？而况为其子若孙者，纵非皆能读父书，而目染耳濡之余，或稍稍习俭素以自保。且非其狂病不肖，当不忍死其亲而损其所甚好；虽欲捐之，又或苦于售之不易而中沮，然则吾之好书，虽限于力而不能多致，使汗牛充栋，窃独喜其可久据以为吾有也。故特斋而藏之，又籍而录之，使由吾之子若孙，以传于世世，不待贤而能读吾书者之所宝爱，而或附益之，虽中材以下，苟非甚病狂不肖者，因以知我所好之甚，虽不幸而不免于饥寒，或姑存之而不强售于非所同好云耳。”

刻印业和贩书业的发展也促进了藏书事业的发展。江南藏书为全国之首，“大抵收藏书籍之家，惟吴中苏郡、虞山、昆山，浙中嘉、湖、杭、宁、绍最多”①。据吴晗对两浙藏书家的研究，从晋至清，两浙共有藏书家399人，其中明代有80人，约占总数的20%。从地域来看，杭县、海宁、绍兴、鄞县、海盐、吴兴、嘉兴出藏书家最多，余姚、桐乡、萧山、兰溪、

① 〔清〕孙庆增：《藏书纪要》，引自《古籍整理参考资料》，武汉大学图书馆系1980年版，第297页。

嘉善、慈溪、平湖、浦江次之,他县又次之。① 范凤书《中国私家藏书概述》统计,明代藏书家有 869 人,而且主要集中在东南地区,最多的 10 个县市是:苏州(268 人)、杭州(198 人)、常熟(146 人)、湖州(94 人)、绍兴(93 人)、宁波(88 人)、福州(77 人)、嘉兴(75 人)、海宁(67 人)、南京(60 人)。②

浙江是明代藏书的重地。知名的藏书楼有范钦的天一阁、沈节甫的玩易楼、茅坤的白华楼、丰坊的万卷楼、项元汴的天籁阁、吕坤的樾馆以及绍兴祁氏的澹生堂等。其中,宁波天一阁收藏明代全国地方志达 435 种之多,学术价值很高,有的为海内孤本。黄宗羲赞叹"读书难,藏书尤难,藏之久而不散,则难之难矣"。范钦生前立下训言:"代不分书,书不出阁"的规条,使书籍保管有一套严密的制度,不致书籍流失。还订有规约:"禁以书下阁梯,非各房子孙齐至,不开锁。子孙无故开门入阁者,罚不与祭三次;私领亲友入阁及擅开厨者,罚不与祭一年;擅将书借出者,罚不与祭三年;因而典鬻者,永摈逐不与祭"③,严密如此。天一阁还有防火防潮防蛀的设施。他取"天一生水"之义设置了防水设备,"阁前略有池石,与阛阓相远,宽闲静闷,不使持烟火者入其中,其能久一也"。把藏书楼与住宅区严格分开,防止烟火。室内空气流通,又备英石(石灰石)吸潮防霉,梅雨季节要定期晒书,还用灵香草防虫。此外,项元汴"三吴珍秘,归之如流",凡"海内珍异十九多归之"④。胡应麟也是如饥似渴地搜集书籍。他说:"我一生于他无所嗜,所嗜独书。饥以当食,渴以当饮。谓之可以当韶頀,览之可以当夷施。忧藉以释,忿藉以平,病藉以起。"⑤建二酉山房,藏书 42000 卷。

范钦像

宁波天一阁

① 吴晗:《江浙藏书家史略·序言》,中华书局 1981 年版,第 3—4 页。

② 范凤书:《中国私家藏书概述》,虞浩旭主编《天一阁论丛》,宁波出版社 1996 年版。

③ 〔清〕阮元:《宁波范氏天一阁书目序》,见《揅经室二集》卷七,中华书局 1993 年版,第 134 页。

④ 〔明末清初〕姜绍书:《韵石斋笔谈》卷下《项墨林收藏》,清乾隆间知不足斋刻本;〔清末民初〕叶昌炽:《藏书纪事诗》卷三《项元汴》,上海古籍出版社 1999 年版,第 247 页。

⑤ 〔明〕王世贞:《二酉山房记》,见〔明〕胡应麟:《少室山房笔丛》,中华书局 1958 年版,第 33 页。

项元汴《梵林图卷》

明代江苏的藏书家，多集中于苏州一府。陈冠至对明代苏州地域藏书家的研究清楚表明，明代苏州一地的藏书家达185人。若以上面提到的427人作为统计的基数，那么，苏州的藏书家约占总数的44%。浙江、苏州，其藏书家数量，则已约占明代总数的62%。在明代苏州一地所出的185名藏书家，其中明代早期（洪武至天顺）只有32名，约占总数的17%。而在成化以后，由于各种社会文化和经济等因素，苏州的藏书风气在短短的100年内跃升至全国的首位。① 就藏书家和藏书楼来说，江苏首推常熟钱谦益（1582—1664）的绛云楼、瞿氏的铁琴铜剑楼和毛晋（1599—1659）的汲古阁，藏书极为丰富珍贵，钱咏说：“（毛）实为海内藏书第一家也。”②藏书84000余册，建汲古阁日耕楼收藏所刻所收的图书。常熟赵琦美的脉望馆藏书楼，用8年时间以四种钞本一种刻本来校刻一部《洛阳伽蓝记》，藏书甚众，天启四年他死后全归钱谦益的绛云楼收藏。这些藏书家兼刻书家，刻藏结合。长洲顾大有“藏书万卷，择其善本刻之，署名阳山顾氏文房”③。吴县袁氏的嘉趣堂，“藏书百年，此本（《文选》）甚称精善，因命工翻雕……计十六载而完。用费浩繁，梓人艰集，今模搨传播海内”④。著名小说家冯梦龙也是收藏翻刻家，他的《绣像古今小说·序》云：“家藏古今通俗小说甚富，因贾人之请，抽其可以嘉惠里耳者，凡四十种，畀为一刻。”

值得注意的是，一些商人凭借自己的经济实力，同样参与到了这股图书的收藏之风中，并起到了推波助澜的作用。正如吴晗所言：“刊（按：当作邗）上豪门，广中洋贾，间亦挥霍多金，购藏典籍，开馆延宾，属以校刊。其用意虽为附庸风雅，自跻士林，然其保存传播之功，固不可没也。”⑤

---

① 陈冠至：《明代的苏州藏书——藏书家与藏书生活》，台北“中国文化大学史”学研究所硕士学位论文（1999年6月），第223页。

② 〔清〕钱咏：《履园丛话》卷二二《梦幻·汲古阁》，中华书局1979年版，第580页。

③ 〔清〕同治《苏州府志》卷八六《人物十三》，《中国地方志集成》之《江苏府县志辑》，江苏古籍出版社1992年版，第9册，第280页。

④ 刘国钧：《中国书史简编》，书目文献出版社1982年版，第81页。

⑤ 吴晗：《江浙藏书家史略》，中华书局1981年版，第118页。

江浙藏书如此丰富，对文化传播起到了巨大的推动作用。

四、地方官学、书院与科举

(一)地方官学

明朝建立以后，自洪武二年(1369年)明太祖发布建学诏书以后，在中央设有国学，全国各地普建儒学，统由朝廷派官管理，官学在社会上占据了主导地位。即使是偏方下邑，也莫不设学立师。万历年间，郭正域为南监祭酒，上奏国学事宜，其中称："今天下府州县学，其大者，生徒至一二千人，而小者至七八百人。至若二三百人而下，则下县穷乡矣。"①以僻远的云南为例，明朝统一云南后，推行"世治宜用文"的文教政策，重视教育的建设与发展，从洪武年间开始即在云南各地设立官学。如云南府学，元至元年间建，元末毁于战火；时至明洪武年间，又得以重建，"西平侯沐英勒周子太极图，并朱子白鹿洞规于碑"②。以至《明史》卷六九《选举志》载："明天下府、州、县、卫、所，皆建儒学。……无地而不设之学……此明代学校之盛，唐宋以来所不及。"何炳棣根据《明一统志》统计，到洪武末年(1398年)，明代各府州县即已建立了将近1200所学校；而随后的50年中，又建立了不少卫所、都司学校，到景泰元年(1450年)左右，各地建立的学校大概有1300所。③ 尽管这个数字的准确性还需要更多史料的验证，但它还是能够粗略地反映明初的地方学校建设状况。

明代"自儒学外，又有宗学、社学、武学"④。明朝初年，朱元璋曾亲下谕旨，命中书省及各地政府建立社学。据《明太祖实录》卷九六载："洪武八年春正月丁亥，命天下立社学。上谓中书省臣曰：昔成周之世，家有塾，党有庠，故民无不知学，是以教化行而风俗美。今京师及郡县皆有学，而乡社之民未睹教化。宜令有司更置社学，适师儒以教民间子弟，庶可导民善俗也。"

陈洪绶《松下读书图》(局部)

在长江流域，社学非常兴盛，许多地方官员从治政和整肃民风出发，自觉地以兴办社学来作为振兴地方的手段。据《明太祖实录》卷二一三记载，早在洪武年间，湖广

① 〔明〕朱国祯：《涌幢小品》卷一一，《续修四库全书》本。

② 〔明〕李贤等纂修：天顺《大明一统志》卷八六，文渊阁《四库全书》本。

③ 〔美〕何炳棣：《中华帝国成功的阶梯：明清社会史论》，1962年版，第171、173页。

④ 〔清〕张廷玉等撰：《明史》卷六九《选举志一》，中华书局1974年版，第6册，第1689页。

宝庄卫百户舍人倪基就曾上疏皇帝朱元璋："陛下即位之初，诏郡县兴举学校，作养贤材，与图治道，故乡社有校，郡县有学。今郡县之学兴举，而乡社之校颇废，非所以广教化也。伏愿陛下诏乡社举明经之士，或年老致仕之人，百家置一师，以经史教授民间子弟。日就月将，则渐染成材，自然向化，而官使有人矣……""吴良守江阴，暇则延，儒生讲论经史。新学宫，立社学。""万历中，林培为新化知县。县僻陋，广置社学教之。"宣德年间"王翱巡按四川，奏沙，县及土司遍设社学"①。

明代江西吉水人彭教曾对南北两地教育水平、风气的不同做了记载。他主要是就淮北与他的家乡吉水做了比较。少时他随父到淮北，"其地大抵朴鄙，自府、州、县学外，家塾党序出于民间者，缺然无闻"。而当他回到自己的家乡吉水时，则完全是另一番景象："郡多秀民，邑井里巷，弦诵相闻，为弟子员者，率尝讲习于家庭，父兄师友，往往业成乃在兹，选、岁贡科之举，接武连袂，类能自奋。"②

（二）书院

经济的繁荣，生活的安定，刻书、贩书、藏书事业的发展，都推动了有识之士创办书院，传播文化知识，培养士子学人，从而通过科举途径跻身于仕宦之途。

明代书院之设，肇始于洪武元年初。"太祖因元之旧，洪武元年立洙泗、尼山二书院，各设山长一人"③。以后历代陆有所创复，至明末达到了 2154 所之多④，这些书院绝大多数位于长江流域。据吴宣德研究，明代各地书院分布如下：

明代各地新建重建重修书院地域分布表

政区	江西	南畿	广东	湖广	浙江	福建	河南	山东	北畿	广西	云南	四川	山西	陕西	贵州	辽东	总数
数量	342	278	231	210	203	145	138	104	92	80	80	76	73	65	30	7	2154 所

在朱明 276 年的历史中，江西书院得到空前的发展。明代江西地区共创建书院（包括义塾、精舍、讲堂、书堂等）183 座，其中南昌府 27 座，瑞州府 13 座，袁州府 17 座，临江府 10 座，吉安府 34 座，抚州府 9 座，建昌府 20 座，广信府 7 座，饶州府 18 座，南康府 6 座，九江府 9 座，南安府 3 座，赣州府 10 座。明代江西书院形制完备，像堂、讲堂、学舍、藏书楼阁，以及泮池、泮桥、礼圣门等礼仪建筑样样齐全。⑤ 如铅山县鹅湖书院，"前有祠堂，

① 《明会要》卷二五《学校上》。
② 〔明〕彭教：《东泷遗稿》卷一《送邓司训序》，钞本。
③ 〔明〕王圻：《续文献通考》卷五〇，文渊阁《四库全书》本。
④ 吴宣德：《明代地方教育建设与进士的地理分布》，《教育学报》第 1 卷第 1 期，2005 年 2 月。
⑤ 魏佐国：《明代江西书院浅论》，《江西社会科学》1996 年第 5 期。

后有寝室，两旁翼以廊庑，中肖四先生像，前构楼，又前凿泮池”①，书院祭祀、讲学等活动场所均有。有的规模宏大，如德化县阳明书院，明兵备葛寅亮建，书院建有中厅、左堂和右堂，中厅为像堂，塑有王阳明像，供人岁时祭祀与瞻仰。左为讲堂，是山长授课、生徒听讲之处。右边有习堂与学屋，为生员学习和住宿之处，共有堂屋 20 余间。九江府肄武书院，嘉靖六年九江兵备何棐建，共有学舍 30 余间。吉安府白鹭洲书院，嘉靖二十一年知府何其高重建于仁寿山慈恩寺后，“为屋大小凡数百楹”，仅“书屋以间计者二百”②。

明代浙江书院从元代的 67 所增至 203 所，著名的有：杭州万松书院、龟山书院（余杭）、西湖书院、敷文书院、崇文书院、天真书院、虎林书院、吴山书院、黄山书屋、石斋书院、富春书院、赤石书院、屏山书院、兴贤书院，嘉兴有宣公书院，绍兴有稽山书院、证人书院。温州地区较著名的书院有鹿城书院、鸡鸣书院、贞义书院、东湖书院、华阳精舍等。杭州西湖书院建于成化年间，“建书库，捐膳田以待四方学者”③。稽山书院建于嘉靖三年（1524 年），王守仁利用为父奔丧之机回乡归隐。绍兴知府为之建立稽山书院，以扩大其学术影响。一时之间，天下士子纷纷汇集到王守仁的门下，如来自南直隶的王艮、孟源、周冲等，来自湖广的萧缪、杨绍芳等，来自广东的杨仕鸣、薛宗镗、黄梦新等，来自南赣的何泰、黄弘纲等，来自安福的刘邦采、刘文敏等，来自新建的魏良政、魏良器等，来自泰和的曾汴等。“流风所被，倾动朝野，于是搢绅之士，遗佚之老，联讲会，立书院，相望于远近”④。“于是东南景附，书院顿盛”⑤。由于前来求学者实在太多，以致书院爆满，不得不借宿到附近的天妃、光相和能仁等僧舍，“宫刹卑隘至不能容，盖环坐而听者三百余人”⑥。自此以后，直到明清之际，越地便成为书院讲会传播阳明心学的中心。在稽山书院，王守仁培养了一大批门徒弟子，其中如钱德洪、王畿、王艮等人，后来都成了阳明学派相关支派的领军人物。嘉靖年间新建的证人书院，成为刘宗周、黄宗羲等学者名流宣扬其学术思想的重要基地。位于嘉善的思贤书院，始建于正德十二年（1517 年），至次年竣工，王畿曾在此宣讲“阳明心学”，“善谈说，能动人，所至听者云集”⑦。除府县外，一些市镇上也办起了书院，如湖州东林山上就有一所很有名的书院，从万历八年至康熙二十三年的 104 年中，科举及第者 44 人。双林镇有进士 22 名，举人 92 人。沈炳巽说：“菱湖镇其地颇称

① 〔清〕同治《铅山县志》卷九《学校·书院》，清同治十二年刻本。

② 〔清〕乾隆《吉安府志》卷一八《学校志·书院》，清乾隆四十一年刻本。

③ 〔清〕梁诗正、沈德潜：《西湖志纂》，上海古籍出版社 1993 年版，第 415 页。

④ 〔清〕张廷玉等撰：《明史》卷二三一《赞》，中华书局 1974 年版，第 28 册，第 6053 页。

⑤ 〔明〕沈德符：《万历野获编》卷二四《书院》，中华书局 1959 年版，第 608 页。

⑥ 〔明〕王阳明：《王文成公全集·年谱三》。

⑦ 〔清〕张廷玉等撰：《明史》卷二八三《王畿传》，中华书局 1974 年版，第 24 册，第 7274 页。

富饶，而读书者亦众，应乡试者不下百人。”[①]该镇中进士 46 人，举人 184 名。南浔镇有“九里三阁老，十里两尚书”[②]。文化事业也很发达，如嘉兴王店镇辑有《梅里诗辑》28 卷、《续梅里诗辑》12 卷，收录了当地明代诗人 41 家的作品。

明代福建共有 184 所书院，具体的府（州）分布为：福州府 38 所，漳州府 31 所，延平府、汀州府各 23 所，泉州府 20 所，邵武府 14 所，兴化府 13 所，建宁府 12 所，福宁州 10 所。[③]

明代安徽地区共有书院 138 所。其中徽州府 49 所，宁国府 18 所，池州府 17 所，凤阳府 15 所，庐州府 12 所，安庆府 11 所，滁州 6 所，太平府 5 所，和州 3 所，广德州 2 所。[④]天启间有“天下书院最盛者，无过东林、江右、关中、徽州”[⑤]之说。

明代湖北书院有 105 所，在全国书院教育中处于较高的水平。其中，黄陂的二程书院在明代经过多次重修与扩建，陈凤梧《二程书院记》云：“邑士子知所响慕者，往往讲肄于其中……与濂溪、南岳、岳麓、石鼓诸书院并称，而祠祀如故。择士之有志者，俾读二夫子之遗书籍。”[⑥]址在黄安县（今红安县）的天窝书院，嘉靖四十四年（1565 年），耿定向致仕后在此讲学。与他一起在此讲学的有耿定士、刘廷谏、王国佐、秦思君、耿定晓、吴愿学、张四维、秦德修、胡楚材、刘鑰、秦思通、赵任、耿定章、耿定吉、耿汝霖、熊巨、真应泰、耿叔台十八人。《光绪黄安县志》描述当时讲学的盛况：“当时海内宗工，如比部郎盱眙罗汝芳、泰和胡直、安福邹善皆至其地，而一时朝夕相从，讲习不倦者，则彭公东莪台、焦公若侯竑、黄公守拙彦士、耿公子健定力、吴公敬庵国宁、庐公心斋廷篪、周公柳塘思久、庐公钦父尧臣、耿公季通应衡。有何心隐者，不知何许人，与其徒吕四峰亦以同学来安，从恭简游。师弟尝相抱痛哭于山中，人莫知其所谓。温陵李贽侨居于窝，所著《焚书》《藏书》《续藏书》，半脱稿于其间。”[⑦]由这段描述来看，阳明学派的代表人物大多都曾到天窝书院讲过学。[⑧]

位于江苏常熟的虞山书院，是一所祭祀孔子弟子子游的书院。明万历三十二年（1604 年）耿橘调任常熟知县，修复虞山书院，将它作为传播道德学术的重要场所。耿橘

① 〔清〕沈炳巽：《权斋老人笔记》卷四，吴兴刘承干嘉业堂《吴兴丛书》本，1927 年刻本。

② 〔清〕范锴：《浔溪记事诗》，《南林丛刊》本。

③ 石益主编：《福建省志·教育志》，方志出版社 1998 年版，第 62—67 页。

④ 李琳琦、张晓婧：《明代安徽书院的数量、分布特征及其原因分析》，《华东师范大学学报（教育科学版）》第 24 卷第 4 期，2006 年 12 月。

⑤ 〔清〕道光《徽州府志》卷三《营建志·学校》，道光七年刊本。

⑥ 〔清〕刘昌绪：《同治黄陂县志》，台北成文出版社有限公司 1976 年版，第 725 页。

⑦ 朱锡绶：《光绪黄安县志》，江苏古籍出版社 2001 年版，第 52 页。

⑧ 柏俊才：《明代湖北书院考（上）》，《荆楚学刊》第 15 卷第 5 期，2014 年 10 月。

重视以会讲为纽带，吸引众多学者、文士前来砥砺问学、讲道论文。会讲之余雅集唱酬，创作了不少诗作。他们在会讲或雅集时进行的文学教育或文学创作多与道德有关，既为弘扬道德之学以及传递正能量发挥了重要作用，又将虞山书院的文学教育引入道德之域，为江苏地区的文学发展提供了重要的道德指向。①

明代云南书院建设始于明弘治年间，书院多位于以大理为中心的滇西地区。据文献记载，弘治年间云南共建有 4 所书院。弘治以后，书院教育在云南全省各地逐步展开，儒家文化也就凭借书院教育进入云南各府州县，推动了云南各地文化教育的发展。正德年间所建书院有 6 所；嘉靖年间所建书院有 23 所；隆庆年间所建书院有 13 所；万历年间所建书院有 18 所；天启年间所建书院有曲靖府的兴古书院，仅 1 所；崇祯年间所建书院有邓川州的新州书院，亦仅 1 所。除此之外，其他暂时难以考证其年代但又明确记载于云南方志中的明代书院，有邓川州的玉泉书院、桂香书院、登龙书院、白云书院，以及南安州的景贤书院、曲靖府的靖阳书院、赵州卫的崇正书院、马龙州的通泉书院、澂江府的桂香书院、河阳县的玉笋书院、剑川州的学修书院、永平县的博南书院，共 12 所。总计明代云南书院有 78 所。②

鹤山书院在四川邛州，万历三十三年由知州牛大纬扩建，吸引士子 500 人，提学官亦驻此校士，书院兼作试院。

文明书院是明中叶贵州规模最大的官办最高学府。徐节在《文明书院记》一文中说文明书院当时有学生 200 余人，设五经教谕 6 人，分科教授，王守仁任主讲。后来贵州的巡按监察御史赵绵、王杏，巡抚王学益、阮文中、按察使蔡文，提学万士和等在自己任内或在龙场重修阳明祠，或在贵阳新建阳明书院，有的甚至以阳明学一说为标准奖拔书院诸生。③

(三)科举

科举制度发展至明代，已经非常成熟，无论文武，皆以科甲为重。太祖时，荐举、科举两途尚能并用，永乐以后，科举日重，至宣德年间，荐举一途废置不用，后来更是明确规定，所有文官必须由科举而进，没有通过科举考试取得进士资格的不得升入内阁。因此，明代的官学、私学皆以教人科举入仕为宗旨，正所谓“科目为盛，卿相皆由此出，学校则储才以应科目”④。

---

① 程嫩生、马启超：《明代时期虞山书院的文学教育与文学创作》，《南昌大学学报(人文社会科学版)》2015 年第 3 期。

② 肖雄：《明代云南书院考析——以明清云南方志为中心》，《中国边疆史地研究》2015 年第 2 期。

③ 柳光敏：《试论明代书院官学化的历程》，《齐鲁学刊》1994 年第 4 期。

④ 〔清〕张廷玉：《明史》卷六九《选举志一》，中华书局 1974 年版，第 6 册，第 1676 页。

关于明代的科举人才，华东师范大学古籍研究所吴宣德教授所著《明代进士的地理分布》(香港中文大学出版社 2009 年版）主要运用统计的方法研究明代进士地理分布，在史学界影响甚广。在该书中，作者广泛搜求史料，绘制大量图表，主要运用统计的方法，对整个明代进士的地域分布进行详细的梳理。同时从解额制度、分卷制度以及人口、地方教育等方面，对影响地区进士产生的各历史要素，展开了系统的考察，使得人们对明代进士等的地理分布状况有了较为全面深入的认识。

据吴宣德教授研究，明代举人和进士的总人数分别为 102829 人、24790 人。[①] 其中举人、进士地域分布如下：

明代各地举人、进士分布表[②]

区域	举人人数	进士人数	区域	举人人数	进士人数
浙江	8366	3448	北畿	10583	2404
福建	7892	2338	山东	6713	1737
南畿	11286	3891	河南	7016	1684
江西	8960	2761	山西	5875	1138
湖广	8102	1505	陕西	5680	1021
四川	6298	1427	广西	4763	208
广东	6808	884	云南	2662	247
贵州	1825	97			

多洛肯在《明代浙江进士研究》一书中的统计数字略有不同，据其研究，明代各直省进士、巍科人物地域分布如下：

明代各直省进士、巍科人物统计表[③]

直省名	进士人数	名次	所占百分比	巍科人数	名次
北直隶	1501	7	6.03	12	6
南直隶	4090	1	16.60	87	1
浙江	3458	2	14.04	73	2
江西	3117	3	12.65	67	3
福建	2417	4	9.81	46	4
湖广	1490	8	6.04	14	5
山东	1798	5	7.29	7	9

① 关于明代进士的总人数，陈长文提出了不同看法，他认为是“24586 人”。参见陈长文《明代科举文献研究》，山东大学出版社 2008 年版，第 244 页。

② 吴宣德：《明代地方教育建设与进士的地理分布》，《教育学报》第 1 卷第 1 期，2005 年 2 月。

③ 多洛肯：《明代浙江进士研究》，上海古籍出版社 2004 年版，第 155—162 页。

续表

直省名	进士人数	名次	所占百分比	巍科人数	名次
河南	1763	6	7.16	6	10
四川	1440	9	5.85	5	12
广东	857	12	3.48	6	11
山西	1194	10	4.84	9	8
陕西	989	11	4.01	12	7
广西	201	14	0.81	2	13
云南	240	13	0.97	0	14
贵州	81	15	0.32	0	15
合计	24636			346	

而李玉栓据《明清进士题名碑录索引》统计，明代共行科举 89 科（含南北榜所多取的一榜），登科人员以南直（相当于今天的江苏、安徽和上海地区）、江西与浙江三地为最。以进士为例，南直 3667 人，浙江 3391 人，江西 2690 人，分别占据前三位。再以状元、榜眼和探花的三鼎甲为例，明代共有 267 人，其中南直 65 人，江西 54 人，浙江 53 人①。南直、浙江、江西、福建四直省的一甲进士占了全部一甲进士的 76.78%，而其总人口仅占全国的 38.32%，可谓是一甲进士的高产区；而四直省中的吉安、绍兴、宁波、苏州、常州、福州、应天、泉州 8 府共有一甲进士 121 人，占全部一甲进士的 45.32%，更是高产区中的超高产区。②

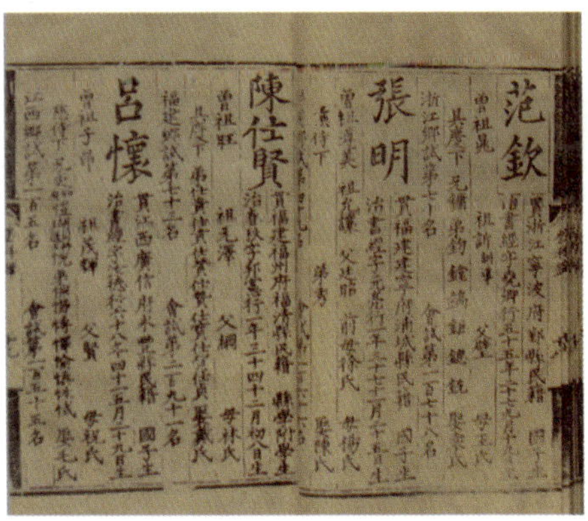
范欽 張明 陳仕賢 呂懷

明嘉靖十一年《进士登科录》

明丁彩绘《五同会图卷》局部

① 李玉栓据《明清进士题名碑录索引》统计（《明代科举与文人结社》，《上海大学学报（社会科学版）》2016 年第 3 期）。另参见方志远《明代城市与市民文学》，中华书局 2004 年版，第 52 页；李树《中国科举史话·明代·从三鼎甲看地区文化教育的不平衡》，齐鲁书社 2004 年版，第 230—231 页。

② 郭培贵：《明代一甲进士群体户类与地域分布考述》，《东岳论丛》2012 年第 6 期。

如前所述，明代浙江的进士人数名列全国前三位。据多洛肯《明代浙江进士研究》一书的统计，自洪武四年辛亥科（1371 年）至崇祯十六年癸未科（1643 年），明代共举行殿试 88 科，录取进士总计 24876 人，其中浙江一省共考取进士 3458 人，占全国进士总数的 15%左右，也就是说明代每 7 个进士中就有一个来自浙江。明代浙江的进士不但数量上在全国名列前茅，而且其科试的名次也十分突出。若以每科所考中的巍科人物计算，明代共举行殿试 88 科，其中洪武三十年有春秋两榜进士，故而共产生 89 名状元、89 名榜眼、89 名探花、88 名会元，合计 355 人。浙江有 20 名状元、20 名榜眼、14 名探花、19 名会元，合计 73 人，占总数的五分之一，同样位于 13 个布政使司之首，仅次于南直隶。① 从浙江进士的分布情况而论，绍兴、宁波、杭州、嘉兴、湖州诸府的优势极为明显，3458 名进士中，杭、嘉、湖、宁、绍 5 府就有 2578 名，占据 73%。从单个县出进士的情况来看，明代全国出进士 100 人以上的有 33 个县，浙江就占了 8 个，分别是：余姚 330 人，鄞县 249 人，慈溪 214 人，山阴 183 人，仁和 154 人，钱塘 135 人，会稽 121 人，临海 116 人。②

明代江西共有进士 3008 名，而吉安府独占 963 名，占全省的 32%。据统计，吉安一府共出了 10 位宰相、22 位尚书、11 位状元、11 位榜眼、10 位探花、8 位会元、39 位解元。③ 所以，早在明初就盛传“翰林多吉水，朝士半江西”之语。明初杨士奇说：“四方出仕者之众，莫盛江西。江西为县六十有九，莫盛吉水。”④景泰时泰和籍大学士陈循亦称：“江西及浙江、福建等处，自昔四民之中，其为士者有人，而臣江西颇多，江西各府而臣吉安又独盛。”⑤南昌府进士也达 678 名，占全省的 22.5%，其进步之快不亚于吉安府。抚州府、饶州府、临江府也占有重要地位，而南安府、赣州府依然垫底。这种巨大的悬殊以县计更为突出。南昌县有进士 244 人，安福县有进士 228 人，丰城县有进士 210 人，吉水县有进士 198 人，泰和县有进士 191 人，临川县有进士 133 人。除临川县外，前六名中，南昌府有两县，吉安府有三县。这几县进士超过了全省的三分之一多。而广信府的兴安县、广丰县，南安府的崇义县，赣州府的石城县、安远县、会昌县、定南县、长宁县甚至未能实现进士零的突破。⑥

明代福建进士共有 2395 名，集中分布在经济、文化较发达的沿海地区，福州府（650 人）、泉州府（586 人）和兴化府（533 人），这三府进士人数皆超过 500 人；漳州府（306 人）

---

① 多洛肯：《明代浙江进士研究》，上海古籍出版社 2004 年版。

② 陈剩勇：《浙江通史》明代卷，浙江人民出版社 2005 年版，第 289 页。

③ 〔明末清初〕查继佐：《罪惟录·志》卷一八《科举志》，收入《四部丛刊三编》，上海商务印书馆民国二十四年至二十五年印本。

④ 《明英宗实录》卷二六八，台湾“中央研究院历史语言研究所”1962 年校印本。

⑤ 〔明〕杨士奇：《东里续集》卷一〇《送徐崇威佥宪致仕还乡序》，文渊阁《四库全书》本。

⑥ 郑建明：《试论江西进士的地域分布》，《宜春师专学报》1998 年第 4 期。

和建宁府(131 人)居中;剩余府(州),如汀州府(52 人)、延平府(42 人)、邵武府(38 人)和福宁州(34 人)都不足 100 人,福宁州虽属沿海地区,但其经济和文化与另外三府无异,皆为经济、文化欠发达的内陆山区,与排名前三位的福州府、泉州府和兴化府的进士人数相差很多。据记载,福建莆田一县,从洪武三年(1370 年)到嘉靖七年(1528 年),共计 52 科,中举人者有 1110 人,中进士者有 324 人,另出状元 2 人,探花 4 人,会元 1 人。① 由此可见,明代福建进士在各府(州)间的分布是极不平衡的,沿海地区多于内陆山区,呈现出明显的地域性聚集现象。②

清嘉庆《四川通志·选举》所载明代四川的 1440 位进士,重庆、内江、自贡、成都、泸州、南充是出高层次杰出人才的集中地区,这 6 个地区(地级市)共有 56 县,占总数的 29%,而进士人数却达 957 人,占总数的 66.7%,是全省文化最发达的地区,而这 6 个地区又突出地集中在各自的中心城市,多至 536 人,占全省进士总数的 37.3%,这些地区一般很普通的县即出十几个,甚至几十个、上百个进士,这是本省其他地区罕见的。③

湖广省与福建、江西、浙江号称明代科举四大省。其中,湖北的进士数近 1100 人。湖南士人在明政府举行的 86 次科举考试有进士上榜,平均每科约录取 6 人,共考中 556 名进士,占全国总数的 2.2%左右,居各省的第 15 位,列倒数第三。殿试一甲,终明一代湖南仅产生过三位鼎甲人物,即状元黎淳、榜眼邓伟奇、探花曾朝节,总数居全国第 12 位,亦处于落后位置。长沙地区以 730 名举人、143 名进士居全省第一,远高于其他地区。而长沙府终明一代并未产生鼎甲人物,甚至乡试解元也较少,长沙府的中心地带长沙县、善化县竟没有一名解元,这与其科举领先地位是不相称的。茶陵、攸县、湘潭三县进士数达 64 人,而长沙县为 20 人,善化县为 11 人,进士的分布较为分散,没有出现超大规模的进士县。④

---

① 〔明〕谈迁:《枣林杂俎》圣集《莆田科甲之盛》,中华书局 2006 年版,第 196 页。

② 刘海峰、庄明水:《福建教育史》,福建教育出版社 1996 年版,第 159 页;季平:《明代福建进士的地域分布研究》,《教育与考试》2009 年第 6 期;多洛肯:《明代福建进士研究》,上海辞书出版社 2004 年版。

③ 陈国生:《明代四川进士的地域分布及其规律》,《西南师范大学学报(哲学社会科学版)》1996 年第 3 期。又,武汉大学历史学院刘小龙先生费时一年有余,综合《明代进士登科录》《皇明进士登科考》《皇明贡举考》《类姓登科考》《碑录》《索引》等科举文献和嘉靖《四川总志》、万历《四川总志》、雍正《四川通志》、嘉庆《四川通志》等方志,逐一考证明代各科四川进士基本信息,逐科统计明代各科四川进士数量,认为明代四川进士总数 1406 人。(《明代四川进士总数考——兼与吴宣德教授商榷》,《宜宾学院学报》2014 年第 7 期)

④ 邓洪波、蒋建国:《明代湖南科举述评》,《湖南大学学报(社会科学版)》2001 年第 1 期。

五、会馆公所与清言

（一）会馆公所

以血缘或地缘关系为纽带，沾亲带故，同一地同一姓人在某一镇市经商，聚集的人多了，他们为了联络乡谊，维护共同的利益，纷纷建立会馆或公所。会馆、公所是同乡会兼具同业行会的性质，但由于是某一行业为某一地某姓所垄断，所以，尽管公所本是行业性的组织，也渗透进地缘的关系。

会馆、公所在苏杭等地很多。苏州“为东南一大都会，五方商贾，辐辏云集，百货充盈，交易得所，故各省郡邑贸易于斯者，莫不建立会馆”①。苏州至少有五所会馆公所：岭南会馆，万历时广东商人所建；三山会馆，万历时福建商人所建；潮州会馆，广东商人所建；梅园公所，安徽商人所建。据《昭文县为梅园公所卜建存仁堂给示勒石碑》：“前明在虞山北麓建设梅园公所置地厝棺，以安旅骨，延僧看守，迄今弗替。”②东莞会馆，明天启五年广东东莞商人所建。其他如南京、杭州、汉口也都有会馆公所，至清代会馆公所有一大发展，一个城市甚至达到五六十个之多。

江南的市镇中也有许多会馆公所。这些会馆公所的性质和作用主要有以下几点：

（1）加强团结，增进乡谊，互助互济。商旅仕宦离乡旅居于外，通过会馆联络乡情，困难时互相帮助，“惟思泉贝之流通，每与人情之萃涣相表里。人情聚则财亦聚，此不易之理也。矧桑梓之情，在家尚不觉其可贵，出外则愈见其相亲。我五邑之人来斯地者，无论旧识新知，莫不休戚与共，痛痒相关，人情可谓聚矣”③。

（2）统一度量衡和商定价格，协调互相竞争中的矛盾。商品交易中价格涨落虽不可一致，但同行之间应有一个商定的涨落幅度，度量衡亦须划一有统一标准，才可提高公平竞争的能力，防止互相拆台、攻讦。

（3）贮货停息的场所。货物到地需要有地方贮放，商旅学子亦需有停歇的处所，会馆公所则可提供此场所，裨使“僦赁无所费，不畏寇盗，亦不患燥湿”。

（4）举办慈善、教育、救济、停厝安葬等事宜。离乡背井的乡人难免有生老病死，子弟需上学读书，此时，同乡同行会馆公所需提供方便。“济帮伙中失业贫乏，孤独无依者”，“同业伙友中如有年老贫病无依，不能工作者，由公所收养。身后发给衣棺，殓埋义冢”。

---

① 〔清〕嘉庆十八年《嘉应会馆碑记》，见《明清苏州工商业碑刻集》，江苏人民出版社1981年版，第350页。

② 《明清苏州工商业碑刻集》，江苏人民出版社1981年版，第349页。

③ 〔清〕嘉庆十八年《嘉应会馆碑记》，见《明清苏州工商业碑刻集》，江苏人民出版社1981年版，第350页。

总的来说，会馆公所的作用是“迓神庥，联嘉会，襄义举，笃乡情”。“立会馆以联络之，所以笃乡谊也”。会馆公所是商品经济较高程度发展的产物，大体上是明中叶才出现，长江流域约于万历间始建，及至清朝则大有发展，它在一定程度上能推动商品经济的发展。

(二)清言

明代士大夫认为：“俗语近于市，纤语近于娼，诨语近于优。士君子一涉此，不独损威，亦难迓福。”[①]按照上面的意思，所谓的“士君子”之流，无疑应与俗语、纤语、诨语绝缘。但究之明代的事实，却应从两个方面给以看待：一是明代的士大夫作为一个知识阶层，他们的语言确实与民间百姓有很大的区别。他们追求的是文与雅，而民间大众的语言则是俚与俗。所谓的“清言”及其在当时士人阶层中的盛行，就是一个最好的例证。二是明代中期以后，士大夫的语言也在向着世俗化的方向演进。

早在弘治二年(1489 年)，苏州一带的文人、士大夫，就有将自己清雅生活的场景以及文人相聚所说的清雅之言记录下来，并编成集子的习惯，于是也就出现了所谓的清言集。如朱存理，就著有一本《松下清言》。据他自己所言，自他僦居松下之后，经常与他过往或到他舍中清谈之人，有杨君谦、都玄敬、祝希哲、史引之、吴次明、尧明宿等人。所交往之人，一概“非势利之人”，而所谈也不是“势利之事”，不过是一些品砚、借书、鉴画之事。松下所设，有一几，可以摊书，以使主客共赏。来客以后，主人也不用酒宴招待，而只是“啜茗”[②]。朱存理将每天过客之谈记录下来，也就成了这本《松下清言》。

在晚明，最典型的清言集代表著作是洪应明著的《菜根谈》。《菜根谈》作为一本清言集，正如有的学者所指出，其真面目是把被迫归隐后实实在在的心情与佛、道思想及其生活观融合在一起，并将其寄托于发自内心的言语之中。而从《菜根谈》的思想来看，与其说是道教的，毋宁说是《老子》《庄子》本身的思想精髓。[③] 从《菜根谈》一书来看，士大夫的清言可以概括为下列特点：其一，忘记纷华而甘于淡泊，这不仅是追求一种生活的恬淡，而且在语言上也要做到不谈纷华，专说淡泊。其二，深信只有“闲人”才是“福人”，看破尘情世态，在寂寞处引起一种“冷趣幽思”，做一个“幽人”，而所行则是“清事”。[④]

《菜根谈》一书与以“遵生”为主旨的《遵生八笺》，其思想和生活观上是一脉相承的。而其相承的中心内涵就是“清言”“清事”。《遵生八笺》中有《清修妙论笺》《燕间清赏笺》，

① 〔明〕李乐：《见闻杂记》卷七，上海古籍出版社 1986 年版，第 595 页。

② 〔明〕朱存理：《楼居杂著·题松下清言》，上海古籍出版社 1991 年版，第 604—605 页。

③ 〔日〕中村樟八、石川力三：《菜根谈考述》，载〔明〕洪应明著、王同策注释：《菜根谈注释》附录，浙江古籍出版社 1991 年版，第 209 页。

④ 〔明〕洪应明著、王同策注释：《菜根谈注释》，浙江古籍出版社 1991 年版，第 61、63、180 页。

也正好说明了这种继承性，以及“清言”在晚明士大夫中的风行。

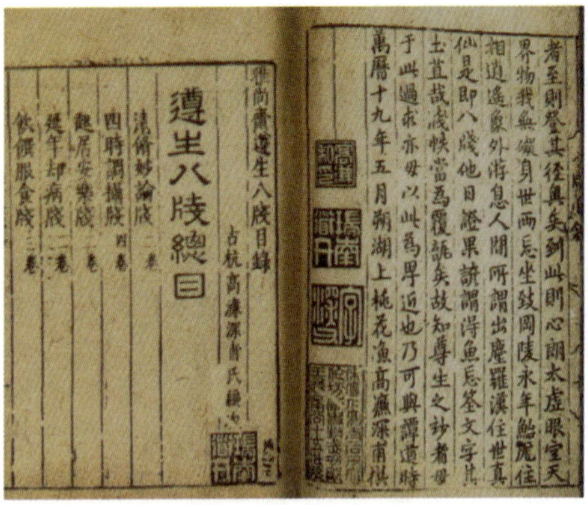

明高濂《遵生八笺》书影

高濂《遵生八笺》中的《清修妙论笺》，无疑是一部综合了古今清谈和儒、佛、道三教的清言集，而其所谓的“清修妙论”，就是在当时士大夫中颇为流行的“清言”。一方面，这种清言与“轻言戏谑”是对立的。正如《清修妙论笺》所摘录的前人之言：“轻言戏谑最害事，盖言不妄发，则言出而人信之。苟常轻言戏谑，遇有正事诚实之言，人亦不信。”另一方面，清言又与“妄语”“恶口”“绮语”相别。[①]

在明代，直到嘉靖、隆庆之间，《世说新语》一书，尚未在学者中间产生很大的影响力，甚至很多读书人都不知有《世说》一书。自王世贞《世说补》出来后，当时的学界始重《世说》一书。其后，学风骤然一变，学者旁求百家杂撰，尤沉酣于《世说》以为奇。正如薛冈所言：“《世说》片语只词，讽之有味，但可资口谭。近日修词之士翕然宗之，掇拾其咳唾之余以饰文，而文斯小矣。”[②]可见，习《世说》，尚“清言”，在晚明文人士大夫中已风行一时。

正是在这种大的社会乃至精神氛围中，才出现了郑仲夔的《清言》一书。此书与《偶记》《耳新》《隽区》合刻于《玉麈新谭》中。[③] 显然，自士大夫的“清言”成为一时时尚之后，传统的读书人也就出现了分化：一种是“韵人”，话语隽永，甚至为人简傲；而另一种则是讲道学或习举业者，话语味同嚼蜡，陈陈相因，为人循规蹈矩。换言之，同是清谈，韵人的“清言”，与道学的“讲谈”，实在不可同日而语。

六、娱乐与游艺

（一）娱乐

市镇人口聚集也需有文化娱乐，于是娱乐场所应运而生，主要有说书场、曲艺场、流动戏班等。

1. 戏曲

明代的社会生活内容相当丰富多彩，梨园生活只是众多文化生活的一个侧面。梨园

① 〔明〕高濂：《遵生八笺·清修妙论笺》下卷，第 66—68 页。

② 〔明〕薛冈：《天爵堂文集笔余》卷一，载《明史研究论丛》，江苏古籍出版社 1991 年版，第 5 辑，第 328 页。

③ 〔明〕曹徵庸：《清言序》，见郑仲夔：《清言》前附，载《明史资料丛刊》，第 3 辑，第 137 页。

是士大夫消闲的好去处。他们不但写了很多戏曲的剧本，而且还自己养着家乐班子，以供娱乐消闲。戏曲更是平民百姓解乏的好方法，整年忙忙碌碌的民众，也惟有在戏曲的欣赏和发泄中获得生理乃至心理的调整。台下看戏，矮子观场，人云亦云，叫好喝彩，情绪得到宣泄，精神为之畅快愉悦。

南、北两京是明代政治与文化中心，理所当然是各地戏班荟萃的地方。南京的戏行主要集中在水西门、淮清桥一带。水西门里有一个总寓，淮清桥内有三个总寓。总寓大概就是明代戏行公开营业的办公场所。一般总寓中都张挂着一班一班的戏子牌，以供客人选择班子。若要定戏，就须先几日定下，并且在牌上记上一个日子。在明代末年，南京城内以技艺称雄梨园的有数十班，其中最为著名的戏班有两个，一个称“兴化部”，另一个叫“华林部”。所演的戏，都是当时的大名士王世贞写的《鸣凤记》。史载“金陵为明之留都，社稷百官皆在……梨园以技鸣者，无论数十辈，而其最著名有二，曰兴化部，曰华林部。一日，新安贾合两部为大会，遍征金陵之贵客，文人与夫妖姬静女莫不毕集，列兴化于东肆，华林于西肆，两肆皆奏鸣凤”①。一些好事的徽商请来了南京城中的贵客文人，与一些妖姬靓女，以对两家戏班的演技进行品评。戏演到一半，两班引商刻羽，抗坠徐疾，都十分了得，不分胜负。当演至宰相论收复河套事时，“华林部”中饰演严嵩的是李伶，“兴化部”中演严嵩的是马伶。渐渐地，观众西顾而叹，有的大叫“酒来”，有的移座前看，头再也不转向东边了。“华林部”取得了比试的胜利。马伶比演失败后，颇不甘心。于是弃去梨园行业，跑到当时的宰相府中当了一名门卒，观察现实中宰相的真实生活。寒苦几年，当再次回到戏行中比试时，马伶已比李伶技高一筹。②

佚名《明人演戏图》

扬州也是非常繁华的地方，李日华说：“笙歌粉黛繁丽之地”③。张岱《陶庵梦忆·扬州清明》说：“四方流寓及徽商西贾，曲中名妓，及一切好事之徒，无不咸集。”苏州阊门就有戏馆数十处。杭州一城从事唱戏的优俳就达几千人之多。④ 绍兴人也喜演戏剧，“优伶之鬻伎吾乡者，至数千人”⑤。松江“游船箫管不绝”⑥。

① 〔明〕侯方域：《马伶传》，见《虞初新志》卷三，上海古籍出版社2012年版，第32页。

② 〔明〕侯方域：《壮悔堂文集·马伶传》，《四库禁毁书丛刊》本。

③ 〔明〕李日华：《紫桃轩杂缀》，《四库全书存目》子部第108册。

④ 〔明〕张瀚：《松窗梦语》卷七《风俗纪》，中华书局1995年版，第139页。

⑤ 〔明〕陶奭龄：《小柴桑喃喃录》卷上，明崇祯八年刻本。

⑥ 〔明〕范濂：《云间据目抄》卷二《记风俗》，《笔记小说大观》第6册，江苏广陵古籍刻印社1995年版。

乌青镇,“日行车马夜笙歌……彩霞香拥太平楼,鸾姬凤舞戏台作,月色花影勾栏收。北瓦子连南瓦子,李娟张态夸娇比,八仙楼与天隐楼,银筝象板温柔里”。“靠水轩窗似双陆,傍街楼阁夜琵琶”①。

除了上述比较正规的戏班之外,明代还有很多“卖唱赶趁”之人,活跃于大江南北的乡村,为乡村的农民提供娱乐服务。如海瑞在浙江淳安知县任内时,在一禁约告示里就提到:“各地方凡有赶唱妇人到,图里总人等即时锁拏送县,以凭递解回籍。”②这就是赶唱妇人离开家乡到外地谋生的最好例证。

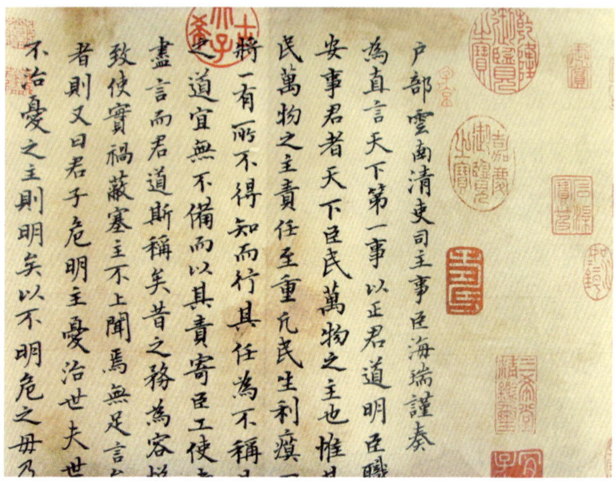

户部雲南清吏司主事臣海瑞謹奏
為直言天下第一事以正君道明臣職
安事君者天下臣民萬物之主也惟
民萬物之主責任至重凡民生利瘼
将一有所不得知而行具任為不稱
之道宜無不備而以其責寄臣工使
盡言而君道斯稱矣昔之務為容
致使實禍蔽塞主不上聞焉無足言
者則又曰君子危明主憂治世夫世
不治憂之主則明矣以不明危之毋

海瑞奏章

在明代,梨园业一般奉清源师(二郎神)为戏神、祖师。据记载,明嘉靖年间,曾任兵部尚书的谭纶(谭为宜黄人),从浙江将海盐腔戏班带回原籍。到万历年间,宜黄梨园业形成鼎盛的局面,优伶之数达千余人。当时戏曲家汤显祖为当地戏剧活动的领袖人物,并为当地伶人所建的清源祖师庙撰写了《宜黄县戏神清源师庙记》一文。据此文可知,所谓清源,即西川灌口神,也就是灌口二郎神。到清代,才将戏神奉为老郎,并建有很多老郎庙。

北京的戏班歇处以其性质不同而各有所居。如小唱弦索的子弟,一般分布在新帘子胡同与旧帘子胡同。在这两条胡同内,家家歇着小班,门内坐着一些小官,一个个打扮得粉妆玉琢,如女子一般无二,在那里笑谈歌唱。正德时,顾佐上疏,严禁官妓,京城缙绅无以为乐,于是小唱盛行。缙绅间一有宴会,就叫用小唱。从事这些行业的大都是浙江宁

① 〔明〕赵桓:《常春坊》《熙和坊》诗,民国《乌青镇志》卷二一《工商》,《中国地方志集成》之《乡镇志专辑》,上海书店 1992 年版,第 23 册,第 600 页。

② 〔明〕海瑞:《海瑞集》上编《禁约》,中华书局 1981 年版,第 188 页。

波人。至万历年间，又有临清、开封、真定、保定的儿童，充当小唱歌童，但多伪称自己是宁波人。①

需要指出的是，除了上面所述的营业性的戏班外，明代的士大夫还有别具一格的家庭戏班。如明末阉党成员阮大铖在政治上可谓臭名昭著，但在戏曲上却是镞镞能新，不落窠臼，有一定的造诣。他自蓄戏班，亲自教唱。因此，他家的优伶演戏时讲究关目，还讲情理，讲筋节，与别的戏班的孟浪不同。又阮氏自制院本，笔笔勾勒，苦心经营，又不同于其他戏班的鲁莽。到他家看戏，其中的串架门榫、插科打诨，主人都会细细与之讲明，别有一番风味。② 上海人潘允端《玉华堂日记》载，潘允端为筹建家乐班子，不惜工本。他家的家班，生旦净丑俱全，共有 20 余位演员，可以演出大型的剧目。为了配齐各色行当，他多次亲自到苏州选购串戏的小厮。在这些演戏的奴仆中，有少数是自己上门投靠的，而有些则是从往来于苏州、上海之间专事贩卖优伶或奴仆的中间人手中买入。购来的"串戏小厮"，一律改名，以"呈"字为排行，如呈春、呈节、呈艺之类，有别于一般家内奴仆，有类似艺名。潘允端家的梨园相当齐整，以致当地的知县也曾多次借去演出。

明末，绍兴张氏的家庭戏班，颇负盛名。自万历以后，张岱的祖父就开始蓄养声伎，组成了很多家乐班子，如可餐班，著名的声伎有张彩、王可餐、何润、张福寿；武陵班，有何韵士、傅吉甫、夏清；梯仙班，有高眉生、李岕生、马蓝生；吴郡班，有王畹生、夏汝开、杨啸生；苏小小班，有马小卿、潘小妃；平子茂苑班，有李含香、顾岕竹、应楚烟、杨𫘧驹。③

唱堂会主要是承担官员饮酒聚会或官宦人家喜庆日子的差使。以南京为例，在万历以前，公侯、缙绅及富人之家，凡有宴会，小集用散乐，或三四人，或多人，唱大套北曲，乐器有筝、琵琶、三弦子、拍板。若是大席，则用教坊打院本，一般是北曲大四套，中间夹杂错垫圈、舞观音，或百丈旗，或跳队子。随后流行南唱，歌者只用一小拍板，或用扇子代替，间用鼓板。到万历末年，吴人在乐器上又加上了洞箫和月琴，声调屡变，更加变得凄婉动人，听者几欲坠泪。这时大的宴会也改用南戏，开始只有二腔，一为弋阳，一为海盐。弋阳错用土语，四方士客喜听此调；而海盐则多官话，两京人宴会时多用海盐腔。随后又出现了四平腔，其实是对弋阳腔稍做改进，使听者更容易听懂。最后，才是昆山腔的流行。昆山腔，比起海盐腔来，更为轻柔婉转，一字之长，延宕至数息，士大夫靡然从好。昆山腔出来以后，就占据了士大夫宴会的主要市场，这时再听海盐腔，几乎已是白日欲睡，而院本北曲，更是"厌而唾之"④。

① 〔明〕沈德符：《万历野获编》卷一四《小唱》，中华书局 1997 年版，第 621 页。

② 〔明〕张岱：《陶庵梦忆》卷八《阮圆海戏》，上海古籍出版社 1982 年版，第 73—74 页。

③ 〔明〕张岱：《陶庵梦忆》卷四《张氏声伎》，上海古籍出版社 1982 年版，第 37—38 页。

④ 〔明〕顾起元：《客座赘语》卷九《戏剧》，中华书局 1997 年版，第 303 页。

2. 社戏

民间的社戏在明代颇盛。社戏分为两种：一种由专业的戏子扮演，至时须请戏班；另一种是社日赛会，扮演故事杂剧，民间百姓自己饰演，娱神悦人。

先说前一种。如绍兴陶堰的严助庙，正月的上元节是庙会。正月十五之夜，就要在庙演剧，所请戏班照例是绍兴的上三班，有时候还特地从杭州请戏班演戏，所花缠头日费数万钱。又如目连戏，在明代演出时因为有一些专门的杂技动作，诸如使索舞絙、翻桌翻梯、筋斗蜻蜓、蹬坛蹬臼、跳索跳圈、窜火窜剑之类，难度较大，就需要请专门的班子。一般是请徽州旌阳戏子，因为他们个个剽轻精悍，能相扑跌打。目连剧大致要演三日三夜。戏里依此出现的天神地祇、牛头马面、鬼母丧门、夜叉罗刹、锯磨鼎镬、刀山寒冰、剑树森罗、铁城血澥，一如吴道子那幅《地狱变相图》。这些神鬼，都用纸扎成，所费不下万钱。①

再说纯粹的民间社戏。如绍兴严助庙上元节的庙会，除了请专业的戏班演戏外，也有以儿童扮演故事的情况，但大致无甚理致，不过以多为胜。又如临清这个大码头，在明代已是商贾辏集，货物骈填。② 到了迎春这一日，三十六行经纪人家，争扮社火，装成故事。这天，满街人山人海，挨挤不开，场面十分热闹。满市傀儡跳跃，这是傀儡戏。有莲台高耸，扮成童子拜观音等样子。其他还有唐王醉杨妃、吴王拥西子、三元及第、五子登科等故事。涉及宗教故事的有吕纯阳飞剑斩黄龙、钟馗捉鬼。尤其是诸葛亮七擒孟获的故事，也成了社火扮演的主要剧目。绍兴人祷雨，也是"日日扮潮神海鬼"。传说鬼怕人唾，所以百姓争相唾之。后又扮《水浒》。为求得真实，于是分头四出寻找与小说中面容相似的人，让这些人演梁山泊好汉，个个活灵活现。

明代的社戏，大致均在神庙前演。如城隍庙、关帝庙等，在明代全国各地都很普及，就成了演戏的极好场所。张岱在权阉魏忠贤败后，就删改他人传奇数十本，仍名为《冰山记》，将这出戏在绍兴城隍庙的杨台上演，观者达数万人。③ 又如小说《梼杌闲评》第13回讲到，魏忠贤听到蓟州城隍庙有戏，与另一人同去看戏，"二人来到庙前，进忠买了两根筹子进去，只听得锣鼓喧天，人烟凑集，唱的是《蕉帕记》，到也热闹"。从看戏需要买筹来看，这种演戏不同于一般的社戏，已具有商业演出的性质，可能就是近代戏园的雏形。

3. 说书

明人吕坤相当重视乡村或基层教育。他曾有一设想，采用"时调新曲"的形式，将一

① 〔明〕张岱：《陶庵梦忆》卷六《目连戏》，上海古籍出版社1982年版，第52—53页。
② 〔朝鲜〕崔溥著、葛振家点注：《漂海录》卷二，社会科学文献出版社1992年版，第134页。
③ 〔明〕张岱：《陶庵梦忆》卷七《冰山记》，上海古籍出版社1982年版，第70页。

切有关风化之事，写成“鼓板、平话、弹唱、说书”①，再用极浅极俗的文字，向妇人童子宣传教化。这些通俗文学的形式，大体是民间百姓所喜闻乐见的娱乐形式，而且“半说半唱”是其共同的特点，易为一般大众所接受。

在明初，就存在着一种“平话”。据载，明太祖朱元璋曾令张良才“说平话”。张良才因做场需要，就擅自写下了“省委教坊招子”，贴在门柱上。于是有太监将此事告知太祖，说：“贱人小辈，不宜宠用。”太祖就令先锋张焕将张良才捆绑，投之于水。② 从这段记载中可知，“平话”在元末明初就已存在。平话艺人在开说之前，必须“做场”，也就是开设书场，并贴“招子”，类似于书场海报。

在明末，最善说书者当数南京柳敬亭，人称“柳麻子”。在当时的南京城内，号称有两位“行情人”，一个是王月生，是朱市妓女，善于楷书，能画兰、竹、水仙，也解吴歌，其人寒如孤霜冷月，淡如含冰傲霜，不喜与俗子交接；③另一个就是柳麻子，相貌极丑，满脸疤痕，土木形骸。但在说书时口角波俏，眼目流盼，衣服恬静，直与王月生同其婉娈，所以两人在当时的“行情”相等。柳麻子一天说书一回，定价一两。想请他说书，十日前就必须送书帕下定，就这样还常不得空。柳麻子最擅长说“景阳冈武松打虎”这一段书，故事出自《水浒传》，但他所说与本传大异，说明他的说书不拘泥于书文，而是有很多临场发挥。其描写刻画，几乎微入毫发，然又说白干净，并不唠叨。每当他说到筋节处，叱咤叫喊，汹汹崩屋。如他说武松到店沽酒，店内无人，猛地一吼，店中空缸空甓全嗡嗡有声。这显然是闲中著笔，相当细微。至老年，柳麻子尚能说《秦叔宝见姑娘》，故事出自《隋唐演义》。④

说书之时，需要有寸许长的紫檀戒尺，这就是后世说书艺人所谓的惊堂木。除了柳麻子说“武松打虎”外，杭州的杨与民用北调说《金瓶梅》一剧，在明末士大夫的聚会中也经常出现，而且使人绝倒。⑤

4. 弹词

弹词是一种说唱艺术。其表演者一为瞽者，用小鼓、拍板在九衢三市说唱；二是妇女，弹起弦索，再加演唱。在明代，比较著名的弹词作品有无名氏的《仙游》《梦游》二录，其内容全取唐人传奇加以敷演，深不甚文，谐不甚俚，基本可以让那些痴儿少女入于耳并

① 〔明〕吕坤：《实政录》卷二《存恤茕独》，明万历二十六年赵文炳刻本。

② 〔明〕顾起元：《客座赘语》卷六《平话》引刘辰《国初事迹》，中华书局 1997 年版，第 189 页。

③ 〔明〕张岱：《陶庵梦忆》卷八《王月生》，上海古籍出版社 1982 年版，第 72 页。

④ 〔明〕张岱：《陶庵梦忆》卷五《柳敬亭说书》，上海古籍出版社 1982 年版，第 45 页；〔清〕余怀：《板桥杂记》下卷《轶事》，上海古籍出版社 2000 年版，第 62 页。

⑤ 〔明〕张岱：《陶庵梦忆》卷四《于玟》，上海古籍出版社 1982 年版，第 74 页。

感于心。[1] 从明季董说所著小说《西游补》中可知，明代的弹词确是盲人的长技，采用的是一种唱的形式，而且其乐器已有了琵琶。弹词作品既有旧故事，又有新故事。新故事作品有《玉堂暖话》《则天怨书》《西游谈》及《泣月琵琶调》等。[2]

（二）民间杂技

在明代，各种杂技、舞蹈广泛流行，并成为江湖艺人谋生的一种手段。在明代的民间，各种杂耍更是风行一时。每当迎神赛会之时，必有杂技表演。而一些专门的杂技艺人或戏班，为了谋生的需要，也多出入于南北各地的城市和码头，表演杂技项目。在明人王圻所著《三才图会》的"人事类"中，保存了明代杂技武术活动的图画多幅。画上描绘的杂技表演，都在露天广场，其中项目有飞叉、中幡、耍花坛、双石、杠子、石锁、花砖、舞狮子等。图上还画着围观的看客和放道具的箱担、装石担的马车等。参加活动的除艺人外，还有不少的文人秀才。

在明代长江流域各地的城市中，民间杂技活动十分流行，到处留下了杂耍艺人活动的踪影。明人王稚登《吴社编》一书，真实地记载了苏州一带迎神仪式中的各种乐扮和伎艺演出，包括傀儡、竿木、刀门、马戏、弄伞、广东狮子（舞狮）。郑仲夔所著《耳新》卷六也记载，在江西宜黄，七夕迎赛时，其杂戏有"鱼龙角觝之戏"。田汝成《西湖游览志余》一书，也对明初杭州佑圣观庙会上表演的雀竿之技，作了详尽的描绘。从中可以看出，当时百戏中的竿技艺人，能在竿顶上作"变态多端"的舞姿，从而进一步将精湛纯熟的杂技与优美的舞蹈结合在一起。在当时扬州一带，每当清明节，杂戏纷呈，其中有《浪子相扑》的剧目，戏中把角力伎艺也搬上了舞台。另外，在阮大铖所作《双金榜》《牟尼会》《春灯谜》等一些戏曲中，都穿插表演跳狮子、跳跑马、舞龙灯、盘杠子等杂技中的技巧，从而大大丰富了戏曲的表演内容，同时也反映出百戏中的杂技已渐与戏曲相结合。

（三）博戏游艺

1. 猜枚

在明代，猜枚虽属相当鄙俚之戏，但也很风行，而且有很多人精通此术。苏州人袁氏著有《拇经》一书，专讲猜枚之戏的技巧与规则，自称天下无双。还有一位是浙江德清人，号"半月泉"，百发百中，玩遍天下无敌手。人多怀疑他有幻术，其实不过是记性好于他人而已，可以记住别人 10 次以上，就可以纵横猜测，无不猜中。

2. 弹棋

弹棋之戏，在明代已失传很久，即使其棋局也无人知悉。大体说来，其制为方二尺四

---

① 〔明〕臧懋循：《负苞堂集》卷三《侠游记引》，古典文学出版社 1965 年版，第 63 页。

② 〔明末清初〕董说：《西游补》第 12 回，上海古籍出版社 1983 年版，第 54—56 页。

寸，其中央高而圆。在明代，福建女子的弹子之戏，大体上可以说是弹棋的遗制。其法用围棋子五，随手撒几上，对方任意去二子，保留三子在几上，所留必须隔远，或相粘一处者，然后弹之，必越中子而击中另一子，中子不动，就算获胜。

3. 叶子戏

在明代，盛行一种叶子戏。关于明代的叶子戏，其起源已是众说纷纭。陈耀引《咸定录》《归田录》，认为始于唐之骰子选格，而杨慎则认为与明代的纸牌相似。具体如何，尚待进一步论证。明代叶子戏源于小说《水浒传》，这一点则毫无疑义。① 以政府所出缉捕水浒群盗赏格数目及所指明的各种人的图形博胜负，就称"叶子戏"。此赌法在明英宗时就盛行于东南一带。陆容在《菽园杂记》中记道："斗叶子之戏，吾昆城上至士夫，下至童竖皆能之。予游昆庠八年，独不解此，人以拙嗤之。近得阅其形制，一钱至九钱各一叶，一百至九百各一叶，自万贯以上，皆人图形。"②至万历末年，叶子戏内容又稍有变化，有"闯""献""大顺"三牌，而至崇祯时大盛。崇祯时"流寇"四起，都自立名号，赌惯了叶子戏的就以叶子戏上最脍炙人口的绰号自名，"闯""大顺"之外，如"闯塌天""立地王""一堵墙""曹操""老回回"之类，大体上都是从叶子戏上的绰号演变而来。③

4. 马吊

据说马吊始于天启年间。顾炎武《日知录》云："万历之末，太平无事，士大夫无所用心，间有相从赌博者。至天启中，始行马吊之戏。而今之朝士，若江南、山东，几于无人不为此。"④申涵光《荆园小语》也说："赌真市井事，而士大夫往往好之。至近日马吊牌，始于南中，渐延都下，穷日累月，纷然若狂。"由此可见，马吊牌始于江南地区。一旦兴起，其发展自南而北，很快风行全国各地。

5. 斗鹌鹑

在江南，流行一种斗鹌鹑之戏，一般都在笼中相斗，以赌输赢。至明末时，苏州有人开笼，让鹌鹑在屋内相斗。这种斗鹌鹑之戏，也被一些士大夫视为"太平清事"⑤。

6. 斗鱼

斗鱼之戏，在福建莆田的儿童中颇为流行。所用斗鱼，为一种花鱼，长二寸许，身若

---

① 在明季，画水浒牌最著名者当数陈老莲，曾画《水浒》48人，张岱为之序、赞。见〔明〕张岱：《琅嬛文集》卷一、五《水浒牌序》《水浒牌四十八人赞》，岳麓书社1985年版，第37、252—260页。

② 〔明〕陆容：《菽园杂记》卷一四，中华书局1997年版，第173页。

③ 〔明〕吴伟业：《绥寇纪略》卷一二，清康熙间刻本。

④ 〔清〕顾炎武著、黄汝成集释：《日知录集释》卷二八《赌博》，中州古籍出版社1990年版，第666—667页。

⑤ 〔明〕董其昌：《画禅室随笔》卷二《纪事》，清康熙五十九年掞藻堂刻本。

文锦，五彩相间。斗时，"各一盆至，共盆即斗，衔口翻身，怒目鼓浪。败北者，循盆而走，胜者逐之，至断其尾"①。因是一种儿童之戏，仅仅是"因其胜负以取乐"，是否在成人之间也盛行此戏，借此赌博，有待史料证实。

7. 斗鹅

斗鹅之风，在明代已很少见到，仅在福建漳州尚有遗存。"鹅斗，为护其子。故斗时，土人执雏交立其前，雌鹅随后，厉声助其勇也。主人以手招之，壮其胆也。先以酒渍米饲之，酣其力也。若去主与雌，便不能斗矣。弱者败，即逐北。佳者虽败，犹坚立不肯少却。"②斗鹅佳者，一只可值五千之钱，可见并非仅供娱乐而已，或许也与赌博相关。

（四）弈棋

在明代，弈棋之风在士大夫中悄然盛行，而且出现许多名手。据载，如新安之方生、吕生、汪生，福建之蔡生，一时俱称围棋国手。而在这几位国手中，方生比起其他几位来，又有"白眉之誉"。后方生出资捐官，谈诗书，不再与人下棋角逐。继方生而起的是六合王生，足迹遍天下，几无敌手，名震华夏，号称当时天下第一。此外，如吴兴的范生、周生，永嘉的郑头陀，也堪称一时国手，但棋艺均无法与王生相敌。士大夫不仅将下棋当作取兴之途，而且在闲居多暇之时，结成"弈社"这样一种棋艺社团，藉此互相诙噱，打发时光。③

在当时的士大夫中，也有一些擅长围棋之人。如谢肇淛，六合王生让其四子，两人即可一战。与当时华夏第一高手能下成如此，亦属不易。晚明福建福清人大学士叶向高，号称"弈品居第二"，但与名手无锡人过文年交手，即告败阵，而当时过文年尚是一少年。④

第五节　明代长江文化的巨大成就

明代文化从明中叶以来趋向开放，在长江流域经济发达地区，由于商品经济的发展，哲学、文学思潮受到冲击，传统的、守旧的思潮渐次走向平民化、市民化，在形式上趋向多样化、自由化发展。史学则注重真实。科技受到西方传教士带来自然科学知识的影响，注重实际。总之，已带有时代的气息，民主主义启蒙思潮的特色已十分明显。

① 〔明〕姚旅：《露书》卷一〇，明天启刻本。
② 〔明〕姚旅：《露书》卷一〇，明天启刻本。
③ 〔明〕严果：《天隐子遗稿》卷一〇《奕社引》，明悟澹斋刻本。
④ 〔清〕秦松龄：《过百龄传》，收入张潮辑：《虞初新志》卷一一，民国广智书局铅印本。

一、哲学

明代哲学是在宋元哲学的基础上发展起来的。理学仍然是这一时期占统治地位的哲学学说，并直接承继宋代程朱理学的传统。明太祖朱元璋曾下诏云：“一宗朱子之书，令学者非五经孔孟之书不读，非濂洛关闽之学不讲。”①明成祖更使儒臣将宋代理学家的著作汇辑成《性理大全》，颁布天下，不许任何人反对和非议，从而使明初的哲学成为程朱理学的天下，别无创新。明初“文臣之首”、金华学派的宋濂是程朱理学的继承者，拜元儒许衡为师。他的得意弟子、宁海人方孝孺，更被时人誉为“程、朱复出”②。江西崇仁人吴与弼也非常崇拜程朱理学，黄宗羲《明儒学案》指出吴与弼学派“一禀宋人成说”，但认为吴与弼的崇仁学术中的心学思想已是明代心学之滥觞。在吴与弼的影响下，广东新会人陈献章（1428—1500）创立了白沙学派，成为明代心学的前驱。至明代中期，随着社会矛盾的加剧，学术思想也酝酿着大的变革。正是在这种背景中，以“正心”挽回衰世为目标的王守仁心学（通称“阳明学”或“王学”）便应运而生了③。

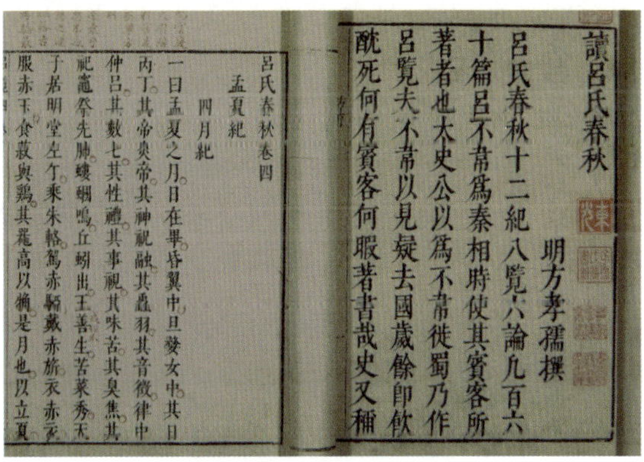
呂氏春秋卷四
孟夏紀
四月紀
一曰孟夏之月日在畢昏翼中旦婺女中其日丙丁其帝炎帝其神祝融其蟲羽其音徵律中仲呂其數七其性禮其事視其味苦其臭焦其祀竈祭先肺螻蟈鳴丘蚓出王菩生苦菜秀天子居明堂左个乘朱輅駕赤騮載赤旂衣赤衣服赤玉食菽與鷄其器高以觕是月也以立夏

讀呂氏春秋
明方孝孺撰
呂氏春秋十二紀八覽六論凡百六十篇呂不韋爲秦相時使其賓客所著者也太史公以爲不韋徙蜀乃作呂覽夫不韋以見疑去國歲餘即飲酖死何有賓客何暇著書哉史又稱

明方孝孺《读吕氏春秋》

（一）王守仁的哲学思想

王守仁（1472—1528），字伯安，浙江余姚人，称阳明先生。他是明代主观唯心主义的哲学家，宇宙观为“心外无物”“心外无理”，认识论为先验唯心的“致良知”，伦理道德观为“知行合一”，他力倡“心学”，反对程朱理学空谈。

① 〔清〕陈鼎辑：《东林列传》卷二《高攀龙传》，见周骏富辑：《明代传记丛刊》，台北明文书局1991年版，第136页。

② 〔清〕黄宗羲：《明儒学案·师说·方正学孝孺》，中华书局1985年版，上册，第1页。

③ 冯天瑜：《明代理学流变考》，见《明清文化史散论》，华中工学院出版社1984年版，第33—49页。

1. 宇宙观

王阳明像

他认为“心之本体无所不该”，一切由心派生衍变出来，“身之主宰便是心，心之所发便是意，意之本体便是知，意之所在便是物”①。认为心外就无物、无理。凡我未有感知、认识的外界事物，也无所谓事物，更无所谓理。他曾举一例说明心与物的关系，即有名的一段对话：“先生游南镇，一友指岩中花树问曰：‘天下无心外之物，如此花树在深山中自开自落，于我心亦何相关？’先生曰：‘你未看此花时，此花与汝心同归于寂；你来望此花时，则此花颜色一时明白起来，便知此花不在你的心外。’”②这完全是否认客观存在的事实事物。

2. 认识论

“致良知”是他认识论的基本命题，他非常强调“致良知”的意义。“吾生平讲学，只是致良知三字”③。良知即天理，“吾心之良知，是所谓天理。”④人人都要“存天理，去人欲”。

3. 知行合一

知、行并非人所谓的认识和行动，它有特殊的含义。当然他反对朱熹的“知先行后”和明代崇尚空谈、不求实际是有一定意义的，强调知之必行，重视行的作用；但他走向另一极端，他强调了行，认为“一念发动处，即是行了”。混淆了知行的界限。他把人的意念、感觉都当成了行，抹杀了认识与行动的界限。

“知行合一”论就是知行本体无分，“知之真切笃实处即是行，行之明觉精察处即是知。知行工夫本不可离，只为后世学者分作两截用功，失却知行本体，故有合一并进之说”⑤，认为“知是行的主意，行是知的工夫；知是行之始，行是知之成”⑥。

王守仁概括他自己一生为“破山中贼”，即他的事功是镇压农民起义维护封建皇权。“破心中贼”，是一生学问。他说：“破山中贼易，破心中贼难。”⑦晚年他总结一生学问学说

① 〔明〕王守仁：《王阳明全集》卷一《语录一》，上海古籍出版社1992年版，第6页。

② 〔明〕王守仁：《王阳明全集》卷三《语录三》，上海古籍出版社1992年版，第107页。

③ 〔明〕王守仁：《王阳明全集》卷二六《寄正宪男手墨两卷》，上海古籍出版社1992年版，第989—993页。

④ 〔明〕王守仁：《王阳明全集》卷二《语录二》，上海古籍出版社1992年版，第44—45页。

⑤ 〔明〕王守仁：《王阳明全集》卷二《语录二》，上海古籍出版社1992年版，第4页。

⑥ 〔明〕王守仁：《王阳明全集》卷一《语录一》，上海古籍出版社1992年版，第4页。

⑦ 〔明〕王守仁：《王阳明全集》卷四《与杨仕德薛尚谦书》，上海古籍出版社1992年版，第168页。

为“无善无恶性之体，有善有恶意之功，知善知恶是良知，为善去恶是格物”①。

（二）王艮与泰州学派

阳明学派由于他的两大弟子钱德洪（宽）和王汝中（畿）对阳明学的理解不一产生分化，有“浙中王门”“江右王门”等。

泰州学派创始人王艮（1483—1540）是江苏泰州安丰场（东台）人，号心斋，世代为盐场灶户，他本人曾为灶丁。他自学成才，“多发明自得，不泥传注”。曾拜王守仁为师，学习八年。王艮在家乡讲学，他的听众是“有教无类”的，注重平民之学，与下层群众保持密切联系，多讲“百姓日用之学”。反对圣人与平民的区别，“百姓日用条理处，即是圣人之条理处”。力倡“安身立本”之说：“知安身者，则必爱身、敬身。爱身、敬身者，必不敢不爱人、不敬人。能爱人、敬人，则人必爱我、敬我，而我身安矣”②。王艮的学说对阳明学是一大改革，讲求实际，“天地万物一体”，人人应平等，有否定封建等级制的思想，所以有人称其为王学的左派，具有反道学的积极因素，已具有早期启蒙思潮的意义。

泰州学派后继的中坚分子是何心隐（1517—1579），江西吉州永丰人，当“闻心斋（王艮）立本之旨”后，舍科举从事讲学，他具有启蒙意识，反对“天理”“人欲”的对立，主张“与百姓同欲”③，“性而味，性而色，性而声，性而安佚，性也”④。认为人类追求物质欲望乃人之本性也，无可厚非。何心隐是反封建礼教的斗士，被封建统治者诬为“妖逆”，后被湖广巡抚王之垣杖杀于武昌。另一个重要人物是罗汝芳（1515—1588），号近溪，江西南城人，也力倡人欲，提出了“赤子之心”“实天机之发”，具有反对封建传统伦理思想的进步含义和战斗精神。

泰州学派对李贽的进步思想产生过重大的影响。李贽（1527—1602），号卓吾，又号温陵居士，福建泉州人。他是王艮儿子王襞的弟子，对王畿和罗汝芳等人非常敬重。他在哲学上以“异端”自居，所著《焚书》和《续焚书》是他与当时的封建卫道士针锋相对的论战集。他反对以“一”“理”“太极”为万物本源，指出：“天下万物皆生于两，不生于一”⑤。他竭力主张“童心”说，认为“童心者真心也……最初一念之本心也”⑥。宣传“势利之心亦

---

① 〔明〕王守仁：《王阳明全集》卷三《语录三》，上海古籍出版社 1992 年版，第 117 页。

② 〔清〕黄宗羲：《明儒学案》卷三二《泰州学案一·处士王心斋先生艮》，中华书局 1985 年版，下册，第 710 页。

③ 〔明〕何心隐：《何心隐先生爨桐集》卷三《聚和老老文》，《续修四库全书》，上海古籍出版社 2002 年版，第 1355 册，第 669 页。

④ 〔明〕何心隐：《何心隐先生爨桐集》卷二《寡欲》，《续修四库全书》，上海古籍出版社 2002 年版，第 1355 册，第 639 页。

⑤ 〔明〕李贽：《焚书》卷三《夫妇论》，中华书局 1975 年版，第 90 页。

⑥ 〔明〕李贽：《焚书》卷三《童心说》，中华书局 1975 年版，第 98 页。

吾人禀赋之自然”①，反对重男轻女，同情寡妇再嫁。他还大胆地提出了不以孔子之是非为是非的观点②，表现了他大无畏的反传统反教条的革命精神。

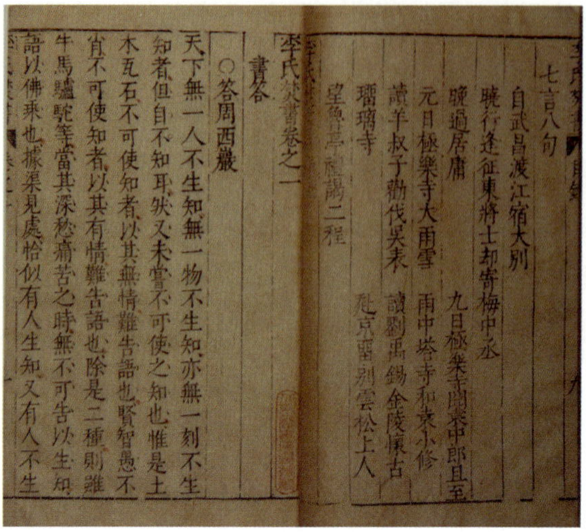

李贽《焚书》书影

（三）罗钦顺的反理学思想

罗钦顺（1465—1547），字允升，号整庵，江西泰和人。弘治进士，官至南京吏部尚书。著作有《困知记》《整庵存稿》等。他是与王守仁同时代，并与王守仁学说直接对立的唯物主义哲学家。他和我国古代朴素唯物主义哲学家一样，也承认“通天地，亘古今，无非一气而已”③。认为“气”是宇宙万物的根本，“理”是“气”运动变化的一定条理秩序，“初非别有一物，依于气而立，附于气以行也”④。他还对程朱理学中“理一分殊”的唯心主义观点进行了批判改造，认为“盖人物之生，受气之初，其理惟一；成形之后，其分则殊。其分之殊，莫非自然之理。其理之一，常在分殊之中，此所以为性命之妙也”⑤；“所谓理一者，须就分殊见得来，方是真切”⑥。此外，罗钦顺还对王守仁为代表的主观唯心主义论点进行了有力的批判，竭力反对王守仁的“天地万物皆吾心之变化”的观点。他的这些学说，为后来的唯物主义思想家王夫之的理论开辟了道路⑦。

---

① 〔明〕李贽：《李贽文集》，社会科学文献出版社 2000 年版，第 7 卷，第 358 页。

② 〔明〕《藏书·世纪列传总目前论》，《四库全书存目丛书》，齐鲁书社 1996 年版，史部第 23 册，第 293 页。

③ 〔明〕罗钦顺：《困知记》卷上，中华书局 1990 年版，第 4 页。

④ 〔明〕罗钦顺：《困知记》卷上，中华书局 1990 年版，第 5 页。

⑤ 〔明〕罗钦顺：《困知记》卷上，中华书局 1990 年版，第 7 页。

⑥ 〔明〕罗钦顺：《困知记》卷下，中华书局 1990 年版，第 42 页。

⑦ 任继愈主编：《中国哲学史》，人民出版社 1964 年版，第 3 册，第 325 页。

二、史学

明代史学很发达，但从区域文化的角度来看，几乎为南方人的天下。在当时，长江流域尤其是江南地区出现了一大批史学家和史学著作。如在江浙地区有：临海王洙《宋史质》，临海王宗沐《宋元资治通考》《海运详考》《海运志》，钱塘（今杭州）田汝成《西湖游览志》《西湖游览志余》《炎徼纪闻》《辽记》《九边记》，仁和（今杭州）黄汝亨《廉吏传》《古秦议》，义乌王祎《大事记续编》，嘉善支大纶《世穆两朝编年史》，乌程（今湖州）朱国祯《明史概》《大政记》《涌幢小品》，归安（今湖州）茅元仪《武备志》《嘉靖大政类编》《平巢事迹考》，归安茅瑞徵《万历三大征考》《皇明象胥录》《东夷考略》，嘉善钱士升《南宋书》《明表忠记》，兰溪徐学聚《历朝珰鉴》《国朝典汇》，嘉兴高承埏《自靖录考略》，慈溪赵文华《嘉靖平倭祇役纪略》，长兴顾应祥《人代纪要》《南诏事略》，山阴（今绍兴）胡粹中《元史续编》《通

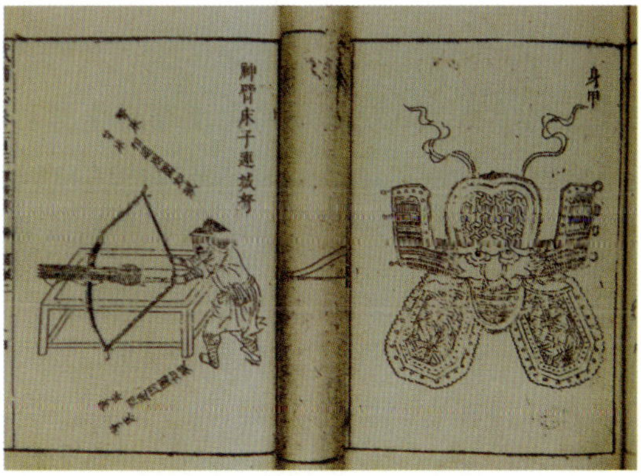

明天启刻本《武备志》书影

鉴正误》《读史笔记》，山阴张岱《石匮藏书》《石匮书后集》《史阙》，海宁许相卿《史汉方驾》《革朝志》，金华刘辰《国初事迹》，慈溪应喜臣《青燐屑》，嘉兴沈德符《万历野获编》，奉化陈桎《通鉴续编》，鄞县张时彻《善行录》《明文范》，义乌金江《义乌人物记》，海盐郑晓《九边图志》《吾学编》，嘉兴项笃寿《今献备遗》《全史论赞》，海宁查继佐《罪惟录》《鲁春秋》《国寿录》，海宁谈迁《国榷》，浦江宋濂《浦阳人物记》《洪武圣政记》《辨奸录》，乌程董说《七国考》，淳安童时明《昭代明良录》，秀水（今嘉兴）卜大有《皇明续记》，嘉善袁黄《通纪统宗》，秀水卜世昌、卜元典《皇明资治通纪》，秀水沈国元《皇明从信录》《两朝从信录》，钱塘（今浙江杭州）高汝栻《皇明法传全录》，秀水江旭奇《通纪集要》，海盐徐咸《皇明名臣言行录》，钱塘林之盛《皇明应谥名臣考》，平湖过庭训《本朝京省人物考》，平湖刘廷元《国朝名臣言行略》，嘉兴贺万祚《名臣品骘》，嘉兴吴孝章《名臣志钞》，海盐钱薇《名臣事实》，嘉兴郁衮《革除遗忠录》，嘉兴徐世淐《明纪事本末》，嘉兴陈许廷《洪永纪事本末》，海宁董毅

《洪武圣政纂》，海宁朱国澐《孝宗大纪》，海宁茅维《嘉靖大政类编》，乌程彭孙贻《平寇记》，乌程潘国瓒《明六王世家功臣列传》，秀水陈懿典《神庙圣政纪要》，吴兴董丰培《竹书纪年辨证》，萧山郭为栋《晋书摘谬》，钱塘瞿祐《资治通鉴纲目集览镌误》，嘉兴金九成《元史考误》，钱塘钟人杰《通鉴笺注》《钟评后汉书》，余杭周礼《通鉴笔记》《通鉴外纪论断》《朱子纲目折中》《续资治通鉴纲目发明》，建德柴挺然《通鉴三笔》，湖州张睿卿《通鉴字义》，平湖钱士馨《续越绝书》，海盐姚士粦《北魏春秋》《西魏春秋》，乌程董份《史记评钞》《汉书评钞》《后汉书评钞》，嘉兴项梦原《宋史偶识》，嘉善袁祥《新旧唐书折中》，长兴吴琉《史类》，仁和邵泾邦《史学会同》《弘简录》，乌程陈霆《宣靖备史》，兰溪胡应麟《史书占毕》《诗薮》《史蕞》《隆万新闻》《隆万杂闻》，金华郑柏《金华贤达传》，金华应廷育《金华先民传》，金华吴之器《婺书》《婺书别录》，山阴张元汴《明大政记》《读史肤评》，山阴钱应充《史学璧珠》，新昌冯士元《测史剩语》，嵊县周汝登《圣学宗传》，余姚黄尊素（隆万两朝列卿记》，会稽孟称舜《孟叔子史发》，奉化戴璟《群史品藻》《汉唐通鉴品藻》，鄞县高斗枢《守麋纪略》，临海朱右《元史补遗》《李邺侯传》《郏子世家》，天台范理《读史备忘》，太平（今温岭）谢铎《元史本末》《尊乡录》《伊洛渊源续录》《名臣事略》，临海金贲亨《台学源流》，嘉定严衍《资治通鉴补正》，武进吴瑞登《两朝宪章录》，苏州陈仁锡《皇明世法录》《漕政考》《六经图考》，太仓王在晋《三朝辽事实录》《海防纂要》《历代山陵考》《国朝山陵考》《通漕类编》，太仓朱明镐《史纠》，太仓王士骐《驭倭录》《武侯全书》，太仓张溥《历代史论》，太仓傅逊《左传属事》，长洲张景《吴中人物志》，吴县文秉《烈皇小识》《先拨志始》《甲乙事案》《先朝遗事》《姑苏名贤续志》，吴县杨循吉《辽小史》《金小史》，上海人王沂《续文献通考》《谥法通考》《海防志》《三吴水利考》《稗史汇编》《两浙盐志》，无锡计六奇《明季北略》《明季南略》《南京纪略》《粤滇纪闻》，江都（今扬州）王秀楚《扬州十日记》，常熟赵士锦《甲申纪要》，长洲（今苏州）祝允明《九朝野记》，无锡姚咨《春秋名臣传》，松江华亭夏允彝《幸存录》《禹贡合注》，华亭夏完淳《续幸存录》，华亭陈继儒《建文史待》，华亭蒋平阶《东林始末》，丹徒（今镇江）钱邦芑《甲申记变实录》，武进（今常州）徐纮《明名臣琬琰录》，武进薛应旂《宋元资治通鉴》《考亭渊源录》《甲子会记》《四书人物考》，嘉定徐学谟《万历湖广总志》《春秋亿》，江宁（今南京）焦竑《国朝献徵录》。江西有：上饶娄胜《明政要》，宜春张自勋《纲目续麟》《廿一史独断》，新淦（今新干，金氏故乡已划归峡江县）金幼孜《北征录》《后北征录》，泰和郭子章《豫章书》《黔记》，新建喻均《江右名贤编》，丰城雷礼《列卿记》《明大政记》《列卿表》《阁臣行实》《南京太仆寺志》《明六朝索隐》，安福刘元卿《江右名贤编》（与喻均共著）《诸儒学案》，泰和杨士奇《三朝圣谕录》《历代名臣奏议》，高安陈邦瞻《宋史纪事本末》《元史纪事本末》，德化（今九江市）文德翼《宋史存》，南城邓元锡《函史》《明书》。湖广地区有：竟陵（今湖北天门）钟惺《史怀》，潜江欧阳东凤《晋陵先贤传》，京山李维桢

《史通评释》，黄梅瞿九思《万历武功录》，沔阳（今仙桃）童承叙《沔阳志》，通山朱廷立《盐政志》，通城舒大猷《平海纪略》，京山高岱《鸿猷录》，武昌（今湖北鄂城）郭光复《倭情考略》，京山郝敬《史记琐录》，蕲州（今湖北蕲春）顾景春《读史集论》；茶陵李东阳《历代通鉴纂要》。安徽有：贵池吴应箕《启祯两朝剥复录》《熹朝忠节死臣列传》《复社姓氏》《廿一史史论》，歙县谢陛《季汉书》，休宁程敏政《宋遗民录》《明文衡》《新安文献志》，绩溪胡宗宪《筹海图编》，桐城赵钱《古今原始》，歙县汪道昆《北虏纪略》，等等。以上所列举的仅是有史著遗世的作家，其他如宁海方孝孺、宜兴徐溥、太仓王世贞、婺源詹同等也都在史学上卓有贡献。

综合上面这些史家的成就，主要成就有二：

（一）官修史书

明代官修史书，主要有《元史》《明会典》和《明实录》，这三大官修史书均与长江流域学者密不可分。如明初修《元史》，总裁官宋濂、王祎是浙江人，监修官李善长为安徽定远人；而参加编修的学者，能查到籍贯的 28 人，均来自长江流域，其中浙江 15 人，江苏 6 人，安徽 4 人，江西 2 人，四川 1 人。又如《大明会典》中的 3 名总裁官中有 2 人来自长江流域，李东阳是湖南茶陵人，杨廷和是四川新都人。《明实录》中主要纂修者也大多来自长江流域，如《明太祖实录》第一次修撰由浙江宁海人方孝孺、松阳人王景主持；第二次修撰由江西吉水人解缙任总裁官，监修官李景隆是今江苏盱眙人、茹瑞是湖南衡山人；第三次修撰由江西吉水人胡广、浙江永嘉人黄淮等担任总裁，湖南湘阴人夏元吉等任监修官。又如《明仁宗实录》《明世宗实录》的总裁官由江西泰和杨士奇、浙江永嘉黄淮、江西新干金幼孜、湖北石首杨溥等人担任；《明孝宗实录》的总裁官由湖南茶陵李东阳、四川新都杨廷和等 4 人组成。其他几朝实录的纂修情况也大致差不多。这充分说明，明代长江流域的学者在官修史书中占有举足轻重的地位。另外，还应指出的是，长江流域的学者对我国历史上最大的类书《永乐大典》的编撰也作出了重大的贡献。永乐年间，太子少师姚广孝（苏州长洲人）、刑部侍郎刘季篪（浙江余姚人）及翰林侍读学士解缙（江西吉水人）应命负责此书的纂修，另翰林学士王景（浙江松阳人）等 5 人任总裁。因此我们可以说，它的编成是长江流域学者对中国文化的一大贡献。

方孝孺像

（二）私修史书

从前面的论述中，我们可以看出明代长江流域私家修史的风气极为兴盛，尤以江浙地区为甚，涌现出一大批著名的史学家，如王世贞、张岱、沈德符、朱国祯、郑晓、谈迁、焦竑、查继佐、计六奇、陈邦瞻、杨士奇、李东阳等等。

王世贞（1526—1590）虽以文学见长，但史学也卓有成就，《弇山堂别集》和《弇州史料》是他的史学力作，内容丰富，是研究明史的重要参考资料。此外，在史学理论上，他提出了“天地间，无非史而已”“六经，史之言理者也”的论点，十分强调史学的作用。在史书的编纂上，他极力主张据事直书，说：“作史者一字之褒，片言之贬，不取一时，而取万世。非作史者之权与势能取万世也，盖是非之公在万世。”①他的这些观点，都富有新意。

张岱（1597—1676）的史学成就，主要体现在他所著的《石匮藏书》（220 卷）、《石匮书后集》（63 卷）两书中。《石匮藏书》是一部纪传体明史著作，止于天启。《石匮书后集》记载崇祯朝及南明史事。在史学编纂上，他对志、传的分类多有创新，在一定程度上反映了当时社会的特点及史学的发展。在编写中，他主张“事必求真，语必务确……稍有未核，宁阙勿书”。

沈德符（1578—1642）的《万历野获编》（简称《野获编》），30 卷，补遗 4 卷，内容多记明万历以前的朝廷掌故和士大夫的政治生活，为研究明史的重要史书。

朱国祯（？—1632）的史学代表作为《明史概》，共 118 卷。该书在体例上有所创新，详于考核，敢于直书，注重重垂。

郑晓（1499—1566）的史学代表作是《吾学编》，共 69 卷，记述了明洪武至正德年间的史事。该书材料比较翔实，颇称简当，时人评价较高，祝世禄称其“文直事核，纲举目张，纪考传表，体裁略具而道兼法”。

谈迁（1594—1657）的史学著作有《国榷》，该书共 108 卷，约 500 万字，为一部编年体明代史著作。该书内容主要根据明朝实录、邸报及 120 余家明人著作编修而成，取材广博，选择谨严，据事直书，不加藻饰，意在“千古存质”，所以史料价值极高，是当时编年史著中的不朽之作。

焦竑在史学上的代表作是《国朝献徵录》，该书共 120 卷，辑录了明洪武至嘉靖朝著名人物的生平事迹。内容极为丰富，但叙述芜杂，不可轻易以之为据。

查继佐（1601—1676）的史学代表作为《罪惟录》，为纪传体明史，共 102 卷。该书垂意褒贬，史料搜罗颇广，于晚明史事记载较详，远胜其他官私史籍，为研究明史的重要参考书。

计六奇（1622—？）史学著作的代表是《明季北略》《明季南略》两书。《明季北略》共 24

① 〔明〕王世贞：《纲鉴会纂序》，转引自魏连科《弇山堂别集》点校说明，中华书局 1985 年版，第 5 页。

卷，记晚明史事，上自神宗万历二十三年(1595 年)，下迄思宗崇祯十七年(1644 年)。《明季南略》18 卷，继前书而作，记载南明史，起自福王元年(1644 年)，至康熙四年(1665 年)。这两本书分年纪事，标目纷杂，全无体例，但它取材颇广，为我们保存了明清之际丰富的史料，仍不失为研究明清之际历史的重要参考书。

陈邦瞻(？—1623)的史学名作有《宋史纪事本末》《元史纪事本末》两书。《宋史纪事本末》据冯琦遗稿增订而成，共 26 卷，109 目。《元史纪事本末》为 27 卷。该两书主要取材于明代官修的《续通鉴纲目》和薛应旂《宋元通鉴》，论点颇多消极反动，但在选题立目、编纂组织等方面都比较得体，是明人编写纪事本末体史书中较好的著作。

杨士奇(1365—1444)与黄淮合编有名作《历代名臣奏议》，凡 350 卷。所录自商周至宋元，分“君德”“孝亲”“郊庙”等 64 门，可称得上是古今奏议之渊海，其规模空前绝后，为我们研究宋、元及以前史事，提供了大量政治、经济、军事、文化等史料，史料价值较大。

陈子龙(1608—1647)与徐孚远、宋征璧合编有《皇明经世文编》，全书 504 卷，补遗 4 卷。从明代 420 多位臣僚的文集、奏议中选取，是研究明代历史的重要史料。

三、文学

(一)小说

小说是明代文学的代表，在中国古代文学发展史中占有重要地位。中国古代的小说，经过宋元两代的孕育，到明代已趋成熟，无论思想与艺术技巧，都达到了极高的成就。其代表作有罗贯中《三国演义》、施耐庵《水浒传》、吴承恩《西游记》、屠隆《金瓶梅》和冯梦龙《三言》、凌濛初《二拍》等。它们都产于长江流域。

1.《三国演义》

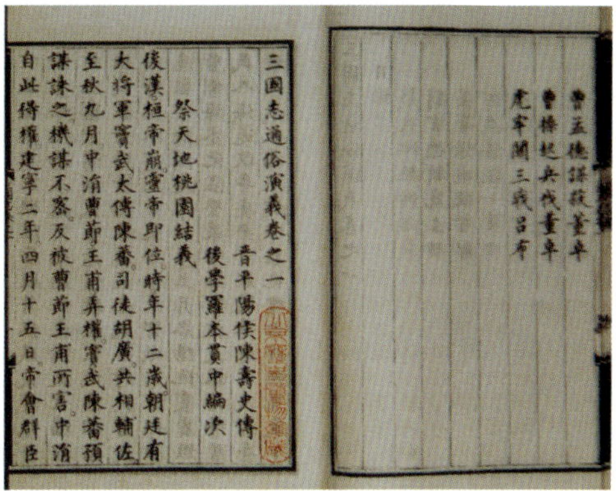
曹孟德謀殺董卓
曹操起兵伐董卓
虎牢關三戰呂布

三國志通俗演義卷之一
晉平陽侯陳壽史傳
後學羅本貫中編次
祭天地桃園結義
後漢桓帝崩靈帝即位時年十二歲朝廷有
大將軍竇武太傅陳蕃司徒胡廣共相輔佐
至秋九月中涓曹節王甫弄權竇武陳蕃預
謀誅之機謀不密反被曹節王甫所害中涓
自此得權建寧二年四月十五日帝會群臣

明罗贯中《三国志通俗演义》书影

《三国演义》又称《三国志通俗演义》，或称《三国志演义》，是我国历史长篇小说中最优秀最流行的一种。作者罗贯中(约 1330—1400)，名本，号湖海散人，浙江钱塘(今杭州)人。全书共 120 回，主要描写了三国时期曹魏、孙吴、刘蜀三个政权之间的政治斗争和军事斗争，刻画了曹操、刘备、孙权、诸葛亮、关羽、张飞等人物的生动形象，揭示了当时社会的黑暗和腐朽，谴责了统治者的残暴罪行和丑恶现象，在一定程度上反映了劳动人民在动乱时代流离转徙饥饿死亡的惨痛生活。因此，该书具有很高的思想性和深厚的人民性。作品中的人物形象鲜明而生动，富有个性；情节曲折，松紧有致；结构宏伟严密；语言精练，妙趣横溢；描写方法丰富多样，变化万端，艺术成就极高。总之，这本雅俗共赏的读物，具有重要的文学价值和积极的社会意义。

2.《水浒传》

《水浒传》是我国古典长篇历史小说的杰作之一，是一部描写和歌颂农民起义的优秀现实主义作品。作者施耐庵(1296—1370)，江苏兴化人。该书以北宋末年宋江领导的一次农民起义为题材，歌颂山东梁山泊好汉们敢于反抗封建王朝的革命精神。作者具有同情农民起义的坚定立场和爱憎分明的正义感，使作品折射出阶级斗争的思想感情的强烈光辉，其人民性思想性极为深厚。《水浒传》的现实主义艺术力量，在塑造人物形象和描写人物性格方面，得到了卓越的成就①。它用粗线条的笔法、丰富多彩的词汇和粗豪泼辣的语言，出色地描绘出各种不同阶级不同类型的人物形象，尤其是对宋江为代表的36位梁山泊首领的刻画，笔墨酣畅，淋漓尽致，如足智多谋的吴用，爽朗粗豪的鲁智深、李逵、武松，英雄气概的林冲、杨志，给读者留下了深刻的印象。从吴用智取生辰纲、林教头风雪山神庙、鲁提辖拳打镇关西、花和尚倒拔垂杨柳、景阳冈武松打虎、黑旋风斗浪里白条等许多生动精彩篇章中，我们可以体会到《水浒传》的语言艺术和描写人物的优秀技巧。

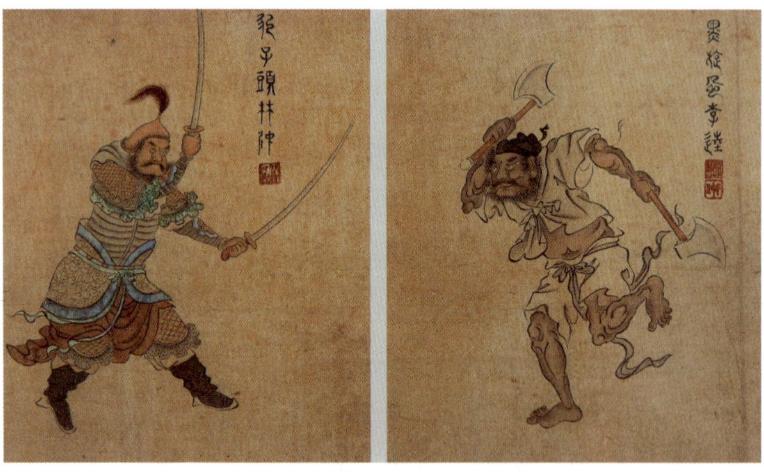

清佚名《仿陈老莲水浒人物图》卷

3.《西游记》

《西游记》是中国古代一部著名的神魔小说。作者吴承恩(约1500—1582)，字汝中，号射阳山人，江苏淮安山阳人。该书主要取材于宋元以来有关唐僧取经的故事，并加入

① 刘大杰:《中国文学发展史》下册，上海古籍出版社1984年版，第1040页。

《西游记》插图

了神怪的成分，编写成一部优美完整的神话小说。全书共100回，凡80余万字。它主要通过孙悟空大闹天宫和护送唐僧去西天取经的故事，以神话幻想的形式曲折地反映了劳动人民对封建统治的反抗精神和对美好生活的向往追求，以及征服自然和克服困难的大无畏精神。刘大杰先生认为："《西游记》的文学特色，是作者发挥了积极浪漫主义的创作精神，通过丰富无比的想象力，在原有的《西游》故事的基础上，创造了多种多样的离奇变幻的故事和形象不同的神灵妖魔，而又赋予他们以人情世故的精神实质和现实生活现实思想的基础。"①书中成功地塑造了孙悟空生动的人物形象，他勇敢、机智、乐观和敢于蔑视权威，意志坚强，目光锐利，明辨是非，勇于斗争，深得广大读者的喜爱。

4.《金瓶梅》

《金瓶梅》是我国古代著名的长篇小说，它截取《水浒传》中西门庆、潘金莲通奸这一段故事，铺写成长达100回的鸿篇巨作。小说以集土豪恶霸官僚商人于一身的西门庆为中心，记叙了他巧取豪夺、横行乡里的种种罪恶和荒淫无耻的生活，反映出明代社会生活中的黑暗面貌，是一部具有强烈暴露性的作品。《金瓶梅》的作者，据黄霖考证为浙江鄞县（今属宁波市）人屠隆（1542—1602）②。屠隆是明代著名的文学家和书法家，一生著述浩繁。《金瓶梅》是中国第一部由文人独立创作的长篇小说，也是中国历史上第一部以一个家庭和以妇女作为主要人物的长篇小说。书中作者用细致入微的笔法，圆熟流利的语言艺术，"写出了流氓市侩的本质和典型，写出了各种妇女在受侮弄受折磨中不同的心理状态，写出了在官僚商人互相勾结的残酷剥削下，许多人家倾家荡产卖儿鬻女的社会现实"③，因此具有广泛的社会意义。虽然它也存在着淫秽描写等不足之处，但仍不失为中国历史上一部现实主义或是积极浪漫主义的优秀作品。

5.《三言》与《二拍》

《三言》即《古今小说》（《喻世明言》《警世通言》《醒世恒言》）三部短篇白话小说集的合称。每书40篇，共120篇。纂辑者冯梦龙（1574—1646），字犹龙，号墨憨斋主人，江苏长洲人，是一位杰出的通俗文学作者。他在所纂书中"极摹人情世态之歧，备写悲欢离合

① 刘大杰：《中国文学发展史》下册，上海古籍出版社1984年版，第1049页。
② 黄霖：《金瓶梅作者屠隆考》，载《复旦学报》1983年第3期。
③ 刘大杰：《中国文学发展史》下册，上海古籍出版社1984年版，第1061页。

之致”，希望每一篇每一个故事都能传达出他的“喻世”“警世”“醒世”的意图，使“怯者勇，淫者贞，薄者敦，顽钝者汗下”，富有教诲人生的价值。它“通过一些优秀作品，反映出宋、元以来商业经济发达城市繁荣的生活面貌，反映出市民的向上力量、思想觉悟以及反抗旧观念旧事物的斗争意志和追求理想、渴望美满生活的积极精神。尤其在那些明人的作品里，市民思想表现得更为鲜明。在作品中出现的主要形象，大都是城市中下层被压迫的人物，他们都具有一种反抗封建的思想和精神，来对待社会和人生，都想把自己从传统势力和旧礼教下解放出来”①。但书中也有不少消极内容和宣传因果报应的迷信思想。

《二拍》即指《初刻拍案惊奇》和《二刻拍案惊奇》，作者凌濛初（1580—1644），字玄房，别号空观主人，浙江乌程（今属湖州）人。他模仿冯梦龙的《三言》，每书 40 篇，共 80 篇。作者的创作旨趣和书中的内容也与《三言》一样，通过各种故事，暴露当时社会的黑暗，揭露贪官污吏残害劳动人民的种种丑恶罪行，同情男女追求婚姻自由的斗争。但书中也夹杂有不少淫秽的描写和宣扬因果报应的迷信思想。

除上述这些名作外，乌程（今属湖州）人董说的《西游补》、江苏长洲人冯梦龙的《东周列国志》、钱塘人瞿佑（1341—1427）的《剪灯新话》、庐陵（今江西吉安）人李昌祺（1376—1452）的《剪灯余话》、乌程（今浙江湖州）人陈忱（1613—1670?）的《水浒后传》、兴化（今属江苏）人李春芳的《海公案》、浙江人方浩的《禅真逸史》、姑苏（今江苏苏州）抱瓮老人的《今古奇观》等，也都在当时社会上产生过较大的影响，有一定的艺术价值。

（二）戏曲

明代的戏曲艺术可分为传奇和杂剧两大类。杂剧在明代已趋衰落，而传奇则得到了迅速的发展，并成为明代戏曲的主流。吕天成说：“传奇既盛，杂剧浸衰；北里之管弦播而不远，南方之鼓吹簇而弥喧。”②由此可见，明代戏曲的重心在南方的长江流域。

1. 四大声腔的兴起

明代是中国戏曲发展史上的重要时期，在这一时期，元代长江流域相继产生的余姚腔、海盐腔、弋阳腔和昆山腔，开始突破地域上的局限，向着南北广大地区流传开来，并且在明中叶后期取代了北曲杂剧的地位，成为明代戏曲艺术的主流。

明代流传最广、影响最大的声腔当首推产生于江西的弋阳腔。弋阳腔源于宋元时期的南戏，形成于明代永乐之后。它广泛流行于江西、安徽、江苏、湖南、福建、广东、广西、云南、贵州及北京等地。如徐渭《南词叙录》说：“今唱家称弋阳腔者，则出于江西，两京、湖南、闽、广用之。”魏良辅《南词引正》：“自徽州、江西、福建俱作弋阳腔，永乐间云、贵二

① 刘大杰：《中国文学发展史》下册，上海古籍出版社 1984 年版，第 1073 页。

② 〔明〕吕天成：《曲品》卷上，中华书局 1990 年版，第 1 页。

省皆作之，会唱者颇入耳。"其特点是：伴奏用打击乐器，声音比较强烈；一人独唱，众人帮腔。由于它形式灵活，音调流利明快，热情奔放，歌词通俗易懂，所以在当时深受群众欢迎，影响极广。

余姚腔，影响仅次于弋阳腔。它产生于浙江绍兴一带，明成化、弘治年间已有文献记载，到嘉靖年间已在常州、润州、池州、太平、扬州、徐州等地流行，至明末渐趋衰落。

海盐腔渊源于元代流行在海盐的"南北歌调"，经杨梓等加工后发展而成。明嘉靖年间流行于嘉兴、湖州、温州、台州等地，并曾传播到江西地区。时人何良俊《曲论》曰："近世多尚海盐南曲。士大夫秉心房之精，从婉娈之习者，风靡如一。"明万历以后日趋衰落以至绝迹。如王骥德在1610年所作《曲律》自序中说："旧凡唱南曲者，皆曰'海盐'。今'海盐'不振，而曰'昆山'。"海盐腔的歌唱和说白，多用官语，所以两京人颇为喜爱。

昆山腔起源于江苏昆山，据明代魏良辅《南词引正》所载，为元末顾坚所创始。到嘉靖年间，以昆山人魏良辅为首的一批戏曲作家，在唱曲和音乐伴奏等方面对昆山腔进行了改革，"始变弋阳、海盐故调为昆腔"①，并吸收了北曲的长处，使昆腔影响逐渐扩大。不久，传奇作家、昆山人梁辰鱼继魏良辅之后又对昆山腔做了重大变革。他利用魏良辅改革后的昆山腔"新声"推出了《江东白纻》《浣纱记》诸曲，这种"流丽悠远"、优美典雅的昆山腔，深得人们的赞赏，使昆山腔形成了"吴阊白面沿游儿，争唱梁郎雪艳词"的兴盛景象，风靡全国各地。这正如明末顾启元《客座赘语》卷九《戏剧》所说："南都万历以前，公侯与缙绅及富家，凡有燕会小集多用散乐……大会则用南戏，其始止二腔，一为弋阳，一为海盐……今又有昆山，较海盐又为清柔而婉折，一字之长，延至数息。士大夫禀心房之精，靡然从好，见海盐等腔已白日欲睡，至院本北曲，不啻吹篪击缶，甚且厌而唾之矣。"徐渭《南词叙录》说：昆山腔"流丽悠远，出乎三腔之上，听之最足荡人"。

2. 汤显祖与《四梦传奇》

明万历以后，传奇创作进入到一个繁荣昌盛的时期，在长江中下游的江南地区产生了不少名家名作，其中最著名的当推临川派创始人汤显祖的《四梦传奇》和吴江派领袖沈璟。

汤显祖(1550—1617)，字义仍，号海若，江西临川人。他在传奇上的贡献是创作了著名的"玉茗堂四梦"，即"临川四梦"：《紫钗记》《还魂记》《南柯记》和《邯郸记》。《紫钗记》根据唐蒋防的《霍小玉传》改写而成，叙述李益和霍小玉的婚姻恋爱的曲折故事。《南柯记》取材于唐李公佐传奇小说《南柯太守传》，叙述淳于棼梦入槐安国，与金枝公主成婚，任南柯太守，因功拜为左丞相；后因骄奢淫逸，获罪放逐，遂从梦中醒来，看破尘世而坐

① 〔清〕朱彝尊：《静志居诗话》卷一四《梁辰鱼》，人民文学出版社1990年版，下册，第430页。

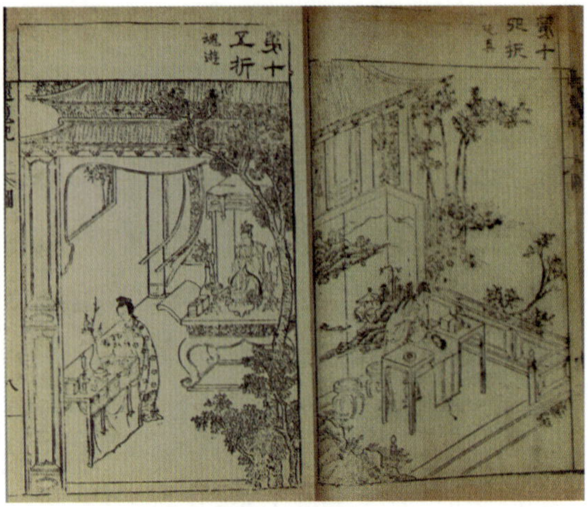
明汤显祖《玉茗新词四种》

化。剧本对封建统治者争权夺利、贪污腐化的卑劣行为有所揭露。《邯郸记》取材于唐沈既济的《枕中记》，描写卢生贿赂朝贵，得中状元，出将入相，享尽一时荣华富贵，后因受同僚倾轧遭贬边区，不久又复官拜为首相，享高龄而卒，至此始从梦中醒来。剧本对封建科举制度和官场中的黑暗进行了讽刺和揭露，批判他们卖官鬻爵、结党营私、阿谀逢迎、穷奢极欲的丑恶行为，但也流露出富贵无常的思想。《还魂记》又名《牡丹亭》，全名《牡丹亭还魂记》，是汤显祖的代表作，也是明代最著名的长篇传奇剧本。内容通过宦门闺秀杜丽娘与书生柳梦梅几经曲折始结为秦晋之好，反映了当时青年男女敢于冲破封建礼教的束缚，为追求自由幸福的爱情生活而不屈不挠地斗争，同时也揭露了封建礼教对青年男女的精神摧残。这是一部富有积极浪漫主义色彩的作品，其思想性超过了同时代和以前的爱情剧，具有较强的艺术感染力。剧本曲词优美动人，人物刻画细致而深刻，并有突破南北曲旧格律之处。因此自它产生以来，反响极大，脍炙人口，历来为人传诵，并形成了独树一帜的“玉茗堂派”。

3. 沈璟的传奇创作

沈璟（1533—1610），字伯英，号宁庵，江苏吴江人。他是一位与汤显祖齐名的传奇作家，精通音律，被时人誉为“词坛之庖丁”。其戏曲论著大多失传，现仅存《南九宫十三调曲谱》等。传奇作品有《义侠记》《博笑记》《埋剑记》《桃符记》《红蕖记》和《双鱼记》等17种。他在传奇创作上，提倡文字朴素，反对雕琢辞藻，但过于讲求声律，对内容有所束缚。在当时，他的学说影响极大，冯梦龙、吕天成、王骥德、袁晋、卜世臣、沈自晋等一些著名的剧作家都曾崇拜过他，他们在音律上将其奉为圭臬，模仿他的创作风格，被称“吴江派”。

4. 杂剧的衰落

杂剧在明代虽已衰落，但在当时仍有很大的影响，产生过不少名家和名作。其中代表性的作家有：

朱有墩（1379—1439），号诚斋，明太祖之孙，周定王朱橚长子。他作有《牡丹仙》等杂剧31种，总称《诚斋乐府》。

徐渭（1521—1593），字文长，号天池山人、青藤道士，山阴（今浙江绍兴）人。他作有《渔阳弄》《翠乡梦》《雌木兰》《女状元》四短剧，题名为《四声猿》。《渔阳弄》写祢衡骂曹操,《翠乡梦》写柳翠得道,《雌木兰》写木兰从军,《女状元》写黄崇嘏及第得婿。这四个剧本,文字短小精干,结构严密,剪裁得体,词曲高爽,想象丰富,都是艺术价值较高的优秀作品。

明佚名《徐渭像》

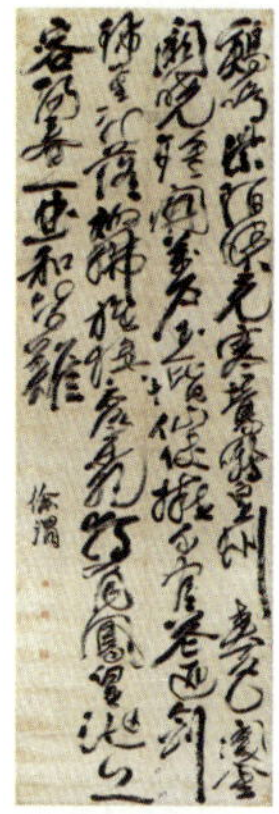
徐渭手迹

汪道昆(1525—1593),字伯玉,号太函、南溟,歙县(今属安徽)人。是一位著名的文学家,与王世贞齐名。所作杂剧有《高唐梦》《五湖游》《远山戏》《洛水悲》等,合称《大雅堂乐府》。

陈与郊(1546—1612),字广野,号禺阳,海宁(今属浙江)人。有《昭君出塞》《文姬入塞》两种短剧。其中后一种写得较好,是一部优秀的独幕悲剧作品。

徐复祚(1560—?),字阳初,常熟(今属江苏)人。其杂剧的代表作为《一文钱》,这是一部优秀的讽刺剧。作者在剧本中,把土财主卢至的人格和吝啬卑鄙的丑恶行为,刻画得入木三分,淋漓尽致。

王衡(1561—1609),字辰玉,别署蘅芜室主人,太仓(今属江苏)人。所作杂剧今知有《郁轮袍》《没奈何哭倒长安街》《裴湛和尚》三种,以前一种最为著名。《郁轮袍》通过一个士子王维的仕途经历,谴责了黑暗的政治,并讽刺和揭露了封建科举制度的弊端。

孟称舜,生卒年不详,字子若、子适,山阴(今浙江绍兴)人。作有杂剧《英雄成败》《死里逃生》《花前一笑》《眼儿媚》《桃花人面》等六种杂剧,其中以《桃花人面》最为著名。作者在剧中以优美动人的抒情笔调,表达了普通人真挚感人的恋爱故事,是当时杂剧中言情作品的代表。

(三)散文

明代的散文创作虽然没有出现类似唐宋八大家那样杰出的作家,但优秀的作家和篇章还是不少。当然,和哲学、史学等领域一样,领导明代散文创作主流的还是长江中下游地区的作家。

1. 明初的散文

《明史·文苑传序》说："明初，文学之士承元季虞、柳、黄、吴之后，师友讲贯，学有本原。宋濂、王祎、方孝孺以文雄，高、杨、张、徐、刘基、袁凯以诗著。其他胜代遗逸，风流标映，不可指数，盖蔚然称盛已。"在这些作家中，宋濂、刘基的成就最高。宋濂是"开国文臣之首"，他坚持散文要明道致用、宗经师古，强调"辞道"。其所作的传记散文，用笔细致简练，语言明晓流畅，颇多佳作。浙江青田刘基(1311—1375)的散文擅长议论，《明史》称他"所为文章，气昌而奇，与宋濂并为一代文宗"。他的作品写得精悍警厉，鞭辟入里，简练生动，寓意深远。此外，方孝孺的散文成就也很高，他的散文纵横跌宕，如《蚊对》《指喻》等都写得顿挫浏亮，畅达剀切。

刘基像

宋濂像

2. 明中期的散文

明中期的散文作家，大多产于长江流域，其中著名的有茶陵（今属湖北）李东阳(1447—1516)、太仓王世贞、扬州兴化宗臣(1525—1560)、余姚王守仁、吴县（今江苏苏州）唐寅(1470—1523)、长洲（今江苏苏州）文徵明(1470—1559)、武进唐顺之(1507—1560)、归安（今浙江湖州）茅坤(1512—1601)、昆山归有光(1507—1571)、新都（今属四川）杨慎(1488—1559)等。李东阳的散文以深厚雄浑的文风，一扫单缓冗沓的台阁体。王世贞的散文曾对当时的拟古文风产生很大的影响，风靡一时。宗臣的散文颇多，清新畅达，如《西门记》描绘抵御倭寇的英勇斗争，真实生动，文辞简洁。又《报刘一丈书》，较有力地抨击了封建官场的腐败，其对官场丑态的描写惟妙惟肖，淋漓尽致，是明代散文中难得一见的佳作。王守仁的散文疏畅俊达，富有个性。唐寅的散文感情充沛，词采华美。文徵明的散文长于叙事，语言清新流畅。唐顺之的散文直抒胸臆，富有本色。茅坤的散文朴素自然，文从字顺。归有光的散文真挚动人，不事雕饰而风味超然，被人推为“明文第一”。杨慎的散文渊博婉丽，笔力奔放。他们都是当时散文风格流派中的重要人物，对明代散文的发展作出过重要的贡献。

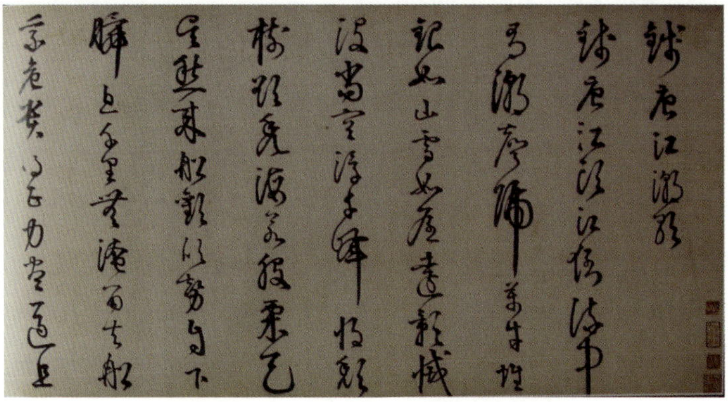

明代李东阳自书诗卷《钱塘江潮歌》局部

3. 明后期的散文

明后期，长江流域又涌现出像袁宏道、钟惺、谭元春、刘侗、王思任、张岱等一大批风格独特、成就较高的散文家，并形成了公安、竟陵两大散文流派。

公安派的领袖为公安（今属湖北）人袁宏道（1568—1610），他与兄宗道（1560—1600）、弟中道（1570—1623）并有文名，世称三袁。他们主张文学是发展变化的，有其时代性，极力反对拟古派的理论，认为文学应“独抒性灵，不拘格套”。他们的作品，文字清新轻俊，人物刻画生动细致。在他们的影响下，一些学者从而效之，人称为“公安派”，风靡一时。

袁宏道以后，继之而起的是钟惺（1574—1624）和谭元春（1586—1637）。他们都是竟陵（今湖北天门）人，故被人称为“竟陵派”。他们的散文“幽深孤峭”，冷僻苦涩。作品有合编的《古诗归》和《唐诗归》，也曾风行一时，为人推崇。

除公安、竟陵两派代表作家外，会稽（今浙江绍兴）王思任（1574—1646）的散文则“出言灵巧，与人谐谑”，以诙谐见称于世。湖北麻城刘侗（约 1593—约 1636）的散文生动形象，独具匠心。山阴（今浙江绍兴）张岱（1597—1676）的散文明丽清净，刻琢精工，他对传记、序跋、像赞、碑铭等的描绘，都写得诙谐百出，情趣跃然。正是这些作家的努力，使明代散文的发展进入到新的高度。

（四）词

明代词坛上有一定影响的作家大多产生于长江流域。如明初词坛，以刘基、杨基、高启等人为代表，他们都出生在江浙地区。青田人刘基所作的词有的“感喟激昂”而又表现得十分凄婉，有的于委婉摹写中并寄深意。吴中（今江苏苏州）杨基（1326—?）的词有的带有托意，所感甚深，颇为绮丽，并有一种清气行乎其间，耐人寻味。与杨基同为“吴中四杰”的高启，其词或“以疏旷见长”，或“极缠绵之至”，并有宋之风韵。此外，瞿佑的词富有清新气息，“多偎红倚翠之语，为时传诵”。

明代中期，杨慎、王世贞、汤显祖等人多有词作问世，其中不乏佳作。如王世贞《浣溪纱》“窗外闲丝自在游”，在抒写清愁淡怨时，善于借助景物渲染，烘托其凄凉情绪。又如《忆江南》“歌起处”以“斜日半江红，柔绿蒿添梅子雨”，勾勒江南景色，颇能传神。杨慎的词也写得清新绮丽，如《浪淘沙》“春梦似杨花”一首，描写细润，言辞华美流畅。

明代后期，陈子龙、夏完淳等的出现，又使得明末词坛光彩焕发。陈子龙（1608—1647），松江华亭人。他是转变明代词风的第一人，允为明词大家。其词托体骚辨，所指甚大，“言内意外已无遗义”。早期词作风流婉丽，婀娜韶秀出于刚健之中；后期所作绵邈凄恻，神韵天然而又有不尽风味。夏完淳（1631—1647）与陈子龙同里，一生作词 41 首。其所作《玉樊堂词》，“慷慨淋漓，不须易水悲歌，一时凄感，闻者不能为怀”。他们的词作为清词的中兴开启了风气。

（五）诗

在明代近 300 年的诗歌发展史中，诗歌创作非常繁荣，无论诗人或作品的数量均超过前代，但从地域分布来看，无疑南方远胜于北方。

在明初，长江流域出现了像刘基、高启这样著名的诗人。刘基的诗一反元末纤丽的诗风，雄浑奔放。其描述时事，真实动人；抒写怀抱，苍凉感慨，颇得好评，沈德潜在《明诗别裁》中推为一代之冠。高启的诗以爽朗清逸见长，“隽逸而清丽”，能自成一家。此外，如吴地诗人袁凯、杨基、张羽、徐贲等也都有一定的艺术成就和创作特色。或古朴激越，余韵悠然；或浑厚深沉，真挚含蓄；或俊爽峭拔，风格苍劲。

明中期，长江流域又出现了以李东阳为首的茶陵诗派及沈周、文徵明、唐寅、祝允明、杨慎、王世贞、宗臣、徐渭、汤显祖等一大批著名诗人。李东阳论诗强调声调、音节和用字，为后来拟古派的产生奠定了理论基础。杨慎的诗工丽，富有才华，他“沈酣六朝，揽采晚唐，创为渊博靡丽之词”。王世贞的诗论主张“华”与“实”的统一，提倡“学古而化”。其诗歌取材赡博，纵心触象，在咏史诗、律诗、乐府诗等体裁的诗篇中都有一些颇见艺术匠心的佳作。沈周、文徵明、唐寅、祝允明等吴地诗人的作品，不事雕饰，自由挥洒，颇多情趣盎然、才情烂漫的诗篇。宗臣的诗歌颇以歌行跌宕自喜，但缺乏李白诗那样特有的豪迈气势和充沛感情，不过他的绝句较有神韵，律诗也常有隽句。徐渭的诗精于锻炼语言，富有气势，七言古体有李贺神韵，七律诗颇多佳作。此外，如黄冈（今属湖北）王廷陈、吴县（今江苏苏州）徐祯卿（1479—1511）、长洲（今江苏苏州）皇甫冲（1490—1558）、长兴（今属浙江)徐中行(？—1578)等人的诗作,也大多“闳大雄整,卓然名家”①,具有较强的艺术感染力。

明后期,长江流域重要的诗人有袁宏道兄弟、高攀龙、钟惺、谭元春、瞿式耜、陈子龙、张煌言、夏完淳等。袁宏道为首的公安派,在诗歌理论上是主张“独抒性灵”,这种理论在清除前后七子复古主义影响方面起了振聋发聩的作用。他们的作品也清新明畅,使人耳目一新,曾左右诗坛。高攀龙的诗歌朴素自然,文字简洁,恬淡中别有寄托,颇有陶渊明的风格,沈德潜称他“无心学陶,天趣自会”。钟惺、谭元春等竟陵派的诗风是孤峭奇崛,欣赏“幽情单绪”“孤怀孤诣”“奇理别趣”之类的意境。常熟瞿式耜(1590—1650)的诗歌,充满着激越的爱国热情。鄞县(今属浙江宁波市)张煌言(1620—1664)的诗,慷慨激昂,令人兴奋。陈子龙强调诗歌反映现实的战斗作用,诗作“高华雄浑,睥睨一世”②,被时人称为明诗殿军。夏完淳的诗歌,慷慨悲歌,动人心魄,形成沉郁的风格,富有感染人心的艺术力量,表现了强烈的爱国热情和英雄末路的哀痛。

四、绘画

明代,是中国绘画发展史上的重要时期。在这一时期,长江中下游地区(特别是江南的江浙地区)是全国绘画的中心,名家辈出,山水、人物、花鸟,以及杂画等流派呈现出灿烂之观。人物画以仇英、陈洪绶等为代表;花鸟画则有吕纪、陈淳、徐渭、周之冕、王绂、夏昶等大家;山水画则出现了沈周、文徵明为代表的吴门派和以戴进为代表的浙派等不同流派,这些流派在当时都产生了极大的影响。

明张路《吹箫女仙图》

明戴进《春耕图》

① 〔明〕胡应麟:《诗薮》,中华书局1958年版,第240页。

② 〔明〕吴伟业:《梅村家藏稿》卷五八《梅村诗话》,清宣统三年武进康氏刊本。

(一)浙派

浙派是明代最有影响的画派，创始人为戴进。戴进(1388—1462)，字文进，号静庵，钱塘(今浙江杭州)人。曾一度在画院作画，但其影响及于院外更大。其山水画法，以南宋院体为基础①。作品用斧劈皴，行笔有顿跌。名作有《春山积翠图》《风雨归舟图》《金台送别图》《春游积翠图》《关山行旅图》等。李开先《中麓画史·后序》评曰："文进画笔，宋之入院高手或不能及，自元迄今，俱非其比。宣庙喜绘事，一时待诏如谢廷询、倪端、石锐、李在等，则又文进之仆隶舆台耳。"戴进之后，吴伟、陈景初出而和之，一般名流如张路、吴理、何适、王世祥、仲昂、夏芷、夏葵、方钺、汪质、江肇、释华林，皆乘时崛起，于是浙派遂以大成。他们的作品雄伟壮拔，气象万千，作法风靡一时，南北各地，殆无不受其风化。

(二)吴派

吴派又称吴门派，曾在明中叶以后盛极一时，其代表人物为沈周、文徵明。沈周(1427—1509)，长洲相城(今江苏吴县)人。文徵明(1470—1559)，与沈周同为长洲人。他们的画法，上探北宋董、巨诸家，近追元代四家，与浙派途径不同。其画强调"画有士气"，属文人画体系，被称为"利家画"。此派重要人物，在沈、文之前，有"吴郡赵原、镇洋周任、长洲徐贲、乌程张羽、姑苏陈汝言、平江杨基、常熟陈珪、无锡王芾、华亭金铉、昆山夏昺、秦淮马琬、长洲刘珏、瑞安黄蒙、钱塘张子俊、上元金润、永嘉姜立纲、海盐张宁、无锡俞泰、华亭王一鹏等"②。沈、文之后，"吴派益盛，实有独步中原之势焉。如董其昌、陈继儒、陈淳、钱榖、陈师道、陆士仁、李芳、雷鲤、顾源、喻希连、黄克晦、黄昌言、徐渭、周天球、黎民表、莫如龙、王逢之、宋珏、邹迪光、朱之蕃、文从昌、项元汴、谢时臣、李日华、米万锺、徐弘泽、曹履吉、王思任、盛茂烨、项圣谟、文震亨、卞文瑜、王建章、张瑞图、李流芳、顾正谊、赵左、杨文骢、程喜燧、张学曾、邵弥、宋懋晋、沈士充等，名家辈出，不可指数"③。

---

① 王伯敏:《中国绘画史》，上海人民美术出版社1982年版，第451页。

② 郑午昌:《中国画学全史》，上海书画出版社1985年版，第322—323页。

③ 郑午昌:《中国画学全史》，上海书画出版社1985年版，第322—323页。

明文徵明《惠山茶会图》

明沈周《西湖岳坟图》

董其昌《林泉清幽图》

清佚名《董其昌像》

明士中《李流芳像》

(三)江夏派

江夏派的创始人是江夏(今湖北武昌)的吴伟(1459—1508),他的画风与戴进相似,故有人将他归入浙派,称他为“浙派健将”。事实上,他的画法与浙派有所不同,李开先《中麓画品》评曰:“如楚人之战巨鹿,猛气横发,加乎一时。”他的绘画作品,李开先《中麓画品》认为兼有“神、清、老、劲、活、阔”的特色,“笔势飞走,乍徐还疾,倏聚忽散”。大笔山水“笔法纵横,妙理神化”;一般山水也能达到“笔法简俊莹洁,疏豁虚明”或“含滋蕴彩”“生气蔼然”的妙处。虽然评价过高,但却表明吴伟在绘画上确有较高的成就。此派名家有大梁张路、长兴彭舜卿、泗州施雨、闽人郑文林、进贤罗素、新安朱邦、金陵蒋嵩、江宁李著、休宁汪肇、浦城陈子和、江宁薛仁、仪真蒋贵、嘉兴王仪、南汇邢国贤等。

明吴伟《铁笛图卷》

（四）华亭派

华亭派又称松江派，是与吴门派有密切关系的山水画派。天启间唐志契在《绘画微言》说："苏州画论理，松江画论笔。"可见华亭派山水，更着重于用笔用墨的表现。其表现特点是用笔洗练、墨色清淡。华亭派的创始者为华亭顾正谊，其作品山多作方顶，层峦叠嶂，少著林树，自然深秀，是为华亭派。华亭董其昌（1555—1636）为该派的代表，他所作的山水树石，烟云流动，秀逸潇洒，具有"平淡"而又"痛快"的特点。曹溶对他的作品极为赞赏，推崇备至，认为"有明一代书画，结穴于董华亭，文、沈诸君子虽噪有时名，不得不望而泣下"。此外，陈继儒、莫是龙、赵左、沈士充等都属这一派。

（五）院派

院派是承南宋赵、李、刘院体一派而下的，在明代，其名家有陈暹、唐寅、周巨、仇英、尤求、石锐、陈言、沈昭、朱生、张焕等，"这些画家，不独擅长作细丽的青绿山水，并多工画金碧的界画，兼长于设色的人物"①。例如苏州人唐寅（1470—1523）的山水画"笔墨灵逸，李唐刻画之迹，为之一变，洗其勾斫，焕然神明"。苏州仇英（1493—1560）的山水作品，多作青绿重彩，明显属于南宋院体青绿巧整的一路。钱塘（今杭州）石锐为院派的健将、界画的高手，其金碧山水、界画楼台及人物，皆傅色鲜明温润，名著于时。长洲（今江苏苏州）沈硕也是院派高手，其山水远效赵、刘，近仿仇、唐。潘天寿《中国绘画史》说："原来明代从中世以来，南宗独盛，院体画风，远比浙派为细巧绵密，往往成轻软幽雅的风致，很近似吴派。所以常与吴派混合相看，很适合当时社会的风尚。"②

① 潘天寿：《中国绘画史》，团结出版社2011年版，第186页。

② 潘天寿：《中国绘画史》，团结出版社2011年版，第187页。

明仇英《贵妃晓妆图》

明唐寅《吹箫图》

(六)花鸟画

花鸟画在南方极为兴盛，如福建沙县边文进、浙江鄞县吕纪(1477—?)、广东人林良、长洲陈淳(1482—1544)、山阴徐渭(1521—1593)、长洲周之冕(1521—?)、无锡王绂(1362—1416)、昆山夏昶(1388—1470)等都是名家高手。吕纪的花鸟画“设色艳丽，生气奕奕”，代表了明中叶画院花鸟画的风格。沈周和唐寅，则是确立水墨写意花鸟最有影响的画家。陈淳的花鸟写意画，受沈周、唐寅的影响，质朴自然，是当时杰出的画家。王世贞在《弇州山人续稿》中说：“胜国(元朝)以来，写花卉者无如吾吴郡，而吴郡自沈启南(周)后，无如陈道复(淳)、陆叔平(治)。”陆治(1496—1576)与陈淳同为明中叶的花鸟写意画的名家，其作品点墨秀丽，傅色精妍。徐渭是一个开大写意画派的杰出画家，他的水墨大写意花卉画，奔放淋漓，笔墨酣畅，极得后人好评。周之冕创有钩花点叶派，其作品水墨淋漓，气势甚壮。王绂的墨竹，明人称“国朝第一”，潇洒磊落，充分表达出竹的青翠特点。夏录也以写竹称妙一时，有“夏卿一个竹，西凉十锭金”之谣。

(七)人物画

明代长江流域的人物画画家，主要以安徽休宁丁云鹏、浙江诸暨陈洪绶(1598—1652)两人为代表。丁云鹏以白描罗汉称誉一时，方薰在《山静居画论》中评其“道释人物，丁南羽有张(僧繇)、吴(道子)心印，神姿飒爽，笔力伟然”。董其昌也以为丁的道释人物画“三百年来无比作手”。陈洪绶的人物画，富于夸张，其表现手法强调简洁质朴，讲究用线的金石味。所画人物，躯干伟岸，衣纹清圆、细劲，兼有李公鳞、赵孟頫之妙，设色学吴道子法，其力量气局超拔磊落，在仇、唐之上，为明代最杰出的人物画家，其代表作有《屈子行吟图》《归去来图》等。

明陈洪绶《斗草图》

明陈洪绶《举案齐眉图》

除丁云鹏、陈洪绶外，戴进、吴伟、唐寅、仇英等人在人物画上也卓有成就。例如仇英的人物画，徐沁《明画录》评其“发翠毫金，丝丹缕素，精丽艳逸，无惭古人”。

五、书法

明代长江流域的书法艺术，灿然可观，几乎包揽明代书坛，称盛于世。

明代初期，闻名于书坛的当推“三宋二沈”，这“三宋二沈”除河南南阳的宋广外，均来自江浙地区。宋璲（1344—1380），浙江浦江人。精篆、隶、真、草书。草书出入变化，不主故常，如天骥行中原，一日千里；超涧度险，不动气力。大小二篆，纯熟姿媚，小篆之工为明代第一。宋克（1327—1387），江苏苏州人。善小楷，更善章草。他的书法源出魏晋，“深得钟、王之法，故笔精墨妙，而风度翩翩可爱”①。章草推为明代第一，所书《七姬志》冠绝当世。其传世名作《急就章》，通篇气韵隽秀，姿态古朴，典雅流丽，融汇古今，给人以深刻的美感享受。沈度（1357—1434），松江华亭人。善篆、隶、真、行、八分书。《东里集》评其书法“婉丽飘逸，雍容矩度”，深得明成祖喜爱，凡朝廷“一切大制作，必命度书”，称为“我朝王羲之”②。其弟沈粲也工书法，行笔圆熟，章法尤精，同为成祖所器重，号为“云间二沈”。

明佚名《沈度像》

① 〔明〕吴宽：《匏翁家藏集》卷五〇《跋宋仲温墨迹》，《明别集丛刊》第一辑，黄山书社2013年版，第55册，第550页。

② 〔明〕杨士奇：《东里集》卷一六《沈学士墓表》，文渊阁《四库全书》本。

明中期著名书法家，当推李东阳、徐霖、祝允明、文徵明等人。李东阳（1447—1516），湖南茶陵人，工书法，篆胜古隶，古隶胜真、行、草，草书笔力矫健成一家，小篆清劲入妙，时号“篆圣”。徐霖是长洲（今江苏苏州）人，诸体书皆能，而篆书尤精，《名山藏》评其书法：“篆登‘神品’，余若真行，皆入‘精妙’”，推为“当代第一”①。祝允明的书法以草书最为擅长，“变化出入，不可端倪，风骨烂漫，天真纵逸”②，被称为“明代草书第一人”。文徵明以小楷名海内，纯粹精工，质朴而严谨，富有个性，朱和羹说：“明楷以文衡山第一。”此外，他的行草、大书也极工，评者称其“如风舞琼花，泉鸣竹涧”③。

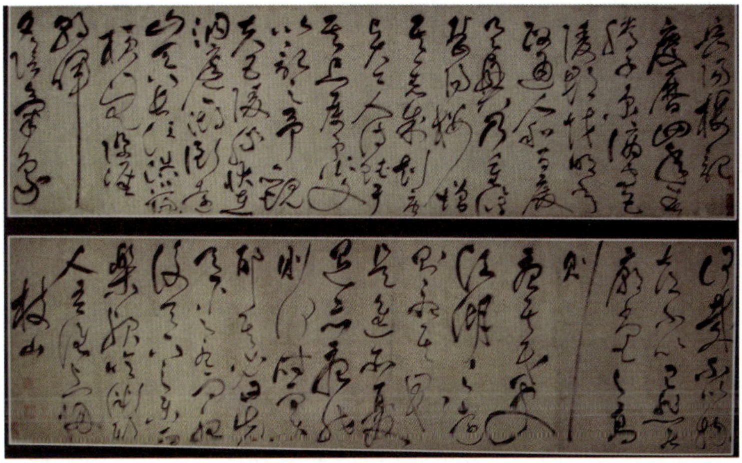

明祝允明草书岳阳楼记卷

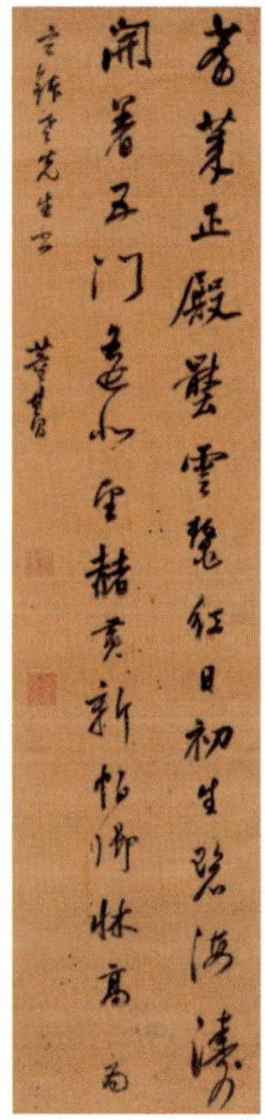

董其昌行书《蓬莱正殿诗轴》

明后期的著名书法家，当推邢侗、张瑞图、董其昌、米万锺“四大家”。邢侗（1551—1612）为山东临邑人，张瑞图（？—1644）是福建晋江人，米万锺（1570—1628）乃关中（今陕西）人，董其昌（1555—1636）系松江华亭人。在这四人中，水平以董其昌为最高。他擅长真、行、草书，一生创作出大量笔舞墨飞的书法珍品。所作楷书“风流蕴藉，掩映一时”，行草“簇簇如行蚕，闪闪如迅霆飞电”，深得后人推崇，清康熙帝更是将其抬高到了“独尊”的地位。

① 〔明〕朱谋垔：《续书史会要》，文渊阁《四库全书》本。

② 〔明〕王世贞：《艺苑卮言》卷一一，明万历十七年武林樵云书舍刻本。

③ 〔明〕朱谋垔：《续书史会要》，文渊阁《四库全书》本。

六、音乐歌舞

（一）音乐

明代随着明武宗的外出游幸或南巡，宫廷音乐开始流入南京的教坊，并逐渐融入民间的音乐生活之中。如正德十二年闰十二月，明武宗在宣府迎春，准备了各种戏剧。又有大车数十辆，令僧人与妇女共戏："妇女各执圆毬，车既驰，交击僧额，或相触而堕。"①武宗视之大笑，以此为乐。既然是戏剧活动，必然又由乐工承应。这意味着明武宗将宫廷戏剧、音乐带到了北方边地。正德十五年正月，明武宗又在南京迎春，"备诸戏剧如宣府为之者"。②

自明代中期以后，海盐腔崛起，并被人们所普遍崇尚，即使在北方，也慢慢开始流行起这种南曲。③ 这是明代戏曲音乐由北而南的变迁过程，其最集中的体现就是"吴中新乐"的崛起。这种吴中新乐的出现及其变化，主要表现在以下两个方面：一是"弦索"的南传，并在江南演变为"弦子"；二是"十番"这种边声的南传，并进而在江南演变为"新十番"。万历末年，十番这种音乐与弦索一道，在江南相当盛行。崇祯末年，苏州一带的游闲少年又创为"新十番"，其乐器为笙、管、弦，显然已是一种很大的变革，使其更符合江南文化的特点。④

宗教音乐在长江流域颇为流行。明初洪武五年（1372 年），在南京蒋山寺曾举行过一次重大的佛会，史称"蒋山佛会"。在这次佛会上，乐凡七奏，分别为《善世曲》《昭信曲》《延慈曲》《法喜曲》《禅悦曲》《遍应曲》《善成曲》。⑤ 在湖广一带，民间做佛事所用的佛教音乐，显得比较特别。在钹、鼓之外，还专门增设了铜锣。在哀雅梵音之中，"忽闻此声，令人惊悸"。⑥

在这一时期，音乐等级制度趋坏。鼓吹，在古代最早之时仅用于军容。汉、唐之世，非功臣之家遇到丧事，就不能使用鼓吹。在明代，皇帝銮驾回宫，方用鼓吹之乐。但自明代中期以后，一些富豪子弟全都让奴仆练习鼓吹的声韵，每次外出，就"箫鼓喧天"。即使是一些田舍翁之家，遇到家中有事，也可以请人吹击。⑦ 在正德、嘉靖以前，南京人遇到婚

① 《明武宗实录》卷一五七，正德十二年闰十二月丁亥条。

② 《明武宗实录》卷一八二，正德十五年正月丁酉条。

③ 〔明〕何良俊：《四友斋丛说》卷三七《词曲》，中华书局 1983 年版，第 336—337 页。

④ 上面记载均参见〔清〕叶梦珠：《阅世编》卷一〇《纪闻》，上海古籍出版社 1981 年版，第 221—222 页。

⑤ 〔明〕顾起元：《客座赘语》卷二《佛会道场》，中华书局 1997 年版，第 37 页。

⑥ 〔清〕刘献廷：《广阳杂记》卷三，中华书局 1957 年版，第 163 页。

⑦ 〔明〕王锜：《寓圃杂记》卷五《鼓吹》，中华书局 1984 年版，第 41 页。

丧大事，除宗勋、缙绅之外，一般人家即使家财富厚，也不敢用鼓吹与“教坊大乐”，所用只是市间的鼓手与“教坊细乐”而已。但到了万历年间，就不论贵贱，只要有钱请得起，就在婚丧之礼上一概用鼓吹与教坊大乐，浸淫日久，体统荡然。这是在音乐等级制度上僭礼。

明青花瓷上的八仙器乐表演场景

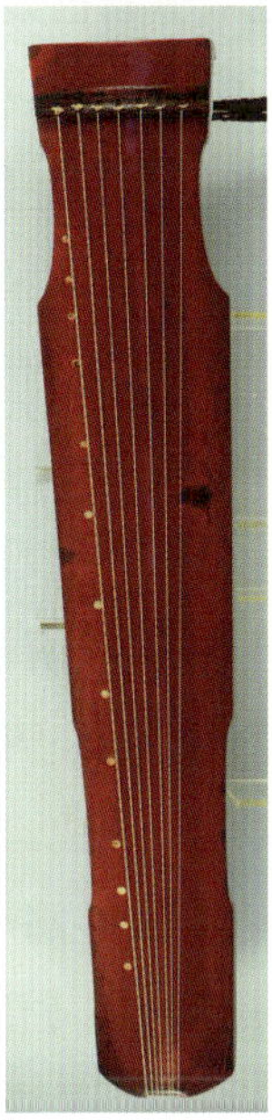

明“四王琴”中的益王琴

从明代音乐理论的成就来说，首推朱载堉的平均律理论。朱载堉(1536—1611)，字伯勤，安徽凤阳人。他是明宗室郑恭王朱厚烷的儿子，自少喜好音乐，所著乐律学著作有《乐律全书》15种。他在书中首先提出了十二平均律的理论及其算法，从而完全解决了两千年来乐律上存在的黄钟不能回归本律和不能完满旋宫的问题。这在音乐理论上是一个划时代的发明，它比欧洲的音乐理论家梅尔生(Marie，Mersenne，1588—1648)的同样发明早了半个世纪，并获得了德国著名物理学家赫尔姆霍茨(H. L. F. Helmholtz，1821—1894)等的高度评价。李约瑟先生也认为：“第一个使平均律数学上公式化的荣誉确实应当归之于中国。”①

(二)民歌

明代民歌相当发达，其中最著名者当数“吴歌”与“粤歌”。明人田汝成说：“吴歌惟苏州为佳，杭人近有作者，往往得诗人之体。”②所谓的“得诗人之体”，即指歌中有赋、比、兴等形式，显然与文人参与民歌的创作有关。假如说吴歌多为市民文化的产物，在某种程

① 转引自戴念祖：《朱载堉——明代的科学和艺术巨星》，人民出版社1986年版，第137页。

② 〔明〕田汝成：《西湖游览志余》卷二五《委巷丛谈》，上海古籍出版社1998年版，第363页。

度上反映了明代江南经济的发展与繁荣，那么粤歌则以民族、风俗为其特性。屈大均说："粤俗好歌，凡有吉庆，必唱歌以为欢乐……辞不必全雅，平仄不必全叶，以俚言土音衬贴之。"①

民歌俚曲有其自己发展变迁的历程。元人小令，起初行于燕、赵等地，其后浸淫日盛。自宣德、正统、成化、弘治以后，中原开始流行《锁南枝》《傍妆台》《山坡羊》等小令。当时流传的"泥捏人""鞋打卦"及"熬鬏髻"三阕，即为上述三牌名之冠。此后，又出现了《耍孩儿》《驻云儿》《醉太平》诸曲，然流行程度还是无法达到上述三曲的盛况。嘉靖、隆庆年间，民间又兴起《闹五更》《寄生草》《罗江怨》《哭皇天》《干荷叶》②《粉红莲》《桐城歌》等歌曲，从两淮以至江南，十分流行，不过其形式已渐与词曲相远，不过描写淫媟情态，略具抑扬而已。万历以后，又出现了《打枣竿》《挂枝儿》二曲，其腔调约略相似。此二曲在民间的影响极大，不问南北，不问男女，不问老幼贵贱，人人习之，也人人喜听，以致刊布成帙，举世传诵，沁人心腑。《山坡羊》一曲在南北词中均有此名，尤以北方为盛。据说，《爱数落》《山坡羊》二曲，其曲调传自宣化、大同、辽东三镇。京师妓女，惯以此曲充弦索北调。言语虽然"秽亵鄙浅"，但羁人游婿，"嗜之尤深"③。

在南京，里巷童孺妇媪所喜闻的民歌，起初只有《傍妆台》《驻云飞》《耍孩儿》《皂罗袍》《西江月》诸小令，其后又出现了《河西六娘子》《闹五更》《山坡羊》，到最后才流行《挂枝儿》《打枣杆》。④

杭州民歌也很发达，明丘齐山辑录的《新镌分门定类绮筵雅令》中有《杭城四句歌》，生动真切地渲染男女爱情。歌云："送郎送到大江头，江水滔滔几时休，若把相思比江水，只流不尽许多愁。"以下还有四段三十二句，充分使用比兴手法。此外，明田汝成《西湖游览志余》也辑录有好几首这样的民歌，其中有两首很值得品味：

约郎约到月上时，
看看等到月蹉西。
不知奴处山低月出早，
还是郎处山高月出迟。

画里看人假当真，

---

① 〔明末清初〕屈大均：《广东新语》卷一二《诗语·粤歌》，中华书局1985年版，第358—363页。

② 《干荷叶》一曲，在晚明相当流行。至于此曲取名之误，可参见〔明〕田艺蘅：《留青日札》卷一九《干荷叶》，上海古籍出版社1985年版，第655页。

③ 〔明〕沈德符：《万历野获编》卷二五《时尚小令》，中华书局1997年版，第647页。

④ 〔明〕顾起元：《客座赘语》卷九《俚曲》，中华书局1997年版，第302页。

攀桃接李强为亲。

郎做了三月杨花随处滚，

奴空想隔年核桃旧时仁。①

民歌的大量兴起，同样对教坊乐伎产生了深远的影响。余怀《板桥杂记》上卷《雅游》记："教坊梨园，单传法部，乃威武南巡所遗也。"所说就是明武宗南巡而将宫廷乐曲传入南京教坊之事。《续本事诗》卷12所引周在浚《金陵古迹诗》之七注云："秦淮灯船所奏，皆宫中乐。乐半，吹笳喝采，其声如雷。闻宫中元夕奏乐亦然。"周诗之八注亦云："南院顿老琵琶，是威武南巡法曲。"自此以后，旧院乐工唱北调，以琵琶、筝和之。② 这是宫廷音乐流入南京教坊并开始走向民间或者俗化的事例。

从民歌的曲词内容来看，显然它是俚俗的，却又是城市平民真情的流露。细加分析，大致包括以下内容：

首先，"借男女之真情，发名教之伪药"。从冯梦龙辑《山歌》一书所录内容来看，均为男欢女爱，实为一本"私情谱"。有些民歌，字里行间，几乎到处流露着男女之情。如《山歌·送瓜子》道："瓜子尖尖壳里藏，姐儿剥白送情郎。姐道郎呀，瓜仁上个滋味便是介，小阿奴舌尖上香甜仔细尝。"送已嗑开的瓜子是院中妓女对嫖客的惯用伎俩，而在民间男女情爱生活中也相当风行。有些民歌反映了妇女冲破礼教，大胆偷情。如《山歌·私情四句·偷》云："结识私情弗要慌，捉着了奸奴去当。拚得到官双膝馒头跪子从实说，咬钉嚼铁我偷郎。"显然，这位情姐也大有义气。

《山歌》所录民歌，描摹男女间的私情，显得情真意切，很多就是里巷真实生活的反映。如《山歌·私情四句·骚》，说女子在大门前"冷眼捉人瞧"，偷看情郎，这从《金瓶梅》中潘金莲在楼上偷看过路俊男可以得到印证。《山歌·私情四句·等》，描写女子等待情郎的焦虑心情，也与生活如合符契。

毋庸讳言，在这些情歌中，也有一些描写男女性交的庸俗之作，从某种程度上反映了市民阶层的世俗情趣。如《同眠》一首，就是描写女子夜间"同郎一处眠"，在罗帐锦被中所做的鸳鸯戏。《立秋》一曲，说的是姐儿与情郎在红罗帐里风流，虽很形象，却显得粗俗不堪。《本事低》更是直露地描写女子怨怼情郎之早泄，以致"一场高兴无多时"。

其次，民歌的曲词虽以自我排遣为主，不过其中也多有警世劝俗之作。如有一首吴地山歌道："月儿弯弯照九州，几家欢乐几家愁。几家夫妇同罗帐？多少飘零在外头？"实为抨击时世之作。又一首道："南山头上鹧鸪啼，见说亲爷娶晚妻。爷娶晚妻爷心喜，前

① 〔明〕田汝成：《西湖游览志余》卷二五《委巷丛谈》，上海古籍出版社1998年版，第363页。

② 〔清〕余怀：《板桥杂记》上卷《雅游》，上海古籍出版社2000年版，第11页。

孃儿女好孤恓。”①埋怨劝俗之情，也是不言而喻。

有些山歌，则反映了因世道不平而产生的隐居意识。清溪道人著《禅真逸史》第22回有两首渔人所唱山歌，歌唱道：“水光月色映银河，慢橹轻舟唱俚歌。算你争名图利客，何如溪上一渔蓑？”“一叶扁舟任往来，持鱼换酒笑颜开。风波险处人休讶，廊庙风波更险哉。”劝隐之情，跃然纸上。

再次，有些民歌讽刺世道、时人，显得较为幽默。民歌中，多讥刺败家子、尼姑、和尚。《禅真逸史》第4回说到败家子苗儿嫖赌不止，后来渐渐无赖，习了那飞檐走壁、东窃西偷之事。于是，街坊上人编成一出曲儿，互相传唱，加以讽刺。第5回说到一位赵尼姑，俐齿伶牙，专门做媒作保。于是街坊上好事君子撰成一出无腔曲儿，其中“烟花队里神帮衬，迷魂赛内雌光棍”两句，在俏皮的语言中，赵尼姑的女光棍形象呼之欲出。第8回说和尚钟守净势大，无人敢惹他，名为“守净”，却不守佛教清净门风。于是民间就编成一出小小曲儿，曲道：“和尚是钟僧，昼夜胡行。怀中搂抱活观音，不惜菩提甘露水，尽底俱倾。”

从成化年间金台鲁氏所刊行的《新编四季五更驻云飞》等四种起，一直到明末冯梦龙所辑的《山歌》，明代民间俗曲的作品集时有出现，数量甚大。民歌虽不似士大夫所创作的旧曲那样蕴藉雅致，音律也不那么严谨规范，有时显得有点松散，但它们是通俗的、有生命力的、新鲜的并受大众喜爱的歌曲。它们虽出自里巷妇女及市井小民之口，却情词婉曲，极富真情实感，具有清新本色的艺术特色。

（三）舞蹈

明代舞蹈已经衰微，这无疑与戏剧的发达颇有关系。戏场就是歌舞的遗意。换言之，剧戏已经取代歌舞，成为一种更为流行的艺术形式。所以，明代仅存的舞蹈品类，多与宗教、巫术、少数民族紧密相关。如在南北两京中贵人家所能见到的“菩萨舞”，有人扮演观音大士，额头上顶戴一碗，手持两碗作为节拍，很容易让人误认为是杂剧。洪武五年（1372年），在南京蒋山寺曾举行了一次重大的宗教法会。据文献记载，佛会上除了演奏宗教音乐之外，还有“悦佛之舞”，“舞二十人，手各有所执，或香，或灯，或珠玉、明水，或青莲花、冰桃、名葩、衣食之舞”②。岭南永安女巫在替人禳病之时，也是歌舞并举：吹牛

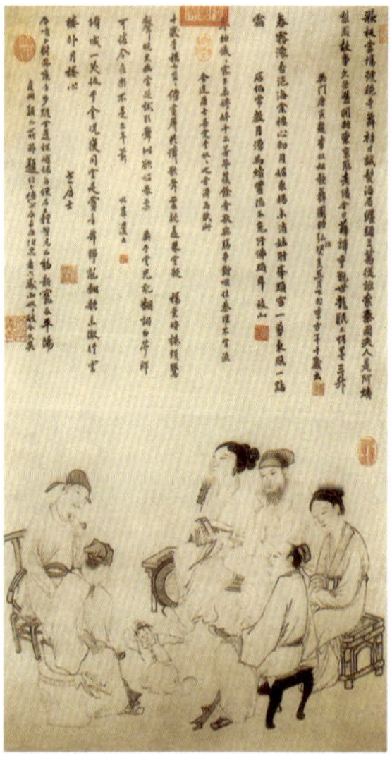

明吴伟《歌舞图》

① 〔明〕叶盛：《水东日记》卷五《山歌》，中华书局1997年版，第59页。
② 〔明〕顾起元：《客座赘语》卷二《佛会道场》，中华书局1997年版，第37页。

角，鸣锣而舞；以花竿荷一鸡而歌。其中之舞蹈名称，有“赎魂之舞”“破胎之舞”，歌有“鸡歌”“暖花歌”①。

而在民间，吴越一带的妇女善舞唐代流行的三杖鼓。此鼓因用三根棒上下相击而名。江北凤阳男子，也善于舞三棒鼓。②

七、科学技术

明代长江流域由于商品经济的发展，科学技术也呈现出一派繁荣兴旺的景象。如船舶制造、航海技术、冶金技术、纺织技术、陶瓷技术、造纸技术、印刷技术、水利工程技术、园林建筑技术、商业数学与珠算、医药学等，都比前代有了进一步的发展，其水平远远高于国内其他地区，有的还在世界上首屈一指。在这里，曾经涌现出一大批像郑和、李时珍、徐光启、宋应星、徐霞客、潘季驯、吴敬等这样杰出的科学家和《本草纲目》《农政全书》《天工开物》《徐霞客游记》这样伟大的科学著作。

（一）造船技术

说起明代的造船业，大家就会自然而然地想起“郑和宝船”来。“郑和宝船”又名“大䑸宝船”，据《明史·郑和传》记载：“造大船修（长）四十四丈，广（宽）十八丈者六十二。”四十四丈约为150米，一十八丈约是60米，于此我们可以想见“郑和宝船”之庞大。难怪巩珍在《西洋番国志》里说：“其所乘之宝舟，体势巍然，巨无与敌。”这种巨大的海船就是由南京的龙江造船厂和太仓浏河及浙江、江西、湖广、福建等地的船厂制造的。从文献和考古资料来看，明代江南地区在船型设计、模型制造、船坞设备、滑道下水等造船技术方面，都达到了相当高的水平。而且据明代的《龙江船厂志》记载，造船已趋于定型化，有了“起船、出船、车水、作坝”等一整套较为科学的方法。制造宝船的工匠来自江西、福建、湖广、浙江及江苏等地的“熟于造船者”。“郑和宝船”的舵杆有三四层楼高，用铁力木制成，全长10多米，上有孔可装转舵的柄，下有槽榫安装舵叶和拖泥木，估计舵叶高度为6.35米③。这种升降舵用绞关（绞车）升降。宝船的桅帆和锚更是巨大，费信说“张十二帆”，巩珍《西洋番国志》则说：“篷帆锚舵非二三百人莫能举动。”由于宝船船大质优，所以郑和能够七下西洋，“涉沧溟十万余里”。它充分反映了明代长江流域劳动人民高超的造船工艺水平，并因此以光辉灿烂的篇章载入世界造船史的史册。

---

① 〔明末清初〕屈大均：《广东新语》卷九《事语·永安崇巫》，中华书局1985年版，第302页。

② 〔明〕田艺蘅：《留青日札》卷一九《腰鼓、舞鼓》《三棒鼓》，上海古籍出版社1985年版，第634—635页。

③ 上海交通大学等编：《造船史话》，上海科学技术出版社1979年版，第106页。

龙江宝船厂考古发掘现场

郑和宝船模型

（二）航海技术

明代的航海技术，充分体现在郑和七下西洋的壮举上。郑和（1371—1435），原姓马，小字三宝，云南昆阳人。他曾奉明成祖朱棣的诏令，自永乐三年至宣德八年（1405—1433）前后七次率领上万人、数百艘大型海船的船队去西洋各国，历经30多个国家和地区，帆舟远及东非各地，是15世纪初叶世界航海史上的空前壮举。

郑和船队的顺利远航，与当时掌握先进的航海技术密切有关。对此，曾随郑和船队下西洋的巩珍在其所著的《西洋番国志》自序中，曾做过概括的记述："往还三年，经济大海，绵邈弥茫，水天连接。四望迥然，绝无纤翳之隐蔽。惟日月升坠，以辨东西；星斗高低，度量远近。斫木为盘，书刻干支之字，浮针于水，指向行舟。经月累旬，昼夜不止。海中之山屿形状不一，但见于前，或在左右，视为准则，转向而往。要在更数起止，计算无差，必达其所。"由此可见，郑和船队已能综合运用物标导航、罗盘指向、天文定位、计程计速等先进的航海技术。另外，郑和航海技术还在《郑和航海图》上得到了充分反映，这是中国历史上第一幅亚非远洋航海图，也是中国历代航海技术成果的总成。

《郑和航海图》针路中的牵星记载

总之，郑和下西洋是中国古代航海事业鼎盛的标志，它开辟了亚非海上交通网，为世界地理大发现铺平了东方航线，对人类航海事业作出了辉煌的贡献①。

① 中国航海学会：《中国航海史》（古代航海史），人民交通出版社1988年版，第270—272页。

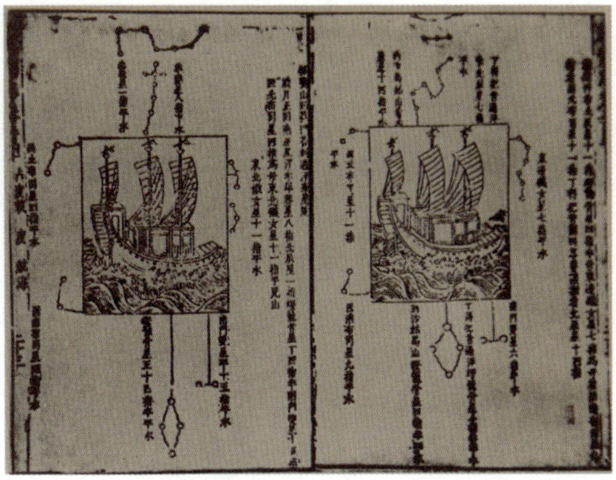

明《武备志》中的过洋牵星图

(三)金属冶炼技术

明代长江流域地区的冶金技术,在采矿、冶铁、制钢、铸造、锻造和锌的冶炼方面一直领先于全国及世界其他地区。

以制钢技术来说,明代流行的"苏钢"冶炼法就是由江苏南京一带的冶炼工人发明的,它是中国古代灌钢冶炼法进一步发展的成果。明唐顺之《武编·前编》卷五《铁条》载:"熟钢无出处,以生铁合熟铁炼成。或以熟铁片夹广铁,锅涂泥,入火而团之;或以生铁与熟铁并铸,待其极熟,生铁欲流,则以生铁于熟铁上,擦而入之。此钢合二铁,两经铸炼之手,复合为一,少沙土粪滓,故凡工炼之为易也……此二钢久炼之,其形质细腻,其声清甚。"作者在这里叙述了两种灌钢的冶炼方法,前一种"以熟铁片夹广铁","入火而团之",这是明代最流行的一种方法;后一种"以生铁与熟铁并铸",等到"生铁欲流"时把生铁水擦入熟铁中,当是灌钢冶炼法的进一步发展,也就是流传在今四川等地的苏钢冶炼法,明中期曾盛行于安徽芜湖①。更值得重视的是,在锻制工具和兵器的锋刃时,长江流域人民已采用了"生铁淋口"的方法,使锋刃具有钢铁组织的表面层②。这种技术的发明,也是长江流域劳动人民在炼钢技术上独到的创造。

① 杨宽:《中国古代冶铁技术发展史》,上海人民出版社 1982 年版,第 254 页。

② 〔明〕宋应星《天工开物》卷中《锤锻第十》说:"凡治地生物,用锄、镈之属,熟铁锻成,熔化生铁淋口,入水淬健即成刚劲。每锹、锄重一斤者,淋生铁三钱为率。少则不坚,多则过刚而折。"潘吉星:《天工开物校注及研究》,巴蜀书社 1989 年版,第 401 页。

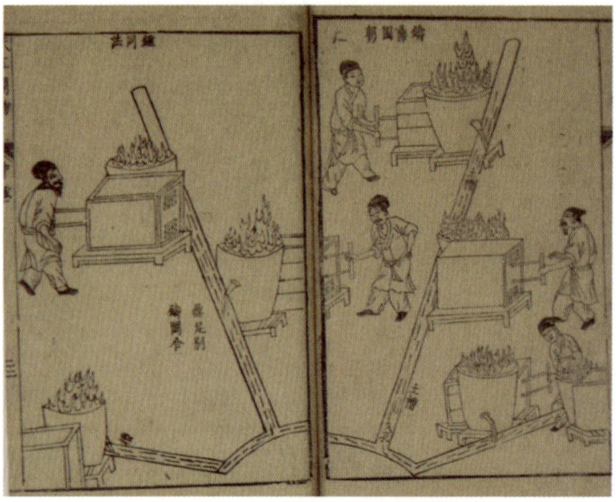

《天工开物》中金属冶炼的插图

锻造技术方面的成就突出表现在“千钧锚”和“冷锻”方法上。据《天工开物》卷一〇《锤锻》记载，千钧锚的锻造方法是：“先成四爪，以次逐节接身。”关于锻接的方法，《天工开物》又说：“凡铁性逐节黏合，涂上黄泥于接口之上，入火挥槌，泥滓成枵而去，取其神气为媒合，胶结之后，非灼红斧斩，永不可断也。”这种用于海船、战船的千钧锚，按一钧大约 15 千克计算，则重达 15000 千克，由此可见它的铸、锻技术和生产规模在当时世界上是极其先进的。此外，从《天工开物》卷一〇《锤锻》中造针方法的记载，我们还可以发现当时长江流域的冶炼工人已聪明地利用生铁作模，发明冷拉技术了。1973 年江西就曾出土明代嘉靖三十二年（1553 年）的细铁丝，经金相检验，证明就系冷拔钢丝。这表明，明代长江流域的冶炼工人在钢铁的冷加工和热处理上，已具有了较高的技术水平。

在银、锡、汞、锌等的冶炼技术方面，长江流域的云南、贵州、江西、浙江等地也都已达到了相当高的水平。

《天工开物》中的锤制大铁锚图

（四）水利工程

明代从事水利工程的专家，最著名的当推乌程（今浙江湖州）人潘季驯了。

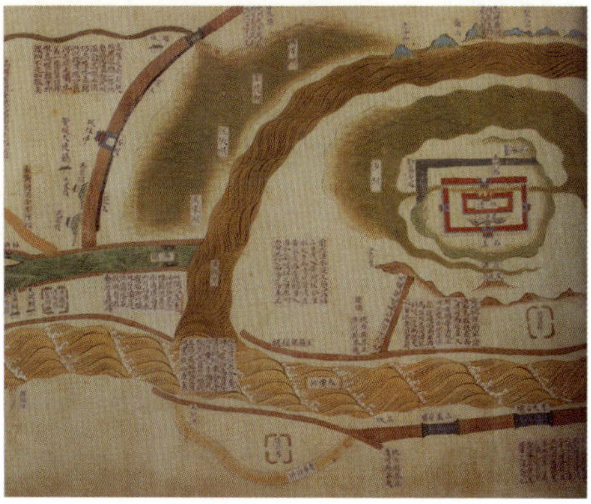

明潘季驯绘《河防一览图》卷局部

潘季驯（1521—1595），字时良，号印川，嘉靖四十四年（1565 年）起，曾四次出任治理黄河的“总督”，在治河的理论和实践方面都有着卓越的贡献。在历时 12 年的黄河治理过程中，他不仅亲自勘察，善于认真总结前人的成果，而且能够创造性地提出比较科学的治河理论和措施，在实践中取得了显著的成绩，对安定黄河人民的生活和促进社会经济发展作出了重要贡献。他的治河理论和实践经验，集中体现在所著的《河防一览》一书中。他针对黄河含沙量大的特点，提出了“塞旁决以挽正流，以堤束水，以水攻沙”的理论，并以此为据，主张“坚筑堤防，纳水归于一槽”的治河方针。这种治河方略，是对过去治河方略的一大改革，它改变了过去只靠人力或工具的疏浚方法，开始利用水流自身的能力来冲刷积沙；它也改变了以前多支分流、改道频繁的局面，使当时黄河下游的治理工作取得了突出的成就，并且对此后近 400 年的治河方针产生了深远的影响，开创了治河史上的新篇章。

除潘季驯外，明代长江流域还造就了像万恭、徐贞明这样著名的水利工程专家。万恭（1515—1592），字肃卿，江西南昌人，曾在隆庆六年（1572 年）任兵部左侍郎兼右佥都御史，总理河道。他进一步阐述了加强堤防建筑可以实现“束水攻沙”的想法，并主持修筑了徐州至宿迁小河口黄河两岸堤防等工程。他的水利学著作主要有《治水筌蹄》一书，共 148 篇，论及黄河、运河等的治理问题。徐贞明，字伯继，号孺东，江西贵溪人。他是明代后期倡导发展海河水利的代表。万历年间，他曾极力主张发展海河流域的农业和水利，认为“水聚之则为害，散之则为利”，要求在海河上游开渠灌溉，下游开支河分泄洪水，低洼淀泊留以蓄水，淀泊周围开辟圩田，则水利兴而水害除。其水利著作主要有《潞水客谈》一书，该书详细分析了发展海河水利的 14 条好处，并分析了大规模兴修水利中可能遇到的困难和问题，从流域水利规划的角度把握农田水利建设，这比前人更进了一步①。

（五）建筑技术

明代长江流域人民在建筑技术方面也取得了非凡的成就，这突出表现在城市建筑和

① 水利电力科学研究院编：《中国水利史稿》，水利电力出版社 1989 年版，下册，第 462 页。

园林建筑技术上。

明南京城东华门

城市建筑以南京城、北京城的建筑影响最大，成就也更为突出。明代的南京城，包括外城、应天府城和皇城三重。皇城及宫城布置在继承历代都城规划的基础上而有所发展，并为此后的北京城布局所沿袭。应天府城即现在的南京城，城周约 33 千米，呈不规则形状。全城共有 13 个城门，其中聚宝门设四重门券，极为坚固，城门上设有“千斤闸”，城墙上还有藏兵洞 23 个，可供 3000 多士兵驻守，城顶建有高大华丽的城楼。城垣的高度一般在 14～21 米之间，城基宽 14 米左右，顶宽 4～9 米。基座用花岗石和石灰石砌成，上面再砌大砖。筑城时又在夹缝中灌用糯米汁或高粱汁与石灰和桐油混合的“夹浆”，以加强黏合力。由此，南京城城垣工程的艰巨与牢固程度超过以往任何一个城市，以至今日它的城垣仍然巍然屹立。

雄伟壮丽的明北京城，也与长江人密不可分。首先，明北京城皇城部分的布局是按明南京城制度建筑的。其次，现存中国古建筑中最宏伟、最完整的建筑群——明代北京宫殿和陵寝工程的主持人之一，就是来自江苏吴县的蒯祥（1380—1465?）。据文献记载，蒯祥曾被任命为营缮所丞，主持北京城的大营缮，多次参加或主持重大的皇室工程，如永乐十五年（1417 年）负责大内宫殿和长陵；洪熙元年（1425 年）建筑献陵；正统五年（1440 年）负责重建故宫三大殿，七年建北京府署；景泰三年（1452 年）建北京隆福寺；天顺三年（1459 年）建北京紫禁城外的南内，四年建北京西苑（今北海、中海、南海）殿宇，八年负责营建裕陵；成化年间，再次重建承天门。在这些重大工程中，充分表现了他在城市规划、设计和施工等方面的杰出才能，他由此也被明宪宗称为“蒯鲁班”。

在园林建筑方面，明代长江流域出现了像计成、张涟这样杰出的造园家。

计成（1582—?），字无否，号否道人，苏州吴江人。其在园林建筑上，曾营筑有晋陵（今江苏常州）东第园、銮江（今江苏仪征）寤园、南京石巢园、扬州影园等名园。他在总结前人及自己造园经验的基础上，于崇祯四年（1631 年）写成中国历史上最早的、最系统的造园著作——《园冶》，这也是世界上最早的造园学著作。这部著作系统地总结了江南一带造园技术的成就，认为造园的“法”就是“巧于因借”“精在体宜”，其特征可以概括为“虽由人作，宛自天开”，以达到“物情所逗，目寄心期”“触景俱是”的艺术意境。

张涟（1587—?），字南垣，松江华亭人。他也是一位著名的造园艺术家，擅长叠山，所造园林最著名的有松江李逢申横云山庄，嘉兴吴昌时竹亭湖墅、朱茂时鹤洲草堂，太仓王时敏乐郊园、南园和西田，以及吴伟业梅村、钱曾天藻园、吴县席本桢东园、常熟钱谦益拂水山庄、嘉定赵洪范南园、金坛虞大复豫园等。他对中国古代造园艺术的重大贡献就是在叠山中改造了那种矫揉造作的传统风格，“穿深复冈，因形布置，土石相间，颇得真趣”，从而对后世的造园艺术产生了极其深远的影响。

（六）商业数学与珠算

明代商业数学取得进展的标志，是景泰元年（1450 年）吴敬所著《九章算法比类大全》这种杰出数学著作的完成①。吴敬，字信民，号主一翁，仁和（今浙江杭州）人。善算，积 20 年之功撰成《九章算法比类大全》。全书共 10 卷，依次按方田、粟米、衰分、少广、商功、均输、盈朒、方程、勾股、开方分卷。各卷内容都是对该类应用问题的解法，总计 1329 个应用题。这些应用题绝大多数与商业有关，如利息计算、合伙经营等。商业数学的发展，导致了明代珠算术的普遍推广。

明代的珠算术著作，以程大位的《算法统宗》一书影响最大，成就也最为突出。程大位（1533—1606），字汝思，号宾渠，安徽休宁人。他于万历二十年（1592 年）写成《算法统宗》17 卷，这是一部以珠算盘为计算工具的数学著作，其价值和贡献体现在：第一，程大位将珠算的加、减、乘、除、开方运算的口诀系统化、完整化，使之简单易行，有力地推动了珠算术的广泛应用，并逐渐取代筹算这种在中国使用了两千年的古老落后的计算工具和方法。第二，最早使用珠算方法开平方和开立方。第三，记有他自己创制的测量田地用的“丈量步车”，并绘有图。第四，附录有北宋元丰七年（1084 年）以来的刻本数学著作 51 种，使中国古代许多算书得以保留至今②。《算法统宗》的出版，在当时及后世产生了极大的影响。程世绥在该书的序中称：“风行宇内，迄今盖一百有数十余年。海内握算持筹之士，莫不家藏一编，若业制举者之四子书、五经义，翕然奉以为宗。”《算法统宗》迅速传到朝鲜、日本等国，“被作为研究珠算的范本”。著名的数学史家钱宝琮先生在《中国数学史》中写道：“《算法统宗》书流传的广泛和长久，在中国数学史上是罕有的。”③

除吴敬、程大位外，浙江湖州人顾应祥（1483—1565）著有《勾股算术》2 卷、《测圆海镜分类释术》10 卷、《弧矢算术》《测圆算术》4 卷；山阴（今浙江绍兴）周述学著有《神道大编历宗算会》15 卷；江宁（今江苏南京）夏源泽撰有《指明算法》2 卷；金陵（今江苏南京）许荣有《九章详注算法》9 卷；会稽（今浙江绍兴）林高有《订正算法》；新安（今安徽歙县）朱元浚

① 杜石然等：《中国科学技术史稿》，科学出版社 1982 年版，下册，第 152 页。

② 杜石然等：《中国科学技术史稿》，科学出版社 1982 年版，下册，第 156 页；张秉伦等：《安徽科学技术史稿》，安徽科学技术出版社 1990 年版，第 254—255 页。

③ 钱宝琮：《中国数学史》，科学出版社 1981 年版，第 141 页。

有《庸章算法》；鄱阳（今属江西）余进有《九章详通算法》等算书，这些算书也大多与商业有关。

（七）农学

明代长江流域的农业科技，随着生产的发展，也取得了较大成就，出现了像徐光启这样杰出的农学家和《农政全书》这样优秀的农学著作。

首先，在土地利用方面，湖广垸田的兴起，扩大了土地利用的范围；间作稻栽培在14世纪中期已见记载；江南地区在1636年前已推行棉麦套种和棉稻隔年轮栽，并出现了田猪互养、羊桑互养、水陆互养三种形式的新型生态农业。其次，在农具和排灌工具方面，江西安福人欧阳必进在嘉靖二十三年（1544年）仿唐王方翼遗制造人耕之法，“施关键，使人推之，省力而功倍，百姓赖焉”①。浙江萧山人单俊良“悯农夫踏车灌田之劳”，在明初创牛转翻车，“以牛运转，力省工倍，天下便之”②。另外，在筒车利用水力的基础上，进而利用风力，成为风转水车。“桔槔”“辘轳”与“龙骨水车”则广泛应用于井灌事业。③ 再次，在肥料使用方面，已应用牛马猪羊骨屑壅水田；对基肥和追肥的不同作用已有所认识，并强调施用基肥；堆肥（时称“蒸粪”）已经出现；花草（紫云英）作绿肥已见于《沈氏农书·运田地法》；提倡养猪羊积肥，并创造出“堆架熏烧”等形式的熏土造肥方法。第四，在农作物方面，番薯、玉米等已从国外引入长江流域。第五，在耕作栽培方面，15世纪后期的吴江农家已认识到水稻收割后有后熟作用；江南地区已发现人垦和牛耕相结合的套耕法；出现小麦育苗移栽技术；出现看苗施肥技术；太湖流域还创造“桑基鱼塘”，实行粮、桑、畜、水综合经营。第六，在植保技术方面，嘉靖二十三年（1544年）杭嘉湖地区劳动人民已发现“蹲缩黄萎”的水稻病害“稻蹲”，并有了预防措施；错开水稻插秧期预防螟害；稻田使用灌水防霜技术；稻瘟病已载于《天工开物·乃粒·稻灾》中；《农政全书·蚕桑广类·木棉》中已有地老虎为害的有关记载。

农书在这一时期也大量涌现，其中重要的有：江苏吴县人黄省曾著的《理生玉镜稻品》，是我国最早的一部水稻品种志，它记载了江苏苏州地区水稻品种38个，其中籼粳稻品种25个，糯稻品种13个。南京溧阳人马一龙的《农说》，是我国用传统的阴阳五行学说解释农事技术的专著。崇祯末年湖州涟川沈氏作的《沈氏农书》，是一部记载杭嘉湖平原农业生产最早的农书。全书包括五个部分：“逐月事宜”是一篇农家月令提纲，分作天晴、阴雨、杂作、置备四目；“运田地法”讲水田耕作；第三部分讲蚕务，包括六畜饲养；最后

① 〔清〕同治《郧阳府志》卷五《官师志》，清同治五年刊本。
② 〔清〕康熙《萧山县志》卷一九《流寓》，清康熙十一年刻本。
③ 唐启宇：《中国农史稿》，农业出版社1985年版，第715页。

是“家常日用”和“区田法”。文字浅明，在农业技术上极有参考价值。吴县俞贞木的《种树书》，是一本专门论述桑、竹、木、花、果、菜、豆、麦等种植的农学著作。六安（今属安徽）俞仁、俞杰兄弟合著的《元亨疗马集》，是一部实用价值极高的兽医著作。此外，高邮王磐的《野菜谱》1 卷、新安鲍山《野菜博录》3 卷、吴江袁黄《劝农书》1 卷、青田刘基《多能鄙事》12 卷、武进唐顺之（1507—1560）《树艺篇》33 卷、松江华亭陈继儒《陶朱公致富奇书》《茶董补》，太仓王世懋（1536—1588）《学圃杂疏》、嘉兴巢鸣盛《老圃良言》1 卷、嘉兴徐石麟（1578—1645）《花佣月令》1 卷等，也都有一定的实用价值。

值得一提的是，朱橚的《救荒本草》在农业生物学上卓有贡献。该书收录了野生植物 414 种，详细地记载了这些植物的产地、名称、性状特征、性味及烹调方法等，并对各种植物的根、茎、叶、皮、花、果实等性状特征绘上逼真的插图，以便人们辨识。它的价值已为现代科技史家所充分认识，萨顿（Geroge Sarton，1884—1956）称之为“中世纪最卓越的本草书”①。

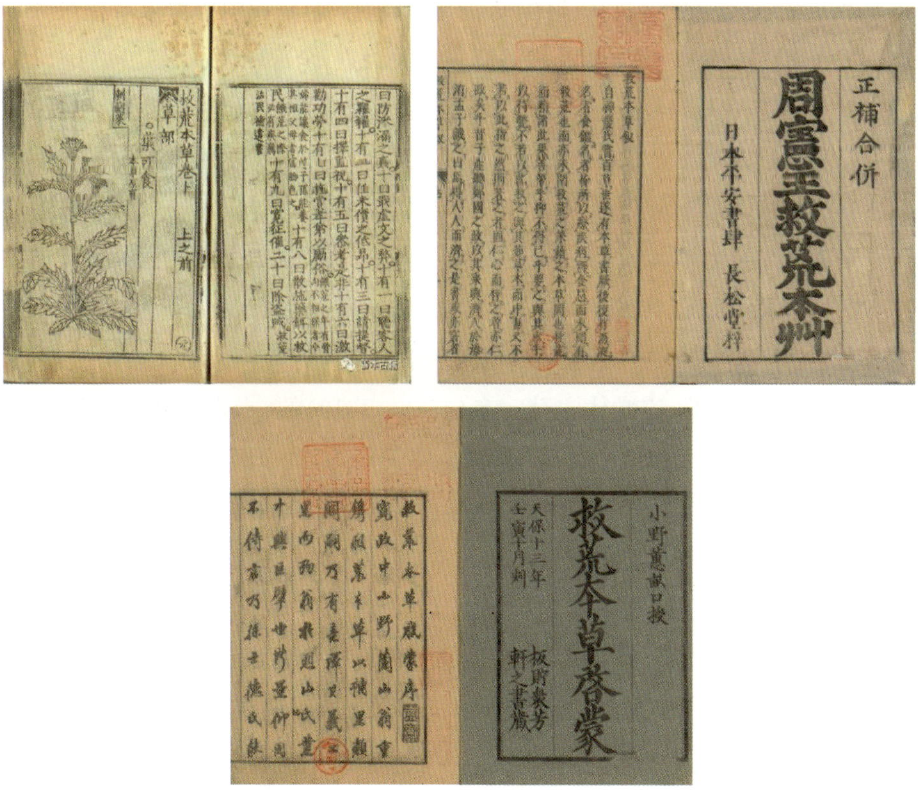

《救荒本草》书影

① 李约瑟：《中世纪中国食用植物学家的活动》，载《科学史译丛》1985 年第 3 期。

（八）医学

明代是长江流域医学兴旺发达的时期，医学各个方面都有了长足的发展，出现了李时珍、张景岳、杨继洲等一大批杰出的医学家，他们对中国古代医学史的发展作出了重大的贡献。

在本草方面，李时珍的《本草纲目》（详见后述）是这方面的代表作。此外，较重要的本草学著作尚有：安徽祁门陈嘉谟（1486—1570）的《本草蒙筌》12 卷，载药物 742 种，每药按性味、产地、采集、辨别、修合、主治等，用对语体裁写成，简明扼要，便于初学。江苏金坛缪希雍（1566—1627）的《神农本草经疏》20 卷，以《神农本草》为经，《名医别录》为纬，分本草为十部，其中对石膏用途极为推重；他著的《炮炙大法》是一部中药炮炙专著，收药 439 种，按药列出药之出处、采集季节、良劣鉴别、炮炙程序、贮藏，然后还说明炮炙后药性变化、治疗作用及相须相畏关系；炮炙方法包括炮、爁、煿、炙、煨、炒、煅、炼、制、度、飞、伏、镑、摋、晒、曝、露 17 种。

在方书方面，最著名的当推朱橚的《普济方》168 卷，它是我国历史上规模最大的一部方书。该书将明以前各家方书，旁及佛道两家有关治方，全部网罗。凡 1960 论，2175 类，778 法，239 图，61739 方。包括总论、脏腑身形、伤寒杂病、外科、妇科、儿科、针灸等；书中所述各种疾病治疗方法甚为丰富，包括汤药、罨敷、针灸等项，极具临床实用价值。其他的方书还有安徽祁门徐春甫（1520—1596）的《古今医统》100 卷，影响较大。作者在自述中说："以平素按内经治验，诸子折衷，及收求历世圣贤之旨，合群书而不遗，析诸方而不紊，舍非取是，类聚条分，共厘百卷"，是我国医学全书的代表作。江苏金坛王肯堂（1549—1613）的《证治准绳》44 卷，《四库全书》评其"采摭繁富"。浙江萧山楼英（1320—1389）的《医学纲目》40 卷，安徽休宁孙一奎（1522—1619）的《赤水玄珠》30 卷，浙江浦江戴思恭（1324—1405）《证治要诀》12 卷，江西金溪龚信的《古今医鉴》16 卷，浙江杭州皇甫中的《明医指掌》10 卷，浙江义乌虞抟的《医学正传》8 卷，松江华亭李中梓（1588—1655）的《医宗必读》10 卷，江苏吴县薛己（1488—1558）的《薛己医案》78 卷，安徽祁门汪机（1463—1539）的《汪石山医案》4 卷，安徽歙县江瓘（1503—1565）的《名医类案》12 卷，四明（今浙江宁波）董宿的《奇效良方》70 卷，四川泸州韩懋《韩氏医通》2 卷，金坛缪希雍《先醒斋医学广笔记》，安徽歙县吴昆（1551—1620）的《医方考》6 卷等，也都是具有一定影响的方书。

在《内经》的研究方面，有山阴（今浙江绍兴）张景岳（1563—1640）的《类经》32 卷、《类经图翼》11 卷、《类经附翼》4 卷，这些书"辨疑发隐，补缺正讹……靡不殚精极微，丝毫无漏”①。会稽(今浙江绍兴)马莳著有《黄帝内经素问注证发微》9卷、《黄帝内经灵枢注证发微》9卷,前书无大发明,后者注释较好,多为后世医家所参考,清汪昂《内经约注》称赞说:“《灵枢》从前无注,其文字古奥,名数繁多,观者蹙頞颦眉,医率废而不读,至明始有马元台之注,其疏经络穴道,颇为详明,可谓有功于后学。”钱塘(今浙江杭州)张志聪(1610—1684?)著有《素问集注》和《灵枢集注》各9卷,强调以阴阳、五运六气之理论述伤寒、本草,注重药物之制化、升降浮动等,从事《伤寒论》《本草纲目》之研究,能自成一家之言,卓有成就。此外,华亭李中梓的《内经知要》2卷,分道生、阴阳、色诊、脉诊、藏象、经络、治则、病能八篇,分类编集,后附案语,也是初学《内经》之必读医书。

在《伤寒论》研究方面,则主要有:江苏昆山王履(1332—1391)《医经溯洄集》1卷。该书阐述了他所主张的“读者当活法,勿拘执”的治学思想,对《内经》《难经》《伤寒论》等书的古典医理以及宋以后著名医家的论点,有不少独到的论述和发挥。安徽歙县方有执《伤寒论条辨》(8卷)和江西新建喻昌(1585—1664)《尚论篇》(8卷)两书,在《伤寒论》研究和整理上也有其一定的价值,受到后人的注重。

在命门温补学说方面,吴县薛己、山阴张景岳、鄞县(今属浙江宁波市)赵献可并称为明代温补三大家。薛氏倡用补益,并主张用八味地黄丸、六味地黄丸直补真阳真阴,其说对后世影响极大。受薛氏的影响,张和赵也以命门阴阳立说。张景岳极力提倡命门阴阳学说的重要,主张甘温,并在临床上运用“阴阳互体”的方法,重视熟地的作用,都富有创见。赵献可的命门阴阳学说体现在他著的《医贯》中,基本上与张景岳相同,但在用药方面仍以八味丸、六味丸为主,不像张景岳自制左、右归饮丸,他们两人的学说曾盛行于世。

在温病学说方面,明代最有代表性的医家和医学著作当推江苏震泽吴有性(字又可,1561—1661)和他所著的《温疫论》一书了。吴有性是明代著名的“温疫病”专家,他继承了我国历代的医学成就,创造性地提出了“戾气学说”,对温疫的传染病源、传染途径以及传染病的免疫性等,都有许多重要而独到的见解。他在中国温疫病的研究上起到了承前启后的作用,清初戴天章评价说:“吴又可先生贯串古今,融以心得,著时行温疫一论,真可谓独辟鸿蒙,揭明于中天矣。”②

在妇产科方面,明代最著名的妇产科著作当推江苏金坛王肯堂的《妇科证治准绳》。该书共5卷,主要以宋代陈自明《妇人大全良方》为依据,先论经带,次论杂证,后论胎产,颇有实用价值。此外,薛己有《女科撮要》,徐春甫有《妇科心镜》等。

在儿科方面,主要有湖北罗田万全(1495—1580)的《幼科发挥》《育婴秘诀》,江苏金

① 〔清〕周中孚:《郑堂读书记》卷四三,商务印书馆1937年版,第789页。

② 〔清〕戴天章:《广温疫论》,见《温病大成》第1部,福建科学技术出版社2007年版,第153页。

坛王肯堂的《幼科准绳》，浙江杭州葛林《杏坞秘诀》，江苏吴县薛铠《保婴撮要》，安徽祁门徐春甫《幼幼汇集》，江西金溪龚居中《幼科百效全书》《小儿痘疹医镜》等专著。

在外科和伤科方面，吴县薛己不仅校注了宋代陈自明的《外科精要》，而且自己还著有《外科心法》7 卷、《外科发挥》8 卷、《外科枢要》4 卷、《疠疡机要》3 卷和伤科著作《正体类要》2 卷。《疠疡机要》是我国早期论述麻风病的专著，《正体类要》是我国医学史上一部具有代表性的伤科专著。此外，祁门汪机《外科理例》8 卷、金坛王肯堂《疡科准绳》6 卷、南通陈实功（1555—1636）《外科正宗》12 卷、秀水（今浙江嘉兴）陈文治《疡科选粹》、金溪龚居中《外科百效全书》等，都是具有较高实用价值的外科专著。

在针灸方面，明代最著名的针灸学家和专著当推浙江鄞县高武《针灸聚英》、浙江衢县杨继洲《针灸大成》、安徽祁门汪机《针灸问对》。《针灸聚英》是一部学术价值较高的针灸学专著，曾流传到日本。《针灸大成》总结了明以前针灸学的成就，是研究针灸学的重要文献，在国内外深有影响。汪机的《针灸问对》也对后学有很多启发。此外，江西丰城陈会的《神应经》1 卷、归安（今浙江湖州）凌云、歙县吴昆（1551—1620）《针方六集》、浙江绍兴张景岳、江苏丹阳朱栋隆《四海同春》2 卷、吴县过龙《针灸要览》1 卷、吴江徐怀曾《经络全书》2 卷等，也都是当时的针灸名家和针灸名著。

尤应指出的是，种痘法的发明。据清代俞茂鲲《痘科金镜赋集解》记载："闻种痘法起于明隆庆年间（1567—1572）宁国府太平县（今安徽太平县）……由此蔓延天下。"另外，张璐《医通》卷一二亦载有多种种痘方法，如痘衣、痘浆、旱苗等法，并说种痘法"始于江右，达于燕齐，近者遍行南北"。种痘法的发明，是明代长江文化的一个突出成就。自发明以后，它迅速传播到世界各地。清俞正燮《癸巳存稿》记载："康熙时，俄罗斯遣人至中国学痘医。"后来，据说又被传入土耳其及欧洲各国，为英国人琴纳发明牛痘接种奠定了基础。

（九）徐光启和《农政全书》

生于明末上海的徐光启（1562—1633），字子先，号玄扈。曾任礼部尚书。他接受了西方传教士带来的西方科学知识，很重视科学验证和事实，说："谚云百闻不如一见，未经目击，而以口舌争，以书数传，虽唇焦笔秃无益也。"①他能取"西方"之长，从实际出发，融中西学为一体。他的历学，"熔西人之精算，入大流之型模，正朔闰月从中不从西，定气整度从西不从中"②。他在天文、历法、数学、生物学、农学等方面都有很大的贡献和成就。

① 〔明〕徐光启：《徐光启集》卷八《日食分数非多略陈火据以候验疏》，王重民辑校，中华书局 1963 年版，第 387—388 页。

② 〔清〕阮元：《畴人传》卷三二《徐光启》，《续修四库全书》，上海古籍出版社 2002 年版，第 516 册，第 313—325 页。

他主持修订了《崇祯历》，与利玛窦合译了《几何原本》。梁启超认为该书“字字精金美玉，为千古不朽之作”。还合译过几何学著作《测量法义》《测量异同》。

明佚名《徐光启像》

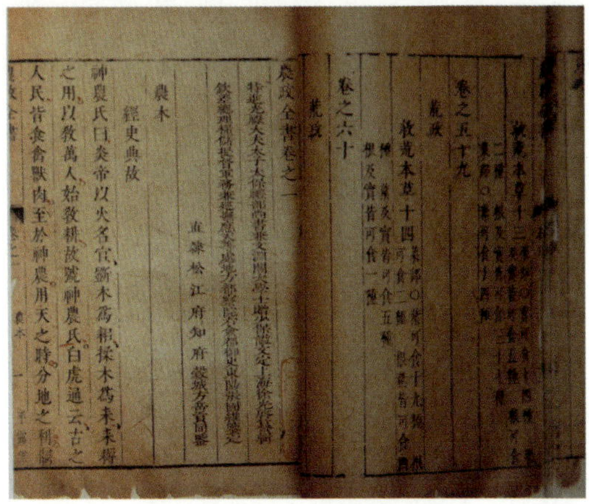

卷之五十九

荒政

卷之六十

荒政

農政全書卷之一

直隸松江府知府穀城方岳貢同鑒

農本

經史典故

神農氏曰炎帝以火名官斲木爲耜揉木爲耒耒耨之用以教萬人始教耕故號神農氏白虎通云古之人民皆食禽獸肉至於神農用天之時分地之利

明徐光启《农政全书》书影

《农政全书》是他的代表作，他吸收了我国农学传统，又经验证，使之符合农业生产和技术的实际。全书 60 卷，约 60 万字，分农本、田制、水利、农器、农事、树艺、蚕桑、蚕桑广类、种植、牧养、制造、荒政 12 类。他很重视选种对植物的作用，认为“择种为第一义，种一不佳，即天时、地利、人力俱大半齐掷矣”①。他虚心向老农学习生产经验，如桑树品种的改良是吸取了江南一带蚕桑种植的经验。又如甘薯是万历年间从吕宋引进中国的，首先在福建试种推广，徐光启非常重视它的价值，三次在松江地区试种，认为不同的自然环境也可适应，他在《甘薯疏序》中力斥风土论，说：“余不佞，独持迂论，以为能相通世什九，不者什一。人人务相通，即世无虑不足，民可无道殣。或嗤笑之，固陋之心终不能移。每闻他方之产可以济人者，往往欲得而艺之。同志者或不远千里而致耕菑畲，时时赖其用，以此持论，颇益坚。岁戊申，江以南大(水)，无麦禾，欲以树艺佐其急，且备异日也。有言闽越之利甘薯者，客莆田徐生为余三致其种，种之，生且蕃，略无异彼土。”《农政全书》发展了农学遗产，吸取了农学生产经验，是很有意义的一部农学专著。

(十)李时珍和《本草纲目》

李时珍(1518—1593)，字东璧，湖北蕲州人，世代为医，他从小受熏陶，及长，曾在楚王府和太医院任医。他的《本草纲目》，共 52 卷，190 万字，历时 26 年，经三次修改于万历六年著成。李时珍注重实地考察，除了家乡湖北外，还到江西、安徽、河南、河北诸省，对各种药物细细加以观察、研究，“远穷僻壤之宝，险探仙麓之华”。还先后阅读 800 余种

---

① 〔明〕徐光启：《农政全书》卷二八《树艺》，石声汉校注，上海古籍出版社 1979 年版，第 717 页。

书，“凡子史经传声韵农圃医卜星相乐府诸家”，无不研读，一一核对了药物名称、品种、性能、药用等，还纠正了过去本草记载的错误。将书分成16部，52卷，分水、火、土、金石、草、谷、菜、果、木、服器、虫、鳞、介、禽、兽、人部。列入药物1892种，重要药物还附有插图1160幅，比宋代唐慎微《证类本草》所载的1558种，多了300余种。李时珍行医多年，富有临床治病的经验，故又列入验方11096则。《本草纲目》对每一种药物都进行验证，列出药物名称、性能、功效以及采集制作的方法，详细加以记录，是我国最著名的药物学专著，对医学、生物学都有重大贡献。它刻印后多次被翻刻，成为医药学必读的著作，很快传播到世界各国，有日、德、英、法、俄、拉丁文等多种译本。

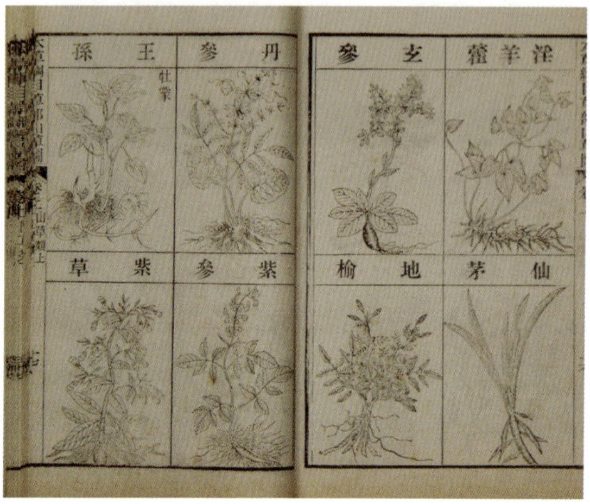

《本草纲目》书影

明崇祯十年刻本

宋应星《天工开物》插图

（十一）宋应星和《天工开物》

宋应星（1587—1666?），字长庚，江西奉新人。《天工开物》是一部科技著作，分上中下三编，共18卷。该书很重视实际的工农业生产技术，对关系到国计民生的制盐、五谷种植等详细加以介绍。自序曰“乃贵五谷而贱金玉之义”。对每一物品，从产地到原料、加工程序、方法、工艺、制成品的性能都有详细记述，并附有插图。这些插图很有学术价值，是现存研究明代生产技术的最好图像，也是我们研究明代社会经济和生产工具、生产技术重要的资料。也表明我国古代的科技在许多方面处于世界先进的地位，李约瑟就说：“中国的这些发明和发现往往远远超过同时代的欧洲，特别是十五世纪之前更是如此，关于这一点可以毫不费力地加以证明。”①

① 〔英〕李约瑟：《中国科学技术史》第1卷《导论》第1章《序言》，科学出版社、上海古籍出版社1990年版，第2页。

《天工开物》出版后，先在日本传播，有日、德、法、英、俄等文译本。这部书系统总结了明代及明代以前的中国工农业生产技术，具有实际指导生产的意义，在世界上也很有影响，是世界科技史中的一部重要著作。国外有人称宋应星是"中国的狄德罗"。日本三枝博音博士认为"《天工开物》不只是在中国，而且也是在东洋的一部有代表性的技术书……是无与伦比的书物"。

（十二）徐霞客与《徐霞客游记》

徐霞客（1586—1641），原名宏祖，字振之，江苏江阴人。他一生喜欢游览，长期奔波于群山丛水之间。从事田野考察是很辛苦的，非有超人的毅力不可，他每到一地就记日记，真实地记录了各地景色民情风土。

《徐霞客游记》不是一般的游记，是一部很有价值的地理学巨著，对地形、地貌、动植矿物、山谷江河湖泊、气象、水文等都有详细记载。他行踪遍及江浙云贵等 18 省。李约瑟认为"他的游记读来并不像是十七世纪的学者所写的东西，倒像是一位二十世纪的野外勘测家所写的考察记录"①。

地理学著作还有王士性（1547—1598）的《广志绎》，题为 6 卷，实为 5 卷，成于万历二十五年，内容大都为作者亲历过的。王氏为浙江临海人，字恒叔，号太初。卷六《四夷辑》未见。作者喜游览，手勤记录，他在自序中说："盖天下未有信耳者而不遗目，亦未有信目者而不遗心，故每每藉耳为口，假笔于书。余言否否，皆身所见闻也，不则宁阙如焉。"该书不同于《徐霞客游记》，对"河漕马政、屯田盐筴、南北控御方略"都记叙或评述，是研究明代地理、社会、经济等方面的重要书籍。

徐霞客像

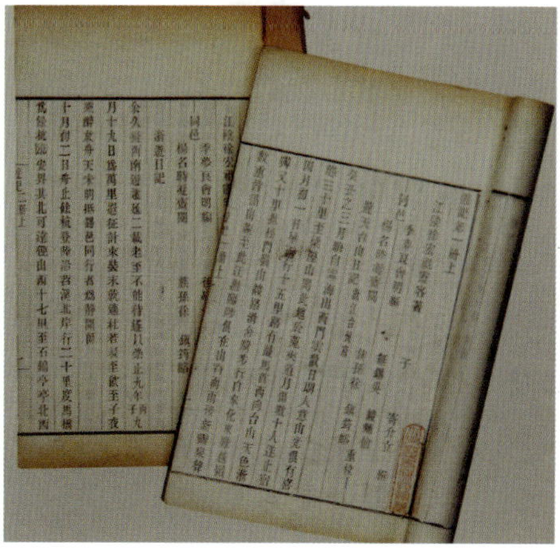

《徐霞客游记》书影

① 〔英〕李约瑟：《中国科学技术史》第 5 卷《地学》第 1 分册，科学出版社 1976 年版，第 62 页。

第六节　明代长江文化与海外文化的交流

明代统治者在对内加强中央集权的同时，积极致力于对外开拓，发展同海外各国的政治、经济联系，并为此实行了一系列对外开放的措施。特别是明成祖继位伊始，积极发展与周边各国及南亚、西亚各国等的友好关系，先后28次以登基诏谕安南、暹罗、爪哇、琉球、日本、满剌加、柯枝、苏门答腊、西洋琐里、榜葛剌、占城、古里、古麻剌郎和苏禄等海外诸国，并谕礼部臣曰："诸蕃国遣使来朝，一皆遇之以诚，其以土物来市易者，悉听其便……以怀远人。"①由此出现了中外关系和海外贸易史上空前鼎盛的时期。

由于自身文化力度的增强，明代长江文化与海外文化的交流，较之宋元时期又有了进一步的发展，日本著名航海史学者松浦章便指出："在东亚世界里，有着一片广阔的海域，这些名为渤海、黄海、东海、台湾海峡的广阔海域，将东亚各国悬隔开来。在古代，这些国家之间主要依靠船舶相互往来。船舶是海洋地域和国家间接触以及交流不可或缺的一个重要因素。从14世纪到20世纪初叶这段漫长的历史时期里，从事于远洋航行的船舶主要是中国的帆船。在当时的东亚海域世界里，中国的造船和航海技术最为先进，其海洋政策也相对宽松，这使得中国帆船掌握了东亚世界的制海权，主导了当时的海上交通事业。"②其标志有二：一是长江文化向外辐射的区域已扩大到美洲大陆，并加强了与西方欧洲文化的接触与融合；二是长江文化向外输出的文化成就，具有先进性、多样性的特征。

一、与日本的文化交流

(一)明代长江文化对日本文化的影响

在明代（相当于日本室町文化、江户文化初期），当时的日本人与其祖先一样，怀着极其热烈之崇敬心情，纷纷来到中国求学取经，把明代灿烂的长江文化的成就介绍到日本，如正德年间（1506—1521年），日本使者答里麻游览杭州西湖，并赋诗赞美西湖："昔年曾见此湖图，不信人间有此湖。今日打从湖上过，画工还欠着工夫。"③诗语虽俳，而羡慕之心闻于海外很久。日人策彦周良于嘉靖年间来中国，其所写游记《策彦和尚初渡集》下之

① 《明成祖实录》卷一二上，洪武三十五年九月丁亥条，台北"中央研究院"历史研究所1962年版。

② 〔日〕松浦章著、郑洁西等译：《明清时代东亚海域的文化交流》，江苏人民出版社2009年版，序1页。

③ 〔明〕田汝成：《西湖游览志余》卷二〇《熙朝乐事》，上海古籍出版社1998年版，第295页。

上记嘉靖十八年十一月初一日到杭州时所见城内文化发达商业繁盛之情形:“巳刻,上岸,自西北门入杭府。府中所过,及第门多多,有‘双凤坊’‘海蛟竞起’‘奎壁联辉’‘世进士坊’‘父子翰林’‘振纲肃纪’等之类,不遑枚举。又帘铭有‘河清老酒’‘金华老酒’‘短水白酒’‘罗浮春’‘洞庭春色’‘上色清香高酒’‘瑶池玉液’‘紫府琼浆’等之类,不可悉记焉。又有学校,门揭‘小学’二大字,里有一门,横额‘云程发轸’。又有寺,寺门架以层层华构,犹如层塔,门中央以金揭‘真教寺’三大字。又有铺,或刻牌以‘郑氏凉伞铺’,或以‘清油细伞铺’。帽铺、红铺、银铺之类不知数。又有卖饼店,以木造饼形,书中以‘大白雪饼’。又有卖饭家,有木牌,书以‘家常大饭’。又有一门,揭‘国医坊’三大字,盖医家欤?有二重楼,横揭‘镇海楼’三大字,盖置漏量时之楼也。过其下,出此楼左畔,有路之通翠微,有一小门,揭‘登高览胜’四字,盖于此一览西湖也……”诸如此类记载很多。而渡日的明僧、商人等也积极主动地将先进的长江文化源源不断地输入日本,对这一时期的日本文化产生了极其深远的影响。谢肇淛《五杂俎》卷四《地部二》便载:“今吴之苏、松,浙之宁、绍、温、台,闽之福、兴、泉、漳,广之惠、潮、琼、崖,驵狯之徒冒险射利,视海如陆,视日本如邻室耳。”

1. 佛教

佛教在明代长江文化与日本文化的交流中,仍占有重要的地位,起着桥梁和纽带的作用。据木宫泰彦《日中文化交流史》“明清篇”“入明僧一览表”所载,日本有名有姓的入明僧达116人。这些入明日僧,基本上活动于长江流域下游。如最初来中国的日本僧人绝海中津曾在杭州、宁波、南京等地参禅修行达11年;同中津一起入明的汝霖良佐则在苏州承天寺掌管笺翰,并在钟山与中国的五山长老一道做过校点大藏经的重要工作。

与此同时,长江流域一带往来日本的僧人在明代200多年间也从未间断,他们有的还为日本佛教文化的发展贡献了一生。如杭州天目山中峰明本的法孙喜江禅师和出生于福州福清县的隐元禅师就是其中的代表,隐元还在日本开创了黄檗宗一宗。

2. 儒学

明代儒学对日本影响最大的当推朱子学、阳明学。朱子学虽然在南宋时已传入日本,但至明代才在日本流行起来。1473年,从明朝回国的日本禅僧桂庵(1427—1508)在萨摩(今日本鹿儿岛县西部)为朱子学播下了强有力的种子。此后的藤原惺窝(1561—1619)又继承了桂庵系统的南浦(1555—1620),成为日本朱子学派的始祖、德川时代文运兴隆的先驱。藤原惺窝的最大门生林罗山(1583—1657),又全面地发展了日本朱子学,使朱子学成为日本的官学。

随着朱子学的成长,阳明学也开始在日本兴起。“近江圣人”中江藤树(1608—1648)

从人生观的角度吸收和发挥了阳明学的积极因素，成为日本阳明学的开山祖师。章炳麟说："日本维新，亦由王学为其先导。"①由此可见阳明学对日本影响之大。

3. 文学

明代长江文学对日本影响最大的当推传奇小说，其中对日本江户文学产生重大影响的主要有三部：一是明钱塘（今浙江杭州）瞿佑（1341—1427）的传奇小说《剪灯新话》和江西庐陵李祯（1376—1452）的《剪灯余话》，二是江苏长洲冯梦龙（1574—1646）纂辑的《古今小说》，三是施耐庵的《水浒传》②。这些文学作品在日本产生了极其深刻而广泛的影响，有力地促进了日本江户文学的发展。长江流域的诗文学也对日本的诗文学不断给予了清新的刺激。如浙江余杭陈元赟（1587—1671）去日本时曾带去明朝湖广公安袁宏道的《袁中郎集》，传给了日僧元政，这对日本诗文学的影响最大。元政就是根据上书在日本推崇性灵派诗风③。另外，日本还专门派人到长江流域，向当时的高僧和著名文学家学习诗文。如日僧绝海中津"自壮岁挟囊乘艘，泛沧溟来中国，客于杭（州）之千岁嵓，依全室翁（中天竺的季潭）以求道，暇则讲乎诗文。故禅师得诗之体裁，清婉峭雅，出于性情之正，虽晋唐休彻之辈，亦弗能过之也"④。一些文学家还应日人之请，为他们的诗文集撰写序跋。如被推为明朝"开国文臣之首"的浦江人宋濂，就为日僧汝霖良佐的文集撰写过跋文⑤，还应日僧之请写过《日本国天龙禅寺开山梦窗正觉心宗普济国师碑铭》《转法轮藏禅寺记》等。明高僧，如金陵天界寺宗泐（临海人），余杭径山寺智及（苏州人）、杭州灵隐寺来复（丰城人）、杭州上天竺寺如兰（浙江富阳人）等都曾为日僧撰写顶相赞、塔铭、行状以及语录、诗文集的序跋。这些诗文作品传入日本，对日本五山文学产生了重大的影响。

4. 绘画

在绘画上，以浙江杭州人、明画僧逸然（1601—1668，俗姓李，号浪云庵主）对日本影响最大。他擅长人物佛像、山水，于正保二年（1645 年）至长崎，住兴福寺。日本渡边秀石、河村若芝等，都曾从学于他，皆卓然成为大家，并形成日本公元 17 世纪末叶有独特成就的逸然画派，逸然也被推为日本近世汉画之始祖。据〔日〕野间清六、谷信一编《日本美

① 〔民国〕章炳麟：《答铁铮》，载《民报》第 14 号。

② 李树果：《〈水浒传〉对江户小说的影响》，见陆坚、王勇主编《中国典籍在日本的流传与影响》，杭州大学出版社 1990 年版，第 167—185 页；戴燕：《〈剪灯新话〉和〈剪灯余话〉在日本的流传及其影响》，见《中日文化交流史论文集》，人民出版社 1982 年版，第 195—208 页。

③ 〔日〕木宫泰彦：《日中文化交流史》，商务印书馆 1980 年版，第 704 页。

④ 〔日〕绝海中津：《蕉坚稿》，道衍序，见《日本五山版汉籍善本集刊》，西南师范大学出版社、人民出版社 2012 年版，第 14 册，第 721 页。

⑤ 〔明〕宋濂著、陈葛满评注：《宋濂诗文评注》，长江文艺出版社 1997 年版，第 124—125 页。

术辞典》(东京堂出版),画家派系图表:

- 长崎派释逸然
  - 渡边秀石
    - 秀朴
    - 秀岳——元周
  - 河村若芝
    - 若轨
    - 若元
      - 若凤
      - 若麟

又,号称日本水墨画祖的雪舟(1420—1506),也曾来浙江四明的天童山,拜当时的名画家长有声和季在为师,学习设色、破墨之法,并追随当时的时尚,仿效高彦敬的画风作山水画。雪舟泛舟杭州西湖之时,作有多幅“晴好雨奇变态”的西湖写生图,其中一幅送给了天隐龙泽①,于是天隐龙泽作《题扇面西湖图》一首以示纪念:

> 西湖有三,曰杭曰颖曰惠,以杭为第一也。环湖则三十里,而游人患之。翰林苏公筑长堤,以通净慈灵隐之前,插之以芙蓉杨柳,望之则烂然如锦绣。景弥胜,路弥近,游人喜之,自作诗譬之淡妆浓抹西施。又曰,杭之有西湖,如人有眉目,指境为人,有苏公乎哉。画僧雪舟南游之日,屡游西湖,执笔自写晴好雨奇变态。予介求一本,于是图于绢素,自防州寄之。予起卧对之,以彷想余杭胜概,天地之间,别有何乐乎。凤裔侍者从何得之。以上于扇画,所谓名画通灵,羽化登仙者乎。②

雪舟画像

雪舟画

另外,日本早朝的“浮世绘”也明显受到中国江南地区版画的影响,如日本师宣所作的《绘本风流绝畅图》就是摹刻新安黄一明的彩印版《风流绝畅图》。陈洪绶别开生面的

① 天隐龙泽(1422—1500),播磨(今兵库县)人,五山时期诗僧,著有《墨云稿》。
② 《大日本史料》“应仁元年是岁”。

雕版插图创作不仅为中国古典版画艺术做出了巨大贡献，也对日本等国的线描、插图的创作与发展产生深远的影响。毛奇龄《陈老莲别传》写道："朝鲜、兀良哈、日本、撒马儿罕、乌思藏购莲画，重其直。海内传模为生者数千家。"①

5. 书法

在书法艺术方面，江苏长洲文徵明、松江华亭董其昌、浙江绍兴徐渭、长洲祝允明及余姚朱舜水、余杭陈元赟等，都对日本书法的发展产生过影响。如日本著名书法家北岛雪山（1636—1697）和细井广泽（1658—1735）都学过文徵明的书法，后来细井广泽还写出《拨镫真诠》与《观鹅百谭》二书，主张由文徵明书法上溯赵孟頫，然后再祖述王羲之书法。此外，还有荻生徂徕和赵陶斋等人，据说都是学习祝允明书法的名手，从而在日本又别开生面地掀起了吸取明人草书妙趣的新潮。他们的法帖也成为日本书法爱好者的临本，如祝允明、文徵明、董其昌等江南名家的法书均在日本翻刻过②。

6. 医学

明代医学在日本卓有影响。15 世纪末，日本田代三喜来中国学习医学，前后 12 年专门研究李杲和朱丹溪的医学理论，成为日本研究李朱医学思想的最早创始人。1606 年，日本林道春自长崎得到李时珍《本草纲目》，献于德川幕府，受到很大重视。其后，日本于 1638 年根据明万历三十一年夏良心、张鼎思江西重刻本《本草纲目》进行翻刻，后又多次重刻。截至目前，据知日本尚保存《本草纲目》金陵初刻本（即万历十八年刻本）三部。自此，日本研究《本草纲目》的专著也日益增多，如林道春《本草纲目序注并疏》，小野兰山《本草纲目记闻》和《本草纲目启蒙》，向英俊《本草纲目钧衡》等③。

7. 陶瓷等

随着日本南北朝的统一，北山文化、东山文化、茶道、插花、连歌、能乐等文化的兴起和烂熟，对于唐物的追崇不仅没有收敛，而是迎来了一个前所未有的"唐物趣味"时代。嘉靖四十一年（1562 年）刊行的郑若曾《筹海图编》卷二"倭好"中，较为详细地记载了日本官方、民间交易中最喜爱的中国物品：

倭　好

昔贾谊上三表五饵之策，知倭国之所好，则饵在是，而悟所以制之之术矣，故志之。

丝：所以为织绢纻之用也。盖彼国中自有成式花样，朝会宴享，必自织而后

---

① 〔明〕陈洪绶：《陈洪绶集》，吴敢点校，浙江古籍出版社 2012 年版，第 663 页。

② 叶喆民：《中日书法艺术的交流》，载《故宫博物院院刊》1979 年第 1 期。

③ 赵璞珊：《中国古代医学》，中华书局 1983 年版，第 275 页。

用之。中国绢纻，但充里衣而已。若番舶不通，则无丝可织，每百斤值银五六百两，取去者其价十倍。

丝绵：髡首裸裎不能耐寒，冬月非此不暖。常因匮乏，每百斤价银至二百两。

布：用为常服，无绵花故也。

绵绸：染彼国花样，作正衣服之用。

锦绣：优人剧戏用之，衣服不用。

红线：编之以缀盔甲，以束腰腹，以为刀带、书带、画带之用。常因匮乏，每百斤价银七百两。

水银：镀铜器之用，其价十倍中国。常因匮乏，每百斤价银三百两。

针：女工之用。若不通番舶而止通贡道，每一针价银七分。

铁链：为悬茶壶之用。倭俗，客至饮酒之后啜茶，啜已即以茶壶悬之，不许着物，极以茶为重故也。

铁锅：彼国虽自有而不大，大者至为难得，每一锅价银一两。

磁器：择花样而用之。香炉以小竹节为尚，碗碟以菊花棱为上，碗亦以葵花棱为上。制若非觚，虽官窑不喜也。

古文钱：倭不自铸钱，但用中国古钱而已，每一千文价银四两。若福建私新钱，每千价银一两二钱。惟不用永乐、开元二种。

古名画：最喜小者。盖其书房精洁，悬此以为清雅。然非落款图书不用。

古名字：书房粘壁之用，厅堂不用也。

古书：五经则重《书》《礼》，而忽《易》《诗》《春秋》。四书则重《论语》《学》《庸》，而恶《孟子》。重佛经，无道经。若古医书，每见必买，重医故也。

药材：诸味俱有，惟无川芎。常价一百斤价银六十七两，此其至难至贵者也。其次则甘草，每百斤价银二十两以为常。

毡毯：以青者为贵。

马背毡：王家用青，官府用红。

粉：女人搽面之用。

小食箩：用竹丝所造而漆饰者。然惟古之取，若新造者，则虽精巧不喜也。小盒子亦然。

漆器：文几、古盒、砚箱三者，其最尚也。盒子惟用菊花棱，圆者不用。

醋

若曾按：日本所贡倭扇、描金盒子类，皆异物也。其所悦于中国者，皆用物也。是彼有资于中国，而中国无资于彼。忠顺则礼之，悖逆则拒之，不易之道也。若徇其求而愆期许贡，无端互市，断断乎不可。

《癸辛杂识》载其地绝无香，尤以为贵。①

郑若曾在上文列举了丝、丝绵、布、绵绸、锦绣、红线、水银、针、铁链、铁锅、磁器、古文钱、古名画、古名字、古书、药材、毡毯、马背毡、粉、小食箩、漆器、醋、香等 23 种日本人喜爱的中国物品，这些物品基本上来自长江流域。明代浙江海盐人姚士麟在《见只编》卷上中就提到："大抵日本所须，皆产自中国，如室必布席，杭之长安织也；妇女须脂粉，扇漆诸工须金银箔，悉武林造也。他如饶之磁器、湖之丝绵、漳之纱绢、松之绵布，尤为彼国所重。"其中尤其在陶瓷方面，对日本产生了极其深刻的影响。在当时的日本，被讲究茶道之人当作珍品的青花瓷器中，有一种被称为"祥瑞"样式的瓷器，色彩淡雅，描绘细致的花纹和山水、人物图样，就属于 17 世纪前半叶的产品，而且是日本人特地从景德镇订制的。② 上文中提及的"官窑"，当时该指浙江龙泉窑和江西景德镇窑等为主。日本学者龟井明德通过对镰仓末期到室町中期即 14—15 世纪皇族、贵族、僧人的日记调查研究发现，中国陶瓷的相关记载出现了 280 件之多。这些陶瓷品应该是遣明船从中国输入，并通过景德镇—宁波—兵库这样的路线传至京都。③ 中国陶瓷的输入日本，由原来被当作贵族瓷、礼品瓷进口的景德镇瓷器而在这一时期转为大量输入福建陶瓷，使中国陶瓷在日本的使用趋向平民化、日用化。尤其在明末清初，这种现象更为明显，它对日本的经济、生活、文化产生了重要影响。④ 与此同时，长江流域的制瓷技术，真正给日本陶瓷业带了革命的变化。1511 年春，日本伊势松阪人伊藤五郎大夫因酷爱中国青花瓷器，乘船来到日本陶瓷匠师们向往的"支那第一陶府"江西景德镇学习青花瓷器的制造技术，回国后在肥前的伊万里（今佐贺附近）开窑，称"伊万里窑"；后来又在奈良附近的鹿脊山烧制彩陶，成为日本制陶史上的一件大事。其作品无论从造型、纹样还是釉色等方面都明显地受到明代青花瓷器的影响。又，日本著名的有田窑瓷器，也同样受到中国长江流域陶瓷艺术的影响。⑤ 另外，赴日本的浙江余杭人陈元赟还创制了极为雅致而富有安南风趣的元赟瓷，在日本制陶史上具有一定的影响。"元赟烧"为当时名古屋的特产，秀丽雅致，尤以茶器为上品，对日本茶道有影响，"陈氏茶道"也因此而风行一时。⑥

---

① 〔明〕郑若曾：《筹海图编》，李致忠点校，中华书局 2007 年版，第 198—201 页。

② 〔日〕三上次男著，李锡金、高喜美译：《陶瓷之路》，文物出版社 1984 年版，第 14、32、56、63—64 页。

③ 〔日〕关周一：《中世の唐物と伝来技術》，吉川弘文馆 2015 年版，第 36—37 页。

④ 庄景辉：《泉州港考古与海外交通史研究》，岳麓书社 2005 年版，第 377—383 页。

⑤ 王慕民、张伟、何灿浩：《宁波与日本经济文化交流史》，海洋出版社 2006 年版，第 198—199 页。

⑥ 陈小法：《明代中日文化交流史研究》，商务印书馆 2011 年版。

日本福井出土的中国
明代成化年间制的青花碗

日本福井出土的
中国明代青瓷双鱼皿

日本福井出土的三田烧青瓷花形碗

青瓷千鸟手香炉

8. 武术

对日本柔道作出杰出贡献的当推浙江余杭人陈元赟。陈元赟(1587—1671),名珦,又称陈五官(因排行第五),字义都、士昇,号既白山人、芝山、升庵、菊秀轩等,浙江杭州人。死后葬于日本名古屋建中寺。他除擅长诗文、书法、绘画、医学,精于烧制陶器和建筑之外,还是一位精通拳技武功的高手。他曾在以拳术著称的少林寺学习过,到日本后,住在江户国昌寺,传少林拳法于浪士三浦舆次右卫门、矶贝次郎左卫门、福野七郎右卫门等,这就是日本所谓的"起倒流柔术"的发端。之后,日本人民在辗转相传的过程中,对其加以变通损益,创造了柔术(又名柔道)这一驰名世界的体育运动项目。这是明代长江文化对日本文化的又一大贡献。至今日本仍奉陈元赟为柔道鼻祖。

陈元赟画像(栗原信充《肖像集》)

9. 饮食

关于肉食与野味,不能不提到在明代广为传说的“八珍”。明末学者朱之瑜到日本后,就曾经向日本人介绍过中国人所谓的“八珍”。据他的解释,八珍应该是猩唇、豹胎、金齑、玉脍、紫驼峰、熊蹯、龙肝、凤髓。①

此外,明代长江文化还对日本音乐、戏剧、教育、印刷、纺织等的发展作出过贡献。

(二)日本文化对明代长江文化的影响

当然,由于同时期日本文化的长足进步,其文化成就也大量逆向输入长江流域,其中主要表现在以下几项:

1. 倭扇

随着明代中日商品贸易的发达,源于日本的折扇在中国广泛流行起来。明张燮《东西洋考》引《两山墨谈》说:“中国宋前惟有团扇。元初,东南夷使者持聚头扇,人皆讥笑之。我朝永乐间始有持者,及倭使充贡,遍赐群臣,内府又仿其制,天下遂通用之。”陆琛《春风堂随笔》说:“今世所用折叠扇,亦名聚头扇……永乐间始盛行于中国。”当时杭州、苏州、温州等地产的红金扇、乌油描金扇、赭红戏画扇等,殆无不受日本倭扇艺术的影响。

福建泉州出土日本江户时期造的《天下一本濑“太和守”藤原信重作》铜镜

① 〔明末清初〕朱之瑜:《朱舜水谈绮》卷下《饮食》,华东师范大学出版社 1988 年版,第 370 页。

2. 倭刀

制作精良的日本倭刀也很受中国人的喜爱，张燮《东西洋考》说："倭刀甚利，中国人多鬻之。其精者能卷之使圆，盖百炼而绕指者也。"宋应星《天工开物》卷一四《五金篇》说："倭夷刀剑，有百炼精纯，置日光檐下，则满室辉耀者。"从这些当时人的描述中，我们可以想见明代长江人对日本刀的喜爱程度。

3. 泥金画漆

明张燮《东西洋考》引《两山墨谈》说："泥金画漆之法，古亦无有。宣德时（1426—1435）遣画工至倭国传其法以归。"明郎瑛《七修类稿》卷四七也说："天顺间有杨埙者，精明漆理，各色俱可合，而于倭漆尤妙，其缥霞山水人物，神气飞动，真描写之不如，愈久愈鲜也，世号杨倭漆。所制器皿，亦珍贵。"杨埙，又名杨瑄，号景和，吴中人，出身于漆器世家。

4. 软屏

软屏，又称围屏，其制造技术也在明代从日本传入长江下游地区。明郎瑛《七修类稿》卷四五《倭事物》说：软屏风"起自本朝，因东夷或贡或传而有也……软屏风（原注：今围屏也）弘治间（1488—1505）人贡来使送浙镇守，杭人遂能"。

5. 鸟铳

鸟铳，又名鸟嘴铳，是明代一种先进的兵火器。据文献记载，日本的鸟铳是从葡萄牙人那里学来的，后来中国又从倭寇手中学到了这种先进的兵火器制造和使用技术。郎瑛《七修类稿》四五《倭事物》说："嘉靖间（1522—1566）倭入内地，有被擒者，并得其铳，遂令所擒之倭教演，中国遂传其法，今且遍天下云。"

6. 纺织技术

在纺织技术方面，日本的倭缎和兜罗绒生产技术曾对中国产生过一定的影响。由日本、琉球所贡的兜罗绒，杭州织造局的工匠也能模仿生产。① 田汝成《西湖游览志余》卷二三也载："兜罗绒者，琉球、日本诸国所贡也。今杭州纺织局工亦仿为之，外方罕睹。"来自日本的"倭缎"——这种日本面料传入中国以后，就很快被福建漳州、泉州等地的织工学会仿织。②

① 〔明〕蒋一葵：《尧山堂外纪》卷八〇《国朝·高启》，《四库全书存目丛书》本。
② 〔明〕宋应星：《天工开物》卷二《乃服》，江苏广陵古籍刻印社 1997 年版，第 91—92 页。

二、与朝鲜的文化交流

明代长江文化与朝鲜文化的交流，虽然远远不及长江文化与日本文化的关系密切，但也有一些。朝鲜全罗道罗州人崔溥（1454—1504 年，字渊渊，号锦南）应王命撰成《漂海录》，内容涉及明朝弘治初年的政治、军事、经济、文化、交通以及市井风情等方面的情况，可从中研究我国明代的海防、政制、运河、城市、地志、民俗以及中朝两国的关系等，是一部很有参证价值的古籍。在《漂海录》卷二中，崔溥以一个外国人的独特眼光，将从台州至北京的沿途山水风光与风土人情真实地记录下来，其中就包括杭州的西湖风光：

> 城中有吴山，其景最好，上有十庙，伍子胥庙、三茅观、四圣庙等也。又有九井三潭，吴山大井为上，郭婆上八眼、下八眼、中八眼、西寺等井居次。又以小沟浚西湖之井导入城中。府之镇乃武林山也。西湖在城西二里，南北长，东西径十里，山川秀发，歌管骈阗之地。竹阁在广化院，白乐天所建。乐天诗“宵眠竹阁间”者此也。岳鄂王墓在栖霞岭口。冷泉亭在灵隐寺前飞来峰下。古志“许由尝饮于灵隐涧”者此也。表忠观在龙山南，有东坡所撰碑。风篁岭在放牧马场西，即东坡访辩才之处。南屏山在兴教寺后，崖壁剥落之余，唯存司马温公隶书“家人卦”及米元章书“琴台”二字，坡诗“我识南屏金鲫鱼”者此也。苏公堤与兴教寺相对，东坡守杭时所筑，长十余里，中有六桥。旌德观在苏公堤第一桥下。袁韶奏请建祠，取钱塘名人自许由至张九成及节妇五人等三十九人，摘传立祠。丰乐楼在城西涌金门外西湖岸，其北有环碧园。玉莲堂在涌金门城北，门内又有涌金池。玉壶园在钱塘门外，东坡咏南漪堂杜鹃花即此。门西有先得楼。云洞园在昭庆寺北，花柳参差，中有妇人墓。石函桥在水磨头，白乐天《湖石记》云，钱塘一名上湖，北有石函者是也。总宜园在德生堂西，摘东坡诗“淡妆浓抹总相宜”二字御书堂匾。断桥在总宜园西，所谓“断桥斜日岸乌纱”者此也。西石头在石函桥西，秦始皇东巡浮海缆船之地。孤山在西湖孤山路西。山之东，有林和靖隐庐古基及墓。三贤祠在苏公堤第三桥下，乃白文公、林和靖、苏文忠公祠。①

他的记录自然使西湖的影响力在朝鲜更为扩大。

明代长江文化亦曾对朝鲜文化产生过一定的影响，这主要体现在以下几个方面：

1. 陶瓷

在明代，封建统治者往往把江西景德镇御窑烧制的青花瓷器，作为赠送给朝鲜

---

① 〔朝鲜〕崔溥：《漂海录》卷二，葛振家点注，中国社会科学文献出版社 1992 年版，第 99—100 页。

李氏王朝的珍贵礼品。这些制作极其精美的青花瓷器，使朝鲜李氏王朝的君臣们赞叹不已，大为惊讶。为此，在明宣德三年(1428 年)明代使臣尹凤献给李世宗青花瓷器时，李世宗就下旨命官窑仿制，“制细烧造”青花瓷器。其所仿制的产品，具有浓厚的中国长江文化的色彩。例如李氏王朝文人学士们喜用的八角水洗，在每一面上竟描绘我国湖南省洞庭湖和潇江、湘江的所谓八景：远浦归帆、洞庭秋月、平沙落雁、烟寺晚钟、山市晴岚、渔村落照、江天暮雪、潇湘夜雨①，这充分说明了长江文化对朝鲜文化的影响。

2. 医学

关于医学，在朝鲜金礼蒙公元 1445 年撰的《医方类聚》(365 卷)及 17 世纪许浚所编《东医宝鉴》(23 卷)等书中，都曾大量引用了长江流域医家的著述。例如许浚的《东医宝鉴》一书，就引用了朱丹溪及明代江西金溪人龚信、龚廷贤父子所著的《古今医鉴》等，由此可见当时长江流域医学对朝鲜的影响。

当然，朝鲜文化也对长江文化产生过一定的影响。如在纺织技术方面，朝鲜所产的高丽布，中国已基本掌握其纺织之法。

三、与东南亚的文化交流

明代，长江文化与东南亚地区的文化交流进入了高潮。当时东南亚的苏禄、渤泥国与中国多有交往，友谊浓厚。

苏禄位于菲律宾西南，邻接渤泥，皆为岛国。苏禄有“东方之珠”的美称，中国的丝织品、瓷器、铁器销往该国。渤泥，又名大泥，多产降香、黄蜡、玳瑁、片脑，其民多习渔业。两国在唐宋时已与中国友好往来，洪武三年(1370 年)遣使张敬、沈秩出使两国。永乐七年(1409 年)，郑和七下西洋，亦曾至两国。

位于今印尼加里曼丹岛北部及文莱一带的古国——渤泥国，在明初即于明朝建立了非常密切的关系，使节、商人往来不绝。洪武三年(1370 年)，明太祖命御士张敬之、福建行省都事沈秩往使其国。次年，渤泥国王马合谟沙遣其臣亦思麻逸进金表、银笺及文物。永乐三年(1405 年)新任国王麻那惹加那又遣使入贡，明成祖朱棣乃“遣官封为国王”，并赐印诰、敕符、勘合、锦绮、彩币。国王麻那惹加那大悦，遂于永乐六年(1408 年)八月亲率王妃及家属中的弟妹、子女、陪臣 150 余人，携龙脑、玳瑁、犀角、金银八宝器等诸方物泛海来朝访。8 月 20 日先至福州，成祖派中官杜兴至闽迎候宴劳，并令从福建至京城(南

① 朱培初：《朝鲜李氏王朝的青花瓷器》，见《明清陶瓷和世界文化的交流》，轻工业出版社 1984 年版，第 148—155 页。

京）所过州县均设宴接送。渤泥使团到达京城，王奉金字表，献珍物；妃笺献中宫、东宫。成祖朱棣亲自接见麻那惹加那，“慰劳再三”，并亲飨国王于奉天门，赐其妃以下宴于旧三公府，又命将“王妃所进中宫笺及方物，陈之文华殿”，以示珍重。是年九月，朱棣再赐麻那惹加那仪仗、交椅、白罗伞、扇、销金鞍马及金织文绮、银器等王用物品。然不久，国王忽然病倒，朱棣急命御医诊治。起初，国王病情稍有好转，但后来又逐渐加重。十月，国王自知沉疴难愈，对王妃嘱咐：“我疾，贻天子忧念，脱有大入，命也！……我僻处荒徼，幸入朝睹天子声光，即死无憾。死，又体魄托葬中华，不为夷鬼！所憾者受天子深恩，生不能报，死诚有负。”又嘱王子：“誓世世毋忘天子恩，若等克如我志，瞑目无憾矣。”①卒于会同馆，终年仅 28 岁。明成祖辍朝三日，遣官赙以缯帛，东宫暨亲王各遣祭，并命工部具棺椁明器，赐葬于南京城安德门外石子岗，树碑神道，建祠墓，谥曰“恭顺”。并命寻找“西南夷人之隶籍中国者”守墓，命有司每年于春秋两季派官员祭扫。仍赐敕抚慰其四岁的儿子遐旺，当即袭封王位，命中官及行人张谦、周航护送回国。复从麻那惹加那生前之请，特封其国后山为长宁镇国之山，成祖亲撰《长宁镇国之山》碑赐之，此为明代中外关系史上的重要文献。

永乐十年，遐旺偕其母、叔父再次访华。永乐十五年（1417 年）八月，苏禄国（在今菲律宾的苏禄岛）的东王等三王率 340 余人使团奉金缕表来华朝贡，明成祖以国宾高规格派员迎接。东王巴都葛叭答剌、西王麻哈剌麻丁、峒王叭都葛巴剌卜先至福建泉州，继自杭沿运河北上，经 25 天抵达通州。至京，明成祖于奉天门举行册封仪式，赠金银罗锦等礼物。东王仅居 27 天，返程时不幸染伤寒病殁山东德州，永乐皇帝遣官赐祭，追封其为“恭定王”，命有司营圹，葬以王礼，留其妃妾，为撰文，树碑墓道，谥号“恭定”。称赞他“深仁厚德……恭顺之诚……聪明特达，超出等伦”。② 特拨祭田 238 亩，历城县夏、马、陈三姓回民供其役使。王妃在德州留守了六年始回国，但眷恋异国故土和亲人魂魄安息地，回国次年辄带二子安都禄、三子温哈喇等回到德州，从此就永远居住在德州，让东王血脉长期生息繁衍在这片热土上。至清雍正间，已有 56 户 193 名苏禄人后裔，安汝奇、温崇楷等要求改变

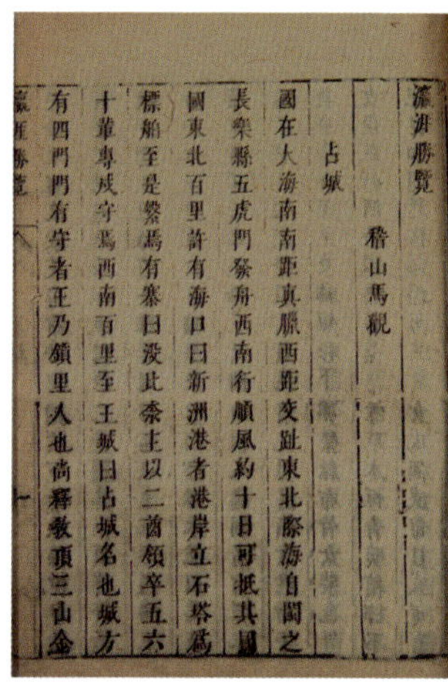
瀛涯勝覽

占城

國在大海南南距真臘西距交趾東北際海自閩之長樂縣五虎門發舟西南行順風約十日可抵其國國東北百里許有海口曰新洲港者港岸立石塔爲標船至是繫焉有寨曰設比奈主以二酋領卒五六十輩專戍守焉西南百里至王城曰占城名也城方有四門門有守者王乃瑣里人也尚釋教頂三山金

马欢《瀛涯胜览》书影

① 〔明〕胡广：《渤泥恭顺王墓碑》，《皇明文衡》卷八一；《明太宗实录》卷五九，永乐六年十月乙亥，台北“中研院”史语所 1962 年校印本；申时行等：《明会典》卷一〇五《礼部六十三》，中华书局 1989 年版，第 574 页。

② 见《御制苏禄东王碑》，刊于严从简《殊域周咨录》卷九《苏禄》。

国籍，从此苏录东王后裔已完全融入中国社会，谱写了流芳百世的中国与苏禄人民友谊的美好乐章。此后“华人多流寓其地”，商旅往来不断。永乐十九年东王叔叭都加苏里来访，带来举世闻名、重七两半的大珍珠礼品。延至清代，两国使节互访不辍，大运河是他们的必经通道。

在广泛而深入的文化交流中，长江文化始终是主流，对东南亚地区的文化产生了极其重大的影响。

(一)陶瓷

长江文化对东南亚文化影响最大、最为深远的当推陶瓷文化。从文献和考古资料来看，明代陶瓷外销东南亚的数量远远超出宋元。据文献记载，明初统治者曾以几万件瓷器豪赐给占城、真腊和暹罗，如《明史·外国传》占城条载“洪武十六年(1383年)……遣官赐以勘合文册及织金三十二，瓷器万九千”。真腊条载“洪武十六年，遣使赍勘合文册赐其王……复遣使赐织金文绮三十二，瓷器万九千。十九年(1385年)，遣行人刘敏、唐敬偕中官赍瓷器赐送”。暹罗条也载“洪武十六年，赐勘合文册及文绮、瓷器，与真腊等”。而以贸易形式运往东南亚的陶瓷数量更为浩大，这在郑和下西洋随行人员马欢所著的《瀛涯胜览》、费信《星槎胜览》、巩珍《西洋番国志》等书中均有大量的记载。如费信的《星槎胜览》暹罗国、满剌加国、苏禄国、苏门答腊国、花面国等条，都载有“货用青白花瓷器……烧珠……之属”诸类的文字。此外，《瀛涯胜览》也记载了当时青花瓷器在东南亚地区深受欢迎的情况。如爪哇国条说：“国人最喜中国青花瓷器，并麝香、销金、纻丝。”这些中国青花瓷器大多来自江西、浙江、湖南及福建、广东等地，如1954年在马来西亚柔佛出土的33件瓷器中，多为明代宣德、隆庆、万历和嘉靖年间江西景德镇的产品①。中国瓷器在东南亚文化中具有特殊的意义，首先它改变了当地人的生活习惯，如在印度尼西亚加里曼丹文郎马神，“初盛食以蕉叶为盘，及通中国，乃渐用磁器。又好市华人磁瓮，画龙其外，人死，贮瓮中以葬”②。其次，东南亚人民还在宗教仪式、丧葬、宴会等场合广泛使用中国瓷器，并作为馈赠贵宾的高级礼品。

① 逸明：《旧柔佛意外出土的一批文物》，见《南洋文摘》第7卷，第836页。

② 〔明〕张燮：《东西洋考》卷四《文郎马神》，《景印文渊阁四库全书》，台北“商务印书馆”2008年版，第594册，第181页。

明永乐青花外销瓷

中国瓷器的外销，也推动了陶瓷技术向东南亚的传播。据文献记载，越南在 1407 年前便有中国瓷工烧制青花瓷，产品远销西亚。泰国在 14 世纪中叶，也能生产出类似浙江龙泉窑的青花瓷器，质量很好，深受当地人民喜爱。

（二）丝绸

丝绸也是长江文化向东南亚地区输出的一个重要内容。如费信在《星槎胜览》中就多次记载长江流域出产的丝织物品传入东南亚地区，当地人民也“皆好中国绫、罗、杂缯。其土不蚕，惟借中国之丝到彼，能织精好缎匹，服之以为华好”①。到 16 世纪末，由于价廉物美的中国丝织品和棉织品倾销菲律宾，穿中国式服装遂成为当地人民的时俗风尚，菲律宾人民每年大约要购买 20 万件以上的棉布或丝绸制成的中国式服装，价值约 20 万比索②。另外，长江流域盛产的丝绸还通过西南丝道大量进入缅甸。据缅甸作家貌叫温说：“从十五世纪开始，中国商人就循着从永昌（作者注：即今云南保山）至勃固的商道，把中国的丝绸和其他货物源源运抵勃固。”③西方学者史谷特说：“从云南到八莫的这条国际通道上，有从中国来的庞大的驮运商队（即马帮）数千骡马、数百劳工和商人，从中国运来大量丝绸。在八莫有座供中国商人休息和文化活动的关帝庙，还有许多仓库，堆满运来的丝绸和待运回去的棉花。”④这些永昌出产的漂亮的“白底金线翠色边”的三色丝绸曾使当地的达官贵人为之倾倒。

在丝绸贸易进行的同时，中国的养蚕和丝绸技术也传到东南亚地区，并成为当地重

① 〔清〕顾炎武：《天下郡国利病书》，引崇祯十二年三月给事中傅元初《请开洋禁疏》。

② 陈台民：《中菲关系与菲律宾华侨》，马尼拉，1961 年，第 1 册，第 4 页。

③ 载缅甸《咯瓦底》杂志（缅文）1977 年第 9 期，第 78—80 页。

④ 史谷特：《锦绣东方——旅缅生活记录》（V. C. Scott：“*The Silken East—A Re—cord of Li fe and Travelin Burma*”），第 7 页。

要的家庭手工业。陶威斯·德克尔《印度尼西亚历史纲要》(Douwes Dekker, Ichtisar Sediarch Indonesia)说:"的确,我们的祖先是向中国学习用蚕丝织绸的。不久,我们自己也学会织绸了。"到 16 世纪末 17 世纪初,亚齐已能出口自己生产的丝绸了。

(三)建筑

频繁的文化交往,使中国南方的建筑技术也传到了东南亚地区,丰富了当地建筑文化的内容。据黄衷《海语》记载:马来西亚"王居前屋用瓦,乃永乐中太监郑和所遗者"。一些移居当地的中国侨民,也向他们介绍了制造砖瓦和用牡蛎壳制造白灰,以及砌砖和用石块建筑房屋的方法,并在当地建造了许多具有中国南方建筑风格的不朽的建筑物。

(四)航海技术

据文献记载,有明一代印度尼西亚武吉斯族等在航海时几乎都使用结构精巧的中国罗盘①。

(五)医药

医药也是长江文化与东南亚文化交流的重要内容之一。明代李时珍的《本草纲目》、张景岳的《景岳全书》等医学著作先后传入越南,越南医生对此也深有研究,并撰有《本草拾遗》等著作。另外,一些中草药和针灸的使用方法也已传入东南亚地区。

此外,在造纸、印刷、造船、农业、手工业及日常生活与社会风尚等方面,长江文化都对东南亚地区产生了或多或少的影响。

当然,东南亚地区的文化对长江文化也产生过一定的影响。如在医药方面,据《东西洋考》等书记载,明代中国曾从东南亚各国进口犀角、玳瑁、乳香、片脑、苏合油、没药、沉香、黄速香、降真香、血竭、槟榔、胡椒、大枫子、龙涎香等药材。李时珍《本草纲目》中还提到出自暹罗、爪哇的乌爹泥和苏木也当作药材使用。由此可见,这些东南亚国家出产的药材丰富了中国古代的医学宝库,为中国医药学的发展作出了贡献。又如,郑和出使东南亚国家,从苏门答腊岛、槟榔岛带回的苏泥勃青以及从苏门答腊岛、文莱带回的紫硃、胭脂石等色料,对明代的瓷器艺术产生很大的影响②。

四、与南亚的文化交流

长江文化与南亚地区的文化交流,在明代又一次达到高潮。郑和一行在七次奉使下西洋、长达 28 年的航海活动中,曾到达古里、柯枝、大葛兰、小葛兰、西洋琐里、加异勒、阿

① 德·拉·科斯塔:《亚洲与菲律宾》(H. dela Costa, *Asia and the Philippines*, *Manila*), 1967 年,第 96 页。

② 朱培初:《明清陶瓷和世界文化的交流》,轻工业出版社 1984 年版,第 10 页。

明朝沈度绘
《榜葛剌(今孟加拉国及
印度孟加拉地区)进麒麟图》

拔把丹、榜葛刺这些印度港口城市。他们从中国运去了布缎、色绢、青白花瓷器、麝香、银珠、水银、草席等等，并从印度购回各种布类、香料、宝石、水晶、珊瑚、胡椒、各色手巾被面、椰子、槟榔、犀角、糖霜、翠毛等物品，丰富了中国人民的文化生活。

与其他地区一样，明代长江文化向南亚文化的输出也以陶瓷、丝绸为主。如巩珍《西洋番国志》"柯枝国"条说，当地有一些被称为"哲地"的商人，"专收买宝石、珍珠、香货，以待中国宝船同中国船队交换瓷器、绫罗绸缎等产品"。至今，当地仍流传着一些有关中国的传说。比如，当地渔民捕鱼的网叫作中国网；当地的一些建筑形式是从中国传过去的，等等[①]。

明温州知府陆润墓出土梵文金饰件

当然，在这一时期，印度文化对长江文化的发展仍有一定的影响。以文学为例，吴承恩的《西游记》、汤显祖的《邯郸记》均受到印度文化的影响，这已是公认的事实，这从一个侧面反映了长江文化与印度文化的密切关系。此外，大量的印度和缅甸的棉布开始输入中国，其中包括孟加拉的绒布、布罗，[②]科罗曼德的稾泥布、红八者蓝布、沙马打里布、红番布四种名布，以及科泽科特的条纹布、苾布。[③] 西洋布分为冬夏两种，用作冬服的西洋布较厚，而用作夏服的西洋布很薄，薄如蝉纱，洁比雪艳。冬西洋布多产自印度、缅甸、暹罗，而夏西洋布则产自欧洲。[④] 毫无疑义，它们的大量输入，对长江流域的服饰文化产生了一定的影响。史载明末南曲中的名妓董小宛，色艺俱佳，名噪一时。她与复社名士冒襄结成伉俪后，正所谓郎才女貌，在当时哄传天下。据说，冒襄曾用当时被人们所崇尚的西洋布替董小宛做了一件轻衫，用退红为里，穿在名姝

① 季羡林：《中印智慧的汇流》，见周一良主编《中外文化交流史》，河南人民出版社 1987 年版，第 138—179 页。

② 〔明〕刘侗、于奕正：《帝京景物略》卷四《西城内·城隍庙市》，北京古籍出版社 1983 年版，第 166 页。

③ 《明英宗实录》卷一九一，景泰元年夏四月丁亥条。

④ 如明代末年，耶稣会士毕今梁曾送给复社名士冒襄夏西洋布一端。载〔明末清初〕冒襄：《影梅庵忆语》，《续修四库全书》本。

身上，“不减张丽华桂宫霓裳”，迎风站立，楚楚动人，飘若仙子，引起一时的轰动。①

五、与西亚的文化交流

明代，长江文化与西亚文化的交流虽然仍在进行，但它的影响和作用已无法与唐宋元时期比肩。

在这一时期，郑和船队到过阿拉伯半岛，并出访过祖法尔（今佐法尔）、阿丹（今亚丁）、天方（今麦加）等国家。他们运去了中国出产的麝香、瓷器等物，从当地商人手中买到各色奇货异宝、麒麟、狮子、鸵鸟等物，并画回天堂图真本。《瀛涯胜览》祖法儿国（今阿拉伯半岛南端）条载道：“中国宝船到彼，开读赏赐毕，其王差头目遍谕国人，皆将乳香、血竭、芦荟、没药、安息香、苏合油、木别子之类来换，易纻丝、瓷器等物。”值得注意的是，明代中国外销西亚的瓷器在造型、纹饰上具有独特风格。如宣德年间景德镇生产的青花折枝花卉方流执壶、青花绶带耳葫芦扁瓶、青花缠枝花卉纹折沿盆等，造型与14世纪早期西亚的金银器相似。明初花开纹大盘、万历青花花瓣口大盘及各式军持，还有浙江龙泉窑生产的青釉刻花大盘、大碗及用阿拉伯文装饰的瓷器，如宣德青花阿拉伯文碗、正德青花阿拉伯文大盘等，都是按照伊斯兰教的生活习俗特制的。这些具有阿拉伯民族风格的瓷器，是长江文化与伊斯兰文化频繁交流的结晶。它的价值，早已超过它的经济含义，成为友谊和永恒的象征，具有崇高而神圣的文化内涵。

大明宣德年制青花
阿拉伯花纹绶带耳葫芦扁壶

江西景德镇
珠山官窑遗址出土的
明成化年间三彩鸭形香炉

江西景德镇珠山
官窑遗址出土的明洪武
年间青花蕉叶竹石纹执壶

① 〔明〕张明弼：《冒姬董小宛传》，载〔清〕张潮辑：《虞初新志》卷三，民国广智书局铅印本；〔明末清初〕冒襄：《影梅庵忆语》。

江西景德镇珠山官窑遗址
出土的明成化年间斗彩团荷纹碗

江西景德镇珠山官窑遗址出土的
明洪武年间青花湖石花卉纹折沿盘

江西景德镇珠山官窑遗址
出土的明宣德年间青花龙纹僧帽壶

江西景德镇珠山官窑遗址
出土的明宣德年间青花云凤纹高足杯

与此同时，一些中亚和西亚的游客来到长江流域。正德十一年（1516 年），中亚穆斯林商人塞义德·阿里·阿克巴尔·哈塔伊用波斯文撰写的《中国纪行》一书，后被季羡林称赞是“记载了中国各方面的情况，地理、军队、宗教、仓库、皇帝宫廷、监狱、节日、教坊、妓女、医疗、立法、学校、外国使臣和侨民、农业、货币、法律、剧场等等，简直是一部中国的百科全书”。该书提到杭州是一个大得惊人的城市，“它非常大，十五个游览过杭州的人，其中的一人说，我们早上从杭州的一头开始走，到了晚上才到城的中间，就在那里留宿过夜，第二天早上再走，到晚上才走到它的另一头”①。

长江流域出产的具有阿拉伯文化色彩的外销瓷对当时文化产生过极大的影响，成为宫廷和官僚士大夫收藏的重要陈设品或实用品，这也反映出中国与西亚国家的文化交流

① 〔波斯〕赛义德·阿里·阿克巴尔·哈塔伊：《中国纪行》，北京，生活、读书、新知三联书店，1998 年，季羡林序、第 99 页。

及相互影响。如在土耳其伊斯坦布尔的托普·卡普·撒莱博物馆里，就保存着落款“大明正德年造”的黄釉器、15—16 世纪的五彩与嘉靖年间制作的华丽的五彩描金器皿。①

六、与非洲的文化交流

明代，陶瓷仍然是长江文化与非洲文化交流的重要信物和见证。

在这一时期，中国瓷器大量涌进非洲国家，普及到埃及、苏丹、埃塞俄比亚、索马里、肯尼亚、坦桑尼亚、津巴布韦、莫桑比克、扎伊尔、赞比亚、马拉维、博茨瓦纳、南非、圣赫勒拿等国家和地区的千家万户。如柯克曼指出：“从十四世纪到十九世纪中叶，肯尼亚从中国进口陶瓷的数量等于或往往超过了所有从其他国家进口的陶瓷的总和。”这些远销到非洲的瓷器，主要产自江西景德镇。据学者考证，明清景德镇等窑生产的青花瓷，几乎遍及非洲 15—19 世纪出土中国瓷器的遗址中②。在东非的坦桑尼亚海岸，发现并出土的中国陶瓷遗址有 46 处，其中就有数目相当大的 14—15 世纪初的青瓷。③ 它对当时非洲文化的发展产生了极其深远的影响。首先，中国瓷器的烧制技术、装饰技术等方面迅速被非洲文化所吸收，促进了当地制陶业的发展。如在 15 世纪，埃及就有一个叫作格埃比的专门经营模仿中国瓷器的制陶作坊，其器形、釉色、图案和风格上全面模仿中国江西景德镇等地生产的青花瓷器。其次，丰富了非洲人民的精神生活。中国瓷器不仅是非洲国家上层社会日常生活中必不可少的器具，而且成为财富和高雅的象征。他们大量收藏，或做馈赠贵宾的高级礼品，或做宫殿、清真寺建筑的装饰品。如主持基尔瓦发掘的奇蒂克认为：“至少在十五世纪，富有的人们已不用进口的伊斯兰釉陶，而主要是用进口的中国瓷器。”从而使中国长江文化融进当地文化之中，并成为非洲国家物质文明的重要组成部分。

七、与欧洲的文化交流

明代长江文化与欧洲文化的交流进一步加强。自明正德年间起，欧洲传教士、商人、旅行家、冒险家大批来华传教、经商、游览，他们以好奇的目光观赏中国城乡风光、建筑、物产、工商业、人文和风俗。在他们的笔下，长江流域美丽富饶，杭州、南京等是美丽富饶的文明城市。他们以自身的感受写下了大量游记，详尽地介绍长江文化，留下的文字记

---

① 〔日〕三上次男著，李锡金、高喜美译：《陶瓷之路》，文物出版社 1984 年版，第 14、32、56、63—64 页。

② 孟凡人、马文宽：《中国古瓷在非洲的发现》，紫禁城出版社 1987 年版，第 46 页。

③ 〔日〕三上次男著，李锡金、高喜美译：《陶瓷之路》，文物出版社 1984 年版，第 14、32、56、63—64 页。

录是翔实、可靠的史料，比之国人的史籍文献，更有它的公正、客观性，自然不免也有夸大失实之处，这是由于他们对中国国情缺乏长久深入的了解，只能是浮光掠影式的记载，所以引用这些史料还须与中国文献、碑刻等史料予以比勘、核实，以发挥其特殊的功能。

西班牙人拉达在《记大明的中国事情》一书中，就记载了他在中国南部一些城市中所见到的丰富的肉类食品，有烧肉、鹅、鸭、阉鸡、熏咸肉及其他猪排骨、新鲜小牛肉和牛肉，另有鸽子和斑鸠等野味。① 葡萄牙人奥伐罗·塞默多（汉名为谢务禄、曾德昭）曾在杭州布道，他为西湖美景所陶醉，写道："西湖，它是世界奇景之一，四周有 30 里，合 6 英里，其中筑有优良的宫庭，覆盖着青草，植物和树林，美丽的山峰，围绕这些宫庭；潺潺流水，从一头进水，另一头流出。水之清澈令人乐于观赏，湖底旧沙纤毫悉睹。湖上有铺石道路，任行人随意玩乐通行；备有小艇，供休歇宴乐之用，船舱或头舱，设有厨房，中间地方作厅室用。上层是妇女的居所。四周有格子窗，避免有人窥见她们。这类船，其色彩和镀金形式，奇特而且多样化，航行设备很完善，不致遭受水淹。"②又说杭州的特产"是丝绸，无论生丝还是成品，也不管是茧还是原料，都运往各地。总之，中国输出的丝绸，都产自该省"，他很欣赏杭州的丝织品，"优质丝绸，如以上所述非常丰富，制成品大多富有艺术，用贵重漂亮的金丝锦边"，大量供应宫廷享有。③ 葡萄牙人克路士在《中国志》一书中，也认为南部城市有大量牛肉和类似牛肉的水牛肉，有很多鸡、鹅和数不清的鸭，还有用猪肉制成非常奇特的腌肉，而且还吃蛙。他还谈到中国南部城市中鱼非常之多，有好多品种，从不缺鱼。在城市中，有售鱼的街道，其实就是鱼市。④ 他还说，广州城内一天肉类的消耗量，猪达五六千头，鸭 1 万只或 1.1 万只。此外，还消费大量的牛、水牛和鸡。⑤ 葡萄牙人伯来拉在的《中国报道》记载，在离海较远的内陆城市，市场上也充斥着很多从河里捕捞来的鱼：鲱鱼、石斑鱼、鲶鱼、旗鱼（剑鱼）、鲈鱼、鹞鱼。此外，还有很多淡水贝类。⑥ 葡萄牙人加斯帕尔·达克鲁斯说："几乎所有城市都建在河边，每条河街上都造有非常好的桥

① 拉达：《记大明的中国事情》，载〔英〕G. R. 博舍克编注、何高济译：《十六世纪中国南部行纪》，中华书局 1990 年版，第 205 页。

② 〔葡萄牙〕曾德昭：《大中国志》，上海古籍出版社 1998 年版，第 16 页。

③ 〔葡萄牙〕曾德昭：《大中国志》，上海古籍出版社 1998 年版，第 15 页。

④ 〔明〕李诩：《戒庵老人漫笔》卷一《石鸧石斑鱼》，中华书局 1982 年版，第 19 页。

⑤ 〔葡〕克路士：《中国志》，载〔英〕G. R. 博舍克编注、何高济译：《十六世纪中国南部行纪》，中华书局 1990 年版，第 92—95 页；〔清〕余怀：《三吴游览志》，载《笔记小说大观》，第 18 册，第 327 页；张岱：《陶庵梦忆》卷六《方物》，上海古籍出版社 1982 年版，第 38 页；〔明〕高濂：《遵生八笺·饮馔服食笺》上卷，第 673 页。

⑥ 〔英〕G. R. 博克舍编注：《十六世纪中国南部行纪》，中华书局 1990 年版，第 20—21、95—96、177 页。

通行，中间则是繁忙的船只来往，驶向各处。”①

约翰·芬伯翁约1640年绘《广州港口图》

在这一时期，中西文化起了剧烈的碰撞和激荡。在前面第二节中，我们已就西学东渐对长江文化的影响做了系统的阐述，这里着重就长江文化对欧洲文化的传播史实做一介绍。

明代长江文化对西方文化影响最大的当推陶瓷。正德九年（1514年），葡萄牙航海家科尔沙利、埃姆渡利等人来到广州，买去了他们向往已久的中国瓷器和丝绸，这标志着我国和欧洲国家在16世纪时期的第一次直接贸易。此后，葡萄牙商人源源不断地来到中国，将中国的瓷器、茶叶、生丝、漆器等运回欧洲去卖，以获取高额利润。继葡萄牙之后，西班牙人也接踵而来。他们自从航海家麦哲伦在1521年3月到达了菲律宾以后，就把菲律宾作为跟中国进行商品贸易的据点。1609年，莫尔加在著作中曾叙述了西班牙和中国贸易的情况。他说：“中国的大帆船运来了生丝、用金线绣成美丽图案的天鹅绒、丝绸、织锦、麝香、国画、安息香、台布、轻便马车和车厢里的小地毯、珍珠、宝石、水晶、金和铜制成的脸盆、水壶、长袍以及质量优秀的各种规格的陶器、瓷器。”到明末，荷兰人因不满于葡萄牙和西班牙垄断中国与欧洲的贸易，也加入中欧贸易的行列。他们从中国购买了黄金、丝绸和瓷器，同时把瓷器卖给日本，把黄金、白银和白绸等卖给印度，然后又在印度购买棉织品，卖给中国和日本等等，由此而获得了巨额的利润。从文献和考古资料来看，中欧瓷器贸易的数量极为惊人。欧洲学者根据荷兰东印度公司来往的信件统计，估计在明万历三十年（1602年）至清康熙二十一年（1682年）这80年中，有1200万件瓷器被荷兰商舶运载到荷兰和世界各地。其中日本瓷器有190万件，占总数的15.8%；而中国瓷器有1010万件，占总数的84.2%。这些数量如此庞大而容易破碎的中国瓷器漂洋过海，从

① 〔葡萄牙〕费尔南·门德斯·平托：《葡萄牙人在华见闻录——十六世纪手稿》，澳门文化司署1998年版，第97页。

中国远载到欧洲这简直是世界一大奇迹！从现存的瓷器来看，这些出口的瓷器有很多是根据欧洲客商的要求生产的，具有浓厚的欧洲文化的色彩。其产地为江西、浙江、福建、广东。

中国瓷器大量运入欧洲，对当地的文化产生了深远的影响。

首先，自中国瓷器大量进口后，这里的制陶业发生了划时代的变化，已经能够大量模仿中国瓷器，制造出新型的欧洲陶器。1470 年，意大利威尼斯的安东尼奥开始用黏土制造出一批类似瓷器的东西。此后，他们以中国青花瓷为蓝本，终于在清初仿制成功瓷器，从而使中国的制瓷艺术又成为欧洲物质文明的有机组成部分。

其次，丰富了欧洲人的精神生活。由于中国瓷器具有高度的艺术性和广泛的实用性，因此深受欧洲各国上层社会的喜爱。在当时，欧洲人把购买、搜集中国瓷器说成像是去“寻找黄金”一般。各国王室均把中国瓷器作为最珍贵的财产，在葡萄牙甚至连王后和公主的手镯也是中国瓷器。他们还将中国瓷器视为馈赠贵宾的最佳礼品。如 1578 年葡萄牙国王亨利赠送意大利国王的一箱礼物中，就有四件描金的中国瓷器。葡萄牙的国王、王后、贵族和航海家们还往往要求在中国瓷器上铭记自己的肖像、姓名等，以作为永久的纪念。而西班牙人更把自己的意识形态与中国瓷器紧密交融在一起，他们认为用瓷器陪葬在死者左手的手指附近，就能唤起死者的灵魂，附着在死者的身体上。因此在举行国王和王后的葬礼时，都要用最美丽的中国瓷器以及金首饰等陪葬①。由此可见，中国的瓷器已融进欧洲文化之中，这是明代长江文化同欧洲文化密切交流的结果。

除陶瓷外，中国长江流域一带出产的丝绸、茶叶及手工艺品等也大量运到欧洲，对欧洲文化的发展产生过一定的影响。据顾炎武《天下郡国利病书》卷九六《郭造卿防闽山寇议》所载：“是两夷者（引者按：即指葡萄牙人和西班牙人），皆好中国绫罗杂缯。其土不蚕，惟借中国之丝到彼，能织精好缎匹，服之以为华好。是以中国湖丝百觔，价值百两者至彼得价二倍。而江西瓷器、福建糖品果品诸物，皆所嗜好。”17 世纪初西班牙史学家德·摩加（Antonio de Morga）更是详细地开列了中国商人在马尼拉与西班牙商人进行贸易的货单：

> ……大束生丝，精粗具备；素色和彩色精美小卷散丝；大量天鹅绒，有些是本色的，有些绣有各种图案与彩色花款，有些色泽艳丽和嵌绣金线；织有金银丝的浮花锦缎；大量金银线；缎子、绫罗、平纹绸和各色衣料；亚麻布制品；不同品种的白棉布匹。中国人还带来麝香、安息香、象牙；大量床上装饰品、帐帷、被单、天鹅绒挂毯；各色织锦和丝毛混织品；台布、椅垫和地毯；用同类材料制成的

① 朱培初：《明清陶瓷和世界文化的交流》，轻工业出版社 1984 年版，第 197 页。

嵌有玻璃珠和小珍珠的马饰；珍珠和红宝石；青玉和水晶；金属盘、铜壶、铜锅和铸铁锅；各式各样西班牙人面粉、橘子、钉子、铁板、锡和铅；硝石和火药。中国还供应桃子、梨肉、豆蔻、生姜和其他中国水果制成的蜜饯；腌猪肉和其他腌制品；良种家禽和上等阉鸡；大量新鲜水果和各种橘柑；美味的栗子、胡桃、柿子（干货与鲜货水果均同样可口）；各式各样的线、针和小摆设；小箱子和文具盒；床、桌子、椅子、描金板凳。他们还带来水牛、形似天鹅的鹅、马、骡、驴，甚至还有会说话、唱歌及逗趣的提笼鸟。中国人还带来数不清的外表好看而不值钱的小玩意和小装饰品，这些东西很受西班牙人重视。各种精美的陶器……黑色和蓝色长袍；各种念珠，红玉髓，五光十色的宝石；胡椒和其他香料，还有种种稀见之物，如果都要提到，我将永远写不完，也没有这么多纸张来写①。

从上面这张货单中，可见中国输入欧洲的货物十分丰富，包罗万象。在中国丝绸及工艺品等输入欧洲的同时，欧洲人对中国长江文化的了解和认识也更加进一步了，从而加速了双方文化交流的深入。

八、与美洲的文化交流

在明代，长江文化与美洲的文化交流也进入新的阶段。虽然，早在先秦时期长江文化就曾对美洲的文化发展产生过影响，但此后一直处于停滞状态。直至明代，长江文化借助西班牙、葡萄牙的商船再次输入美洲，其中影响最大的当推瓷器和丝绸。

中国瓷器输往美洲，始于大商帆贸易。1565 年 6 月，在西班牙入侵菲律宾两个月后，西班牙人乌尔达涅塔率领满载着中国丝绸、瓷器等货的马尼拉大帆船借西南季风自菲律宾起航北上，航行 3 个月后，抵达阿卡普尔科，从此拉开了中墨两国贸易往来的序幕。由于船上运载货物主要源于中国，当地墨西哥人索性将其直接称作——“中国之船”。每当“中国之船”到达，人们便纷纷前往购买中国的丝绸、香料、瓷器和各种手工艺品。运抵阿卡普尔科港的中国丝绸，也经海陆分销到其他地区。② 1573 年，从马尼拉驶往阿卡普尔科的两艘大帆船中，就载有中国瓷器 22300 件，这是最早的文献记载③。此后中国瓷器源源不断地销往墨西哥、秘鲁、巴西、危地马拉等美洲国家。它不仅成为各国上层社会的生活用品，而且还是贵族衡量财富和文明教养的标志之一。或做住宅、教堂装饰，或做赌注，在美洲文化中留下了明显的痕迹。

① 〔西班牙〕德·摩加：《菲律宾群岛志》(Antonio de Morga，Sucesosde Ias Iglas Filipinas)。

② 吴瑞根：《海上丝绸之路与“中国之船”》，中国社会科学院拉丁美洲研究所：《拉丁美洲丛刊》1983 年第 1 期。

③ 舒尔茨：《马尼拉大商帆》(W. L. Schurz：*The Manila Galleon* 1959 年)，第 27 页。

中国江浙地区出产的丝绸也远渡重洋来到美洲。据学者研究，从马尼拉开往阿卡普尔科的商船，除少数年份外，都可以称之为“丝船”（又称来自中国之船，nuos de China）。在1636年以前，每船登记载运的各种丝织品约为三四百箱。但在1636年出发的商船，其中一船运载的丝货就超过1000箱，另一艘多至1200箱。这表明，从公元17世纪以后，这里已形成了太平洋上的“丝绸之路”。价廉物美的中国丝绸在美洲深受欢迎，它大大丰富了当地人的日常穿着，不仅贵族喜用丝绸打扮自己，连当地的西班牙僧侣也用它缝制法衣，装饰华丽的教堂，甚至“下层居民”也穿丝绸和上等的中国亚麻布。1602年5月15日，蒙特瑞公爵在给西班牙国王的上书中写道：

> 那里（利马）的西班牙人都过着非常豪奢的生活。他们都穿最上等、最昂贵的丝绸衣料。妇女们盛装丽服之繁多与奢侈，为世界上其他国家所罕见，因此，每年只要有四艘商船开往秘鲁，所有的衣料都会销售一空，其他货物也是一样，因为商船要隔很久才去一次，而人们却一向都穿新西班牙和中国运去的衣料。但就中国货物而论，只有非常贫穷的人、黑人和黑白混血种人（男女都有）、华印混血种人、大量的印第安人以及为数甚多的混血儿们才穿用。印第安人的教堂也多大量使用中国丝绸，把教堂装饰得气象庄重；在这以前，这些教堂因买不起西班牙丝绸而显得简陋不堪。现在只要中国丝货大量运来，秘鲁的供应便不虞匮乏，同时货价也比较低廉。①

中国丝织品输入美洲，不仅影响了当地纺织工业的艺术风格和美洲人的衣着打扮，而且还为当地的丝织工业提供了廉价的原料。如湖丝运入美洲后，曾使墨西哥14000多名纺织工人获得了就业机会。

此外，长江流域的纸扇、茶叶及园林建筑艺术等，也早就被葡萄牙、西班牙殖民者带到美洲，对当地人民的经济文化生活产生了一定的影响。

与此同时，拉丁美洲印第安文明也对明代长江文化的发展产生过重大的影响。在这一时期，印第安人培植的番薯、玉米、马铃薯、大花生、菠萝、烟草等农作物先后传入长江流域②，这是拉丁美洲印第安文明对长江文化的一大贡献。

① 《菲律宾群岛史料汇编》V. 12，P. 63—64。

② 罗荣渠：《中国与拉丁美洲的历史文化联系》，见周一良主编《中外文化交流史》，河南人民出版社1987年版。

第十章　清代长江文化的鼎盛

具有特定区域文明内涵和群体文化特征的长江文化，进入清代前期(1644—1840)时，出现了前所未有的发展盛况，并与海外文化相互交融，成为中外文化传播的重要渠道与桥梁之一。

清朝统治者对长江地区政治、经济、军事、文化总体经营战略的实施，为长江文化的鼎盛提供了较为有利的前提和环境。长江流域云南、四川、湖北、湖南、江西、安徽、江苏、浙江、福建等省区自身的开发，经济的非同步发展，上中下游地区之间不平衡的经济态势导致的“梯次文明”的出现，为清代长江文化的鼎盛奠定了坚实的物质基础。康、乾两帝的南巡及伴之而来的长江文化的复兴，西学东渐的深化，则为清代长江文化的兴盛提供了种种契机，进而使得清代长江文化中的名人群体效应，经济区域调节效应，政治的中坚、民主、自立、自救效应，思想伦理的先导、共鸣、呼应、传承效应，文化的南北互补、互应、互融效应，科技的实用、改良效应，区域文明的一体化效应，民风的趋时竞尚效应等特色得以充分显现。

第一节　清代的文化政策及其对长江文化的影响

关外满洲贵族统治集团率军入主中原而建立的清王朝定鼎北京时所面临的严峻形势是：在军事上，依恃长江天险在江南地区有南明政权和各地抗清武装；在长江上游，则有打着“联明抗清”旗号的大西军余部活动。在政治上，南明政权在长江流域和江南，尚有号召和政治实力。在经济上，长江下游及江南一带，素为朝廷财赋岁入之区，其时或为南明政权控制，或因战乱，经济残破凋零，远非昔日繁盛可比。在文化上，因清王朝下令强行“剃发易服”，与汉族传统文化生活方式发生激烈冲突，造成文化心理上的逆反效应，屡屡激起民变。面对这种险恶的形势，清王朝除加强军事征服外，还制订并实施了一整套政治、经济、文化方面的总体经营战略计划。

其中的文化政策，是清王朝总体经营战略计划的重要组成部分。这一政策的实施，主要是采用以下三种方式进行的：一种是严酷的镇压手段，主要是对有反清和叛逆思想的文人、著述，大兴文字狱，诛其身，灭其族，焚禁其书，株连朋类。一种是网罗利用手段，一方面用科举制度招纳人才，作为官僚制度的补充和后备军；同时，还特设博学鸿词科，专门招纳朝廷认为"学行兼优、文词卓绝之人"①。另一方面，清代帝王又以标榜"稽古右文"②为名，组织天下特别是江南的大批文人学者，编辑各种庞大的辞书、类书，如《康熙字典》《古今图书集成》《四库全书》等，以整理文化古籍为正宗，将其思想禁锢于此，而对现实则可视之冷漠，削弱异端叛逆思想存在的社会基础。一种是采用安抚、拉拢手段，通过康熙、乾隆多次南巡江南，一方面沿途祭孔崇儒，宣扬理学为正宗，须固守君臣、臣民之道，以安天下。另一方面，则对江南特别是江浙等地的官员、商人、文人进行多方安抚、拉拢，博赐"圣恩"，以使他们更加效忠于朝廷。

上述文化政策实施的重点，是长江流域的江南地区。实施的结果，对清代长江文化的发展进程，带来了多种消极与积极、负面与正面、阻遏与推动的影响。

一、清代文字狱对长江文化发展的消极影响

在中国古代，统治者因文字而兴冤狱，文人则因文字而致祸之事，非自明清两代始。然文字狱的大兴和猖獗、炽烈，却在明清两朝。其中，尤以清朝为盛，不仅狱兴时间最长，历时顺治、康熙、雍正、乾隆四朝，长达一个半世纪之久，而且狱案繁多、人数甚众，对社会发展的波及与危害也最巨。据《清代文字狱档》《东华录》及有关实录等文献的记载，康、雍、乾三朝的大中型文字狱即达108起之多③，其惩治之酷烈，在乾隆朝达到高潮。因此，鲁迅在《且介亭杂文·病后杂谈》中，曾将"脍炙人口的虐政"的"桂冠"，戴在明清两代文字狱兴狱执刑的统治者头上。

除持续时间长、狱案多、株连广的特点外，清代的文字狱狱案发生的地点，又多在江南地区的江苏、浙江、安徽等省，获罪及冤死者更多为籍隶江南的文人、官员。因此，长江文化区域及文人群体，则是文字狱直接波及的地区和殃及的受害者，至于狱案和案后余波所引发的各种"地震波""冲击波"，对长江文化发展所带来的消极、破坏性影响，则是巨大而又深远的。

（一）清代文字狱及其负面效应

清代文字狱，虽不少是引发和发生于江南地区，但就其背景、原因、目的而言，则有着

① 赵尔巽等撰：《清史稿》卷一〇九《选举志四》，中华书局1977年版，第12册，第3175页。

② 〔清〕永瑢等：《四库全书总目》卷首《乾隆上谕》，中华书局1965年版，第1页。

③ 此系指大中型狱案而言，有的学者统计大中小型狱案达150余起之多，仅乾隆朝即达110起，约占总数的70%左右。载《故宫博物院院刊》1991年第3期，白新良文。

全国性的、更大更为深刻的因素。清代文字狱是在民族矛盾(满汉之间)、统治阶级内部(各集团、群体之间)矛盾存在、交织、激化的情况下,清王朝最高统治者为确立、巩固、加强封建专制在政治、思想、文化方面的统治所采取的一种特殊的、惩示性的、有效的钳制措施。不同的阶段、时期,不同的封建统治者,在具体实施这种举措的目的、手段、方式上,往往大同小异。现将各个历史时期的文字狱情况略述如下:

1. 顺治、康熙朝的文字狱

如果将顺治、康熙、雍正、乾隆朝的文字狱做比较,那么,由于顺治、康熙时,清王朝建立伊始,民族矛盾因新旧王朝交替更迭而相对尖锐激化,这一时期所兴文字狱,其目的在于有效地、及时地遏制和扑灭反清思想(它多以文人为渠道、文字为手段、舆论为效应)的传播,从而为清王朝长治久安的统治消除隐患,打下基础。

康熙像

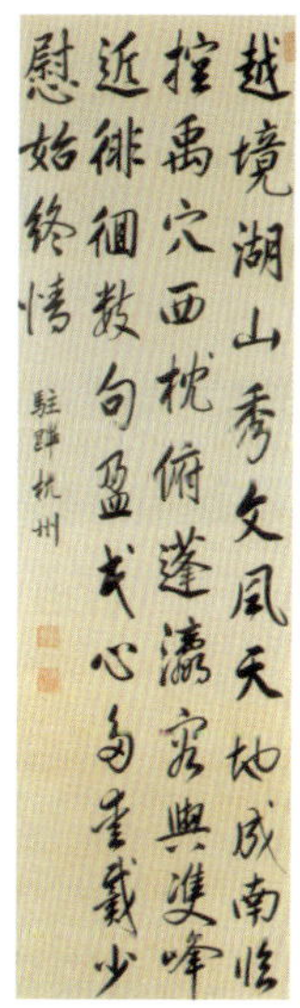

康熙书法

早在清王朝开国之初的顺治年间,便发生文字狱狱案三起:其中,顺治二年(1645 年)有黄毓祺诗词案、河南乡试案两起;而另一起则是比较著名的顺治五年(1648 年)与江南地区有关的“毛重倬仿刻制艺序案”。后者肇始于毛重倬、胥庭清等人仿刻选文,而撰写的序文所署纪年,只用干支,不用清王朝的顺治年号,被清王朝统治者认为是“目无本朝,阳顺阴违,逆罪犯不赦之条”①。结果,毛重倬等人则被置于典法惩治究办。

康熙朝时,著名的文字狱大案则有“庄廷鑨明史稿案”“戴名世《南山集》案”两起。

“庄廷鑨明史稿案”:这是一起始于顺治十八年(1661 年),而到康熙二年(1663 年)才

① 郑敷教:《笔记补遗》,见赵诒琛、王大隆辑:《丁丑丛编》,民国二十六年(1937 年)铅印本。

结案的文字狱“明史案”。庄廷鑨系浙江湖州府的富户，目盲之后，发愤要以“左邱失明，厥有国语”为鉴，写一部《明史》。他从乡邻、明代大学士朱国祯手中购得“明史”稿本（《列朝诸臣传》）之后，便召集文人学士加以修订，并续修天启、崇祯两朝事，名为《明书辑略》一书。书成后，庄廷鑨死，由其父将书稿署上庄廷铣之名而刊印出来。后被归安落职知县吴之荣告发，指责该书以私修明史为名，指斥本朝，书中“于隆武、永历之即位正朔，必大书特书”，而对清朝开基立业的德祖、太祖则称为王某孙某、建州都督“而直书名”①。清廷遂认定此均属大逆之罪。案发后，庄廷鑨被戮尸焚骨；其父允城被捕死于京狱，亦遭戮尸；其弟廷钺及其子孙，年十五以上均斩，妻妇发配盛京（沈阳）为奴。为此书作序者、礼部侍郎李令晰凌迟处死。书中列名参阅的 18 人，有 14 人被凌迟处死；其余刻匠、书商、藏书者，均一一被斩杀。陆莘行《秋思草堂遗集》《顾亭林年谱》等书载，此案“凡刻书送板钉书者，一应俱斩”。而“凡死七十二”人则为书中列名的江楚一带名士。又据《郎潜纪闻》载称：庄氏“私撰明史一案，名士伏法者二百二十一人。庄、朱皆富人，卷端罗列诸名士，盖欲借以自重。故老相传，二百余人中，多半不与编纂之役”②。也就是说，受牵连的江南名士、学人达 200 余人之多。

“庄氏明史案”大狱兴起后，清王朝统治者为了彻底根除江南文人、学者心中对亡明的“故国之思”和反清思想，便利用此案大做文章，采取多种高压手段，加紧对持有“反清”“异端”情绪的文人进行迫害。如孙夏峰、顾亭林（炎武）都曾因此被捕受审；而黄宗羲也先后四次被悬赏缉捕。

“戴名世《南山集》案”：此案发生在康熙五十年（1711 年）。戴名世为安徽桐城人，早年曾留心明史，在自己的《南山集》中，则将清初文人方孝标的《钝斋文集》《滇黔纪闻》中有关南明的纪事，多加采用，因此，文集中不仅直称三帝年号，且述其南明“弘光之帝南京，隆武之帝闽粤，永历之帝两粤、帝滇黔”诸种事迹③。《南山集》书成，由汪灏、方苞作序刊行，并藏书板于方苞处。晚年，戴任清翰林院编修，但《南山集》事却被左都御史赵申乔告发，指斥书中“倒置是非，语多狂悖，逞一时之私见，为不经之乱道”④。案发，康熙帝大怒，判戴名世大逆罪，处斩；戴的子孙数人并斩；方孝标戮尸，方氏后代多人连坐而死。平日与戴名世有交往的尚书、侍郎，有 32 人被降职；龙云锷、方正玉、汪灏、方苞等名士学者，原判绞刑，后由康熙帝改判放逐、贬谪。此案因受牵连被治罪的多达 300 余人。

① 〔清〕清佚名：《榴龛随笔》，见《痛史》第 4 种。
② 〔清〕陈康祺：《郎潜纪闻初笔》卷一一《盛名为累》，中华书局 1984 年版，第 236—237 页。
③ 〔清〕戴名世：《与余生书》，见《戴名世集》，中华书局 1986 年版，第 2 页。
④ 顾实：《记桐城方戴两家书案》，见《古学汇刊》第 7 册。

2. 雍正朝的文字狱

雍正时期的文字狱案，则与皇权斗争、政治权力之争纠缠在一起，因而兴狱的重要目的，在于对付统治集团内部的反对派、异己隐患势力；至于压制排满思想的任务和目的，则降到较为次要的地位。但是，到了雍正后期文字狱案，则又多以直接强化封建专制思想、文化的统治为目标。在文字狱狱案的数量和酷烈程度上，雍正时期均大大超过顺治、康熙时代。其中最著名的为“查嗣庭试题案”“吕留良文选案”和其他狱案。

雍正帝临雍讲学图

“查嗣庭试题案”：雍正四年(1726 年)，浙江人查嗣庭出任江西正考官，他用《诗经·商颂·玄鸟》中的“邦畿千里，维民所止”之句“维民所止”作为考题。但有人诬告：“维”“止”二字是“雍”“正”两字的去头。雍正帝暴怒，将查嗣庭革职拿问。

雍正帝在康熙晚年的储位斗争中，能够登上帝位，原本多得力于隆科多、年羹尧的支持。然而，隆科多、年羹尧两人却自恃拥立有功，骄横跋扈，结果被雍正帝除掉。但隆、年的朋党党羽甚众，此时多借文字著述，发泄不满，议论朝政，指斥君主。于是，雍正帝便大兴文字狱，以清除政敌、朋党和异己势力。而查嗣庭在隆科多当权时，曾被隆科多举荐，在内廷行走，后又升任内阁学士、礼部侍郎。隆科多失势后，查被外放做官，但雍正帝却对这个隆科多的朋党分子很不放心，随时待机准备将他除掉。

“维民所止”在《诗经》上的一句本意是，王者之都，舆图宽广，均是臣民居住的地方。查嗣庭被人诬告缉拿后，雍正帝又命搜查寓所，翻出两本日记。日记中记有“于圣祖仁皇帝用人行政大肆讪谤”，包括将戴名世《南山集》案说成是“文字之祸”；还记热河曾发大水、淹死官员 800 名等等①。雍正帝以此作为反叛的实据，将查治罪。查嗣庭在狱中瘐毙后，仍被戮尸枭首，其儿子被杀，家属流放。但雍正帝仍不解气，因为查嗣庭是浙江人，于

① 《查嗣庭之狱》，见辜鸿铭等著：《清代野史》第 3 辑，巴蜀书社 1987 年版，第 44—46 页。

是迁怒于籍里，下令将浙江的乡会试停止6年，以示惩戒和警告文人、学士。

“吕留良文选案”：吕留良，清初浙江崇德人。顺治时，他虽曾应试为诸生，但随即隐居山林，家居授徒。后来，地方官屡以山林隐逸荐以博学鸿词科，他均严拒，且削发为僧、评选时文，力主严夷夏之防和井田封建。又在诗中借“清风虽细难吹我，明月何尝不照人？”之句，以表明他拒清怀明的心志和眷恋故国的情感。他在著作中，不仅申述“夷夏之大防”的观点，且认为“君臣之义固重，而更有大于此者……以其攘夷狄救中国于被发左衽也”[①]，即民族兴亡高于君臣之义。雍正初年，吕死后，湖南靖州人曾静入城应试，偶见吕氏文选，深为“夷夏之防”“井田封建”等思想主张所激发，便派学生张熙到浙江吕家访书，吕的儿子将父遗书授他。曾、张攻读吕文后，欲起事反清。同时，又与吕的门生严鸿逵交往；曾还派张造访川陕总督、汉人岳钟琪，劝举大义。岳布置假现场，探知张是受曾的指使，逮了张，在上奏雍正帝后，又逮了曾静，搜查了他们的日记、书籍。雍正帝令将曾、张押解至京，亲自审问，并与之反复辩驳。事后，雍正帝将经过曲解加工的辩论文字，以及皇帝的谕旨一并刊布，取书名为《大义觉迷录》，由雍正帝亲自作序刊行。并将曾、张二人释放，要曾到江南江宁、苏州、浙江杭州等地，现身说法，宣讲此书，然后密解湖南，在观风整俗使衙门听用[②]。对张在各地宣讲后，则送回原籍，在家候旨[③]。但对吕留良及其门徒，却严惩不贷。吕的儿子吕毅中、门人沈再宽被杀；刊刻、私藏吕留良文者及附会其诗文者，均连坐处斩；吕留良及其另一子吕葆中、其门生严鸿逵，虽已早死，也被开棺戮尸；吕、严的直系亲族中，男十六岁以上者皆斩；男十五岁以下及母妻妾姊妹、子之妻妾，不是杀头，就是发配充给功臣之家为奴[④]。到乾隆初年，曾、张二人也被乾隆帝借故处死，遭此案牵连而屈死者也是一大批。其中，狱案所及，受牵连被治罪的有：吕氏门人黄补庵已死，妻妾子女发配给功臣家为奴，父母祖孙兄弟流两千里；刻书人车鼎臣、车鼎贲及与吕留良交往的孙克用等处斩，陈祖陶、沈允怀等11人革去教谕、举人、监生、秀才，杖一百；严鸿逵、沈再宽的学生朱霞山、张圣范等人因年幼释放。甚至连吕留良的同乡朱振基，由于他景仰吕的人品，在任广东连州知州时，供奉吕的牌位，吕案发生时，他已调任广州府理瑶同知，但连州生员告发他，雍正帝便将他革职严审，结果也冤死狱中[⑤]。

---

① 转引自〔清〕梁启超：《中国近三百年学术史》，三晋出版社2011年版，第166页。

② 〔清〕世宗胤禛：《朱批谕旨》卷二七下《赵弘恩奏折》，雍正八年二月初四日折，文渊阁《四库全书》本；《朱批谕旨·李卫奏折》，雍正八年二月初八日折。

③ 〔清〕世宗胤禛：《朱批谕旨·史贻直奏折》，雍正十年二月初三日折。

④ 《清世宗实录》卷一二六，雍正十年十二月乙丑条、庚午条。

⑤ 〔清〕陈作霖：《炳烛里谈》卷上《文字祸》，清宣统三年刻本；《清世宗实录》卷八九，雍正七年十二月丙午条；《朱批谕旨·王士俊奏折》，雍正八年十月十一日折。

吕留良像

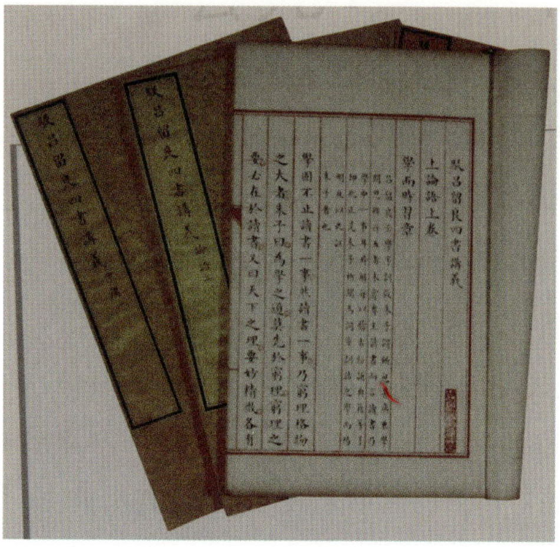
《驳吕留良四书讲义》书影

在“查案”“吕案”兴狱的前后还有其他文字狱案，如：

“汪景祺案”：汪为浙江钱塘人，举人，仕途不得意，于雍正二年(1724年)初，由京城赴西安投奔年羹尧，媚称年为“宇宙之第一伟人”①。同年，作成《读书堂西征随笔》一书，书中诗句说“皇帝挥毫不值钱”，讥刺康熙，又非议康熙谥号和雍正年号②。汪在年羹尧青海建立军功后，又作《功臣不可为》一文，劝臣子不做功臣，警告君主不要杀戮功臣。年被雍正处死后，于年家抄出此书，雍正帝批谕它“悖谬狂乱，至于此极”。结果，汪以诽谤康熙的罪名，照大不敬律被处斩，妻子被发遣至黑龙江为奴，兄弟、子侄均被革职，发戍宁古塔，五服内族亲现任及候选候补者一律革职，令其原籍地方官管束③。

“钱名世案”：它与前案一样，也系年案的附案。钱名世，江南武进人，康熙时中举，与年羹尧为南北乡试同年。雍正二年，年羹尧进京，钱赋诗相赠，并认为年平定青海叛乱有功，应为他立一碑石。雍正帝认为他是文人的无耻钻营，亲写“名教罪人”四字以责之，并将其革职，发回原籍，加以管制。又令举人、进士出身的京官每人作诗一首讽刺他，集成后发直省各学校，以为文人之警戒④。但狱案到此仍未完结，其中，侍读吴孝登以诗作有谬妄之处，则被发遣宁古塔为奴；侍读学士陈邦彦、陈邦直，更因诗中有乖误之处，被雍正帝革职⑤。

① 〔清〕汪景祺：《读书堂西征随笔·上抚远大将军书》，《续修四库全书》，上海古籍出版社2002年版，第1177册，第268页。

② 《清世宗实录》卷三九，雍正三年十二月辛巳条。

③ 《世宗宪皇帝上谕内阁》，雍正三年十二月十八日谕，文渊阁《四库全书》本。

④ 《清世宗实录》卷四二，雍正四年三月壬戌条。

⑤ 〔清〕萧奭：《永宪录》卷四，中华书局1959版，第273—274页。

“吕案”发生后，雍正帝为加强思想文化方面和意识形态领域的控制，又屡兴新的文字狱，以强化封建统治：

“《朱姓家规》案”：雍正七年（1729 年），在湖南浏阳县发现《朱姓家规》一书，其中有“侏㒟左衽，可变华夏”二语。湖南巡抚赵弘恩认为此语“狂悖亵慢”，并疑朱姓与曾静为一党，严加审讯，但无结果。又将此事奏雍正帝，雍正帝恩准对此不予深究，但要对朱姓严加管教，以戒世人①。

“陆生柟《通鉴论》案”：陆生柟，举人出身，江南吴县知县，曾任工部主事。他曾写《通鉴论》17 篇，对历史发表了许多议论，又对康熙、雍正朝政治进行抨击。雍正七年（1729 年），这位广西籍的读书人被人参奏，查出此书，雍正说他“借托古人之事儿，诬引古人之言论，以泄一己不平之怨怒”②，至于对当朝时事之妄评更是“罪大恶极，情无可免”，下令将其军前正法处死③。

“屈大均诗文案”：雍正八年（1730 年），署理广东巡抚傅泰看到《大义觉迷录》，由“屈温山”联想到广东学者屈大均（号翁山），于是查其诗文，发现其中多有“悖逆之词”，即对其子严审，然后上奏雍正。结果，屈大均以大逆罪被论处，虽死仍被戮尸枭首示众，诗文全部毁禁，其子和后人则被流放④。

“谢济世《大学》批注案”：谢济世原为浙江道监察御史，早年曾因参奏雍正心腹田文镜被发往阿尔泰“军前效力”。雍正七年陆生柟狱案发生时，仍有人参奏他借批注《大学》时，有“见贤而不能举”的话，是讥讽时政，怙恶不悛。雍正帝则认为他“恣意谤讪”“反君道”，结果令其“终生苦差”以示惩罚⑤。

“徐骏诗案”：徐骏为江苏昆山人，中进士，选翰林院庶吉士。雍正八年（1730 年），一时粗心，将陛下写成“狴下”，立即被革职，后查搜其诗集，诗中有“明月有情还顾我，清风无意不留人”；“清风不识字，何得乱翻书”的句子，被人告发他“思念明代，不念本朝，出语诋毁，大逆不道”。雍正帝认为他讥刺悖乱，比照大不敬律法处以斩首，而其文稿则全部销毁⑥。

“范世杰呈词案”：雍正八年（1730 年），福建汀州府上杭县童生范世杰读到《大义觉迷

---

① 〔清〕世宗胤禛：《朱批谕旨·赵弘恩奏折》，雍正七年十二月初九日折。

② 《清世宗实录》卷八三，雍正七年七月丙午条；《世宗宪皇帝上谕内阁》，雍正七年六月二十六日谕。

③ 《清世宗实录》卷八九，雍正七年十二月壬戌条。

④ 原北平故宫博物院文献馆编：《清代文字狱案档·屈大均诗文及雨花台衣冠冢案》，上海书店 1986 年版；又《朱批谕旨·傅泰奏折》，雍正八年九月十九日折。

⑤ 《清世宗实录》卷八三，雍正七年七月戊申条。

⑥ 《清世宗实录》卷九九，雍正八年十月己亥条；刘禺生：《世载堂杂忆》，中华书局 1960 版。

录》，向福建观风整俗使投递词呈，斥曾静，颂雍正。但其中有雍正即帝位时“三揖三让，而后升堂践天子位焉”的话。雍正对三兄让位的话非常敏感，命官员严审，并指斥范为企图侥幸近身的小人，交原籍地方官严管，若再生事，即行治罪①。

继上述各案之后，在雍正十二年(1734年)时，尚有“沈伦诗集案”“吴茂育《求志编》案”等两个文字狱案。前案中的沈伦，为江南崇明县的文人，著有《大樵山人诗集》。雍正十二年(1734年)时，沈虽死，但因后人争田产被人诬告诗集中有狂悖之句。江南总督查集后，捕获了沈的后人，并奏雍正帝，雍正帝则认为对于像沈伦这样的“狂妄之徒”，“自应彻底究惩，以靖悖逆风习”②。结果，祸及多人。后案中的吴茂育，则为浙江淳安人，曾作宛平县丞，著有《求志编》一书，被族人、生员吴雰诬告，被浙江总督拿审，认定书中评论古今，“肆口妄谈，毫无忌惮”。雍正帝知悉后，要求官府对此种较盗贼更为有害的“匪人”，要“严加审究”治罪③。

3. 乾隆朝的文字狱

清佚名《乾隆帝写字像》

乾隆时期，封建专制的统治，对思想文化领域的监控达到登峰造极的地步。这一时期，所兴文字狱案，其数量酷烈程度，都大大超过前代。其矛头所向，一是指向具有反清思想的文人，二是针对敢于冒犯封建皇帝和皇权权威的人和著述。进而通过兴狱，来有效地加强皇权专制统治。这与前代文字狱所企达的强化政治、思想、文化方面的统治之目的，如出一辙。

一方面大兴文字狱，狱案达70余起之多，使封建文网编织更加严密；另一方面，则是为配合文字狱案的惩治，乾隆帝还多次发布禁书诏令，一切具有反清意识和触犯皇上专制色彩的著述，一律在禁止和焚毁之列。据官方的粗略统计，仅在乾隆三十九年(1774年)到四十年(1775年)两年，便焚销禁书24次，共有13800余部之多。

在乾隆朝的大大小小文字狱中，比较著名的有以反叛清廷而治罪的“胡中藻《坚磨生诗钞》案”；有因具反清思想而遭戮的“沈德潜《咏黑牡丹》诗案”“徐述夔《一柱楼诗集》案”

① 《文献丛编》第7辑，《雍正朝文字狱·范世杰呈词案》。

② 〔清〕世宗胤禛：《朱批谕旨》卷二一六六四《赵弘恩奏折》，雍正十二年十二月初九日折，文渊阁《四库全书》本。

③ 〔清〕世宗胤禛：《朱批谕旨》卷二一一下《程元章奏折》，文渊阁《四库全书》本。

和其他诸文字狱案。

“胡中藻《坚磨生诗钞》案”：胡中藻为江西人，官至翰林学士，督广西学政。乾隆二十年（1755年），乾隆帝翻阅他的《坚磨生诗钞》，发现有比附之句；又，他所出试题“乾之爻不象龙说”与诗集中“一把心肠论浊清”俱有诋辱清廷及皇上之意。乾隆帝将诗句摘出，谕九卿严审严查。之后，又降谕旨称：“‘一把心肠论浊清’，加‘浊’字于国号上，是何肺腑？‘老佛如今无病病，朝门闻说不开开’，朕每日听政，召见臣工，何乃有朝门不开之语？”至于试题中的“龙”与“隆”谐音，其诋毁之意可见；对集中“南斗送我南，北斗送我北，南北斗中间，不能一黍阔”一诗，乾隆帝也指斥说，南北分提，一再反复，是什么意思？！他还振振有词地宣称：“夫谤及朕躬犹可，谤及本朝则叛逆耳。”结果，胡中藻被斩首弃市，族人16岁以上者全斩；其师鄂尔泰牌位被撤出“贤良祠”，鄂昌（鄂之子）赐令自尽①。

“徐述夔《一柱楼诗集》案”：乾隆四十三年（1778年），江苏泰州举人徐述夔被人告发，称他的《一柱楼诗集》中，“语多愤激”②。乾隆帝随即谕令要“严切查究，搜毁净尽，以正人心而厚风俗”。对集中“大明天子重相见，且把壶儿搁半边”；“明朝期振翮，一举去清都”等句，乾隆帝认为这是徐借“朝夕”之“朝”作“朝代”之“朝”，且不言“到清都”而言“去清都”，显有欲兴明朝而去本朝之意，更指斥“徐述夔身系举人，乃敢编造诗词，肆其狂悖，实为罪大恶极”。结果，将徐以“大逆罪”戮尸，其子徐怀祖亦被剉尸，其孙徐食田、徐食书问斩；藩司陶易等一大批官员因坐罪被查办受处分③。

“沈德潜《咏黑牡丹》诗案”：沈德潜，为江苏长洲（今苏州）人，进士，曾任编修、内阁学士、礼部侍郎。前述徐案兴狱时，沈已死。但因他曾为徐述夔作过传，又将替乾隆写的诗全收入自己遗诗中；更因他《咏黑牡丹》诗中有“夺朱非正色，异种也称王”之句，被夺去生前官衔、死后谥号，剖棺戮尸，家人亦被治罪④。

据《清高宗实录》《清代文字狱档》及其他文献记述，乾隆朝的文字狱案，远不止这些，还有其他若干文字狱案，如：

乾隆四十二年（1777年），江西新昌（今宜丰）举人王锡侯注改《康熙字典》，对乾隆帝之名“弘历”二字没有分析发挥，定为“大逆”而被治罪；巡抚海成因只奏请将王革去举人，指为包庇，被治罪拟斩监候；布政使、按察使等官也均被革职。

次年，在徐案、沈案发生的前后，有江苏丹徒生员殷宝山因写《记梦》一篇，内有“若姓

① 《清高宗实录》卷四八四至四八六，乾隆二十年三月至四月。
② 《清高宗实录》卷一〇六五至一〇六九，乾隆四十三年八月至十月。
③ 《清高宗实录》卷一〇六五至一〇六九，乾隆四十三年八月至十一月。
④ 《清高宗实录》卷一〇六五至一〇七一，乾隆四十三年八月至十一月。

氏，物之红色者”的句子，红即朱，以“乃敢系怀故国，其心实属叛逆，罪不容诛”，被治罪处大刑①。同年，江苏赣榆县生员韦玉振刊刻其父生平《行述》文中，有“于佃户之贫者，赦不加息，并赦屡年积欠”语，僭用只有帝王才能使用的“赦”字，被其叔父韦昭告发，结果，韦玉振被治罪杖一百、判刑三年②。

乾隆四十四年(1779年)，江西德兴县生员祝廷诤作《续三字经》一书，内有“发披左，衣冠更，难华夏，遍地僧”等语，因“明寓毁谤”而获罪，按“大逆罪”被戮尸。其孙祝浃，因“将逆书默写存留”，拟斩决，家属被坐罪，流放多人。

乾隆四十六年(1781年)，湖北孝感生员程明禋，任河南桐柏授教，三月，友人请他给郑友清写颂寿文。郑为湖北人，但发迹致富于河南。程在寿文中便有“绍芳声于湖北，创大业于河南”的赞词。文成后，郑恐有碍，将寿文用红纸粘盖，但程的学生杨殿才却将红纸揭下，又将此寿文贴至街上，还将郑之侄殴打。结果，郑友清向巡抚告发，程明禋因“创大业”三字之祸，被凌迟处死，其弟程明珠被斩首，程明禋妻沈氏及15岁以下诸子配与功臣家为奴，学生杨殿才也被杖八十以治罪。

到次年，即乾隆四十七年(1782年)时，安徽考生方国泰，想以孝求荣，进身仕途。他在考场上，向考官献出自己七世祖方有度的《陛辞疏草》一本，五世祖方芬的《涛浣亭诗集》一册，请求官府奖他为“孝友”。但官府收此书后，却从方芬诗集中，查出有“蒹葭欲白露华清，梦里哀鸿听转明”的句子，安徽巡抚于是奏告他的祖宗有“厌清思明”之罪。结果，方国泰的祖宗被剖棺剉尸，他自己则被杖一百、判刑三年。

至于因为文人在诗集、文集、文章中，没有避当代、皇帝庙号之讳，或疑有异端反清思想而被治罪者，在乾隆朝也甚多。如有人因没避皇帝庙讳，直称其名，而被兴狱处死、或枭首，或凌迟。道士智天豹为讨好皇上，命其徒弟向乾隆呈献《大清天定运数》，本意是要用天命论证明清廷统治的长久，但书中的乾隆年号却仅写到五十七年，而对康熙的庙号又没避讳，结果被认为是对圣上的大不敬，道士被问斩，徒弟也被判刑。还有一个名叫彭家屏的人刻族谱时用“大彭统纪”字样，乾隆帝认为“大彭”与“国朝(大清)”同称，遂勒令他自尽，以示惩罚。

如果对清代文字狱案从量上加以分析，它的一些特点，以及与长江文化发展之间的内在脉络关系，便会有所显示。

① 《清高宗实录》卷一〇六五至一〇六九，乾隆四十三年八月至十一月。

② 《清高宗实录》卷一〇六五至一〇七一，乾隆四十三年八月至十一月。

表一　　文字狱案类型（较大狱案）

案狱类型	狱案件数
朝廷官员狱类	20件（康、雍、乾三朝）
各种生员狱类	43件（康、雍、乾三朝）
平民狱类	27件（康、雍、乾三朝）
总计	90件（康、雍、乾三朝）

表二　　乾隆朝文字狱案类型

案狱类型	狱案件数
朝廷官员狱类	8件
各种生员狱案①	39件
平民狱案②	27件
总计	74件③

表三　　文字狱案地区类型（大中狱案）

案狱时间	狱案件数	江南狱案数
顺、康、雍朝	32件	29件
乾隆朝	76件	69件
总计	108件	98件④

表四　　江南文字狱案地区分布（大中狱案）

朝代	江浙	两湖	皖赣	闽粤
顺、康、雍朝	15件	4件	8件	2件
乾隆朝	43件	6件	16件	4件
总计	58件	10件	24件	6件⑤

清代文字狱，究其社会背景而言，是社会各种矛盾（满汉民族矛盾、统治集团内部矛盾、统治阶级与被统治阶级矛盾）交织和激化的产物，也是清王朝为解决上述矛盾，实施

① 案犯生员有童生、廪生、贡生、监生等文人。

② 案犯平民有私塾先生、江湖术士、账房、帮工、轿夫、船工等人。

③ 孔立：《论清代文字狱》，载《中国史研究》1979年第3期。

④ 此统计材料，源自《清代文字狱档》《东华录》《清世祖实录》《清圣祖实录》《清世宗实录》《清高宗实录》及其他文献、文集、笔记、档案资料。

⑤ 此统计材料，源自《清代文字狱档》《东华录》《清世祖实录》《清圣祖实录》《清世宗实录》《清高宗实录》及其他文献、文集、笔记、档案资料。

封建专制高压政策导致的必然结果。这种因文字而致祸的冤狱，多发难于江南长江文化区域，因此，首当其冲是文人（包括文化）群体，且由此产生多种负面效应，如：在政治方面，随着封建专制制度的强化和文字狱的兴起，伴之而来的则是对民主意识的扼杀、个性的摧残，导致了奴性的滋生和自危、苟且意识的蔓延；在思想文化方面，随着文网的罗织，对“经世致用”之学的严加禁锢，致使文人均唯“官学”是从、唯帝王意旨“马首”是瞻，考据、训诂之风日炽，使江南这一本是文人才子聚集、思想学术活跃之区，最后竟出现“万马齐喑”的死寂局面。而清代文字狱的兴起，对该地区经济、科技发展所带来的消极影响，也是不容低估的。

（二）文字狱对长江文化的摧折

自清初至乾隆朝，秉掌国政的封建统治者，为达到巩固和强化在政治、思想、文化方面的封建专制统治，镇压敢于反抗的汉族士大夫、文人，扼杀和消灭任何处于萌芽状态的异端、邪说的目的，在采取、实施文字狱这种“因文字贾祸”的惩治办法时，将制裁之网向全国撒开，而在文人集聚的江南地区收拢，故江浙、两湖、皖赣之地的学士、官员，频频罹难，狱案之数达总数的90%以上。而触网犯案的人，均锒铛入狱，轻者“重遣”“革职”“杖刑”“流放”，重者“立斩”“立绞”“弃市”“寸磔”，已死的还得开棺戮尸，甚至夷灭九族，属人、朋辈多被株连受惩。这种持续达一个半世纪之久的、人为的高压政策和措施，必然在诸多方面对长江文化的正常发展，造成不小的“摧折”。

首先，在人才方面：文字狱案发生时，江南许多已入仕（官员）或未入仕的文人、学者、士大夫，均因文而致祸，或被杀、被禁、被株连、被悬赏缉拿，使得一大批宝贵人才被摧残。这不仅使统治者的阶级基础和后备队伍被削弱，而且使得长江文化正常发展所赖以依托的人才群体受到沉重打击。另一方面，清王朝通过文字狱，还要对敢于做任何反抗的文人，起到“杀一儆百”的威慑效应。这是从思想方面，对文人仅有的个性和自主意识的扼杀；伴之而来的则是奴性的增加和个性的泯灭。乾隆帝在御制《书程颐论经筵札子后》中，便公然宣称，倘若“为宰相者，居然以天下之治乱为己任，而且无其君，此尤大不可也”。这就是说，帝王不希望任何士子、文人或官员“以天下治乱为己任”，不必过问政治和世道之清浊、社会之发展。结果，他们只能空怀其才，而无所施展，势必酿出摧折人才的时代悲剧。

其次，在世风方面：文字狱的兴起，为诸多奸佞之徒和势利小人提供了钻营、升迁的难得机遇。在朝廷的倡导下，小人告讦文人、学者、官员诗文之事，屡起不绝，且兴狱后，告讦者得以升官发财、晋身仕途。如“戴名世《南山集》案”的告讦者赵申乔，原不过是一个左都御史，因告讦有功，后竟升至户部尚书①。“吕留良案”的告密者岳钟琪，一直担任封疆大吏，富贵显荣。“庄廷鑨明史案”的告发者吴之荣，原不过是贪赃枉法的革职县官，但因告发有功，不仅升官，而且还侵吞了多人的家产②。这就大大败坏了世风，使得文人恐惧畏避，人人自危。这正如乾隆时御史曹一士在疏奏中所说的，“比年以来”，小人“往往挟持睚眦之怨，假借影响之词，攻讦诗文，指摘字句，有司见事生风，多方穷鞫，或致波累师生，株连亲故，破家亡命，甚可悯也”，长此以往，“将使天下告讦不休，士子以文为戒”③。则文人、官员对朝廷的“离心力”势必增大，对清王朝的长治久安不利。因此，乾隆皇帝本人后来也意识到此风不可长，指斥这些奸佞之徒“动于语言文字间，指摘苛求，则狡黠之徒借以行其诬诈。有司不察，辄以上闻，告讦纷繁，何所不至？迨至辨明昭雪，而贻累已甚。此等刁风断不可长”④。然而，说归说，做归做，其实助长此风的始作俑者，正是包括乾隆帝在内的清朝最高统治者。

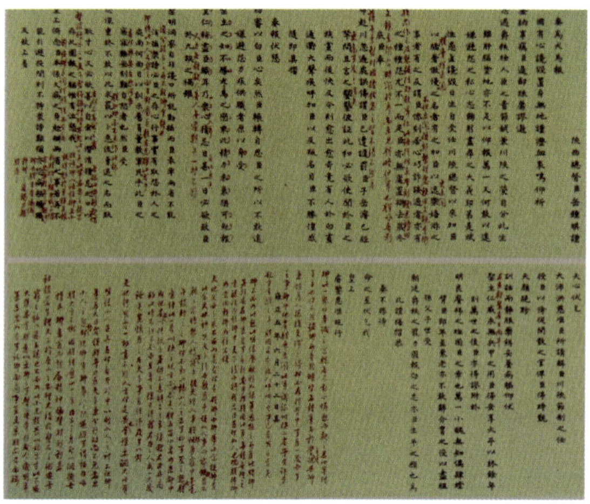

雍正帝朱批《岳钟琪为谗言自辩奏折》

最后，在学术文化方面：清代文字狱所罗织的罪名甚多，大致有：以修史为名，指斥本朝，“倒置是非，语多狂悖”，以“为不经之乱道”（如戴名世案）。或妄议朝政，谤讪君上（如查嗣庭案）。或诋毁怨望，影射讥刺（如胡中藻、徐述夔案）。或诋毁程朱，倡导异说（如谢济世案）。或憚加著述，不避圣讳（如韦玉振案）。或倡乱邪说，蛊惑人心（如曾静案）。不

① 〔清末民初〕赵尔巽等撰：《清史稿》卷二六三《赵申乔》，中华书局1977版，第33册，第9914—9915页。

② 〔清〕全祖望：《鲒埼亭集外编》卷二二《江浙两大狱记》，《续修四库全书》，上海古籍出版社2002年版，第672—673页。

③ 裘玉麟：《清代轶闻》卷五《文字之狱》，上海书店1989年版，第57—58页。

④ 本社编：《清代文字狱档》第2辑，程婺《秋水诗钞》案，上海书店2011年版，第76—81页。

论是非曲直，青红皂白，统统予以治罪，此后广大士人只好苟且偷安，不问国事，埋头古籍整理、考据，真正的“经世致用”和科学精神被扼杀了，所谓“避席畏闻文字狱，著书只为稻粱谋”[①]即是显著例证。对此，梁启超曾尖锐地抨击说：“凡主权者喜欢干涉人民思想的时代，学者的聪明才力只有全部用去注释古典。”[②]又说：“文字狱频兴，学者惴惴不自保，凡学术之触时讳者，不敢相讲习。”[③]在庄廷鑨案中，被牵连的潘柽在狱中，便道出“纵使平反能苟活，他年应废蓼莪诗”的悲哀心境[④]；同案的陆圻则反复告诫儿子：“终身不必读书，似我今日。”[⑤]其结果，长江文化中的学术、文化发展，导致两种倾向：一种是宋明理学被尊为“钦定”学术，其陈腐教条紧紧地禁锢着学者的头脑，且使之僵化、平庸；另一种则是“为考据而考据”“不谈义理”的乾嘉之学（朴学）和学派的兴起。大批“英拔之士”因无用武之地，只得“诠释故训，究索名物，真所谓‘于世无患、于人无争’，学者可以自藏焉”[⑥]。这样的学术文化，必然会呈现出“无本之木，无源之水”似的畸形状态，对长江文化无疑是内外交加的加倍摧折。

二、康乾两帝南巡与长江文化的复兴

长江下游的江浙地区，由于自然条件优越，土沃人稠，物产丰饶，商业繁盛，历来是封建国家的重要财赋来源之区。到清代，东南之地的财赋不仅“甲于天下”，“天下之有吴会，犹如富室之有仓库”[⑦]。江苏的苏州、松江，浙江的嘉兴、湖州，“竟有一县额征多于他处一省者”。同时，它更是人（才）文（物）荟萃之地，是官员队伍，特别是文官科举考试的常供“生源之区”。由此沿江上溯的皖赣、两湖、川滇地区，经济发展水平虽稍次于江浙，然就赋税、人才、商业诸方面而言，则依托长江水域互补交汇，与江浙首富之区，交相辉映，共存共荣，在全国的经济、文化、人才格局中，确有举足轻重的作用。正由于这一区域的重要战略地位，因此，清代康熙、乾隆两帝，从维护和巩固清王朝统治，使之长治久安的需要出发，以“南巡”江南为契机，借以实现政治、经济、文化方面的多种举措，进而达到观

① 〔清〕龚自珍：《咏史》，见《定盦全集》之《古今体诗》上卷，清光绪二十三年万本书堂刻本。

② 〔清〕梁启超：《中国近三百年学术史》，吉林人民出版社 2013 年版，第 21 页。

③ 〔清〕梁启超：《清代学术概论》，朱维铮校注《梁启超论清学史二种》，复旦大学出版社 1985 年版，第 23 页。

④ 〔民国〕徐珂：《清稗类钞》第 3 册《狱讼类・庄廷鑨史案》，中华书局 1986 年版，第 1001 页。

⑤ 〔清〕陆莘行：《秋思草堂遗集》，见《痛史》第 4 种。

⑥ 〔清〕梁启超：《清代学术概论》，朱维铮校注《梁启超论清学史二种》，复旦大学出版社 1985 年版，第 23—24 页。

⑦ 〔日〕稻叶君山：《清朝全史》（下卷）第 47 章《文运大兴编纂〈四库全书〉》，台湾中华书局 1985 年版，第 1 页。

风问俗、重农恤商、笼络仕宦、维系民心、稳定社会的多重目的。

(一)康乾南巡与政治文化策略的调整

康熙、乾隆两帝在位期间，都曾分别六次巡幸江南。其中，康熙帝曾分别于康熙二十三年(1684年)、二十八年、三十八年、四十二年、四十四年和四十六年时，六下江南，巡幸队伍自京师出发，沿运河南行，最后到达杭州。南巡期间，他沿途巡视河工、蠲免租税、省风问俗，体察江南民情、商情、政情，笼络汉族士商和官员，以示体恤百姓、商人的“圣恩”和“优渥”之情；他还谒明太祖陵、访孔庙、召见并奖励耆老秀才等，以示对人才的厚爱之意。到乾隆时，乾隆帝也在乾隆十六年(1751年)、二十二年、二十七年、三十年、四十五年和四十九年时，南巡六次。沿途除审视黄河堤坝、修筑浙江海塘、参观江南织造机房之外，还通过多种举措来实现政治文化策略方面的调整。如：在巡幸期间，谒明陵、祭孔庙，加祭历代先贤、勋臣、名宦、忠烈(包括岳飞)的祠堂、坟墓，遣祭本朝故吏的陵寝；增加巡幸地区的官学生名额，亲自选拔一批文人官吏；对盐商等商人的出力报效，予以“优渥”；加上免去钱粮等办法，以求达到对汉族士商的笼络，对民心的维系这一目的。

清王翚等绘《康熙南巡图》局部

清王翚等绘《康熙南巡图》局部

《乾隆帝南巡图卷》局部

《乾隆帝南巡图卷》局部

笼络汉族士商的举措有：

1. 祭孔视学，优礼学人

南巡中，乾隆帝多次到曲阜祭孔行礼并到书院临视。初次南巡时，他命赐江浙书院殿板经史，将武英殿所刊《十三经》《二十二史》各一部发给江宁（今南京）钟山书院、苏州紫阳书院和杭州敷文书院①。

乾隆四十七年（1782 年），《四库全书》告成。乾隆帝在四十九年南巡时，以“江浙为人文渊薮”为由，命发给内帑缮写《四库全书》三份，在扬州大观堂的文汇阁、镇江金山寺的文宗阁、杭州西湖孤山的文澜阁各藏庋一份，用以“嘉惠士林，俾得就近抄录传观”，倘“如有愿读其中秘书者，许其领出广为传写”②。

杭州文澜阁藏书楼

文澜阁藏书楼内的书柜

浙江省图书馆藏文澜阁四库全书

2. 广开仕途，亲选人才

为在江南网罗人才，乾隆在南巡中，还采取多种举措，如增加科举名额、亲自命题等，

① 《清高宗实录》卷三八四，乾隆十六年三月戊戌条。

② 《清高宗实录》卷一一九九，乾隆四十九年二月丁丑条。

清代贡院旧影

以广开仕途，并从中亲选人才。南巡中，他以“三吴两浙，为人文所萃”，民多俊秀，加以百年教泽，比户书声，应试之人日多而入学则有定额①为由，命增加江苏、安徽、浙江三省岁试文童府学及州县大学录取的名额。南巡期间，凡各地“以文字献颂者”，命各省学政择其有学有品者代为“进呈”，并对这些为皇帝巡幸颂德的文人举行考试，从中选拔人才，授以功名②。考取一等进士授为内阁中书，举人授为内阁中书学习行走，对考取的候补人员挨次补用；考取二等的赏赐缎匹、荷包。此外，为延揽人才，乾隆帝在南巡中还亲自命题，这些题目的内容，有的是要测试士子学人的经世致用之才，如浙江省大修海塘，他便以《海塘得失策》为题，进行测试；也有的命题，虽属即兴之作，但却能反映和测试士子学人的吟咏敏捷、随机应变的能力，如南巡中随巡幸队伍带有回民扒竿、绳技等杂技演出，便以《观回人绳技赋》为题进行考试。通过考试，选拔了一部分具有经世致用和真才实学的人才。

3. 赏赐高年，优顾旧臣

南巡的途中，乾隆帝每到一地，便对前来接驾的归田高年老臣，进行各种赏赐，以协调、联络、沟通君臣之间的关系和感情。如赐诗，赐座，赏饭，赐人参、貂皮，晋封官衔，赐子孙功名出身等。乾隆二十七年南巡时，沈德潜、钱陈群到常州接驾，乾隆帝便亲赐诗慰勉，诗称“二老”为“江浙之大老”③。三十年南巡，沈、钱、嵇璜等致仕老臣特许从浙江远至苏州迎驾。乾隆帝又赐诗，称沈、钱两人“二仙仍此候河滨，三载相睽意更亲”。每接驾一次必加一官，两人加至太子太傅衔，在籍食一品俸。又，乾隆二十二年南巡时，经学大师顾栋高接驾，并“献所著诗书两义”，乾隆帝赐他为国子监祭酒④。此外，对一些旧臣，乾隆帝也颇为优顾，如左都御史梅瑴成，是康熙时朝中旧臣，他精通天文数学，康熙曾将他召入内廷编御制天文、乐律、算法等书，后以原品休致在乡籍。二十七年南巡时，梅曾于清江浦接驾，乾隆帝赐诗：“推恩缘念旧，皇祖内廷臣。”又念其家计清贫寒素，特命将其长子赐举人出身⑤，以示恩眷。

① 《清高宗实录》卷三八二，乾隆十六年二月己巳条。
② 《清高宗实录》卷三八三，乾隆十六年二月乙未条。
③ 〔清〕高晋：《南巡盛典》卷七〇《褒赏》，文海出版社 1966 年版，第 1220 页。
④ 〔清〕高晋：《南巡盛典》卷六九《褒赏》，文海出版社 1966 年版，第 1213 页。
⑤ 王钟翰点校：《清史列传》卷一七《梅瑴成传》，中华书局 1987 版，第 1241 页。

4. 现废吏员，怀柔有加

南巡每过省境，乾隆帝和皇太后除对官员、命妇多有赏赐外，还赐诗文、匾额，以示褒奖。对扈从巡幸的籍隶江浙两省的汉族大臣，乾隆帝则特准他们在回銮时便道归家省亲。如随乾隆帝南巡的协办大学士梁诗正，其八旬老父前来接驾，乾隆帝命晋封一品官衔，赏给缎匹、貂皮，亲题匾额"湖山养福""莱衣昼永"，还特许梁归家旬月。与此同时，乾隆帝还通过在南巡中召见文武官员，以对现任的吏属加以考察，召见后他用朱笔填写"官员记载片"，记录他对这些官员的印象，以备日后升迁、调任时作重要依据。"记载片"上的评语有："妥当，有良心，而非大器"；"尚可，小心谨慎有余，略欠才干"；"老实人，微有商家习气"；"人明白，也出过力，但局面小，福薄些"[①]，等等。对其他官员，每届南巡时，凡江苏、浙江等省承办差务的文武员弁，原有罚俸、住俸、降级之案的处分，均准其开复；而没有这种参罚案件的官员，则各加一级[②]。对一些因"居官不职，放废归田"的废员，乾隆帝在南巡中，则根据不同情况，或弃瑕重新录用，或复其原官品，或赏赐新衔等，不一而足。其中，最典型的事例是，原大学士史贻直，因受胡中藻文字狱案的牵连，受到"致仕回籍"处分。乾隆二十二年南巡时，史贻直接驾时，乾隆帝见其"精神未衰，尚堪任使"，结果仍补授大学士，并命入阁办事[③]。还有不少州县官员和阁僚大员中受到处分的废员，南巡中也得到乾隆帝"前愆胥涤，特开宥达之条"的恩遇，得以重登仕途。这样做，既可稳定官僚队伍，使之为清王朝更加忠心效力，又可在江南这个文字狱的"重灾区"，收到消除疑虑、恐惧之心，增强士子文人对朝廷的政治"向心力"的多重效应。

5. 出力盐商，予以优渥

乾隆帝南巡中，两淮、两浙盐商，不仅踊跃捐输，承办各种差务，而且出资在扬州等地建造行宫，耗资巨大。对盐商们的出力报效，乾隆帝则在政治上予以种种奖饰，以示其"恩宠"与"殊荣"；经济上实行优免，使盐商获惠。乾隆二十二年南巡时，乾隆帝便下达谕旨："朕翠华南幸"，"两淮众商皆未登仕之人，其承办差务，踊跃急公，宜沛特恩，以示奖励"。他命将商人中原有职衔已至三品者，皆加"奉宸院卿"衔，未至三品者加"按察使"衔，其余按其本身职衔加顶戴一级[④]。同时，令两江总督尹继善等官员，"重明各商履历，造册议禀"[⑤]。浙商中最得力的商人姚经，乾隆四十五年南巡时呈献"漪园玉件"，乾隆帝

① 档案，《乾隆三十三年南巡"官员记载片"》，中国第一历史档案馆藏。

② 《清高宗实录》卷五三二，乾隆二十二年二月甲子条。

③ 《清高宗实录》卷五三五，乾隆二十二年三月甲寅条。

④ 档案，《为奏请圣鉴事》(乾隆二十二年五月十二日)，尹继善、普福奏。

⑤ 档案，《为奏请圣鉴事》(乾隆二十二年五月十二日)，尹继善、普福奏。

传谕赏给四品顶戴，其余办事列为一二等的商人各授“游击”封典。经济上，乾隆帝命两淮纲盐食盐每引加赏十斤，浙江嘉松宁绍等所运销引盐每引各加五斤，都不在原定成本之内。所谓“加赏”盐斤，实际上是赐给盐商们的公开的“无课私盐”。这样，盐商们可从中获取巨利。如乾隆四十五年（1780 年），乾隆帝又免除两淮商人应还川饷项内未缴银 120 万两，缓征银 27 万两。乾隆四十九年（1784 年），乾隆帝又优免两淮盐商未完提引余利银 1632000 余两之多，以示对盐商的优渥和体恤。

维系民心的举措则有：

（1）修筑海塘，“以卫民心”。江浙海塘连接东海，特别是海潮逆钱塘江而上，一日两至，对农业和民生影响颇大。海宁、仁和正当江海交汇之处，首当其冲。这一带又和杭州、嘉兴、湖州及苏州、松江、常州等地相连，必须构筑海塘加以防护，否则泛滥之灾将波及江南。康熙帝轸念民艰，体恤民生，重视农业生产和水利建设，认为“农事为国之本”，“自古国家久安长治之谟，莫不以足民为首务，必使田野开辟，盖藏有余，而又取之不尽其力”。① 为此注重江浙海塘的兴筑，他发上谕给工部，指出：“江南浙江生齿殷繁，地不加增而仰食者日众。朕屡经巡省，察之甚悉。大抵民恃田亩为生，田资灌溉为急。虽东南名称水乡，而水溢易泄，旱熯难支。夏秋之间，经旬不雨，则土坼而苗伤矣。滨河低田犹可戽水济用，高仰之地力无所施，往往三农坐困。朕兹为民生，再三筹划，非修治水利，建立闸座，使蓄水以灌输田畴，无以为农事缓急之备。江南省苏州、松江、常州、镇江，浙江省杭州、嘉兴、湖州各府属州县或近太湖，或通潮汐，宜于所有河渠、水口，度地建闸，随时启闭。……今漕运总督与江浙督抚方料理截漕散赈，尔部速移文该督抚等，令将各州县河渠应建闸蓄水之处，并应建若干座，通行确察明晰，具奏。”②乾隆帝也认为“南巡之事，莫大于河工”③。他曾言：“朕巡省所至，首在勤民，而河湖要工所关尤钜。一切应浚应筑，奏牍批答，自不如亲临相度，得以随处指示也。”④他六次南巡，曾四次亲赴海宁踏勘海塘工程，以示对浙江这项重要的水利建设的重视。在清代历代帝王的重视下，自康熙时起兴工修筑海塘，历康、雍、乾三朝，它自浙江钱塘起至江苏金山，绵延 150 余千米。它对于防卫海潮侵袭，保护杭嘉湖一带农业生产和人民生命财产，有着重要意义。正如乾隆帝在御制诗《御制观海塘志事示总督杨廷璋、巡抚庄有恭》中所说，它是一件“以卫民心”的

① 《清圣祖实录》卷四四“康熙三十一年二月辛巳”条，《清实录》，中华书局 1985 年版，第 701 页。

② 〔清〕圣祖：《御制文集·三集》卷一三，文渊阁《四库全书》本。

③ 〔清〕高宗：《御制文集·二集》卷一四《南巡记》，文渊阁《四库全书》本。

④ 〔清〕允裪：《清高宗纯皇帝实录》，中华书局 2008 年版，第 15324 页。

大事①：

清沈宗骞《浙江海塘图卷》局部

浙江海宁清代布列规整的鱼鳞石塘

清《西湖禁约事文碑》

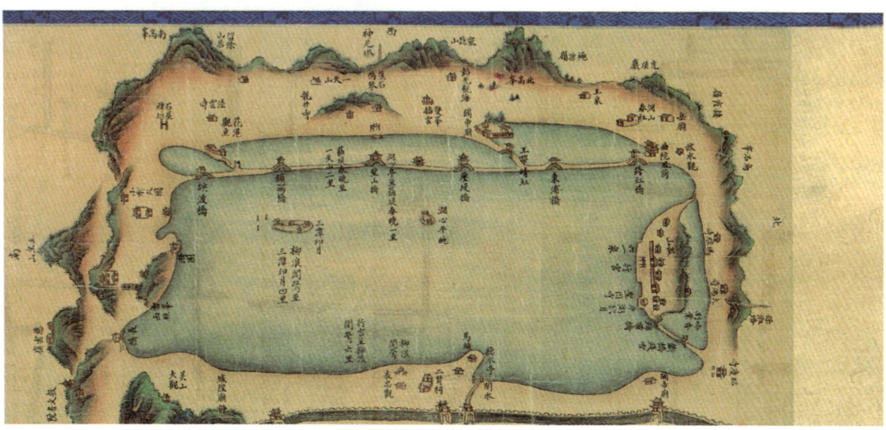

清《西湖行宫图》局部

① 〔清〕高宗：《御制诗集·三集》卷二一《御制观海塘志事示总督杨廷璋、巡抚庄有恭》，《景印文渊阁四库全书》，台北"商务印书馆"2008 年版，第 1305 册，第 584 页。

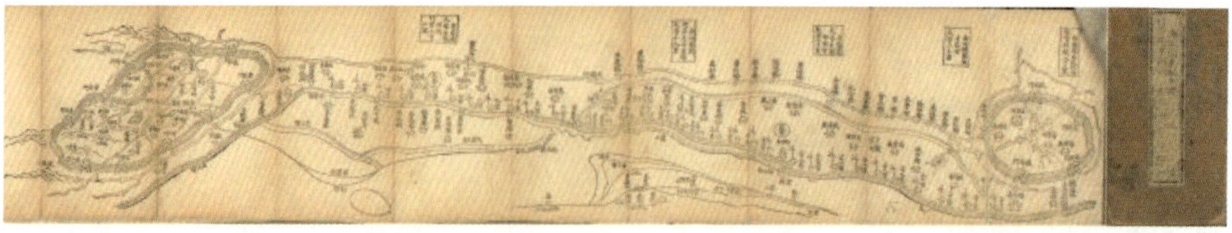

《安澜园至杭州府行宫道里图说》，佚名，清乾隆三十年至四十五年（1765—1780），美国国会图书馆（Library of Congress）。

与此有关的则是康熙、乾隆两帝在南巡中的治理杭州西湖的举措。康熙二十八年（1689年），他首次巡幸杭州时，即作诗一首，并作序说：“宋臣苏轼开湖溉田，筑堤蓄水，杭民利之，为政者不当如是乎？”明确表示开湖溉田乃是关系杭州人民根本利益的大事，也是地方官员的为政之道。康熙的态度无疑有利于促使地方官对治理西湖的重视。同时康熙帝也借南巡之机，督促杭州地方官员“恭先浚治西湖，辟孤山以建行宫，并疏涌金门城河以达御舟”①。乾隆帝第二、第三次南巡时，得知仁和（今杭州）、海宁一带田亩必须依靠西湖之水灌溉，但西湖面积却不断受到附近居民的占垦，周长已不及20里，有涸竭之虞，因而特发上谕，除已经垦熟之田外，一律不许再行侵占，并令地方官查禁。乾隆二十二年（1757年）春浙江巡抚杨廷璋遵旨清丈勘实西湖边界，逐段树立标记，凡是西湖周边一里多范围之内的有碍西湖水道的地荡沙滩一律开挖归湖，对于已经开垦成田亩的，则按亩征租，收入划归每年的西湖治理经费。同时，又在涌金门、一天山、长桥、湖山神庙四处湖岸，立石永禁，并绘图存档。每年冬季令地方官按图查勘验实。这些均是深得民心的要务，且效益颇佳。仁和（今杭州）学者翟灏、翟瀚兄弟称：“由是惠泽滂敷，下游农田仰藉充给，年谷顺成，民物殷阜，湖山景色更觉灿然改观。士庶歌咏太平，优游化日，咸谓有湖以来，未有如今日之盛者也。”②

（2）蠲免赋税，以示“爱民”。乾隆帝一直以“减赋蠲租”作为他实施“爱民之道”的重要手段。因此，他六次南巡，共免除经过州县逋赋钱粮达2000余万两。首次南巡时，谕令将江苏、浙江所过州县当年应征额赋蠲免3/10，其中受灾歉收的地区蠲免5/10；省会驻跸之地的江苏江宁（今南京）、苏州（同为省会），浙江的杭州，附郭诸县当年应征地丁银两悉予豁免。以后成为历次南巡时的成例。并又将乾隆元年至十三年江苏积欠地丁228万两，安徽积欠地丁305000两全部蠲免。浙江因无积欠，乾隆谕令将南巡当年应征地丁钱粮蠲免30万两，作为“爱民”之举③。为体恤“专以煎晒盐斤为业，其生计更窘于农民”

① 李卫修：《西湖志》卷二《水利二》，王国平主编：《西湖文献集战》，杭州出版社2004年版，第4册，第66—67页。

② 〔清〕翟灏等辑：《湖山便览》卷一《纪盛》，上海古籍出版社1998年版，第15页。

③ 《清高宗实录》卷三八〇，乾隆十六年正月庚子条。

的两淮盐民灶户之苦，乾隆帝又令将乾隆二年至十四年因灾停缓带征各未完折价银42000余两全部免除①。

(3)截漕平粜，平抑粮价。南巡期间，随驾人员多至10万，为不致因此使地方粮价骤增，乾隆帝谕令将江浙两省冬季应兑漕粮各截留10万石，在他抵达时，在苏州枫桥、杭州墅河等处减平粜出售。乾隆二十二年还命江西、湖南、湖北各运米10万石交江苏、浙江两省，以作为南巡时平粜出售之用。与截漕同时，乾隆帝又命截留运京铜料若干万斤，在江浙两省钱局增铸铜钱，一半设局减价变卖，一半作为乾隆颁赏之用②。截漕截铜、平粜铸钱，这对于平抑粮价、方便民众和促进商贸、加快银钱货币流通周转而言，无疑是有积极意义的。

(4)赦免人犯，维系民心。每次南巡时，乾隆帝都要颁诏，命将江苏、安徽、浙江等省军流以下人犯减等处罚：包括军流遣犯在内或改为杖一百徒三年，或改为杖一百，对已经到配所的徒犯可立即释放；中途逃跑者免于缉拿；枷杖人犯皆予宽免；应在脸上刺字的免去刺字；已发遣军流者，准其赦减。乾隆帝为显示“用播德音，以符宽大”的赦免举措③，在当时确对维系民心、消除文字狱案处罚中的隐患及后遗症，有一定实效。

(二)百业“滋生”与长江文化的复兴

被誉为“盛典”的康乾两帝十二次南巡，虽然有着重要的政治目的(如康熙帝“欲观览民情”④，且使之“改心易虑”⑤；乾隆帝一方面声称要“观民问俗”，另一方面更称此举“关政治之大端”⑥)，但这些举措的实施，的确表明，长江流域所在的江南地区，在统治者心目中，有着至关“政治大端”的重要地位。康熙帝首次南巡前夕，对即将赴任的江宁巡抚汤斌说：“江苏为东南重地……江苏风俗奢侈浮华，当加以化导，移风易俗非旦夕之事，从容渐摩使之改心易虑。”⑦不无巧合的是，乾隆帝在首次南巡离开苏州时也告诫江浙两省官员说：“惟念大江南北，土沃人稠，重以百年休养，户口益增，习有所趋……宜各敦本业，力屏浮华。”⑧反映出他们对此半壁江山既“重”又“虑”的矛盾复杂心情。因此，在策略运用上多用“抚”的办法，从而在客观上对长江文化的复兴、百业的滋生繁盛提供了难逢的契机，并使得这种复兴在多方面展现出来：

① 《清高宗实录》卷三八二，乾隆十六年二月癸酉条。
② 〔清〕高晋：《南巡盛典》卷六九《褒赏》，文海出版社1966年版，第1209页。
③ 《清高宗实录》卷五三二，乾隆二十二年二月庚午条。
④ 《清圣祖实录》卷一三九，康熙二十八年正月庚午条。
⑤ 《清圣祖实录》卷一一六，康熙二十三年七月庚午条。
⑥ 左步青编：《康雍乾三帝评议》，紫禁城出版社1986年版，第353页。
⑦ 《清圣祖实录》卷一一六，康熙二十三年七月庚午条。
⑧ 《清高宗实录》卷三八三，乾隆十六年二月庚寅条。

1. 人才复兴：涌现一批干练实才

康、雍、乾三帝在位时，对吏治十分重视，且喜通过巡幸或直接接见文武官员来选拔干练的人才。前述乾隆南巡时，对选拔人才的举措便是一例。通过南巡，乾隆帝亲加挑选，涌现出一批具有实干精神的干练之才，如桐乡人陆费墀，南巡时被选拔成了进士，后来又肩负四库全书馆的总校官、副总裁官等大任显职；又如任内阁学士、四库全书馆总阅的嘉善人谢墉，他后来更官至吏部左侍郎之位；再如曾任四川湖北学政、在上书房行走的吴省钦等，均是其中的杰出代表和佼佼者。

雍正帝在位10余年，虽因政务繁忙、朋党纷争激烈，致使他未能亲自南巡，但他对江南人才的选拔也十分重视，其许多做法有承上启下、有利于对干练实才选拔的积极意义。按照清制，四品以下文武官员引见，例递该官员的引见单，开列籍贯、年龄、出身、履历以及引见情由。引见时，皇帝往往把对该官员的印象、评语和升迁降革意见，用朱笔直接批在单上。现存档案《雍正朝朱笔引见单》，计259件(人)，被引见者时为府道官员，这是研究雍正朝吏治的珍贵史料，也是雍正帝亲选人才的真实记录。他将这259人，分为上上、上中、上下、中上、中中、中下六等，并逐人记印象和评语、升迁意见。其中百分之四十以上官员，来自长江流域各省：浙江籍31人，江苏籍38人，安徽籍11人，江西籍4人，湖北籍12人，湖南籍1人，四川籍5人，云南籍4人，贵州籍1人。总计为107人，占总数的四成以上。如鲁国华，浙江会稽人，年58岁，时任山东粮道。雍正帝朱批："好的，一点无浙江习气。(用山东盐法道。用通政司右参议)"赵城，云南通海人，43岁，雍正五年奉旨巡察湖广。雍正朱批："着实好的，谨慎老成，诚实，可怜见儿的人。将来可信用。像刘师恕，小些。上上。(用湖南布政使)"王联晋，四川合州人，30岁，雍正六年任大同知府。朱批为："像黑沈竹，人甚伶透，可怜见儿的。人有出息。吉林一年回来，条奏数事，甚可取。若是实心办事之人，大有可望。只恐用聪明中来，则不可料矣。上中。"杨锡绂，江西清江(今樟树市)人，32岁，雍正十年任广东肇罗道员。朱批是："人着实聪明安祥，一派良心正气。张廷玉保吏部考工司。出色好，同僚敬服的，大望可以成人者。上上。"王国英，湖北蕲水县人，54岁，雍正十二年任广东南雄知府。朱批："人着实明白，大兴县声名甚好，似有良心人。着大学士记名，以广东有用道员用的。好府道材。上中。"①等等，即是其典型事例。

据诸多文献资料的统计，康熙帝在南巡江浙时，召试诸生73人；乾隆帝六巡江南，召录85人。他们均以广揽招纳人才为己任，还将在巡幸中发现的一批具有专长的人才，带回宫中予以超擢使用。如其中有历史画巨作《康熙南巡图》的作者、著名画家王翚和杨晋

① 档案，《雍正朝朱笔引见单》。

(俱为江苏常熟人)；乾隆时绘制《乾隆南巡图》《姑苏繁华图》(又称《盛世滋生图》)的苏州著名画家徐扬；著名厨师张东官、宋元、张成、朱二官，以及一批著名江南园林建筑工匠等。这些能工巧匠、文化艺人北上，直接服务于宫廷，对于传播长江文化，促进南北文化交流所起的积极作用是不容置疑的。

2. 经济复兴：百业兴旺，市场繁盛

康、乾两帝南巡，更带动了长江物质文化的复兴，呈现出一派百业兴旺、市场繁盛的景象。

农业：到乾隆末，由于修筑了金山至杭县100多千米的鱼鳞石塘，以及钱塘江南岸诸多的石塘、土塘，有力地护卫了吴越平原富饶之区，使农业、蚕桑业更加兴旺。加之精耕细作，致使“苏松之田居天下八十五分之一”，粮食亩产却高于其他地区：一农种稻田十二三亩，肥田收米30余石，亩产米近3石；瘠地收米20石，亩产米也达一石半之多①。为推动江南农业发展，早在康熙南巡时，便将优良稻种“御赐”给苏州织造李煦、江宁织造曹頫等人，令其分种推广。曹頫曾用此良种六升，种田一亩，得谷四石二斗。他还在上元县推广良种双季稻，一亩两次共产六七石。后分给乡民种，头次稻每亩收谷三石七八斗，二次稻每亩收谷二石一二斗至二石七八斗不等②。

清代《耕织图》中的农耕图

清代《耕织图》中的练丝图

① 〔清〕陆燿：《切问斋文钞》卷一五，乾隆四十年(1775年)刊本。又，包世臣在《齐民四术》中也称苏州“亩常收米三石”。

② 《江宁织造曹家档案史料补遗》下，载《红楼梦学刊》1980年第2期，其中详细开列“御赐稻领种花名收成数”。

清代江南三织造上交的织锦缎匹料

清代丝织品

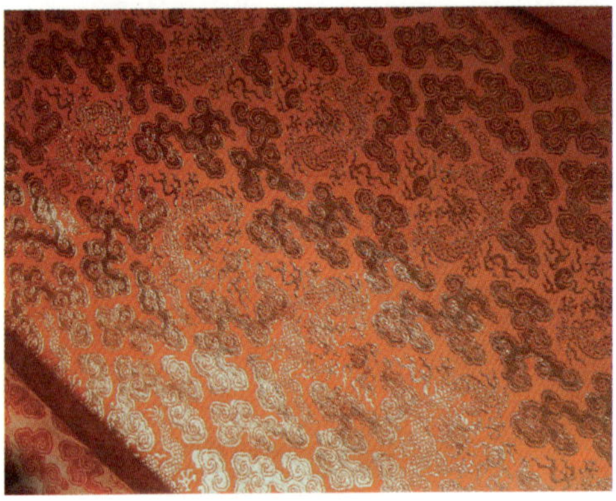

清代丝织品

清代有杭州织造局官员姓名织款的机头

手工业：官办手工业、民间手工业均有大的发展。康熙帝南巡时，江宁织造的丝织机竟达到四五百张之多，至乾隆时增至五六百张①。民间丝织业方面，以南京为例，“乾嘉间，机以三万余计”②。棉纺织业，则全部为民营，不仅无锡极盛，苏松地区也很发达。据乾隆《元和县志》载：“苏布名称四方，习是业者阊门外上下塘居多，谓之字号。自漂布、染布及看布、行布各有其人。一字号常数十家赖以举火，惟富人乃能办此。”这表明，苏州已有包买商人开设字号，从数十家织户中收购棉布，并对棉布进行漂染等加工工作。此外，江浙等地的麻纺织手工业，康乾时也具有一定规模③。

商业：包括盐商在内的小大商人，既是康、乾两帝南巡差务的承办者，也是南巡所带

① 〔清〕莫祥芝、甘绍盘：《同治上江两县志》卷七《食货考》，《中国地方志集成》之《江苏府县志辑》，上海书店 1993 年版，第 4 册，第 159—165 页。

② 〔清〕莫祥芝、甘绍盘：《同治上江两县志》卷七《食货考》，《中国地方志集成》之《江苏府县志辑》，上海书店 1993 年版，第 4 册，第 163 页。

③ 〔清〕金友理：《太湖备考》卷六，乾隆十五年（1750 年）刻本；〔清〕夏之蓉等：乾隆《直隶通州志》卷一七《风土志》，清乾隆二十年刻本。

来的商业繁荣的受益者。关于商业繁盛的景象,《康熙南巡图》作了形象的再现。在这十二卷绘画中,人物逾万,行业众多,街市错纵,舟车辐辏,尤以商业活动最盛。其中,《南巡图》第十卷,为绢本设色,纵 67.8 厘米、横 2559.5 厘米,描绘康熙帝一行从浙江北返,过江苏句容至江宁府的情景。画面中展现的江宁,为当时江南繁华之地,商业发达,城内街道错纵,房屋鳞次栉比,有名的秦淮河穿过画面,舟船亦张灯结彩。钞库街、贡院、文庙、三山街、旧王府、内桥、通贤桥等,一一在画中出现。特别是三山街一段,在十字交汇的路上,支搭彩楼一座,四个路口各有彩牌楼,场面豪华富丽(此画卷现在珍藏于北京故宫博物院)。到乾隆帝南巡时,苏州已发展成为"商贾云集""五方杂处"的胜地;杭州更通称和被誉为"百货所聚"之地;而南京(江宁)则有"肉腻鱼腥,米盐糅杂"的市场。在《盛世滋生图》(又名《姑苏繁华图》)长卷风俗历史画中,苏州街上可以辨认的商业市招达 230 余家,行商为数甚众,米行、酒坊、猪行比比皆是,鳞次栉比,还有经销米酒酱菜的杂货老行,贩卖咸货的腌腊老行,以及茶食铺、点心店、饭馆、酒楼等等,至于画面上展示的游串城镇街坊以至乡村僻壤的货郎贩夫更是多不胜数。在商业繁盛的同时,因南巡而获利的淮商、徽商、浙商等大的商人集团,还将其所获巨利的一部分,投资于沿长江的两湖、皖赣等地方中小市场,这又带动了当地城镇、乡村商业的兴旺。

服务业:康、乾两帝多次南巡中的接驾、驻跸、游乐、宴赏等活动,直接推动、刺激了江浙地区服务业的复兴和繁荣。其中,尤以饮食服务业最具典型意义。吴敬梓在《儒林外史》中,便对南京在康乾盛世时的饮食文化风貌有过描述:"大街小巷,合共起来,大小酒楼有六七百座,茶社有一千余处","到晚来,两边酒楼上明角灯,每条街上足有数千盏,照耀如同白日,走路人并不带灯笼"。而江南名城扬州,更是两淮盐商的云集之处、帝王南巡的驻跸之地。如乾隆帝六次南巡,都曾驻跸扬州。届时,各级文武官员和仕人、绅耆、盐商,为"报效"皇上,多以江南美食饮宴迎送"天子"以及随驾人员。据《江南节次照常膳底档》载:"正月十八日卯正,请驾,伺候:冰糖炖燕窝一品。卯正二刻,涿州行宫进早膳,用折叠膳桌摆皇太后赐炒大炒肉炖酸菜热锅一品、燕窝锅烧鸭子一品、猪肉馅僚包子一品。燕窝肥鸡挂炉鸭子野意热锅一品、厢子豆腐一品、羊肉片一品、羊乌叉烧羊肚攒盘一小品、竹卷小馒首一品、烤祭神糕一品、银葵花盒小菜一品、银碟小菜一品。上传叫冯鼎做鸭丝肉丝粳米面膳一品、鸭子豆腐汤一品。上进毕,赏用。正月十七日,大人福隆安传旨:明日晚膳紫泉行宫赏人饭食,钦此。正月十八日未正,上至宫门升座,茶膳房大人福隆安送上奶茶,赏奶茶毕,传膳。进晚膳用折叠桌摆:莲子八宝鸭子热锅一品、肥鸡火熏炖白菜一品、羊肉他他士一品、莲子猪肚一品、青笋香蕈炖肉一品、水晶丸子一品、奶酥油野鸭子一品。后送青笋爆炒鸡一品、摊鸡蛋一品、蒸肥鸡炸羊羔攒盘一品、象眼棋饼小馒首一品、荤素馅包子一品、烤祭神糕一品、银葵花盒小菜一品、银碟小菜四品、咸肉一品。

随送粳米膳一品、树鸡汤一品。额食六桌：饽饽奶子十二品一桌、内管领炉食八品一桌、盘肉二桌，每桌八品、羊肉四方二桌。上要饽饽二品、二号黄碗菜二品一盒。酉初，上至看灯楼，看花炮盒子。放盒子时，随送上用豊灯宝盒一副、元宵一品、三号黄碗、膳房箸、茶房叉子。看花炮毕，还行宫伺候：炸八件鸡一品、醋溜脊髓一品、火熏猪肚一品、小葱拌小虾米一品、涿州饼子一品。”又，《扬州画舫录》记载，乾隆帝南巡时，扬州除了举办“满汉席”之外，还“设毳帐以应八旗随从官、禁卫一门祗应人等，另置庖室食次”，共分五等：第一等“奶子茶、水母脍、鱼生面、红白猪肉、火烧小猪子、火烧鹅、硬面饽饽”；第二等“杏酪羹、炙肚胘、炒鸡跸、炊饼、红白猪肉、火烧羊肉”；第三等“牛乳饼羹、红白猪羊肉、火烧牛羊肉、猪羊杂碎、大烧饼”；第四等“血子羹、火烧牛羊肉、猪羊杂碎、大烧饼”；第五等“奶子饼酒、醋燎毛大猪大羊、肉片子、肉饼儿”。这些满点菜席的制作，使汉族厨师大开眼界，有利于南北饮食文化、宫廷与民间饮食文化之间的交流。康乾时期，扬州饮食文化的繁荣具体表现在：一是菜肴品类多样化，酒品的丰富，烹饪技艺的提高；二是饮食文化与园林文化的结合，许多饮食店肆均“园林化”；三是经营方式的专业化与经营手段、渠道的多元化，并由此引发出“船宴”“野餐”的盛行。此外，乾隆帝每下江南，还喜吃苏杭菜品，并将苏州名厨带回宫中；他还下旨编制菜谱。乾隆十二年（1747 年）十月初一日的晚膳单上即有“苏脍”一品。这些均从一个重要侧面展现了苏杭饮食文化的繁盛状况。旅游业同样如此，以杭州西湖为例，康熙、乾隆两帝数次南巡，驻跸杭州，游赏西湖，对清代西湖的治理和景观的重建，居功至伟。据统计，清帝康乾南巡从康熙二十八年（1689 年）到乾隆四十九年（1784 年）共计 11 次游观西湖，时间跨度长达 95 年，这是中国古代传统旅游中“帝王巡游”的最后辉煌，又是西湖古代旅游继南宋定都杭州之后的第二个鼎盛时期。雍正四年（1726 年），雍正帝命其心腹李卫担任浙江总督，曾多次诏令并拨巨款支持西湖的整治和建设，基本恢复西湖旧观。至此，西湖的发展再次迎来春天。嘉庆九年（1804 年），浙江巡抚阮元首倡捐俸禄治理西湖，在湖中堆起第三岛——阮公墩。至此，现代西湖的基本轮廓已经形成。这一时期，西湖旅游线路不断向西湖四周拓展并逐渐定型化，西湖的景点也较前代有了成倍的增加。成书于乾隆三十年（1765 年）的《湖山便览》，汇记西湖旅游景点已增至 1016 个左右，比明田汝成《西湖游览志》所记增加两倍多，而较傅王露纂《西湖志》亦增加 300 多个。西湖景观的文化内涵更是得到大的提升，西湖景观的知名度在海内外也越来越高。“西湖十八景”与“杭州二十四景”名称的出现，即是清代西湖景观发展变化的重要体现。这些新增景点的内涵已不限于西湖的湖光山色自然之美，还包涵园林、建筑、宗教、民俗等人文旅游资源，如西湖十八景中的湖山春社、功德崇坊、吴山大观、天竺香市、云栖梵径等，均是其代表。由此，西湖旅游进入黄金时期。清末民初高时显为丁立诚《武林市肆吟》所作序言中便指出：“有清康乾之世南巡者，屡竭民脂膏，以为供御，商贾趋利，万物维备，导民淫侈，风俗丕变。西湖一勺之水，复有‘销金锅’之目。”①

李卫像

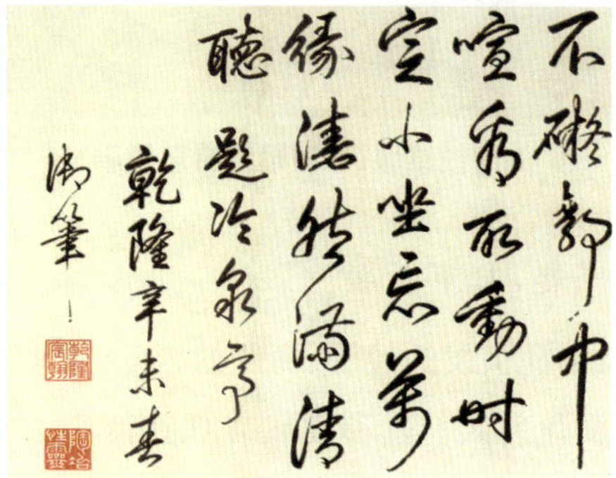

乾隆题杭州西湖冷泉亭

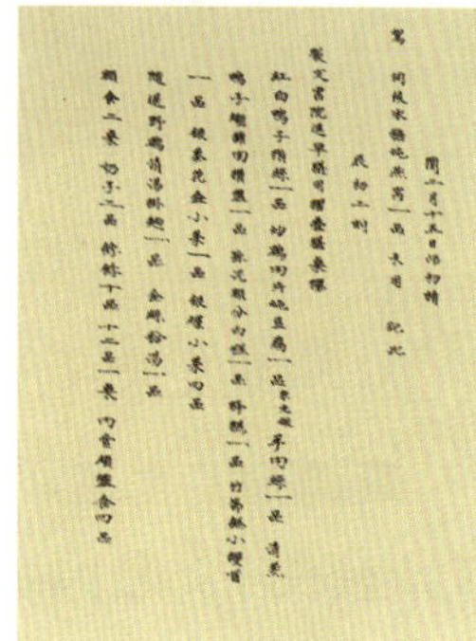

乾隆宴

乾隆宴脯雪黄鱼

御制西湖十景——断桥

御制西湖十景——柳浪闻莺

御制西湖十景——双峰插云

御制西湖十景——花港观鱼

① 〔清〕丁立诚：《武林市肆吟》，孙忠焕主编：《杭州运河文献集成》，杭州出版社 2009 年版，第 2 册，第 830 页。

清钱维城《西湖晴泛诗意图卷》

3. 城镇复兴：新镇崛起，旧市新颜

康、乾两帝南巡，以及由此引发的经济、商业的繁荣，农业手工业的发展，人口的增加等，促使长江文化中城镇文化复兴。这种复兴表现在两个方面：一方面是新兴市镇的出现和崛起，另一方面则是旧市的扩大和市容的改观。

新兴市镇：以苏州府吴江县为例，康熙时便新增设一市，即黄溪市；以及三镇，即庐墟、盛泽、章练三镇。总计该县有七镇十市之多。而新兴的盛泽镇发展尤为迅速，到乾隆时“居民百倍于昔，绫细之聚亦见十倍，四方大贾辇金至者无虚日。每日中为市，舟楫塞港，街道肩摩，盖其繁华喧盛，实为邑中诸镇之第一”①。

旧城新貌：扬州、苏州等江南重镇，是具有悠久历史的旧城，但经康、乾两帝南巡之后，市容风貌已大为改观。乾隆五十八年（1793 年），袁枚在给李斗的《扬州画舫录》一书所作序言中，生动地叙述了这座历史名城在乾隆南巡后市容的繁华新貌：“记四十年前，余游平山，从天宁门外拕舟而行，长河如绳，阔不过三丈许，旁少亭台，不过匽潴细流，草树虫歙而已。”但自“天子南巡”后，“官吏因商民子来之意，赋工属役，增荣饰观，奢而张之。水则洋洋然回渊九折矣，山则峨峨然隥约横斜矣，树则棼槎发等、桃梅铺纷矣，苑落则鳞罗布列、閛然阴闭而霅然阳开矣”。真是一派“壮观异彩”的景象。其中盐商们为迎接“圣驾”，耗资巨万银两建造的行宫园林（宫殿楼廊 5154 间，亭台 196 座），更为扬州添景增色不少。

形象生动、细致入微而又艺术地再现乾隆时期苏州古城新颜风貌的美术杰作，当首推清人徐扬绘制的《盛世滋生图》（又名《姑苏繁华图》）卷。作者描绘起自胥口至灵岩、辗转到虎丘长约 30 千米的风光。画中人物约有 12000 人之众，往来于水上的舟楫排筏近 400 只。分布城乡各式构筑的桥梁 50 多座，街上可以辨认的市招达 230 余家。它图示官府场面、市廛商情、江湖串游、民间习俗、城市风貌等，立体地反映出当年苏州物产富饶、工商繁荣、人文荟萃、景色秀丽的气象。它是南巡促使苏州繁荣改观的真实记录。

① 〔清〕乾隆《吴江县志》卷四《镇市村》，《中国地方志集成》之《浙江府县志辑》，上海书店 1993 年版，第 19 册，第 373 页。

4. 文化复兴:书院林立,典藏愈丰

康、乾两帝南巡,促进了长江文化的复兴,这集中表现在文化教育、文化艺术的兴盛上。具体可分为博学鸿词科的设立、书院林立、藏书刻书愈丰、戏曲艺术的传播等诸多方面。

"博学鸿词"科的设立:为配合南巡和招揽人才,自康熙十七年(1678 年)始,设立"博学鸿词"科名(康熙时称鸿"儒",乾隆时改鸿"词"),由地方官推荐、皇帝亲加面试,选拔"学行兼优,文词卓越之人"以录用。次年,在京三品以上及科道官员,在外督、抚、布、按及学政等,便举荐一百八九十人,并由户部赏给月俸,皇帝赐宴,在体仁阁考试诗赋,取中一等朱彝尊(浙江嘉兴人)等 20 人、二等毛奇龄(浙江萧山人)等 30 人,并授予翰林院官职。考中的这 50 人,除朱、毛是江南著名学者、后均参与预修《明史》外,其余的亦多是博学多才的江南学者、名士。乾隆元年(1736 年)九月,又开科试被举荐者 176 人于保和殿,首场为以经解史,次场为考诗赋,结果取中刘纶、齐召南等 15 人。乾隆二年,在体仁阁考试,共录取 4 人,分别予以加官晋爵。乾隆帝还命齐召南常侍左右,后来齐还做了礼部侍郎。乾隆十四年(1749 年)时,还通过明经科目的考试,录取了江南文人顾栋高等 4 人,并授予国子监司业的官职。当顾年老辞官回乡时,乾隆帝又御制七言诗两首,予以褒奖。直至南巡时,又亲赐御书。乾隆三十年(1765 年)时,乾隆帝又特谕在史馆中特设"儒林传"名目,专门编写文人学者的生平和学术事迹。此举也为江南学术文化的复兴和繁荣奠定了坚实的人才基础,创造了有利环境。

书院林立:书院是进行文化教育活动和培养人才的基地。在教育制度和体系上,它独成一格,一般由藏书、教学两部分构成。到了清代,特别是康、乾两帝南巡以后,书院的发展更加迅速,江南的不少书院规模也在不断扩大。由于统治者的首肯和倡导,江南书院已成林立之势。如浙江绍兴府各县所建的书院就颇为可观:山阴一县即有蕺山书院、龙山书院、稽山书院、阳和书院、五云书院 5 处;萧山县有笔花书院;诸暨县有毓秀书院;余姚县有龙山书院;上虞县有承泽书院;新昌县有南明书院;嵊县有剡山书院等,竟达 11 处之多。还有一批著名书院:

杭州万松书院"浙水敷文"碑亭

浙江仁和的敷文书院,初名"万松书院",至清康熙十年(1671 年),浙江巡抚范承谟重建,改称太和书院。康熙五十五年(1716 年),康熙帝亲自为书院题写"浙水敷文"匾额,悬于中堂,并题诗赐书,遂由此改名为敷文书院,并扩建房舍,增置学田。雍正四年(1726 年)浙江总督李卫重修书院,又在书院之左建“观风偶憩亭”并题额。雍正十一年(1733 年)，被敕命为省城书院，赐银 1000 两。到乾隆时，乾隆帝曾六次亲临书院，赐“湖山萃秀”额，并赐银 1000 两。清帝的关怀，大大抬升了敷文书院的政治地位。此后，敷文书院以其齐备的祭田祭器、完备的学规章程和丰厚的藏书而位居杭城四大书院之首，学生遍及浙江省 11 个府，成为清代浙江省的最高学府。

紫阳书院院址在紫阳山麓太庙巷。清康熙四十二年(1703 年)，两浙江南都盐运使高熊征买宅于凤山门内馨如坊，改作书院，因地近紫阳山，初名紫阳别墅，当时主要招收商人子弟。书院初建时有乐育堂，奉朱熹为木主；有讲堂及楼榭，供师生讲学弦诵。当时常请名师主讲，日有课，月有程，稽考严格，均遵照朱熹所订白鹿洞书院规则办学。因书院地处城区，交通方便，生徒众多，乾隆年间(1736—1795)书院学生达 300 余人。书院经费完全靠安徽盐商捐赠，已入不敷出，于是清政府多次拨给两浙盐务项下的官款，资助书院经费。嘉庆二年(1797 年)，浙江学政阮元延招臧镛堂、顾广圻等学者于此校订《十三经》，并建校经亭。咸丰十一年(1861 年)，院舍毁于兵火。同治四年(1865 年)、七年先后重建拓建，曾扩建楼厅斋房 38 间，至此才正式改称“紫阳书院”之名。光绪二十八年(1902 年)，在其址改设仁和县高等小学堂。今有紫阳小学。清代著名学者卢文弨、王宗炎、龚自珍、孙衣言等曾先后主讲杭州紫阳书院。自道光二十八年(1848 年)至光绪十八年(1892 年)，紫阳书院刊行有《浙江紫阳书院课艺》九集。

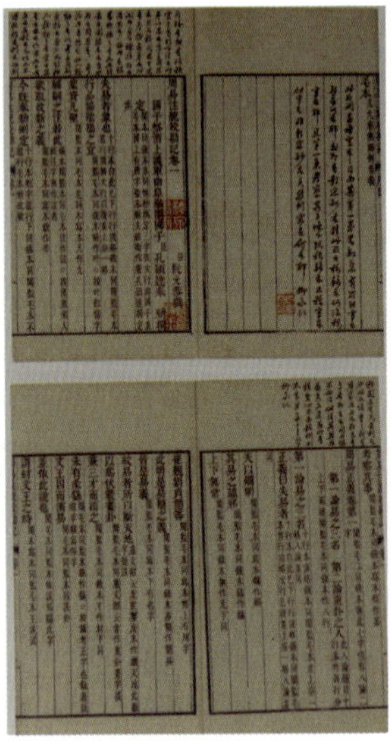

清嘉庆年间刻本阮元《十三经注疏校勘记》二百四十五卷

清康熙十八年刻印的《芥子园画传》第一集

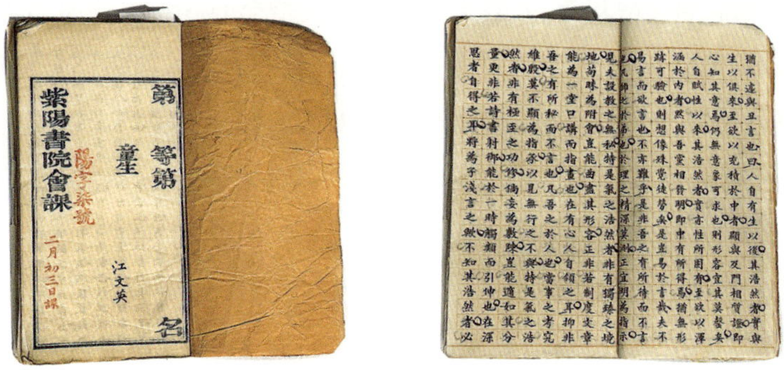

清代杭州紫阳书院会课

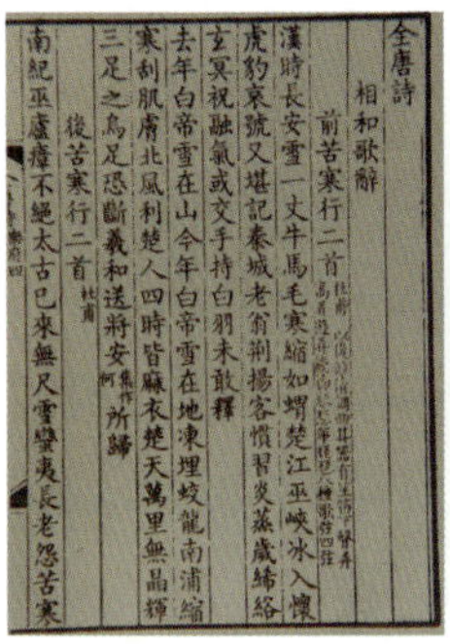

清康熙四十六年扬州诗局刻印的《全唐诗》

清康熙四十年刻印的《芥子园画传》第二集

李渔《芥子园画传》

清嘉庆二年(1797 年),著名学者阮元任浙江学政,他遴选浙江能够从事经学研究的人,构屋 50 间,聚居于西湖孤山南麓(今浙江省博物馆东),编撰《经籍纂诂》一书。嘉庆六年(1801 年)正月,阮元在原来修书旧地创办书院,取“圣贤之道存于经,经非诂不明”之义,将书院命名为“诂经精舍”,招收历年由浙江各地所选拔的优秀生员来精舍读书。同时又在西偏筑第一楼,为生徒游息之所。阮元还捐俸为学生膏火(津贴)。阮元创办的诂经精舍,背枕孤山,面对西湖,环境幽雅,是清嘉庆时期的著名书院。它与当时杭州的敷文、紫阳两书院以科举考试为目的办学原则不同,以提倡培养经世致用的人才为主,指导学生研究经义,旁及词赋,多攻古体。精舍祀东汉学者许慎、郑玄于雍肃堂,所署楹联:“公羊传经,司马著史;白虎论德,雕龙文心。”说明其办学宗旨是崇尚研习经史、训诂,培养经史学术人才。精舍设有掌教,亦称主讲、山长或院长,或称讲教,一般由巡抚聘任。下设监院,职长教课,亦称学长,一般也是由巡抚委任。书院开创之初,主讲者自阮元后,有王昶、孙星衍两人。他们都是乾嘉之际的著名汉学家。精舍主讲、监院的任期,少则 1 年,多则 10 年,而俞樾担任山长为时最久,他“以通经致用教众”,至光绪二十四年(1898 年)止,前后达 31 年之久。精舍招收生徒,初定 32 人。道光十年(1830 年),巡抚富呢扬阿改定额为 36 人,内外课各半。光绪三年

(1877年),巡抚梅启照又增其额,人数无考。其后又增至60名,内外课亦各半。外课又有附课生,亦称备课生,人无定,其名目亦不知始于何时。同治时,徐树铭督浙江学政时,特置超等6人,以异内外课生。诂经精舍的教学和月课内容涉及面很广,阮元与王昶、孙星衍等“问以《十三经》《三史》疑义,旁及小学、天部、地理、算法、词章”①等内容来教授和课考学生,可见其教学内容除经史之学外,还包括天文、地理、算法和词赋之学。课考每月一次,以此来考察学生对知识的掌握情况。学生课艺作业优秀的,编为《诂经精舍文集》刊行,初编由阮元手订,共18卷,以后由罗文俊、俞樾编订至8集,其中共收经史、词赋2000余篇,推动了当时的学术交流和文化传播。阮元不仅提倡经学,而且注重数学,当时精舍还是数学研究的中心。钱大昕、凌廷堪、谈泰、焦循等经常出入“诂经精舍”,切磋数学问题。清咸丰十一年(1861年),诂经精舍毁于战火。直到清同治五年(1866年),才由布政使蒋益澧发起重建,山长俞樾撰有《重建精舍记》。

江南书院的兴盛,不仅培养出一大批学者和文化名人,而且还对长江文化的复兴繁荣起着特殊的、不容替代的积极作用。以诂经精舍为例,创办首尾百余年,人文之盛甲于两浙。早期精舍学生“多致位通显,入玉堂,进枢密,出则建节而试士;其余登甲科,举成均,牧民有善政,及撰述成一家言者,不可胜数。东南人材之盛,莫与为比”②。计有碑刻讲学之士91人,举荐孝廉方正及古学识拔之士62人,纂述经诂之友5人,中式进士23人。精舍学生尤以学者居多,他们在学术上多有成就,著作宏富,这是当时任何一个书院都望尘莫及的。晚清黄以周、朱一新、章炳麟、陈澧等都是诂经精舍出来的佼佼者。

藏刻书籍愈丰:康、乾两帝多次南巡江南,褒奖莘莘学子以及广揽招纳文士的举措,更直接导致和刺激了刻书、藏书业的兴盛。使江南具有“天下书版之善,仍推苏、杭、金陵(南京)”的美誉。康熙四十四年(1705年),由江宁织造兼巡视两淮盐务监察御史曹寅主持的“扬州诗局”,奉旨刊刻《全唐诗》共900卷;五十一年,扬州又刊刻了大型类书《佩文韵府》。杭州知府主持刊刻《学海类编》等达431种之多。而《武英殿聚珍版全书》,由浙江负责刊刻了袖珍本38种。乾隆帝修《四库全书》时,采择其中的《易纬》《农书》等138种实用而又稀见的书,用木活字刊印成书传世。

江南刻书业的大盛,也使得藏书业为之繁盛。江南有名的藏家达数百余,这些人中有不少自身就是一流学者。他们经常将藏书处所冠以蕴意隽永的雅号别称,像清初期钱谦益的绛云楼,黄宗羲的续钞楼,黄虞稷的千顷堂,徐乾学的传是楼,朱彝尊的潜采堂、曝书亭,钱曾的述古堂、也是园等;清中期卢文弨的抱经堂,孙星衍的岱南阁,鲍廷博的知不

① 〔清〕孙星衍:《平津馆文稿》卷下《诂经精舍题名碑记》,载《孙渊如诗文集》,《四部丛刊》本。
② 〔清〕孙星衍:《平津馆文稿》卷下《诂经精舍题名碑记》,载《孙渊如诗文集》,《四部丛刊》本。

足斋，黄丕烈的士礼居、百宋一廛，吴骞的拜经楼、千元十驾等；清后期瞿镛的铁琴铜剑楼、陆心源的皕宋楼、十万卷楼，丁丙的八千卷楼，潘祖荫的滂喜斋，缪荃孙的艺风堂、对雨楼等，都是清代著名的私人藏书楼。受嗜古学风的影响，藏家往往特重宋元精椠，如乾、嘉时期长洲黄丕烈所藏惟宋版是存，还自号“佞宋主人”，特辟藏书处名之曰“百宋一廛”。而海宁吴骞也是笃嗜古版，筑拜经楼，藏书不下五万卷，并聚所藏元刻本千余部，题曰“千元十驾”，以抵黄氏的百部宋版，一时被传为佳话。

乾隆三十七年(1772 年)至三十九年，为纂修《四库全书》，乾隆帝下令征召天下遗书，三年中共征书 12 次，当时江浙和长江流域各省所进呈书籍的数目远远超过其他各省，名列前茅。各省具体献呈藏书的种数是：两江总督进呈 1365 种，安徽巡抚进呈 523 种，江苏巡抚进呈 1726 种，江西巡抚进呈 859 种，湖南巡抚进呈 46 种，湖北巡抚进呈 84 种，云南巡抚进呈 4 种，浙江巡抚进呈 4588 种，两淮盐院进呈 1575 种。乾隆帝在乾隆三十九年五月十四日的上谕中，对私家进献藏书的 4 人，予以褒奖。其中浙江有 3 人，他们是鲍士恭、范懋柱、汪启淑，另一人是两淮的马裕。这表明当时江南公私藏书业的发展是极其繁富的。四人所进呈藏书竟达“五六七百种”①之多。

戏曲艺术的传播：康、乾两帝南巡，与江南戏曲艺术的繁荣和传播，当有直接的关联。据《履园丛话》记载，江南戏曲，于乾隆帝“南巡时为最盛，而两淮盐务中尤为绝出。例蓄花、雅两部，以备演唱。雅部即昆腔，花部为京腔、秦腔、弋阳腔、梆子腔、罗罗腔、二簧调，统谓之乱弹班”②。康、乾两帝南巡的“盛举”，还引发了江浙地区的其他剧种、戏曲艺术的繁荣、兴盛和对外传播，其中比较突出的有被称为“乱弹之乡”的浙江的越剧、婺剧、绍剧、瓯剧、台州乱弹；宁海平吊、新昌腔，宁波滩簧、姚剧、湖剧等；江苏的常、锡滩簧，江阳滩簧；柳琴戏、淮海戏、柳子戏、江淮戏、扬剧、苏州评弹等。

清代戏院

清代广东的女子戏班

① 《清高宗实录》卷九五八，乾隆三十九年五月丙寅条。

② 〔清〕钱咏：《履园丛话》卷一二《艺能·演戏》，中华书局 1979 年版，第 332 页。

第二节　西学东渐的深化与长江文化

康熙二十二年（1683 年），清王朝结束海禁，二十四年（1685 年）正式宣布开海贸易，在广东、福建、浙江、江南（今江苏）四省设立海关，负责管理对外贸易事务。自此，西方欧洲各国便可以和沿海各省定期举行贸易商务活动，进行广泛的经济往来。与此同步的是，早在明代便大量传入中国的西方文化（又称为“西学”），此时更以多种渠道和方式，得以进一步传入中国（又称为“西学东渐”）。包括诸多科学技术、理论和其他文化成果在内的“西学”深入传播，给清代的长江文化注入了新的内容和气息。中、西两种社会背景、思维方式、价值取向截然不同的文化，远缘交流、交融的结果，对长江文化许多领域水平的提高、新的成就的取得，以及多元化的发展，提供了极为有利的客观条件。

一、西学东渐深化中的长江文化

早自明代中、后期开始，随着西方传教士的东来，中国开始接触西方较为先进的科学技术和文化；入清以后，这种接触在规模和深度上，均有所扩大。顺、康、雍、乾时期，从宫廷到民间部分地区，均有来华的传教士活动；顺、康两帝在利用西方来华人才方面，采取取长补短的积极态度，努力吸收西方科学知识。这对西学东渐的深化无疑起着导向和推波助澜的作用。

面对着大量传入的西方科学技术和文化，中国的学者和文人，在认识和行动上分别采取了三种截然不同的态度：有的积极吸收，有的则疑虑观望，还有的则坚决抵制。这就必然会导致中西文化的碰撞、摩擦和交融，其结果是给中国传统而古老的文化融注新的成分，形成较高水准的新文化。长江文化区域中，有为数甚多的一批学者和文人，他们多采取对西方文化和科学技术立足于中国传统文化而又积极吸取、消化、融汇的态度，开一代风气之先，大胆而不盲从，务实而又审慎，从而在天文、历法、数学、物理学、气象学、医药学、建筑学、机械学，以及语言学、绘画学等领域，取得了一批丰硕的成果，为清代长江文化（物质文化与精神文化的共同载体）的鼎盛、提高和多元化作出了贡献。

（一）天文、历法学的成就

在天文、历法学方面，兼通中西之学，取得显著成就的学者、科学家有（见下表）：

姓名	籍贯	生卒年	主要著作
王锡阐	江苏吴江	1628—1682	《西历启蒙》等
梅文鼎	安徽宣城	1633—1721	《西国日月考》等
梅瑴成	安徽宣城	1681—1764	《操缦卮言》等
王贞仪	安徽泗州	1768—1797	《德风亭初集》等

早在西方传教士来华的前后，即明末清初之际，西方天文学取得了突破性的成就：1543年(即明嘉靖二十二年)，波兰天文学家哥白尼出版《天体运行论》一书，建立了科学的太阳系模型。1609年(即明万历三十七年)，意大利的天文学家伽利略第一次用望远镜观测天空，发现了人们前所未见的天空景象。同年，德国天文学家开普勒发现行星绕着太阳运动的轨道是椭圆形，遵守面积定律；十年后，又发现第三定律，建立起太阳系行星的运动法则。1642年(即明崇祯十五年)伽利略去世，却迎来了英国科学家牛顿的诞生。

然而，直至清代，来华的传教士所传播和带来的却是由丹麦天文观测家第谷所创立的介乎哥白尼日心说和托勒玫地心说的中间宇宙结构体系。这是由于西方教会反对哥白尼的学说所致。按"第谷体系"，月亮绕地球运行，五大行星绕太阳运行，太阳又带着五大行星绕地球运行，地球居于中心不动。这种过时、陈旧且在西方无市场的理论，虽有很大局限性，但较之中国传统的天文学理论而言，仍有可值得借鉴之处。如清初由清廷颁布的、取代《大统历》的《时宪历》，便是由传教士汤若望(德国人)根据"第谷体系"制定的新历法，它较之《大统历》而言，仍是一大进步。上表中的学者、科学家则对传入的西方天文学理论采取科学、实事求是的态度，在吸取的同时，又指出它的局限，且取得了一些可喜的新成就。这是十分难能可贵的。

1. 王锡阐的历法学成就

生于明末清初的王锡阐，一生博览群书，努力吸收前人优秀成果和西方科学技术，加之自身"凡象数声律之学，殚精研穷，必得其肯綮而后已"①的探研，因而在天文历法学方面，取得显著成绩：

其一，正确对待西法，取其"善"，辨其"误"。当一些学者对新传入的西方天文、历法知识"奉为俎豆"时，王锡阐却持两分法的科学态度，一面称"西历"之善、"测候精详"，须"循其理而求通"，加以学习借鉴；另一面则指出，如果对西法一味盲从，甚至"安其误而不辨，不可也"②。他以西洋新法关于日月食推算为例，肯定其成就："推步之难，莫过交食，新

① 〔清〕钱仪吉：《碑传集》卷一三二《王锡阐传》，明文书局1985年版，第8册，第516—517页。

② 〔清〕王锡阐：《晓庵新法·序》，见《清史稿》卷五〇六《王锡阐》，中华书局1977年版，第46册，第13937—13942页。

法于此特为加详，有功历学甚巨。”其“以交纬定入交之浅深，以两经定食分之多寡，以实行定亏复之迟速，以升度定方位之偏正，以黄道中限定日食之时差，以北极高卑定视距之远近，以地度东西定加时之早晚，皆前此历家所未喻也。”同时，又对西法所推日月食与实际天象不符的错误、产生原因，详加辨析：“（西法认为）月在最卑，视径大，故食分小；月在最高，视径小，故食分大。余以为视径大小，仅以人目，食分大小，当据实径。太阴实径不因高卑有殊；地景实径，实因远近损益。最卑之地，景大，月入景深，食分不得反小；最高之地，景小，月人景浅，食分不得反大。”因此，正确的态度应是“望穷理之士，商求精密”①。

其二，“兼通中西之术”，且“自立新法”。王锡阐基于前述对待西法的态度，努力吸取前人的优秀科研成果、加强自身的钻研，终于能“兼通中西之术”，并自立“新法”。用此新法，“以测日月食”，结果“不爽秒忽”②。

其三，著作甚丰，多“补西人所不逮”。王锡阐有关天文、历法的著述，达十几种之多。如《西历启蒙》《晓庵新法》《历说》《历策》《五星行度解》《日月左右旋问答》《大统历法启蒙》《丁未史稿》《推步交朔》《测日小记》《圜解》《三晨晷志》等就是其代表作。这些著作，“俱能究术数之微奥”，又“补西人所不逮”③。在《晓庵新法》一书中，他便“兼采中西，去其疵纇，参以己意”，还“定著一法，法数备具，可用造历”④。对中西历法，他在《大统历法启蒙》《西历启蒙》两书中，“檃栝中西历术”的同时，加以“简而不遗”⑤的介绍，使读者能更好地领悟、比较。

其四，对天体运行理论，进行有科学价值的探讨。在《五星行度解》一书中，王锡阐探讨了日月离地和五星离日有远近变化的原因：“历周最高卑之原，盖因宗动天（原注：借西历名）总挈诸曜为斡旋之主，其气与七政相摄，如磁之于针，某星至某处则向之而升，离某处则违之而降。升降之法，不为直动，而为环动（注：凡天行悉为环动）。”这表明，他已注意到天体各星球间的相互吸引现象，是探讨天体引力的先声。为了探究天体的左旋、右旋问题，他在《日月左右旋问答》中，以三人对话的方式，逐步深入地条析了右旋论的正确性。

其五，注重实践，坚持实观、实测。王锡阐对中西的历法理论，较注重并坚持在实践、实观、实测中加以验证。为更好地进行科学实践，他曾亲自动手，制作和发明了一种可兼测日、月、星的天文仪器，并在《三辰晷志》一书中，对自己所创造的这种仪器加以论证、说

① 〔清〕王锡阐：《晓庵遗书·杂著》，《丛书集成续编》，上海书店1994年版，第170册，第152页。

② 〔清〕钱仪吉：《碑传集》卷一三二《王锡阐传》，明文书局1985年版，第8册，第516—517页。

③ 〔清末民初〕赵尔巽等撰：《清史稿》卷五〇六《王锡阐》，中华书局1977年版，第46册，第13937—13942页；〔清〕钱仪吉：《碑传集》卷一三二《王锡阐传》，明文书局1985年版，第8册，第516—517页。

④ 〔清末民初〕赵尔巽等撰：《清史稿》卷五〇六《王锡阐》，中华书局1977年版，第46册，第13937—13942页；〔清〕钱仪吉：《碑传集》卷一三二《王锡阐传》，明文书局1985年版，第8册，第516—517页。

⑤ 〔清末民初〕赵尔巽等撰：《清史稿》卷五〇六《王锡阐》，中华书局1977年版，第46册，第13937—13942页；〔清〕钱仪吉：《碑传集》卷一三二《王锡阐传》，明文书局1985年版，第8册，第516—517页。

明。而对实测的重要性，他在《历策》中曾指出："测愈久则数愈密，思愈精则理愈出。"为坚持对实际天象的观测，凡遇天气晴朗的夜晚，他总是登上屋顶"仰观景象，竟夕不寐"①。"每遇交会，必以所步、所测，课较疏密，疾病寒暑无间断"②。对于观测结果，"倘所测与预先推算者相合"时，还要"审其偶合与确合"；倘若二者不统一、不符合，更要及时地探求"理违与数违"之处，从"不敢苟焉以自欺"③，体现出一种崭新的科学精神。

2. 梅文鼎、梅瑴成与中西历法

作为祖孙两代，他们都是中西文化交流中颇有成就的天文、历法学家。其科学实绩有：

其一，对中外古法、新法，均"正其误"或"补其缺"。梅文鼎一生在安徽家乡随其父并拜师学习，刻苦钻研中西历法，留下丰富著述。主要著作有《元史历经补注》2 卷、《古今历法通考》70 余卷、《西国日月考》1 卷、《回回历补注》3 卷、《西域天文书补注》2 卷、《春秋以来冬至考》1 卷、《庚午元算考》1 卷、《郭太史历草补注》2 卷、《三十杂星考》1 卷、《大统立成注》2 卷、《四省表景立成》1 卷、《求赤道宿度法》1 卷、《交食管见》1 卷、《帝星句陈经纬考异》1 卷、《历学疑问》3 卷、《历学疑问补》2 卷等。其中，《古今历法通考》是我国第一部历法学专著，探讨了自汉代以来的 70 余种历法。其余著述，有的则"发明(中国之)古法"，有的则是"发明(西洋所传来的)新法算书"，然对此两法，均能"或正其误，或补其缺"④。反映出他博采、汇通中西历法之长的成就。

其二，注重科学实践，自制天文测量仪器。梅文鼎在兼通中西历法基础上，注重通过科学实测、实量，加以验证。为此，他还自己设计、制造了月道仪、揆日测高诸器，且"皆自出新意"，多有创获。同时，为从科学理论上予以总结、探索，先后撰写了《测器考》《自鸣钟说》《壶漏考》《日晷备考》《璇玑尺解》《勿庵测望仪式》《勿庵仰观仪式》《月道仪式》等著作⑤，留下了一笔宝贵的科学财富。

其三，反对"尽灭(中国)古法"，警惕西人"藉技术以行其教"。梅瑴成在天文、历法方面，努力学习中西科学技术，取得了多项成就。他在《操缦卮言》一书中，对天文、历法的凌犯、里差等问题便做了科学而精辟的论述。最值得称道的是，他对中西历法的远见卓

① 蔡冠落：《清代七百名人传》，中国书店 1984 年版，下册，第 1710 页。

② 〔清末民初〕赵尔巽等撰：《清史稿》卷五〇六《王锡阐》，中华书局 1977 年版，第 46 册，第 13937 页。

③ 〔清〕王锡阐：《晓庵遗书》之《杂著·推步交朔序》，《丛书集成续编》本，上海书店 1994 年版，第 170 册，第 163 页。

④ 〔清末民初〕赵尔巽等撰：《清史稿》卷五〇六《梅文鼎传》，中华书局 1977 年版，第 46 册，第 13944—13947 页。

⑤ 〔清末民初〕赵尔巽等撰：《清史稿》卷五〇六《梅文鼎传》，中华书局 1977 年版，第 46 册，第 13949 页。

识。在《仪象论》一文中，他叙述了清初北京观象天文仪器的变迁，“康熙五十四年，西洋人纪理安欲炫其能而灭弃古法”，“遂将台下所遗元明旧器作废铜充用”，其中“元制简仪、仰仪诸器；俱有王恂、郭守敬监造姓名”。乾隆时，由于“监臣受西洋人之愚”，结果诸多仪器“尽作废铜送制造局”，对此他认为“夫西人欲藉技术以行其教，故将尽灭古法，使后世无所考，彼盖得以居奇，其心叵测”。这种将西方的“技”与“教”分开，学习其长技，又对传教士来华的真实目的有所认识，不受其“愚”的态度，表明他敏锐的目光和科学头脑。梅氏祖孙的杰出成就，受到康熙帝的重视。康熙帝南巡时，曾亲自召见梅文鼎，探究“历象算法”，又特赐字、赐书，恩宠有加①。梅瑴成更是备受青睐，被召入宫中，跟康熙帝学习数学，并参加官修《律历渊源》的编纂。

3. 王贞仪与西学历法

在努力学习、介绍西学历法科技的基础上，又亲自进行科学实验，从而使得王贞仪成为杰出的天文学家。其具体科学成就如下：

其一，兼采中西历法之长，“理求其是”。王贞仪作为一位杰出的女科学家，自幼迁居金陵（今南京），并到过吉林、北京、陕西、湖北、广东等地。在她短促的人生中，她努力兼采中西历法之长，不存偏见，不执一端。她认为，在科技上，“中西固有所异，而亦有所合”；归根结蒂，目的在于“理求其是”，又“何择乎中西”②。因此，她在天文、历法方面取得了多项成就，并留下丰富著述。其著作有《德风亭初集》14 卷和二集 6 卷、《西洋筹算增删》1 卷、《星象图释》2 卷、《筹算易知》1 卷、《重订策算证讹》1 卷、《历算简存》5 卷、《象数窥余》4 卷等。科技论文则有《勾股三角论》《日食论》（按：“日”当作“月”）《岁差日至辩疑》《盈缩高卑辩》《经星辩》《黄赤二道辩》《地圆论》《地球比九重天论》《岁轮定于地心论》《五星随天左旋论》《筹算易知自序》等③。这些著论纠正了天文、历法著作中的诸多错误，并有自己的科学见解。

其二，独创实验，以悟科学之理。有一次，王贞仪家在德风亭举行晚宴，她便利用此条件，进行独创的月食模拟实验，用吊灯当太阳，圆桌当地球，西窗的屏镜当月亮。她经过反复调整吊灯、屏镜的位置、角度，终于模拟出了月食等现象，结果，“恍然悟月食之理，且可以悟天之内、地之外，四围空洞，虽日在地下，月在地上，若不相见，而实无不见也。”④

① 〔清〕阮元：《畴人传》卷三七，《续修四库全书》，上海古籍出版社 2002 年版，第 516 册，第 358—367 页。

② 〔清〕王贞仪：《德风亭初集》卷七《勾股三角解》，《丛书集成续编》，上海书店 1994 年版，第 133 册，第 805—808 页。

③ 蔡冠落：《清代七百名人传》，中国书店 1984 年版，下册，第 1722 页。

④ 〔清〕王贞仪：《德风亭初集》卷七《月食解》，《丛书集成续编》，上海书店 1994 年版，第 133 册，第 808—810 页。

这在当时，确实难能可贵。

(二)数学方面的成就

数学与天文、历法学关系密切，相辅相成，呈现出同步发展之势。在数学方面，能融汇中西学术，并取得重要成就的学者主要有：

姓名	籍贯	生卒年	主要著作
梅文鼎	安徽宣城	1633—1721	《笔算》《度算释例》等
梅瑴成	安徽宣城	1681—1764	《赤水遗珍》等

上述学者在数学方面所取得的成就有如下特点：

其一，研讨西学，并“订补”其漏遗。数学家梅文鼎对西方新传入的数学知识，在融会贯通基础上，予以系统整理介绍。如《笔算》5 卷，介绍西方笔算；《筹算》2 卷，介绍纳白尔算筹；《度算释例》2 卷，介绍伽利略比例规等。同时，还对漏遗加以“订补”。如在《几何补编》《堑堵测量》两书中，讨论四等面体、八等面体和球面直角三角形弧角关系式等问题时，论证的立体几何内容，便是传入我国的西方数学所未涉及的内容；又如对积化和差术(即九九加减术)的论述，西方传教士也“仅举其名，不详其说”。因此，它们是梅文鼎“发西书之覆”而“订补”的成果①。

其二，译介西方科学著作，开拓研究新领域。在《赤水遗珍》一书中，梅瑴成便最早翻译介绍了西方的割圆密率捷法，并加简要说明，这对突破几何割圆方法的旧传统，开辟新领域，作出了贡献。

(三)物理学方面的成就

在物理学方面，能会通中西之学，并在理论、实践上有诸多创造发明的学者有：

姓名	籍贯	生卒年	主要著作
方以智	安徽桐城	1611—1671	《物理小识》等
孙云球	江苏吴江	1633—1666	《镜史》
黄履	浙江钱塘	嘉、道年间	

上述学者在物理学方面的突出成就，主要体现在理论上的创获和光学仪器制造上的创造发明两个方面：

1. 方以智对蒙气差理论的创获

方以智曾跟从传教士毕方济学习西洋奇器、历算，故所著《物理小识》12 卷，均采用西

① 见梅文鼎《梅氏丛书辑要凡例》《勿庵历算书目》等书。

方科学理论解释自然现象，其根据又多源自《天学初函》和各种传教士著作。他在物理学理论上的贡献是，融会中西之学后，科学地解释了蒙气差（即“大气折射改正”）。对于天体距离地平线越近，蒙气差越大，渐高则渐小，至天顶则无的现象，晋代天文学者姜岌已做研讨。方以智则根据西方科技理论，予以正确阐释：“气映差”，如“置钱于碗，远立者视之不见。注水溢碗，钱浮水面”，“此犹日未出而水光浮”①。这表明他对大气折射的物理现象，已能从理论上予以总结和概括。

2. 孙云球和他创制的光学仪器

孙云球生活在西方科学技术传入中国之时，所居地江苏吴江则是易于接受东渐的西学之区。因此，他在短促的人生中，虽生活贫困，却努力学习、掌握中外科技知识，并依靠自身的独思奇智，创制和发明了多种光学仪器。时人不仅佩服其“奇巧”，而且对这些仪器“市坊依法制造，各处行之”②。可见他十分重视理论的实践与普及。同时，他还将自己的造镜实践经验，加以科学总结、升华，写成《镜史》一书。

孙云球所创制的光学仪器，主要有：一是千里镜（即望远镜），其式样为折射式伽利略望远镜③。他曾与友人携此镜登苏州虎丘观城，“远见城中楼台、塔院，若在几席”，其他诸峰翠岭均“万象毕见”。二是用水晶制作远视镜、近视镜，以“明佐人目力”；更能随视力度数，“随目对镜，不爽毫发”。其三，制造过能使人“百倍光明，无微不瞩”的“存目镜”，即现代的放大镜，以及“察微镜”（近似现代“复式显微镜”）。此外，孙云球还以其奇特构思，设计、创制出万花筒镜、鸳鸯镜、半镜、多面镜、幻容镜、放光镜、夕阳镜、夜明镜等，受到人们的称赞和嘉许。孙云球能够“紧紧地跟在西欧光学仪器制造先驱者的后面，这是十分值得注意的”。李约瑟、鲁桂珍为此称他“是个年轻的天才”④。

3. 黄履与他创制的“千里镜”

黄履是一位杰出的女科学家，且是光学家郑复光的挚友。她努力学习中西科学技术，精通物理、数学、天文等学。同时，还创制了“寒暑表（即温度计）、千里镜，与常见者迥

---

① 〔清〕方以智：《物理小识》卷一《天类》，《景印文渊阁四库全书》，台北“商务印书馆”2008年版，第867册，第754页。

② 〔清〕钱思元：《吴门补乘》卷二《物产补》，清嘉庆二十五年（1820年）刊本；民国《吴县志》卷五一《物产二》，《中国地方志集成》之《江苏府县志辑》，江苏古籍出版社1991年版，第11册，第843页；民国《吴县志》卷七五《艺术二》，《中国地方志集成》之《江苏府县志辑》，江苏古籍出版社1991年版，第12册，第522页。

③ 王锦光：《清初光学仪器制造家孙云球》，载《科学史集刊》1963年第5期。

④ 李约瑟、鲁桂珍：《江苏两位光学艺师》，见王锦光、洪震寰《中国光学史》附录一，第188—202页。

别”①。其中，寒暑表可能是液体温度计，刻度则为华氏温标②。至于“千里镜”更为独特，独具奇慧地将“取影器”与“望远镜”结合起来，从而，“于方匣上布镜四，就日中照之，能摄数里外之影”③。这表明这种千里镜已具有天文照相机的特性了。

(四)气象学、机械学方面的成就

随着西学气象科技知识的传播以及传教士带来的西洋钟表进入宫廷、流入民间，一些中国学者努力学习中外气象仪器、机械的制造技艺，发挥独创精神，创制出许多新的仪器、机械，且有多项科学发明问世。其中的代表人物是：

姓名	籍贯	生卒年	主要成就
黄履庄	江苏	1656—?	发明新机械 27 种
徐朝俊	上海	乾、嘉朝	精于钟表制造；著有《高厚蒙求》

黄履庄精研西方物理学，注重结合付诸实践，在 28 岁时，发明、创造的新式机械便有 27 种之多。其中，在气象仪器方面，他发明的“奇器”为可测体温和气温的“验冷热器”；能预报天气阴晴和测量湿度的“验燥湿器”，器“内有一针能左右旋，燥则左旋，湿则右旋，毫发不爽，并可预证阴晴”。除此之外，他发明、创制的其他机械仪器还有：显微镜、千里镜（即望远镜）、取火镜、瑞光镜（灯塔）、自动戏（近似现代八音盒）、龙尾车、灯衢、自行驱暑扇（近似现代电风扇）、山鸟鸣、鸾凤吟、报时水、瀑布水；能“不烦推挽”、日行八十里的“双轮自行手推车”（近似今之残疾手摇车）；有使水“上射如线”“移时不断”的水器一线泉（亦名柳枝泉，似今之喷泉）等④。

学者、发明家徐朝俊，是明代著名科学家徐光启的五世孙，自幼深得家庭的教育，又谙习西洋机械制造工艺。他在上海、苏州一带精研与创制各种钟表。晚年时又写成《高厚蒙求》（四集）一书，书中有“自鸣钟表图法”专章，论述钟表的制作原理、方法，并附有图录。这也是他对自己的多项机械制造创获、发明的科学总结⑤。

(五)建筑学、医药学及语言学、绘画学方面的成就

在西学东渐的深化过程中，随着西方科技的传播、应用，中国学者在建筑、医药及语

① 〔清〕陈文述：《西泠闺咏》卷一三《天镜阁咏黄颖卿》，见《丛书集成续编》，上海书店 1994 年版，史部第 64 册，第 577 页。

② 王锦光：《清代女科学家——黄履》，载《科学画报》1963 年第 3 期。

③ 〔清〕陈文述：《西泠闺咏》卷一三《天镜阁咏黄颖卿》，见《丛书集成续编》，上海书店 1994 年版，史部第 64 册，第 577 页。

④ 以上参见〔清〕戴榕：《黄履庄小传》，见张潮《虞初新志》卷六，河北人民出版社 1985 年版，第 113 页。

⑤ 沈福伟：《中西文化交流史》，上海人民出版社 1985 年版，第 400 页。

言、绘画等领域所取得的成就，也是前所未有的。这些学者主要有：

姓名	籍贯	生卒年	主要成就
顾若思	江苏	清初	采用西法提炼药露
王宏翰	江苏华亭	顺治、康熙朝	用西医研究中医，有《医学原始》等书 15 种
方以智	安徽桐城	1611—1671	主张中文拉丁化，著有《通雅》
丁允泰	浙江钱塘	顺治、康熙朝	用西洋烘染法作画
丁瑜	浙江钱塘	康熙、雍正朝	以西法作画，别开生面

1. 建筑学

清初，西方传教士进入长江流域之后，与中国工匠、艺人一道，兴建了不少中西结合的建筑物。其中，坐落在武林门内的杭州天主堂，即是由意大利籍传教士卫匡国(1614—1661)按照西方的“造作制度”主持建造和设计，中国工匠、艺人建成的。根据记载，“教堂采用欧洲格式，分三行四柱列。另有正厅三间。公学(三室)除附属房屋及饭厅之外，分成两部分，计有卧室十四间，可以很方便地住下教士十四人。公学环境优美，从院中可以远眺起伏的峰峦与有名的杭州西湖，住院三面有广大的花园”①，为当时中国最宏伟壮丽的天主教堂。

乾隆时，在江苏扬州、安徽安庆等地，甚至还出现了仿西式建筑群落。如扬州的仿西式建筑便有澄碧堂、水竹居、左靠山等。澄碧堂因仿自广州十三行碧堂而得名，它以“连房广厦，蔽日透月为工”②。而水竹居中便建有西式喷水池。至于安庆的王氏花园，更“仿照西洋立柱法”建园，设重台叠馆，“楼上作轩，轩上再作平台，上下盘折，重叠四层”③。且于屋上建月台为庭院，叠石栽花，令游人称奇。

2. 医药学

明末清初，在西方人体解剖、生理知识传入中国的同时，一些西方医药学专书如邓玉函的《泰西人身说概》、熊三拔的《药露说》等也开始由中国人翻译出版。在西医理论著述的影响下，一些中国的学者、方士力图运用中、西医药学技术的合璧，直接服务于社会。在药物学方面，清初便有定居娄东(今江苏太仓)的方士顾若思，能用西法来提炼草木花果药露。康熙时，由华亭迁居苏州的王宏翰，就是最早接受西方医学理论的中医。他一生撰写医学著作 15 种、170 余卷。代表作为 1688 年著的《医学原始》4 卷，书中大量采用

① 方豪：《明末清初杭州暨附郊老天主堂考略》，《我存杂志》第四卷第三期，第 162 页，1936 年 3 月 15 日出版。

② 〔清〕李斗：《扬州画舫录》卷一二，中华书局 1960 年版，第 285 页。

③ 〔清〕沈复：《浮生六记》卷四，江西人民出版社 2015 年版，第 73 页。

传教士艾儒略的《性学牖述》、高一志的《空际格致》、汤若望的《主制群徵》等著述中的医药学理论。

3. 语言学与绘画学

明清之际来华的欧洲传教士，为了学习中国语言文字，也加强了用拉丁拼音方式对中国语言学的研究，并有书籍出版。如法国籍传教士金尼阁便有《西儒耳目资》一书在杭州出版，该书在研究中国文字音韵的同时，还用西方语文研究法探讨中国文字。受其影响，方以智便在所撰的《通雅》卷五〇切韵声原中，极力推崇此书，予以高度评价，主张中文的拉丁化拼音。

康熙、乾隆年间，不仅有不少西洋画家供职于宫中，而且西洋的绘画技艺也在中国得到广泛传播。受其熏染，钱塘（今浙江杭州）中国画家丁允泰、丁瑜父女两人，便采用西洋的烘染法绘画技术作画，画风新颖奇特，自成一系，受到时人的称誉。

4. 哲学和汉学

作为传教士和汉学家的卫匡国，在宗教哲学和汉学方面的研究成就与深湛造诣也是值得称颂的。他用中文写下了一系列的神学著作和关于礼仪问题的辩护书。他学习利玛窦的《交友论》，取材于西塞罗（Cicero）、塞涅卡（Seneca）、斯克利巴尼等人的名著，阐述了交友的原则和意义，由他口授，经其信徒祝石（字子坚）笔录而成。他在上卷中论述了真朋友很少、朋友真伪的区别、假朋友的危害和真朋友的进益、交朋友的基础和责任；下卷进一步阐述交友的责任：不怀恨、不愤怒、不排谤、不谄媚、不要两面派，酒肉朋友不是真朋友，最后以罗马皇帝玛尔谷给他朋友卑剌满的信作为结语。1661 年，此书在杭州出版时，还加了小引和杭州张安茂、松江徐尔学（徐光启之孙）、兰溪祝子坚写的三篇序文。这部著作不仅起了应有的历史作用，而且对今天来说还有一定的现实意义。第二次来华后，他写了《天主理证》和《灵性理证》，1918 年 3 月在上海土山湾印书馆出版时，合并为一书，取名《真主灵性理证》，分二卷。1918 年 3 月，马相伯先生作序，与龙华民神父的《灵魂体说》一书同时重印。第一卷，以推理证明天主实有。主要证明是偶然事物的存在和灵魂具有灵性，最后辩驳了无神论者的责难。第二卷，又以推理的方法证明人所以与禽兽有异，就是因为有灵魂，它天生具有特异功能和非物质性，进而阐明人生目的之所以高于无灵的生物，因为他有一不死不灭的灵魂和具有对永远幸福的追求欲，从而得出宗教的需要的结论。大概与此同时，他又针对佛教的学说，写了《驳轮回说》一书。[①]

① 徐明德：《十七世纪伟大的人文科学家卫匡国传——纪念卫匡国诞辰 400 周年》，《浙江学刊》2014 年第 6 期。

二、中西文化交融与长江文化的多元化

从清初至道光朝，葡萄牙国王、西班牙国王、法国路易十四、罗马教皇等，都曾先后选派学识渊博和技艺高超的耶稣会士来华，其中有数学家、天文学家、地理学家、内外科医生、音乐家、画家、钟表机械专家、珐琅专家、建筑专家等。他们不仅带来了异国的宗教和文化，也将大批的西洋科技文化精神、物质产品（如图书、仪器、"奇器"珍玩等）输入清宫中，后又传播于民间。对此，清朝各代帝王则根据政治需要、社会经济实力的变化、个人性格爱好（如康熙帝热衷于西方科技、乾隆喜好西洋艺术）的不同，加以选择吸收。从总体来看，在前期，即清王朝兴起的时期（顺治、康熙、雍正朝），西方文化中的科技方面对清宫廷影响最大；中期，即清朝的鼎盛时期（乾隆、嘉庆朝），西方文化中的艺术方面对清宫廷影响最大。而统治者对西学的倡导、鼓励态度，则使得自明末兴起的西学东渐之风，在民间日炽，且更趋深化。其中，在长江区域文化的发展过程中，这一势态表现得尤为突出。中西文化交融的结果，直接促使长江文化向多元化发展，使其蕴含的内容更加丰富多彩，具体表现是：

（一）人才群体的多元化

西学东渐的深化和中外文化的交融，使得在长江文化区域，从民间、学界涌现出一大批能汇通中西之学，在理论、实践方面有诸多创造发明的杰出人才。既有像王锡阐、梅文鼎、梅毂成、王贞仪、李善兰、项名达这样优秀的天文历法学家或数学家，也有像方以智、郑复光、孙云球、黄履这样在理论和实践方面颇有建树的物理学家，更有像黄履庄、徐朝俊、顾若思、王宏翰、方以智、丁允泰、丁瑜这样一批分别在气象仪器、机械制造、医药学、语言学、绘画学领域，有着多项发明创造的科学人才。他们来自民间，靠深厚的家学或自身刻苦的钻研实践，努力掌握中西方科技文化知识，进而在许多领域作出了贡献。有的著名学者，如梅文鼎、梅毂成祖孙二人，还直接或间接地影响康熙等朝宫中的科技文化。因此可以说，他们是中西科技文化交融的受益者、体现者和实践者，也是长江文化人才群体中科技文化人才的核心力量。这反映出长江流域各种人才群体趋于多元化的重要特点。

（二）科技思维的多元化

建立在科学实验基础上的西方科学技术，注重实践，强调应用；并采用数理逻辑、间接致思的科技思维方式。西学的传入，无疑巨大地冲击了建立在传统农业基础之上、采用直接致思方式、视科技为"末技"和"奇技淫巧"的中国传统思维方式。通过实践的检验（如西洋历法的推算方法对天象的预测），以及对社会经济发展（如气象、农业、机械制造、

建筑)和人们生活需求(如医药学、语言学、绘画学、光学仪器、数学等)的满足程度表明,西洋的科技文化和科技思维方式,较之中国传统的东西,有明显的"善""精""巧""真"之处。面对西洋科技文化,连康熙本人在《庭训格言》中也说:"朕思已不知,焉能断人之是非?因自愤而学焉。"他为弥补自己的无知,努力向宫中传教士请教学习,南巡时,还将梅文鼎接至御舟中,君臣之间连续三天三夜探讨西方历法学、数学的有关问题。更为难能可贵的是,前述的中国科学家,在对待西洋科技文化、技艺、科学思维方式的态度上,持中西结合、西为中用、取长补短的实事求是的科学态度。法其"善",辨其"误",补其"漏",不迷信,不盲从,且有自身的科技独创和发明。这既弥补了传统思维的某些不足,又使长江文化的科技思维方式本身更加多元和丰富。

(三)文明构建的多元化

西方科技文化的广泛传入、中外文化交融的结果,使得一些直接服务于社会经济、农业、交通等物质生产和人们社会生活、文化娱乐活动的应用科学得以兴起;而诸多科技理论的付诸实践、发明创造的用于生产(包括社会物质与精神文化产品的生产在内),给立足于农业文明的较为单一的长江区域文明的构建,带来许多新的因子,使之向多元化的文明构建方向发展。同时,作为长江近代多元化工业文明的先驱,其意义与作用就更为突出。

(四)价值取向的多元化

在文化心态、价值取向上,西学东渐的深化和中外文化的融汇,必然给传统的文化心态带来冲击,在社会价值取向上,应用性、实用性、功利性、便捷性的价值观念开始深入人心。新的时宪历的颁施、应用于社会经济和生产实践;中西合璧的建筑群体在扬州、杭州的修建,以及民间的争相仿效(安庆王氏花园);历法学、数学、机械制造工艺、医药学、语言学、绘画学的诸多成就,应用于社会经济、生产和生活各个领域,并产生了巨大的社会效益和经济效益。其中,最具典型意义的事例是,孙云球和他的眼镜制造工艺的应用所产生的多重效益,以及时人对之的态度。传自国外的眼镜,在明代时仍然是"极为贵重,或颁自内府,或购之贾胡,非有力者不能得"①之物,但孙云球却创制水晶眼镜,工艺精湛;他还因人"以年别者老少花,以地分者远近光",配制不同度数、因目力而异的远视、近视眼镜,深受人们欢迎,致使"闻者不惜出重价相购"②。这充分表现了人们趋时务便的心态和价值取向。

---

① 〔清〕赵翼:《陔余丛考》卷三三《眼镜》,河北人民出版社1990年版,第581页。

② 〔清〕钱思元:《吴门补乘》卷二《物产补》,清嘉庆二十五年(1820年)刊本;民国《吴县志》卷七五《艺术二》,《中国地方志集成》之《江苏府县志辑》,江苏古籍出版社1991年版,第12册,第522页。

第三节　17 世纪后半期的进步思潮与长江文化

如果说西学东渐的深化，中外科技文化的交融，促进了长江物质文明的繁荣和兴盛的话，那么，公元 17 世纪后半期，以长江区域文化为依托，以顾(炎武)黄(宗羲)方(以智)王(夫之)为代表的进步思潮，及其后继者(乾嘉吴派皖派汉学、常州今文经学派)，则为长江精神文明(学术思想文化)的革故鼎新作出了巨大贡献。它还为长江文化向近代工业文明的过渡创造了先决条件：提供了巨大的精神动力、全方位的智力支持，进而为这种过渡和转变，奠定了坚实、雄厚的理论基础。

一、清初四大家及其民主进步思想

清初四大家的产生及其进步思想的缘起，可以追溯到明末清初。明王朝的倾覆、清军的入关，继之而起的南明政权的腐朽、江南抗清斗争的相继失败的残酷现实，迫使江南诸多进步的思想家和广大知识分子痛感晚明理学的空疏、哲学的贫乏、世风的腐朽、士人的脱离实际和崇尚无端的争斗，便是末世的写照和导致明王朝国破灭亡的重要原因。其中，面对现实、最先觉醒，并提出“救弊之道”的，是顾炎武、黄宗羲、方以智、王夫之四人，他们也被称为清初四大家。他们深深地植根于长江文化的深厚“沃土”之中，提出了针对性极强的“救弊之道在实学，不在空言”，即务须将经世致用而有成效的“实学”，去取代那种“明心见性”的空谈对策和见解，将实学思潮的发展推向高潮。这为长江学术思想文化的繁荣和鼎盛，起了重要的先导作用。

清初四大家虽然学术成就各异，政治主张不尽相同，但他们的共通之处和主旋律是：其一，在政治主张方面，对封建专制制度持严厉的批判态度，揭露其腐朽本质；其二，在现实认定方面，主张对现实进行政治、经济方面的变革；其三，在哲学思想方面，发展了古代的唯物主义和科学的辩证法思想；其四，在学术文化方面，注重实证、实测和实学，并在对前代学术文化进行科学总结的基础上，开启近代启蒙与改革思潮之先河；其五，在社会实践方面，主张学术要“经世致用”，反对空谈心性之学，力倡学者的务实之风。尽管这些思想见解和主张，与统治者提倡的程朱理学相对立，遭到摒弃、排斥、扼杀，无法在更大范围内获得传播和实现其目标，但这一思潮所闪烁出的科学、民主、进步的光芒，却充分显示出 17 世纪后半期长江文化的巨大价值和旺盛生命力。

现将清初四大家所处的时代与成就表述如下：

姓名	籍贯	生卒年	主要著作
黄宗羲	浙江余姚	1610—1695	《明夷待访录》《明儒学案》《南雷文案》《易学象数论》等
方以智	安徽桐城	1611—1671	《东西均》《易余》《药地炮庄》等
顾炎武	江苏昆山	1613—1682	《天下郡国利病书》《日知录》《亭林诗文集》等
王夫之	湖南衡阳	1619—1692	《张子正蒙注》《读通鉴论》《思问录》等

(一)黄宗羲与进步思潮

生于明末清初的黄宗羲(字太冲,号南雷,学者又称梨洲先生),虽毕生历尽坎坷,却博学多才(于政治、哲学、经学、史学、文学、天文、历法、地理、数学诸多学科领域均有成就),著述颇多(一生著述300余万字,编辑巨著达1600余万字)。他是清初四大思想家之一,也是17世纪后半期长江文化进步思潮的杰出代表。

黄宗羲之父、明御史黄尊素,是东林党名士,因"弹劾魏阉(指魏忠贤)死诏狱"①。崇祯元年(1628年),黄宗羲入都讼冤,并积极参加反对阉党的斗争。十年后,又在南京参与揭发阉党阮大铖的罪恶活动,但遭残酷镇压。清军入关后,他参加了抗清斗争。鲁王监国时,黄宗羲曾聚集家乡"子弟数百人"响应,被称为"世忠营"。在鲁王政权中,他曾担任过职方郎、御史、左副都御史等官职,奉命出使日本乞师。鲁王政权覆亡后,因复国无望,他于顺治十年(1653年),返回家乡,"毕力于著述",直至康熙三十四年(1695年)去世,一直拒绝出仕做清王朝的官员②。

黄宗羲一生除讲学活动外,还留下卷帙丰富的著述。他的学术著述和诗文达300余卷。其中,重要的有《明夷待访录》《孟子师说》《思旧录》《破邪论》《葬制或问》《易学象数论》《律吕新义》《四明山志》《海外恸哭记》《汰存录》《授时历故》《西洋历法假如》《回回历法假如》《今永经》《明儒学案》《宋元学案》《南雷诗文集》等。而编辑的主要有《明史案》(大多佚失,现仅存书目)《明文海》《明文授读》《明文案》等书③。其进步思想、变革主张、哲学观点、学术成就表现在以下方面:

① 〔清末民初〕赵尔巽等撰:《清史稿》卷四八〇《黄宗羲传》,中华书局1977年版,第43册,第13102页。

② 〔清〕全祖望:《神道碑铭》,见《国朝耆献类征初稿》卷四〇四《儒行》,明文书局1985年版,第481—506页。

③ 吴光:《黄宗羲遗著考》(一),见《黄宗羲全集》第1册,浙江古籍出版社1985年版,第421页。

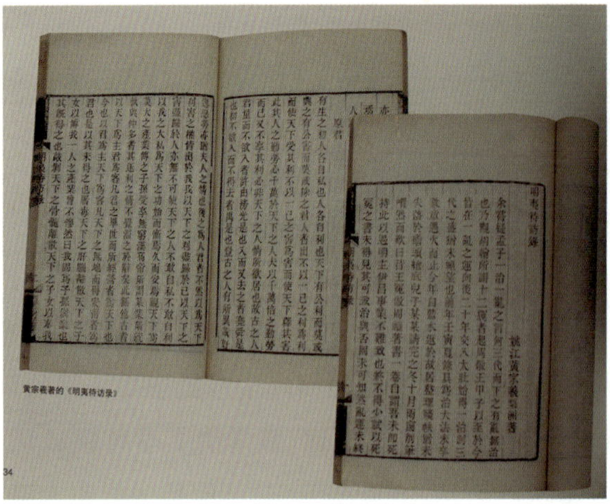

黄宗羲《明夷待访录》

黄宗羲像

1. 鲜明的进步思想

黄宗羲的进步思想，突出地表现在对封建君主专制的揭露与批判上。在《明夷待访录》一书中，他结合明朝的历史经验教训，抨击了专制君主给人民带来的巨大祸害。在书中的《原君》篇中，他说：专制君主“以为天下利害之权皆出于我，我以天下之利尽归于己，以天下之害尽归于人，亦无不可”，他们“视天下为莫大之产业，传之子孙，受享无穷”。当未获政权时，则“屠毒天下之肝脑，离散天下之子女，以博我一人之产业”；而夺取政权后，则“敲剥天下之骨髓，离散天下之子女，以奉我一人之淫乐”。故“凡天下之无地而得安宁者，为君也”，其“为天下之大害者，君而已矣”。在《置相》篇中，他指出，设立君主的目的，本是为“治天下也”。但专制君主却非如此，带来诸多祸害，因此，“今也天下之人，怨恶其君，视之如寇仇，名之为独夫，固其所也”。这种对封建君主专制一针见血的揭发和指斥，充分显示出黄宗羲强烈的民主思想和进步意识。

2. 积极的变革主张

针对封建君主专制的祸害、封建社会的诸种弊端，黄宗羲提出了政治、经济方面的积极变革主张。

在政治方面，黄宗羲的变革办法是：首先，是反对将君主当成高踞于整个社会之上的绝对权威，而是将它与其他官吏看作为一起治理天下的人。他指出：“原夫作君之意，所以治天下也。天下不能一人而治，则设官之治之；是官者，分身之君也”。[①] 又提出，大臣们“出而仕也，为天下，非为君也；为万民，非为一姓也”。因此，要求他们“以天下万民起

① 〔清〕黄宗羲：《明夷待访录·置相》，中华书局1981年版，第7页。

见，非其道，即君以形声强我，未之敢从也”；“非其道，即立身于其朝，未之敢许也”[①]。可见，这种君臣共治天下、一心要“为天下”“为万民”的政治格局，早已突破封建专制制度下“君为臣纲”、臣为附庸工具的旧规范，而确有民主的色彩和意识。其次，变革之二是设置宰相，有以牵制君主。他总结明代的政治，认为“有明之无善治”，源自朱元璋“罢丞相始也”[②]。究其原因是，“古者不传子而传贤，其视天子之位，去留犹夫宰相也。其后天子传子，宰相不传子。天子之子不皆贤，尚赖宰相传贤足相补救，则天子亦不失传贤之意。宰相既罢，天子之子一不贤，更无与为贤者矣”[③]。为防止此类历史悲剧发生，因此要采用此策。再次，是为加强学校对政治的影响，应将学校办成一种议政的机构。由于学校是“养士”之所，故“必使治天下之具皆出于学校”。而“天子之所是未必是，天子之所非未必非，天子亦遂不敢自为非是，而公其非是于学校”[④]。为达此目标，并发挥学校对政治的影响力、渗透力、参预力，黄宗羲提出，在首都“每朔日，天子临幸太学，宰相、六卿、谏议皆从之。祭酒南面讲学，天子亦就弟子之列。政有缺失，祭酒直言无讳”。要求在地方，则是“郡县朔望，大会一邑之缙绅士子。学官讲学，郡县官就弟子列，北面再拜，师弟子各以疑义相质难。其以簿书期会，不至者罚之”。倘若郡县官员“政事缺失，小则纠绳，大则伐鼓号于众”[⑤]。此主张也颇具民主倾向。

在经济变革主张上，黄宗羲提出应减轻赋税，注意解决土地占有问题，并反对各种不良风俗陋习、奢侈浪费等现象[⑥]。此外，他提出了“工商皆本”的见解和大胆主张。认为以往“世儒不察，以工商为末，妄议抑之”。而实际上却非如此，因为“夫工固圣王之所欲来，商又使其愿出于途者，盖皆本也”[⑦]。这些主张既有利于国计民生，又有助于工商业的发展和社会经济的繁荣、新经济因素的茁壮成长。

3. 哲学思想与学术成就

在哲学思想方面，黄宗羲坚持物质性的“气”的一元论哲学观。认为“天地间只有一气充周，生人生物”[⑧]，而“通天地、亘古今，无非一气而已”。可见，“气”是万物的物质性本原，不论在时间上、空间上均为无限。同时，它还是精神性的“理”的根源，即“理为气之

① 〔清〕黄宗羲：《明夷待访录·原臣》，中华书局1981年版，第4页。
② 〔清〕黄宗羲：《明夷待访录·置相》，中华书局1981年版，第7页。
③ 〔清〕黄宗羲：《明夷待访录·置相》，中华书局1981年版，第8页。
④ 〔清〕黄宗羲：《明夷待访录·学校》，中华书局1981年版，第10页。
⑤ 〔清〕黄宗羲：《明夷待访录·学校》，中华书局1981年版，第11—12页。
⑥ 〔清〕黄宗羲：《明夷待访录·田制》，中华书局1981年版，第22—29页；《明夷待访录·财计》，第35—41页。
⑦ 〔清〕黄宗羲：《明夷待访录·财计》，中华书局1981年版，第41页。
⑧ 〔清〕黄宗羲：《孟子师说》卷二《浩然》，浙江古籍出版社1985年版，第60页。

理，无气则无理”①。较之物质性的“气”而言，它是第二性的，是前者的派生物，因此“离气无所为理”②。这种哲学观已具有浓厚的唯物主义色彩。

黄宗羲的学术成就，除《明儒学案》《宋元学案》对宋明理学进行科学总结外，还体现在他的学术“经世”宗旨和批评精神上。提倡学术须着眼于现实社会，如果“学者离却人伦日用，求之人生以上，是离规矩以求巧也”③。这种学术与社会“人伦日用”相结合的宗旨，反映出经世务时的新倾向，有着进步意义。

（二）方以智与科学辩证思维

方以智不仅是杰出的天文学家、数学家、物理学家，而且是一位具有科学辩证思维的思想家。他博学多才，自青年时代起便努力通晓经史百家之学，“凡天人、礼乐、律数、声音、文字、书画、医药、下逮琴剑技勇，无不析其旨趣”④。因此，他能将自然科学、哲学等多门学科融于一体。同时，他又努力汲取长江文化中科技、思想文化的丰富营养，以丰富完善自己的思想理论体系，并予近代科学思想萌芽发展以影响。其具体贡献是：

其一，强调科学与哲学的辩证关系。方以智在《通雅》一书里，将学问分为三类：一为“宰理”之学，即经国治天下的学问；二为“物理”，即象数、律历、音韵、医药等“质测”自然科学；三为“专言通几”“为物之理”的“通几”（又叫“至理”）之学，即哲学。对科学与哲学的关系，他在《物理小识》一书中认为“或质测，或通几，不相坏也”，二者是统一的；更有“通几护质测之穷”的辩证关系。即在“质测”的基础上“通几”，以“通几”提高“质测”的成效；科学中蕴含有哲学，哲学又指导科学。

其二，认识到事物有“相反相因”的变化规律。方以智主张，“尽天地古今皆二”，强调事物内部有“二”，即任何事物内部都存在着相互矛盾的对立面。这种对立面的斗争，导致事物的发展变化，有着“常统常变”“相反相因”的规律。

其三，提出事物“相反”，却“同处于一原”，即“二合而一”的对立统一观。他在《东西均》一书中，揭示事物是矛盾的统一体，矛盾双方“相捄（依赖）”“相胜”而又“相成”。恰如阴阳相反，但形成天地却又“玄黄相杂”；刚柔既对立，又“律吕协和”。它如世间吉凶、祸福、生死、动静等，虽“至相反者，本处于一原”。方以智还用“交、轮、几”来概括事物矛盾运动的对立统一观。其中，“交”即是“合二而一”，指事物矛盾的统一；“轮”即是“首尾相衔”，指事物前后的连续变化；“几”即是“微也、危也，权之始也，变之端也”，指贯通前后、虚实的微妙的原动力。

---

① 〔清〕黄宗羲：《明儒学案》卷七《河东学案上》，中华书局 1985 年版，上册，第 111 页。

② 〔清〕黄宗羲：《明儒学案》卷六二《蕺山学案》，中华书局 1985 年版，下册，第 1537 页。

③ 〔清〕黄宗羲：《孟子师说》卷七《梓匠轮舆》，浙江古籍出版社 1985 年版，第 159 页。

④ 〔清〕马其昶：《桐城耆旧传》卷六《方密之先生传》，毛伯舟点注，黄山书社 1990 年版，第 209 页。

其四，揭示事物矛盾的主次辩证关系。方以智在《东西均》中认识到事物矛盾有主次，如日月两天体相较，日为主，这是因为月亮、星辰均借日光生辉，且须依靠太阳，才能计年、分昼夜和寒暑等。但又不能片面强调主要的，而忽视、废弃次要的。譬如，人体以心为主，四肢是次要的但却不可废。主次之间，有着相辅相成的辩证关系。

其五，勾绘事物对立双方"颠倒"转化的辩证模式。在《东西均》中，他勾绘了事物矛盾对立双方，在"交互"作用下，可以进行"颠倒"转化的辩证模式。如"危之乃安，亡之乃存，劳之乃逸，屈之乃伸"。且透过对大量自然现象的观察、分析，指出任何事物矛盾对立双方，既"处处有交互"，又"处处可颠倒"，即可向相反方向转化。

其六，从"学"(学习)与"辨"(认识)的关系中，总结出朴素的辩证思想。方以智还在《东西均》中，指出"学天地"，即认识客观，目的在于"辨物则"，即弄清、掌握并运用事物发展、运动、变化的规律("则")。在"学"与"辨"的过程中，"多识"与"一贯"二者之间，既相统一，又相辩证对立。倘离开后者，多识的"多"就成了缺点；而离开了前者，一贯的"一"也是缺点。故在做学问时，不但要"全"，学识渊博，且要"偏而精"，二者相成又相辅佐。此外，他还论述、阐释、总结出个别、特殊("独性")与一般、普遍("公性")之间，在"古"与"今"之间，均存在着"公性在独性中""古今以智相积"和"古人有让于后人者"等辩证关系。至于在中西文化关系上，他在《物理小识》一书中，着重强调二者的辩证统一。一方面，肯定西方的质测技术，要以"借远西为郯子"的态度去"学"；另一方面，又须"辨"其西学中"详于质测而不善言通几"的缺陷，科学总结自己的观测和实验结果，才能得出正确的、符合实际的结论。

(三)顾炎武与经世致用之学

顾炎武，字宁人，人称亭林先生，是清初经世致用之学的倡导和实践者。他出身于江苏昆山的"江东望族"，少年(14 岁)时就参加了复社活动，并与社中名士过从甚密。明末乡试落第的顾炎武，深感"四国之多虞"，又耻"经生之寡术"①，始立志发愤钻研实用之学，决心进行《天下郡国利病书》《肇域志》的编纂，从方志、文书中辑录全国各地的山川形势、物产、赋税、农田、水利、交通、兵防等社会经济、人文、军事、文化资料，供人们经世治国之用。明亡以后，顾炎武积极参加了昆山的武装抗清斗争，失败后，他风尘仆仆，颠沛流离，奔走南北，为联络抗清志士，频频往来于江苏、浙江、山东、河北、河南、山西、陕西等地。曾结识傅山、李颙等学者，并多次拒绝清朝廷的征召。康熙十七年(1678 年)，"诏举博学

① 〔清〕顾炎武：《亭林文集》卷六《天下郡国利病书序》，见《顾亭林诗文集》，中华书局 1959 年版，第 131 页。

鸿儒科，又修《明史》，大臣争荐之”，而他“以死自誓”决不参加①。

一生著述宏富的顾炎武，留下著作50余种，这些学术文化遗产既是长江文化宝库中的瑰宝，也是他汲取南北文化的丰富营养、践行“明道”“救世”主张的学术结晶。其著述涉及经学、音韵、文字、历史、地理、金石考古、诗文等领域，主要有《天下郡国利病书》《肇域志》《日知录》《音学五书》《二十一史年表》《历代帝王宅京记》《营平二州地名记》《昌平山水记》《山东考古录》《金石文字记》《亭林文集》《亭林诗集》等。

顾炎武像

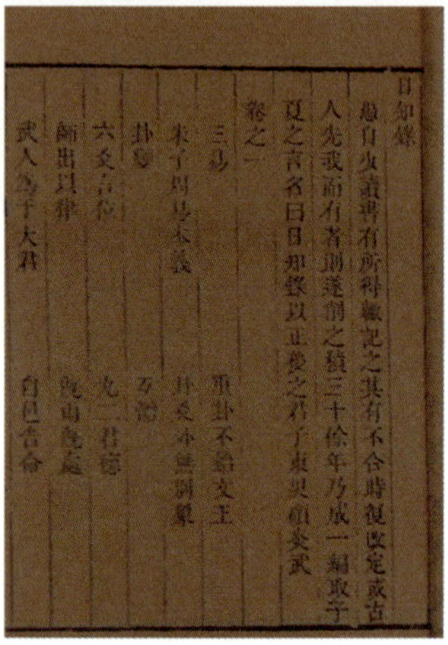

日知録

愚自少讀書有所得輒記之其有不合時復改定或古人先我而有者則遂削之積三十餘年乃成一編取子夏之言名曰日知録以正後之君子東吴顧炎武

卷之一

三易　重卦不始文王

朱子周易本義　卦爻外無别象

卦變　互體

六爻言位　九二君德

師出以律　既雨既處

武人爲于大君　自邑告命

《日知录》书影

作为倡导、实行“经世致用”之学的思想家顾炎武，其学风、主张、成就是：

1. 力倡“明道”“救世”的进步治学主张

顾炎武给友人的信中，总结自己一生走过的学术道路、阐释其主张、抒发其见解时说：“君子之为学，以明道也，以救世也。徒以诗文而已，所谓‘雕虫篆刻’，亦何益哉！”“自五十以后，笃志经史。其于音学深有所得，今为五书，以续三百篇以来久绝之传。而别著《日知录》，上篇经术，中篇治道，下篇博闻，共三十余卷”。这些书，如若“有王者起，将以见诸行事，以跻斯世于治古之隆”②。可见，他追求“明道”“救世”的目标十分明确。面对封建社会晚期腐朽、黑暗的社会现实，顾炎武认定，急务在于探“国家治乱之源”，求“生民根本之计”③。因此，在撰辑《天下郡国利病书》时，对土地兼并、赋役繁重不均等社会弊

① 〔清末民初〕赵尔巽等撰：《清史稿》卷四八一《顾炎武》，中华书局1977年版，第43册，第13169页。

② 〔清〕顾炎武：《亭林文集》卷四《与人书二十五》，见《顾亭林诗文集》，中华书局1959年版，第98页。

③ 〔清〕顾炎武：《亭林佚文辑补·与黄太冲书》，见《顾亭林诗文集》，中华书局1959年版，第238页。

端，颇为关注。认为“世久积弊，举数十屯而兼并于豪右”的现象，“比比皆是”。但赋税的承担却“有田连阡陌，而户米不满斗石者；有贫无立锥，而户米至数十石者”的奇怪状况。他在《军制论》《形势论》《田功论》《郡县论》《钱粮论》等文中，指出“郡县之弊已极”，根源在于“其专在上”①。矛头直指封建专制制度，进而提出了对郡县制的变革要求。

2. 提出天下“众治”“利民富民”的“经世”与“致用”之道

针对社会诸多时弊与疾苦，顾炎武还提出了天下要变君主“独治”为“众治”“利民富民”举措的一套“经世”(政治)“致用”(经济)变革方案：其一，在“经世”方面，他提出在政治上，是君主“独治”要变为天下“众治”的巨大变革。在《日知录》一书的“君”条中，他认为“君”并非封建帝王的专称，同时提出反对君主对天下的“独治”，即“人君之于天下，不能以独治也”②。强烈主张，要“以天下之权寄之天下之人”③，即“众治”。其原因是“独治之而刑繁矣，众治之而刑措矣”④。顾炎武的“经世”之道，是对历史经验的科学总结，也是他对封建专制君权的公开否定，反映出他的“民本”意识和民主政治思想的萌芽。其二，在“致用”方面，他提出在经济上，要实行“利民富民”的举措。顾炎武认为，“有道之世”，“必以厚生为本”⑤，以改变“贫”这个“天下之大患”，进而使百姓“五年而小康，十年而大富”⑥。要实现此点，非走“民得其利”之途不可，而应避免“官专其利”。二者相较，“民得其利，则财源通而有益于官”；倘若“官专其利，则财源塞而必损于民”⑦。他还总结明中叶后的历史教训，指出当时“为人上者”只图“求利”，结果导致“民生愈贫，国计亦愈窘”⑧的局面；为不重蹈此覆辙，须“藏富于民”，即“善为国者，藏之于民”⑨，以正其“本末”。此种

① 〔清〕顾炎武：《亭林文集》卷一《郡县论一》，见《顾亭林诗文集》，中华书局1959年版，第12页。

② 〔清〕顾炎武著，黄汝成集释，栾保群、吕宗力校点：《日知录集释》卷六《爱百姓故刑罚中》，浙江古籍出版社2013年版，第2册，第373页。

③ 〔清〕顾炎武著，黄汝成集释，栾保群、吕宗力校点：《日知录集释》卷九《守令》，浙江古籍出版社2013年版，第2册，第550页。

④ 〔清〕顾炎武著，黄汝成集释，栾保群、吕宗力校点：《日知录集释》卷六《爱百姓故刑罚中》，浙江古籍出版社2013年版，第2册，第373页。

⑤ 〔清〕顾炎武著，黄汝成集释，栾保群、吕宗力校点：《日知录集释》卷三《民之质矣日用饮食》，浙江古籍出版社2013年版，第2册，第153页。

⑥ 以上参见顾炎武：《亭林文集》卷一《郡县论六》，见《顾亭林诗文集》，中华书局1959年版，第15页。

⑦ 〔清〕顾炎武著，黄汝成集释，栾保群、吕宗力校点：《日知录集释》卷一二《言利之臣》，浙江古籍出版社2013年版，第3册，第714页。

⑧ 〔清〕顾炎武著，黄汝成集释，栾保群、吕宗力校点：《日知录集释》卷一二《言利之臣》，浙江古籍出版社2013年版，第3册，第714页。

⑨ 〔清〕顾炎武著，黄汝成集释，栾保群、吕宗力校点：《日知录集释》卷一二《财用》，浙江古籍出版社2013年版，第3册，第708页。

"致用"之道，既是顾炎武的社会功利观、经济观的直接体现，也是社会新经济因素（资本主义萌芽）和市民阶层寻求发展愿望的反映，对推动社会发展而言，具有积极的、进步的意义。

3. 强调"天下兴亡，匹夫有责"的"经世"社会责任感、自主意识

顾炎武提出了"天下兴亡，匹夫有责"的著名"经世"口号。他的"兴亡"，非指王朝的更迭兴衰，而系指整个中华民族，包括长江文化在内的民族文明的兴亡、传承、延续而言。因此，富有强烈的社会责任感和自主意识。他一生以"天下为己任"，奔走于大江南北，寻求"经世""救世""致用"之道，将个人安危得失置之身外；病中仍呼吁："拯斯人于涂炭，为万世开太平，此吾辈之任也！"①其精神风范、情操和强烈的社会责任感、自主意识，对后世有颇大的感奋作用和深远影响。

4. 身体力行，注重实践，以求"经世致用"之学

顾炎武一生中，南北奔波，行万里路，读万卷书，重要目的之一，在于以此身体力行，接触社会实际，以寻求"经世致用"之学。在人生的旅途中，他"精力绝人，自少至老，无一刻离书，所至之地，以二嬴二马（按二骡二马）载书，过边塞亭障，呼老兵卒询曲折，有与平日所闻不合，即发书对勘，或平原大野，则于鞍上默诵诸经注疏"②。对其严谨的科学态度、求实的实学学风，《清史稿》作者也加以称赞："炎武之学，大抵主于敛华就实，凡国家典制、郡邑掌故、天文仪象、河漕兵农之属，莫不穷原究委，考正得失"③。更为可贵的是，他每至一处，还特别注重调查与国计民生有关的现实问题，如他的《钱粮论》，便是对山东、陕西等地当时的赋税缴纳办法进行调查研究基础上写成的，这是他为"经世"所进行的重要实践。

（四）王夫之与早期启蒙思想

清初四大家之一的王夫之，字而农，号姜斋，晚年隐居湖南衡阳石船山著书，人称船山先生，是一位承前（集古代朴素唯物主义、辩证法思想之大成）启后（启近代启蒙思潮）的早期启蒙思想家。他出身于书香门第之家，其父尤精于"春秋学"，故自幼便随父兄习学，博览群书，深得古代学术传统和长江文化的滋养，为后来取得卓越的学术文化成就奠

① 〔清末民初〕赵尔巽等撰：《清史稿》卷四八一《顾炎武》，中华书局1977年版，第43册，第13166—13169页。

② 〔清末民初〕赵尔巽等撰：《清史稿》卷四八一《顾炎武》，中华书局1977年版，第43册，第13166—13167页。

③ 〔清末民初〕赵尔巽等撰：《清史稿》卷四八一《顾炎武》，中华书局1977年版，第43册，第13167页。

定了坚实的基础。王夫之虽文名重于乡里，科场却一再落第，仅在明末乡试中才中了个举人。清军入关后，在家乡参加过武装抗清斗争，南下投奔桂王政权，担任过行人司行人的官职。抗清失败后，他誓不剃发，曾亡命于湘南荒山野岭间达四年之久，后才回家乡隐居著述。

王夫之一生著述颇丰，达 100 余种之多，内容涉及政治、哲学、经济、历史、文学、训诂、天文等诸多领域。重要的著述有：《张子正蒙注》《周易外传》《尚书引义》《读四书大全说》《思问录》《黄书》《噩梦》《搔首问》《俟解》《读通鉴论》《宋论》《老子衍》《庄子通》《诗广传》《永历实录》《楚辞通释》《姜斋诗话》等。这些学术文化成果，是长江文化宝库中的珍品。

王夫之像

作为早期启蒙思想家的王夫之，对清代学术文化的繁荣、长江文明的鼎盛所作的贡献，在于对古代唯物主义、朴素辩证法思想的总结和发展，以及在此基础上形成的理欲观：

其一，坚持物质性的元“气”是世间万物的构成“本体”论的观点。

王夫之认为，“太虚即气”“太虚　实”[1]。而宇宙万物天地之间，除了“诚”“实有”的物质形态的元“气”之外，“更无他物，亦无间隙”[2]；故“凡虚空皆气也”[3]。这就是说，在宇宙构成上，除气这个物质性“本体”外，更无与之对立的其他物质存在。元“气”虽细微，却永恒不灭，“气微沦无涯而希弥不形，则人见虚空而不见气”[4]；但它“散入无形而适得气之体，聚为有形而不失气之常”[5]，犹如“车薪之火，一烈已尽”，它虽为烟、为烬，却“木者仍归木，水者仍归水，土者仍归土，特希微而人不见尔”[6]，足见它仅是物质形式的转化而已，本身既仍实际存在，且又不灭。而当元“气”聚集起来形成了物时，那就具有了显著的形状，就能被人看到，元“气”“聚而成形”“聚则显，显则人谓之有”[7]，同时，这种物就会有变化，世间万物的生成变化，不过是元“气”聚散结果而已。当事物生成时，它并非无中生有，而是“气”的一种聚集状态；当事物解体时，它也并非从有到无，只不过是“散而归于太虚，复

① 〔清〕王夫之：《思问录·内篇》，中华书局 1956 年版，第 2 页。
② 〔清〕王夫之：《张子正蒙注·太和篇》，中华书局 1975 年版，第 11 页。
③ 〔清〕王夫之：《张子正蒙注·太和篇》，中华书局 1975 年版，第 8 页。
④ 〔清〕王夫之：《张子正蒙注·太和篇》，中华书局 1975 年版，第 8 页。
⑤ 〔清〕王夫之：《张子正蒙注·太和篇》，中华书局 1975 年版，第 11 页。
⑥ 〔清〕王夫之：《张子正蒙注·太和篇》，中华书局 1975 年版，第 7 页。
⑦ 〔清〕王夫之：《张子正蒙注·太和篇》，中华书局 1975 年版，第 8—9 页。

其细缊之本体，非消灭也”①。由此可见，王夫之不仅继承了张载以来的“气”本论的古代唯物主义思想，而且将其发展，更加系统地论证了元“气”这一万物“本体”的物质性（“太虚，一实也”②“诚也者，实也；实有之，固有之也”③）、客观性（气虽“视不可见，听不可闻”，但却是“物之体”的客观存在④）、不灭性（“气”“聚而成形，散而归于太虚，气犹是气也”⑤）、变化性（世界万物的变化，不过是元“气”的一种有形与无形之间的转化而已）等特性。这就使得古代朴素的唯物主义思想，大大向前、向着近代科学的唯物主义思想体系迈进了一步。

其二，强调物质（“气”“器”）的第一性和精神（“理”“道”）的第二性的观点。

在理与气、道与器的关系上，王夫之认为，“理”只不过是“气”之“理”，宇宙间并无离“气”之“理”，即“理在气中”⑥，“理即气之理”，“气外更无虚托孤立之理”⑦，“气者，理之依也”⑧。正由于“理”存在于“气”之中，这样，物质性的“气”便是第一性的，而精神性的“理”则是第二性；且“气”决定“理”，“理”更依托、依赖“气”而存在。同时，“理”（精神、规律）还只能存于“气”（物质、事物）之中，不能游离其外独立存在。

在道与器的关系上，王夫之首先指出，“形而上则谓之道，形而下则谓之器”，世间大凡“统此一物”，“无非一阴一阳之和而成。尽器则道在其中矣”⑨。可见，“道”是用来标志事物的共同本质、规律的，是精神性的；而“器”则是用来标志具体事物的，是物质性的。其次，他又提出了“道在器中”“道者器之道”“无其器则无其道”“器者不可谓之道之器也”⑩，以及“据器而道存，离器而道毁”⑪等重要见解。这即是说，规律、本质（“道”）是依赖于具体的、客观的事物（“器”）而存在的；离开具体的事物，也就无所谓什么事物的本质、规律可言。这样规律、本质可以说是事物的本质、规律，但具体事物却不可以说成是规律、本质的事物，两者的主从关系，不能颠倒，更不可游离和相互取代。再次，他还从诸多具体事例中，对此论断加以引申：倘若“未有弓矢”，就没有“射道”；“未有车马”，就没有“御道”；“未有牢、醴、璧、币、钟、磬、管、弦”，就没有“礼乐之道”；“未有子而无父道，未有

① 〔清〕王夫之：《张子正蒙注·太和篇》，中华书局1975年版，第5页。
② 〔清〕王夫之：《思问录·内篇》，中华书局1956年版，第2页。
③ 〔清〕王夫之：《尚书引义》卷四《洪范三》，中华书局1976年版，第116页。
④ 〔清〕王夫之：《张子正蒙注·大心篇》，中华书局1975年版，第130页。
⑤ 〔清〕王夫之：《张子正蒙注·太和篇》，中华书局1975年版，第8页。
⑥ 〔清〕王夫之：《张子正蒙注·太和篇》，中华书局1975年版，第9页。
⑦ 〔清〕王夫之：《读四书大全说》卷一〇《孟子》，中华书局1975年版，第660页。
⑧ 〔清〕王夫之：《思问录·内篇》，中华书局1956年版，第21页。
⑨ 〔清〕王夫之：《思问录·内篇》，中华书局1956年版，第29页。
⑩ 〔清〕王夫之：《周易外传》卷五《系辞上传》，中华书局1961年版，第170页。
⑪ 〔清〕王夫之：《周易外传》卷二《大有》，中华书局1961年版，第32页。

弟而无兄道”①。这种道不离器、道依赖于器的观点，均是基于物质的第一性、精神的第二性这一认识的。

其三，提出“未见”不能“生其心”“行可兼知”的认识论和知行统一观。

王夫之对古代唯物主义思想的发展，还表现在认识论和知行观上。他指出：“形（感觉器官）也，神（精神思维）也，物（客观对象）也，三相遇而知觉乃发”②，“人于所未见未闻者，不能生其心”③。这即是说，人如果离开了客观对象、具体事物，便不可能会有或生发任何认识。他又说：“因所（客体）以发能（主体）”，“能必副其所”，“越有山，而我未至越，不可谓越无山”④。这表明，人们的各种主观认识不仅源于客观的各种事物、对象，且须与之相符合（“副其所”）。至于客观对象、事物，它较之人们的主观认识而言，是独立存在的，更不因其认识与否而发生变异。

在知行观方面，王夫之认为，人们在认识客观事物的过程中，知与行既有联系更有区别，“由知而知所行，由行而行则知之”⑤，这即是说，知中有行，行中有知，交替循环。但“行”在人的认识过程中却是起着主导的作用，“行可兼知，而知不可兼行”⑥，只有通过“行”才能体察、检验“知”的效果和正确与否，故“行”本身对“知”起着决定性的、制约的作用。为此，人们只有“力行而后知之真”⑦，通过实践（“行”）才能发现、认识（“知”）客观事物规律（“真”）。

其四，运用朴素的辩证法思想阐释事物的发展规律。

对此，王夫之首先认为，世间物质的运动变化是其重要特性：“静者静动，非不动也”，“方动即静，方静旋动，静即含动，动不舍静”⑧。这表明，他将物质的运动看作是绝对的，而静则不过是相对的。其次，促使物质、事物运动变化的“动力”源于内部，即所包含的相互对立、阴阳矛盾两个方面：“天地之化，人物之生，皆具阴阳二气”⑨，“阴阳之消长隐见不可测，而天地人物屈伸往来之故尽于次⑩；“一气之中，二端既肇，摩之荡之而变化无

① 〔清〕王夫之：《周易外传》卷五《系辞上传》，中华书局1961年版，第170页。

② 〔清〕王夫之：《张子正蒙注·太和篇》，中华书局1975年版，第18页。

③ 〔清〕王夫之：《张子正蒙注·乾称篇》，中华书局1975年版，第326页。

④ 〔清〕王夫之：《尚书引义》卷五《召诰无逸》，中华书局1961年版，第132页。

⑤ 〔清〕王夫之：《读四书大全说》卷四《为政篇》，中华书局1975年版，第207页。

⑥ 〔清〕王夫之：《尚书引义》卷三《说命中二》，中华书局1961年版，第68页。

⑦ 〔清〕王夫之：《四书训义》卷一一《论语九》，清光绪潞河啖柘山房刻本。

⑧ 〔清〕王夫之：《思问录·内篇》《思问录·外篇》，见《船山全书》，岳麓书社2011年版，第12册，第411、430—431页。

⑨ 〔清〕王夫之：《张子正蒙注·参雨篇》，中华书局1975年版，第35页。

⑩ 〔清〕王夫之：《张子正蒙注·太和篇》，中华书局1975年版，第9页。

穷”①，“天下之变万，而要归于两端”②。至于矛盾对立双方，则有着既对立（“相峙而并立”，“分一为二”）又统一（“相倚而不相离”，“合二以一”③）的辩证关系。再次，事物的发展变化不是孤立的，而是事物之间相互联系又彼此发生影响。他说：“万物之成，以错综而成用”；或始同而终异，或始异而终同，比类相观，乃知此物所以成被物之利。金得火而成器，木受钻而生火”④。也恰是基于这些特性，才使得世间一切均“荣枯代谢而弥见其新”，整个世界和社会的发展会“变化日新”⑤。

其五，主张“理在欲中”和“理欲统一”的理欲观。

王夫之从唯物主义和辩证法观点出发，认为“天理”和“人欲”二者之间，并不是截然对立，而是相互统一的。他指出：“礼虽纯为天理之节文，而必寓于人欲以见”，“故终不离人而别有天，终不离欲而别有理也”⑥。这就是说，“天理”存在“人欲”之中，若离开“人欲”就无所谓‘天理”，即“理在欲中”。因此二者是相互依存和统一的。这不仅是对程朱理学“存天理，灭人欲”的否定，而且是对“人欲”的合理性的公开肯定。

除黄、方、顾、王四大家外，浙江余姚朱之瑜（1600—1682）、浙江海宁陈确（1604—1677）、四川达州唐甄（1630—1704）等，也都是公元17世纪下半期的重要思想家。他们反对封建专制主义，富有民族思想，主张经世致用、“工商皆本”，在当时皆卓有影响。

二、长江文化中的进步“主流”及后继者

乾嘉时期，涌现出一大批清初四大家的后继者，他们承袭先辈遗志，继往开来，勇于开拓，使长江文化中的进步“主流”思想得以延续发展。其有以惠栋为代表的汉学吴派，以戴震为首的汉学皖派，以汪中、阮元为代表的扬州学派和以龚自珍为代表的常州今文经学派的学者群体：

姓名	籍贯	生卒年	主要著述
惠栋	江苏吴县	1697—1758	《周易述》《古文尚书考》等
戴震	安徽休宁	1724—1777	《孟子字义疏证》《戴氏遗书》等
汪中	江苏江都	1744—1794	《述学》《江都汪氏丛刊》等
阮元	江苏仪征	1764—1849	《揅经室集》《畴人传》
龚自珍	浙江仁和	1792—1841	《定庵文集》等

① 〔清〕王夫之：《张子正蒙注·太和篇》，中华书局1975年版，第26页。
② 〔清〕王夫之：《老子衍》，见《船山遗书》，岳麓书社1996年版，第13册，第18页。
③ 〔清〕王夫之：《周易外传》卷五《系辞下传第十二章》，中华书局1961年版，第169页。
④ 〔清〕王夫之：《张子正蒙注·动物篇》，中华书局1975年版，第88页。
⑤ 〔清〕王夫之：《张子正蒙注·太和篇》，中华书局1975年版，第9页。
⑥ 〔清〕王夫之：《读四书大全说》卷八《梁惠王下》，中华书局1975年版，第519页。

(一)惠栋与汉学吴派

惠栋是乾嘉时期著名经学家、学者,也是汉学吴派的创始人。由于惠栋及其弟子(如王鸣盛、钱大昕、江声、余萧客、江藩等)多为苏南人,故称此派汉学为"吴派"。

吴派汉学在思想文化方面的特征,一是继承了清初四大家顾炎武等人的反理学传统,对现行制度持否定态度,追求"明堂大道"的理想社会。二是在学术风格方面,信古而不守旧,素以详博见长;在治学上,坚持博采众家、归纳演绎等科学方法。上述特点,是构成乾嘉时期长江文化中进步"主流"的重要组成部分,对后世的影响和启迪作用是巨大的。

1. 惠栋的"兼两"观与反理学思想

惠栋作为汉学吴派的代表人物,在他的学术著作和文化思想中,最具积极和进步意义的是,继承顾炎武等人的反理学思想,并将长江文化中这一优秀传统加以弘扬。首先,他指斥理学的"先天""无极"等唯心论调,皆为无稽之谈和"不可用"的"妄举"。惠栋认为,理学的"先天"之说,不过是陈抟、邵雍诸人所"造《先天图》以乱圣经者"①而已,因此,实为无稽之谈。同时,他们主张"先天",必又谈"无极"。对此,惠栋抨击说:"先天、无极之说,皆不可用也"②。他还对《河图》《洛书》等观点予以彻底否定,认为原本无此书,只不过是后人的"妄举"。其次,他认为"理"字原本是物的属性、表态,无神秘意蕴;实际上"理"是有"兼两"的意义(即"理字之义,兼两之谓也"③),而"兼两"则是指事物有相互对立的两个方面,如好、恶两者皆是理。他说:"《乐记》言天理,谓好与恶也。"好近仁、恶近义,若好恶"得其正"就是"天理",也是人性;好恶"失其正",则是"灭天理"。"后人以天人、理欲为对待,且曰天即理也,尤谬"④。他反对理学家们"天即理"的荒谬提法,主张理的"兼两"观点,将理和欲两者兼容其中,从而彻底否定了将两者对立的观点,并肯定了欲的合理性,具有进步意义。

2. 否定现行制度,追求"明堂大道"的理想社会

惠栋在《明堂大道录》一书中,基于对封建社会诸多弊端的不满和对这一制度的否定,设计并追求"明堂大道"的理想社会来取代它。他说,"明堂大道"的大道者,取诸《礼运》,因《礼运》篇中有"大道之行,天下为公"的记述;而通过"明堂"这种天子布政、大教之宫和实施多种职能(如宗祀、朝觐、耕籍、养老、尊贤、飨射、献俘、治历、望气、告朔、行政

① 〔清〕惠栋:《易例》卷上,中华书局2007年版,第668页。

② 〔清〕惠栋:《周易述》卷二二《易微言上》,中华书局2007年版,第400页。

③ 〔清〕惠栋:《周易述》卷二三《易微言下》,中华书局2007年版,第504页。

④ 〔清〕惠栋:《周易述》卷二三《易微言下》,中华书局2007年版,第504页。

等）的设施，就能“赞天地之化育”[1]，使万事万物各得其生、各得其长，进达天下太平。这虽有空想成分，但却表明了他不愿做封建专制的“殉道者”和卫士的进步倾向。

3. 坚持博采众家、归纳演绎的科学方法治学

在治学上，惠栋主张并实行的方法，一是“积”累法，即“九层之台，起于累土。千里之行，始于足下”。只有博采众家之长，才能成为学识渊博的学者。二是“以类行杂”和“以一持万”的归纳演绎法。运用这些科学的方法，惠栋在学术领域才得以独树“汉学”旗帜以与宋明理学相抗衡。

（二）戴震与汉学皖派

以戴震为代表的汉学皖派及其众多的弟子（如程瑶田、段玉裁、王念孙、王引之等），虽较吴派汉学为晚，但两派却互为师友，相互影响，进而为长江文化的繁荣作出过各自的贡献。

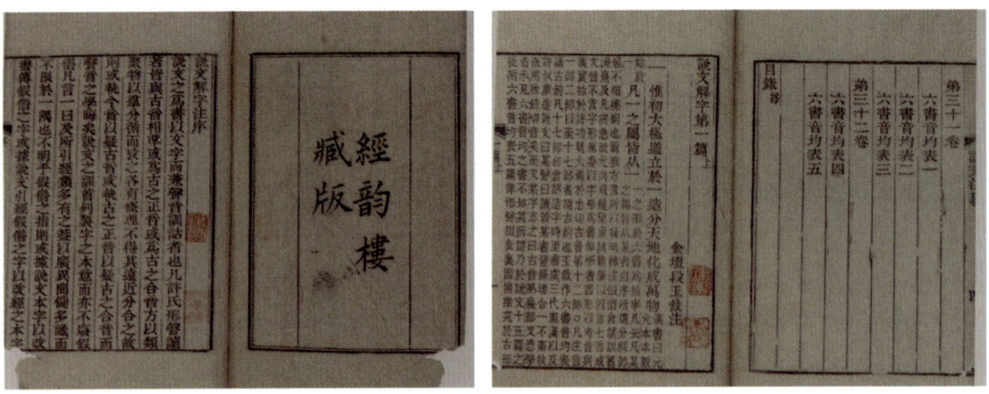

段玉裁《说文解字注》

汉学皖派在思想文化方面的特点是：首先，抨击“以理杀人”，主张统一的理欲观，具有强烈的反理学意识。其次，强调“分理”，注重“神明”理性，继承、发展了唯物论和辩证法思想。再次，在学术风格上，严谨细密，具有求实创新精神。

1. 戴震的“以理杀人”论和理欲统一观

戴震在他的著述中，揭露了理学家“存天理，灭人欲”的巨大欺骗性。他指斥统治者可任意玩弄手中的“天理”来加罪于卑幼贱者，如尊者常“以理责卑”，长者常“以理责幼”，贵者常“以理责贱”，“虽失，谓之顺”；但若卑幼贱者“以理争之”，“虽得，谓之逆”[2]。这种

① 〔清〕惠栋：《明堂大道录》卷一《明堂总论》，《续修四库全书》，上海古籍出版社 2002 年版，第 108 册，第 545 页。

② 〔清〕戴震：《孟子字义疏证》卷上，中华书局 1963 年版，第 10 页。

"后儒以理杀人"与"酷吏以法杀人"①不仅如出一辙，且有过尤之处。这是因为"人死于法，犹有怜之者；死于理，其谁怜之！"②戴震对理学的尖锐批判，对近代的反对封建礼教的斗争，曾产生过积极的影响。

在理与欲二者的关系方面，戴震强烈反对理学家们将二者对立的主张，认为"理存于欲"③；"凡事为皆有于欲，无欲则无为矣"，而"无欲无为，又焉有理"④。这即是说，理与欲不仅应当统一，而且应肯定欲的积极因素。

2. 强调"分理"与注重"神明"理性思维

戴震从朴素的辩证法和唯物论的立场出发，首先强调人们在探索客观世界的诸种事物时，要运用"分理"的科学方法，对事物的不同的质("理")和"不易之则"的不同发展、运动规律(也称为"理")加以区分。这即是说，既要"明其区分"出"察之而几微必区以别之名"⑤的"理"(质的概念)，又要区分出事物间虽互有联系，但却"各有其不易之则"⑥(不同规律、特殊性)的"理"。并运用此"区分"法，来对动植物进行科学分类研究，认为只有如此，方能了解它们的不同属性和生长规律。他的"分理"科学思维方法，无疑对近代的自然科技的发展，具有某些启蒙作用。其次，在认识事物时，戴震则注重人们的"神明"理性思维。他认为，人与物的最大区别在于"物循乎自然，人能明于必然"⑦，即有着对"必然"的理性认识能力；它是由感性认识("知")升华而来的，即"心之精爽以知，知由是进于神明。"⑧同时，"神明"理性思维能力的大小，又非人的天赋，而是靠后天的实践、学习、体察(即心知)的结果。这就是说，人"心之精爽"只有通过"学以扩充之"才能"进于神明"；而"有血气则有心知"，但心知亦要"学以进于神明"⑨。由此可见注重实践、重视理性思维的思想，是其重要特点之一。

3. 求实创新的学术风格

在学术方面，戴震及其弟子，长于文字、音韵、训诂、名物之学的研究，在治学上，弘扬了汉学"由字以通其辞"，再由辞"以通其道"的优良科学传统，主张从文字、音韵、训诂入手，再探求古代经典义理。因而学风谨严求实，论述条缕分明，学术见解不落前人窠臼，

① 〔清〕戴震：《戴震集》上编《文集》卷九《与某书》，上海古籍出版社 2009 年版，第 187—188 页。
② 〔清〕戴震：《孟子字义疏证》卷上，中华书局 1963 年版，第 10 页。
③ 〔清〕戴震：《孟子字义疏证》卷下，中华书局 1963 年版，第 53 页。
④ 〔清〕戴震：《孟子字义疏证》卷下，中华书局 1963 年版，第 58 页。
⑤ 〔清〕戴震：《孟子字义疏证》卷上，中华书局 1963 年版，第 1 页。
⑥ 〔清〕戴震：《孟子字义疏证》卷上，中华书局 1963 年版，第 3 页。
⑦ 〔清〕戴震：《绪言》卷上，商务印书馆 1939 年版，第 14 页。
⑧ 〔清〕戴震：《原善》卷中，古籍出版社 1956 年版，第 9 页。
⑨ 〔清〕戴震：《孟子字义疏证》卷上，中华书局 1963 年版，第 19 页。

而富有创新精神。

(三)汪中、阮元与扬州学派

继吴派、皖派之后，乾隆中叶长江流域又产生了扬州学派。该派集吴、皖两派之长，其主要代表人物有汪中、王念孙、焦循、阮元。此外，李惇、任大椿、程晋芳、刘台拱、贾田祖、江德量、凌廷堪、秦恩复、钟怀、顾凤毛、罗士琳、王引之、刘文琪、黄承吉等学者也都属于这一派。他们的研究范围比较广博，张舜徽先生在《清代扬州学记》一书中指出："余尝考论清代学术，以为吴学最专，徽学最精，扬州之学最通。无吴、皖之专精，则清学不能盛；无扬州之通学，则清学不能大。"扬州学派不仅将乾嘉汉学推向高峰，而且还开启了近代中国学术的先河，是清代一个重要的学术流派。

扬州学派的思想和学术成就以汪中、阮元最为突出，他们的进步思想和学术成就，在于痛诋理学，倡导"志在用世"的实学；同时，又重视"实测"和社会民生疾苦的解救。这些主张和举措，在长江文化的进步思潮中，有着承上启下的意义与作用。

1. 汪中对理学的"痛诋"与"志在用世"之学的主张

汪中在他的著述中，承继了清初四大家和戴震等人的反理学传统，既指斥"耗心"劳力饰虚词以求悦世人的空疏无用之学；又"痛诋"空谈义理性命的理学家[①]。史籍记载，汪中"不善宋儒性命之学"，除朱子以外，凡有"举其名者，必痛诋之"[②]。另一方面却对顾炎武、梅文鼎、惠栋、戴震等人倍加推崇，拟作"六儒颂"[③]。其中，他对顾炎武的"经世之学"尤为"服膺"[④]；同时提出学者应"志于用世而耻为无用之学"，即当面对现实，志于对国计民生有用之学。他本人便对治水、农桑、修桥等有益于民生的学问十分重视，并致力于舆地学的探研；对人类所赖以生存的大自然，汪中则认为"凡物生于天地之间，其功可被于万民，其精气著为列象"，因此，学子和世人当"竭其心思"，加以"变通"，努力用科技开发自然、利用自然，使之"以尽其利"，造福人类。他还要求人们要"知地之利""尽海之利"[⑤]，掌握"用世"之学和科技。

2. 针对时弊，对民生疾苦提出救治之策

汪中在"痛诋"理学的同时，还针对时弊，对下层民众和妇女的疾苦表示十分同情，揭露封建礼法、三纲五常礼教对妇女的压迫和对民众的束缚，反对对妇女的歧视和迫害。

① 〔清〕江藩：《汉学师承记》卷七《汪中》，中华书局 1983 年版，第 112—115 页。

② 〔清〕江藩：《汉学师承记》卷七《汪中》，中华书局 1983 年版，第 113 页。

③ 〔清〕江藩：《汉学师承记》卷七《汪中》，中华书局 1983 年版，第 113 页。

④ 〔清〕汪中：《广陵通典·跋》，清同治扬州书局刻本。

⑤ 〔清〕汪中：《述学》之《别录》，辽宁教育出版社 2000 年版，第 126 页。

他提出了一些救治民生疾苦的对策：一是主张寡妇可以改嫁，男女交往应须有一定的社会自由；二是应在各地州县设立“贞苦堂”“孤儿社”，对那些无依无靠的寡妇和孤儿，进行收养教化；三是须对繁缛的丧葬礼仪进行简化，而对落后迷信和其他社会陋习应加以反对。

3.“谙究儒墨”，崇墨救世的学风与成就

汪中出生寒微之家，历尽坎坷，少时学徒书肆，刻苦自学，得以“博综典籍，谙究儒墨”，后得以“自立学术”之林[①]，卓然成家。他在学术方面的成就和风格，有如下特点：其一，推崇荀、墨，尤尊墨家为“救世”之学。在对先秦思想的研究中，汪中盛赞荀子，视他为孔子儒家的真传；并认为只有荀子及其后继者才将孔子的“六艺”有用之学用于治世，且得儒家经世致用之学的“真谛”。他还尤为推崇墨子和墨学，称道墨子是一位“凡有民丧，匍匐救之”的仁人，认为墨学是有着“救衰世之弊”意义的“救世”之学[②]。其二，对理学家奉为经典的《大学》一书，认为非孔门真传。对此，他从《大学》一书的文字（应为七十子后学所记）、体例（朱熹将此书分为经、传的做法，不符古书写作通例）、思想（其纲目与孔子“因材施教”原则相矛盾）三个方面，加以论述。对理学的正统、道统予以指斥和否定。其三，学识渊博，著述宏富。汪中曾参加《四库全书》的校订工作，学识渊博，才华横溢。《清代朴学大师列传》一书中的“汪中传”，曾概括他一生的学识和学风，称他能“经传诸史、旁逮医药种树之书，靡不观览。复推六经之旨，以合于世用。凡古今制度沿革、民生利病，皆博闻而切究之”。他的著述宏富，主要有：《述学》6卷、《广陵通典》10卷、《孤儿篇》3卷、《从政录》4卷、《大戴礼记正误》1卷、《经义知新记》1卷、《春秋列国官名异同考》1卷、《国语校文》1卷、《丧服答问记实》1卷、《遗诗》1卷等。这些著述由其子汪喜孙集辑成《江都汪氏丛刊》一书传世。

4. 提倡“实践”与阮元对理学的批判

阮元继承了顾炎武、戴震等人通过训诂来阐释“义理”，进而批判理学的玄虚的优良传统。它具体体现在两个方面：其一，对儒家“一贯”思想的阐释上，阮元认为，“贯者，行也、事也；言壹，是皆身体力行、见诸实行实事”[③]。这样，便将儒家之道建立在“实行”“实事”的基点上，突出了“行”的重要地位。在阐释《大学》的“格物”时，阮元指出，“物者，事也。格者，至也。事者，家国天下之事”，它实际上是“圣贤实践之道也”。可见，阮元所指

① 〔清〕江藩：《汉学师承记》卷七《汪中》，中华书局1983年版，第112—115页。
② 〔清〕汪中：《述学·内篇》，辽宁教育出版社2000年版，第43页。
③ 〔清〕阮元：《揅经室一集》卷一—《石刻孝经论语记》，中华书局1993年版，第238页。

的“格物”，本意是为避免“学者终求之于心而不验之行事”，故有“圣贤之道，无非实践”①的重要立论。这是从根本上对理学玄虚、“顿悟之道”的批判和否定。其二，阮元将孔子提出的“仁”，阐释为“相人偶”，意即人与人之间的关系，这也是对理学家们认为“仁”则单指为个人的内心道德修养说法的有力否定。

5. 重视“实测”和科学技术

阮元注重自然科学技术，强调科学的“实测”精神，其具体表现在三个方面：一是视科技的“实测”为发展的“根本”所在。他认为：“欲使学者知算造根本，当凭实测”；“实测所资，首重仪表”，若不务于此，“皆无当也”②。这表明他对科学技术活动中实地测量，特别是精密仪表计算的高度重视。这已具有近代科技思想的萌芽，对长江流域成为近代后工业文明的重要基地、实业的兴起，有着思想先导的作用。二是对历史经验教训的总结，认为中国科技落后于西方的重要原因之一，就是受明代“空谈性命”的理学的坑害和不重视实测、实学的结果。他说，中国自古在天文学、数学方面，便“精微深妙，有非西人之所能及者”，有胜过西方之处，处于领先地位，但“自明季空谈性命、不务实学”，致使“此业遂微，台官步勘天道”，疏阔失误，错算百出。于是，“西人起而乘之，不得不矫然自异矣”③。这一总结，对后世有巨大启示意义。三是撰写中外科技史专家的传记——《畴人传》一书。阮元用数年时间（1795—1799）编写的《畴人传》中，共收录包括清代在内的中国古代科学家 243 人，附录外国科学家 37 人，总计 280 人。在此书的序言中，他将天文、数学等自然科学技术，称之为“实事求是之学”，即探讨实用之技和自然界发展变化运动规律的学问。因此，人们如果能正确掌握、学习、运用这些科学技术，“知术数之妙”，不仅能对大自然“穷幽极微”，而且有着“足以纲纪群伦、经纬天地”④的重大社会价值、经济价值和科学价值。卷帙浩繁（共 46 卷）、人数众多、内容充实宏富的《畴人传》，至今仍有重大的科学史价值。阮元此书，所体现、倡导的实学、实测精神和对自然科学技术的高度重视的态度，对于近代长江文化科技的发展、进步，工业产业的兴起，做了重要的精神、智力和理论方面的准备。

6. 著述甚丰，集清代汉学之大成

阮元一生为官，仕途颇有政绩。乾隆时，曾由翰林院庶吉士升任山东、浙江学政。嘉道年间，又担任过兵部、礼部、工部、户部的侍郎，先后充任浙江、江西、河南巡抚，湖广、两

① 〔清〕阮元：《揅经室一集》卷二《大学格物说》，中华书局 1993 年版，第 55 页。

② 〔清〕阮元：《畴人传・凡例》，《续修四库全书》，上海古籍出版社 2002 年版，第 516 册，第 57 页。

③ 〔清〕阮元：《畴人传》卷四四《利玛窦》，《续修四库全书》，上海古籍出版社 2002 年版，第 516 册，第 428—429 页。

④ 〔清〕阮元：《畴人传・序》，《续修四库全书》，上海古籍出版社 2002 年版，第 516 册，第 54 页。

广、云贵总督等要职，晚年回京任体仁阁大学士。在学术上，他也孜孜不倦，精研深讨，并取得了卓著成就。他主持编纂的《经籍纂诂》《十三经注疏》《皇清经解》三部学术巨著颇有影响。其中《经籍纂诂》一书，共106卷，它是阮元组织人力将唐以前散在群书中的古代经籍传注荟萃于其中而完成的，取材则包括古经、诸子、史部、集部旧注以及古代字书《尔雅》《方言》《说文》《释名》等。编纂原则是，"兼采友人精确之说"①，集诸家之长，汇古经传注疏训诂成果；但又吸收清代汉学家的研究成果，提出自己的研究见解，从而集古今训诂之大成，却又有己见独创。《十三经注疏》的校勘和重刻，校勘、订正了以往流传的各种刊本的错谬不确。《皇清经解》（又名《迷海堂经解》）一书，则收录了清初至乾嘉年间的73家约180余种经学著作，这是一部集清代汉学（阮元以前）研究之大成的丛书。

清阮元像

这三部巨著的编纂与刊刻问世，既是阮元对清代汉学研究（包括长江文化中的吴派、皖派、浙东学派、扬州学派等）成果的科学总结，也是他对长江学术与思想文化（此一文化曾滋育其成长）的繁荣作出的杰出贡献。

其后，对长江文化的进步主流思想予以承扬的后继者，则有以龚自珍为代表的常州今文经学派。这一学派的著名学者还有庄存与（1719—1788）、刘逢禄（1776—1829）、魏源（1794—1857，湖南邵阳人）等。常州今文经学派的兴起，正当乾嘉汉学由盛转衰、社会内忧外患严重之际，一些学者便托借西汉今文经学派（又称公羊学派）的历史观、政治理论，以推动社会的自救和改革。以龚自珍为代表的常州今文经学派的政治思想（如破除"天"的神圣权威、发现并肯定"众人"作用）、哲学思想（如抨击"天人感应"说，坚持唯物主义自然观、辩证法）、社会历史观（如历史的进化观念）、人性论（如"人情怀私"说、个性解放）诸多方面，蕴涵着许多近代启蒙思想的新因素。梁启超在《清代学术概论》一书中评述说："晚清思想之解放，自珍确与有功焉。光绪间所谓新学家者，大率人人皆经过崇拜龚氏之一时期。初读《定庵文集》，若受电然。"由此上溯，则17世纪后半期长江文化的进步思潮，给近代改良维新运动所提供的精神动力、智力支持、理论依据，是不言自明的②。

① 〔清〕阮元：《揅经室一集》卷五《与高邮宋定之论尔雅书》，中华书局1993年版，第126页。

② 本节在撰写过程中，曾参考南炳文、李小林、李晟文著《清代文化》，天津古籍出版社1991年版；《中华文明史》第9卷，河北教育出版社1994年版，谨致谢忱。

第四节　清代长江文化的区域特色和文化效应

长江文化作为一种内容宏富的区域文化，与黄河文明的早熟性、政治性特征相比，其后起性、经济性等文明特征则尤其突出。

一、清代长江文化的区域特色

清代长江文化的发展与鼎盛，呈现出以下新的特点：

（一）梯形文明特征

如果从区域文明的发展态势而言，清代长江文化的发展，则呈现出梯形文明的新特征。具体而论，清代长江沿线地区的文明，其开发、经济、文化发育状态，呈梯次台阶形态；云南、四川、贵州等长江上游地区，湖北、湖南、江西等长江中游地区和安徽、江苏、浙江等长江下游地区，在文明的发展态势上（即地区开发程度、经济繁荣水平、物质与精神文化发育状态等方面），正与地形密切相关，西北、西南（上游）地区向中南（中游）、东南（下游）倾斜、汇聚。文明的发展与繁盛程度，下游地区明显高于中游地区，而中游地区又远远高于上游地区，出现了与地形高度逆向相关的梯次文明繁荣态势。

（二）线性文明特征

若就区域文明的发展格局而论，清代长江文化的发展，展示出线性文明的新特征。具体而言，它表现在物质、精神文明的发展、繁盛过程中，沿岸与流域各省、重要城市、市镇，均以长江作为区域性、地区性文明交流、交汇的主干，作为经济、商业、文化贯通的“动脉”、要津，进而使东西之间、南北之间，互通有无、互通声息，联为一体。

（三）辐射文明特征

长江文化作为一种具有鲜明区域特征的文化体系，在清代的发展与繁荣中呈现出辐射扩散的新特征。其具体表现是，在长江物质、精神（思想文化）文明的发展过程中，均以长江干流为辐射“源”、文明的“主干”，然后呈线状辐射，进行扩展、开拓、外播。再就长江文化体系与北方的黄河文化体系二者的关系而论，在清代，这两种文明（黄河文化体系的核心为政治文明、长江文化体系的核心则是经济文明）是通过大运河来进行沟通和交流的，因此，南北大运河是连接这两种辐射文明的纽带、桥梁。康熙、乾隆两帝所进行的历时一个多世纪、多达十二次的南巡活动，便是这两种文化以南北大运河干线为交会渠道的生动例证。

（四）网络文明特征

在区域文明本身的传承、导向上，长江文化则有着自身的特色。清代，作为长江文化发展、繁荣的鼎盛时期，在这一文化的传导方面，更呈现出网络文明的新特征。长江干流与支流所形成的长江水系本身，便构成一张文化传导的天然理想网络。在这张“网络”上，城乡的交往、经济的运行、商业的转输、文化的播扬、信息的传送等，均是若干城镇构成的“网结”点，向外推进、扩展的。

(五)板块文明特征

长江文明，既是一种区域性文明，更是一种流域性文明。在构建上，表现出显著的板块文明的新特征。具体而论，这种文明又分别由云贵川文明板块、两湖文明板块、皖赣文明板块、江浙(吴越)文明板块等大小不同、互有联系，又互为区别的文明板块所组成。在文明的发展与繁荣过程中，呈现出各区域性板块文明的文化独立性、潜在性、传承性，与长江文明(即南方文明、江南文明)大板块之间的互补性、互济性、互通性、连续性交相辉映的地域文化的特点。

二、清代长江文化的文化效应

与此同时，长江区域文明的发展，还呈现出较之前代更为殊异的文化效应，如：

(一)名人群体效应

独具特色的人文环境(科技、文化、学术、教育诸方面)，使清代在长江流域地区，造就并涌现出一大批政治(官员、仕宦)、经济(商人)、科技(科学家、技师)、文化(学者、思想家、戏曲家、版本学家、藏书家、教育家、刻书家、文学家、艺术家)等方面成就卓著的名人，自清初至清末，在诸多领域，代有传人。这不仅使得清代长江文化显现出奇特的名人群体效应，而且长江流域地区也成为全国的人才聚集区和输送地。

(二)经济区域调节效应

长江文化在繁荣兴盛过程中所显现出的经济区域调节效应和特性，十分显著。由于区域经济的发展，商业活动的需要，使得长江的上、中、下游地区之间，互通有无、互补互利的交往，表现得十分频繁。如在湖北地区，外省行帮商人有晋陕商人、广东与江西商人、云贵川湘及东三省商人；本省各帮商人有咸宁帮、黄州帮、荆襄帮、武昌帮等。这些行商、坐贾商帮，主要进行棉麻、茶叶、药材、山货、纸张、竹器等购销贸易活动，行销路线遍及大江南北，有的远去数千里的关外。这是清代长江文化发展中所特有的商业文化现象，也是经济区域调节的文化功能、效应的显现①。

① 参见〔清〕康熙《安陆府志》、嘉庆《郧阳志》、道光《竹溪县志》、同治《枣阳县志》、道光《蒲圻县志》、同治《崇阳县志》、光绪《鹤峰州志》、同治《来凤县志》、乾隆《黄梅县志》、同治《恩施县志》、宣统《黄安乡土志》等方志载述。

（三）政治的中坚、民主、自立、自救效应；思想伦理的先导、共鸣、呼应、传承效应；文化的南北互补、互应、互融效应；科技的实用、改良效应

17世纪后半期，以顾炎武、黄宗羲、方以智、王夫之为代表的长江文化的进步思潮，“经世致用”的“实学”后继者们，他们的反理学的战斗精神、唯物主义和朴素的辩证思想、经世致用的见解主张、身体力行的实践态度，不仅一脉相承，而且在知识分子、仕人、学者中，获得广泛响应，形成人数众多、著述宏富、影响深远的各种学派（如顾、黄、方、王及后继者的实学皖派、实学吴派、扬州学派、浙东学派、常州今文经学派等），进而成为在全国具有影响的进步思想的代表者和中坚力量；他们提出的各种民主和反对封建专制、民众自立和自救以改革时弊的激进主张，在政治、思想伦理方面，激起国人共鸣、呼应。

在西学东渐中，长江文化以其独具的地理、人文、社会、经济、科技方面的优势，得其风气之先，涌现出一批像王锡阐、梅文鼎、梅瑴成、王贞仪、孙云球、郑复光、黄履庄等学习东渐的西学科技理论、技术，立足于自身的科技实践，进行验证和再创造的科学家与科技专家。他们的实用和改良的科学态度，不仅促成多项实用科技发明产生，而且为近代西方科技的大规模传入和应用，提供了良好的前提条件。此外，随着西学东渐的深化，伴之而行的则是以康熙、乾隆南巡为契机而激发的南（长江文化）北（黄河文化）文化之间互补、互应、互融活动的加速进行。

（四）区域文明的一体化效应；民风的趋时竞尚效应

长江流域的上、中、下游各区域之间，以长江干流作为相互沟通、进行交流（包括经济、文化、科技、商业、物资、商品等）的重要渠道、途径。通过这条渠道，各区域之间，不仅能够互惠、互补、互利，而且在缩小区域文化差异、促进长江文化区域文明一体化方面，有着积极的作用。同时，随着商品经济的发展和繁荣、商业的繁盛、中小市镇的兴起、城市人口的增加和商业服务业的规模扩大，人们的社会物质、精神文化生活内容更趋丰富多彩；清代长江流域的城乡民众的日常与年节消费支出（其中包括部分巨商大贾和缙绅之家的寄生性消费在内）日益增长。于是，在衣食住行、婚丧嫁娶、人际交往等方面，江浙一带出现并盛行奢靡风尚。而对此趋时竞尚、争相仿效，成为人们追求的一种时髦。伴之而来的，则是狎妓、赌博、吸鸦片等文化畸形现象的出现和衍生。

第五节　清代长江文化的成就与贡献

处于鼎盛时期的清代长江文化，在物质文明（衣食住行）、精神文明（思想文化、文学艺术）诸多方面，均取得了显著的成就。

一、物质文明成就与贡献

(一)服饰文化

地方民众的服饰、妇女发型,清代较之前代更为丰富。

早在顺治初年,清政府便诏定官民服饰之制,命男子皆"削发垂辫"。是时"江苏男子,无不箭衣小袖,深鞋紧袜,非若明崇祯末之宽衣大袖,衣宽四尺,袖宽二尺,袜皆大统,鞋必浅面矣。即幼童,亦加冠于首,不必逾二十岁而始冠也"。民间服饰更盛传有"生降死不降,老降少不降,男降女不降,妓降优不降"之说,因此,百姓"生必从时服,死虽古服无禁;成童以上皆时服,而幼孩古服亦无禁;男子从时服,女子犹袭明服。盖自顺治以至宣统,皆然也"①。当然,汉族妇女的服饰也有变化,具有典型的区域文明特征。妇女上身穿袄、衫,下身束裙为主,再加上一件较长背心。裙除朝裙外,无特别规定。妇女的裙子,系在上衣之内。江浙间,妇女则系或长或短的腰裙。此外,还有腰带、手帕、耳环、臂镯、项圈、多宝串、指环等饰物。在妇女发型方面,清初妇女亦沿明式,年长者用锦绫包头。

江浙地方民人之服饰,不仅大异于北方,即使在南方亦为特殊。苏州风俗康熙时之服饰,"奇邪已甚",时有作吴下谣者,可想见之。谣称:"苏州三件好新闻,男儿着条红围领,女儿倒要包网巾,贫儿打扮富儿形。一双三镶袜,两只高底鞋,倒要准两雪花银。爹娘在家冻与饿,见之岂不寒心?谁个出来移风易俗,唤醒迷津,庶几可以辟邪归正,反朴还淳。"②同治、光绪间,苏州及江浙男子"衣尚宽博,眼镜咸用墨晶,裤褪镶黑缎数重,白布袜,短革雍,刺花,鞋帮极窄,底厚寸许,辫发松垂脑后,夏日咸握牙柄黑折扇"。光绪中叶以降至宣统,服饰为之一变,男子则衣皆尚窄,袍衫之长可覆足,马褂背心之短不及脐,凡有袖,取足容臂而已。帽尚尖,"必撮其六折,使顶尖如锥,戴之向前,辄半覆其额。其结小如豆,且率用蓝色。腰巾至长,既结束,犹着地也,色以湖或白为多"。顺治、康熙时,江浙妇女妆饰,以苏州为最时髦,犹如欧洲之巴黎。服式方面,初尚百裥裙,康乾时又流行凤尾裙。在妇女发髻式样方面,流行牡丹头、荷花头、钵盂头等样式;清中期又流行元宝头,鬓发如翼两张而髻则叠发高盘,翘起前后两股,中间插簪;后又改作"平三套"。嘉庆时,妇女高髻又趋向长髻,且拖在背后,称"苏州摆",南北各地争相仿效。髻上饰物除鲜花外,还有象生花(用通草、绒绢制作)、烧料花、珠花作为装饰品的。词人朱竹垞尝于席

① 〔民国〕徐珂:《清稗类钞》第13册《服饰类·诏定官民服饰》,中华书局1986年版,第6146页。
② 〔民国〕徐珂:《清稗类钞》第13册《服饰类·江浙人之服饰》,中华书局1986年版,第6148页。

上为词，赠妓张伴月，有句云：“吴歌《白纻》，吴衫白纻，只爱吴中梳裹。”①

杭州歌妓

精心打扮的富家小姐

油画中的贵妇服饰

清“三寸金莲”红缎绣花鞋

清代花生蜜枣莲子玛瑙佩件

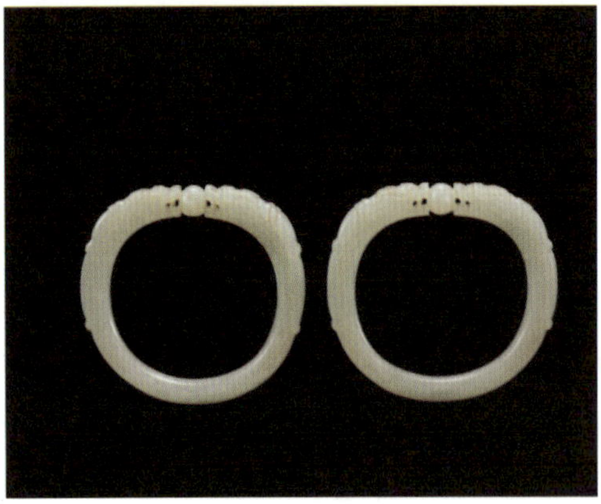

清双龙戏珠玉镯

清翡翠扁圆镯

① 〔民国〕徐珂：《清稗类钞》第13册《服饰类·江浙人之服饰》，中华书局1986年版，第6148—6149页。

肩背小孩的大足女子

清陆淡容《袁母韩孺人像》

清张溥东《顾媚像》

清代油画中的贵妇服饰

清代油画中的贵妇服饰

油画中的女子服饰

清代后期，江浙之上海，繁华甲于全国，一衣一服，莫不矜奇斗巧，日出亲裁。其间由“朴素而趋于奢侈，固足证世风之日下，然亦有由繁琐而趋于简便者，亦足见文化之日进也。衣由宽腰博带，变而为轻裾短袖；履由高底仄头，变而为薄底阔面，皆于作事行路，良多利益。光绪末，暑则雕毛扇，寒则风帽、一口钟。雕毛扇价甚昂，一柄须十余金；后则易之以五寸之纸折扇，廉而且便；风帽、一口钟亦易以大衣。此由繁琐而趋于简便之一端也”。到光绪时，“沪妓喜施极浓之胭脂，因而大家闺秀纷纷效尤，然实始于名妓林黛玉，盖用以掩恶疮之斑者也。自女学堂大兴，而女学生无不淡妆雅服，洗尽铅华，无复当年涂粉抹脂之恶态，北里亦效之。故女子服饰，初由北里而传至良家，后则由良家而传至北里，此其变迁之迹，极端相反者也”①。

同治、光绪之交，上海“青楼中人之衣饰，岁易新式，靓妆倩服，悉随时尚。而妓家花样翻新，或有半效粤妆者。出局时，怀中皆有极小银镜，观剧侑酒，随置座隅，修容饰貌，虽至醉，亦不云鬟斜亸宝髻半偏也。至光、宣间，则更奇诡万状，衣之长及腰而已。身若束薪，袖短露肘，盖欲以标新领异，取悦于狎客耳。而风尚所趋，良家妇女无不尤而效之，

① 〔民国〕徐珂：《清稗类钞》第13册《服饰类·江浙人之服饰》，中华书局1986年版，第6149页。

未几，且及于内地矣”。其中，更有“戴西式之猎帽，披西式之大衣者，皆泰西男子所服者也”。这些女扮男装的妇女，在闹市中，常徒步而行，杂稠人中，“几不辨其为女矣”①。

福建妇女，惟居城镇者皆为小足妇。其民风，“自缙绅以至小家，莫不以小脚相尚，妆饰与他处无甚异。此等妇女，率多不任步履，故街市中初不恒见。偶一见之，亦必拄杖而行，或倩人扶掖，与残疾者无异”。但是，乡下劳动妇女则完全为大足，充担负役，步履快捷，其服饰亦别于前者。“其居村野者，呼为乡下妹，则完全天足，入城者恒为人充担负役。此等妇女，装束特异，头绾高髻，旁插银箭一双，长七八寸及尺余者不一，中一银枪称是。耳悬银环，大几逾盘，年幼好修饰者，其环愈大，箭愈长也。下则白足，不袜不履，冬日虽身衣皮服，而跣足如故。遇令节或庆吊事，则着前缀红线如须之黑色花履也。”②

广东妇女的服饰有三别，“一为潮州，纤趾广袖，髻发如蜻，薄蝉族鬓，行伛偻而步蹀躞，虽有佳人，大有西子不洁之概”。“一为嘉应州，垂发挽髻，蝶翅双鬓，绰约如懒装佳人，而双趺玉洁，尤饶殊姿”。“一为广州，修髻膏发，肤脂凝雪，曲眉脂唇，惟躧履秃颈，殊少惊鸿游龙之姿”。同时，潮州妇女“多赤足而着拖鞋，皮色黑黝。耳环有长数寸者，略似棍棒。每坐，必举一足于椅之扶手，而以双手抚摩之”③。

云南省城昆明的妇女，皆裹足，衣袍套。“其出行也，无轿，必以锦帕覆首，至老不去。大理妇女，出必持伞。皆古者女子出门必拥蔽其面之遗也”④。

（二）饮食文化

随着清代长江文化的鼎盛成熟，长江流域饮食文化的发展也出现了繁荣的局面。

首先，在长江流域各地区形成地方民人饮食生活的不同风貌。譬如，“苏（州）人以讲求饮食闻于时，凡中流社会以上之人家，正餐、小食，无不力求精美，尤喜食多脂肪品，乡人亦然。至其烹饪之法，概皆五味调和，惟多用糖，又喜加五香，腥膻过甚之品，则去之若浼”⑤。在上海，“多商肆，饮食各品，无不具备，求之至易，而又习于奢侈。虽中人以下之人，茶馆酒楼，无不有其踪迹。以常餐言，几无一人蔬食也”⑥。在浙江，“宁波及绍兴人日必三饭，且以饭时必先饮酒者居大多数”⑦。在福建、广东的百姓，其饮食生活则是“闽、粤人之食品多海味，餐时必佐以汤。粤人又好啖生物，不求火候之深也”⑧。在湖南、湖北，

---

① 〔民国〕徐珂：《清稗类钞》第13册《服饰类·沪妓之服饰》，中华书局1986年版，第6166页。
② 〔民国〕徐珂：《清稗类钞》第13册《服饰类·闽女之服饰》，中华书局1986年版，第6167页。
③ 〔民国〕徐珂：《清稗类钞》第13册《服饰类·粤女之服饰》，中华书局1986年版，第6168页。
④ 〔民国〕徐珂：《清稗类钞》第13册《服饰类·滇女之服饰》，中华书局1986年版，第6168页。
⑤ 〔民国〕徐珂：《清稗类钞》第13册《饮食类·苏州人之饮食》，中华书局1986年版，第6240页。
⑥ 〔民国〕徐珂：《清稗类钞》第13册《饮食类·沪人之饮食》，中华书局1986年版，第6240页。
⑦ 〔民国〕徐珂：《清稗类钞》第13册《饮食类·宁绍人之饮食》，中华书局1986年版，第6242页。
⑧ 〔民国〕徐珂：《清稗类钞》第13册《饮食类·闽粤人之饮食》，中华书局1986年版，第6242页。

“湘、鄂之人日二餐，喜辛辣品，虽食前方丈，珍错满前，无椒芥不下箸也。汤则多有之”①。在云南，“滇人饮食品之特异者，有乳线，则煎乳酪而抽其如丝者也。有饧枝，则调糯芋之粉而沃以糖缀以米也。有鬼药，则屑蒟蒻以为之也。有蓬饵，则杂缕饼饵而曝于日中也”②。在贵州，“物产有竹荪、雄黄之类，蔬菜价值亦廉。居民嗜酸辣，亦喜饮酒，惟水产物则极不易得，鱼虾之属，非上筵不得见。光绪某岁，有百川通银号某，宴客于集秀楼，酒半，出蟹一簋，则谓一蟹值银一两有奇，座客皆骇，此足以见水产物之难得而可贵也”③。

清代贵妇品饮茶酒的情景

其次，饮食业发达。如南京的饮食行业，在清代大多集中在秦淮河一带。据捧花生《画舫余谭》记载，茶食店有利涉桥的“阳春斋”和淮青桥的“四美斋”；酒楼以利涉桥的“便宜馆”和淮青桥的“新顺馆”两家最为著名；茶店直至乾隆末叶才出现，史载“鸿福园、春和园皆在文星阁东首，各据一河之胜，日色亭午，座客常满。或凭栏而观水，或促膝以品泉。皋兰之水烟，霞漳之旱烟，以次而至。茶叶则自云雾、龙井，下逮珠兰、梅片、毛尖，随客所欲，亦间佐以酱干生瓜子、小果碟、酥烧饼、春卷、水晶糕、花猪肉、烧卖、饺儿、糖油馒首，叟叟浮浮，咄嗟立办。但得囊中能有，直亦莫漫愁酤也”④。此外，除酒楼、茶馆外，亦有许多走街串巷、登门入户的食品小贩，沿途叫卖各种名吃食品。据陈作霖《金陵物产风土志》记载，在清代的南京，果饵中的煮熟菱、藕、糖芋，粉粢中的茯苓糕、黄松糕、甑儿糕等都由“市人担而卖之”；又有小炸小蟹、细鱼，炸面裹虾的虾饼，炸藕团的藕饼等，小贩亦担到市巷去卖，并摇小鼓为号，人们则闻声而出买。

杭州餐饮业趋向繁荣，陆续涌现出一批名店酒楼。其中，西湖周围便开设有不少餐

① 〔民国〕徐珂：《清稗类钞》第13册《饮食类·湘鄂人之饮食》，中华书局1986年版，第6244页。

② 〔民国〕徐珂：《清稗类钞》第13册《饮食类·滇人之饮食》，中华书局1986年版，第6244—6245页。

③ 〔民国〕徐珂：《清稗类钞》第13册《饮食类·黔人之饮食》，中华书局1986年版，第6245页。

④ 〔民国〕徐珂：《清稗类钞》第13册《饮食类·茶肆品茶》，中华书局1986年版，第6318页。

馆。从三天竺至灵隐寺山门内，就有一二十家，其中以“陈三房”最有名气。陈三房所卖之饭，每碗4文，但量不是很多，有些人一口便能吃完。菜主要供应件儿豆腐，其他如要炒青菜、煎豆腐，或皮笋汤之类。陈三房的收入是相当可观的，“三文之本，要占十文之利”，在春季的香市时所获之利润，可“安享坐吃一年也”。① 在吴山城隍庙山门旁开设有“余楼儿”，先为酒店，后渐增加供应菜肴。每天傍晚时分，就有人在其中猜拳拇战，非常热闹。孤山六一泉东侧的“五柳居”餐馆，也是当时盛极一时的饭店，“酒果珍馐咸备”，以善烹制“醋溜鱼”独擅其长。其余尚有金沙港的壶春楼、宋庄卧龙桥畔的卧龙居、高庄附近的自然居、灵隐合涧桥南侧的鼎园处、岳坟附近兼营住宿的杏花邨、岳王庙附近专供馒头的岳坟麦馆等一系列的餐馆。其中最著名的餐馆，是创建于清道光二十八年(1848年)的楼外楼。楼外楼原址位于西泠桥一带，其名来源于南宋诗人林升的传世名句：“山外青山楼外楼”。其烹制的菜肴选料严谨，制作精细，风味独特。清代学者俞樾也曾买楼外楼的醋鱼招待过客人②。西湖周边酒楼亦有许多，如位于涌金门外、茶酒兼营的藕香居、三雅园与西悦来，苏堤跨虹桥边的两宜楼等。在西湖周围餐饮业的带动下，晚清时期，整个杭州城内也出现许多有名的餐店，比较重要的有状元楼、奎元馆等。同治九年(1870年)，宁波人王尚荣在杭州盐桥边开设一家宁式面馆，其地点临近贡院。贡院为举行乡试的考场，一般每三年举行一次乡试。省内各地的生员(即秀才)，以及籍贯仍为浙江的生员，均须前来考试。考试时间为当年的秋天桂花开时，合格者便被称为举人。举人此后若通过会试、殿试，则称为进士。殿试第一名便是状元。王尚荣迎合赶考生员趋名图利的心态，便将其取名为“状元楼”。宣统三年(1911年)，其后人王凤春将状元楼迁至望仙桥直街板儿巷口，改名为“状元馆”。奎元馆与状元楼较为相似，它开设于同治六年，原址在杭州望仙桥堍，为徽式面馆，由徽州人所创建。宣统三年迁址三元坊。因传说在其店吃面，能在科场中第，所以大凡到杭州来应考的读书人，都会前至奎元馆吃面，以图吉利。当时，除这些店馆以外，杭州还有一个较为特殊的行业——茶饮业。当时杭州开设许多茶馆、茶楼，除了销售茶水以外，还适时地提供各种茶点，如莲花糕、干果等。清代杭州的茶馆多集中涌金门一带，西湖周围比较著名的茶馆有“西悦来”“三雅园”和“藕香居”等。在城隍山对岸则有茶馆多处，如“放怀楼”“景江楼”“见沧楼”“望江楼”“兰馨馆”“映山居”“紫云轩”等处，都极幽雅清致。据范祖述的《杭俗遗风》一书记载，这些茶楼所经营者，“茶则木山为最，饼则蓑衣著名。此外瓜子、花生、酸梅干、凤腐干而已，其他薤菜饼、鸡豆等类，及

① 〔清〕范祖述、〔民国〕洪如嵩补辑：《杭俗遗风·饮食类·天竺饭》，见王国平主编《西湖文献集成》，杭州出版社2004年版，第19册，第134页。

② 〔清〕俞樾：《俞曲园先生日记残稿》，1940年江苏省立苏州图书馆校印。

时添售”。《儒林外史》对杭州的饮食文化风貌亦有具体描写:“那些卖酒的青帘高扬,卖茶的红炭满炉,仕女游人,络绎不绝,真不数‘三十六家花酒店,七十二座管弦楼’。”西湖“湖沿上接连着几个酒店”,“旁边有个花园,卖茶的人说是布政司房里的人在此请客,不好进去。那厨房却在外面,那热汤汤的燕窝、海参,一碗碗在跟前捧过去”,“肴馔之盛,品种之丰,更是可观!”

地处太湖之滨的苏州,既为国内外贸易的集散之地,亦是各种饮食文化的交流荟萃之所。乾隆年间常辉在所撰《兰舫笔记》一书中说:“天下饮食衣服之侈未有如苏州者”,便是明证。苏州阊门一带,在清代更趋繁华,商市鼎盛,店铺林立。故人称“世间乐土是吴中,中有阊门更擅雄”,而康雍乾时期,阊门一带更出现一派“翠袖三千楼上下,黄金百万水西东”的盛况。对此,清代诗人沈朝初的《忆江南》一词,也有过高度艺术概括:“苏州好,酒肆半朱楼,迟日芳樽开槛畔,月明灯火照街头,雅座列珍馐。”

伴随饮食行业的繁盛,也形成了许多地方风味的菜系。据有关史籍载述,清代“各省特色之肴馔”而论,“肴馔之有特色者,为京师、山东、四川、广东、福建、江宁、苏州、镇江、扬州、淮安”①。在地方菜系中,长江文化中的菜系占全国的6/10,这些菜系的文化特点,一是有不同的风味。如川菜味多、广、厚;江宁菜口味平和;扬州菜鲜嫩味醇,清淡适口;苏州菜以口味趋甜等著称。二是有独特的烹饪技艺,如川菜便有炒、煎、烧、炝等39种烹调方法。三是有其代表性的名宴、名席、名点、名菜、名厨。四是每个菜系中又可分为若干不同的流派,进行传承与创新②。

清代文人雅士多有“以酒会友”的习尚,甚至结“酒社”,呼朋聚饮以为快事。文人学者中不乏有识之士,他们已将饮酒活动上升到风俗文化现象来加以考察、评述和探究,从而得出自己的结论。这些结论虽难免流于粗疏,但其探索精神实属难能可贵。其中,吴秋渔喜观人饮,以撰成《酒志》一书的故事,便是一个典型事例。乾隆时期,浙江钱塘吴秋渔,名升,曾做过杭州府知府(民间俗称太守),是一位著名的诗人。他一生“素不嗜酒,而喜观人酣饮”。通过长期的观察、体验、总结和探索,终于提出了自己对酒与饮酒文化的一整套较为科学的见解,并撰著成《酒志》一书,此书共分为二十八卷,其下有子目十二个,这些子目是:原始、辨性、述义、备法、详品、稽典、列事、纪言、考器、征令、录乡、识录等。为写成此书,吴秋渔曾“征收书籍多至千余卷”③,从卷帙浩繁的典籍中,旁征博引,然后融会贯通,成此专著。应当指出的是,吴秋渔作为一个地方官员,素不嗜酒,已十分难

① 〔民国〕徐珂:《清稗类钞·各省特色之肴馔》,商务印书馆1918年版,第48册,第222页。
② 林永匡、王熹:《清代饮食文化研究》,黑龙江教育出版社1990年版,第144—197页。
③ 〔民国〕徐珂:《清稗类钞》第13册《饮食类·吴秋渔喜观人饮》,中华书局1986年版,第6336页。

能可贵；而且，他同时又是一位诗人兼学者，从实践和生活中进行学习与探索，故所行其事，所著其书，实开一代风气之先。而《酒志》二十八卷，亦理所当然地在清代饮食文化史上占有一席之地。

清代以酒会友的场景

禹之鼎《女乐图》中侍女抬酒场景

儒士文人不乏嗜茶之辈。他们或借助茶之刺激，作诗唱赋，挥毫泼墨，大发雅兴；或自视清高，退隐山林，烹茗饮茶，以求超脱；或邀友相聚，文火青烟，慢品名茶，推杯移盏，以吐胸中积郁；或夫妻恩爱，情深意切，“文火细烟，小鼎长泉”，花前月下，品茗共饮，以诗唱和，不一而足。从而引出诸多或喜或悲、或愁或乐、或慷或慨、或聚或离的人间故事与情话。“董小宛罢酒嗜茶”，是清初江南才子冒襄与名妓董小宛二人通过饮茶品茗而引出的动人的爱情故事。① 而清初顺治时，江苏丹徒张则之，名孝思，亦为江南文士。他一生嗜茶，且有“茶癖”。清人则记述他嗜茶，“出入陆氏之经，酌古准今，定其不刊之宜，神明变化，得乎口而运乎心矣”。而且他烹茶品茗时，最擅长“别水性”，若外出他往，“必以已品定之水自随”，故“能入其室而尝其茶者，必佳士也”②。

清邵景南制、陈曼生刻的井栏茶壶

清康熙景德镇青花松竹梅纹茶壶

① 〔民国〕徐珂：《清稗类钞》第13册《饮食类·董小宛罢酒嗜茶》，中华书局1986年版，第6305页。
② 〔民国〕徐珂：《清稗类钞》第13册《饮食类·张则之嗜茶》，中华书局1986年版，第6310页。

钱慧安《烹茶洗砚图》

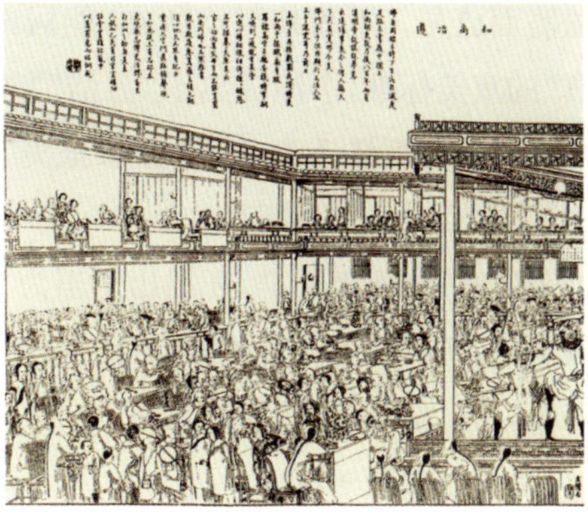

清代《点石斋画报》中的大型茶馆

在茶食方面，江南一些地区，民间啜茶时常有“必佐以肴”的习尚。而品茶时所佐之茶食，则又有地区的差别。如清代镇江人在啜茶时，“必佐以肴。肴，即馔也。凡馔，皆可曰肴，而此特假之以为专名。肴以猪豚为之”①。再如，清代扬州人品茶时，则有茗饮食干丝之习俗，“干丝者，缕切豆腐干以为丝，煮之，加虾米于中，调以酱油、麻油也。食时，蒸以热水，得不冷”②。此外，清代湖南地区长沙人的食茶与茗饮时的茶食亦别具风味。如“湘人于茶，不惟饮其汁，辄并茶叶而咀嚼之。人家有客至，必烹茶，若就壶斟之以奉客，为不敬。客去，启茶碗之盖，中无所有，盖茶叶已入腹矣”③。至于长沙茶肆，茶客茗饮时更有食盐姜、莱菔之风尚。“凡饮茶者既入座，茶博士即以小碟置盐姜、莱菔各一二片以饷客，客以茶赀之外，必别有所酬。又有以盐姜、豆子、芝麻置于中者，曰芝麻豆子茶。”④所谓莱菔，即萝卜之别名。

第三，是饮食理论的提升。清代杰出的戏曲理论家、文学家李渔在《闲情偶寄·饮馔部》中，对饮食审美的论述不少，内容甚丰。他主张人们要通过饮食的求美尚真的途径，来达到审美的目的。具体而论，这些思想是：其一，李渔在“蔬菜第一”中，提出了饮食的“美”与“真”的标准在于“渐近自然”的审美思想。他指出：“吾谓饮食之道，脍不如肉，肉不如蔬，亦以其渐近自然也。”⑤其二，对饮食“美”“真”的标准，李渔提出了“务鲜”的审美见解。他在论述蔬食“笋”时指出：“论蔬食之美者，曰清，曰洁，曰芳

① 〔民国〕徐珂：《清稗类钞》第13册《饮食类·茗饮时食肴》，中华书局1986年版，第6319页。

② 〔民国〕徐珂：《清稗类钞》第13册《饮食类·茗饮时食干丝》，中华书局1986年版，第6319页。

③ 〔民国〕徐珂：《清稗类钞》第13册《饮食类·长沙人食茶》，中华书局1986年版，第6320页。

④ 〔民国〕徐珂：《清稗类钞》第13册《饮食类·茗饮时食盐姜莱菔》，中华书局1986年版，第6320页。

⑤ 〔清〕李渔：《闲情偶寄·饮馔部·蔬菜第一》，上海古籍出版社2000年版，第262页。

馥，曰松脆而已矣。不知其至美所在，能居肉食之上者，只在一字之鲜。”①其三，对饮食“美”“真”的审美标准，李渔提出了“务洁”“务净”的思想。他在谈及“菜”时，论述说：“世人制菜之法，可称百怪千奇。”但“务求至美”的根本之道，在于“摘之务鲜，洗之务净”的“八字诀”。否则，将会以“污秽作调和”，而导致破坏“百和之香”的恶果②。其四，李渔对饮食的“美”“真”的审美标准，还提出了当为“精”“细”的科学见解，具体到制糕饼时，则应是“糕贵乎松，饼利于薄”。而“食之精者，米麦是也；脍之细也，粉面是也”。因此，只有“精细兼长，始可论及工拙”③。

（三）民居与园林文化

独具特色、风韵的江南园林与民居建筑文化，是清代长江文化中的重要组成部分之一。

1. 民居

南方民居住宅的类型模式与建筑风格甚繁，故呈现出不同居住风貌。其中，长江下游的院落式住宅，则与浙江、四川等山区住宅及岭南的客家住宅，存在着显著的差别。

福建土楼内景

福建土楼外景

清代官员的豪宅

清代官员在豪宅中宴请的情景

① 〔清〕李渔：《闲情偶寄·饮馔部·蔬菜第一·笋》，上海古籍出版社 2000 年版，第 263 页。
② 〔清〕李渔：《闲情偶寄·饮馔部·蔬菜第一·菜》，上海古籍出版社 2000 年版，第 265—266 页。
③ 〔清〕李渔：《闲情偶寄·饮馔部·谷食第二·糕饼》，上海古籍出版社 2000 年版，第 272 页。

杨晋《豪家佚乐图》中的豪宅园林

清代长江下游江南地区民居住宅，以封闭式院落为单位，房舍沿着纵轴线布置，但方向不限于正南正北。其中，大型民舍住宅，多在中央纵轴线建门厅、轿厅、大厅及住房，再在左右纵轴线上布置客厅、书房、次要住房和厨房、杂屋等，形成中、左、右三组纵列的院落组群。江南住宅的结构，一般用穿斗式木构架。以苏州为例，苏州住宅以净高大、多楼房、房舍外围有高大垣墙而著称；布局上，自大门起，轴线排列为：大门、轿厅、客厅、正房（属内院，设门分隔，或为楼）；两侧轴线排列有花厅、书房、卧室、小花园、戏台等建筑。大门正对处设一字或八字形影壁。

浙江、四川等处的山区民间住宅，则是另一种类型。这些地区的人民，多利用各种地形，灵活而经济地做成高低错落的台状地基，在其上建造房屋，因而住宅的朝向往往取决于地形；院落的大小、布局、形状也就不拘一格。然而，在布局上，主要房屋仍具有中轴线，只是左右次要房屋不一定采取对称方式而已。房屋的结构方面，通常采用穿斗式木构架，屋高一至三层不等。墙壁往往就地取材，因材施用，主要有砖、石、夯土、木板、竹笆等。在屋顶的形式方面，一般则用“悬山式”，即前坡短，后坡长，其出檐与两山挑出颇大，但亦偶有一部分歇山式屋顶者。山区民居住宅房屋外墙多用白色；木结构部分则多为木料本色，或柱涂黑色，门窗则涂浅褐色或枣红色，与高低起伏的灰色屋顶相配合，故其屋宇形成朴素而富于生气的外观。

福建“房屋形式殊甚特别，其地多木材，故用木多于砖石，砖墙罕觏。官舍巨筑，率以竹木编制成壁，外附以泥，加白垩焉。平民住宅，可称之为板屋，上覆瓦片，余均用木，且建屋如制橱然，数家数十家为一宅，上下四旁，以木为框，而中嵌以板，造成，平列地上，与地不相连属，故从无倒塌之患。惟平时防火极严，设一不慎，则数十百家同时煨烬，从无一二家即止者。楼阁形式略同欧制，窗槛玲珑，纯以材木，虽三层楼亦各自为柱，盖其梁栋柱槛，均以笋互相投合，质言之，即垛厨耳”。“厕所亦在屋中，如高脚木橱，可容一二人，橱距地约三四尺，以缸承其下，前有板梯，置于院中之隙地。如厕者既入，阖其门，则院中仍可任人往来，略无所碍也。”①

客家住宅沿着五岭南麓，分布于福建西南部及广东、广西的北部地区。他们聚族而居，因而构筑体形巨大的群体式住宅。此种模式与类型的建筑群体，共分为两个类型：其一为大型院落式住宅，建筑物形体为平面前方后圆，内部由中、左、右三部组成，院落重叠，屋宇参差；其二为平面方形、矩形或圆形的砖楼与土楼。现存的清代构筑的客家土楼中，以福建永定县客家住宅承启楼最为典型。其中最大的土楼，直径达十余米，用三层环形房屋相套，房间达三百余间之多。这些屋宇中，其外环房屋高达四层，底层则作厨房及杂用间；二层储藏粮食；三层以上住人。其他两环房屋仅高一层。中央建堂，以供族人议事、婚丧典礼、祭祀祖先、奖惩族人及其他合族公共事务活动之用。在构建的结构上，外墙用厚达一米以上的夯土承重墙，与内部木构架相结合，并加若干与外墙垂直相交的隔墙。清代，聚居闽粤一带的客家，因安全关系，外墙的下部不开窗户，整个建筑物实体，外观十分坚实雄伟，且封闭性能、安全性能、生活性能十分好，既像一座遇敌易守难攻的“碉堡”，又是客家人特殊居住习尚的实物标本。

云南“一颗印住宅”等亦各具文化风格。“一颗印”住宅，外围用夯土坯筑高墙，或外砖内土的“金包银”墙；内则“三间四耳”（正房三间、耳房东西各两间）；正房常为楼房，下有前廊，名为“游春”；上下皆有廊者则称为“宫楼”。如果由两套住宅相连，则由前侧耳房处开门，两个院落之间为过厅，作为礼仪设宴之用，门扇随时可拆卸，成为敞厅。城内的“一颗印”民居，正、耳及临街的“倒房”都为楼房，均有前廊，楼上各廊相接，因此又称“跑马楼”，宅院内则植树和养花，并有对外不开窗的习俗。

2. 园林

扬州、苏州、杭州、上海、桐城，以及松江、嘉兴二府，都是当时江南园林荟萃之地。其中，最著名的有江南金陵（南京）的随园、薛庐、胡园、又来园、韬园、公园；苏州的拙政园、绣谷园；上海的味莼园（亦名张园）、愚园、西园、徐园、扆虹园、东园；扬州的大虹园、洁园、王洗马园、卞园、圆园、贺园、冶春园、南园、郑御史园、筱园、片石山房、个园、寄啸山庄、小盘谷、逸圃、余园、怡园、蔚圃等；安徽桐城的逸园，桂林的李园等。这些耗费巨大人力、物力、财力建造的私家园林，其主人多系王公贵胄之家，或退隐官员、文仕，或盐商巨贾。园林精美雅致，山石竹木，别有情趣。浙江海宁的安澜园可为其中的代表。

安澜园在今海宁盐官镇西北隅，是古代著名的江南私家园林。其雏形可追溯至南宋，建炎四年（1130 年）安化郡王王沆赐第盐官，营造此园。元初开始，随着王家的落败，该园逐渐废毁。明神宗万历年间（1573—1619），海宁陈家崛起。陈与郊与陈与相弟兄俩

① 〔民国〕徐珂：《清稗类钞》第 1 册《第宅类 · 闽屋之特式》，中华书局 1986 年版，第 191 页。

相继中进士，陈家成了盐官首屈一指的豪门。万历二十四年(1596年)，戏曲家、太常寺少卿陈与郊辞官回家乡海宁，在王氏故园遗址上理水叠山，修建园林，因在海宁城的西北角一隅，园主人又号隅阳，故取名为"隅园"。陈与郊常邀约同行志士往来其间，所以那时隅园在江南已小有名气。有志书记载：池周二十余亩，有竹堂、月阁、流香亭、紫芝楼、金波桥诸胜。清康熙二十四年(1685年)后，隅园传与陈与郊的兄长陈与相的孙子、清朝文渊阁大学士陈元龙①，开始在原有的基础上加以整修、营建，使自己的归隐初心得以顺遂，故把隅园更名为"遂初园"。雍正赐书堂额"林泉耆硕"四字。经陈元龙的大力兴办，隅园面积扩至60余亩，其中池水面积占去一半，继承了隅园来以水为主的布局风格。园中主要建筑有环碧堂、静观斋、天香坞、漾月轩、赐闲堂、九曲梁、十二楼等，堪称浙西园林之冠。陈元龙殁后，为其子翰林院编修陈邦直所得。其间，园林的规模得到了进一步扩大，达到占地面积百余亩，有楼台亭榭30余座，泉石深邃，古木参天，湖光潋滟，桃李芬芳。与南京瞻园、苏州狮子林、杭州小有天园并称江南四大名园。因其为陈氏别墅，当地俗称为"陈园"。全园有景点40余处，如"和风皎月""沧波浴景""石湖赏月""烟波风月""竹深荷静""引胜奇赏""曲水流觞"等。陈邦直常在园中"酌酒赋诗，效李青莲桃李园之会"，广邀各路名士，隅园成了江南一处文人雅士们聚首的会所，热闹一时，名声远播。乾隆皇帝六下江南，曾四巡海宁，均驻跸于此。赐名安澜园，多加题咏，并把安澜园主要景物仿建到北京皇家御花园圆明园中，令其名扬天下。

清海宁陈氏安澜园全图

此外，清代杭州城内的园林更是众多，其中主要有：

庾园，在横河桥大河下，为杭州清代三大名园之一。始建于清顺治十四年，原为沈庾

① 陈元龙(1652—1736)，海宁人。康熙二十四年进士，授编修，直南书房。累迁侍读学士、吏部侍郎、广西巡抚，官至文渊阁大学士。雍正十一年，以老乞休，加太子太傅致仕。有《爱日堂集》二十八卷。《清史稿》卷560。

庵宅，后归龚翔麟，再后又成为周氏产业。园有八景。有白皮松，世所罕见。又有奇石名“玉玲珑”，传为北宋花石纲遗物，自包氏灵隐山庄移此。石高丈余，有“皱、瘦、透、漏”之美。苍润嵌空，叩之有声。故此园亦有“玉玲珑阁”之称。

适园，清应宝时宅，其园林殊胜，有山石池榭，古枫高十丈。

听园，为戴熙旧居。斜阳竹影，流水花阴，曲磴藤萝，小桥溪石，饶有园林之趣。

可羡园，清项怀（秋伊）之宅。项为布衣，喜种花木，辟圃编篱，围种芙蓉，花时灿烂若锦。蹋地缭绕，栽菊数千本，花大于盘，枝高及肩，皆名种。园有茅亭，揭诗版于中，如有看菊人来，则瀹茗为饷，出纸索诗。周香亭孝廉为题“可羡园”额，戴熙为绘《可羡园图》。

达园，在落渡桥。为清绸业巨子王文显（达甫）宅之后园，濒东河而筑，甚宏丽，园内饶有花木池石亭榭之胜。

也园，在九曲巷，为清康熙间叶咸山别业，园内树石玲珑，亭台错落，富城市山林之趣。

春草园，清初赵庆熺之园林，人称池馆之胜甲于杭郡。

芝园，为清末杭城富商胡光墉（雪岩）宅，园为当时造园名匠尹芝设计，以宏丽称名杭城。楼台亭阁、回廊曲槛、池沼假山，错落有致。有“掰飞来峰之一支，似狮子林之缩本”之誉。其建筑有红木所为之延碧堂以及影怜院、荟锦堂、冷香院、洗秋堂等。

继园，在柴垛桥东，清许辛泉司马旧居，园林景物幽邃。后改安徽会馆。

丁家花园，在运司河之东，延龄吊桥南。原为宋时石榴园故址，清乾隆时浙江巡抚王亶望（？—1781）占为别墅。园林规模颇大，山石池沼亦胜。多古木，有古珊瑚朴树，粗可合抱。又有明代紫薇等，为杭州名园之一。

可园，在施水坊桥西。为清三多（六桥）之园林宅第，三多曾官西北都护，家饶资财。于宅傍辟地拓舍，叠石成山，门多垂柳。

养素园，在归锦桥（今卖鱼桥）之南。原先是金氏的友庄庵。乾隆年间，王钧购得后改名为养素园。王钧《养素园诗》序云：“余卜居湖墅。宅之西有地可五亩，旧为金氏友庄庵。‘养素园’之名，余所新易也。……阶前老树，多近百年。屋数廛，石数卷，颇称朴野……”①此园旧有绕屋梅花、倚楼临水、远树柔蓝、乾溪雨涨、夏木垂荫、疏雨梧桐、三秋丹桂、古树鸣钟、秋深红叶、远山雪霁等十景。园归王钧后，园中名流往来，复有投赠，遂合前后题咏，刻成三卷行于世，称《养素园诗》。其园内之树石奇古，亭沼幽深，足可入画。

皋园，原为明中丞金学曾之别业，奉母养老之所，俗称金衙庄。其内园林极胜，园中

① 〔清〕王钧：《养素园诗》，载孙忠焕主编：《杭州运河文献集成》，杭州出版社2009年版，第3册，第115页。

有沼有池，有楼台亭阁之水，尤可称者，因地傍城河，西引账贴沙河之水入园中，又复注篱外长沟而之东河，一园活水，尤添生气，这种一园连两河的格局实出匠心，在杭州城内园林极为少见，为当时杭州私家园林之首。入清后，归余杭严颢亭。严颢亭孝友，以禄不逮养，题所居曰“皋园”，用志皋鱼之痛。地傍城隈，水木明瑟，为城东冠，中有梧月楼、沧浪书屋、跨溪、小太湖、墨琴堂、绿雪轩、夫容城、怡云亭诸胜，乾、嘉诸老恒于此游赏。道光初，归章文简相国，后又为严烺所居。咸丰兵火，园毁，树石无恙，吴梅村书“沧浪书屋”匾尚存。①

江南园林的总体文化特征如下：一是园林建筑分布地区广泛。它主要布局在长江下游的江苏、浙江、安徽一带，其中又尤以苏州、南京、杭州等园林最具典型性。二是建筑技艺独特。江南园林有着“多方景胜，咫尺山林”；“虽有人作，宛自天开”的构筑技艺特色，故在一园之中，多以名园取胜，名园又以叠石（多用太湖石，名石要求有透、皱、瘦、漏四大特点）取胜。其中又以余氏“万石园”、安徽歙县汪氏所筑“九峰园”（原名南园，乾隆南巡因园内有九座太湖石而赐此名）最为著名。三是园林形式多样。园林有各种形式与风格，皆因主人身份、社会地位不同而异。如绍兴、杭州由文人雅士所建之园，风格幽雅质朴；苏州园林，多为官僚士绅荟萃之地，风格豪富阔绰；扬州园林，多由富商大贾建造，风格则华美绮丽。四是“园必隔，水必曲”的各色各式园林，更是集多种文化功能于一体的建筑群体。这些文化功能包括居住、饮宴、游乐、交际、怡养、技艺等内涵。五是建筑群落繁复有致。如苏州的园中之园“拙政园”以水为主，水面占全园 3/5，采用分割空间的手法，用土山将水分为东西两半，山阜抱水形似二岛，建筑物多临水面，重廊复阁，与曲折起伏山水相映照。而苏州的“沧浪亭”则园内以山为主，园外绿水绕园，山水用复廊相间，廊以花墙分隔，水景自窗透入，集山水之趣。六是影响深远，流传甚广。江南园林的建筑技艺与风格，随着康熙、乾隆的南巡，传至北方，在圆明园、承德避暑山庄、颐和园等皇家园林的构建、布局、风格上，便吸收和融进了江南园林的文化成果，且加以弘扬。17 世纪末至 18 世纪初，西方传教士更将江南园林文化传播到欧洲，从而掀起仿中国园林热。对此，英国著名科学家威尔逊曾盛赞“中国是世界园林之母”，足见长江园林文化影响之深远，传播之广泛。

（四）行止与舟车文化

地区间交往的扩大、商业与贸易的频繁，也促使清代长江文化中的行止与舟车文化出现新的繁荣局面。

① 〔清〕厉鹗：《东城杂记》卷上《皋园》，载孙忠焕主编：《杭州运河文献集成》，杭州出版社 2009 年版，第 2 册，第 457 页。

由于江南水乡多船家，民众多以舟楫为业，或捕鱼，或航运；亦有专供富人们享乐的水上业操。故舟船名目甚繁，各有专司。其中，有捕捞之用的网船："无锡有网船，视渔船为大，而小于无锡快。凡城乡来往之十里八里者，皆乘之。"①也有专供航运的"无锡快"："无锡快者，无锡人所泛之船也。往来于苏之苏州、松江、常州、镇江、太仓，浙之杭州、嘉兴、湖州。买棹者问船之大小，则于单夹弄、双夹弄之外，辄以若干档为答。档者，舟师之代名词也。其言档也，曰几个档，即几个人也。船舱之门为斜面，略如满江红。乘客餐时，必佐以所烹之青菜，味至佳，盖舟主之眷属所制者也。"②更有以船为家的"艒艒船"。清代，江淮流民多以船为家，"凡吴越间之有水可通者，无不泛棹以去，妻孥鸡犬，悉萃于中，船尾有以一人立而左右施桨者，俗谓之艒艒船。艒，音帽，小船也。盖本于扬子方言，小舸谓之艖，艖谓之艒艏也"③。艒艒船中之人，倘有其于乡里有家者，辄多为其冬天出门而春归，归而率其天足（即大足）之妇女，从事田亩。农事毕，则肩门而又出，岁以为常。亦有无家，自春徂冬，常年漂泊者。"其船所至之地，男子之业为皮匠，为拉车，女子之业为缝纫，俗谓之曰缝穷婆。若力作，若小负贩，若拾荒，则男女老幼同任之。诚以其耐苦，忍饥寒，皆出于天性，而大多数之妇女皆天足，故虽极人世间至污浊至艰苦之事，皆无所惮，无所避也。"④此外，更有甚者，有专供游人玩乐狎妓之所谓"灯船"。这种灯船，清代江宁（南京）、苏州、无锡、嘉兴一带皆有，专供游者在江上游览饮宴之用。"及夕，则船内外皆张灯，列炬如昼。夏时为盛，容与中流，藉以避暑。舟子率其妻孥，为荡桨舵之役，虽二八女郎，亦优为之，盖皆天足也。船中或有蓄妓以侑客者，春秋佳日，肆筵设席，且饮且行，丝竹清音，山水真趣，皆得之矣。江宁秦淮河之灯船，有题曰涛园，曰宛中茶舫，曰得胜茶园，曰悦来画舫，日需赁资数十金也。苏州人之呼灯船也，曰热水船，盖以夏夜为多故耳。"⑤

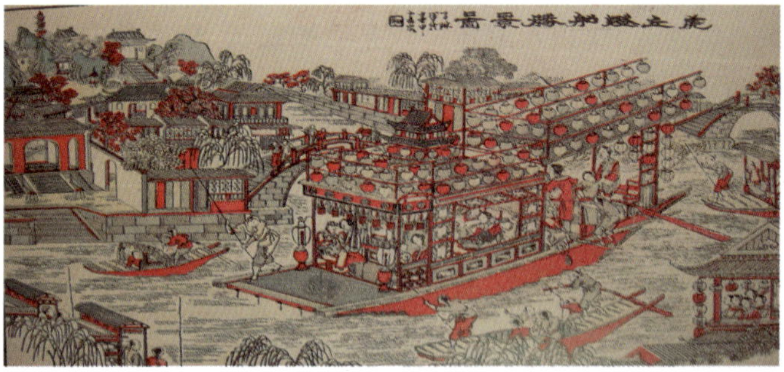

清代上海年画《苏州虎丘山景致灯船图》

① 〔民国〕徐珂：《清稗类钞》第13册《舟车类·网船》，中华书局1986年版，第6073页。
② 〔民国〕徐珂：《清稗类钞》第13册《舟车类·无锡快》，中华书局1986年版，第6073页。
③ 〔民国〕徐珂：《清稗类钞》第13册《舟车类·艒艒船》，中华书局1986年版，第6074页。
④ 〔民国〕徐珂：《清稗类钞》第13册《舟车类·艒艒船》，中华书局1986年版，第6074页。
⑤ 〔民国〕徐珂：《清稗类钞》第13册《舟车类·灯船》，中华书局1986年版，第6083—6084页。

清雍正九年(1731 年)许梦闳重修《北关新志》时,鉴于“船之式样、名目不可胜记,最易混淆而致弊”,故对当时之船只皆绘图,“俾得展卷了然”。此志卷一四《船则》绘就《北新钞关船式之图》75 幅,以使钞关收税人员按图索骥,见船即能定下应纳税数额,自是为方便工作着想。《北新钞关船式之图》为我们留下一份宝贵的资料,即是由图略可见清康、雍时期杭州运河流转之船只式样,具有很高的经济史料价值。《北新钞关船式之图》为一船一图,其为:①镇江摆江船报桨船;②松江船报摇船;③杭州湖墅船报摇船;④湖州圈篷船报摇船;⑤档板尖头头船报摇船;⑥刘湖荡湖船报摇船;⑦邵伯木屐头船报摇船;⑧桐闸子船报河船;⑨邵白开梢船报河船;⑩平湖花船报摇船;⑪光福报船报摇船;⑫扬州沙飞船报沙船;⑬焦湖船;⑭镇江扳船报河船;⑮海船报沙船;⑯宁波船报沙船;⑰大尖头船报摇船;⑱琵琶船报河船;⑲便民船报阔头船;⑳水洋毛篷子船报桨船;㉑杭州船报摇船;㉒大山船报长船;㉓渔山船报沙船;㉔邵伯船报河船;㉕马溜子报河船;㉖盛墩山船报摇船;㉗□□船(有图无船名);㉘站船报赣船;㉙湖州白壳子报摇船;㉚吴江尖头船报摇船;㉛闸里沙河船报长船;㉜□□□□报摇船;㉝苏州大尖头船报阔头船;㉞镇江摆水船报桨船;㉟扬州木屐船报河船;㊱湖州太湖船报河船;㊲水洋毛篷子方梢报桨船;㊳苏州船报阔头船;㊴镇江瓜子船报河船;㊵湖州太湖船;㊶嘉兴圈篷头报摇船;㊷常州划子船报划子船;㊸常州马船报摊船;㊹湖州船报太湖船;㊺嘉兴齐门船报阔头船;㊻南京满江红报桨船(南京楼船报河船);㊼长安摊船报摊船;㊽常州划子船报划子船;㊾嘉定船报阔头船;㊿嘉定平头船报阔头船;51镇江划子船外舵报划子船;52南湖兜梢船报桨船;53南京船报桨船;54芜湖船报桨船;55扳报船报河船;56杭州大洞子船报剥船;57丹阳划子船报划子船;58飞仙船报摇船;59孝丰船报尖船;60嘉兴盐阔头报阔头船;61粮划子尖头报摇船;62抹头子报河船;63高淳船报河船;64震彝船报摇船;65苏州提关船报阔头船;66苏州荡湖船报摇船;67南浔航船报航船;68瓶窑船摊船;69杭州赶膛船报阔头船;70松江华亭盐拖船报摊船;71余杭区摊阔拉报摇船;72施家泥塔头船报摊船;73余杭区滩圆拉报摊船;74杭州泥塔头船报摊船;75湖州沙飞船报沙船。[①] 这 75 种船式,就功能看主要为货船,次为载客航船,有些则为客货两用船。货船中以沙船居多。沙船是一种大型货船,它是一种浅水船,底平,遇沙不易搁浅,宋时称平底船,明中叶时称沙船。清齐彦槐《海道运仪》称:“北洋多碛,水浅礁硬,非沙船不行。……沙船大者,才吃水四五尺。”清代有些商人拥有十数、几十艘沙船组成的船队因而致富的不在少数,如扬州季振宜以经营沙船致富,其人喜藏书,斥巨资购书,特多宋元旧板书即是一例。载客之船通称航船,在清末以

① 〔清〕许梦闳:《北关新志》卷一四《船则·北新钞关船式之图》,载孙忠焕主编:《杭州运河文献集成》,杭州出版社 2009 年版,第 1 册,第 193—230 页。

前都为中等木船，如《北新钞关船式之图》中的“南浔航船”报关时即简称“航船”。主要为载客之用，此等客船航船，与杭州运河相通，苏南、浙西、浙东均有定班航船，此来彼去十分方便。还有夜班航船，利用夜间航行，清晨醒来，已达目的地，故十分受人欢迎。亦有客货两用的，从上述《船式之图》看，宁波船、便民船、赣船、扬州木屐船、湖州太湖船、南京满江红船（楼船）、飞仙船、苏州荡湖船、瓶窑船、余杭区滩圆拉报摊船及湖州沙飞船等明显具有客运或客货两用船的特征。如便民船的船头有彩绘，船身两旁绘有二龙戏珠，上有船舱房若干间等即是。此外，还有特殊的船，即是平湖花船，此船有舱房数间，舱房外有帘形纹饰，疑为富商巨贾包用的妓船。①

宁波中国港口博物馆藏“出行图”通草画

清代乡下的坐人独轮车

清代徐杨《姑苏繁华图》中的运河船

清代徐杨《姑苏繁华图》中的运河船

清代运河上的航船

西方人画中的清代渡船

① 孙忠焕主编：《杭州运河史》，中国社会科学出版社2011年版，第201—202页。

西方人画中的清代官员乘坐的船

西方人画中的清代官员乘坐的船

西方人画中的清代龙舟

西方人画中的渔船和渡船

在陆路行止方面，长江流域南方民众多乘坐肩舆，但形制式样各异。如湖南长沙一带，民间多乘用“响轿”：“长沙之轿，制亦普通，惟舁行时，辄有声格格然，行愈疾，响愈甚，盖于机捩中膏以油也，俗谓之曰响轿。纨绔少年之招摇过市者，辄喜乘之”①。又如广东一带，民间喜乘“飞轿”，此种肩舆大而华，捷而稳。舆夫举步极速，有飞轿之称。肩舆有四名夫、三名夫之别。“三名夫，加一横木于舆窗之前，以绳系之；四名夫，再加一横木于

① 〔民国〕徐珂：《清稗类钞》第 13 册《舟车类・响轿》，中华书局 1986 年版，第 6121—6122 页。

舆窗之后，距离至近，不开四（开四即现任官所乘之四人肩舆），亦不换肩。”①粤西盛行“八卦轿”，滇中更有三丁拐轿。前者以“粤西乡村妇女，率多天足（大足），肩挑负贩，与男无异。柳州、来宾一带，时有舁肩舆为生者。世以阴阳爻象譬之，如座客为男，二女肩舆则似坎卦，座客为女，前女后男肩舆则以震卦，以此类推，则八卦全矣”②。后者之轿，“轿以竹片编成，以前二人后一人舁之。滇人名三丁拐，盖滇省万山丛积，道路崎岖，行旅至艰，俗有‘路无三里平，家无三分银’之谚”③。

二、精神文明成就与贡献

（一）文学

在诗歌、散文方面，清代长江文化孕育并涌现出一大批杰出的诗人、词人、散文家，有的还成为一个时代或流派的代表人物。

清初著名的诗人有钱谦益（江苏常熟人）、吴伟业（江苏太仓人）、查慎行（浙江海宁人）等。其中，钱与吴、龚（鼎孳）被称为“江左三大家”，吴氏的《圆圆曲》《松山哀》反映的是明清时事，颇有艺术感染力；查诗中则对民间疾苦有所反映；而安徽宣城的施闰章的诗，则用大量篇幅反映社会现实。雍正以后，有成就的诗人则有沈德潜（江苏长洲人）、厉鹗（浙江钱塘人）、郑燮（江苏兴化人）、袁枚（浙江钱塘人）、黄景仁（江苏武进人）、张问陶（四川遂宁人）等。其中，郑诗中充满对人民疾苦的同情、对贪官污吏的憎恨，反映了当时的社会现实。而袁枚的论诗“性灵说”在当时影响颇大，是较进步的艺术主张。

钱谦益像

清王冈绘《厉鹗像》局部

查慎行像

① 〔民国〕徐珂：《清稗类钞》第13册《舟车类·粤中之舆夫》，中华书局1986年版，第6123页。
② 〔民国〕徐珂：《清稗类钞》第13册《舟车类·八卦轿》，中华书局1986年版，第6123—6124页。
③ 〔民国〕徐珂：《清稗类钞》第13册《舟车类·三丁拐轿》，中华书局1986年版，第6124页。

清佚名绘、方士庶补景《郑燮像轴》局部

袁枚像

在散文文坛上，清初著名者为魏僖（江西宁都人），他多以散文作传，表彰抗清志士，文风“凌厉雄杰”，写人写事“摹画淋漓”①。中叶以后，则有著名的散文流派“桐城派”的涌现。创始者均为安徽桐城的散文家方苞、刘大櫆、姚鼐等人，主张文章要有“义理”（儒家思想），且要用“考据”“辞章”等手段加以阐发。继起者则有“阳湖派”的恽敬、张惠言等人，其文注重辞藻，气势开阔。

小说方面，最为杰出、优秀的代表当数吴敬梓（安徽全椒人）和他的《儒林外史》。这是一部章回体的长篇讽刺小说，作者通过描绘科举制度下受毒害的知识分子的种种丑态，揭露封建科举制度对人性的泯灭、对人才的摧残，进而指斥了黑暗的社会现实。在艺术表现方面，作者具有很高的讽刺技巧，使用各种夸张的艺术手法，以达到讽刺的目的，收到了理想的艺术效果。鲁迅曾在《中国小说史略》一书中，予以高度评价，认为作者“秉持公心，指摘时弊，机锋所向，尤在士林”；“其文又戚而能谐，婉而多讽”，有“使人刮目”的艺术效应。作为批判现实主义杰作的《儒林外史》，在文学史上有崇高地位，对后世影响也较大。由钱彩编次、金丰增订的《说岳全传》，全称《新增精忠演义说本岳王全传》，又名《精忠岳传》，俗称“岳传”，是一部以岳飞抗金故事为题材、带有某种历史演义色彩的英雄传奇小说。共20卷80回。前61回是岳飞的“英雄谱”和“创业史”；后19回，主要讲述岳飞死后，岳雷扫北的故事。歌颂岳飞等将士英勇作战、精忠报国的忠勇行为，鞭笞秦桧等人卖国求荣、陷害忠良的丑恶罪行。清嘉庆十一年（1806年），玉山主人出版中篇小说《雷峰塔奇传》。全书5卷13回，题字“清玉花堂主人校订”。是根据清代雍乾时期编撰的传奇故事《雷峰塔》与民间传说《白蛇传》而改编的清代四部神魔小说之一，书叙白蛇与许仙的故事。小说结局改成为大团圆，以白娘子、许仙白日升天，其子高中状元收尾。其实，

① 王钟翰点校：《清史列传》卷七〇《魏僖传》，中华书局1987年版，第5673—5674页。

这种因果的框架和大团圆的结局，大大削弱了作品的思想内涵，在故事情节上也是多余的累赘。上海古籍出版社 1994 年根据嘉庆十一年刊本影印此书，收录在《古本小说集成》中。《西湖佳话》全名《西湖佳话古今遗迹》，共收短篇小说 16 篇，约成书于清康熙年间(1662—1722)。所收小说皆以西湖名胜为背景，其中人物，或史有其人，或作家虚构，皆与西湖的名胜景观有关，如《葛岭仙迹》之与葛洪炼丹，《白堤政迹》之与白居易治杭，《六桥才迹》之苏轼建苏堤修六桥，《孤山隐迹》之与林逋孤山梅妻鹤子，《岳坟忠迹》之叙岳飞抗金等等皆是。古吴墨浪子有较高的文学修养，故事叙述颇为生动，人物形象塑造亦较鲜明，加之文笔朴素流畅，故可读性较强，流传亦广，不失为一部了解西湖古迹的普及性读物。

(二)戏曲曲艺

戏曲曲艺繁盛局面的出现，是长江文化中精神文明成果的生动体现。

1. 戏曲

早在明代，流行于江南一带的昆山腔、海盐腔、余姚腔、弋阳腔(同属南戏体系)四大剧种，又被称为明代四大声腔。其中，昆山腔经乐工魏良辅和剧作家梁辰鱼合作，创新改造，采用笛、管、笙、琶合奏演唱，形式更加多样化，内容更趋丰富，因而流行区域愈加广泛，并传入北方，形成南北两派。南昆流行于江南，风格清丽而细腻；北昆流行于北京、河北一带，以粗犷豪放而著称。

清代，昆山腔称为昆曲、昆剧。在清初，昆曲受到统治者的青睐。昆曲又称吴音："吴音，俗名昆腔，又名低腔，以其低于弋阳也。又名水磨腔，以腔音皆清细也。"①清朝贵族一方面对民间戏曲采取了严厉的禁抑政策，另一方面，又大力扶持昆腔戏曲，所谓"国初最尚昆剧"②，昆曲得以正声姿态居于统治地位，封建文人士大夫亦无不靡然从好，纷纷染指戏文，雕词琢句，审音协律，将自己的审美趣味融入其间，清人称"近士大夫皆能唱昆曲，即三弦、笙、笛、鼓板亦娴熟异常"③，致使昆曲一枝独秀，愈益丰满，成为风靡南北的官腔剧种。乾隆皇帝不仅爱看戏、听戏，而且还亲自颁定了昆曲的《钦定曲谱》。这一举措虽表明乾隆对戏曲的重视程度，然而却使昆曲在艺术上走向了凝固化、程式化的死胡同和误区。直至清中叶，它一直以"正声"的姿态在戏剧舞台上居于统治地位，故又称"雅部"。后因长江流域等地方戏曲的兴起，使它逐渐走向衰落。

---

① 〔清〕李声振：《百戏竹枝词·吴音》，见路工编选：《清代北京竹枝词(十三种)》，北京古籍出版社 1982 年版。

② 〔民国〕徐珂：《清稗类钞》第 11 册《戏剧类·戏剧之变迁》，中华书局 1986 年版。

③ 〔清〕钱咏：《履园丛话》卷一二《度曲》，中华书局 1979 年版，第 331 页。

与之形成对照的是，乾隆年间，不少地方戏曲剧种渐显活跃，许多来自民间俗曲、小调、说唱，特色各异的新腔不断涌现，在调式上开始突破传统的曲牌连套形式，转而以板式变化为主要表演手段，一时间诸腔竞作，纷纭不类，但因见别于正声，遂被称为花部、乱弹，颇含鄙视之意。雅部即昆山腔，花部为京剧、秦腔、弋阳腔、梆子腔、罗罗腔、二簧调，统谓之“乱弹”①。其中的“二簧”，又叫“皮簧”，它本是湖北黄冈、黄陂的地方戏曲，由于它的腔调婉转动听，受到当地人的欢迎，后流传到安徽，安徽人也很喜欢；随着岁月推移，它便与徽调融为一体，后来，它又吸收并蓄了汉调、秦腔（西皮）的一些腔调，特别是后者源于西北，它音调高亢，与二簧的婉转相结合，更加声情并茂，激越动人，于是在南方地区广泛流行。

得益于民间浸染的花部，广受下层社会的欢迎和推崇，就连地方官绅亦不得不受其影响。兼之乾隆几度南巡，声娱乐享，各方应承，扬州跃为江南戏坛重镇，各地优伶登场献艺，客观上也促进了南北戏曲交融。在北方，京师中内廷戏班蓄养亦蔚成风气，皇家庆典，极尽排场，规模宏大的内廷演剧为江南戏班的入京创造了机会。

最先与昆腔相抗衡的是四大声腔之一的弋阳腔。弋阳腔又名高调，声腔亢激嘹亮，“金鼓喧阗，一唱数和，都门查楼为尤盛”②，因之被称为京腔。由于弋腔仍属于联曲体式，在曲牌上本与昆腔无异，故亦逐渐为清廷贵族喜尚，从而昆、弋并举，同列雅部。据《都门纪略》记载：“我朝开国伊始，都人尽尚高腔，延及乾隆年，六大名班，九门轮转，极称盛焉。其名班各种角色，亦复荟萃一时。”③花部之盛的重要标志是梆子、皮黄两大声腔崛起。梆子腔最初由陕西、甘肃、山西等地的民歌调、弦索调演变而来，特点是以硬梆子击节，调式高亢激越。皮黄腔则为西皮、二黄两种腔式的合称。西皮起源于秦腔，二黄则来自南方，是由徽调的高拨子演变而成的唱腔。昆、弋并盛，在一定程度上削弱了昆曲的独尊地位。继之而起的花部，则首推秦腔。乾隆、嘉庆之际，湖北流行的二黄与汉调、秦腔（西皮）等调式相互借鉴，形成了一种声腔新调，即皮黄腔。后流传至安徽，又与徽调多有融合。乾隆五十五年（1790 年），时值乾隆帝八旬寿诞，浙江盐务承办皇会，经由推举，安徽人高朗亭“以安庆花部，合京、秦两腔，名其班曰‘三庆’”④，奉旨入京祝寿，随后，四喜班、春台班、和春班这三大徽班相继入京演出，于是嘉庆、道光年间京城戏坛形成了四大徽班斗采的局面。而后越剧、绍剧、扬剧等地方戏种都相继传入北方。其中，三庆班的主持人程长

---

① 〔清〕李斗：《扬州画舫录》卷五《新城北录下》，江苏广陵古籍刻印社 1984 年版，第 103 页。

② 〔清〕李声振：《百戏竹枝词·吴音》，见路工编选：《清代北京竹枝词（十三种）》，北京古籍出版社 1982 年版。

③ 〔清〕杨静亭：《都门纪略·杂咏·词场序》，光绪六年刻本。

④ 〔清〕李斗：《扬州画舫录》卷五《新城北录下》，江苏广陵古籍刻印社 1984 年版，第 125 页。

庚，将昆曲、徽调、汉调（二簧）、秦腔以及北京地区流行的皮簧等腔调中的优点，很快融合一起，又特聘文人卢胜奎在班中编剧本（如《全本三国志》《东周列国志》等），还组织了一批名演员进行演出，结果轰动京城。常常一个剧目反复上演半年，还是满座。不久，它被朝廷认可而予提倡。这就是被称为“国粹”京剧的来历。京剧与昆曲比较，它文字通俗易懂，词句不拘长短，声调和布景也很多样，兼之又吸入了昆曲的精华，各种地方戏曲（主要是秦腔、二簧）和京调（皮簧）的优点，因此，它不仅在京城，而且在大江南北各地普遍受到欢迎，得以迅速传播。从一定意义上可以说，京剧是长江文化（地方戏曲文化）的硕果，也是南北戏曲文化交汇、融合的结晶。

清代京剧表演

清代后期，舞台戏俗一改中叶推崇旦行的旧尚，转而形成由老生主持的格局，咸丰、同治年间，表演京剧的著名艺人有春台班的第一老生余三胜、四喜班的第一老生张二奎、三庆班的第一老生程长庚，被人们誉为“三鼎甲”“老生三杰”。光绪朝，又有孙菊仙、汪桂芬、谭鑫培继起，以新“三鼎甲”称名于一时。同时，其他行当亦名角辈出，戏路益丰，使京剧艺术一步步走向成熟。盛名诸优，更是出入禁内，吟唱宫中，令时人称羡。相比之下，迄清末，昆曲在京城则颓势毕呈，全然失去立足之地：“光绪初……昆、弋诸腔，已无演者，即偶演，亦听者寥寥矣。”①总之，经过南北诸腔的高度融合，可说是尽擅胜场，八方荟萃，四面开花，跃升为戏坛主流。

一大批戏曲作家、理论家进行艺术实践，取得了丰硕成果。成就卓著的戏曲作家、理论家有李玉（江苏吴县人）、李渔（浙江兰溪人）、尤侗（江苏长洲人）、洪昇（浙江钱塘人）、杨潮观（江苏金匮人）等。其中，李渔（笠翁）的戏曲理论影响最大。他提出戏曲作品须“立主脑”（确定主题），“减头绪”；主张戏曲应浅显易懂，反对典雅晦涩；对于科诨，则要求“戒淫亵”“忌俗恶”“重关系”“贵自然”。这是颇为难能可贵的，具有很高的艺术价值。而在戏曲创作上，则以洪昇和他的《长生殿》成就最为显著。作者采用现实主义与浪漫主义结合的艺术手法，描写了唐明皇与杨贵妃的爱情故事，曲词清丽流畅，婉转动人，充满诗意，故深受时人的喜爱。

① 〔民国〕徐珂：《清稗类钞》第11册《戏剧类·戏剧之变迁》，中华书局1986年版，第5012页。

清代年画中的乐器表演场景

李渔像

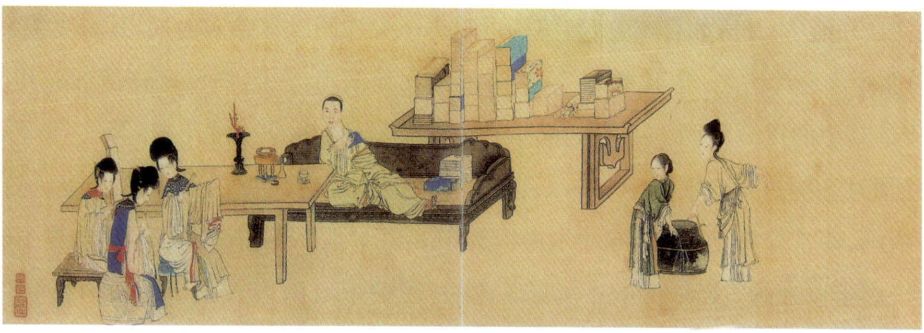

禹之鼎《女乐图》

2. 曲艺

曲艺是中华民族各种说唱艺术的统称，它经由民间口头文学和歌唱表演的长期发展演变，形成了各具特色的表演形式。它根植于人民大众的生活之中，因而源远流长，具有深厚的民间性、群众性基础。清代说唱艺术继承了明代时曲小调发展的特点，说唱音乐得到极大丰富，像南方弹词与北方鼓词都得益于民间的时曲小调，并形成了各具代表性的曲艺品种。伴随市民阶层的成长，民俗生活中的文艺需求剧增，特别是自清中叶开始，不少地方曲种如雨后春笋般大量涌现，一方面原本有文人参与创作的说唱作品的内容逐渐从雅而俗，另一方面各种地方性曲种进入城市后，弃粗而精，逐渐注入了艺术的成分，两者相互影响借鉴，促成了清代曲艺蓬勃兴旺、臻至极盛的局面。像《百戏竹枝词》中所罗列的十不闲、打盏儿、鼓儿词、弹词、平话、八角鼓、莲花落、唱道情等，都是清代曲艺中十分活跃、富有民间特色的品种。

弹词是一种说唱相兼的板腔式曲艺品种，得名于伴奏所用弹弦乐器，所谓“以故事编为韵语，有白有曲，可以弹唱者也……弹词为吴郡所有，而越有平调，粤有盲妹，京、津有鼓词，其声调有足与弹词相颉颃者”。至于声调，则“惟起落处转折略多，余则平波往复，至易领会，故妇孺咸乐听之。开场道白后，例唱开篇一折，其手笔多出文人，有清词丽句，可作律诗读者。至科白中之唱篇，半由弹词家自行编造”①。明中叶以后开始流行于江南地区，清代又渐兴于北方，表演时因伴奏使用弹拨乐器而得名，其形式有一人自弹自唱，二人轮流弹唱，以及多人弹唱等，道具则以琵琶、三弦为主。清代弹词艺术发展较盛，其中南方弹词以苏州弹词的传统最属悠久。有清一代，产生了不少有名的艺人，如乾隆时期的王周士，嘉庆、道光年间的陈遇乾、俞秀山、毛菖佩、陆瑞庭四大家，咸丰、同治年间又涌现出马如飞、姚士章、赵湘舟、王石泉等后四大家，使苏州弹词始终占据着弹词曲种之冠的位置。苏州弹词的另一个特色是，女性舞台表演曾影响轰动一时，成为社会风气渐开的一种标志。《清稗类钞》记载：“上海称女弹词曰‘先生’，奏技于书场曰‘坐场’，又曰‘场唱’。开场各抱乐具，奏乐一终，急管繁弦，按腔合拍。乐终，重弄琵琶，则曼声长吟，率为七言丽句，曰‘开篇’。其声如百啭春莺，悠扬可听……女弹词以常熟人为最，其音凄婉，令人神移魄荡，曲中人百计仿之，终不能并。”②当时弹词女伶演出，观睹如云，盛况空前，其声艺出众，应该是其中的重要原因。有名的唱本有《珍珠塔》《再生缘》《桃花扇》等。

评话即指说书，又名平词、平书，《百戏竹枝词》描述清代评话艺人的表演，称：“其人持小扇指画，谈古今稗史事，以方寸木击以为节，名曰‘醒木’，亦鼓词类，颇叠叠不倦也。”评话始于唐宋以来的“说话”“讲史”，明末清初，逐渐形成南方评话、北方评语两大分支，前者有名的有扬州评话、苏州评话等，明末清初的柳敬亭便以善说书而闻名于大江南北。《扬州画舫录》记载：“评话盛于江南，如柳敬亭、孔云霄、韩圭湖诸人……郡中称绝技者。吴天绪《三国志》、徐广如《东汉》、王德山《水浒记》……皆独步一时。”③莲花落，也称“落子”，多用四块竹板击打节拍，故又称“四块玉”，最初源于唐、五代时期的散花乐，后来成为乞丐沿门乞讨时的演唱调式。据《清稗类钞》记载：“乞丐截三寸竹为两，以绳贯其两端，指捩之作声，歌而和之，作乞怜及颂祷语，亦有演故事者，名之曰‘莲花落’，亦曰‘莲花闹’……苏州有李阿七者，所唱独佳，每入市，唱于商店之门，人不厌其聒，或且招之使唱。”④

① 〔民国〕徐珂：《清稗类钞》第11册《音乐类·弹词》，中华书局1986年版，第4943—4947页。

② 〔民国〕徐珂：《清稗类钞》第11册《音乐类·女弹词》，中华书局1986年版，第4948页。

③ 〔清〕李斗：《扬州画舫录》卷一一《虹桥录下》，江苏广陵古籍刻印社1984年版，第246页。

④ 〔民国〕徐珂：《清稗类钞》第11册《乞丐类·李阿七唱莲花落以行乞》，中华书局1986年版，第　页。

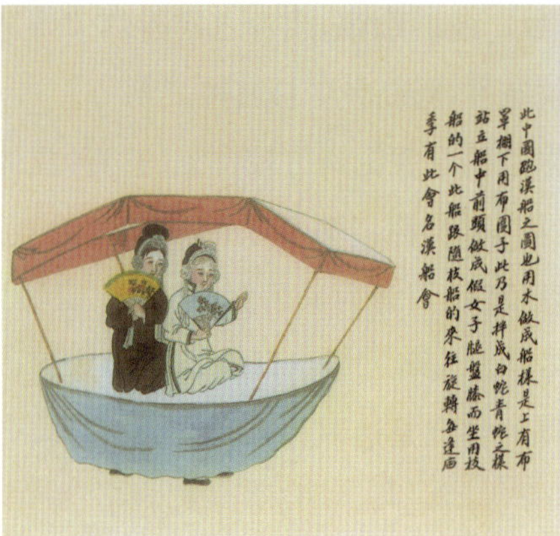

《北京民间风俗百图》中的跑旱船

清代象牙圆雕说书艺人

清代年画中女子弹琵琶图

（三）歌舞

歌舞是生活的艺术化再现，我国历史上各个时期都有不同形式的歌舞传统，以及各种形式的民间小戏，民间歌舞的覆盖面十分广泛，地方特色尤为浓郁。这种自娱兼代表演的娱乐形式具有强烈的生活气息，故特受到人们的喜爱。清代我国民间舞蹈活动十分常见，而民间音乐、民间戏曲等多种艺术门类的成熟，与歌舞艺术彼此借鉴，相互影响，结果，传统舞蹈出现戏曲化的发展趋势，有些民间歌舞表演逐渐成为有情节的歌舞戏，像秧歌戏、采茶戏等，都是来自民间朴素的歌舞自娱性活动。另外，像清人《百戏竹枝词》中所列的霸王鞭、打花鼓、太平鼓、大头和尚、跳钟馗、扎高脚、闹五鬼、旱船、龙灯斗等，亦为民间常见的舞蹈形式。特别值得注意的是，歌舞中的秧歌一门在清代的发展尤为迅猛。

秧歌本为农民插秧耘田时所唱歌曲，后来逐渐发展成为民间歌舞体裁，以及有情节的民间小戏。清人吴锡麒《新年杂咏抄·秧歌》称："秧歌，南宋灯宵之村田乐也。所扮有耍和尚、耍公子、打花鼓、拉花姊、田公、渔妇、装态货郎、杂沓灯术，以得观者之笑。"清初，统治者为巩固封建专制秩序，对民间群体性的歌舞活动采取严厉的防范措施，民间流行的秧歌多次遭禁。然而，这种风格质朴、表演粗犷、为人喜闻乐见的歌舞形式却显示出强大的生命力，有清一代南北各地秧歌，舞风四起，刚柔并呈，竞彩翻新，成为民间舞蹈一道亮丽的风景线。据《广东新语》记载："农者每春时，妇子以数十计，往田插秧。一老挝大鼓，鼓声一通，群歌竞作，弥日不绝，是曰'秧歌'。"①花鼓实际是秧歌的另一种形式，流行于清代。清人袁启旭《旭燕九竹枝词》中这样描述："秧歌初试内家装，小鼓花腔说凤阳。如蚁游人拦不住，纷纷挤过蹴球场。"②《百戏竹枝词》称之"打花鼓"："凤阳妇人多工者，又

① 〔明末清初〕屈大均：《广东新语》卷一二《诗语·粤歌》，中华书局1985年版，第361页。

② 〔清〕杨米人等著、路工编选：《清代北京竹枝词(十三种)》，北京古籍出版社1982年版，第6页。

名‘秧歌’，盖农人赛会之戏。其曲有‘好朵鲜花’套数。鼓形细腰，或古之搏拊然。”诗咏云：“赛会时光趁踏青，记来妾住凤阳城。秧歌争道鲜花好，肠断冬冬打鼓声。”①

茶歌来源于采茶的生产劳动，从中发展而成的采茶舞是我国南方较常见的一种集体性民间歌舞形式，在清代亦很活跃。清人吴震方《岭南杂记》称：“湖州灯节，有鱼龙之戏。又每夕各坊市扮唱秧歌，与京师无异，而采茶歌尤妙。丽饰姣童为采茶女，每队十二人或八人，手挈花篮，迭进而歌，俯仰抑扬，备极妖妍。又以少长者二人为队首，擎彩灯，缀以扶桑、茉莉诸花，茶女进退作业，皆观队首。”这种歌舞的特点是边歌边舞，无论是自娱，还是观赏，都有颇值得回味的民间俗趣。

南方不少地区都有歌会民俗，歌会中汇聚了大量的民歌、小调，屈大均《广东新语》记载当地歌会情形，称：“粤俗好歌，凡有吉庆，必唱歌以为欢乐……其歌也，辞不必全雅，平仄不必全叶，以俚言土音衬贴之。唱一句或延半刻。曼节长声，自回自复，不肯一往而尽。辞必极其艳，情必极其至，使人喜悦悲酸而不能已。”②像民间小调，在社会下层传播特别迅速。如乾隆末叶，江南秦淮一带盛行《绣荷包》新调，以致“画舫青楼一时争尚，继则坊市妇稚、担夫负贩者皆能之，久且卑田院中人，借以沿门觅食者，亦无不能之。”③这些民间俗曲，因其无拘无束、大胆热情的表现手法，得以在各地流传。

（四）书画

清代的书法绘画成就在我国艺术史上享有十分重要的地位，其技法造诣之精湛、师承流派之繁杂与总结著述之丰富，形成了艺术史上屈指可数的繁荣时期。书法中，清初帖学受宠，至中叶则一改旧尚，突破了宋元以来帖学独盛的樊笼，以碑学的崛起为标志，给书界的发展注入了新鲜血液，营造出一个碑帖更替、书道中兴的书艺时代。绘画中，传统的宫廷画、文人画、民间画等品种各竞风流，都呈现出绚丽夺目的异彩。另一方面，社会生活各个方面的繁荣气象，也为书法绘画创作提供了丰富的表现题材与广阔的表演舞台。

在书法艺术方面，清初书学承明遗绪，晚明集帖学大成者董其昌受新朝赏识，被定于一尊，康、雍之际，一批帖学名家主持书坛，其技法尊帖习董，手摹心追，斤斤于法，致使馆阁大臣、翰林学士无不景从，甚至连科考也惟董体是依。乾隆时期，帝王嗜尚转向元代赵孟頫圆腴甜润一路，馆阁书体遂风靡南北。康有为《广艺舟双辑》称：“康、雍之世，专仿香

① 〔清〕李声振：《百戏竹枝词·打花鼓》，见路工编选：《清代北京竹枝词（十三种）》，北京古籍出版社1982年版。

② 〔明末清初〕屈大均：《广东新语》卷一二《诗语·粤歌》，中华书局1985年版，第358页。

③ 〔民国〕徐珂：《清稗类钞》第10册《音乐类·唱绣荷包调》，中华书局1986年版，第4938页。

光；乾隆之代，竞讲子昂。”然而不论香光（董其昌号香光居士）、馆阁，皆以奉求“乌、方、光”的笔墨效果为圭臬，二者交替而兴，妍婉秀媚的“馆阁体”书风使传统帖学走向极致，同时也造成书坛千手雷同、拘谨乏味的萎弱局面。迄至乾隆、嘉庆时期，碑碣墓志大批出土，促成金石考据的学术时尚，许多摹拓不胫而走，流传于世，其浑厚雄劲的篆、隶气韵，令书界为之一振，一些富有艺术个性的书法家开始领风气之先，逐渐从拘谨古板、陈陈相因的馆阁书风转向追求返璞归真的艺术旨趣，纷纷摹碑弃帖，究心碑版，另辟蹊径，碑学遂勃然兴起，风行成潮。碑学理论著述亦随之而出，如阮元《南北书派论》《北碑南帖论》、包世臣《艺舟双楫》、康有为《广艺舟双辑》等，无不从中推波助澜，掀动巨浪，终于构筑了蔚为可观的碑学体系，开创了清代书坛百花争妍的局面。

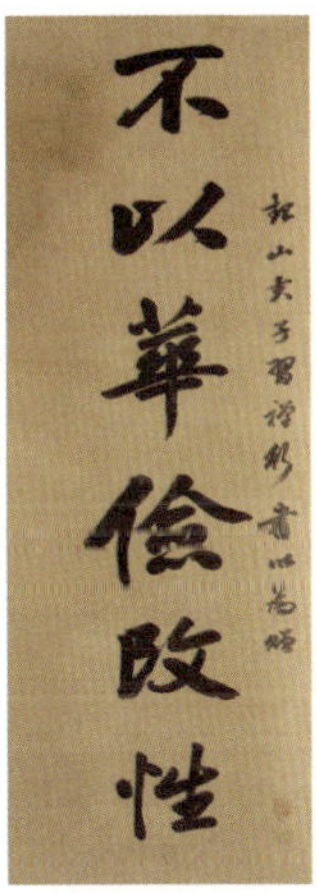

梁同书对联书法 1

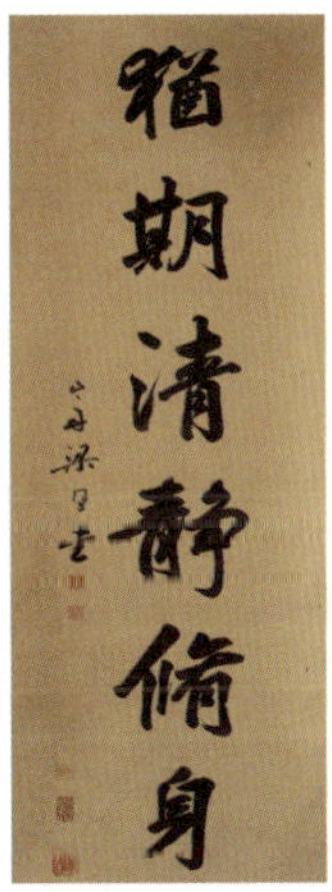

梁同书对联书法 2

邓石如书法 1

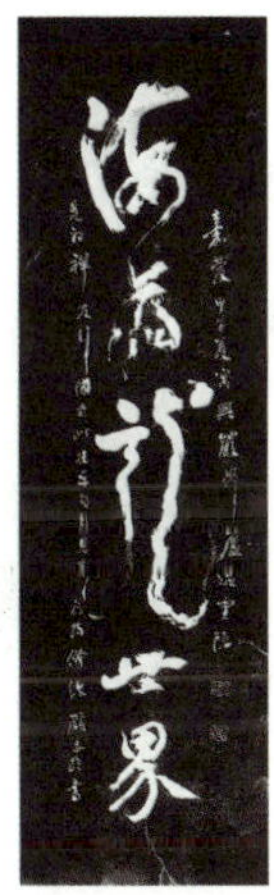

邓石如书法 2

金农漆书 1

金农漆书 2

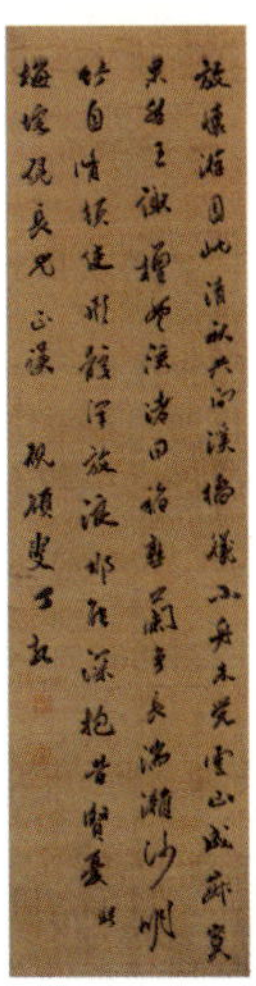

丁敬书法作品

清代汤鹏草书铁字联

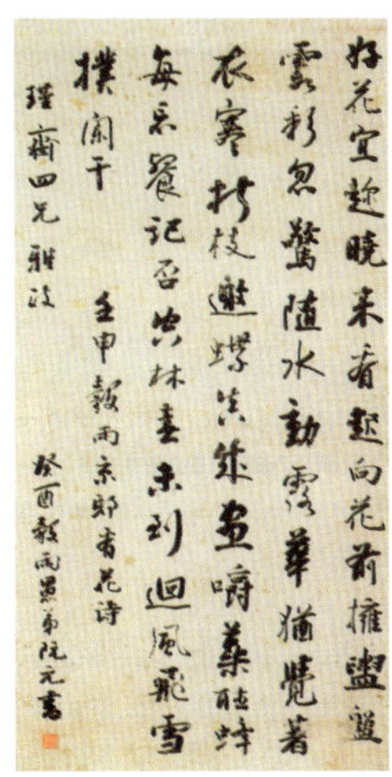

阮元《行书七言诗》轴

在绘画艺术方面，更是流派迭起、人才辈出。清初著名的山水画家王时敏（江苏太仓人）、王鉴（江苏太仓人）、王翚（江苏常熟人）、王原祁（时敏之孙）、吴历（江苏常熟人）、恽寿平（江苏武进人）等，被誉为“清六家”，其艺术风格以模仿古人为主。与之同时别具风格的画家，则有朱耷（江西南昌人）、龚贤（江苏昆山人）、梅清（安徽宣城人）等，他们强调艺术的个性，不拘成法，在描绘自然中颇具独创精神。其中，朱耷（八大山人）的艺术成就最大。此外，以龚贤为首的金陵八家以高士面目称世，形成了不拘古法的自由画风。在雍正、乾隆年间，其后续者则有金农、罗聘、李方膺、高翔、汪士慎、黄慎、李鱓、郑燮等，云集扬州，被称为“扬州八怪”。他们通过写意山水、写意人物，在现实中汲取素材、艺术营养，主张抒发性灵，追求自我法度，从而进一步突破陈规，形成自己的艺术风格，影响最著。由于他们大多寄食扬州，鬻画为生，对社会下层有着深入了解，其取材视野十分广泛，而扬州一带商品经济的繁荣也造成艺术品需求市场的相对膨胀，客观上为画风的争奇斗怪，提供了有利的发展契机。于是，有所谓“怪以八名，画非一体”之说，扬州八怪得以成为野逸派的中坚。江苏兴化人郑燮（板桥）的诗、书、画俱佳，被赞为三绝，对后世影响颇大。

八大山人绘《墨花图》

金农《玉川煮茶图》

郑燮《双松图轴》

高其佩《虎图》

黄慎仕女图

汪士慎《红梅图》

此外，苏州民间桃花坞的年画，在康熙、乾隆时期也取得了巨大成就，年画印制精美，线条浓淡阴阳分明；内容则有戏文、风景、花卉、动物、耕织、风俗、时事等类，多为民众喜闻乐见，流传甚广。

（五）民间工艺

清代民间工艺美术技巧十分完善，各种手工业行当都表现出相当纯熟的水准。

清代竹雕童子牧牛

清代竹丝编朱漆描金龙纹八角果盒

清金箔贴花花轿(万工轿)

武汉博物馆藏清白玉人物船

武汉博物馆藏清青玉“五子登科”摆件

武汉博物馆藏

清青玉“象耕鸟耘”摆件

苏州博物馆藏

清康熙“沉香木雕渔钓笔筒”

苏州博物馆藏

清竹刻松竹杯

染织刺绣是民间工艺的重要组成部分。清代的染织工艺发展规模较明代大为完备，清政府在江南苏、杭等地设置织造局，许多优秀的民间艺人被征集到官营作坊工场。民间织锦技艺发展十分普及，形成了许多风格相异且有鲜明地方特色的织锦品种，如苏州的宋锦、四川的蜀锦、南京的云锦，以及西北的回回锦、西南的泰锦等。乾隆时，中国又引进了大量西方染织工艺纹样，使传统勾线方法得以改进，丰富了织造技术。另外，流行于民间的手工艺制品刺绣在清代异军突起，无论是在题材、造型、色彩以及针法等方面，都超越了宫廷刺绣，表现出蓬勃发展的势头。其中江南以苏、湘、蜀、粤四大名绣为代表，北方则有京、鲁、汴等地方名品，兼与浙江的瓯绣并列四小名绣，清人笔记称："同、光间，首推京绣，有五彩、平金、拉索、打子之别，五彩尤精……至宣统朝，而湘绣盛称于时，书画皆有，则驾苏绣、京绣之上。"①由此可见，各地名绣皆有所擅，往往可领一时风骚。

浙江省博物馆藏清代杭绣团花

清末湘绣白缎地兰花四条屏

同样，清代陶瓷工艺在中国工艺史上亦占有特殊意义。清初诸帝均酷爱瓷器，故清代瓷业发展自始便呈现出兴旺局面。清代陶瓷生产仍然以明季制瓷中心景德镇为御窑重地，由于废除了匠籍制度，民间经营成为主流，瓷业生产则形成了官搭民烧的格局，乾隆年间更是出现了官民竞市的繁华景象。从工艺特点上看，首先，爱慕古风习的影响，清代瓷业相应表现出普遍的仿古特色，清人称："袭历朝之形式，无所不仿，且亦一一皆得近似。"②尤其是清代末叶所仿，最为全面，所谓"前所不敢仿之贡品，今则无所不敢矣"。其次，制作技术更趋完美，像康熙青花瓷，"集其大成，制品特多"③，堪称历代青花瓷之冠，其间有纯为白地者，有兼油底红者，有略施油面绿者，有用铁沙圈者，有为金漆缘或棕色缘

① 〔民国〕徐珂：《清稗类钞》第 5 册《工艺类・画绣》，中华书局 1986 年版，第 2395 页。

② 〔民国〕徐珂：《清稗类钞》第 5 册《工艺类・瓷之仿色》，中华书局 1986 年版，第 2384 页。

③ 〔民国〕徐珂：《清稗类钞》第 9 册《鉴赏类・李乘骥评本朝名瓷》，中华书局 1986 年版，第 4486 页。

者等。又有称:“康熙瓷釉备而画工,质佳而色耀,价值之昂,殆无与匹”,说明当时的釉上彩技术十分出众。釉上彩是指在烧成的陶瓷釉上面进行彩绘,然后再作低温烘烤处理。清代釉上彩以康熙时的五彩最为精妙:“康熙五彩,以绿、红、黄、赭、蓝为主”,因其堆起甚厚,彩色过浓,而有“硬彩”之称。最富创新者当数康熙时期出现的粉彩,“白地而绘彩者,谓之粉彩”。粉彩是将明代景泰蓝铜胎画珐琅技术移植为瓷胎画珐琅法,用铅粉搀入绘瓷色料,在素烧瓷胎上作画,然后再入窑烘彩。借助粉彩方法,釉上彩的色调趋于柔艳清逸,会产生明暗层次,形态更显逼真、风格与硬彩形成鲜明对比,故又有软彩之名。康熙年间,西方画珐琅器输入渐多,对制瓷工艺产生了重要影响。人们在制瓷施彩时开始引入某些西洋彩料,于是又有称五彩为古彩,称粉彩为洋彩者。根据粉彩技术制成的珐琅彩瓷,在一定程度上受到了欧式装饰技巧的影响,艺术效果臻至上乘,是釉上彩的珍品,在康熙、乾隆时期乃极为名贵的宫廷御器,堪称内廷秘玩,时人皆以“古月轩”名之。文献记载:“乾隆瓷以古月轩声价为最巨。古月轩所绘,乃于极工致中极饶清韵,物尤难得……当时由景德镇制胎入京,命如意馆供奉画师绘画,于宫中开炉烘花。”①

《太平欢乐图》的卖盐商人

江西省博物馆藏清代霁红釉玉壶春瓶

江西省博物馆藏
清代五彩人物故事纹盘

江西省博物馆藏清光绪
年间三彩堆塑八宝九龙纹盒

① 〔民国〕徐珂:《清稗类钞》第9册《鉴赏类·许守白论古月轩瓷》,中华书局1986年版,第4488页。

清粉彩镂空瓷转心瓶

清康熙五彩僧帽壶

清康熙胭脂红地珐琅彩开光花卉纹碗

清康熙景德镇青花十二月令花卉纹杯

清康熙景德镇窑
青花果树纹双管瓶

清乾隆霁蓝地描金
粉彩诗句花卉纹大瓶

清雍正斗彩
海水团花瓷天球瓶

清雍正粉彩雉鸡牡丹纹盘

浙江省博物馆藏清雍正青花花卉纹盘

第六节　清代长江文化对海内外的影响

清代处于长江文化的鼎盛成熟期，长江文化以其独具的人文群体、物质文明、科技成就优势，对清代社会生活的丰富与进步、中外文化的交流，产生了广泛而深刻的影响。

一、清代社会生活与长江文化

清代，长江文化所哺育的特殊人文群体（含仕宦群体、地方商人群体）所进行的卓有成效的活动，以及这一文化所产生的丰硕的物质文明成果（如江南丝绸缎细），曾对清代的政治、经济、军事、文化等领域产生过多层次（上至宫廷下至平民）、全方位（渗透与涉及社会各领域）的重大影响，其持续时间之长（与清王朝相始终）、范围之广（从边疆至内地），是清代区域文化中绝无仅有的。

（一）两淮盐商、徽商商人集团与清代社会生活的繁荣

两淮盐商、徽商，在清代是属于有雄厚经济实力、与皇室和官府有密切关系的大商人集团，他们的经营活动范围，几乎遍及全国；同时，获巨利、享特权的这两个大商人集团，又以其巨大的财力渗透到社会生活的众多领域，从而对清代社会生活的繁荣，发挥着多向的、不可低估的作用。

1. 两淮盐商与社会生活

（1）两淮盐商与社会经济。清代的盐课（盐税）岁入，是清政府除田赋之外的重要财政收入之一，达数百万两银。以道光二十一年（1841 年）为例，全国财政总额为 4125 万两，盐课为 747 万两，占总额的 18%。两淮产盐之区共 23 场，江苏通州 9 场、泰州 11 场、

海州3场；道光初年，两淮运司每年共行纲食盐168.5万余引①，每年两淮盐商输纳的正杂课银约五百万两②。由此可见，两淮盐商既是盐课输纳的大户，又是全国商人集团中的首富。如果将清代长江流域各省每年田赋输纳（居全国田赋岁人的半数以上）、盐课征纳（两淮、两浙盐商盐课道光时合计达500余万两）加以综合考察的话，那么，这两项课银累计占清政府每年财政收入的2/3左右。因此，称其为社会经济的巨大支柱、全国财政岁入的仰给与保障之区，则并非过誉之辞。

（2）两淮盐商与皇室。两淮（兼及两浙）盐商与清代皇室有着互为依托的“共生”关系。一方面，盐商以皇帝和皇室作为自身政治上（利用权势垄断食盐经营与销售权）、经济上（利用生息银两作资本）的巨大“靠山”，牟取巨利。同时，为表示对皇上及皇室“皇恩”“圣德”的感激之情，每逢军需、河工、巡幸之际，盐商便“踊跃急公”，报效、捐输巨额银两。另一方面，皇室则将两淮盐商作为重点优渥与笼络的对象，在政治上予以种种封赏及奖励，在经济上予以种种优渥待遇。

盐商对皇室的捐纳则有：其一，凡遇军需、河工、灾赈，两淮（兼及两浙）盐商均大量捐银。“乾隆中，金川两次用兵，西域平乱，伊犁屯田，平定台匪，后藏用兵，及嘉庆初川楚之乱，淮、浙、芦、东各商所捐，自数十百万以至八百万，通计不下三千万”③。其中，两淮盐商更是捐银最多的“首户”。其二，凡逢皇室庆典，两淮（兼及两浙）盐商亦报效巨额银两。如乾隆二十六年（1761年）、三十六年（1771年），乾隆帝为其母皇太后做寿时，每次均要两淮、两浙盐商来京，负责装修西华门至西直门地段的景点，耗银达七八十万两之巨。其三，乾隆南巡，两淮盐商耗银建造行宫园林，已见前述。至于皇室对两淮盐商在政治、经济上的种种优渥之举，前也已涉及，此不赘述。

（3）两淮盐商与文化。每年将数百万引（盐引淮北每引为200公斤，淮南为300公斤）盐，运销至苏、皖、鄂、湘、赣、豫数省上百个府州县的两淮盐商商人集团，除将所获取的巨利购置田产之外，也投资于书院的兴建、园林的建造、灾民饥民的义赈、道路桥梁的修缮，以及其他文化事业（如戏曲艺班的蓄养、书籍的刊刻、艺术珍品的购置）等。这些举措，客观上给清代民众的社会生活带来了便利，并对城市文化的繁荣、文化艺术的兴盛，起着一定的促进作用。

2. 徽商商帮与清代社会

（1）徽商与社会经济。清代，徽商商帮势力达于极盛，如在两淮盐场，徽商便居诸盐

① 张茂炯等编：《清盐法志》卷一一〇《两淮十一》，民国九年（1920年）盐务署铅印本。
② 王守基：《盐法议略》卷一《两淮盐务议略》，《丛书集成初编》本，中华书局1991年版，第41页。
③ 赵尔巽等撰：《清史稿》卷一二三《食货四》，中华书局1977年版，第13册，第3613页。

商之首。据《歙县志》称，康熙、乾隆之际，“两淮八总商，邑人恒占其四”，足见财力之雄厚。他们的商业活动范围，“几遍宇内”，“山陬海涯无所不至”，甚至有“无徽不成镇”之谚；甚或有远涉重洋，经商异国者。在经营货品内容上，也是“其货无所不居”，尤“以盐、典、茶、木为最著”。徽商的资本财力也十分雄厚：“下贾”者为银二三十万两，“中贾”者银四五十万两，“上贾”之家赀财竟达“藏镪百万”两银之巨。因而，徽商的商业经销活动，必然对清代商业的繁荣、城镇的兴起、货品的流通、经济的畅达，起着有力的促进和推动作用。

（2）徽商与社会生活。徽商每岁所入巨利，除购置土地和用作营运资本外，还用于投资社会教育、福利、公益、赈恤等事业：其一，是助修书院、祠堂。如黟县徽商舒大信，乾隆时，“邑人议建书院，大信存二千四百金助之”；嘉庆时，黟邑的碧阳书院，便由徽商集资数万两银兴建，建成后又每年助学银 3600 余两。其二，是助饷、助赈。如歙县徽商黄以正，雍正时，便建立“盐义仓”，且在数十年间，对“赈饥、弛逋、助葬、定婚、施棺、掩骼、设渡、修桥”诸事，均“力行”不倦；乾隆时，扬州地区遇水灾，歙县徽商（时为两淮盐商）汪应庚便一个人捐银 6 万两以供灾赈之用。其三，是兴修水利、筑建道路。如道光时，歙县徽商许仁，便曾倡议商人，捐银数万两，兴修芜湖凤林、麻浦二圩等水利工程，致使田数十万亩，“皆以二圩为保障”；道光时，更有徽商程国光，费数年之力，倾其积蓄，用以修筑歙县、休宁、太平、旌德等地的通衢要道险路，使商民皆得其便。其四，是行扶孤恤贫等“义举”。如康熙时，休宁徽商汪雅会，行商于江浙间而获利，但却对“造梁、赈饥，力行不怠”，故乡里“族党称之”；乾隆初年，上海发生海啸，“淹没者无算”，休宁徽商朱允汲在此贸易，便“首捐赀罟尸棺殓，置义冢掩埋数十余棺”，受到上海县令的嘉奖。

（3）徽商与学术文化。清代徽商的一个重要特点，便是“贾而好儒”，因此，与学术文化结下不解之缘。他们或是“先儒后贾”，或是“先贾后儒”，甚至“亦贾亦儒”。通过“贾为厚利，儒为名高”，即“商道”“仕途”兼进，做到贾儒结合，求之以儒政相通。这就为学术文化的繁荣与传承提供了财力支持，开辟了新的途径，其作用不应低估。如歙县徽商方士庹，在扬州营商获巨利，乾隆时，遇岁饥，“出千金助建惠济仓。又与本里创设义塾”。同时，还“与诸名流结韩江吟社”，著有《西畴诗抄》（4 卷）、《新安竹枝词》（1 卷）等书；而该县另一徽商黄筏，“贩木湖南，星餐水宿”而获巨利。他一生中，便喜“博览群籍，好文学，左、国、庄、骚、史、汉诸书，风诵如流”，且又“兼通天官、堪舆、六壬、演禽、奇门诸术”，有《虚船诗集》2 卷、文 1 卷传世①。

① 张海鹏、王廷元主编：《明清徽商资料选编》，黄山书社 1985 年版，第 452、465 页。

（二）江南丝绸与民族贸易

江南素以盛产各色各式丝绸而著称于世，这些丝绸深受边疆各族人民的喜爱。在清代，由皇帝亲自主持、亲命官员重臣所进行的西北官方民族贸易中，清廷便每年命江南江宁、苏州、杭州三织造制办数千或万余匹各种花色品种的丝绸缎匹，运往新疆伊犁、塔尔巴哈台、乌什、叶尔羌及和阗、喀什噶尔、喀喇沙尔、阿克苏等地，与维吾尔、哈萨克、蒙古、柯尔克孜、塔吉克、回、锡伯、藏、满等兄弟民族的商队，进行民族贸易，以易取他们的马匹、牛羊、玉石、农畜产品等。江南丝绸与该贸易有密切关系：

江南出产的丝绸纹样

江南出产的丝绸纹样

江南出产的丝绸纹样

其一，输运缎匹数量繁多。乾隆、嘉庆、道光、咸丰时期，在内地与新疆的丝绸贸易中，南方的绸缎无论在数量和质量上，均占绝对优势。概言之，乾隆时在90%以上，嘉道前期在85%以上，道光后期至咸丰初年在90%以上。如乾隆二十五年为8250匹，三十二年为19235匹，五十二年为5230匹，嘉庆八年为4280匹，二十四年为3872匹；道光元年为3632匹，二十九年为3809匹；咸丰三年为3860匹（此统计数字源自清代满汉文档案资料）。

其二，缎匹花色规格各异。在内地与新疆（实际上是在以江南为主与新疆之间进行）的丝绸贸易中，江南等地每年输往新疆的丝织物，据档案记述，主要有缎、绸、绫、绢、纱五类。缎有近20种，绸有十几种，纱有3种，绫有1种。最长者达4丈，最短者仅有1.8丈。最重者达42两，最轻的仅有5.5两。最贵者每匹需银13两，最贱者仅为银1.26两。在花色方面，每个品种，少则数色，多达几十色。属于赤色和橙色系统的有大红、桃红、木大红、绯红、红色、泥金色等；属于黄色和绿色系统的有古铜、黄色、鹅黄、米色、蜜合、香色、火香色、绿色、官绿、油绿、松绿、松花、沙绿、葱心绿等；属于青色和紫色系统的有铜青、藕色、酱色、京酱、库灰、月白、鱼白、白色、墨色、库墨、紫色、棕色、真紫等。在这些品种中，缎匹一项，“回人惟喜好青、蓝、大红、酱色、古铜、茶色、棕色、驼色、米色、库灰、油绿色”①。至于图案更有八宝、江山万代、万福万寿、拱壁花、三朵菊、西番莲等象征吉祥的各式纹样，备受欢迎。这一切表现出很高的工艺水平和织造技术。

其三，民族贸易影响深远，意义重大。江南丝绸贸易在清代西北民族贸易中占有举足轻重的地位，这实际上也是长江文化与边疆文化在经济、技术、文化方面所进行的一种交往。通过这一交往，对增强封建统一多民族国家的凝聚力、向心力；对边疆地区的开发和边防的巩固；对西北城市的兴起、商业的繁荣；对内地与边疆民族之间的经济、技术交流，均起着巨大的、积极的、无与伦比的促进作用。因此，它影响深远，历史意义重大②。

二、清代长江文化的海外影响

清代长江文化所产生的江南精美丝织品、各色瓷器（如江西景德镇所产名瓷）、园林与建筑技艺，通过各种贸易渠道和中外文化交流途径，传播至欧洲、美洲，从而在海外产生过轰动性的文化效应和深远的影响。

（一）长江文化在亚洲的传播和影响

17世纪的江户时代，日本实行闭门锁国政策，但对中国、荷兰“网开一面”。清人的商船被称作“南京船”“宁波船”“福建船”等。当时，江浙一带的宁波、澉浦、乍浦均是闻名海外的国际商港，在中日关系史上的地位尤其显著。

日本学者大庭脩曾利用康熙二十七年（1688年）193艘航日船只，统计出中国沿海口岸直达长崎的时间和里程：

① 档案，《为会呈织办事》（乾隆二十六年五月十七日），彰宝等呈。

② 林永匡、王熹：《清代西北民族贸易史》，中央民族学院出版社1991年版。

出发地	所需时间（日）	里程（里）
普陀山	5～14	250
南京（上海）	6～20	300
宁波	8～14	300
泉州	8～17	570
台湾	16～19	640
潮州	10～19	800
广东	16～25	870

（资料来源：[日]大庭脩：《江户时代日中秘话》，徐世虹译，中华书局1997年版，第25页。又见[日]大庭脩：《江户时代中国典籍流播日本之研究》，戚印平、王勇、王宝平译，杭州大学出版社1998年版，第512页。）

清代福州造南京出船

清代宁波的远洋海船

日本学者西川如见在《华夷通商考》中统计的商品种类列举如下：

南京省：书籍、白丝、续子、纱续、绐绸、罗、纱、耙、闪缎、南京缎子、锦、南京绮、金缎、五丝、柳条、袜揭、捻线绸、金线棉布、绢袖、棉布、抖纹棉布、丝纬、皮棉布、丝线、纸、信纸、墨、笔、扇子、箔、砚石、线香、针、栉笼、香袋、人造花、茶、茶瓶、瓷器、铸器、锡器、镶嵌金银的刀护手、漆器（堆朱、清贝描金、朱漆、屈轮、沈金）、光明朱、绿青、明矾、绿从、红豆、芙实、槟榔子、檀香、芍药、黄精、何首乌、白术、石斛、甘草、海螵蛸、紫金锭、蜡药、花石、纸质偶人、角质工艺品、革制文卷匣（俗称拜匣）、刺纷、书画、古童、化妆品及化妆用具、药种。

浙江省：白丝、绐绸、续子、纱续、南京维子、娜、金丝布、葛布、毛毡、纬、罗、南京峭、茶、纸、竹纸、扇子、笔、墨、砚石、瓷器、茶碗、药、漆、胭脂、方竹、冬笋、南枣、黄精、芡实、竹鸡（鹑类）、红花木样（即丹桂，药用）、附子、药种、化妆用品。①

① 〔日〕木宫泰彦：《日中文化交流史》，胡锡年译，商务印书馆1980年，第673—674页。

清前期传入的

日本黑漆描金山水大笔筒

日本江户时代赤地龙纹打敷

日本江户以降虾夷锦制袈裟

从南洋航线闽广地区运来的商品有：松、杉、楠、靛青、兰、茉莉、橘、柚、佛手、柑、龙眼（桂圆）、荔枝、橄榄、糖等；自浙东输入的有：竹、木、炭、铁、鱼、盐等。出港物品以布匹、丝绸为大宗。① 而从日本进口的货物中，主要则是铜、金、银、海参、鲍鱼、鱼翅等，其中铜是大宗。主要是因为清朝流通货币是用铜制造的，但当时铜矿开采不足，因此进口铜成为对日贸易的最大项目。这里以康熙三十七年（1698 年）出口的货物清单为例，说明当时出口货物的种类和数量。

康熙三十七年（1698 年），一艘从乍浦港起锚至长崎港的中国商船装载的主要货物是：白丝四十七包（每包五十六斤），大花绸一千五十匹，中花绸九百三十匹，小花绸一千六百匹，大红绉纱六十一匹，大纱八百九十匹，中纱一千一匹，小纱二千五百四十匹，色绸五十六匹，东京丝一百十六斤，东京繻四百二匹，大卷绫六百十匹，东京紦二百匹，中卷绫七百五匹，素绸一千三百十匹，绵四百斤，色

① 〔清〕光绪《漳州府志》卷四八《遗纪上》，《中国地方志集成·福建府志辑》，上海书店 2000 年，第 1160 页。

缎二百匹，金缎三十二匹，嘉锦九十匹，杭罗三百五十匹，大宋锦十三匹，西绫三百匹，花纱二百一十匹，轻罗一百匹，红毡六千一百十张，蓝毡三百十张，银朱八百斤，水银七百斤，白术六千斤，东京肉桂一千一百斤，桂皮五百斤，山黄肉六千斤，牛皮三百五十张，山马皮一千张，鹿皮五千六百张，歇铁石二百斤，鱼皮二百枚，鱼胶三千斤，苏木二万斤，漆三千斤，沈香四千斤，朱砂二千斤，冰糖一万一百斤，木香六百斤，白糖七万斤，三盆糖四万斤，乌糖九万斤，碗青七万斤，苓苓香一千斤，排草四百斤，黄芩二千斤，干松四千斤，干草二千斤，川芎五十斤，蕲蛇四百斤，麝香四十斤，人参四十斤，小参五十斤，墨三千斤，古画五箱，书六十箱，磁器六十桶，雄黄一千三百斤，料香一千斤，藿香三千斤，当归五千斤，伽楠香六斤，巴豆八百斤，刀盘十枚，黄蜡三千二百斤，明矾一千斤，白铅四千一百斤，金线五十斤，色线二十斤，古董十六箱，巴戟二千斤，禹余粮石一千斤，铁锅三十连，茴香一百五十斤，砂仁五千斤，石膏一百斤，淫羊藿二百斤，藤黄二千斤，羊皮一千五十枚，大黄二千斤，蒿木四千斤，阿胶二百斤，菜油四百斤，贝母一千斤。①

除日本外，长江文化对东南亚地区也影响极深。

在十九世纪后半叶，从福建、广东等地移居马来亚的男性华人，多与马来人通婚，出现土生华人，且创造了中马文化结合的“巴巴文化”。该文化中，日常生活、饮食、服饰习俗中，处处可见中国习尚的痕迹。如饮食中，通常喜好辛辣、多汁，采用柠檬汁、葱头、辣椒、酸橙、椰浆制作菜肴，其九层彩糕、塔兰糕、咖喱、蕉叶蒸鱼等菜点，均是马来化的中国食品。此外，来自广东、福建一带的华人移民，还将中国的闹元宵、舞狮、清明扫墓、赌博等社会风俗习尚，带到了马来亚，且与当地社会风习交流结合，并产生深远的影响，发挥出多元的社会效应。

清代由于中泰有朝贡贸易关系，故始终保持密切交往。自十八世纪中叶后，移居泰国的华人增多，而且大多集中在全国城市与集镇中，从事碾米、制鞋、缝衣、木匠、铁匠、造船、冶铁、炼锡等手工业，以及通商、贸易、行销商、零售商等行业。华商的店铺，林立城市之中；而农村中，更可时时看见走村串寨的华人商贩。此外，泰国国王拉玛一世的宫殿、城墙，均由中国工匠负责建造，致使泰国各省大型建筑，均受中国建筑式样与风俗的影响。华人的社会风俗习尚，更与泰国的社会风俗相交流，且由此形成新的社会风俗与文化事象。

① 冯佐哲：《乍浦港与清代中日贸易和文化交流》，见朱诚如、王天有主编：《明清论丛》第2辑，紫禁城出版社2001年版。

十九世纪中叶以后，来自中国广东、福建的华人，由海路及陆路移居缅甸。侨居缅甸的华人，主要从事商业以及缝纫、伐木、铁器金银锻造、宝石雕琢等手工行业。他们不仅带去了中国的工艺技术，也带去了中国传统的社会风俗习尚。恰因如此，缅甸女子的服饰筒裙，受中国傣族服饰影响颇深。至于缅甸人日常所用的伞、漆器、牙雕、绢扇、金银首饰、木工工具、铁工工具、人力车，均仿效中国样式制造。至于在居住风俗中，缅甸的王都曼德勒新建的宫城，由中国工匠设计建造，呈四方形，辟有城门四座、边门八座，城中心更有一座缅语称“德由午阴”的“中国花园”。民间住宅中使用的百叶窗因源自中国，也被誉称为“中国窗”。由此可见，其社会风俗受中国影响之深，以及中缅社会风俗习尚彼此交流、融合之密切。

自十九世纪始，华人成批移居印度尼西亚各地，他们普遍与当地妇女通婚，致使华人社会人数骤增至五十余万人之多。华人的移入与华人社会的形成，为中国社会传统风俗在印尼的传播提供了先决条件。在印尼，不仅音乐、舞蹈、戏剧与中国文化有密切关系，而且中国食品如豆芽、豆干、豆腐、酱油、肉面、豆浆、萝卜、咸菜、粉丝、咸鸭蛋、茶叶等，在印尼各地，也受人们普遍欢迎。至于一些年节的龙舟竞渡、吃粽子、舞狮风习，更成为印尼年节中的常见娱乐形式。由此可知，中印(尼)社会风俗交流的密切与影响之深了。

(二)长江文化在欧洲的传播和影响

在这一时期有许多欧洲人来到中国，美丽的南方自然风光及长江文化给他们留下了深刻的印象，他们对长江文化有所描述。如罗马尼亚人尼古拉·斯帕塔鲁·米列斯库(N,Spatarn Mitescn,1636—1708)曾以俄国使节身份出使中国，甚至进京见过康熙皇帝，并游览了中国许多地方，著有《中国漫记》一书。该书共58章，分为两大部分。第一部分20章，叙述了“中国人的公共事务，帝国情况和风俗习惯，以及一般介绍所涉及的其他情况”；第二部分38章则是“对所有的十五个省份分别做了专门的描述，介绍了这些省的省会和较小的城市。河流山川、自然资源、物产种类”；第二部分的最后两章介绍了朝鲜和日本。其中，第45章专记《浙江省及所属大小城市和特点》，详细介绍了杭州，“至于这个城市的规模，威尼斯人马可·波罗说，它的方圆大约120俄里，若把郊区也算在内，则超过180俄里。城里有一座高丘，人们视为钟楼，山丘上有人专门计算时间，并用一块大牌子以金字标志时辰及预告下一时辰”。[①] 所说的杭州有两个“海关”，“一个杂品海关，一个木材海关，还征收大量关税”。[②] 并指出杭州城内有众多河道和桥梁，河道上布满了各色船只，“江河湖泊形成水网，用以连接城市，行船通商。……中国无一城市不是居河而立，

① 〔罗马尼亚〕尼古拉·斯帕塔鲁·米列斯库：《中国漫记》，中国工人出版社2000年版，第174页。
② 〔罗马尼亚〕尼古拉·斯帕塔鲁·米列斯库：《中国漫记》，中国工人出版社2000年版，第172页。

或是天然江河或是人工运河”。“这里河川湖泊密布，比荷兰还要多，挖掘的运河水渠之多，令人难以置信，运河水渠两岸都铺有石块，还建了许多漂亮石桥”。“在这个（杭州）城市，包括它的郊区，有无数高石桥。……城市位于西湖东岸。……这个城市的另一边为钱塘江环抱。城市位于河川密布地区，还挖掘了许多运河，河上可通行大船”。“城市周围有一些名山，人工挖掘的运河环绕其间。天空似乎就是靠这些山支撑着。”“离西湖的运河不远处有一座大庙，这里经常举行庙会，汇集了全中国乃至全世界的珍奇货物”。同时，他简直还为西湖的美景所倾倒，写道：“湖上有装饰得金碧辉煌、五彩缤纷的游船，船上轻歌曼舞，一片歌舞升平景象，中国人所谓的地上天堂，确实名不虚传。”①1735 年，法国人杜赫德（P du Halde）在巴黎出版了一部名为《中华帝国全志》的百科全书式的著作。此书收集了 27 位欧洲来华传教士的著作，是当时欧洲人关于中国知识的总汇，伏尔泰称之为“一部关于中国最好、最详尽的著作”。此书出版后，很快被译成各种文字，在欧洲广为流传。书中有大量关于长江文化的描述，如其描述杭州：

杭州府（Hangzhou-chew-fu），浙江省的省会。

这是中华帝国内最富有、最宏大的城市之一。尤可称道的是，此城地理位置优越，居民数量众多，运河渠道便利，盛产世界上最好的丝绸。中国人有俗语“上有天堂，下有苏杭”，此地即人间天堂。此城基本为圆形，周围四十里，不包括郊区。从东门到北门为十里。城中居民上百万。一个信奉基督教的文人对居住在城中的一个传教士说，根据税务官的税册，光城里就有三十万户居民，不包括广大的郊区。

杭州城的城墙十分壮观、高耸、厚实。不过，城里河道中的水质则不太好。城外的河渠中有大量的船只，船工全家住在船上。城内街道不宽，不过店铺倒很整洁，商人也很富有。每条大街上都有牌坊，用来表彰某位官员的显赫功业，或者表明他受皇帝之恩宠。杭州城中还有四座高塔，每座都有几层楼高。驻防此城的军队可分两大类：一类共有七千人，由将军指挥；他的副手则统领另一类士兵，共有三千人。

杭州城里有些大花园，不过没有楼房，你可以想象城里的房子是多么多啊！大街上行人繁多，颇似巴黎，所不同的是，这里见不到妇女，清军（Tartar）有自己的营寨，与杭州城隔着一道城墙。宽阔的钱塘江（Tsyen-tang-kyang）就在城墙外流过。

① 〔罗马尼亚〕尼古拉·斯帕塔鲁·米列斯库：《中国漫记》，中华书局 1990 年，第 25、172—176、138、140 页。

可以毫不夸张地说，杭州是个丝绸之乡，因为中国的丝绸主要产于此地。据说光城里就有六千名丝绸工匠，如果此言可信的话，那么，其周围地区的工匠可达数十万之多。在杭城周围，以及附近的嘉兴府（Kya-hing-fu）和湖州府（Hu-chew-fu），每一个村庄无论它是多么小，都有人在从事丝绸行业。在杭州出产的丝绸中，有一种丝绸织有花色，被称为绫缎（Lin-tse），另一种丝绸平整而没有花色，被称为罗纺纱（Lau-fang-se），都是全中国最好的，并且供不应求。

不过此城最为著名的还是城边的一个小小的湖泊，名为西湖（Si-hu），周长二里格。湖水清澈，晶莹透明，就是湖底的一块小石头也能看到。湖水浅处，有莲花（Lyen-wha）覆盖。西湖边建有亭台楼阁，湖上还有精美的小桥，桥下小船穿行。

西湖之中还有两个小岛，人们在享受乘船游湖之后在此休息。岛上还有庙宇及房子，供人游玩。西湖四周同样建有众多的寺庙、豪宅，其中包括一个皇帝的行宫。皇帝南巡时，就住在这行宫中。

广州博物馆藏广彩东印度公司船舶纹大碗

上海中国航海博物馆藏“哥德堡”号船模

上海中国航海博物馆藏“耆英”号船模

这段文字充分反映了当时欧洲人对于杭州的典型看法。

清乾隆五十七年(1792年),马戛尔尼使团带着英王乔治三世致乾隆的国书及大量西洋礼物起航来华,于次年抵达北京,后转至承德避暑山庄觐见乾隆帝。同年10月经大运河南下,11月抵达杭州。在杭州地方官的邀请下,使团成员乘船游览西湖,并留下关于杭州西湖的旅游见闻,其中谈到湖中的小船、石桥,岸上的宅第、皇帝行宫、寺庙,并特别提到雷峰塔。王大人"有礼貌地邀请巴罗先生和其他几位团员乘坐一艘华丽游艇游西湖,一条准备饭菜的船跟随其后,湖面上荡漾着无数条供游人消遣娱乐的小船。岸上有达官贵人的宅第、一座皇帝行宫,还有不少寺庙。自山边冒出的小溪流入西湖,上面跨着美丽的石桥"。在树林中,有"几千个修筑得像房屋一样的坟墓,墓是青色的,配上白色楹柱,排列得像是一条条小街道。差不多每个晚上都有人拿着火把前来湖边的坟地向其家属的遗骸祭供"。在一座山峰上矗立着几座宝塔,其中一座位于岬角边上,名叫"雷峰塔"。"塔顶已毁坏,上面长满了绿苔和荆棘。据可靠的说法,此塔是孔子时的建筑物"。

英国马戛尔尼使团绘制的西湖图

(选自[英]乔治·马戛尔尼/约翰·巴罗《马戛尔尼使团使华观感》,商务印书馆2013年)

与此同时,长江文化通过如下方式,对当时的欧洲文化产生影响。

1. 丝织品的海外贸易

在17—18世纪,由于贩卖包括江南丝绸在内的中国丝织品,可获100%～300%的巨额利润,于是欧洲商队将东方丝绢大量运入欧洲。在法国市场上,中国的手绘丝织品和印花丝织品、白色与彩色丝绸肩巾,备受人们欢迎,销量大增。为争夺市场,法国、荷兰的丝织业工厂竞相仿制,进而推动、促进了两国丝织工业的发展。因此,西方学者利奇温在《十八世纪中国与欧洲文化的接触》一书中,便得出结论称:"十八世纪之末,法国的丝业,在美术及技术方面的欣欣向荣,实出于十七世纪中国材料不断输入的刺激",而其技术特点连同花式装潢，则“都是取法中国的”。

宁波中国港口博物馆
藏的带玻璃内芯银碗

宁波中国港口博物馆藏的
外销黑漆描金市井人物纹茶叶盒

宁波中国港口博物馆藏的
外销黑漆描金庭院人物纹雪茄盒

宁波中国港口
博物馆藏的外销银茶叶罐

宁波中国港口博物馆藏
铜胎珐琅西洋人物故事纹茶壶

清佚名《制茶工场》

清佚名《中国的茶叶贸易》

上海中国航海
博物馆藏外销的银花舫

浙江省博物馆藏清代杭州织红花锦

浙江省博物馆藏
清代杭州织造绿色寸蟒缎

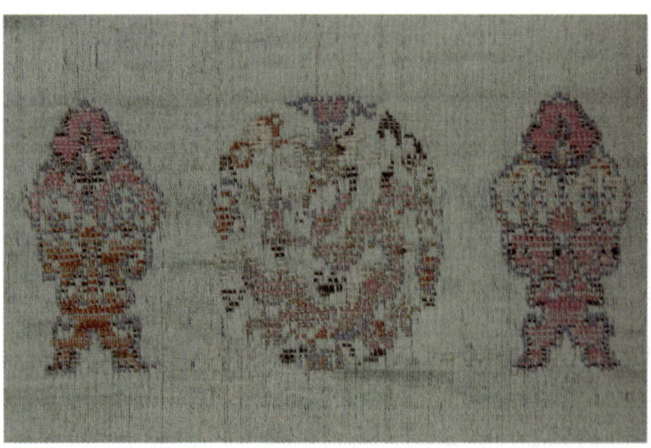

浙江省博物馆藏
清代杭州织造绿色寸蟒缎图案

浙江省博物馆藏
清代杭州织造月白大花直经纱

浙江省博物馆藏清代杭州织造红地绿花闪缎

2. 瓷器的外销

包括江南瓷器制品在内的中国传统瓷制用品，既有其日常生活的实用价值，也有着很高的艺术观赏价值(从造型、图案、花纹、釉色、质地、线条、透明度而言)。因此，成为外销欧洲的传统商品。

清代瓷制品的外销，更有盛于前代：首先，外销数额甚巨。据《荷兰东印度公司与瓷器》一书记载，17 世纪晚期，从巴达维亚每年运往欧洲的瓷器竟达 300 万件之多。其次，瓷制品深受顾客青睐。经考证，18 世纪英法等国在向中国的瓷器订货单中，茶具、餐具占多数便证实了此点。其中，茶杯、茶壶、茶叶罐、糖缸、果盘、面团缸等用于茶会的茶点瓷器，尤占多数。如 1700 年荷兰东印度公司向中国的订货单中茶盘、茶叶罐、糖缸、大口茶壶等。而 1738 年法国的东印度公司向中国的订货单中，更列有茶壶、青花杯、五彩杯、深肚碗、果盘、糖缸、面团缸等茶具。这表明，中国制造的五彩瓷、青花瓷茶具与餐具，在欧洲更加受青睐。从国外发现的实物来看，清代自康熙朝始，已有专为国外市场制作的外销瓷器输出，主要是西餐餐具和咖啡壶。因此，深受欧洲人的欢迎和喜爱。最后，中国瓷器较之欧洲瓷制品而言，不仅价格低廉，而且造型、质地、装饰上远胜过欧瓷。中国瓷器的外销欧洲市场，以及制瓷工艺技术的外传，也促进了欧洲瓷器工业的兴起，1709 年欧洲制造的第一件瓷器问世。即便如此，连欧洲学者德克·卜德在《中国物品传入西方考证》一文中也不得不承认："尽管自欧洲产生瓷以来，大量的瓷器在欧洲和其他地方也生产了出来，但没有任何一个地方的瓷器能与原产地中国的上等制品相媲美。"①

3. 茶文化

17 世纪时，茶叶在西方成为财富和难以抵御的诱惑物，用"喝所有中国茶"来譬喻至

① 沈定平：《从国际市场的商品竞争看明清之际的生产发展水平》，载《中国史研究》1988 年第 3 期。

高无上的享受。经过漫长的发展过程，中国的茶叶大量流入西方，茶叶变成了海上丝绸之路上的五大主要商品（丝绸、瓷器、茶叶与中草药、农作物）之一。从1697年开始，英国每年都从中国进口茶叶万镑以上。从1717年开始，在英国对华贸易中，“茶叶已开始代替丝绸，成为贸易中的主要商品”。茶叶贸易成了西方列强的东印度公司中最重要和盈利最大的项目。① 据学者研究，清代通过广州港的海上丝绸之路的分支海上茶叶之路而销往西方的茶叶，绝大部分来自中国浙、闽、皖、苏这四大省。如在1828—1833年间，中国通过广州港共出口86055吨茶叶，其中也有85%来自这四省，只有少量来自广东省的清远和广西的梧州地区。广州港出口的中国茶叶品种也基本上是浙皖苏的绿茶以及闽地的黑茶和白茶，其具体品种主要有武夷茶、功夫茶、检焙茶、小种茶、松子茶、宝种茶、白毫茶、松罗茶、东溪茶、熙春茶、皮茶、珠茶、珠兰茶、三味茶和条枝茶等15种茶叶。它们分别供应了阿姆斯特丹、哥本哈根、巴黎、汉堡和伦敦市场。中国茶叶的出口促进和繁荣了历史上一带一路的发展，活跃了国际商品市场，西方于18—19世纪产生了一股强大的“中国热”风潮，这凸显了茶叶在世界人类命运共同体的形成与维继中的作用。

茶叶贸易所造成的效应，不仅仅是中国茶叶被运销西方，它导致了西方消费习惯的变化，促使中国茶叶文化与西方咖啡文化的交流、竞争与共存。西方的许多近代先进技术和理念、全新的植物品种、近代机器设备和文化，也都在丝绸与茶叶的运销中，传入了中国，使中国加快了迈入近代社会的步履。②

4. 江南园林与建筑技艺的外播

十八世纪，伴随饮茶之风而至的，则是中国的装饰艺术、建筑和园林，甚至出门乘轿的热潮。如：在德国，1719年马克斯·埃曼纽尔设计建造了一座中国式塔院；在英国，到过中国的建筑师威廉·张伯斯于1750年在伦敦西郊为肯德公爵建造了以红墙、黑瓦、宝塔、亭阁式孔子楼为中心，兼有柳塘、石桥的中国庭园式建筑“丘园”；此后，中国庭园式建筑，又相继在法国、荷兰、瑞士、俄国、匈牙利等国相继出现。同时，随着以花鸟、山水、人物、采茶、制瓷为图案的中国“壁纸”成箱运往欧洲，使得诸多欧洲上层人物房室内的陈设，从壁纸到家具，均以中国式样为时髦。至于中国的色彩鲜艳、图案精美的丝绸，更是众多欧洲妇女喜爱的服饰首选原料。通过交流，有了中英中法混合式壁纸的仿造，以及中国式漆制、竹节家具、屏风、漆画、绢制折扇、羽毛扇等物品的仿制，且深受人们欢迎。

① 马士：《东印度公司对华贸易编年史》，区宗华译，第1卷，第156页。

② 耿昇：《从西方发现中国茶叶到海上茶叶之路的繁荣》，2017年中国（浙江）丝瓷茶与人类文明国际学术研讨会学术论文。

宁波中国港口博物馆藏外销油画中国民居

广州博物馆藏“行商园林图”通草画

江南园林建筑技艺的外播与欧洲仿造之风的盛行，得归功于清代来华的传教士和其他科学家。曾亲自考察过江南园林的英国建筑师威廉·张伯斯在1772年所写的《东方园林论》一书中，便对江南园林倍加赞誉：“中国人设计园林的艺术确是无与伦比的。欧洲人在艺术方面无法和东方灿烂的成就相提并论，只能像对太阳一样尽量吸收它的光辉而已。”接着，他开始在欧洲仿造中国江南的园林。早在1750年时，他便为肯德公爵建造过园林“丘园”，园内不仅有奇花异草，假山湖水，以追寻自然情趣，而且还建有中国式塔和孔子庙。对此，评论家汉什菲尔特在1779年所著的《园囿论》中评价说：“张伯斯建园，用曲线而不以直线，一湾流水，小丘耸然，灌木丛生，绿草满径，林树成行，斋然悦目——总而言之，肯德公爵入此园中，感到如在自然境界。”而法国人称此为“中英式花园”，且急起加以仿效。在建筑师长牟、培兰革、奥古斯丁、累那等人的设计参与下，很快在法国出现了一批此式园林。1773年，德国人乌齐也在《中国园林论》中，盛赞中国江南园林是一切园林建筑艺术的楷模。于是，德国一些地方也兴起对中国江南园林的仿造之风。如1781年由卡赛尔伯爵开始建造的“木兰村”，便颇为著名。村中所有建筑全仿中国江南，甚至园林村旁的小溪吴江也透出中国江南的风光情调；村中更有身穿中国服装的挤奶姑娘。从而使得这一富有中国江南园林神韵的“木兰村”，更加具有动人的魅力。

(三)长江文化在美洲的影响

清代的长江文化，还通过丝绸、瓷器的间接贸易而远达美洲，并对美洲的社会生活与文明的发展产生过积极作用和影响；而江南精巧工艺制品的传入，更带去了长江文化的传统制作工艺和技术，故深受美洲人民的欢迎。

1. 江南丝绸、瓷制品销往美洲

包括江南丝绸在内的中国丝绸，作为大宗商品，是由菲律宾运往美洲的。因此，从马尼拉开往阿卡普尔科的商船，被称作“丝船”。例如，自1774年出发的运送中国丝绸的商船，抵达美洲后，很快被蜂拥而来的大小商人抢购一空，他们再将此转销美洲各地。1748年，安达卢西亚的商人便说，大帆船的中国货物遍布整个西属美洲，“沿着南美海岸，无处不有中国丝绸的踪迹"①。即使印第安人也喜欢用中国江南丝绸来打扮自己。与此同时，包括江南瓷器在内的中国瓷器也大批销往美洲。1730 年，"萨克拉·费末莉亚号"船停泊在阿卡普尔科港时，船上便载有 120 桶精美的中国瓷器。这些造型精美、图案绚丽、制作巧妙的瓷制品，深受美洲各界人士的喜爱和赞叹，从而被争相购置。

1776 年 7 月美利坚合众国建立后，为了其人民脱贫致富，决心用一本万利的办法，尝试直接航海到富有的东方大国——中国通商，曾有商船开赴中国但都未成功。1784 年 2 月，他们再次开出一艘商船"中国皇后号"来华。该船建成时原名 Anglica，音译为"安格里卡号"。船主为了将此船投入往中国的商用航行，特改名为 EMPRES OF CHINA。② 1784 年 8 月 24 日，该船抵达澳门港，几天后到终点港古黄埔。到货有花旗参 473 担，棉花 316(一说 361)担，铅 479 担，胡椒 26 担，羽纱 1270 匹，毛皮 2600 张，还有些植物油、松脂等。回程货主要有：福建红茶 2460 担，浙江绿茶 562 担，瓷器 962 担，肉桂 21 担，布 864 匹，丝织品 490 匹。③ 次年 5 月船舶回到美国后，中国精美瓷品成为美国高级文化艺术装饰品，普通瓷器成为民间及饮食餐具、茶具日用品。瓷器、绸布图案上的中国国画，成为传播中国山水风光、人物历史故事、花卉、动物、建筑物形象的文化交流载体。此行的成功，从更深远意义上说，是促成美国成为世界大国触发机。④

此后，不断有美国商船来到中国，并带走中国货物。这些中国货物输入美国后，得到美国社会的接受与欢迎，且饮茶风气渐开，其他相关社会习俗也远播美国，使得这些风俗得以与当地风俗交流与共融。

2. 江南工艺品的传至美洲

随着商船的往返贸易，清代江南地区的一些精巧的工艺品也作为商品，传至美洲。如家具、屏风、首饰、梳子、扇子、风筝、爆竹等，更深受美洲人民的喜欢。据记载，18 世纪时，即使远离墨西哥城的卡塔赫纳爱，从姑娘到老人，"人们也都在摇着葵扇"⑤。可见这些工艺品的流入，既带去了制作的技艺和设计的技巧，又以其独特的实用和欣赏价值，丰富与美化了美洲人民的社会生活。这也必然会对当地文化进行渗透、对当地社会文明的

① 安尼塔·布雷德利：《拉丁美洲环太平洋之关系史》，纽约，1941 年，第 6 页。

② 菲科普·查德威克、福斯斯特·史密斯著：《中国皇后号》，《广州日报》国际新闻部法律室译，广州出版社广州报社 2007 年版。

③ 复旦大学国际政治系：《美国》，上海辞书出版社 1983 年版，第 64—71 页；李定一：《中美早期外交史》北京大学出版社 1997 年版，第 7 页；丹尼尔·市尔斯廷：《美国人建国历程》，美国驻华大使馆新闻文化处 1987 年，第 8 页。

④ 施存龙：《美国商船首航中国与中美关系之开创》，《文化杂志》(澳门)2015 年总 96 期，第 63、68—69 页。

⑤ 胡安·德乌略亚：《南美洲之行》，纽约，1964 年，第 29 页。

进程，产生直接、间接的影响①。

广州博物馆藏外销的檀香木雕纸本彩绘庭院图伸缩折扇

清代摇大葵扇的女子

广州博物馆藏广彩开光西洋人物风景图茶具

广州博物馆藏广彩开窗西洋人物图茶壶

广州博物馆藏“售茶图”通草画

① 南炳文、李小林、李晟文：《清代文化》，天津古籍出版社 1991 年版。

第十一章 率先走向世界的长江文化
——鸦片战争至新文化运动时期

从文化的角度考察，似乎可以把 1840 年的鸦片战争比作一扇门：门的这一边是农耕渔樵、社会缓慢发展的旧世纪；那一边却是车马喧嚣、声光化电的又一重天，是熙熙攘攘的近世繁华。鸦片战争的客观效果或许正在于此：经此一役，传统文化不得不跨出旧世纪，迈向近代，开始追赶世界近代文明的浪潮。这当然不是一条平直的坦途，而是一次痛苦与希望、沉沦与奋争交织在一起的艰难历程。洋务运动、维新运动、清末新政、辛亥革命，一次次奋斗犹如一次次炼狱。然而，近代文明之花毕竟还是绽开了。在大江南北、长城内外，一批充满时代生机的近代文化开始迅速成长，特别是长江流域的上海、江苏、浙江、湖南、湖北、巴蜀等地适应时代潮流，先后拓展各自的地域文化，由传统走向近代，由封闭走向开放，形成长江文化的流变、转型，而走向了文化的新生。长江文化的流变、转型是从道光、咸丰时期刚刚复兴不久的经世致用学派倡导学习与吸收西学开始，继由洋务派、维新派、革命派、留学生乃至传教士们不懈的努力而完成的。

近代长江文化崛起的关键是学习与吸收西方资本主义近代文明，其宗旨是御侮、救国和谋求民族独立富强。这当然是一个曲折、艰难困苦的奋斗历程。在这一漫长的艰辛历程中，以上海为代表的通商口岸则成为传播和建立近代文明的基地和橱窗。

尽管由于地域不同，长江的下游、中游、上游在各个时代发生文化变迁的程度不一，重点也难以相同，但经过晚清由洋务运动到维新运动再到辛亥革命的层层递变，整个长江流域都不同程度地经历了近代文明的洗礼。每经历一个时代，长江文化便留下了一个时代的历史足迹，举凡军事、工业、商业、交通、教育、风俗等社会文化生活的各个方面，都在发生着亘古未有的巨变，这些巨变极大地推动了清末近代中国的数次历史变革，同时也表明了近代长江文化的崛起。

第一节　中西文化剧烈冲撞下的长江文化

一、道光、咸丰时期的经世运动与长江文化

(一)经世之学的复兴

当清王朝进入道光(1821—1850)和咸丰(1851—1861)时期,由于它自身的腐败而国势大衰。严重的社会矛盾无情地困扰着当权者,亦引起关心时政和社会现实的开明官绅的严肃思考。早在道光前期(鸦片战争前),一些以“治国平天下”为己任的文人学士和开明官绅便极力提倡重振“经世致用”之学风,以探求纾解民困、匡救时艰的良策,遂使久已湮灭的经世之学迅速复兴。

所谓“经世之学”,又称“经世致用”或通经致用、实学等名目,是指讲求通晓儒家经学以服务于现实政治和社会实际的崇实学风和价值取向。它以儒家经典的经义为治理国家和改良社会的根本依据,以求建立一个理想的社会秩序。实质上它是儒家传统的“治国平天下”等政治抱负付诸社会实践的思潮和具体方策。

经世之学本由明朝遗民黄宗羲、顾炎武等思想家所倡导,他们有感于明朝灭亡的沉痛教训,认真反思明代的弊政和风气,批判空言心性和脱离实际的学风,进而昌明儒家匡世济民、献身国家、献身社会的精神。但在清初的高压政策统治下,这派很有生气和光采的学风和思潮日趋湮灭了。及至道光前期它才开始复兴起来。复兴后的经世之学主要“讲究如何由制度的安排,政府多种政策的运用以及法令规范的约束,以求政治社会秩序的建立。总而言之,它是希望以外在的政治和文化力量以求达到儒家所谓的治法”①。因此它包括的内容更为广泛和丰富多彩:举凡与国计民生有关的政治、经济、文化、教育等方面的改革,乃至变法、谋求富强、整饬吏治、革除弊政、减轻赋税、理财、治河、漕运、海运、盐务、水利、刑狱,以及养民、边政、海防、“夷务”等务实之学,统统成为晚清经世之学的重要内容。但它所强调的重点则是如何加强和完善官僚制度的职能。其规模宏大,影响深远,形成了独具特色的晚清经世致用的社会思潮,或称之为晚清“经世运动”。实质上它是封建统治阶级自我调节、缓和社会矛盾的自救自新的思想与举措,亦是有益于社会安定与发展的进步思潮。

晚清经世思潮的复兴,以魏源代贺长龄编辑的《皇朝经世文编》一书为标志。刘广京

① 张灏:《宋明以来儒家经世思想试释》,载《近世中国经世思想研讨会论文集》,(台北)“中央研究近代史研究所”1984年版,第16页。

称道此书的叙文"不啻晚清致世运动之宣言"①。此书于道光六年（1826 年）编成，次年刊行，共 120 卷，收清代议论、条陈、章奏 2000 余篇，分为学术、治体、吏政、户政、礼政、兵政、刑政、工政等八纲，纲下分立子目，集清初至道光以前经世致用文章之大成。它清晰地体现了经世派注重研究当代制度及其历史沿革，注重实用、功效、变革与进取的治世精神，成为长江文化宝库中的瑰宝。

长江流域素为人文荟萃之区，经世之学等传统文化最为发达。这里也是晚清政治运动的发源地。嘉庆、道光之世，这里有一大批忧国、务实和关心民瘼的经世致用派的学者和以经世为己任的疆臣官吏，其中不少人既是官吏又是学者。陶澍、李兆洛、贺长龄、包世臣、魏源、姚莹等等，都是这一时期经世派的佼佼者。

这些经世派疆吏、学者在有关国计民生、制度兴革、除弊兴利等方面最有建树，思想主张丰富多彩，成效显著。例如，陶澍在整理淮北盐务、开辟海运漕粮和兴修水利等方面政绩显赫。林则徐在任江苏巡抚时注重经世致用，关心民瘼，革除弊政，兴修水利，并对吏治、盐务、漕运等做了有益的改革，对赈济灾荒不遗余力，被民间誉为"好官""林青天"。王引之对科举、吏治、救灾、治蝗皆有精深研究和突出贡献。此外，对清代三大政：河工、漕运、盐政有精深研究的经世之才济济，如包世臣、陆建瀛等等，不胜枚举。这些人大都是务实、干练和关心国计民生，以"治平"为己任的经世致用的倡导者和实践家。当时，对经世致用之学的倡导最力、理论贡献最著者，当推包世臣、龚自珍、魏源等人。

包世臣长期从事刑钱两席幕府，对漕运、河工、盐务、币制都有精深的研究，并提出一系列政治、经济改革主张，是讲求时务、注重实学和经世致用的代表人物。故以"善经济之学"著称于世。

龚自珍是近世今文经学家的代表人物之一。早年潜心史籍，中年主张借经义以求改变衰世的种种弊端，即以微言经世，倡言通经致用，提倡学术为政治服务，声言"一代之治，即一代之学"；遂开关心时务、"慷慨论天下事"的风气。他反对脱离实际地寻章摘句繁琐考证的学风，反对八股取士的科举制度；提倡学士大夫应向富有实践经验的"田夫、野老、驺卒"②学习，并重视实地调查研究，成为注重实学和经世思潮的代表人物之一。

魏源是和龚自珍齐名的今文经学家，倡导和实践"经世致用"之学。他编辑《皇朝经世文编》时撰筹漕、筹鹾、筹河篇，并助江苏巡抚陶澍筹办漕运、水利诸事。他反对脱离实际的训诂和考证，主张以"经术为治术"③，解决社会实际问题，是一位有理论、有实践经验

① 刘广京《魏源之哲学与经世思想》一文中倡"经世运动"说，载《近世中国经世思想研讨会论文集》(台北)"中央研究近代史研究所"1984 年版，第 364 页。

② 〔清〕龚自珍：《龚自珍全集》第一辑《乙丙之际箸议第六》，上海古籍出版社 1975 年版，第 4 页。

③ 〔清〕魏源：《魏源集》，中华书局 1976 年版，上册，第 24 页。

和有建树的经世派的杰出的代表人物。

鸦片战争前，经世派重点探究以下两大社会政治问题：

一是研究和试图解决鸦片危害及由此而引起的社会危机与统治危机。道光初年，鸦片危害社会的状况日益严重，禁烟的呼声日益强烈，道光帝遂下令取缔鸦片贸易。但这时的禁烟舆论大都着眼于风俗人心，不外乎是"敦教化"的传统主张。随着鸦片走私的猖獗及吸食者激增，以及"银漏""兵荒"等问题的严重，经世派以及社会舆论主要集中在严厉禁烟上。几乎所有的经世派官僚、学者都把禁绝鸦片当作刻不容缓的任务而主张认真查办。许多以经世为己任的疆臣、言官纷上奏章，及时反映情况或提出对策，以便道光皇帝及时了解下情，得知鸦片危害"南北各省情形如出一辙，较洋钱之害尤甚"①，道光帝饬令制订禁烟措施与条例，大张旗鼓地开展禁烟运动。

二是抨击时弊，揭露社会黑暗与政治腐败，要求整饬吏治和更法、变革。龚自珍、魏源在这方面的言论激烈，主张明确。龚自珍对极端专制制度与腐败的官僚政治揭露批判不遗余力。他痛斥官僚多是无耻的利禄之徒，"士不知耻，为国之大耻"②；靠这群兽虫是不可能治理好国家的。他认为"自古及今，法无不改"，"一祖之法无不敝"③，只有"更法"和变革才能挽救社会危机。

魏源亦是抨击时政、倡言改革的名士，对腐朽的官僚政治的批判不在龚氏之下。他痛斥因循守旧的官僚是"鄙夫"，是"乡愿"，"除富贵而外不知国计民生为何事，除私党而外不知人才为何物"；他们"无职不旷，无事不蛊，其害且在强藩、女祸、外戚、宦寺、权奸之上"④。因此，他疾呼革除弊政，为民兴利，改变陈陈相因的成法。他认为"天下无数百年不弊之法，无穷极不变之法，无不除弊而能兴利之法"⑤。而且强调"变古愈尽，便民愈甚"⑥。可见，龚、魏在鸦片战争前的变法主张与呼喊，是那个时代的最强音，也是经世思潮所能达到的最高境界，但是清王朝早已积重难返，仅靠经世派以传统的兴利除弊、治乱兴衰的学说与方法进行修修补补，毕竟挽救不了清朝的衰败，更抵挡不住西方资本主义的鸦片、商品和坚船利炮的入侵和撞击。可喜的是，注重实际和讲求实效的经世派，在同西方资本主义较量的失败之中勇于接受痛苦的教训，勇于学习西方的长处，遂使经世致用思潮迅速地向学习西方"长技"的西学思潮演变。

① 《鸦片战争档案史料》第1册，上海人民出版社1987年版，第53页。
② 〔清〕龚自珍：《龚自珍全集》第一辑《明良论二》，上海古籍出版社1975年版，第31页。
③ 〔清〕龚自珍：《龚自珍全集》第一辑《乙丙之际箸议第八》，上海古籍出版社1975年版，第6页。
④ 〔清〕魏源：《魏源集》，中华书局1976年版，上册，第66页。
⑤ 〔清〕魏源：《魏源集》，中华书局1976年版，下册，第432页。
⑥ 〔清〕魏源：《魏源集》，中华书局1976年版，上册，第48页。

（二）鸦片战争后经世运动的新趋向

正当清朝关门治理社会、复兴经世之学的时刻，西方资本主义列强却以鸦片、商品和坚船利炮频频入侵，而使清王朝遇到空前严重的危机，受到严重的挑战，终于爆发了英国大举入侵的鸦片战争。清朝在这场战争中的失败和屈辱，极大地刺痛了中国人民和开明官绅的爱国心。经过鸦片战争洗礼的经世派目睹西方炮舰和工业文明的威力，遂把敏锐的目光从封闭的中国转向西方资本主义世界，并以经世致用的思想精神去了解世界历史和现状，学习西方科技文化以求富国强兵和御侮。经世派健将林则徐、魏源等人成为认识西方、学习西方的倡导者和实践家，并为经世致用之学增添了崭新的内容，标志着经世思潮向西学思潮演变的帷幕已经拉开。因此，道光、咸丰时期经世运动由注重“治内”转向“师夷”和“御外”。

鸦片战争后出现的西学，并无明确的、固定的概念和内容，大体上是泛指传入中国的西方资本主义科学技术、医学、语言文字、政教制度和哲学社会科学等等。甚至把“与西方有关的事务”即“夷务”或“洋务”也称作西学①。可见，西学是一个庞大的科学技术和社会文化的载体，随着西方文化的传播，其内容不断扩大、增新与完善。19 世纪末期，张之洞在《劝学篇》里把传统的中国学术文化称之为“旧学”，而把西学称为“新学”。先进的中国人和以务实为己任的经世派，认为西学是西方资本主义国家富强的根本，他们为谋求富国强兵和抵御外侮而积极了解西方国家的历史和社会，追求西方近代化的科学技术新知和政教制度，逐渐形成向西方寻求富强之道的西学思潮。

由于西学是一个内容宏富的庞大载体，经世派对它的认识与吸收势必有一个由浅入深、由表及里的历史发展过程。鸦片战争时期，由林则徐、魏源所开创的向西方学习的思潮与风气，偏重于了解世界历史、现状和“师夷之长技”，即学习以船炮为主的西方科学技术与练兵之法。林则徐在广州延聘外语人才，翻译外文报刊资料和著述，借以了解“夷情”和世界，先后编成《澳门月报》《华事夷言》和《四洲志》。他还组织翻译和搜集大炮瞄准法、战船图式、枪炮制造原理与技术方面的资料，以增强海防和军备。林则徐放眼世界、探求西方新知和仿造西器的进取精神，把经世致用之学推向了崭新的阶段。他的努力和成就不仅对制订抗英策略发挥了重要作用，还在中国思想界起了启蒙作用。在他的带动和影响下，魏源、姚莹、冯桂芬等一大批长江流域的经世派学人名士，在探求西方新知和介绍西学等方面付出了巨大的努力。这股引进西学的新思潮一开始就表现出蓬勃的朝气，打开了经世思潮向西学思潮转变的新局面。

① 《剑桥中国晚清史》下卷第 229 页：“与西方有关的事务在六十年代以前大体称‘夷务’，在七十年代和八十年代就称为‘新学’。”中国社会科学出版社 1985 年版。

魏源在鸦片战争前提倡经世致用，战后则倡导学习西方、传播西学。他受林则徐的嘱托，在《四洲志》的基础上广泛搜集中外资料，于1842年扩编成《海国图志》50卷，1847年补成60卷，1852年扩为100卷。该书旨在了解“夷情”，抵御外侮，并明确提出“师夷之长技以制夷”的重大命题，成为经世思潮向西学思潮演变的重大转折点。《海国图志》较系统地介绍世界史地、社会风情和西方科技知识，成为近代开端时期学习西方的启蒙读本。在它的影响下，经世派纷纷研究世界舆地，许多世界舆地著述和译著相继问世。1844—1846年姚莹两次奉使西藏考察，1847年著成《康輶纪行》，主要记载西南边疆的舆地情况及作者考察西藏有关山川风物的见闻，但其中也有“外夷山川形势风土”，介绍英、俄、印度等国的情况，并附有《中外四海地图说》，为人们认识西方提供了重要的依据。

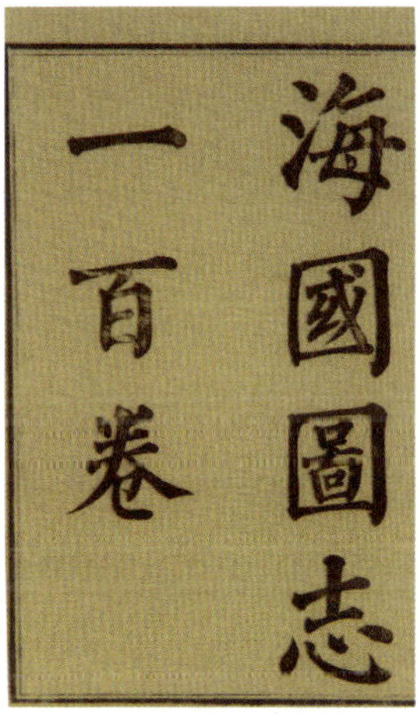

魏源《海国图志》书影

魏源像

鸦片战争后迅速形成的研究世界舆地的热潮，大都是围绕着学习西方、探索富国强兵之道与战胜西方侵略等政治追求而进行的。这一热潮的出现，恰是经世思潮向西学思潮演变的重要成果。这些著作除介绍西洋诸国的史地和社会风情之外，还介绍了西方科学技术，并首次介绍西方的民主政治制度，从而构成早期传播西学的主要内容，推动了西学思潮的初步形成与发展。这意味着鸦片战争的严酷现实教育了中国人民，逐渐使越来越多的人认识到只有认识世界形势、学习西方、引进西方科技和资本主义近代文明才能富国强兵和有效地抵御外侮。这说明在近代中国历史开端时期，就已产生了向西方学习的西学思潮的悦耳潮音。但是，“师夷长技”的主潮尚未真正形成，仅局限于了解和介绍西国历史、现状与社会风情及科技知识的浅层上面。只是到了19世纪50年代以后，在传教士的帮助下才引进数学、天文学、光学、力学、化学、生物学、地矿学等基础科学，并翻译出了有关的著作，丰富了西学的内容。至于西方政治制度等方面的知识与译著，尚不被人们理解和重视。直到第二次鸦片战争结束后，才在失败羞辱的刺激下，迎来了经世思潮向西学思潮演变的高潮——洋务思潮(即自强思潮)。

第二次鸦片战争的失败对清王朝的打击和震动远比头一次厉害。用经世派冯桂芬的话说:“有天地开辟以来未有之奇愤。凡有心知血气者,莫不冲冠发上指者,则今日之广运万里地球中第一大国,而多制于小夷也。”①清朝统治者和士大夫痛感“创巨痛深”,因此“人人有自强之心,亦人人为自强之言”②。甚至出现了“一唱百和、万口同声”谈洋务的局面③,形成声势赫赫的洋务思潮。夙以关心时务、讲求实际为己任的经世派官绅士庶亦争相发表言论、著书立说,为谋求“师夷长技”和求富求强而献策。当时,既精通经世致用之学,又究心西学的冯桂芬著《校邠庐抗议》一书,鼓吹“采西学”“制洋器”、发展近代企业与培养西学人才,并提出“以中国之伦常名教为原本,辅以诸国富强之术”的理论,成为经世思潮向西学思潮进一步演变的里程碑。可见,冯桂芬对魏源“师夷制夷”的主张做了重要的发挥,开始构建“中体西用”的理论体系。

道光、咸丰时期经世派放眼世界、学习西方的种种努力为长江近代文化的发生发展作出了巨大贡献。在他们的带动下,长江流域的学人名士开阔了视野,初步认识到要富国强兵和抵御外侮,就必须了解西方和学习西方的长技。这种“师夷长技”的思想为同治、光绪时期的洋务派付诸实施,并在其实践中做了较全面的发展。条件优越的上海、南京、武汉等长江口岸城市,迅速形成发展洋务事业和传播西学西艺的重要基地。曾国藩、李鸿章、张之洞等人既是近代经世派的健将,也是洋务运动的领袖人物,他们为长江近代文化的建立和发展初步奠定了基础。但是,不论是林则徐、魏源,或是冯桂芬、曾国藩、李鸿章、张之洞等人,他们都没有也不可能把握住西学的全局,大都是从社会现实出发引进西学西艺以求实用和实效。然而,值得称道的是:经世派的务实精神和甘冒风险追求西学西艺的种种努力,把经世之学与西学西艺两种截然不同的文化杂糅在一起,为海派文化、湖湘文化等类型的长江近代文化的崛起和兴盛创造了有利的条件,他们还在长江各通商口岸大张旗鼓地引进西学西艺,力所能及地建设近代社会文明。

二、通商口岸与近代文明的传播

(一)传播近代文明的橱窗

在近代中国历史上,世界帝国主义列强利用战争侵略强迫签不平等条约等手段,相

① 〔清〕冯桂芬:《校邠庐抗议》卷下《制洋器议》,清光绪十年豫章刻本。

② 中国科学院近代史研究所史料编辑室等:《洋务运动》,上海人民出版社1963年版,第1册,第26页。

③ 《洋务运动》,上海人民出版社1963年版,第1册,第454页。

继开辟了 80 多个通商口岸，使这里既成为半殖民地化的典型地区，又成为传播西方近代文明的基地和橱窗。在 80 多个通商口岸中，长江沿岸就有 20 余个，成为通商口岸最为集中的地区①。尽管这些通商口岸的开辟是资本主义国家侵略、掠夺中国的产物，但是它在客观上打破了中国社会长期封闭的状态，加强了同世界的交往，并且刺激了中国资本主义的发展和近代文明在中国的传播。因此，殖民地化的加深和近代文明的建立、传播，便构成了通商口岸“一身二任”的显著特点。这种特殊的社会历史现象，形成长江近代文化的鲜明特质。

上海外滩的豪华高层建筑

从上海外滩公园远望沙逊大厦

清佚名《广州商馆区》

日本人绘《香港岛开埠图》

晚清澳门油画

上海外滩的西洋建筑

① 如果加上两广、福建等地的通商口岸，就有 40 余个。

地处长江入海口的上海，是全国最大的通商口岸，这里的近代文明最为发达，影响最为深远，成为宣扬和传播西方近代文明的"模特"和特大"橱窗"。许多中国人的近代知识和对西方近代文明的追求与向往，大都是从这里开始的。

19世纪末期，英人干德利在《中国的今昔》一书里说："曾有一次，人们有力地指出，上海的工部局是在中国最好的宣教士。这意思是说，上海的外国租界是一个实例，阐明西方文明的优点。每年成千成万的中国人由帝国他处去过上海，他们可以看到美丽的建筑，整洁的街道，燃着电灯或瓦斯灯；他们可以看到机器、自来水、电报、电话、火轮船、公园。他们在这里所得到的印象，必然多少传到内地去。上海如此，香港也如此。"①康有为、梁启超、郑观应、王韬等一批又一批的改革家正是先后游历了香港和上海，目睹了西方舶来的近代文明而眼界大开，坚定了他们学习西方和变法图强的信心的②。正如康有为早年游历香港后所得出的结论那样："览西人宫室之瑰丽，道路之整洁，巡捕之严密，乃始知西人治国有法度，不得以古旧之夷狄视之。"③后来，他游历上海，见"上海之繁盛，益知西人治求之有本，舟车行路，大购西书以归讲求焉"④。他和其他启蒙主义者一样，最初认识近代文明是从市政文明和工业与科技文明而发凡，进而认识与追求西方的文化教育及其治国之法度。这正是近代中国人认识与学习西方的普遍现象，在一定程度上反映了通商口岸传播近代文明的历史轨迹。

上海等通商口岸的近代市政文明，是移植西方资本主义文明的醒目的标志之一。其中尤以近代建筑、街道、市内交通及电灯、电话、自来水等设施最为引人注目，成为人们初步认识近代文明的启蒙"图本"。

近代建筑首先在通商口岸出现与发展。广州、上海、汉口与天津等商埠的近代建筑花样繁新，尤以租界地区最为集中。那里的西洋建筑有领事馆、工部局、洋行、银行、商店、饭店、教堂、住宅、俱乐部、影剧院、工厂厂房、仓库等等，应有尽有。建筑豪华精美，风格各异。开埠初期多是一两层的"券廊式"楼房和欧洲古典式建筑；进入20世纪之后，各种流派和各种功能的西洋建筑在上海等通商口岸拔地而起。二三十年代建造的工业建筑、公共建筑、银行和住宅等多为四五层或更高层次的建筑群。其功能、设计、建材、工

---

① 中国科学院近代史研究所史料编辑室等：《洋务运动》，上海人民出版社1963年版，第8册，第437页。

② "道经上海之繁盛，益知西人治求之有本……"中国史学会编：《戊戌变法》，《中国近代史资料丛刊》第八种，神州国光社1953年版，第4册，第127页。

③ 中国史学会编：《戊戌变法》，《中国近代史资料丛刊》第八种，神州国光社1953年版，第4册，第115页。

④ 中国史学会编：《戊戌变法》，《中国近代史资料丛刊》第八种，神州国光社1953年版，第4册，第116页。

艺、结构和设备都是近代化水平较高的建筑物，并成为展现西方文明的“样板”。

中国模仿与学习西方建筑也正是从沿海各通商口岸开始，并缓慢地传播到内地的。洋务运动时期仿建了一批工业建筑群及学堂斋舍；20世纪初期的“新政”时期亦采西法建造了一大批工业建筑、公共建筑、衙署与学校等新式房屋。这些种类的西式建筑，尤以上海最为集中。此外，在汉口等沿江各口岸也相继建造了一些风格各异的西式建筑群，与中国传统的青砖灰瓦、雕梁画栋的官衙府邸、商店民居形成鲜明的对比。

与近代化建筑交辉互映的则是近代化的市政设施的发展与传播。大凡在重要的通商口岸大都修筑了马路、电灯、自来水和近代化的交通与邮电通信等公用设施，成为城市近代文明的重要标志。

电灯是社会生活近代化的重要标志之一。发电照明技术于1879年始传入中国。这年4月，外商在上海虹口一座仓库里设置一台10马力引擎发电机运转成功，一个月后开始发电照明。1882年7月，英商在上海乍浦路创办上海电光公司，开始架设路灯照明。1893年由公共租界工部局收回自办，三年后扩大设备和推广电灯用户，居住在外滩一带的中国绅商买办也争相使用电灯照明。各公共场所更是纷纷争相使用，如“戏园、酒馆、烟室、茗寮，更无不皎洁当空，清光璀璨”①。时人赋诗云：“申江今作不夜城，管弦达旦喧歌声，华堂椋筵照夜乐，不须烧烛红妆明。”②可见，电灯装点了近代化的城市，却被上层社会用以享乐。19世纪80—90年代，电灯照明也在广州、北京、天津等地出现，但尚未普及。戊戌变法时期，湘抚陈宝箴鉴于仿西法以煤油灯照明虽然便利，但煤油性烈，火灾迭起，且灯罩易破碎，“履险糜费，甚非计也”，“于是命宝善成公司，创造电灯”，先在抚署试燃，数月而完善，遂在民间推广，收费廉贱，于是长沙一城争相使用，“自学堂、报馆以逮通衢大商肆，咸入夕炳炳然矣”③。

自来水是近代化城市中公共事业的主要部门，最早于1881年传入上海。这年上海自来水公司创立，并着手在租界及附近地段建造自来水设施。1883年建成供水。除供英法租界用水外，亦供附近中国居民饮用，“激浊扬清，人皆称便”④。1902年，由华洋合办内地自来水公司，扩大了自来水的应用范围。

电报、电话这种近代化的通信工具，也是最先传入通商口岸，再由此传播到内地的。19世纪50—60年代，欧美各国的电报已四通八达，中国却仍旧依靠中世纪的驿站传递公文和消息。英、俄等侵略者一贯觊觎中国电报利权，英商曾于1865年擅自在上海县架设

① 《洋务运动》，上海人民出版社1963年版，第8册，第346页。
② 《洋务运动》，上海人民出版社1963年版，第8册，第346页。
③ 〔清〕谭嗣同：《谭嗣同全集》，中华书局1981年版，下册，第428—429页。
④ 《洋务运动》，上海人民出版社1963年版，第8册，第346页。

电杆，大受当地官民的反对。此后，英人或强行在通商口岸地区架设，或在广州、上海等地海底铺设电缆，并擅自把水线通到上海租界。清政府在同列强的交涉中，以及在维护电报利权的斗争中，对电报的重要作用开始有所认识，从19世纪70年代中后期起就有引进电报的打算。1877年，福建巡抚丁日昌首先在台湾架设台湾府至旗后全长40千米的电报线。1879年李鸿章在大沽与天津间架设电报线成功，次年奏请架设天津至上海的电报线，并在天津设立电报总局。1881年11月，津沪电报线架设竣工，给军政、商务带来极大的便利。时人称颂："此诚开辟以来之创举也。"①1884年又铺设成功上海至广州沿海各口陆线，电报总局也由天津迁至上海。接着，连接长江沿岸、东北、西南和西北各地的电报线也相继架设成功。仅仅10余年间，电报线已"布满各省，瞬息万里，官商称便"②，并有效地制止了外国资本主义企图垄断中国电报事业的侵夺利权的活动。

上海大北电报公司的发报间

上海组建的中国第一家外商电讯机构大北电报公司

电话是更为先进的通信工具，魏源在《海国图志》中最早提到过它，名为德律风(telephone的音译)，传入中国的时间说法不一。徐润在《上海杂记》里说：1878年"招商局已有设立，与各公事房及码头通话，为商场中用德律风之始"，并说上海在1881年成立了德律风公司③。黄式权在《淞南梦影录》里则说："上海有德律风，始于壬午(1882年)季夏。"并详细描述了电话的装置、设局、线路及使用等情况。他盛赞电话"传递之法，不用字母拼装，只须向线端传语，无异一室晤言"④。今据《招商局史》得知，1875年，招商局已

① 〔清〕张焘：《津门杂记》卷中，引自陈振中：《简明中国近代史》，天津人民出版社1991年版，第394页。

② 《洋务运动》，上海人民出版社1963年版，第6册，第451页。

③ 《洋务运动》，上海人民出版社1963年版，第8册，第333页。

④ 《洋务运动》，上海人民出版社1963年版，第8册，第345页。

聘请上海英国工部局架设从总局至虹口码头的电缆①，是为中国自主敷设电话线路之开端，但这段线路较短。1882 年上海已有两个电话交换所开始通话或营业，主要集中在招商局、码头及少数华股公司。20 世纪初，武汉出现了商办电话。

1905 年民族资本家张謇在南通创办的资生铁冶厂

清末正在工作的电话接线员

无线电于 20 世纪初期传入中国。1904 年由法国人在秦皇岛等地首先设立，成为无线电传入中国之起点。1908 年江苏在吴淞和崇明两地使用无线电通报。随后上海与海上船舶亦用无线电通报。

近代邮政的设立和推广，成为近代文明传播的又一重要内容之一，也是沟通行情、信息、知识和人际交往的重要工具。1862 年，上海英租界组建了工部局书信馆，法租界设立了邮政局②。1876 年，赫德建议清政府设立"送信官局"，成为中国近代邮政的发端。1896 年清政府正式开办国立邮政——"大清邮局"，聘赫德为"总邮政司"。从此，近代邮政逐渐从通商口岸向内地和边疆推广。

由上可知，通商口岸确是近代物质文明引进与传播的基地和橱窗。这些近代化的设施和技术都是以近代工业为后盾、做基础的。

通商口岸的近代工业，首先是为了掠夺原料、倾销商品与榨取中国人民的血汗的外国资本主义侵略者建立的，主要包括船舶修造、轮船运输、棉纺、缫丝、面粉、榨油、卷烟、炼铁、制茶、印刷、电力、水泥、金属矿场等近代企业。这些厂矿企业大都集中在上海、广州、武汉、天津等通商口岸及其周围地区。它们的发展轨迹是，先由洋务派兴办军工和民用企业，继有民族工业的兴起。至 20 世纪 20 年代前后，上海的"中国工厂的数目大大超过外国工厂数，而且正在迅速增加"③。因此，集中在通商口岸的宏伟的厂房、林立的烟囱与轰鸣的机器声，显示了近代化城市的活力。工业集中的上海、天津、广州、武汉等通商

① 张后铨主编：《招商局史（近代部分）》，人民交通出版社 1988 年版，第 83 页。

② 汤志钧：《近代上海大事记》，上海辞书出版社 1989 年版，第 178、183 页。

③ 刘明逵：《中国工人阶级历史状况》，第 1 卷，第 1 册，中共中央党校出版社 1985 年版，第 782 页。

大埠，不但把工业品运销四方，还为各地建立工矿企业提供技术力量、机器设备、培训技师和工徒等等，上海等地成为全国近代工业的发祥地。近代中国的民族工业，正是这样先从沿海通商口岸兴起，继而推广到全国各地的。然而，工业文明的兴起与发展，是与兴办新式教育相辅相成、相得益彰的。

兴办新式教育是传播与建设近代文明的重要内容。新式学堂则是培养各种近代化人才的基地。洋务运动中创办的大型近代化企业，大多附设专门学堂以培养技师和工徒。当年的广州、上海、福州、南京、天津、武汉等口岸，正是新式学堂的丛集之地。先由西方传教士在这里办学，继而中国官民效仿，外语学堂、军事学堂、技术学堂、师范学堂、普通中小学堂、大学堂及各种专门学堂犹如雨后春笋般地建立起来。洋务运动中的上海成为培养科技与制造等方面人才的基地，也是近代中国人瞩望世界的前哨和走向世界的“站台”。新式学堂的建立促进了西方科技文化与军事技术的传播，培养出一批又一批的近代科技、外语与军事人才，为我国近代化的基础教育、科技教育和军事培训等提供了模式，为改革旧式教育提供了借鉴。1896 年维新派教育家李端棻在批评、总结洋务派办新式教育的经验教训的基础上奏请“自京师以及各省府州县皆设学堂”①，建立府州县学、省学和京师大学三级教育体制，并建议设藏书楼、仪器院、译书局，广立报馆和派人出国考察或留学等等，遂使中国引进的西方教育体制趋于系统和完备。至 20 世纪初期终于废除了传统的科举制度，正式建立了全国统一的、崭新的教育体制。新式教育源源不断地培养出大批的近代文明的建设者和传播者。

新式学堂从发端到普遍建立，既体现了中国近代教育的引进、发展与确立的过程，也体现了近代文明的传播与光大的历史轨迹，它促进了中国近代教育与科技文化的发达、生产力的进步和生产方式的变更，进而启迪了民智，引起人们的思想观念、生活习俗与伦理道德的变更，把近代文明的传播引向了更深的层次。

（二）长江近代文明的建立及其影响

近代工业文明的传播和欧风美雨的阵阵袭来，使中国社会生活发生了显著的变异，增添了新的内容；但也污染了近代社会风气，加重了社会半殖民地化的色彩。在整个变革与增新的过程中，一方面，中国人民付出了惨重的代价和牺牲；一方面则在客观上推进了近代社会的文明与进步。例如，中国传统的衣、食、住、行和娱乐等生活方式虽然在穷乡僻壤依然如故，但在通商口岸却发生着引人注目的变异和更新；传统的社会习俗亦随之变革，并由这里逐渐向内地城乡传播。通商口岸成为社会生活习俗变革与传播的前哨与据点，尤以上海、南京、武汉等沿江口岸以及南方的广州、北方的天津变化最为明显。

① 陈学恂:《中国近代教育文选》，人民教育出版社 1983 年版，第 64 页。

两次鸦片战争后，欧风美雨的影响已在各个通商口岸开始显露出来。西方的服饰及生活方式已逐渐有人模仿。上海开港后，买办人等改着西装者渐多。天津开埠通商后亦有人穿着西式服装、戴洋眼镜、打着小洋伞。但是，这种奇特的装束在当时的天津尚属少见。此后数年间，代表西方文明的西装革履率先被中国青年学子穿着和推广。及至20世纪初年，要求剪发辫、改仿西装的呼声日益高涨，形成剪发易服的大潮流。

不但留学国外的中国学生强烈要求"剪辫易服"，在国内亦因"欧化东渐，翩翩少年多有易装以炫人者"①。青年学生不顾清政府多次严令禁止，纷纷弃长衫、着西装。他们在尚武精神影响下尤喜西式戎装和马靴。湖广总督张之洞惊呼："近来各省学堂冠服一端，率皆仿效西式短衣、皮靴，文武无别。学堂内多藏非圣无法之书……以及剪发胶鬓诸弊层出，实为隐忧。"②于是他制订湖北各学堂冠服章程式样，以阻挡剪辫易服的潮流。1907年，清廷依照张之洞提供的冠服式样，制订了学堂冠服程式，"将各等文学堂自大学以至中学之学生，定为三项服式：一礼服、一讲堂服、一体操服及整列出行服"③，学堂以外的常服只许着便帽、长衫，禁止短衣。尽管清廷表面上气势汹汹，但它对留学生服饰的妥协以及学堂冠服的制订，却说明它一贯严守祖宗"服制"的堤防已经溃决，它对服制的种种禁令与防范都无法阻止服饰变革与进化的趋势。

辛亥革命前，各地广泛开展剪发易服宣传，资政院亦于1910年议决"剪发易服"，并上奏恳请降旨实行。但遭到北京典当行、绸缎、靴鞋、布行各商会等联名反对，认为"剪发易服"将会消灭他们的生意，于是他们摇唇鼓舌，掀起轩然大波。清廷乘机宣示："国家制服，等秩分明，习用已久，从未轻易更张。除军服、警服因时制宜，业经各该衙门遵行外，所有政界、学界以及各色人等，均应恪遵定制，不得轻听浮言，致滋误会。"④但是，数月后，清廷迫于大势所趋，断然宣布："凡我臣民，准其自由剪发。"⑤

处在社会底层的平民百姓，如若衣服蔽体、御寒已属难得，更无财力讲究衣着的变革。他们在西方资本主义接连入侵的情势下受害最深。洋布、洋纱大量涌入，冲击了他们传统的耕织生活，"不惟衣土布者渐稀，即织土布者亦买洋纱充用"⑥，使他们被动地卷入了资本主义漩涡，穿洋布、用洋袜子的现象更为普遍。但衣着的式样并无显著的变化。这种情况在盛产棉花且手工纺织业发达的江苏、安徽、湖北等地表现尤为明显。

① 〔清末民初〕刘锦藻：《清朝续文献通考》（二），上海商务印书馆1955年版，第9296页。
② 〔清末民初〕刘锦藻：《清朝续文献通考》（二），上海商务印书馆1955年版，第8624页。
③ 〔清末民初〕刘锦藻：《清朝续文献通考》（二），上海商务印书馆1955年版，第9296页。
④ 〔清末民初〕刘锦藻：《清朝续文献通考》（二），上海商务印书馆1955年版，第9295—9296页。
⑤ 〔清末民初〕刘锦藻：《清朝续文献通考》（二），上海商务印书馆1955年版，第9295—9296页。
⑥ 《洋务运动》，上海人民出版社1963年版，第7册，第501页。

饮食方面的变化亦以上海等通商口岸为典型。西方饮食的传入和引进，促进人们生活习惯及思想观念的剧变。以西方食品的原料机制面粉（俗称洋面）及其制品而论，它对中国近代社会习尚及面粉与食品等工业的发展有着深远的影响。自19世纪末期机器制面之法行于中国后，“华人厌故喜新，面粉舶来进口日多”①，面包和各种西式糕点也日益盛行起来，并促使中国的面粉工业迅速发展。及至20世纪初，中国国内计有机器磨坊130余所，资本1500万元②。当时的上海是面粉工业最发达的地区，面粉的销量相当可观。无锡、汉口等地的面粉业也相继发展起来。

民国的可口可乐广告

民国的洋酒广告

此外，各类罐头、饼干、蛋粉等食品，亦于20世纪初在中国打开了销路。中外商人在上海、厦门、福州、温州、汉口、南京、天津等通商口岸建立了罐头厂、蛋粉等食品制造厂。西方饮食及其有关工业的建立，丰富了中国饮食文化的内容，促进了饮食业的发展。

居住条件和建筑形式的发展变化，是社会习俗文明与进步的又一重要标志。西洋建筑以方正高耸、坚固整齐为特点，花样繁新，流派众多。它具有收光避湿、合乎卫生等功能。由于西洋建筑的传入，使中国近代的居住及各种建筑发生了较大的变化，这种情况本章前部略已述及。随着华丽舒适的欧式建筑的输入，官绅富商由羡慕到仿造，或在原有旧住宅的基础上增添西洋建筑的风采，或兴建洋房、花园，或摆放西洋式的陈设。例如翁同龢在日记中描述著名买办徐润的花园时说：“园小而曲折，然楼阁几案皆有夷气。”③所谓的夷气，就是指西洋风格。这种“仿洋”的民宅和花园，在上海等地逐渐增多。“晚清园亭，亦参以西式建筑，而通都大邑，几于触目皆是矣”④。

① 〔清末民初〕刘锦藻：《清朝续文献通考》（四），上海商务印书馆1955年版，第11314页。
② 〔清末民初〕刘锦藻：《清朝续文献通考》（四），上海商务印书馆1955年版，第11319页。
③ 《洋务运动》，上海人民出版社1963年版，第8册，第240页。
④ 邓子琴：《中国风俗史》，巴蜀书社1988年版，第332—333页。

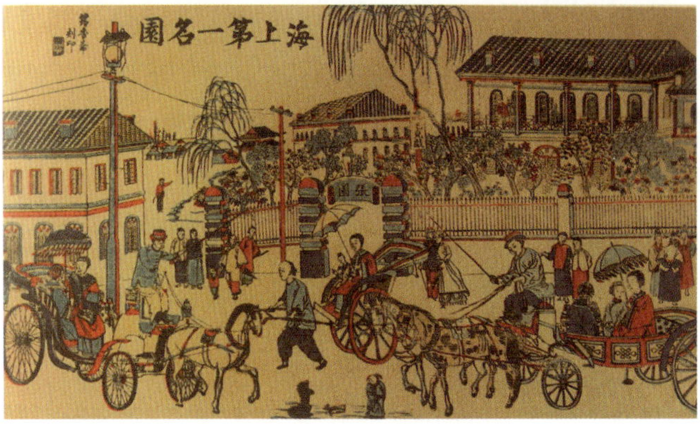

清末年画《海上第一名园》

道路与交通工具的变化是上海及沿江各口岸开始走向近代化的又一重要标志。近代化的马路最早是随着上海租界的开辟而兴修的。英租界修有大马路，法租界仅在1862年一年之内就延展了5条主要马路。郑观应描述上海的情形说："余见上海租界街道宽阔平整而洁净，一入中国地界则污秽不堪……"①上海的交通工具也是紧跟时代的步伐而不断地发展变化的。

1877年，上海引进日本的人力车，时称东洋车，总数已达6000多辆。1882年，天津从上海购进东洋车，首先在外国侨民中使用。这种车轻便舒适，造价低廉，因此在20世纪初期已在各商埠流行起来。

城市中的人力车

1903年，上海开始引进汽车，当时仅有3辆进行试用。至1909年已增至156辆②。1908年，上海电车公司成立。汽车和电车的引进，标志着通商口岸市政交通近代化的起

① 《郑观应集》上册，上海人民出版社1963年版，第663页。
② 《洋务运动》，上海人民出版社1963年版，第8册，第334、338页。

步和发展。但是直到20世纪20年代,“尽管公共交通运输事业不断发展,在大城市里人力车仍然是主要的交通工具。例如,据不完全统计,北京有五万五千人(车夫),上海五万人,广州八千人”①。但在通商口岸以外的广大城乡,依旧是土路小道,老牛破车照例遵循着千百年的老路陈迹,迈着沉重的步伐艰难、冉冉地缓行。

清末马车

五光十色的西洋近代文明和物美价廉的各种洋货输入通商口岸或内地,立即使停滞状态的中国传统的农业文明相形见绌。这就必不可免地吸引人们追求与模仿西洋文明,刺激着人们改变生活习俗,逐渐形成尚洋、趋洋和崇洋的社会风气。这种风气远远走在中国生产方式变革的前面,使社会生活习尚趋向洋化,甚至出现盲目崇洋和超前消费的奢靡之风,形成半殖民地半封建的社会心态。

早在道光年间,崇洋之风已开始在沿海、沿江地区盛行,并引起时人的忧虑和慨叹。陈作霖《炳烛里谈》写道:“道光年间,凡物之极贵重者,皆谓之洋。重楼曰洋楼,彩轿曰洋轿,衣有洋绉,帽有洋筩,挂灯名曰洋灯,火锅名曰洋锅,细而至于酱油之佳者亦名洋秋油,颜料之鲜明者曰洋红洋绿。大江南北,莫不以洋为尚,洋乎洋乎盖洋洋乎?”②可见,当中国近代社会开端之际,崇洋之风已在衣食住行及日用杂品诸方面显露出来。这说明,西方资本主义商品的涌入,开始把中国这个古老的封建帝国卷入到资本主义文明中来。沿海沿江各通商口岸及其腹地接受资本主义文明的程度更深。洋纱洋布的倾销日盛一日,加速了手工业与农业的分离,促使人们在衣着服饰方面力求洋化。不少人家几为洋物洋货所倾倒。江浙等沿海沿江诸村镇亦是一切器物皆好洋制,如洋伞、洋灯、洋油、洋漆之类,不胜枚举③。一些县城乡镇的中产之家,改用火柴取火,多燃煤油灯照明,门窗改

① 刘明逵:《中国工人阶级历史状况》第1卷第1册,中共中央党校出版社1985年版,第110页。
② 萧一山:《清代通史》(四),台北“商务印书馆”1961年版,第2164页。
③ 〔民国〕钱崇威、沈彭年、金咏榴等:《青浦县续志》卷二,民国二十三年(1934年)版。

用玻璃等现象也日益增长。有的方志记载说，自五口通商以来，到上海经商者日多，奢靡之习由轮舶运输而来，乡风为之一变。私居燕服亦被绮罗，穷乡僻壤通行舶来品。

洋货大量涌入中国市场，而且物美价廉，这使传统的农产品和手工业品无法与它相抗衡。人们从物美价廉考虑，购买洋货以充日用所需已成必然之势。富有者更以充分享用与占有洋货为满足、为荣耀，人们对洋货的需求日益增多。这同洋钱盛行的情况一样，有识之士对洋货的泛滥与漏卮严重的情况深为不安。于是要求设厂仿造洋货以堵塞舶来品、堵塞漏卮。洋务派举办民用企业就具有明确的堵塞漏卮和稍分洋商之利的目的。张之洞在奏请开办钢铁厂时曾说："臣愚以为华民所需外洋之物，必应悉行仿造，虽不尽断来源，亦可渐开风气。洋布、洋米而外，洋铁最为大宗。在我多出一分之货，即少漏一分之财……"①在洋务派首要人物的奏章里，这类言论屡见不鲜。不少的洋务企业也确实起到了这方面的积极作用。甲午战争后民族工业的兴起，更是以抵制外来洋货、堵塞漏卮为己任。洋务企业与民族企业的兴办，标志着生产方式已开始变革，并为近代社会生活习尚的洋化(即时髦)提供了较丰富的物质条件。

在欧风美雨的影响下，中国近代的娱乐活动增添了许多新的形式与内容，大大丰富了近代社会生活。例如，话剧、电影、歌咏的引进与发展，打破了传统的京剧与地方戏一统天下的局面。夜总会、赛马场、舞厅、剧院等西方娱乐场所的出现，亦为城市近代化增添了光彩。但是，西方的丑恶现象与行为也随着洋人洋货的涌入而夹杂进来，败坏了中国的社会风气。例如，跑马场上的赌博、东洋娼寮的设立等等，日益严重地危害着中国社会，加重了中国社会半殖民地化的色彩。

近代文明的传播给中国社会造成了利害交织、错综复杂的社会现象。这几乎是殖民地、半殖民地国家所常见的情况。

近代文明的舶来本是外国资本主义侵略掠夺中国的产物，但是，当觉醒了的中国有识之士认识了它的优越性时，便由被动的利用到主动的引进、仿造和创新。于是，舶来的近代文明在一定意义上变成了改造中国社会封闭、落后状况的动力，并在一定程度上展现了近代化的前景。例如，从 19 世纪末期开始，中国铁路的修筑促进了铁路沿线的工农商业的发展，起到了"通货物，销矿产，利行旅，便工役，速邮递，利之所兴，难以枚举"②的积极作用。轮船航运的发展，同样取得了积极的社会效益。轮船、铁路的发达，直接使广大农村与城市紧密联系起来，并与新的生产方式联系在一起，这对经济、文化的发展大有裨益。这些新式交通的发展，不但把大量的洋货从通商口岸转运到全国各地，也把新的

① 《洋务运动》，上海人民出版社 1963 年版，第 7 册，第 205 页。

② 《洋务运动》，上海人民出版社 1963 年版，第 6 册，第 230 页。

生活方式传播到四面八方，还为农村剩余劳动力的流动提供了便利条件。例如，光绪中叶，江南商埠繁盛，运河轮舶通航，农民则在秋收完毕之时“相率南下，麇集各埠，力食致饱，麦熟乃返，勤朴者归有余资”①。一些手工业者在商埠受到启发，争先恐后地改习新艺，“自海通以还，工人知墨守旧习不足与人相竞争，于是舍旧谋新，渐趋欧化，若成衣、若土木、若钢铁、若机械、若绘图”②。他们开辟了新的谋生方式。可见，近代文明的传播具有促进中国改变旧有的生产方式、生活方式及传统习俗的积极因素。

1909 年在长江上行驶的洋轮

近代文明的传播，使中国社会普遍产生了“崇洋”风气，这是一种复杂的社会现象。但在近代社会的早期，它却有积极、合理的因素。从近代文明输入与传播的历史轨迹来看，常常是构成近代文明的具体事物显示出自身的优越性之后，便引起越来越多的人追求、享用、崇拜和仿造，于是便形成了近代文明的派生物——崇洋风气。这种社会现象和近代文明一样，大都是以通商口岸为基地逐渐向内地传播。它同样有污染社会的消极面，更有推动近代中国社会前进的积极因素。实质上它是经济文化落后的“社会人”认识和利用近代文明的初步实践，带有相当程度的盲目性。但其中的大多数不是拜倒在洋人洋事物前的“洋奴”，而是勇于挑选、接受和实践新事物的好事者。除了盲目崇洋和追求奢靡的社会心态等消极影响外，它也激发了人们产生趋新与谋求变革的近代意识。它产生了冲击保守思想，主动接受西方的生产方式与生活方式，仿造洋货，革除陋俗等积极的社会效果。因此，不能简单把近代崇洋风气统统视作社会的赘瘤，应当正视它的积极作用大于消极因素的客观事实。

① 民国《续纂山阳县志》卷一《疆域》，《中国方志丛书》（华中地方）第 415 号，第 8 页。

② （民国）张传保、赵家荪修，陈训正、马瀛纂：《鄞县通志》第四《文献志》，宁波出版社 2006 年影印本，第 2632—2633 页。

第二节　近代长江文化形成的历史轨迹

一、洋务运动与长江文化

1860年前后，定都在长江下游重镇南京的太平天国与清王朝的对峙达到了白热化状态，与此同时，英法联军发动的第二次鸦片战争也给清廷造成了又一次巨大的冲击。当此"内忧外患"之际，一部分清朝大员如奕䜣、曾国藩、李鸿章等震于世变时迁，恐于王朝日衰，而率先倡导采用西法练兵，引进和仿效西方先进科学技术，兴办工矿企业，形成一场以"求富求强"为口号的洋务运动。这场运动历时30余年，在军事、工矿、交通、教育等领域取得了中国有史以来第一批具有近代意义的物质文明成就。这些成就表明，传统中国社会和文化开始在实质意义上跨出旧世纪的古老氛围，迈向了近代化。

由于便利的水上交通和优厚的地理条件，长江一带首先成为洋务运动的重要基地，长江文化也由此进入了以"采西学，制洋器"为核心的洋务时代，并率先在军事、工矿、教育等领域大举兴革，由此开始了近代化的历程。

这一时期长江沿岸最引人注目的变化，是以大批军事工业的举办为标志的近代军事文明的诞生。1861年，洋务大员曾国藩在下游的安庆设立了安庆内军械所，为长江流域军事科技文明的兴起揭开了序幕。自此，长江军事科技的近代化首先在仿造西洋枪炮船舰的层次上展开。1863年，李鸿章在上海奏设江南制造局，成为自安庆内军械所设立以来全国第二个军工企业。与前者略有不同的是，江南制造局似乎更具综合性军事工业的特色，总局内除建有门类齐全、设备配套的各式工厂、库房、煤栈外，还附设翻译馆译介西书，合并广方言馆培养翻译、科技人才，以后又开设操炮学堂、工艺学堂等培养军工技术力量，"随时扩充，规模极为宏敞"①，成为洋务运动初期的全国样板。然而，类似江南制造局这样功能较为齐全的军事企业在当时还属凤毛麟角。洋务运动初期仍然以仿造洋式军火为主，这使得这一时期的长江流域涌现了一系列以制造洋枪、洋炮为主的机器制造局。在离上

江南机器制造局翻译处

① 中国科学院近代史研究所史料编辑室等：《洋务运动》，上海人民出版社1963年版，第4册，第176页。下略。

海不远的江苏省首府南京，1865 年创办了金陵机器局，“依照外洋制造各式炮位车辆架具、炮弹铜火以及填配炮台需用物件”①；“递年以来，承办南北洋各防营军火，统造分解，既副所需，亦适于用”②，与江南制造局一起，构成了长江下游的军备优势。长江中游和上游军工企业的开办较下游稍晚一些，但在 1875 年也诞生了湖南机器局，生产能力不逊于下游，“仿照后门枪及开花炮子等项，演试均能如法，与从前购自外洋者并无区别”③。而两年以后在成都开办的四川机器局，规模也较大，“崇垣大柱，复屋重檐，安设铁炉、烟筒、风箱、气管，四通八达，取材既富，用工极坚”④，经营的最初 10 年即提供了数量可观的洋枪、火炮、子弹、火药等，还制造了不少用于军火生产的机器和各种零部件。远在长江之上的巴蜀自此也播下了近代文明的种子。至于长江军事工业兴起的价值，或许举四川机器局为例即可说明一二。曾经督川的丁宝桢在其奏章中说过：“除本省应用军火外，又须拨济滇省枪帽药弹等项，而粤省亦不时有拨发之件”⑤。中法战争中，江浙海警守将黄彭年曾致函丁宝桢要求接济军火。鲍超率师入滇抵抗法军侵略，也曾携走洋枪数千杆。用丁宝桢自己的话来说，就是“枪炮为武备要需”，“实为御侮之器”⑥。其实，洋务运动期间长江军事工业的举办何止于抵御外侮的意义！西方先进军事科技的引入，本身就意味着一种异于封建时代的新型生产力的萌生，这是一种新生力量的成长。洋务运动后期湖北建起湖北枪炮厂等一系列军工企业，“所造之械又多出乎各局之外，地处南北之冲，分济水陆各省均属便利”⑦，不仅加强了其他省份的军事力量，同时也为晚清湖北的崛起以及武昌起义的爆发准备了军备实力。这一史实表明长江近代军事工业的创办，为近代中国迈向新时代奠定了基础。

从 19 世纪 70 年代开始，洋务运动在举办军事工业的同时，也举办了一批以“求富”为目的的民用工业，长江沿岸大部分地区由此进入了工业近代化的时代。

其实，在下游的三角洲一带，由于受西方物质文明的熏染和刺激较早，早在 19 世纪 50—60 年代，以上海为中心的近代工矿企业以及各种商贸往来就已开始涌现。70 年代以后，诸如轮船招商局、上海机器织布局等洋务企业的设立，更增强了长江下游的近代工商实力，再加上上海租界向来不乏西方列强开办的各种资本主义工商企业，遂使这里在 19 世纪末建立起了一个颇具资本主义色彩的工商体系，形成了独树一帜的海派工商文

① 《洋务运动》，第 4 册，第 209 页。

② 《洋务运动》，第 4 册，第 197 页。

③ 《洋务运动》，第 4 册，第 333 页。

④ 《洋务运动》，第 4 册，第 342 页。

⑤ 载《京报》光绪十年六月二日。

⑥ 丁宝桢：《丁文诚公奏稿》卷二六，贵州历史文献研究会 2000 年版，第 458 页。

⑦ 《洋务运动》，上海人民出版社 1963 年版，第 4 册，第 459 页。

明。在洋务运动后期，长江中下游以湖北为核心的两湖地区的近代工矿企业、商贸往来在“湖北新政”时期兴办实业的浪潮中得到了较快的发展，湖北的工商实力犹如异军突起，迅速崛起于长江一隅。“之洞厉行新政，建设多端……提倡新式工业，尤不遗余力。其最著者，则为汉阳兵工、钢药两厂，武昌布、麻、丝、纱四局，及造币厂、毡呢厂等，规模宏远，冠于全国”①。论成效，以民用企业最为显著。如湖北织布局，“开局以后，所织布匹甚为坚洁适用；所纺棉纱，坚韧有力，远胜洋纱，销路颇畅”②，时人称之“挽回利权不少”③。又如制麻局，“制品有中西时花，各样缎匹，芝麻实地各纱，并细文斜文各色麻布，新式各花大小麻织台布，及粗细各号麻纱等件”④，织麻工艺已达到相当高的水平。另外，这一时期还设立了官砖厂，“烧造各砖及火砖、洋瓦等，为建筑各厂屋用”。又设模范工厂，“分纺织、金木、制革各种工艺，招集生徒，分班学习”。还设立了贫民大工厂，“专制普通简易用品，为教贫民自谋生计之用”⑤。可见，至洋务运动后期，湖北近代工业已达到了相当的规模和水平。此外，在长江其他省份，这一时期也都或多或少出现了一些近代工矿企业。上游的四川、云南等地兴办的工矿业包括了火柴、造纸、煤矿、铜矿等，尽管规模都不太大，且分布零散，但却表明长江上游近代工商业起码已开始萌芽。

就整个长江流域而言，一系列近代工矿业的举办表明洋务运动为长江开启了一个时代，这就是近代工商文明的新时代。自此，长江一切工商兴革都在这一基础之上依次展开和继续发展，就这一意义而言，不管洋务派的主观目的如何，洋务运动为长江近代工商文明奠定了初步基础却是无可否认的事实。

洋务运动不仅使长江的军事、工商发生了巨大的变迁，同时也给这里的教育带来了深刻的变动。“自五口通商，英法联军入京后，朝廷鉴于外交挫衄，非兴学不足以图强……又震于列强之船坚炮利，急须养成翻译与制造船械及海陆军之人才”⑥。于是，19世纪60年代开始，以培养新式外交、军事、科技人才为核心的洋务教育在全国逐渐展开，各地纷纷举办一批具有近代意义的新式学堂，长江流域的作为尤为突出。“伏惟中国与

① 胡祖舜：《六十谈往》，见《辛亥革命在湖北资料选辑》，湖北人民出版社1981年版，第85页。

② 《洋务运动》，上海人民出版社1963年版，第5册，510页。

③ 张春霆：《张文襄公治鄂记》，见《辛亥革命在湖北资料选辑》，上海人民出版社1963年版，第273页。

④ 张春霆：《张文襄公治鄂记》，见《辛亥革命在湖北资料选辑》，上海人民出版社1963年版，第274页。

⑤ 张春霆：《张文襄公治鄂记》，见《辛亥革命在湖北资料选辑》，上海人民出版社1963年版，第275页。

⑥ 陈学恂主编：《中国近代教育史教学参考资料》，人民教育出版社1987年版，上册，第23页。下同，略。

洋人交接，必先通其志，达其意，周知其虚实诚伪，而后有称物平施之效”①。基于此，洋务派首先举办了培养外交、翻译人才的语言学校。1863 年，上海广方言馆诞生，与北方京师同文馆并驾齐驱，成为较早的两所新式语言学校。1893 年，自强学堂诞生在长江中游重镇武昌，成为后期洋务运动培养外语、外交人才的重要基地。两者的意义不仅仅在于为近代中国培养了一批“通殊方之学，察领国之政”②的新式外交人才，学堂内注重外语的浓厚氛围，本身就意味着一种迥异于传统的新文化气息的存在。从教育的角度讲，这又是一种崭新的教育模式，无论在教学内容还是教育形式上，它都使长江流域开始突破古圣先贤式的书院教育传统，预示着一种新教育文明的来临。另外，这一时期还创办了一批新式军事学堂和专门技术学堂，以培养海军人才和专门技术人才。如 1890 年设立于南京的江南水师学堂，“遴选英俊，延洋师以教习，务实事以求是，学期有成，人才迭出，充当南洋兵船各职”③，成为培养新式海军人才的南方基地。又如湖北矿务局工程学堂、矿务学堂等专门技术学堂，在课程设置上以自然科学和工程工艺技术为主，表明此类教育已具备了较多的“西学”内涵，显示着长江流域教育在发生着重大的变迁，传统的“中学”日渐为“西学”所代替，长江流域迎来了近代教育文明的新曙光。

如果就此断言洋务教育已完全代表了这一时期长江流域所有教育文明的变迁，恐怕难免有些片面。当我们把目光关注在长江沿岸先后开埠的各个通商口岸时，就不难发现，这里新式教育的起步并不仅仅笼罩在洋务氛围之下。一座座外国教会学校如繁星般点缀大江两岸的事实，表明长江流域的教育早已浸染了较多的异化、西化成分。

《天津条约》签订后，西方传教士得到了在长江流域自由传教的特权，长江一线成为他们云集之地，不仅大小教堂纷纷耸立于这里的城市乡村，以“造就人才，传布福音”为宗旨的各种教会学校作为传教的伴生物也随之大量兴建。在长江三角洲一带，19 世纪 40 年代开始，就有传教士在此设学。1844 年，英人阿尔德女士奉“东方女子教育会”之命，来华设女校于宁波，是为宁波女塾，成为教会在中国办学的开端。到洋务运动时，以上海为中心，各种教会学校在长江中下游一些重要城镇纷纷涌现，于是，长江流域成为当时全国教会学校最多、最集中的区域。“时外人办学者益众……苏州、杭州、吴兴、南京、九江、宜昌……各大城市，靡不设立”④。在上海，西方教会设立的学校大大小小，林林总总，诸如裨文女校、徐汇公学、清心书院、圣约翰书院、中西书院、中西女塾、圣玛利亚女校、圣芳济各学堂、华英书院等，遍布于租界内、洋场中。在南京，汇文书院、基督书院、益知书院相

① 朱有瓛主编：《中国近代学制史料》第 1 辑，华东师范大学出版社 1983 年版，第 214 页。

② 陈学恂主编：《中国近代教育史教学参考资料》，人民教育出版社 1987 年版，上册，第 97 页。

③ 陈学恂主编：《中国近代教育史教学参考资料》，人民教育出版社 1987 年版，上册，第 97 页。

④ 陈学恂主编：《中国近代教育史教学参考资料》，人民教育出版社 1987 年版，下册，第 67、147 页。

继设立，“形若鼎足，教学制度，大致相同”①。苏杭等地则设博习书院、育英书院等。中游的武汉等地，1870 年以后也陆续出现了文华书院、博学书院等较具规模的教会学校。“此等学校，形形色色，有仿中国私塾书院者，有效西方学校者，亦有中西学制兼具者；有为通学者，有为寄宿者，亦有两者兼具者；有男校，有女校，亦有男女兼收者；有为教徒子女而设者，亦有兼收非教徒幼童者；有专授圣经及中国古文者，亦有兼教史地数理知识者”②。教会学校之盛，种类之多，品级之杂，由此可见一斑。至洋务运动后期，随着教会学校内部组织的日益完善，长江流域的教会教育逐渐形成一定体系，不仅初等教育、中等教育在日益扩大，还发展了高等教育。上述一些教会学校中，有的已在 19 世纪末或扩大或合并，逐渐演化成为近代中国第一批高等学府，诸如圣约翰大学、金陵大学、文华大学等，“渐由私塾进而为小学、而中学，乃至大学”③。长江流域教会教育在 19 世纪末进入了更为繁盛的阶段。

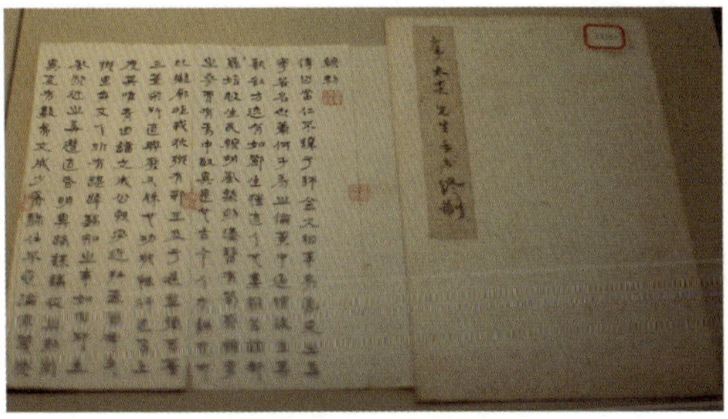

章太炎手书终制

之江大学

无可否认，西方传教士设立教会学校难免带有浓厚的宗教色彩和强烈的政治目的。其教育的本质带有宗教与文化侵略性质，但教育的效果却带着积极的一面。这一点，或许从教会学校设立的课程就可略见一二。除讲解《圣经》外，大部分教会学校还同时讲授外语、算术、数学、格致、地理、中外历史、音乐、手工、体操等课程，在传播“福音”、宣传基督教义的同时，也把西方的自然科学和社会科学知识引入到青年人中间，无疑在客观上为近代长江流域造就了一批具备近代素质和意识的人才。例如，19 世纪末由圣约翰书院演变而成的圣约翰大学，其毕业生除少数到教会工作外，其余或任教，或经商，或从政，更有一部分学生出国留学深造而后回国供职，成为清末民初之际中国商界、政界，尤其是外交界的中坚人物。不仅如此，教会学校因其讲授内容和组织方式都与传统中国教育有着或多或少的不同，带有新式教育的色彩，从而在一定程度上为晚清的教育变革树立了一

① 陈学恂主编：《中国近代教育史教学参考资料》，人民教育出版社 1987 年版，下册，第 67、147 页。
② 陈学恂主编：《中国近代教育史教学参考资料》，人民教育出版社 1987 年版，下册，第 100、67 页。
③ 陈学恂主编：《中国近代教育史教学参考资料》，人民教育出版社 1987 年版下册，第 100、67 页。

定的典范作用。在某种意义上说，教会学校教育成为了近代中国新式教育的特殊形式。因此，洋务运动时期日益活跃于长江一线的教会学校，不仅是长江近代教育的一种特殊表现，同时也成为长江教育走向近代化的一段特殊历程。

纵观近代长江流域洋务运动办军事，设厂矿，开学校，育人才，确实给长江带来了文明的变迁。尽管这些变迁有的还很微弱或不太充分，但长江文化的近代之旅毕竟由此开始启程了。因此，从一定意义上说，洋务运动为长江流域开启了近代文明的新时代。

二、维新运动与长江文化

甲午战败，割地赔款的重创巨痛，极大地震动了中国社会各阶层的人们，促使人们普遍觉醒。“曩时举国皆鼾睡不醒，辽东一役如掣梃力击，藉可觉寤，方谓自今以往，非复如前之梦梦矣”①。

一批见识敏锐的资产阶级知识分子如康有为、梁启超等开始从改造中国根本制度的层次思索中国的前途和未来，倡导维新，从而在19世纪的最后几年，掀起了一场轰轰烈烈的变法维新运动。如果说，维新运动的开展以北京为政治中心，那么在南方，整个长江流域都走在了维新的前列。有康有为、梁启超等维新思想巨子极力宣传倡导，有谭嗣同、唐才常等维新实干家勇于任事，竭力推行，长江的维新事业不仅在全国独领风骚，它所取得的维新成就在全国也占据了突出的地位。维新前后，长江一带举凡政治、经济、军事、教育、社会生活等各个领域都较此前发生了不同程度的变化，长江文化不仅积极参与维新，同时，它本身也在这场深刻的政治思想运动中得以拓展，长江流域由此加速了近代化的步伐。

1896年梁启超在上海与宋恕、汪康年等一批维新人士合影

① 《中国商务报》，光绪二十三年（1897年）四月十三日。

康有为像

梁启超像

维新时期，长江流域最突出的变化发生在教育、传播领域。“挽世变在人才，成人才在学术，讲学术在合群”①，这是维新派的普遍共识。为了扩大影响，推动变法，这一时期维新派不仅继续大办学堂，培养维新人才，而且还广立学会，创办报纸，发展出版业，以学会为讲台，以报刊为喉舌，以出版为普及，广泛宣传维新主张，传播近代西方社会和自然科学知识。长江近代教育遂超越了以往只偏重学堂教育的局限，教育被推向社会，新知新识被介绍到广大的民间，长江流域教育的深度、广度在延伸和扩大，维新运动促进了长江流域教育的飞跃。

1895年，上海强学会成立，东南沿海一批知名人士如张謇、陈三立、章太炎、汪康年、黄遵宪等会集在它的周围，发表各种维新建议和言论，创办《强学报》，积极宣传变法，启发民智，以上海为中心的东南地区的维新声势日益高涨。继强学会后，上海各种学会相继涌现，“风气渐开，已有不可抑压之势”②。有以“振兴工商业”为主要内容的工商学会，也有专门学会如农学会、算学会、医学善会、新学会等，还有研究教育童蒙的蒙学会和以翻译为主的译学公会，更有提倡女权的不缠足会和中国女学会。各种学会虽倡导的内容不同，但宗旨却一，即启发民智，推进维新。与各种学会的涌现相配合，上海的报刊堪称色彩纷呈。1896年，《时务报》创刊，维新巨子梁启超以其通俗流畅的文风和犀利的笔调，在该报上陆续发表了《变法通议》等一系列文章，揭露和批判封建君主专制的危害，评介西方政治制度，阐发伸民权、设议院的政治观点，比较系统地宣传了变法维新的主张，在知识界产生了深刻的影响。《时务报》由此成为当时最具影响力的报纸，八个月间行销万余份，有力地推动了维新思想的传播。此后，上海的报刊日盛一日，诸如《农学报》《集成

① 中国史学会编：《戊戌变法》，《中国近代史资料丛刊》第八种，神州国光社1953年版，第4册，第385页。

② 中国史学会编：《戊戌变法》，《中国近代史资料丛刊》第八种，神州国光社1953年版，第4册，第395页。

报》《富强报》《萃报》《实学报》《求是报》《蒙学报》等等，种类既多，发行益广。单就种类言之，有政论性的，有专门性的，有日报、5 日刊、周刊，也有旬刊、半月刊、月刊。有的还具有开创性，如《农学报》是我国最早的农学刊物，《集成报》《萃报》则开启了我国文摘性刊物的先河。维新时期上海的报刊在中国报刊史上遂称独放异彩。

汪康年像

章太炎像

近代报刊

随着报刊盛行，书肆林立，上海出版界也空前活跃，各种出版机构在宣传维新、普及西学的时代需要下应运而生。其中影响较大的是时务报馆和大同译书局。二者不但专门出版维新派宣传变法改制的理论书籍，还比较系统和经常地介绍西方社会学说和政治制度，不仅支持了变法，而且向社会传播了新知，成就颇大。此外，这一时期新设的出版机构还有商务印书馆、六先书局、经济书局、蔚文印书局、时宜书局等。这些书局虽非维新派创设，但也在时代感召下，不断出版西学新书，成为新式出版机构。

在维新派废科举、兴学校的强烈呼声中，上海产生了又一批新式学堂。较具影响力的就有南洋公学、上海育材书塾、上海三等公学等，还出现了女学堂即经正女学，以“振二千年之颓风，拯二兆人之吁命”①，开国人自办女学之先河，现实意义很大。这一时期旧有

① 〔清〕梁启超：《创设女学堂启》，《时务报》第 45 册，光绪二十三年十月二十一日。

书院的改革也颇具成效，如 1874 年设立的上海格致书院，此时在课程上做了改进，新设矿务、电学、测绘、工程、机器、制造六学，认为“大梦乍醒，急宜授此专门学业，以助中国之振兴”①。上海正蒙书院则开始注重德、智、体三育，并要求学生学贯中西，通达时务。这一切都说明，维新期间上海的学校教育已较前发生了很大转变，加快了向新式学堂过渡的步伐。

传教士开办的女子学校

一批维新志士在上海设学会、办报刊、经营出版，改革学校的维新之举，不仅促进了知识分子的思想解放，普及了知识，开启了民智，同时，也使上海文化“顿呈活跃之观”，长江下游文化遂以上海为中心日渐更新和繁荣。

维新时期的上海是全国的文化和舆论中心，而长江中游的湖南则成为推行新政最力的省份。1897 年，湖南创办时务学堂，教习都是激进的维新人士，“一面讲西儒学说，一面阐明中国经世致用之学”②，结合论政，突出宣传变法思想。继《湘学报》之后发行的《湘报》，则“专以开风气拓见闻为主”③，号召救亡图存，宣传资产阶级的政治主张和社会学说，大造变法舆论。1898 年成立南学会，举办定期讲演，讲学包括学术、政教、中外大势、保种保教、交涉、自然科学知识等方面，“欲以激发保教爱国之热心，养成地方自治之气力”④，每周集会一次，听者每次近千人，影响很大。湘省的维新变革遂在《湘报》、时务学堂、南学会的分别带动下蓬勃展开，学会纷立，学堂兴盛，各种报刊如雨后之春笋，“自时务学堂、南学会既开后，湖南民智骤开，士气大昌，各县州府私立学堂纷纷并起，学会尤

① 《格致书院振兴实学记》(1898 年)，载《万国公报》第 116 册。

② 唐才质:《湖南时务学堂略志》，载《湖南文史资料选集》(合编本)第 1 集。

③ 《湘报》第 27 号，《湘报馆章程》。

④ 中国史学会编:《戊戌变法》，中国史学会编:《中国近代史资料丛刊》第八种，神州国光社 1953 年版，第 1 册，第 301、303 页。

盛。人人皆能言政治之公理，以爱国相砥砺，以救亡为己任，其英俊沉毅之才，遍地皆是”①，足见湖南维新声势之浩大。经过维新派不懈的宣传和组织活动，湖南不仅“人尽愤兴，士皆淬厉”，而且“风气日开，较之江海各省，有过之无不及”②。这一切不仅表明湖南维新成效之大，而且从文化的角度看，各种维新兴革对培养湖南近代人才，开拓社会风气产生了尤其重大的影响，显示着湖南近代文化传播和教育的更新和进一步递变。

这一时期长江流域其他省份也大都投入了这场以立学会、兴学堂、创报刊为重点的维新启蒙运动。在上游的川渝，尽管地处偏远地区，但在全国维新浪潮日益高涨的 1897 年，重庆还是诞生了第一家近代意义的报刊——《渝报》，一方面介绍西学，一方面宣传变法维新，“先即重庆通衢开馆，以为风教之先”③。此后的 1898 年，四川维新志士宋育仁又在成都创办了《蜀学报》，为川渝的维新变革大造舆论，传播新知识，为川渝 20 世纪初年社会风气的开拓做了最初的准备。

维新时期长江流域有关教育和文化传播的历史兴革和变迁，不仅有力地推动了这场救亡图存、改良政体的运动的深入开展，就深远的意义言之，它更为进入 20 世纪后长江的奋起准备了知识、人才和社会氛围。正如时人所言：“新学之风既倡……故两年以来，支那人士之识见言论，颇有异于昔日，从前自尊自大，自居于中国，而鄙人为夷狄之心，多有悟其非者。先觉之士，慨世之徒，攘臂抗议，大声疾呼，所在多有”，“民智已开，不复可遏抑矣”。这也正是长江社会日渐开化、文化日益更新的写照。

维新运动把长江流域的近代教育和文化传播搞得热火朝天，而随着教育的发展、知识的普及而来的，则是长江社会风气的渐变和社会习俗的转移。

随着维新运动的深入，长江流域的民间风气开始由封闭走向开放，由保守走向开化。在维新派的倡导下，诸如不缠足会、戒烟会、女学会、质学会等改良风气的机构不断涌现。如不缠足会，“此会之设，原为缠足之风本非人情所乐，徒以习俗既久，苟不如此，即难以择婚，故特创此会，使会中同志，可以互相通婚，无所顾忌，庶几流风渐广，革此浇风”④。其根除上千年缠足陋习的目的已相当明确。又如戒烟会，“吸烟之害，人所共知，但习俗

---

① 中国史学会编：《戊戌变法》，《中国近代史资料丛刊》第八种，神州国光社 1953 年版，第 1 册，第 301、303 页。

② 中国史学会编：《戊戌变法》，《中国近代史资料丛刊》第八种，神州国光社 1953 年版，第 4 册，第 383 页。

③ 中国人民政治协商会议四川省委员会文史资料研究委员会：《四川文史资料》第 20 辑，四川人民出版社 1980 年版，第 11 页。

④ 中国史学会编：《戊戌变法》，《中国近代史资料丛刊》第八种，神州国光社 1953 年版，第 4 册，第 433 页。

既久，无友朋规劝之助，积弊难除，今特设此会，使互相戒勉，以清斯害”①。显示了此会改造吸烟恶习的决心。这些学会的设立，推动了长江社会风气的转变。

“不缠足会，滥觞于海上，旬月以来，行省之大，从者如流水，六朝之恶俗，优倡之故技，亦自兹灭矣”。尤其在湖南，维新派倡禁民间缠足更是风举雷动，“以至秋闱诸生，所有进场器物，俱标贴不缠足会字样”②，风气之盛，极于一时。到光绪、宣统之交，两湖地区放足的人一天天增多，吸鸦片者也日渐减少，社会风气得到了改进。在上游的四川等地，维新前后风气也渐渐转变，各地纷纷成立不缠足会。1904 年重庆的“天足渝会”发展较快，“挂籍入会者已三百余家，其所生女子并不缠足，已缠而复放者计已百余人”③。到辛亥革命前夕，四川大中城市，交通要道，女孩一般已不缠足，青年妇女放足者尤多。足见维新运动所倡导的风俗改良成效之大。

这一时期，伴随着一些旧的、落后的社会风气在长江沿岸城镇的日渐消泯，一些新的、符合时代潮流的社会风气开始逐渐形成。最明显的，莫过于阅报风气的渐成。随着维新派在长江流域大创报刊，宣传维新，传播新知，一些开明人士逐渐认识到报刊对于了解时政和研究学术的重要性，“新报一项，有裨时政，有裨学术，为留心经世者必不可少之编”④。于是，他们开始在民间倡导阅报之风。在湖北，鄂督张之洞对于当时维新派的主要喉舌《时务报》就颇为赞赏，认为该报“识见正大，议论切要，足见增广见闻，激发志气”⑤，遂要求鄂省各府州县，各学堂书院，购买阅读，以了解时事，增进见识。在湖南，湘抚陈宝箴大量购买《湘学报》《时务报》等新报刊分交书院肄业各生及城乡向学士子，要求他们一体披阅，还劝绅富自行购买分送，“俾乡僻寒峻，皆得通晓当世之务，以为他日建树之资”⑥。湘省阅报之风遂在知识分子中间首先得以推行。在下游的江南名城杭州，太守林启不仅购买了《时务报》《农会报》《译书公会报》等上海发行的新报，甚至还从广东购来了《知新报》，交城乡士子参阅。可见，维新期间整个长江流域的阅报风气起码已在知识分子当中盛行开来。尽管这仍仅仅是新风气完全形成的前奏，但长江各省新旧学校、政

① 中国史学会编：《戊戌变法》，《中国近代史资料丛刊》第八种，神州国光社 1953 年版，第 4 册，第 463 页。

② 中国史学会编：《戊戌变法》，《中国近代史资料丛刊》第八种，神州国光社 1953 年版，第 4 册，第 463、386 页。

③ 《广益丛报》第 5 卷第 8 期，纪闻。

④ 中国史学会编：《戊戌变法》，《中国近代史资料丛刊》第八种，神州国光社 1953 年版，第 4 册，第 548、553 页。

⑤ 中国史学会编：《戊戌变法》，《中国近代史资料丛刊》第八种，神州国光社 1953 年版，第 4 册，第 548、553 页。

⑥ 中国史学会编：《戊戌变法》，《中国近代史资料丛刊》第八种，神州国光社 1953 年版，第 4 册，第 548、553 页。

府各级行政机构普遍阅报的事实，确实表明一种求知新风在逐渐形成，这不仅促进长江产生了一批通晓时务的人才，增长了人们的见闻，开拓了人们的视野，同时，也在文化的层次上，显示了长江社会风气正在由旧趋新。

《时务报》

林启像

与社会风气的转变相伴随，这一时期长江社会生活方式和习俗也趋于近代化。下游上海地区的社会生活方式和习俗日呈西化自不待言，在中游地区，近代以来也日益表现出了崇尚近代物质文明的意向。据《湖北通志》记载："汉镇自中外互市以来，习俗益靡，阛阓多仿西式，服饰宴会，务为豪侈，歌馆、舞台、茶寮、酒肆之间冶游者，车水马龙，昼夜无有止息"①。到 19 世纪末维新运动的前后，武汉及其周围地区的生活方式更加趋新趋洋，衣食住行等方面都在发生急剧的变迁。服饰习俗随着洋布、洋货的倾销而日渐改观，不仅武汉市内商民多改穿洋布，连"四乡之妇女老幼……或祭祀，或应酬，或往稠人广众之中，皆穿洋布细密光泽者，以为外观美丽"②。衣料的变化同时引起了服式的改变，"起居服饰，颇乃改易旧观，更从新制"③。饮食结构的变化也见显著，西餐、纸烟、洋酒等开始进入武汉地区普通家庭，英美烟草公司纸烟，法商法华康成造酒公司新机酿成的中西名酒，"华人极为欢迎，销路畅旺无与伦比"④。许多人"耳目欲极声色之好，口舌欲穷刍豢之味"⑤，奢靡之风更甚从前。城市布局、建筑风情的变化则更具现近代风采。武汉过去楼房很少，十不得一。汉口开埠后，不仅正街上洋式或半洋式建筑逐渐增多，而且还出现了

① 严昌洪：《近代武汉社会风俗的嬗变》，载《江汉论坛》1990 年第 5 期。

② 彭泽益主编：《中国近代手工业史资料》第 2 卷，中华书局 1957 年版，第 239 页。

③ 〔清〕端方：《端忠敏公奏稿》卷六，见《中国近代史资料丛刊》第 10 辑，文海出版社 1973 年版，第 797 页。

④ 《时报》1911 年 7 月 24 日。

⑤ 《湖北官报》第 2 册《市政》。

中西合璧的里弄式建筑。许多里弄一色二层楼房，中间留出笔直宽敞的通道，其整齐划一的景观，与旧式小巷形成鲜明的对照。城镇间交通状况也得到了改善，街道的拓宽，马路的修筑，水运的畅通，铁路的兴修，不仅加强了武汉地区都市特色，也为湖北居民了解外界、开拓眼界提供了便利。从更为深刻的影响看，湖北社会生活方式和习俗的日趋近代化，不仅为清末湖北在维新运动及此后辛亥革命中的历史作为提供了有利的社会环境和氛围，而且也意味着长江文化迈向近代的层次在日益拓展，长江社会就此在较全面的意义上走向了近代。

1909年的汉口码头

经过了清末维新变革，长江社会较之洋务时期更具时代的朝气，维新运动推动长江文化加快了向近代化迈进的步伐；长江文化的日新月异，又促进了近代中国的历史变革。

三、辛亥革命与长江文化

进入20世纪后，近代中国抛开了改良幻想，转而致力于全面改造中国社会的实践，一场资产阶级民主革命遂在全国蓬勃兴起，长江流域也因此迎来了资产阶级民主革命的新时代。在这场划时代的变革中，长江文化继续向新型近代文化的方向演变，举凡军事、工商、教育、社会生活等方面继续发生递变，较全面地推动着近代社会的变革，并以资产阶级的新思想、新文化推动了辛亥革命的爆发。

如果说洋务运动时长江流域在军事领域的兴革还较多地停留在仿制洋式枪炮的低级层次，那么到19世纪末20世纪初，随着晚清有识之士对西方军事体制认识的深入，长江流域进入了以大规模设立新式军事学堂和编练新军为主题的军事变革新阶段。其中湖北、四川等地在这一时期的作为尤为突出。在湖北，大批军事学堂开始出现，湖北武备学堂、陆军小学堂等一系列军事学堂的设置，为两湖补充了大量具备近代军事技术知识的新生力量。可以说，湖北新军的练成，在很大程度上应归功于湖北军事教育的振兴。1896年，鄂督张之洞练成了湖北新军，“新兵入伍，类多考试，文盲已居少数。张之洞犹创设陆军小学堂，由营队士兵考选入校”，“一时文人学子，争相投效”①，湖北新军由此成为一支具备近代军事素质和新思想的新型军队。这支军队诞生的价值如何，历史本身已经做了最好的论证。1911年武昌新军首举义旗，推翻封建旧营垒，缔造民主共和的创举，表明湖北新军自诞生之日起，就历史性地为一场资产阶级革命准备了批判的武器。正如时人所言：“有枪炮厂可供战事之源源供给；成立新军，多富于知识思想，能了解革命之旨趣……虽为公所不及料，而事机凑泊，种豆得瓜。”②湖北新军由此成为长江军事文明崛起最为突出的标志。

1900年后清朝政府编练新式军队

孙中山像

黄兴像

参加武昌起义的湖北革命军

清末新政编练新军的需要，促成了四川举办军事教育的热潮。除了派遣留学生赴日

① 胡祖舜：《六十谈往》，见《辛亥革命在湖北资料选辑》，湖北人民出版社1981年版，第48—49页。

② 张继煦：《张文襄公治鄂记》之一《文襄督鄂之时代及其环境》，湖北通志馆1947年版，第1—7页。

学习军事外，四川开始广泛开办军事学堂。1903 年，川督岑春煊在成都创办四川武备学堂，本科分为步、马、炮、工、辎 5 种，学制 3 年，训练及管理均仿日本。1905 年设官弁学堂，1906 年成立测绘学堂，1908 年开办陆军小学堂，同年还设立了高等巡警学堂，以培养警察，发展警政。此外，还有四川陆军速成学堂、官弁小学堂等。军事教育的兴办，表明四川近代军事文明步入了更为高级的时代。另外，这一时期长江流域其他省份也大都投入了这场以设立军事学堂、培养军事人才、编练新军、造就新式军事力量为主题的时代浪潮，长江各省大都设有本省中小陆军学堂、武备学堂等。这些学堂培养出来的新式军事人才，一方面成为各省新军的基干力量，一方面更成为具有新式军事知识的民主革命志士，“每一营队，济济多士，革命思潮，潜移默化；革命小组，秘密滋生”①，辛亥时期长江军事文明遂成为近代中国演进的有力武器。

20 世纪初期，在与西方列强争夺利权的斗争中，各地要求自办厂矿，自办铁路，抵制侵略的呼声普遍高涨。同时，清末新政中振兴工商、奖励实业的政策，也激发了绅商富户投资近代企业的兴趣。因此辛亥革命前后，中国近代工商业有了较大的发展。在长江沿岸，随着下游海派工商业的进一步繁荣，随着中上游湖北、四川等省工商业的初兴和逐渐发展，长江的近代工商业开始呈现出繁盛的态势。

张謇像

这一时期，长江下游以上海为中心的江浙一带的工商业继续向海派工商业体系发展。这里不仅厂矿兴盛，商市繁华，而且还逐步发展起了近代交通运输业，其中尤以江苏、浙江等地的航运事业发展最快。两省的民族资本轮船公司所拥有的船只吨位居当时全国总数之半。1903 年张謇、沙炳元合资创办大达轮船公司，拥有大型轮船 7 艘，成为江浙两省第一大轮船公司。浙江鄞县的宁绍轮船公司，不仅经营内河航运，还经营沿海的客货运输业务。苏州的航运业则最为繁荣，除往返上海、杭州等大商埠外，还与周围各省及乡镇频繁往来。交通的发展，进一步促进了下游上海、杭州等地工商业的繁荣。

在中游的两湖地区，以湖北为中心的各地工商业随着社会风气的日渐开化而得到了较快发展，商业的进展尤为显著。以汉口为例，1901—1911 年的进出口货值(关平两)总数均超过 1 亿大关，达到了贸易的巅峰状态，时人誉为“东方芝加哥”。不仅如此，汉口街市商业的繁盛更是洋洋大观，钱铺、京广苏货铺、成衣店、帽庄、袜铺、匹头绸缎铺、茶叶铺、笔墨铺、眼镜铺、钟表铺、照相馆、玻璃店等林立街头，行业既多，帮派更盛，再加上在

① 胡祖舜：《六十谈往》，见《辛亥革命在湖北资料选辑》，湖北人民出版社 1981 年版，第 49 页。

这里经营进出口贸易的各式洋行、各类洋商，可谓"中外商贾咸集于此，角逐竞争，商业贸易，极称繁盛"①。汉口由此一跃而为雄踞长江中游的第二大商埠，"故江汉之会，在昔日为长江上游三重镇者，在今日则为世界竞争之聚点也"②。一些沿江小城也在商贸的带动下发展起来，如沙市，"其先不过一小市……近时行驶轮舟，交通甚为便利，故商业亦骤然振兴……欲呼为小汉口"③。又如宜昌，"原不过一荒寒村市而已……自沙市开港以来，气象顿异，遂一跃而成为有名之都会……出入货物额，皆蒸蒸日上，而昔日萧索之迹，不数年即泯然无有矣"④。清末湖北工商业的巨大发展，不仅给湖北大小城镇带来了城市的近世繁荣，同时也意味着湖北已在思维方式和时代精神上为革命精英的成长创造了理想的氛围，为一场划时代的巨变奠定了牢固的物质基础。

20 世纪初，长江上游省份的工商业在比沿海省份晚了大约 20 年后，终于有了初步发展。辛亥年间，四川省境举办的工矿企业涉及了火柴、织布、缫丝、造纸、印刷、采矿、盐业、糖业等多种行业，1900—1911 年开办的各类企业达 40 家左右⑤，尤以重庆、成都两地工业发展较快。除原有一些官办企业外，1900 年重庆吉厚祥布厂的设立，成为四川民族资本主义工商业产生的先声。随后重庆陆续出现了火柴、丝织、棉织、玻璃、采矿、航运、电灯等行业，开始具备近代工业城市的职能。就商业而言，19 世纪末重庆就已成为洋货输入西南的转口地，进口的洋布均由这里远销上游各地大中城市，如成都、嘉定（今乐山）、叙府、绵州等，并逐步向云贵倾销。以经营洋布为主的重庆布匹字号随之大为发展，广货铺也应运而生。大小水客经常云集重庆，独资经营者逐渐增多，光绪、宣统年间布匹字号已达 90 家左右⑥。随着工商业的起步，辛亥时期的重庆已开始向近代工商业大都市转变。在成都，近代工业企业既有官立，也有商营。官立者如机器制造局、火柴官厂、肥皂官厂、制革官厂等；商营则有电灯公司、造纸公司、天成工厂、因利利织布厂等。这一时期成都工业还处于幼稚阶段，而商业却较发达，是长江上游除重庆之外的商业活动交结点，"货物充轫，民户殷繁。自甘肃至云南，自岷江至西藏，其间数千里内，林总者流，咸来懋迁取给"⑦，反映了这一时期成都商业繁荣的状况。清末四川工商业的初具，表明 20 世

---

① Decenial Reports，1902—1911，120 ，P354。

② 张枬、王忍之：《辛亥革命前十年间时论选辑》第 1 卷，生活·读书·新知三联书店 1977 年版，上册，第 444 页。

③ 《清议报全编》卷一一，《辛亥革命在湖北资料选辑》，湖北人民出版社 1981 年版，第 299—300 页。

④ 《清议报全编》卷一一，《辛亥革命在湖北资料选辑》，湖北人民出版社 1981 年版，第 299 页。

⑤ 《四川文史资料选辑》第 1 辑，四川省新华书店 1962 年版，第 4 页。

⑥ 《重庆工商业史料》第 1 辑，重庆出版社 1982 年版，第 194 页。

⑦ 《四川文史资料选辑》第 20 辑，四川人民出版社 1980 年版，第 27 页。

纪初长江上游工商业近代化的时代已经到来。这一时期四川工商业所取得的初步成就，不仅为民国以后长江上游资本主义工商业的继续发展铺垫了路基，它所昭示的时代主题也启发着上游有识之士投身到为资本主义经济寻求发展出路的政治变革中。1911年四川保路运动能够拉开武昌起义的历史序幕，从一定意义上说，正是这一时期四川工商业提供物质保证的结果。

与维新运动相承接，进入20世纪后，长江的教育发展和文化传播继续呈现蓬勃之势。新式学堂、新式报刊不断涌现。然而与前者不同，这一时期教育和文化传播的主流已不再是维新思想和改良主张，随着资本主义民主革命时代的来临，长江文化教育迎来了民主革命的曙光。

上海因其较为发达的资本主义工商业优势和越来越浓厚的西化社会氛围，在继维新运动之后，又一次成为晚清社会变革的文化和舆论中心。越来越多的资产阶级革命志士会集在这里，创办学校，发行报刊，竞出新书，宣扬民主革命思想，传播西方资本主义社会政治学说，以上海为中心，长江下游的文化教育转变成为以传播资产阶级民主革命思潮为主题的新式教育。以报刊为例，从1902年起，上海的革命报刊开始呈蒸蒸日上之势，《新世纪学报》《大陆》《国民日报》《中国白话报》《女子世界》《警钟报》等进步报刊相继创刊，所载文章内容丰富，取材广泛，涉及哲学、政治、经济、历史、文学、外交等各个领域，囊括古今中外各个方面，文字沉郁、辛辣、犀利，社会影响极大。1903年，《苏报》转向革命，大量刊载宣传革命的论说和文章，不怕高压，在“清末革命史中，内地报纸以放言革命自甘灭亡者，《苏报》实为孤证”①。一些新学堂也创办革命刊物，如爱国学社发行《学生世界》，爱国女校发行《女学报》等，无不高唱反清革命。上海的宣传气氛日益活跃。江浙其他地区也出现了一些新式报刊，如《杭州白话报》、金华《萃新旬报》等，讽刺时政，言论也相当激烈。与新式报刊的大量发行相呼应，这一时期上海还出版了大批介绍西方政治学说和欧美资产阶级革命的译著和书籍，如赫胥黎的《天演论》、亚当·斯密的《原富》、穆勒的《名学》、斯宾塞的《群学肄言》、孟德斯鸠的《法意》以及《美国独立战争史》《法兰西革命史》《华盛顿》《林肯》等。这些书籍和报刊不仅促成了长江下游日益浓厚的民主革命氛围，教育了一代人，同时也标志着这里的文化传播在向着更为符合世界潮流和时代精神的方向发展，海派文化的近代化态势由此更加突出。

① 中国近代史资料丛刊：《辛亥革命》第1册，上海人民出版社1956年版，第388页。

《浙江潮》《黄帝魂》《訄书》

在两湖的中心城市武汉，辛亥革命时期的新闻报刊业也呈现了日益发展的趋势。除资产阶级民主革命派创办了一些旨在宣传革命的报刊外，其他具有近代意义的报刊也日益增多，如《湖北学报》《江汉日报》《湖北日报》《湖北农会报》《商务报》《中西日报》《公论日报》《大江报》《夏报》等。后四种报更是当时的大报，"'中西'号为商业报纸。'公论'时有官报之目。'大江'为鄂人詹大悲、湘人何海鸣等所创办……盖一革命集团也。《夏报》……颇敢言，允为后起之秀，特未'大江'革命色彩之浓厚耳"①。近代新闻报刊在武汉日渐兴盛，一方面加强了武汉城市的近代化特色，一方面更在社会舆论和传播信息方面支持了清末湖北的变革，尤其为武昌起义助了一臂之力。"当首义之前夕，汉口报纸愈见进步。《大江》《夏报》无论矣，即商报如《中西》，官报如《公论》，对于抨击文武官吏之记载，乃至于革命宣传之文字，亦公然披露"②，有效地传播了反清革命思想。1911 年 10 月 15 日，仅仅在武昌首义后的第五天，革命党人胡石庵便在武汉创刊了国内第一张革命报纸——《大汉报》，刊载新成立的湖北军政府发布的檄文布告，革命消息"乃得不胫而走，每日间传播中外"③，故时人作诗誉之："开元国庆无双日，革命文章第一篇。"④湖北近代报刊业为资产阶级民主革命付出的努力可谓不小。

在上游的四川，报刊业的发端和发展与清末政治风潮相伴随。维新时期，这里已产生了影响川渝于一时的《渝报》《蜀学报》。进入 20 世纪又相继出现了《算学报》《启蒙通俗报》《四川官报》《成都日报》《工会日刊》《蜀报》《四川商会公报》《广益丛报》《重庆日报》

① 胡祖舜：《六十谈往》，见《辛亥革命在湖北资料选辑》，湖北人民出版社 1981 年版，第 56—57 页。
② 胡祖舜：《六十谈往》，见《辛亥革命在湖北资料选辑》，湖北人民出版社 1981 年版，第 57—58 页。
③ 丁守和主编：《辛亥革命时期期刊介绍》（四），人民出版社 1993 年版，第 142 页。
④ 丁守和主编：《辛亥革命时期期刊介绍》（四），人民出版社 1993 年版，第 142 页。

等，保路风潮中更有《西顾报》《启智画报》《保路同志会报告》等议论时政，倡言路权，四川报刊业遂日见繁盛。至辛亥反正、民国之初达到最盛，报纸异常发达，时兴时灭，《都督府政报》《四川独立新报》《蜀江报》《蜀风报》《民主急进报》《共和日报》《演进报》《女界报》等等，不一而足。辛亥革命前后四川近代报刊的兴盛，不仅向巴蜀广大社会传播了民主革命思想，启发了四川一代民主革命志士，并为清末四川保路运动和辛亥革命呐喊助威，壮大声势。而且，从文化普及的角度看，它更为川渝社会风气的开拓以及社会近代化带来了生机。

总之，辛亥革命为长江社会带来了一个生机勃勃的时代，长江文化经过资产阶级民主革命血与火的洗礼而发展、演变、更新，走向新型化、近代化。同时，在近代中国缔造民主共和的努力中，长江文化的历史作为也堪称辉煌，尤其在军事和文化传播方面，它的历史贡献更为突出。长江文化不愧为一方颇有作为的近代新型文化。

四、新文化运动与长江文化

陈独秀像

1915 年 9 月，陈独秀在上海创办《青年杂志》，次年更名为《新青年》，针对军阀统治之下中国社会贫穷、落后和文化蒙昧的现状，大胆喊出“民主”与“科学”的口号，呼吁人性的自由与解放，向封建旧文化发出有力的挑战，拉开了新文化运动的序幕。1917 年，《新青年》迁往北京，新文化运动的中心由此北移。然而，正如陈独秀所宣告的：“我们现在认定，只有这两位先生（指德、赛两先生——著者注）可以救治中国政治上、道德上、学术上、思想上一切的黑暗。”[①]在大江南北，在长城内外，许许多多先进的中国人尤其是青年，正是为着这一信仰而投入这场宏伟的历史巨流之中。在长江流域，新一代长江人励精图治，使这里再一次成为这一文化革新运动最热烈的一隅，在教育、报刊出版以及社会风尚等领域，都发生了前所未有的变化。近代长江文化在 20 世纪 20 年代的这十余年间，逐步走向成熟，最终迈上了向新民主主义文化发展的新台阶。

新文化运动中，长江最为生机勃勃的领域莫过于教育界。“自五四运动思潮澎湃，社会人士均感新式教育力量之伟大，应予以发扬”[②]，传播新知识、新思想的需要，促成了长江新式教育向更为成熟的方向发展。不仅已有的各类新式学校更趋繁荣，还出现了职业

① 原载《新青年》6 卷 1 号 1919 年 1 月 15 日，转引自《五四运动回忆录》，中国社会科学出版社 1979 年版，上册，第 130 页。

② 《五四运动在武汉资料选辑》，武汉大学历史系 1979 年版，第 341 页。

教育、平民教育等新型教育形式，在教学内容与教学管理等方面也相继发生了变革。

在上海，随着民族资本主义的发展。培养技术人才的中等职业教育成为应时之需。1917 年左右，黄炎培等发起了职业教育运动，在上海创立中华职业教育社，张元济、马相伯、史量才、张謇、蔡元培、张伯苓等教育界知名人士纷纷入会。职教社以沟通教育与职业为宗旨，目的在于使“国无游民，民无废才，群需可济，个性可舒”①，反映了资产阶级知识分子改革教育的一种尝试。1918 年 8 月，职教社在南京设立中华职业学校，设木工、铁工、珐琅、纽扣四科，并设相应工场，开始了职业教育的实践。此外，江浙地区也不同程度地开始了其他方面的教育变革。在宁波，1923 年主张改革的知名教育家经亨颐出任宁波四中校长后，大力提倡白话文，并进行其他改革，“宁波的教育空气，为之一变”②。长江下游的近代教育遂有了进一步的发展。

蔡元培像

马相伯像

张元济像

在长江中游，湖北、湖南成为改革教育较好的两省。在武汉，私立学校有了进一步的发展，除原有的中华大学、荆南中学外，这一时期又创办了武汉中学、武昌共进中学、浚新小学等。这些学校大多采用新学制，教学设施也较齐备，如 1922 年创立的武昌共进中学，即于第二年首先实行三三新学制，校内“图书仪器及各种教具设备，渐次完备，为公立学校所不及”③。在教学方法上，私立学校往往考试严格，训育方法采用自动自治，注重实践，校风较为良好，学生毕业后也多能成为社会适用之才。如共进中学，就因“学生大半升入国内著名大学或军事学校陆大等，服务社会国家，均成绩卓著”④，而闻名一时。除私

① 刘惠吾：《上海近代史》，华东师范大学出版社 1985 年版，下册，第 46 页。

② 中国社会科学院近代史研究所编：《五四运动回忆录》，中国社会科学出版社 1979 年，下册，第 772 页。

③ 《五四运动在武汉资料选辑》，武汉大学历史系 1979 年，第 341 页。

④ 《五四运动在武汉资料选辑》，武汉大学历史系 1979 年，第 342 页。

立学校增多以外，平民学校的广泛设立，成为武汉新文化运动在教育上的又一项重要内容。这一时期，国立武昌高等师范学校校友会、汉口青年会、湖北平民教育社、长街芝麻岭三一中学等为普及教育起见，纷纷组织平民学校或夜校，“凡各界有志向学者，均可报名应试”①，学费全免。自此，下层民众也终于有了受教育的机会。据 1920 年 6 月 3 日的《汉口新闻报》载：武昌第一平民学校开学已三星期，每日报名者仍络绎不绝。学生中职业船户占 1/2，其余则由竹工、木工、织工、缝衣、做麻线、小贸花匠等组成。“各学生颇能自守规矩，成绩亦佳，现已能联字联句矣”②。足见当时教育已深入社会下层，有效地普及了知识，传播了新思想。此外，武汉的许多学校还进行了教学管理改革。学生间多组织了学生会、同学会，以交换知识，研究科学。经过这一时期的教育革新，湖北的近代教育更趋成熟了。

在全国新文化运动的影响下，湖南教育也为之一新。这一时期，湖南绝大多数学校改革了教育方法，鼓励学生成立自治会，支持学生参加社会活动和爱国活动。如明德、幼幼、一师附小、楚怡、周南等校都组织了学生自治会，提倡学生发展个性，自由活动。在教学内容上，有的学校如周南、楚怡、明德、修业、幼幼、长沙高小等，开始改用白话教材教学，提倡学生写白话文。另外，有的学校还开放女禁，实行男女同校。有的女校，也开始允许学生社交，允许学生剪发。经过革新，湖南教育近代化的程度更加显著了。

新文化运动中，教育改革的浪潮也同时席卷到了巴山蜀水间。这一时期，川渝各校间普遍加强了联系，男女学生开始有了社交，许多学校学生组织了读书会、贩卖部，以交流思想，传播信息。对于不合理的管理制度及教学内容，川渝学生也普遍予以抨击，并提出了男女合校、图书室订购进步报刊、改进成绩考核办法等旨在改革川渝教育现状的进步要求。在新思潮的影响下，川渝教育进一步走向开放与民主。

从中等职业教育到下层平民教育的出现，从教学内容到教学管理的鼎革，长江教育在新浪潮的激励下，日趋时代化、大众化。从这时起，长江教育开始真正地走入民间，走向最普通的民众。长江教育近代化由此向前迈进了一大步。

其实，这一时期长江文化表现最为突出的，还不仅仅限于教育的革故鼎新，那些此伏彼起、活跃于长江各地的文化团体，那些多如繁星的新型报刊，在宣传新思想、传播新文化的同时，进一步加强了近代长江文化繁荣发展的态势。

在长江下游的上海，早在《新青年》创刊前后，就出现了一些以介绍西方文化为宗旨的学术性刊物。1915 年，中国科学社在上海发行《科学》杂志，登载自然科学方面的论文

① 《五四运动在武汉资料选辑》，武汉大学历史系 1979 年版，第 346 页。

② 刘惠吾：《上海近代史》，华东师范大学出版社 1985 年版，下册，第 44 页。

和科普文章，宣扬“科学救国”，被美国发明家爱迪生称赞为“极可惊叹之事”。1917 年，《太平洋》杂志创刊，注重介绍中外关系及国际形势，客观上传播了新思想、新知识。1918 年，上海《时事新报》创设《学灯》副刊，加入新文化宣传行列，受到青年学生的普遍欢迎。五四运动后，上海各种新刊物更是争相出版，仅“五四”后一年间，相继创刊的就有《觉悟》《星期评论》《南洋》周刊、《建设》月刊、《新妇女》半月刊、《解放画报》等等，除介绍新思想外，还积极探求社会改造问题。上海知识界遂呈百家争鸣的活跃之势。除此之外，最早出现于上海的电影、话剧等艺术形式也加入了新文化的宣传行列。1917 年，商务印书馆摄制了一批风景、时事、教育短片。其中，风景片比较严肃地介绍了祖国的美丽河山、民情风俗和历史建筑，在一定程度上唤起了观众的爱国主义情感。教育短片更明显地体现了传播资产阶级文化的方针，如介绍近代教育的《盲童教育》《养真幼稚园》，介绍体育的《女子体育观》《陆军操练》，介绍卫生和科学常识的《驱灭蚊蝇》《养蚕》等，传播了时代所需要的新思想。同时，电影作为一种新兴艺术，也在新文化运动中率先于上海成长起来，最终融合为海派文化的新内容。1922 年，上海戏剧协社诞生，最初的社员有应云卫、谷剑尘、欧阳予倩、洪深等。他们把爱国思想与舞台艺术相结合，演出了《孤军》《血花》等多幕剧，宣传了爱国思想。不久又建立了健全的导演制度，实行男女合演，成为一个生机勃勃的组织，为话剧的诞生和发展奠定了基础。经过新文化运动，上海地区的文化更趋繁荣。

除上海外，江浙其他地区的学术团体、报刊出版也呈现出欣欣向荣的景象。在杭州，省立第一师范学校的学生除了组织书报贩卖部，每天到西湖边公共体育场贩卖《新青年》《新潮》等进步刊物外，还在 1919 年自己创办了《浙江新潮》，曾发表施存统的“非孝”一文，反对不平等的孝道，震动一时。陈独秀给其文的评介是“天真烂漫，十分可爱”①。此外，《杭州学生联合会报》《浙人》《曲江工潮》等在省城也成为风靡一时的新刊物。在宁波，这一时期出现了《救国》《良心》《火花》《天鸣》等白话刊物，1920 年创办的《时事公报》，所撰文字十之八九也是白话文，在推广白话文的同时，宣扬了新知识和新思想。

在长江中游，新的学术团体以及新报刊的涌现毫不逊色于下游各地。在湖北武汉，1920 年，恽代英、林育南等创办利群书社，以“利群助人，服务社会”②为宗旨，经售各种新书报新刊物，包括《共产党宣言》《社会主义从空想到科学的发展》等马克思主义经典著作以及《共产党人》《新青年》《湘江评论》等革命刊物。“许多青年经常来这里阅读进步书刊，研究和讨论革命理论”③，利群书社因而不仅成为湖北传播新文化的重要基地，同时也

① 《五四运动回忆录》，中国社会科学出版社 1979 年版，下册，第 740 页。
② 《五四运动在武汉资料选辑》，武汉大学历史系 1979 年版，第 17、18 页。
③ 《五四运动在武汉资料选辑》，武汉大学历史系 1979 年版，第 17、18 页。

是武汉进步青年重要活动场所之所在。在利群书社成立前后，一批进步社团也纷纷涌现出来，其中有日新社、觉社、诚社、黄社、兼爱社、启明社、健学会、新声社、互助社、辅仁社、仁社等等。这些社团大多以宣传新思想、致力社会改造为宗旨，并与武汉各大中学校一起，竞出新刊，传播新思想，宣扬自己改革社会的主张与见解，因而这一时期武汉的报刊可谓异彩纷呈、绚丽多姿。《学生周刊》《武汉星期评论》《教育旬刊》(后改为《教育改进》)《我们的》《互助》《新空气》等接踵而现，交相辉映，大大活跃了武汉及其周围地区的文化氛围。其中，以《学生周刊》的影响最大，“所采材料均以唤起国民爱国热忱，提倡国货坚持到底为主旨”，其刊“义正辞严，言婉意决”，四处散发，深受各界欢迎，甚至苦力也争相购取，“其中有不识字者，遂央人讲解，彼等俯首静听，有闻之泪下者，有长吁短叹者，又有听毕不忍去者”①，足见其感染力之深。又如《武汉星期评论》，则积极反映学生运动、工人运动和妇女运动，指导群众正确理解马克思主义，从而推动了马克思主义在湖北武汉的传播。

在湖南，新文化运动的兴起，首先促进了该省一大革命团体——新民学会的产生。1918 年春，毛泽东、蔡和森在长沙创立新民学会，以“革新学术，砥砺品行，改良人心风俗”②为宗旨，率先在湖南省掀起了一股传播新思想新文化的热潮。在它的带动下，1919 年湖南省教育界成立了健学会，以“输入世界新思潮，共同研究，择要传播”③为宗旨，定期举行“人生观”“平民政治”“文字与白话”等问题的公开讲演，介绍新思潮，推动湖南省教育的改革。另一个对湖南省社会产生了重大影响的机构是 1920 年毛泽东在长沙成立的文化书社。书社积极销售新书新报，特别是马克思列宁主义书籍，更是大量推销。不仅如此，文化书社还在湖南省其他地区如平江、浏阳、衡阳、邵阳、宁乡、武冈等处设立了分社，从而在湖南境内广泛地传播了马克思主义思想，推动了这里新文化运动的深入。此外，新刊物的涌现也在这一时期呈雨后春笋之势。仅省会各校学生出版的刊物就达 10 多种，以致时人形容长沙为“周刊的世界”④。其中 1919 年创刊、由毛泽东主编的《湘江评论》，战斗性、思想性极强，被称为全国“最有分量，见解最深刻”⑤的刊物。另一刊物《女界钟》，由长沙周南女校学生创办，主要讨论妇女解放，抨击封建礼教，被当时报刊誉为“中

① 《五四运动在武汉资料选辑》，武汉大学历史系 1979 年版，第 374、375 页。

② 《五四运动回忆录》，中国社会科学出版社 1979 年版，上册，第 94、434 页。

③ 《五四运动回忆录》，中国社会科学出版社 1979 年版，上册，第 94、434 页。

④ 陈漱渝：《湖南五四运动二三事》，见《湖南文史资料选辑》。

⑤ 《湘江评论》临时增刊号第 1 号，转引自《五四运动在湖南》，载《湘潭大学学报》(社科版)1989 年第 2 期，第 7 页。

国独一无二的完全由女子倡导解放的杂志”①。湖南经过各学术团体及宣传出版机构的努力，知识界、文化界焕然一新、朝气蓬勃，湖湘文化再一次大放异彩。

在长江上游的四川省，这一时期也出现了不少旨在传播新思想的进步团体和进步刊物。其中，较著名的进步社团有少年中国学会成都分会、适社、益社、均社、无社等十多个；而影响较大的进步刊物则有《四川学生潮》《星期日》《威克烈》《半月》《直觉》《新空气》等十余种，尤以《四川学生潮》《星期日》最为著名。《四川学生潮》除介绍新学术思想外，还涉及政治、社会各方面的问题，“笔锋犀颖，无所忌惮”②。《星期日》的版面则“类似当时北京的《每周评论》、上海的《星期评论》，内容也同样是尖锐地批评旧制度，强烈地传播新思想”③，一面世即引起震动，影响远达四川以外数省。另外，1915 年陈育安在成都设立的华阳书报流通处，也专门销售进步报纸、刊物和书籍，有效地促进了新知识在四川的广泛传播。经过新文化的冲击，四川的学术空气日益活跃，新闻出版愈见自由，新文化运动再一次推进了巴蜀文化的时代步伐。

教育更新，学术活跃，新闻繁荣，知识界、文化界的蓬勃景象，也给长江社会带来了巨大变化。这一时期，长江社会开始出现一些前所未有的新风尚、新气象。

如果说在新文化运动的前期，盛行于长江社会的风尚还是各种思潮杂糅并传、百家争鸣的话，那么，到了后期，随着人们对各种新思想认识的深入，传播马克思主义就成为长江社会新风尚的一大主流。

在上海，早在 1917 年俄国十月革命爆发之时，《民国日报》《申报》《时报》《太平洋》等报刊就对之进行了介绍。“五四”以后，上海更发展成为当时传播马克思主义的一大中心。陈望道翻译的《共产党宣言》、李汉俊翻译的《资本论入门》先后在这里出版。国民党人士主持的《觉悟》《星期评论》《建设》月刊以及张东荪主持的《学灯》等，也发表了一批马克思主义的文献与译著，如《雇佣劳动与资本》《俄国的政党和无产阶级》《马克思资本论解说》等等。这些文献和译著登载在当时颇有影响的报刊上，成为风靡的时尚。1921 年中国共产党在上海成立，可以说，与这一时期马克思主义在上海的广泛传播不无渊源。

在长江中游，湖南成为传播马克思主义最热烈的一省。毛泽东在主编《湘江评论》时，就发表了《民众的大联合》等文章，热情歌颂十月革命和世界革命潮流。文化书社不仅向湖南输入了大量新文化刊物，还积极销售马克思主义丛书，如《社会主义史》《新俄国之研究》等。一些知识分子更组织起了俄罗斯研究会、崇新学社、马克思主义研究会等团

① 《湘江评论》临时增刊号第 1 号，转引自《五四运动在湖南》，载《湘潭大学学报》（社科版）1989 年第 2 期，第 7 页。

② 《五四运动回忆录》，中国社会科学出版社 1979 年版，下册，第 880 页。

③ 张允侯等编：《五四时期的社团》（一），生活·读书·新知三联书店 1979 年版，第 550 页。

体，学习并传播马克思主义。在 20 世纪 20 年代前后，这里传播马克思主义已蔚然成风，成为一股不可阻挡之势，从而为湖南此后革命高潮的到来奠定了牢固的思想基础。

在上游的四川等地，“五四”以后，这里的新文化运动也逐渐发展成为马克思主义的思想运动。1922 年，王右木在成都创办了四川第一家专门宣传马克思主义的公开刊物——《人声报》，有目的、有计划地介绍马克思主义和科学社会主义。在重庆，一些进步教师早在 1920 年就组织了一个马克思主义研究会。在泸州，恽代英也于 1921 年组织了马克思主义研究会和学行励进会。1923 年何珌辉赴南充开展团的工作。四川各地马克思主义的传播活动遂成大势，成为巴蜀一股强大的社会新风。

马克思主义在长江流域的广泛传播，给一度良莠杂陈的长江社会带来了一股清新之气，自此以后，长江的社会风尚更趋革命和开放。越来越多的有识之士在这股时代新风的激励下，走向了探求救国救民真理的新途。

这一时期长江社会还出现了另一引人注目的新风尚，这就是兴起于广大知识分子中间的赴法勤工俭学热潮。赴法勤工俭学运动由蔡元培、李石曾、吴玉章等首先发起，在新文化运动中成为一种时代要求而得到了广大知识分子的响应。在长江流域，湖南、四川成为响应最热烈的两省。在湖南，“五四”前夕，青年学生就在新民学会组织下，开始分批赴法勤工俭学。1919—1920 年间，留法勤工俭学在湖南形成了一个空前的高潮。不但广大青年学生踊跃参加，就连在湘执教 20 多年的教育家徐特立，年过半百的蔡和森之母葛健豪也跻身其列，传为一时佳话。据统计，1919—1920 年中，全国共有 1700 人左右赴法勤工俭学，其中湖南就占了 346 名①，人数之多，居于各省之首。他们在法国半工半读，学习研究十月革命和马克思主义，其中许多人如蔡和森、向警予、李立三、李维汉、何长工等回国后，逐渐成长为中国共产党早期领导人。在四川，许多爱国知识分子在寻求真理的渴望下，积极投身到赴法勤工俭学的浪潮中。1920 年和 1921 年，成都赴法学生总计达 200 余名，重庆有 80 余名，加上江津、华阳等县以及由京、沪等地赴法的川籍学生，四川留法人数共计 492 人，几乎接近于全国留法学生总数的三分之一②。不仅如此，在出川的留法学生中，后来更产生出了中国共产党最初的一批川籍活动家，如赵世炎、刘伯坚、陈毅、邓小平、聂荣臻、傅钟、林修杰、范一等，他们回国后，带动了四川乃至全国的革命发展。

经过赴法勤工俭学运动，长江涌现了又一批勇于改造长江地区乃至整个中国社会的革命斗士，长江社会风貌在这批人的努力下，日见改观。

另外，妇女解放的呼声也在这一时期日渐高涨，最终成为长江流域又一社会风潮。

① 数字转引自《五四运动在湖南》，载《湘潭大学学报》(社科版)1989 年第 2 期，第 9 页。

② 数字引自《五四前后的四川思想界》，载《四川文物》1989 年第 3 期，第 44 页。

以湖南、四川两省表现最为突出。

在湖南，新文化运动以前的女子学界，进行的仍然是封建式的贤妻良母教育，女子自由恋爱和公开社交仍然受到禁锢和歧视。“五四”后，湖南女子学界发生了极大变化。长沙各女校首先行动起来，共同组织了女学生励进会，以“增进女界的幸福，提倡女子服务社会的能力”①为宗旨，积极投入到爱国运动中。周南女校在校长朱剑凡的倡导下，注重科学教学，提倡学生自治，鼓励学生参加社会活动，支持学生创办《女界钟》，学校呈现活跃生动之气象，连长沙报纸也称赞：“周南学生意志发皇，很有朝气。”②在她们的带动下，1921 年，长沙有几个男校如第一师范、岳云中学等开始招收女学生。尽管为数不多，但毕竟表明湖南社会开始冲破男女同校的禁例。湖南女子学界的努力，对改变风气，推动妇女解放，产生了巨大影响。

在四川，首先兴起了女子剪发之风。1920 年，成都益州女学、蓉城女学、女子实业学校的几个学生率先剪了发，此后响应者渐渐增多。尽管屡遭军阀禁止，但五四运动之后，女子剪发还是向全省蔓延了。1921 年，部分高等学校开始试招女生。与此同时，婚姻自由、恋爱自由的禁关，也被当时高师、附中、觉群女学等学校的青年学生所冲破。他们组织了一个人生活学会，出版了刊物《直觉》。尽管婚姻自主仍然困难重重，但经过新文化冲击后，男女婚姻自主也渐为社会所公认，在四川，对女子的这最后一道禁关也不能不开放了。

在新思潮、新文化影响下，长江社会风气较前有了进一步好转，长江社会在时代浪潮的感召下，日益革命、进取。

新文化运动最终为长江文化输入了马克思主义的思想巨流，从此，“黄浦汉皋，屡演活剧，洞庭闽水，再起高潮”③。长江文化在长江人近半个世纪的努力下，终于踏上了向新民主主义文化发展的近代化新里程。

第三节　海派文化的崛起

1843 年 11 月 17 日，是上海人永远不会忘记的日子。这一天，根据中英《南京条约》的有关规定，上海作为五个口岸之一被迫正式开埠通商。随之而来的，是一艘艘来自欧美的兵舰和商船，是一群群白皮肤、蓝眼睛的商人和传教士，是一批批东方人视之为奇技

① 《五四运动回忆录》，中国社会科学出版社 1979 年版，上册，第 436、437 页。

② 《五四运动回忆录》，中国社会科学出版社 1979 年版，上册，第 436、437 页。

③ 《湘江评论》第 2 期《民众的大联合》，转引自《五四时期期刊介绍》第 1 集，上册，生活·读书·新知三联书店 1979 年版，第 146 页。

淫巧的洋货工业品，是一件件带着战争血腥的先进的武器，这些物事带来了异于东方而代表世界潮流的西方资本主义文明。这一切随着这个海滨城市的开埠而渐渐涌进长江之口，并向长江中上游地区传播开去。数千年的东方文明在经受着巨大的冲击，奔腾千里的长江文明在经受着冲击，滨海带江的海上文化也在经受着冲击。其结果，海派文化作为对西方文化挑战的回应者，首先诞生在长江入海口。

1900 年左右的外滩

1904 年的南京路

早年黄浦江畔码头

上海是西方资本主义侵略中国的最大基地，也是传播西方文明的最大窗口，因此，它受西方文化的冲击最大，影响最深，并且产生了风格独特的海派文化。

海派文化与其他文化相比，似乎更具离经叛道的意味，少了一些"苇荻萧萧，渔歌唱晚"式的东方舒缓与悠闲，多了一种五光十色、声光化电般的西方频率与节奏。海派是不同凡响的。它的举国无双的近代工商业文明不同凡响；它率先更新古老的文化格局，建立近代文化框架的勇气不同凡响；它的学校、医院、博物院、出版社、报馆、娱乐场、体育、电影、戏剧、音乐、舞蹈、绘画等多方面保持着最早、最大、最多的全国之最的魄力不同凡响；它敏感而充满时代气息，在近代中国数次政治变动中，它不甘落后、冲锋陷阵的勇猛不同凡响。不仅如此，它滋养了一代代海派式的中国人，从创业救国的实业家，到热血沸腾的志士仁人，从茶楼酒肆的帮闲清客，到上海滩上的名士优娼、里巷细民，它对人的建树更是不同凡响。这是一种异乎前代的新上海文化，这是一方新兴的近代长江文明，正如鲁迅曾经评论过的："北京是明清的帝都，上海乃各国之租界；帝都多官，租界多商，所以文人之在京者近官，沿海者近商。近官者在使官得名，近商者在使商获利，而自己亦赖以糊口。要而言之，不过'京派'是官的帮闲，'海派'则是商的帮忙而已。"①京、海两派对比，表明海派正是这样一种新兴的资产阶级文化。

一、海派溯源

如果仔细考察一下近代以前的上海文化史，就不难发现，近代海派文化的诞生，不仅绝非偶然，而且毫不突兀。上海旧属松江府，历史上的松江地区素以文化发达著称，有"诗窠、棋囿、字仓场"②的美名。早在宋代，上海已有镇学，元代设县学，以后又陆续设立敬业、清忠、清原、仰高等高等书院及各类义学。县志上记载沪人"皆知教子读书"③。上海人不仅乐于办学，而且喜欢藏书。从宋代起陆续出现了一批历史上有名的藏书家，宋末的庄肃是江南三大藏书家之一，明代有"赏鉴博雅为词臣冠"④美誉的陆深，因藏书丰富，著成集书论精华的《书辑》和鉴赏艺术的《古奇器录》。至开埠前夕，李筠嘉的慈云楼藏书已与著名的天一阁齐名，而郁松年的宜稼堂，因其宋元孤本海内称奇，又堪与慈云楼并驾齐驱。上海历来不乏饱学之士。明代王圻竭四十年精力编成《续文献通考》254卷，其史料之丰富至今为学界推崇；明末神童夏完淳9岁编成诗集《代乳集》，其文集《南冠草》更是海内叹绝；清乾嘉年间，《四库全书》总纂陆锡熊、副总纂沈初曾在上海城内藏书兼治学，其他人才纷纷涌现。后人公认"沪虽偏隅，耆硕素来不少"⑤，而王韬也称这里"人才蔚起，学问文章抗衡宇内"⑥。的确，上海自古就不乏文化和人才的优势，如果时机成熟，上海出几位类似朱熹、王夫之那样的通经大儒或深邃的大思想家似乎不成问题。

然而，不要忘了，上海一开始只是一个纯粹的商港，上海的发展靠的是"水"，没有水，没有江、海，没有发达的水上交通，上海的存在毫无意义。从元代开始，上海的繁荣更多依靠的是贩运，是贸易往来，是商业经济，而不是像其他地区那样依靠农业。与其他城市相比，上海更像一座商城，一座好利之城，"九州皆为礼义之邦，上海独为商贾世界"⑦。黄浦江边一代又一代酷爱货殖的商贾，造船泛海，孜孜为之，"重农抑商"的古老圣训似乎从

---

① 〔民国〕鲁迅：《"京派"与"海派"》，见《鲁迅全集》第5卷，人民文学出版社1981年版，第432页。

② 〔明〕张弼：《东海文集》卷三《东门三事赞并序》，文渊阁《四库全书》本。

③ 〔清〕同治《上海县志》卷一《风俗》，清同治十一年刊本。

④ 〔清〕张廷玉等撰：《明史》卷三一《陆深传》，中华书局1974年版，第24册，第7358页。

⑤ 〔清〕王韬：《蘅华馆日记》，咸丰九年四月九日，引自《清代日记会抄》，上海人民出版社1982年版，第261页。

⑥ 〔清〕王韬：《弢园尺牍》，中华书局1959年版，第20—21页。

⑦ 于醒民：《上海，1862年》，上海人民出版社1991年版，第441页。

来不在他们的眼里。他们的存在使上海从一开始就产生了游离古训圣教之外的倾向。近人王韬曾下断语说："沪自西人未来之前，其礼已亡……虽有一二守礼之儒，亦难救正。"[①]对于上海的悍俗刁风、紊乱的士人品类尊卑等级，王韬用"海氛甚恶"[②]四字加以概括，可见其离经叛道的程度。基于此，上海无论如何也产生不了名垂千古的硕儒圣贤，倒是滔滔江海奇观引发了无数士子文人的热情、浪漫和灵感，上海养育了一批才气横溢的书画艺术家，如元代的陆深、明代的董其昌、清初的吴历，还有一些名重一时的戏曲家如清代的黄之隽、张照、夏秉衡，他们那些辉煌的艺术成就富有灵活、多变的艺术特色，大大减少了传统儒学的庄肃谨严的气氛。

远在上海开埠之前，一些身带异质文化气息的商人、旅行家甚至传教士陆续来到这里。他们的到来，除了促进中外贸易的发展，更主要的，则是在无形之中为上海文化带进了一股异端的潜流。成就最突出的莫过于明清之际天主教的传教活动。1608 年，天主教耶稣会的意大利籍神父郭居静在徐光启的邀请下来沪传教。一百年后，上海的天主教徒为 8 万名[③]，这个港口于是跃居为从君士坦丁堡到东京最著名的天主教传教"飞地"之一。城隍庙不远处建起了中西合璧的老天主教堂——敬一堂；在郊县的唐墓桥、金家巷，因为教徒十分集中而被称为"小欧洲"；数以百计的外籍天主教神父在开埠前到过上海，一些人最后葬在这里。在小南门外圣墓堂墓地，他们那些用拉丁文、法文、意大利文等外洋文字铭刻的墓碑，赫然竖立在斜阳之外、绿草丛中；在沪城最有名的敬业书院前，传教士们指导教徒建起了上海最早的西式天文台，上面安置了伽利略式的天文望远镜和天象仪器。不仅如此，在 8 万名东方教徒中还涌现了一些融合中西文化的先驱。明代翻译家中划时代的人物徐光启，除了虔诚地信奉上帝，一生还勤于译书，翻译了《几何原本》《泰西水法》等一系列西方自然科学著作，中国人由此粗略了解了一些西方科技文明；清初天主教徒吴历，曾随比利时籍神父柏应理自沪去罗马，在澳门滞留两年后回沪定居，他拥有一个西化教名——西满・沙勿略，为清初六大画家之一。他的山水画"丘壑层叠，笔墨苍润"[④]，融合了西洋画法，突破了中国画传统。所有这些似乎都与华夏其他地区的情形迥然而异，所有这些似乎都在表明：在开埠通商之前，上海文化已多多少少沾染了异端的色彩，显示着一些或明或暗的"海洋气息"。近代上海海派文化所植根的正是这样一方多少有些偏离了正统的文化土壤。

① 〔清〕王韬：《瀛壖杂志》卷一，上海古籍出版社 1989 年版，第 9—10 页。

② 〔清〕王韬：《瀛壖杂志》卷一，上海古籍出版社 1989 年版，第 9—10 页。

③ 于醒民：《上海，1862 年》，上海人民出版社 1991 年版，第 445 页。

④ 刘惠吾：《上海近代史》，华东师范大学出版社 1985 年版，上册，第 32 页。

二、海派与西方的影响

如果说明清以前的上海文化已经具备了开放性的海派潜质，那么近代这个海城的通商开埠以及随后西方各国租界的开辟，则进一步加深了这一特色。前者表明西方文明可以大模大样、大摇大摆地步入国门，后者则意味着异域文明在中国找到了一块可以长期生存和传播的土地。近代海派文化所接受的，正是来自西方异质文化的强烈刺激和熏染。

1845 年 11 月 29 日，上海道台宫慕久公布了《上海土地章程》："……决定将洋泾浜以北，李家场以南之地，准租与英国商人，为建筑房屋与居留之用。"①自此上海有了英租界，随之又有了美租界、法租界，"至光绪二十五年……由各国公使议决，将旧时英、美租界并东西新辟之地，统名曰公共租界"②，上海租界遂日益拓展。随着西方列强在华侵略权益的不断扩大，上海租界越来越像"国中之国"，"此划定界内一切统治权，渐渐放弃，于是外人始组织工部局，以管理市政，设巡捕房，以总持警政，而商埠之上海乃成为租界之上海矣"③。这个异乎东方的西方小世界开始把欧美各国纷繁芜杂的文明一一展现在近代上海人眼前。

1847 年上海有外侨 108 人，到 1850 年增至 143 人④，他们在 19 世纪 40 年代末搬进租界，开始经营外滩，建设租界社会，到 60 年代中期，南京路到洋泾浜一带已是"洋楼耸峙，高入云霄，八面窗棂，玻璃五色，铁栏铅瓦，玉扇铜环，其中街衢弄巷，纵横交替，久于其地者，亦易迷所向"⑤，宝善街一带最为热闹，至夜则灯火辉煌，通宵达旦。租界在慢慢成为五光十色的"十里洋场"。在这样一个颇具西洋味道的城中之城，西方殖民者陆续建立起洋行、银行，设立了各种加工厂、船舶修造厂、纺织厂、缫丝厂，又经营起了印刷、制药等轻工业以及建筑业、煤气、自来水、电灯等公用事业。一种近代意义的工商业文明赫然耸立在黄浦江畔这片华洋杂居的东方土地上。尽管它畸形且不完备，但近代上海人毕竟还是由此领略到了西方工商业经济文明的繁华与风采。不仅如此，西方人还逐渐在租界经营起一系列西式文化教育事业，从 1849 年天主教会设立徐汇公学起，西方传教士陆续开设了一批近代学校，著名的就有震旦大学、圣约翰大学、沪江大学、裨文女子中学、圣方

---

① 刘惠吾：《上海近代史》，华东师范大学出版社 1985 年版，上册，第 58 页。

② 〔民国〕姚公鹤：《上海闲话》，上海古籍出版社 1989 年版，第 2 页。

③ 〔民国〕姚公鹤：《上海闲话》，上海古籍出版社 1989 年版，第 3 页。

④ 刘惠吾：《上海近代史》，华东师范大学出版社 1985 年版，上册，第 80 页。

⑤ 〔清〕黄楙材：《沪游胜记》，见刘惠吾：《上海近代史》，华东师范大学出版社 1985 年版，上册，第 165 页。

济各中学、清心中学，等等，招收华人子弟入学，除宗教课程外，讲授较多的则是外国语言、自然科学及史地等新知识。上海的年轻人由此直接受到了西方文明的熏陶，从而在一定程度上为近代上海乃至近代中国培养了一批不乏建树的近代人才。另外，近代上海之所以拥有近代中国第一家西医院、第一份报纸、第一个出版机构、第一家外国通讯社、第一座近代图书馆和博物馆、第一个体育传习所以及第一家电影制片厂等等，正是租界文化事业逐步建立、发展的结果。

不要忘记租界还是一个名副其实的洋人社会，西洋的生活方式和习俗、娱乐以截然不同于东方的形象出现在这里，对此王韬在其《瀛壖杂志》中曾做过一些极为生动的描绘："西人喜楼居，台榭崇宏，可资远眺。"①"游玩之所，曰环马场。每至夕阳将落，男女联镳并乘而出，飙车怒马，几于声轰雷影闪电。"②"……春秋佳日，则以赛马为乐。"③"马路有打球场一区，专以击球之高下角力之优劣。"④"西人工为戏剧，如纵跃为舞，皆以女子为之……台下奏乐者数十余人，抑扬嘹亮……演剧时，山河宫阙，悉以画图，遥望之几于逼真。"⑤"西人戏术，若转盘，若橡幢，若登梯，若假面具，回巧献技，不可殚名。"⑥"西人制电以通音信，名曰电报。虽数千里之程，倾(顷)刻可至……固胜于驿骑远矣。"⑦短短数十行字，作者的欣羡之情已表露无遗。他后来用了"别开人境"⑧四字，借以突出这个洋人社会异乎寻常的程度。

毫无疑问，近代上海租界的存在，为西方各种文明形态的生存提供了一个理想的场所，由此汇集而成寓居上海一隅的租界文化。作为一种带着侵略色彩的异质文化，它必然与这里的本土文化发生激烈的碰撞与冲荡，其结果是，近代海派文化接受租界文化潜移默化的影响，诞生在近代中国的文化舞台上。

三、海派与海派文化人

海派文化的卓然兴盛，应当归功于生活在近代上海勇于开拓和创新的数代中国人，正是他们，在东西方文明之间架起了一座桥梁，造就了融合中西的海派文化。

近代上海以人文鼎盛著称于世，然而直至道光末年，上海的市景还是"滨江茅屋，芦

① 〔清〕王韬：《瀛壖杂志》，上海古籍出版社 1989 年版，第 118 页。
② 〔清〕王韬：《瀛壖杂志》，上海古籍出版社 1989 年版，第 121 页。
③ 〔清〕王韬：《瀛壖杂志》，上海古籍出版社 1989 年版，第 122 页。
④ 〔清〕王韬：《瀛壖杂志》，上海古籍出版社 1989 年版，第 123 页。
⑤ 〔清〕王韬：《瀛壖杂志》，上海古籍出版社 1989 年版，第 128 页。
⑥ 〔清〕王韬：《瀛壖杂志》，上海古籍出版社 1989 年版，第 125 页。
⑦ 〔清〕王韬：《瀛壖杂志》，上海古籍出版社 1989 年版，第 115 页。
⑧ 〔清〕王韬：《瀛壖杂志》，上海古籍出版社 1989 年版，第 191 页。

苇为邻，商市萧条，烟户零落”[①]，人口并不稠密。鸦片战争的炮火把西方人送进了上海租界，1853 年上海小刀会起义，华界居民纷纷涌聚租界，而咸丰末年太平军的东征，又成为江浙及长江一带人民聚居上海租界的原因。截至 19 世纪 60 年代，“上海兵事凡经三次”，“经一次兵事，则租界繁盛一次”，“迄辛亥革命事起，外人默认官、革为交战团体，严守中立，于是避难来沪之人，遂骤增至三十余万，可为盛矣”[②]。战争使租界不断得到拓展，避难之人聚居于此，使上海变成一个实实在在的移民城市，也使这里成为一座新兴的文化城。1860 年前后，华东富豪官绅、士大夫、科学家、中西人才荟萃于此，上海首次超过苏杭成为江南最得风气的精华宝地。此时上海盛行的语言是广东话、宁波话、苏帮话、北方话、上海土话以及不中不西的洋泾浜话，由此可见上海五方杂处的程度。在这样一个各地区各人种混聚的空间，要想达到人的思想整齐划一恐怕极难。事实是，这里的思想特别活跃、开放，不安于现状，进而率先诞生了一个敢于“冒天下之大不韪”大谈大倡西学并融合中西的新式人才圈。

海宁人李善兰，咸丰壬子年（1852 年）间来沪，以天算之学闻名于世，著有《续几何原本》《谈天》《代数学》《代微积拾级》《重学》《植物学》等书，“皆与西士从泰西算术中细绎而出之者也”[③]；金匮人华蘅芳，“通天算之学”，他和无锡人徐寿受聘于上海广方言馆及江南制造局，“于泰西机器之术，能知其奥，所译者有《防海新论》《汽机发轫》等，皆有裨于实用者也”[④]，而徐寿之子徐建寅的天算知识，也不亚于乃父；吴县人冯桂芬，这位道光年间的科场榜眼，不仅中学渊博，也长于历算勾股之术，避兵至沪后，究心西学，主讲于敬业书院，“士林奉为矜式”，随后主持广方言馆，“一切章程，皆所拟定……学问文章，群推为巨擘”[⑤]。中国近代史上第一个留学生容闳，在上海时尽管中文书函都不怎么会写，但却并不妨碍时人对他的西学知识的尊敬与崇拜。另一位基督徒黄胜，行医于仁济医馆，其西医技术市民赞不绝口，王韬曾用“泰西医术能者谁？黄君所造当今希”[⑥]来称誉其妙手回春之术。1861 年留美回国的颜永京，一生大部分时间致力于中西文化交流事业，在西方心理学的研究和传播上贡献尤为突出。

在 19 世纪 60 年代以后华洋交汇的上海，诸如上述亦中亦西的人才不在少数。他们是轮船上的中国技师，道台、知县衙门的外语翻译，外文报馆的华籍记者，银行、洋行里善

① 〔民国〕姚公鹤：《上海闲话》，上海古籍出版社 1989 年版，第 26 页。

② 〔民国〕姚公鹤：《上海闲话》，上海古籍出版社 1989 年版，第 61 页。

③ 〔清〕王韬：《瀛壖杂志》，上海古籍出版社 1989 年版，第 77 页。

④ 〔清〕王韬：《瀛壖杂志》，上海古籍出版社 1989 年版，第 79 页。

⑤ 〔清〕王韬：《瀛壖杂志》，上海古籍出版社 1989 年版，第 82 页。

⑥ 〔清〕王韬：《题黄春甫主政垂钓图》，《蘅华馆诗录》卷六，《续修四库全书》，上海古籍出版社 2002 年版，第 1558 册，第 496 页。

于经营的买办，与其仍称这些人为“旧学旧式高士”，不如呼之为“新学新式方家”更为贴切。这一时期上海新式人才的大量涌现，表明从19世纪60年代起，海派文化开始形成。

伴随着中国近代化的进程，上海的文化圈、人才圈在不断扩大，而随着对西学日渐深入的探求，上海文化人对西学的认识也在不断加深。西方人的个人主义，西方人截然不同于东方人的价值观念已开始在上海流行，至少对于英美租界工部局的例行选举，上海人并不陌生。两种文明、两种制度的鲜明对照，遂在洋务运动后期引起了识见敏锐、洞察细微之士的深刻反思，由此涌现了一批资产阶级改良主义思想家，上海的马建忠就是其中的佼佼者。1876年马建忠留学法国，一年以后，他在给李鸿章的信中就大胆提出西方富强之本在于商会、议院的看法，主张学西方应学制度，这在当时的思想界是一个突破。他率先否定了以学习西方技术为中心的洋务运动，有振聋发聩之功，他的“民富说”阐释了一些资产阶级的政治学说和经济理论，向当时的思想界和政治界传播了一种新的具有改良性质的资产阶级思想，为后来的资产阶级维新运动提供了一定的理论依据。对于马氏的先见卓识，梁启超曾誉之“每发一论，动为十年以前谈洋务者所不能言；每建一议，并为数十年以后治中国者所不能易”①，足见维新派对他评价之高。类似马建忠这样的思想先知在19世纪七八十年代的上海尽管为数不多，但足以表明上海人才群已开始超越洋务运动时代对西方物质文明的崇拜，而致力于从根本制度上取法西方，改造中国传统格局。

19世纪末20世纪初，上海先后荟萃了近代中国一批最杰出的人物，他们是维新变法的精英，他们是民主革命的先驱，正是他们使上海这个商业大都会作为一个革命性的城市而载入了近代中国的奋斗史册。康有为、梁启超、孙中山、章太炎、邹容、陈天华、秋瑾等近代史上叱咤风云的人物都曾在这里留下他们闪光的足迹。这个时期的人才群也是多样的，随着这个城市资本主义经济成分的日益生长，一批近代意义的实业和文化人才诞生了。他们是李平书、王一亭、孙多森、夏粹芳、郁怀智、叶澄衷、朱葆三、荣宗敬、荣德生等一批近代企业家；他们是张謇、史量才、姚文楠、马相伯、李登辉、黄炎培等一批新文明的传播者和教育家；他们是李伯元、吴趼人、曾朴、张春帆、徐枕亚、李定夷等一批新式文人和小说家。他们中还有新派戏剧家郑正秋，新派画家吴昌硕。正是他们，造就了一个生机勃勃、风云变幻的大上海；也正是他们，创造了多姿多彩的海派文化。

如同20世纪初年的上海在多年的建设和经营下终于变成为一个国际性的商业大都会一样，上海文化也在上海文人士子、科学家、企业家、商人乃至一般市民的共同努力下

① 梁启超为《适可斋记言记行》所作序，载《饮冰室合集·文集》之一，中华书局1989年版，第132页。

发生流变转型，逐渐走向世界化、时代化。海派文化经历数代上海人的营造，走过了由萌芽、发展到成熟的历程。从某种意义上说，上海人的近代史，就是一部海派文化的成长、发展史。

四、海派文化的时代主题

海派文化作为近代中国文化的一部分，作为长江近代文明的骨干，和京派文化、湖湘文化以及闽粤文化一样，都曾在各自的文化领域以各自独特的风格和个性，影响和反映着近代中国的发展历程。在近代中国几次较大的历史变革中，在中国人追赶世界潮流的不懈努力中，海派文化以其深厚的商品经济实力为基石和后盾，充分发挥了海派式的奔放、开拓的个性，它的历史作为，它为中国近代化付出的努力，是难以埋没也不容忽视的。

海派的卓异超群，正在于它从来没有落后于时代的脚步。上海开埠后，海派最先感受西方文明之先进而主动学习和吸收；19 世纪 60 年代洋务运动兴起之时，正在形成中的海派及海派文化人不仅毫不犹豫地认同了洋务运动的近代化价值和意义，而且迅速加入到这一求富求强的历史洪流中。从 1863 年上海设立编译西书、培养人才的广方言馆起，洋务运动为海派文化人提供了一次广泛学习西学、仿效西艺的大好机会。在半个世纪的洋务实践中，海派拥有了一大批近代化的人才，这也是海派式的人才。他们是数学家、化学家、外交家、企业家和近代商人；他们是轮船技师和舰艇舵手；他们是翻译和记者；他们是不仅谈“子曰诗云”，也懂声光化电的新式文人。他们在洋务运动中成长，又推进了洋务运动的发展。他们成为海派文化崛起的第一代骨干力量，同时也是近代中国迈向资本主义道路的首批生力军。他们当中涌现了诸如冯桂芬这样采西学之长、补中学之短的中体西用论者，像马建忠这样敢于突破洋务框架、倡言西体优越的早期改良主义先驱也不在少数。

19 世纪末，当以改良维新为主题的时代重任摆在近代中国文化面前的时候，上海因其拥有民族工业，资产阶级力量集中；文化事业发达，风气开通以及“为南北之汇，为士大夫所走集”①等文化优势，而成为爱国人士鼓吹和传播变法维新思想的重要基地。1895 年 12 月上海强学会成立，次年《强学报》《时务报》正式创刊，一时间上海集中了康有为、梁启超、张謇、汪康年、陈宝琛、章太炎等当时中国的维新精英。伴随着维新运动的深入，上海的政治团体和报刊纷纷涌现，诸如《富强报》《实学报》《萃报》《译书公会报》《格致新报》《女学报》《昌言报》《工商学报》等相继创刊，介绍国外形势，鼓吹和赞助变法。一些政治和学术性团体如农学会、不缠足会、蒙学公会、女学会、兴亚会等相继创立，在不同程度

① 《上海强学会后序》，载《强学报》第 1 号。

上活跃了士气，启发了民智。另外，一些洋场文人如李伯元、吴趼人、欧阳巨源等，既办报又写小说，相继出版了《官场现形记》《二十年目睹之怪现状》《文明小史》等揭露晚清官场腐败和黑暗的小说，在一定程度上支持了变法维新。尽管维新运动最终归于失败，但变革中国数千年封建制度的时代精神却一直流传下来。尽管上海的力量、海派的作为未能使变革社会的努力成为现实，但并不妨碍这一时期的中国史永远铭刻下海派文化的风貌和功绩。

进入 20 世纪后，随着近代中国民族民主革命主题的又一次变换，海派文化在资产阶级民主革命时代到来之际，又一次发挥了海派敢于开拓的文化魄力。“革命之起，诸伟人每利用上海一隅，以与中央政府相抗。”①1904 年光复会在上海成立，上海正式加入了为资产阶级民主共和国而奋斗的行列。拒俄、抵制美货，上海人积极参加了一系列反对帝国主义列强侵略的爱国运动。在继维新之后，上海再一次成为资产阶级革命派宣传革命的舆论中心。邹容的《革命军》，陈天华的《猛回头》《警世钟》从这里传播四方，激发了全国的战斗热情。同盟会成立后，上海一些学校也纷纷创办刊物，宣传革命，中国公学由此成为革命党在上海的重要基地，健行公学则因为担负了《民报》《复报》《洞庭波》《汉帜》等革命刊物的发行工作，而成为同盟会重要的宣传机关。会集于上海的一批文化精英为民主革命付出了巨大的热情，邓实、章太炎主办《国粹学报》，秋瑾主办《中国女报》，傅灵、胡适、丁慧仙等主办《竞业旬报》，黄斌主办《中国新女界杂志》，于右任、杨守仁等主办《神州日报》，赵汉卿主办《越报》等等，一些老牌报纸如《申报》《时报》《新闻报》等也相继倾向革命。革命派不遗余力的宣传，广泛传播了民主革命思想，使“三尺童子朝入蒙学，暮以驱

秋瑾像

胡适像

① 〔民国〕姚公鹤：《上海闲话》，上海古籍出版社 1989 年版，第 40 页。

逐满洲归告其父兄”①，足见民主思想影响的程度。在辛亥革命爆发前夕，上海不仅为民主革命提供了一批骨干力量，而且动员了包括资产阶级在内的上海各阶层民众积极响应辛亥革命武昌起义而扩大了战果与影响。

这就是海派的魄力：善于抓住时代命脉，善于体察历史的时代主题，为之开拓，为之进取。历史可以做证，海派文化绝不仅仅是西方文明的简单再版。在中国近代化的进程中，海派文化的历史作为表明了它是一种具有近代中国特色的新文化，这就是民主主义的新文化，这就是爱国主义的新文化。

五、海派文化的辉煌成就

海派文化的卓异，不仅在于它勇于追逐世界进步的潮流，还在于它拥有近代物质文化体系。

在西方物质文明的刺激下，海派首先建立起来的是近代工商业文明。“上海实业之发达，较之外国虽不敢望其项背，而较之内地，则确胜一筹也”②。这当然不是朝夕之功。自开埠以来，上海的近代工商业经历了一个曲折的发展历程。最初的一些近代工商业如轮船修造业、百货业、洋布业、五金业等随着外国商船的到来和洋货、洋布的输入应运而生，由此改变了原有的以手工棉纺织业和沙船业为核心的传统手工业、沙船业和商业。经过洋务运动，上海产生了一批近代军事工业以及航运、纺织、电信等民用工业。到19世纪八九十年代，上海开始拥有较大的纺织厂、缫丝厂、轧花厂、机器修造厂、翻砂厂、造纸厂等企业。新式工业越来越多，旧行业也得到发展，新行业不断出现，如出现了民族资本的火柴厂荣昌、燮昌；药品和饮料工业产生了民族资本创办的中西大药房、中英大药房等。甲午战争后，在资产阶级“设厂自救”的热潮中，上海的民族工业发展较快。据不完全统计，1895—1911年间，上海新设民族资本工厂86家③，主要分布在棉纺织、面粉、卷烟、食品、制革、榨油等轻工业部门。其中以棉纺织业和面粉业发展较为突出，出现了诸如大纯、华新、申盛等规模较大的棉纺织厂以及阜丰、华丰等大面粉厂。民族资本航运业也在这时开始起步。1904年，张謇等在上海建立大达轮埠公司，开辟上海至泰州、扬州的内河航线；1909年，荷兰银行买办虞洽卿创办宁绍轮船公司，轮船往返于沪甬之间。随着民族资本主义工业的发展，民族资本主义商业也逐渐成长起来。1900年，上海有洋布店一百三四十家，10年之后增至二三百家。1898—1911年，全市新设药房20余家。五金

① 〔民国〕钱振锽：《名山文约》，见刘惠吾：《上海近代史》，华东师范大学出版社1985年版，上册，第349页。

② 〔民国〕姚公鹤：《上海闲话》，上海古籍出版社1989年版，第43页。

③ 刘惠吾：《上海近代史》，华东师范大学出版社1985年版，上册，第329页。

商业的发展较快,形成了全国性的五金市场。1908 年,全市共有各种商号 7381 户①。上海商业之盛,由此可见一斑。1897 年 5 月,随着中国人自办的第一家银行——中国通商银行的正式开业,中国银行业配合民族资本主义工商业的发展应运而生。到 20 世纪初年,经过数代上海人努力经营,上海已俨然成为一座近代化的工商业大都会。这里商店林立,工厂、银行遍布街巷,黄浦江中各种船只往来如织,工商盛况为他处所不能及。上海雄厚的资本主义经济是海派文化最牢固的物质基础。

上海各类学校的迅速发展,成为这座城市近代化的又一重要标志。自然,近代上海学校绝不是旧式书院的翻版,而是新式教育的温床。19 世纪 60 年代后曾盛行于上海的各式书院,也仅仅是名字上的袭古而已,至于教育的形式和内容,则大异于古制。《上海县续志》述风俗云:"同治中叶,大乱初平,当道注意教育。主讲席者,皆当代硕儒,士风丕变,咸知求有用之学,不沾沾于帖括。当时以广方言馆、龙门书院为盛。"②这正是洋务运动初起时上海教育的盛况。其他如敬业书院、求志书院、蕊珠书院、梅溪书院、格致书院、吴会书院等等,都曾在这一时期广召生徒,"据旧学之基础,展新学之钻研","治算术则细绎九章,观星宿则攀登屋顶。科学、哲学、教育、政治,自我学习,朝此夕斯"。尽管严格而言,这一时期的种种书院还多少难脱传统教育的窠臼,但并不妨碍他们传播新知新识,"开风气于士林,播风声于社会"③。清末学制变革后,上海的学校有了更进一步的发展,私人办学盛于前时,大批新式学堂出现在上海大街小巷间,逐渐形成了从小学、中学到大学的教育体系。当时著名的学堂就有南洋中学、澄衷中学、强恕学堂、三林学堂、中西启蒙学堂、爱国学社、民立上海中学等多所,其他城乡小学更是星罗棋布,一些具备大学规模的学校如南洋公学、复旦公学等也相继产生。除此之外,为了加速发展资本主义的需要,新兴资产阶级还办起了实业教育,上海产生了一批农、工、商、师范等实业学堂,如上海女子桑蚕学堂、师范讲习所、理科讲习所等。女子教育也在这一时期受到了重视,产生了务本女中、城东女校、爱国女学、女子中西医学堂等女子学校。一些教育家如马相伯、叶永鎏等还组织沪学会,开设义务小学、体育会、读书会及补习夜校等社会教育机构,可见这一时期上海教育之盛之广。不能忽略的是,上海还有一批外国教会学校一直分布在租界街衢之中,这些教会学校的存在,无疑增强了近代上海的新式教育。至于近代上海教育的历史建树,看看上海广方言馆就可略知一二。上海广方言馆自 1863 年设立,历时

① 刘惠吾:《上海近代史》,华东师范大学出版社 1985 年版,上册,第 332 页。

② 姚明辉:《上海的书院》,见上海市文史馆等编:《上海地方史资料》(四),上海社会科学出版社 1986 年版,第 14 页。

③ 姚明辉:《上海的书院》,见上海市文史馆等编:《上海地方史资料》(四),上海社会科学出版社 1986 年版,第 17 页。

42年，培养了约500名专门人才，遍于国中，涉及外交、教育、科技、军事、政治等各个方面，其中9人位至公使，2人任过外交总长，2人代理过国务总理，1人署参谋总长。时人称之："一馆之中，极勋位于首辅，展奇韬于秘府，遍使节于环球，振古以来未有若斯之盛也。"①这固然是广方言馆的成就，但又何尝不是海派教育的成就呢？

随着近代上海的城市发展，上海各种城市文化设施也开始逐渐健全起来，诸如新闻、报纸、出版、图书馆、博物馆、戏院等近代西方城市文化设施也在这个商港找到了生存、发展的沃土。这些传播文明的机构与设施，使更多的上海人了解了西方，了解了世界。首先在上海呈现蒸蒸日上之势的，是新闻报纸业。"西人于近事，日必刊刻，传播遐迩，谓之'新闻纸"②。1850年，英人创办的《北华捷报》，是上海出版发行的第一份报纸。接着，1861年创刊的《上海新报》成为上海最早的中文报纸。这些报纸对于"所有一切国政军情、市俗利弊、生意价格、船货往来，无所不载"③，从而传播了各种信息。从1874年容闳创办《汇报》起，上海有了中国人自己办的报纸。至清末民初，上海刊行的报纸较著名的就有《申报》《新闻报》《同文沪报》《南方日报》《时报》《时事新报》《民立报》《民呼日报》《民权报》《民国日报》《大共和》《神州日报》等10余种。此外，清末还出现了各种娱乐性小报，"评花品叶，鼓吹风雅"④，最著名者为吴趼人、李伯元主持的《繁华报》。晚清上海的报业遂向多样化发展。

点石斋石印工场

近代上海戏剧一直相当繁荣。戏园最初设在城内，仅演昆曲；京戏风行后，戏园纷纷开张，并发展到租界。同治、光绪年间著名的戏园有"丹凤""丹桂""宝兴""三雅园""久乐

① 吴宗濂：《上海广方言馆始末记》，见朱有瓛《中国近代学制史料》第一辑，华东师范大学出版社1983年版，上册，第250页；上海市文史馆等编：《上海地方史资料》（四），上海社会科学出版1986年版，第92页。

② 〔清〕王韬：《瀛壖杂志》，上海古籍出版社1989年版，第121页。

③ 上海市文史馆等编：《上海地方史资料》（五），上海社会科学出版社1986年版，第1页。（下略）

④ 上海市文史馆等编：《上海地方史资料》（五），第70页。

园”“满庭芳”等，大多上演京戏。宣统初年，新式舞台开始出现，如老伶工潘月樵等创办的“新舞台”，“一切建筑装置多欧化，首先装布景……有硬片、软片、附片种种，软片备有亭台殿阁、山林瀑布、园圃池塘、书斋绣阁等画片，按戏中情节挂出”。又如“新新舞台”，“首创舞台背景中有风、云、雷、雨、日月、星辰……第一日演御碑亭，遇雨一场，风声、雷声、片云、雨丝、日月星辰各景俱有出现，闪烁有光”①。戏台也逐渐放大，改为半月式。当时大的戏院可容纳观众二三千人，小的亦可容千余人，内设太平门多处，散戏时一齐开放，四通八达，便利非常。从此上海旧式戏园日益退化消失，近代意义的戏院由此兴盛起来。另外，辛亥革命前后上海还出现了早期话剧即上海新剧。1907年，王钟声组织春阳社演出《黑奴吁天录》，标志着上海话剧的诞生，随后春柳社、进化团、励群新剧社、开明社、新民社、民鸣社、启民社、文明社等话剧团体相继成立，演出的剧目有《热血》《茶花女》《迦茵小传》《火里情人》《新茶花女》等等，已是比较完整的近代话剧。无论是上海戏院的普遍改革，还是大量话剧团体的涌现，都表明了海派戏剧的诞生。

近代上海美术组织的繁荣也不逊色。辛亥革命前，上海就先后存在过小蓬莱、萍花社书画会、海上题襟金石书画会等美术组织，“集诸名士于一堂，吟诗作画无虚日”②。辛亥革命以后，诸如文明雅集、豫园书画善会、宛米山房书画会、上海书画研究会、青漪馆书画会、文美会等美术组织相继涌出，“江浙名流，一时并集”③，谈诗论画，发展了书画艺术。西洋画教育也在这时出现，晚清末季由周湘创办的上海油画院，专门招收有志于从事西洋艺术的学生，1912年刘海粟等创办国画美术学院，讲授中西洋绘画，成为后来上海美术专科学校的前身，海派绘画由此成长起来。

随着上海城市经济、文化等领域资本主义成分的加入，上海人的传统风俗习尚也在发生着变迁。在这个随处可见观星镜、显微镜、寒暑针、风雨针、电气秘机、火轮机器、自鸣虫、鸟能行、天地球之类洋货的海上世界，上海人除了常常感到“十里洋泾开眼界，恍疑身作泰西游”④之外，在现实生活中也逐渐开始了对西方风俗习尚的追逐。旧的习俗在发生裂变，新的、带着“洋”味风韵的习尚亦迅速流行起来。仅服饰一项，就已变化多端，据《清稗类钞》载：“上海繁华甲于全国，一衣一服，莫不矜奇斗巧，日出新裁。其间由朴素而趋于奢侈……”⑤就连金山县境东面的张堰小镇，在开埠前“衣服之制，历来宽长，雅尚质朴，即绅富亦鲜服绸缎”，但自通商以后，“渐起奢侈，制尚紧短。同治年又尚宽长……且

① 上海市文史馆等编：《上海地方史资料》（五），第200—201页。
② 上海市文史馆等编：《上海地方史资料》（五），第212页。
③ 杨逸等：《海上墨林·叙》，上海古籍出版社1989年版，第5页。
④ 〔清〕王韬：《瀛壖杂志》，上海古籍出版社1989年版，第111—112页。
⑤ 〔民国〕徐珂：《清稗类钞》第13册《江浙人之服饰》，中华书局1986年版，第6149页。

仿洋装，制如其体”①。风气所致，连市井细民也开始争相鲜衣丽服，“洋泾浜负贩之子，猝有厚获即御狐貉，炫耀过市”②。又如开埠前，上海地区均着用布袜，自通商后，“普遍所著概为线袜，初系舶来品，继而广东等处购机仿制，运销沪上，购用者众，而各机器厂亦能仿制织袜机。于是，织袜厂先后设立者数十家，进而为丝光线袜、闪光线袜、麻纱袜、绒线袜、纯丝袜，男女、大小、长短，日新月异，布袜反销诸内地矣”③。近代上海风俗时尚变迁最大的莫过于语言风俗，通商以后，中外贸易的发展使外语翻译成为急需，在新式学校讲授专门外语之前，作为一种中介，诞生了洋泾浜英语。这是一种不中不西的特殊语言，尽管极不标准，但却并不妨碍华洋间的商业沟通，也不妨碍它的普及，当时“沪上尽人皆知者”④就是这种语言，很多没进过校门的人，也都会说几句。新式学校普遍设置正规外语课程后，会说英语的人越来越多。1905 年一位西方女记者到大买办徐润家中，发现其“四位小孙亦学英华文字”，“女公子及媳妇对于英语均能娓娓应对”⑤，这从一个侧面反映了英语在上海普及的情况。对于西方物质文明的输入给近代上海社会生活习尚带来的影响，胡祥翰在其《上海小志》中总结说：光绪中叶以后，上海“有轮船而沙船淘汰；有洋布而土布淘汰；有洋针而本针淘汰；有皮鞋、线袜而钉鞋、布袜淘汰；有火柴而火石淘汰；有纸烟、雪茄而水烟、旱烟淘汰”⑥，“大而服食器用，小而戏耍玩物，渐推渐广，莫之能遏”⑦，古老的生活习俗在近代上海的逐渐式微，意味着洋的、海派式的社会风尚在上海的日益形成。

从荒凉偏僻的滨海小县，到五光十色的国际性大都会；从苇荻萧萧、牧歌田园，到声光化电、楼阁亭台，数十年间，上海滩、上海人跨越了世纪般的沧桑而走向世界，走向近代。上海文化也在昏暗、耻辱、觉醒、奋争中超越远古，超越传统而流变、转型、再生，海派人诞生了，海派文化崛起在长江之尾、东海之滨。在近代中国，一种文化只有不断追求进步，适应世界发展潮流，勇于突破，敢于开拓，才能实现自身的升华。海派的崛起给予我们的正是这样的启示。

---

① 姚裕廉、范炳垣：金山县《重辑张堰志》卷一《区域志·风俗》，引自黄苇、夏林根：《近代上海地区方志经济史料选辑》，上海人民出版社 1984 年版，第 335 页。

② 〔清〕王韬：《瀛壖杂志》卷一，上海古籍出版社 1989 年版，第 10 页。

③ 吴馨等修、姚文枏等撰：民国《上海县志》卷四《农工上》，引自《近代上海地区方志经济史料选辑》，上海人民出版社 1984 年版，第 345 页。

④ 〔民国〕姚公鹤：《上海闲话》，上海古籍出版社 1989 年版，第 18 页。

⑤ 〔民国〕徐润：《徐愚斋自叙年谱》，见《上海近代史》，华东师范大学出版社 1985 年版，上册，第 237 页。

⑥ 〔民国〕胡祥翰：《上海小志》卷一〇《杂记》，上海古籍出版社 1989 年版，第 100 页。

⑦ 〔民国〕博润、姚光发：《松江府续志》卷五《疆域志·风俗》，引自《近代上海地区方志经济史料选辑》，上海人民出版社 1984 年版，第 342 页。

第四节　湖湘文化的复兴

一、湖湘文化的成就

湖湘文化是长江文化的重要组成部分，在中华文明史上占有极其重要的地位。它在古代大放异彩，及至近代更以其独特的形式与内容显示它那传统文化与西方近代文明相结合的风韵。

自古号称三湘四水之地的湖南，养育了一方优秀的人群；也正是在这里，流转千年的长江文明孕育了一方风貌独特、区域色彩鲜明的湖湘文化。

不必追溯远古，仅就百年大动荡的近代社会加以考察，湖湘文化饱含民族精神而紧跟时代潮流的积极进取的鲜明特点、丰富多彩的近代内容，及其卓越的历史贡献就会令人惊奇、赞叹。早在道光年间，当国人在鸦片战争的硝烟中尚未完全苏醒，大多数士人仍埋没在金石考据的故纸堆中不能自拔的时候，邵阳人魏源率先举起经世致用、救时救世的旗帜，发愤而作《海国图志》，借以唤起世人"以夷攻夷""以夷款夷""师夷之长技以制夷"。1854 年，丁忧在籍的曾国藩练成一支异于八旗、绿营兵的劲旅——湘军，在镇压了太平天国运动之后，这支军队在历次对外战争中被倚为清廷的干城。随着这支军队装备的近代化，中国军事近代化的时代到来了。而以曾氏为首的这一湘军集团，更在为学、处世、从政、治军等诸多方面给晚清社会造成了深刻的影响，他们所倡导的洋务运动，在相当程度上巩固了国防，并为中国的近代化奠定了最初的基础。曾氏之子曾纪泽是晚清著名外交家，曾经毅然赴俄改订崇厚与俄国签订的卖国条约，"探虎口而索已投之食"，被誉为清季外交史上"罕见的一人"①。维新主将谭嗣同积极参与变法，致力于中国国体的改造，虽历艰险，踏死不顾，那一句"不有行者，谁图将来，不有死者，谁鼓士气?"②让一个湖湘勇士的浩然正气永远地铭刻史册。1903 年，黄兴等在长沙组成华兴会，成为当时国内第一个资产阶级民主革命团体。在推翻清王朝的民主革命中，湖湘培育了饮誉遐迩的一代英豪黄兴、宋教仁、蔡锷、陈天华、刘道一、禹之谟、蒋翊武、姚宏业、杨毓麟、焦达峰、陈作新等，他们的名字、他们的功业与近代中国的历史一起永存。"五四"时期，从湖湘的山山水水间走出了毛泽东、蔡和森、何叔衡等又一批开天辟地的杰出人物，他们对后来的中国社会所产生的影响，早已是世人有目共睹的了。

---

① 钟叔河：《走向世界》，中华书局 1986 年版，第 277 页。

② 《清国殉难六士传》，载《知新传》第 75 期。

不仅如此，在哲学、史学、军事学、文学、艺术、语言学、民俗学、教育学乃至服饰、饮食等方面，湖湘文化也可谓异彩纷呈，蔚为壮观。哲学上，魏源、谭嗣同、毛泽东等不同时期的湖湘文化巨子，继承并发展了我国古代唯物论和辩证法的优良传统，把我国哲学推进到一个新的角度，在我国近现代哲学史上产生了广泛而深远的影响；军事学上，近代湖湘叱咤风云的军事人才比肩鹊起，曾国藩、左宗棠、黄兴、蔡锷等军事家的军事实践和理论大大丰富了我国军事斗争艺术的宝库；学术上，王夫之的鸿篇巨著，魏源的《圣武记》《皇朝经世文编》，邓显鹤的《楚宝增辑》《宝庆府志》，陶澍的《海运图说》，郭嵩焘的《湘阴图志》，李元度的《南岳志》等等，都曾对我国近代学术的发展产生过不小的影响。此外经学大家皮锡瑞、王先谦继续发展了传统经学的学术成就。文学艺术上，近代湖湘更是人才济济，硕果累累。诗歌有魏源、何绍基、王闿运等大家，小说有陈天华、向恺然、陈衡哲等名人，散文和政论则有谭嗣同、章士钊等。另外，清末大藏书家巴陵方功惠，藏书 50 万卷，为当时全国之冠，并自设印书局，刊印《碧琳琅馆丛书》。林林总总，跻跻跄跄，近代湖湘文化可谓涵盖丰富了，难怪那副八字对联会历久常新："唯楚有材，于斯为盛"①，历史的点评一点不假。

二、湖湘文化溯源

辛亥革命志士杨毓麟在其《新湖南》中曾经这样说过："咸、同以前，我湖南人碌碌无所轻重于天下，亦不几知有所谓对于天下之责任。知有所谓对天下之责任者，当自洪杨之难始。"②其实，这何尝不是咸丰、同治之前湖湘文化的写照！尽管难以否认在清以前，确实有一支以宋明理学为核心的古代湖湘文化源远流长，但是同样难以否认的是，这样一支文化之流辗转逶迤到清代，终于因为难逃一场文字之狱的劫难而几至于湮没。与其说碌碌无所轻重于天下的是湖南人，毋宁说整个湖湘文化都难以有所轻重于天下。的确，没有一个生机勃勃的时代，文化恐怕只能缓缓衰老甚至消失。正是在这一意义上，1840 年后西方列强的陆续东来为古老的中国开启了这样一个既血泪斑斑又充满了希望的时代。耻辱和觉醒似乎相伴相生，当西方文明的劲风频频吹来之际，古老的文化为了生存也不得不寻找生存的新契机。正是在这样的时刻，湖湘文化敏锐地感受到了时代的催促和召唤，在传统中国开始向近代社会缓慢演变的时代大潮中，近代湖湘文化应运而生。

---

① 中国史学会编：《戊戌变法》，《中国近代史资料丛刊》第八种，神州国光社 1953 年版，第 4 册，第 383 页。

② 〔清〕杨毓麟：《新湖南》，《辛亥革命前十年间时论选集》第 1 卷，生活·读书·新知三联书店 1960 年版，下册，第 618 页。

的确，时代在呼唤新型的近代文化，然而湖湘文化的新生也并非一蹴而就的。如果没有传统湖湘文化作为它坚实的根基，试问，近代长江文明的这一支流将到哪里去建构它的灿烂、它的辉煌、它凛凛然震慑宇内的那种湖湘气派？正如恩格斯所说，任何新的学说都必须首先“从已有的思想材料出发”①，当我们将目光越过灿烂纷呈的近代湖湘文化本身而探求到在此之前的历史时空时，我们看到了站在它背后的文化源——这就是传统湖湘文化的集大成者王夫之及其学说。

王夫之，这位生活于明末清初之际力主抗清的南明遗臣，因壮志难酬而避居湘西石船山下，半生悠游于湖湘的崇山峻岭之间，40 年勤奋钻研，著书明志，一腔抱负无以施展，遂寄寓于鸿篇巨著之中，终于演绎而成有清以来独树一帜的船山之学。他的朴素的唯物主义和辩证法哲学思想，他在一定程度上反封建的学说，他力主抗敌御侮的政治态度，他经世致用、提倡实学的学风和主张，还有他的一身浩然正气、民族大义，无不体现着传统湖湘文化的精神，展现了一派浓浓的湖湘风采。与有清以来只知空谈心性，于片言只字中空耗岁月的传统理学和考据学相比，王氏学说更见深刻的思想性和清醒的现实性，虽遭屡屡查禁，虽蒙百年风尘，却始终流传不绝，在三湘四水间悄悄滋养了一代又一代的湖湘士气。当历史把中国近代化的重担摆在古老的中国人面前的时候，船山学说终于因其思想的与现实的光辉而广为世人所激赏，在近代急剧变幻的历史舞台上，自始至终活跃着“船山”的影子。道光年间，新化人邓显鹤首次辑印《船山遗书》，其说始流行天下。同治年间，曾国藩兄弟再次辑印《船山遗书》，“其说大倡于湖湘而遍于天下”②。著名外交家郭嵩焘“自海外归而里居者十三年，主讲城南书院，兼辟思贤讲舍，祀王夫之，与学者讲肄其中”，其后常“慨然太息出船山之言”③。戊戌时期教育家欧阳中鹄自号“瓣姜”，亦取意于心香一瓣敬姜斋（王夫之号）。谭嗣同更以王夫之的继承者自命，高度赞其学说，称：“五百年来学者，真通天下之故者，船山一人而已。”④时人杨树达曾言：“自船山先生后，湖南人笃信民族主义，因欲保持自己民族，故感觉外患最敏，吸收外来文化最力，且在全国最先。如魏默深之志海图，郭筠仙、曾劼刚之赞西化，光绪丁酉、戊戌之办新政，皆其例也。”⑤船山之学的影响由此可见一斑。辛亥革命之际，革命者几乎都爱读《船山遗书》，从阐发民族大义出发而步入革命征途。湘潭人罗正钧，“读王夫之之书，慨然思慕其人，镌

① 《马克思恩格斯选集》，第 3 卷，人民出版社 1972 年版，第 404 页。

② 章士钊：《王船山史说申义》，见《辛亥革命前十年间时论选集》第 1 卷，下册，生活・读书・新知三联书店 1960 年版，第 722 页。

③ 钱基博：《近百年湖南学风》后集，启明印刷局 1943 年版，第 24 页。

④ 〔清〕谭嗣同：《仁学》。参见饶怀民《近代湖湘文化的源流结构及其特征》，载《湖南师范大学社会科学学报》1988 年第 1 期，第 90 页。

⑤ 杨树达：《积微翁回忆录》，《杨树达文集》之十七，上海古籍出版社 1986 年版，第 100—101 页。

一印曰：船山私淑弟子，而网罗旧闻，补辑仪征刘毓崧船山年谱两卷，船山师友记十七卷以寄意”[①]。杨毓麟一篇洋洋洒洒《新湖南》，更给了船山之学以极高的评介：“王船山氏平生所著书，自经义史论以至稗官小说，于种族之戚，家国之痛，呻吟呜咽，举笔不忘，如盲者之思视也，如痿者之思起也，如喑者之思言也，如饮食男女之欲一日不能离于其侧，朝愁暮思，梦寐以之。”[②]正是这种“种族之戚”，正是这种“家国之痛”，使湖湘子弟更深切地感觉到了现实的残酷和黑暗，从而激发起更强烈的民族大义和对于家国的责任感。章士钊曾说：“船山之史学宏论精义，可以振起吾国之国魂者极多”[③]。视船山学说为振起国魂的力量，可见湖南革命党人对之笃信的程度。“五四”时期，蔡和森、毛泽东等也认真钻研过王夫之的著作，从中吸取了合理的思想，并把他们早年的革命团体以“船山学社”命名，亦可见“五四”湖湘新一代知识分子对王氏的景仰之情。纷纷扬扬一部近代湖湘文化发展、繁荣的历史，我们无法抹杀传统文化在其中的影响，也许可以这样说，正是承袭了传统湖湘文化遗风余韵，正是吸收了湖湘思想大家王夫之博大精深、洋溢一身浩然正气的思想精髓，近代湖湘文化才不是无源之水、无本之木，而是以其丰富而精深的思想底蕴独放异彩，光照史册。

三、湖南人走出湖南

然而近代湖湘文化也绝不是简单地袭古。世界文明突飞猛进发展的近代，一种文化如果仅仅因袭传统，而不倾注任何新鲜的血液，那么这一文化势必因为跟不上时代而难以久存，更谈不上再生和光大。从这一意义上讲，湖湘文化在近代的复兴，正是它抓住时代命脉的结果。令人难以忽视的是，湖南古称山国，到了近代也被时人称为“交通绝不便利”之地，这样的地理环境，很难想象近代西方文明的欧风美雨可以畅通无阻地吹刮进去。然而湖湘文化与西方文明不断碰撞，从而发展成为一方符合时代潮流的新型文化，在中国近代文化史上因其卓绝的形象而与南方的闽粤文化、东方的海派文化成三足鼎立之势，这也确乎是毋庸争辩的事实。湖湘文化复兴的契机何在？如果把目光移向湖湘文化的创造者——湖南人，或许就可释然。在近代湖南人的历史活动中，我们不难发现一个突出的文化现象，这就是——湖南人走出湖南。

的确，走出三湘四水，便是豁然一片天！嘉庆、道光年间，贺长龄、陶澍、李星沅、汤鹏

---

① 钱基博：《近百年湖南学风》后集，启明印刷局1943年版，第60页。

② 杨毓麟：《新湖南》，见《辛亥革命前十年间时论选集》第1卷，生活·读书·新知三联书店1960年版，下册，第615页。

③ 章士钊：《王船山史说申义》，见《辛亥革命前十年间时论选集》，生活·读书·新知三联书店1960年版，第1卷下册，第731页。

等都曾走出湘省，跻身卿寺，参与朝政，正是在目睹了朝廷日益腐朽、社会日趋没落的现实之后，才起而主张变革，倡导“通经致用”，湖南遂在全国较早地树立起了经世致用的士风，从此拉开了湖湘文化近代化的序幕。

嗣后，魏源正是在东部沿海各省目睹了鸦片战争失败求和的惨痛，才愤而作《海国图志》，第一个发出了向西方学习的呐喊。咸丰、同治之际，曾国藩、左宗棠、胡林翼为代表的一批湖南士人纷纷走出湖南，在深切感受到西方长技的威力后，开始倡导洋务运动，先后举办军事和民用工业，创建海军，传播西学，求强求富，开启了中国社会近代化的大门。而曾氏所编练的湘军，“则南至交趾，北及承德，东循潮汀，乃渡海开台湾，西极天山、玉门、大理、永昌，遂度乌孙，水属长江五千里，击柝闻于海”①。湘人的足迹所至几遍全国。可以说，湘军长期征战南北在很大程度上帮助湘人开阔了眼界，接触了湖南山外的大千世界。他们返回湘省以后，带去的不仅是湘军的赫赫战绩，还有外面世界的新知识、新文明。此后，湖南人走出湖南更是络绎不绝。

清末年画《曾国藩庆贺太平宴》

不仅如此，湖南人更率先走出国门，走向世界。郭嵩焘出使英法，曾纪泽出使英俄，与西方国家广泛而频繁的接触，不仅培养了他们卓越的外交才干，而且也使他们更真切、更直接地感受到了隐藏在西方物质文明之后的先进的制度文明本身。于是，曾纪泽才对于西方国家“政教之有绪，富强之有本，艳羡之极”②，郭嵩焘则建议朝廷取法西方政治。在举国上下尚在为一枪一炮的仿造而不遗余力的时候，他们对于西方政治制度的触及，实际上开了以后维新派大倡西方议会制度的先河。维新运动失败后，湖南人更是放眼世界，为寻求救国救民的真理付出了巨大的热情。出国留学的热潮一起，湖南人纷纷涌向

① 〔清〕王闿运：《湘军志·湖南防守篇第一》，载《湘军志·湘军志平议·续湘军志》，岳麓书社1983年版，第1页。

② 〔清〕曾纪泽：《伦敦致丁雨生中丞》，见《曾纪泽遗集》，岳麓书社1983年版，第171页。

曾纪泽像

日本，其势有如过江之鲫。据《清国留学生会馆第五次报告》所载，1904年中国留日学生计达2395人，其中湖湘籍373人，占总人数的11.4%。他们编辑出版《游学译编》，“所译以学术、教育、军事、理财、历史、地理、外论为主；其余如中外近事、各国现今之风俗习尚，才技艺能，无论书报，择其尤者由同人分译”，对西方资产阶级的先进文化进行了较全面的介绍，进而把革命书报输入国内，诸如《猛回头》《警世钟》《新湖南》《孙逸仙》等，在“湘省亦遍行流布”，“触手即是”①。世界的新知新识由走出湖南的湖南人带回湖南，从而播下了革命的火种，星星之火终成燎原之势。武昌首义的枪声未寂，湖湘的义旗便率先高举响应，这一勇敢的义举不可谓没有走出湖南的湖南人的一份功劳。

“五四”前后，湖南人走出湘省更趋频繁，大批湖湘子弟或出洋留学，或赴北京、上海等地感受新知。在第三次留学高潮中，先后就有300多名湘籍人士赴法勤工俭学。在那里，他们接触了共产主义学说，《共产党宣言》《社会主义从空想到科学的发展》《国家与革命》等著作以及宣传俄国十月革命的小册子，在留学生中广为流传，一股学习和尊奉马克思主义的热潮开始在湘乡子弟中涌起。与此同时，毛泽东等先后数次奔赴北京、上海等地，“热烈地搜寻一切那时能找到的中文的共产主义文献”，从而建立起对马克思主义完全的信仰。随后，这批具备初步共产主义信仰的湖湘志士返回湖南，积极致力于西方文化的介绍和革命思想的宣传，创办长沙文化书社，发行《共产党宣言》《科学社会主义》《阶级斗争》《新青年》等书刊。在湖南新文化运动日益高涨的浪潮中，湖湘文化又一次呈现出勃勃的生机和生命常青的活力。

近代走出湖南的湖南人，每走过一个时代，就毫不犹豫地把时代的精髓及时地输入湖湘文化的躯体。湖南人的视野开阔了，湖湘文化的深层内涵和精神境界也随之拓展，其实，一部湖南人走出湖南的历史不正是湖湘文化日新月异、不断开拓的历史吗？湖南人走出湖南的历程，不也正是湖湘文化走出三湘四水、走向世界、走出传统、走向近代的历程吗？毋庸置疑，近代湖南人才在湘省山水内外不断流动循环，开阔文化视野，吸收文化新知，大大促进了近代湖湘文化发展，构成近代湖湘文化不容忽视的重要内容。

四、湖湘文化的时代精神

湖湘文化之所以称一株文化常春藤，正是由于它不断顺应历史潮流，紧扣时代脉搏

① 〔清〕沈祖燕：《忧盛编》，见《萍浏醴起义资料汇编》，湖南人民出版社1986年版，第429页。

而变幻其文化的时代主题。我们看到的，是一方“善变”的湖湘文化。

嘉庆、道光年间，湘人贺长龄、陶澍、魏源、汤鹏等倡导经世致用之学风，使一部洋洋300万字的《皇朝经世文编》得以刊印和发行，“凡文字具备经济，有关治世者无不搜集，洵称大观。后贤复踵而续之”①。魏源的知交汤鹏著《浮邱子》，摒弃陈词浮语，以论述军国利病、吏治良莠、人事情伪为主旨，体现了一种匡世济世的务实风范。到了鸦片战争前后，一种以经世致用为主题的新湖湘文化在长江中游的这一块沃土上成长起来。“二百年来，大江南北，相率为烦琐之经说”②，而湖湘文化的经世致用打破的正是这样一种“万马齐喑”的文化局面。不仅如此，当时代吹起了向西方文明学习的号角，湖湘文化更把它经世致用的文化主题与“师夷长技”的历史使命紧紧地联系在一起。“道、咸年间，举世以谈洋务为耻，而魏默深首治之。湘阴郭嵩焘远袭船山，近接魏氏，其谈海外政艺时措之宜，能发人之所未见，冒不韪而勿惜”③。如果说，魏、郭两人还只是把经世致用的务实之风与“师夷”“制夷”的思想创见较多地表现在理论的层次之上，那么曾国藩等一批湖湘洋务派在此后几十年的洋务实践则进一步展现了湖湘文化脚踏实地的实干作风。1861年，曾国藩创办安庆内军械所，这是我国第一个近代化的军事企业，1865年创办江南制造局，除制造新式枪炮外，“以译书为第一义，数年之间，成者百部”④。1871年奏派第一批留学生出国深造，首开官派留学的先河；另一湖湘人物左宗棠的作为也不逊色，1866年创办福州船政局，成为近代中国船舶业的先驱，1878年以暮年舆榇出关的气概，率军西征，收复新疆，巩固了西北边防，故侍读学士潘祖荫曾赞誉道：“国家不可一日无湖南，即湖南不可一日无宗棠也。”⑤洋务运动荏苒三十余年，它对中国近代化所做出的努力，恐怕没有人能抹杀得了。在此期间，中西文化加速融合，近代中国追赶世界的脚步也有所加快，中国建树了第一批属于自己的近代物质文明，尽管其中难免有封建的残余，也难以摆脱半殖民地化的痕迹，但洋务运动的成就是无法抹去的，一代湖南人在洋务运动中的功绩也是无法否认的。在某种意义上，洋务运动中湖南人的作为正是湖湘文化的作为。

甲午战争后，国势阽危，在举国维新变法的呼声日益高涨之际，又一批湖湘文化士子迅速把握住了这一救国救民的新主题，在时代的召唤下，积极倡导和参与湖南内外的变

① 陈邦端：《皇朝经世文四编》序，《近代中国史资料丛刊》，文海出版社1966年版。

② 〔清〕杨毓麟：《新湖南》，《辛亥革命前十年间时论选集》第1卷，生活·读书·新知三联书店1960年版，下册，第619页。

③ 〔清〕杨毓麟：《新湖南》，《辛亥革命前十年间时论选集》第1卷，生活·读书·新知三联书店1960年版，下册，第619页。

④ 〔民国〕姚名达：《中国目录学史》，上海书店1984年版，第315页。

⑤ 〔清〕潘祖荫：《奏保举人左宗棠人材可用疏》，见《潘文勤公奏疏》，文海出版社1966年版，第26页。

法维新活动。与此同时，湖湘文化的内涵也随着这一代湖南人的活动发生了又一次深刻的转型，以维新变法、仿效西政为中心的湖湘文化形象走上了时代的舞台。如果说，讲求经世及时务的湖湘文化还只是对传统社会做了枝枝节节的改动和修补，那么到了这时，新一代湖湘志士则站在较以往更高的思想和精神境界上对过去的湖湘文化进行了反思。谭嗣同第一个站出来反顾前代湘人的历史，“中兴之役，湘人自以为功，吾日夕思之，铲灭同种，以媚胡族，实负天下之大罪，吾日夕痛之”①。这不单单是谭氏的个人喟叹，它实际表明以谭氏为代表的这一代湖湘勇士已开始超越以往湖湘文化的局限，抛弃过时的洋务之风，再铸救亡图存、维新变法之魂。于是，我们看到了一个“善变”的湖南，一个在维新中独领风骚的湖南，一个居各省风气之最的湖南，有谭嗣同、唐才常、熊希龄等的才识卓荦，勇于任事；有陈宝箴、江标、黄遵宪等的豁达开明，倾向维新，再加上梁启超、欧榘甲等维新派大家的积极支持，湖南维新运动的开展、新政的推行之所以能够居全国各省前列，也就不足为奇了。难怪唐才常曾自豪地转述西方各国的赞言：“振支那者惟湖南，士气勃勃有生气，而可侠可仁者惟湖南”②。梁启超更是感触良深：“湖南，天下之中而人才之渊薮也。其学者有畏斋、船山之遗风，其任侠尚气，与日本萨摩、长门藩士相仿佛……两岁以来，官与绅一气，士与民一心，百废俱举，异于他日，其可以强天下而保中国者，莫湘人者也！”③戊戌变法失败以后，湘人再接再厉，开始了政治变革的又一次勇敢的尝试。这一次，他们迅速放弃了改良的幻想，转而笃信革命。湖南内外刮起了一股资产阶级民主革命的劲风，湖湘文化由于迅速地转移到以民主革命为主题而再次在思想层次上得到了递进。一些湖湘革命志士如陈天华、杨毓麟、赵必振等积极著书立说，广泛传播资产阶级民主革命思想。与此同时，另一些湖湘籍人士如宋教仁、章士钊等已开始集中精力研究和探讨西方议会制度和政党内阁，并逐步成长为辛亥革命后的“中坚人物”“第一流政治家”。这一切证明，20 世纪前后，在近代中国人不遗余力的求索中，湖湘文化是无愧于中国的。

① 〔清〕杨毓麟：《新湖南》，《辛亥革命前十年间时论选集》第 1 卷，生活·读书·新知三联书店 1960 年版，下册，第 620 页。

② 〔清〕唐才常：《论兴亚义会》，见《唐才常集》，中华书局 1980 年版，第 178 页。

③ 〔清〕梁启超：《南学会叙》，见《饮冰室合集·文集》，中华书局 1989 年版，第 2 册，第 66 页。

江标像

谭嗣同像

唐才常像

陈宝箴像

黄遵宪像

五四前后，又有成批的湖南有识之士如饥似渴地学习、译介和传播西方文化，在新文化运动兴起之际，湖湘文化在这一代人手中遂转变为以反封建为前导，以传播马克思主义为归依的又一代新型文化。蔡和森、毛泽东、易白沙、李达等为湖湘文化的这一递变付出了巨大的努力。1915 年《新青年》杂志创刊，著名湖湘学者易白沙先后在该刊发表《述墨》《孔子评议》《诸子无鬼论》《我》《战云中之青年》等论文，向封建礼教大胆宣战，为新文化运动鸣锣开道，成为五四运动的前路先锋和勇猛斗士。十月革命后，马克思主义很快为湖南先进分子所接受，并在湖南广泛传播开来。一大批湖湘革命者如夏明翰、郭亮等，为了无产阶级革命事业而前赴后继、死而后已，此后，倾注了马克思主义新思想的湖湘文化遂在中国的新民主主义革命中继续溢彩流光。

唯有不断更新的文化才能常青，历史为湖湘文化证明了这一点。

五、湖湘文化的历史变迁

湖湘文化的光芒似乎还不止这些。如果说，20 世纪以前各代的湖湘文化还只是较多地在思想上见其深刻高远，充满时代朝气，富有近代精神，那么到了 20 世纪前后，随着湖南诸如近代文化教育事业、资本主义工商业的发展以及近代民风民俗的树立，湖湘文化发生了一次历史性的变迁。

(一)近代教育的建立

1897年时务学堂设立，除经史外，增设格致、公法、外国史志等西学课程，成为湖南第一所近代化学校。此后，全省各地纷纷改变旧教育体制，开设新式学堂，湖南近代教育事业逐步发展起来。以1904年长沙新式学校的设置情形为例，“查省垣高等学堂16所，共计学生975名，教习87员，日本教员4位；中学堂7所，学生425名，教习40员；小学8所，学生407名，教习40员；武备学堂2处，学生220名，教习14员；又半日学堂20处，学生960名，教员40员；此外并有多处民立学堂”①。可见湖南近代教育事业的发展不仅规模大、速度快，而且教育形式也正趋于完备。湖南近代教育的建立，向城乡社会传播了西方文明，培养了一代又一代的近代化人才，新式学校遂构成为近代湖湘社会的重要组成部分。

(二)近代工商业的发展

19世纪末20世纪初期，湖南的近代工矿企业有了初步的发展，诸如矿务局、和丰火柴公司、宝善成制造公司、小型发电厂等工矿企业的开设，诸如电报局、轮船营运以及铁路等近代交通事业的逐步举办，湖南第一次拥有了近代工业文明。几乎同时，湖南的商业贸易也呈现日新月异的气象。在岳州，“溯自岳州开办通商口岸，设立新关以来，造洋房、修官路、筑驳岸、砌码头……进口之货，洋布一类大有蒸蒸日上之势……杂货各名目亦属有增无减，共有三十种，内惟葵扇、日本海菜等，较上年之多，不啻倍蓰”②。在常德，“民船一千余艘停泊城外，帆樯林立，颇壮观瞻……城中东西洋货诸物畅销，洵足称为一大埠落”③。在长沙，“本通商口岸甚多建造之举，气象一新。如两大驳岸、四大码头，俱系玉石装成，整齐坚好，共长六百英尺”④。足见各地贸易之盛况。与贸易相呼应，湖南商业也是一片繁荣景象，“湘省铺店无论大小，专事铺张，尚形工整，一入其市，五光十色，层出不穷。即罐头、水果、洋酒、面包、酱菜等物，无不美备，欲购极为便利。并有门面阔大，装潢精洁，专售外洋纸张、笔墨、各项仪器、书籍、图画，生意甚为闹热”⑤。这一切已足见湖南受西方影响之深之广，表明带有资本主义色彩的近代工商业文明已开始在这里建立并

① 《湖南历史资料》，1980年第1辑，湖南人民出版社1980年版，第203页。

② 《光绪二十九年岳州口华洋贸易情形论略》，《湖南历史资料》1979年第1辑，湖南人民出版社1980年版，第194—195页。

③ 《光绪二十七年岳州口华洋贸易情形论略》，《湖南历史资料》1979年第1辑，第184页。

④ 《光绪三十年长沙口华洋贸易情形论略》，《湖南历史资料》1980年第1辑，第206页。

⑤ 《光绪三十年长沙口华洋贸易情形论略》，《湖南历史资料》1980年第1辑，第200页。

发展起来。

(三)社会风尚与习俗的变迁

随着资本主义工商业在湖南的广泛建立和不断扩大，随着西方文明的日益传播，传统的湖湘社会也开始了剧烈的变动。维新前后，湖南省内遍兴学会，开展各项活动以移风易俗，诸如不缠足会、法律学会、延年会、戒鸦片烟会等等，在树立湖湘社会新风方面发挥了巨大作用。湖南不缠足会的入会章程规定："凡入会人所生女子不得缠足"，"所生男子不得娶缠足之女"。《不缠足会嫁娶章程》还规定：同姓者不可互通婚姻，婚姻从简，女方不得需索聘礼①。可见此会的目的不仅在于破除妇女缠足陋习，还致力于改造传统的湖湘婚俗。自不缠足会成立以来，入会者达一千数百人之多，"即不缠足会一端，每日趋登《湘报》告者数十计，可谓勇于从事矣"②。可见当时湘俗已开始转变。延年会以树新风、除旧俗为主旨，其章程规定：无故不得请客，贺节贺喜及虚文酬答一律免除；严格遵守工作作息时间，办事讲求效率等。亦可见其志在于废除传统繁文缛节及封建官僚作风等陈腐没落的习尚。随着洋布、洋纱的大量输入，湘乡的服饰风尚也开始发生变迁。"查岳、常、澧等处织布之户，近来全系参用洋纱，所出之布，据云，轻细有余，而厚暖不足。目下欲求一匹真土纱布，几如披纱捡金"③。更有甚者，"尤有许多少年子弟喜着青色短装，并闻有剪发者"④。风气转变之快速，连一些外国人也为之感叹："吁！曾几何时，风气之转移如此者，亦可见群情之去旧更新矣。"⑤概而观之，20世纪前后，尤其是岳阳、长沙等地开埠以后，湖南风气在多方面、多层次上都有较大开拓，表明湘人的日常生活已开始进入近代化的社会生活轨迹。

(四)近代文化事业的发展

为开风气，拓见闻，从维新时期起，湖南办起了自己的近代杂志和日报，这就是《湘学报》和《湘报》，内设各项专栏，诸如奏稿、电旨、公牍、论说、省内外新闻、商务、杂事、外交时事等等，不一而足，甚至还刊载市场商情、物价及各类广告，成为传递信息、沟通思想的重要媒介，同时也是资本主义文化宣传和封建文化批判的重要园地。《湘报》当时采用了最新的机器活字印刷技术，报纸日出一张，俨然已具现代报纸之全貌。以此为开端，湖南近代新闻出版、印刷等文化事业遂逐步发展起来，构成近代湖湘一项全然异乎前代的新

① 《湘报》第30号；《时务报》1897年第47册。

② 《湖南历史资料》1981年第1辑，湖南人民出版社1981年版，第38页。

③ 《光绪二十九年岳州口华洋贸易情形论略》，《湖南历史资料》1979年第1辑，第195页。

④ 《光绪三十年长沙口华洋贸易情形论略》，《湖南历史资料》1980年第1辑，第200页。

⑤ 《光绪二十九年岳州口华洋贸易情形论略》，《湖南历史资料》1979年第1辑，第195页。

型物质文明。

其实这些还仅仅是发生在世纪前后的湖湘物质新文明,然而观其成就,却已是辉煌于一时了。历史不断前进,文化亦随之进步,谁能否认湖湘物质文化更为光耀的明天呢?正如那时的人说过的,"如是推广勤求,不遗余力,将来星罗棋布,真才实学,蔚起文明,岂非光远而自他有耀乎!"①

"夫楚号雄区,人多忠节,具百折不回之心,持万夫莫当之勇。履刀锯,冒斧钺,不足怯;临大节,践大难,不足夺。以荆蛮之余风,郁百年之奇气,奋能独立,强足一国,物产地利,一足拟之。远昭前代,瞰睨近今,湖湘子弟,庶几其龙。虽蒙混黑暗,能排障碍,独寻天日;虽祸变重来,能用其精神,屏当大难:其事迹见诸近世历史者,班班可读。"②

这就是近代湖湘人的形象,这也就是近代湖湘文化的形象。

"湘省名望久已炫耀人世"③。近代湖湘文化正是以一代又一代湖湘士人最大限度地发挥了文化的社会功用,影响甚至左右着中国近代的政治、思想和其他领域的变化,从而成为对中国产生过全局性影响的近代长江流域一大区域文化。

第五节 近代长江文化的历史地位及其成就

一、近代长江文化的历史地位

从鸦片战争到辛亥革命,半个多世纪的沧桑中,长江文化走过了一个步履艰难的发展过程。其间有沉沦,有奋争,但长江文化还是在曲折中不断接近时代,走向世界,长江文化演化变迁、发展成为一种符合时代精神和适应世界潮流的新型地域文化。

在不断的发展演变中,近代长江文化取得了引人注目的成就。最突出的成就表现在物质文化方面。正是长江在军事、经济、教育、社会文化、风俗习尚等方面的发展变迁,才多层次、多角度地展示了长江文化的近代风采。

其一,在军事上,经过洋务运动开办军工企业、举办新式军事教育、训练新式军队的实践,近代长江流域各地的军事实力与日俱增,不仅形成了一个日渐完整的长江流域新军事文明体系,推动了长江流域军事由封建旧格局向近代新格局的过渡,而且,作为一种首先崛起的物质力量,长江流域军事近代化更有力地推进了近代中国的历史进程。晚清以湖北枪炮厂为军备后盾,以新式军事学堂的学生为基干力量编练而成的湖北新军,之

① 《光绪二十八年岳州口华洋贸易情形论略》,《湖南历史资料》1979 年第 1 辑,第 191 页。
② 炉魂:《对于张之洞死后之湖南人》,载《辛亥革命》(四),上海人民出版社 1957 年版,第 532 页。
③ 《光绪三十年长沙口华洋贸易情形论略》,《湖南历史资料》1980 年第 1 辑,第 96 页。

所以发展成为一支"军容炫耀……可为沿江各营武之冠"①的新型军队，并首举义旗，揭开辛亥革命的历史序幕，可以说，正是长江近代军事文明兴起以来最杰出的成就。

其二，在经济上，经过晚清数代长江人的努力，在与西方列强争夺利权的斗争中，长江流域取得了中国有史以来第一代近代工商物质文化成果，长江流域的经济开始由封建式的自然经济向近代资本主义经济过渡。在此过程中，长江流域涌现了一批近代意义的企业家、商人、技术专家和产业工人，他们构成了长江流域近代工商文明中最有生气的力量，推动着大江两岸近代工矿业、商贸业以及近代交通运输等行业的发展，从而促进了长江流域城市的都市化与工业化。从更深的层次看，长江流域近代经济的起步则从经济的角度展示了近代中国社会的发展方向。19 世纪末，经过近半个世纪的积累，长江下游以上海为中心的海派工商业得到迅速发展，海派工商文明正逐渐形成，到 1911 年，上海、江苏、浙江的企业家数和资本数已分别占这一时期全国近代企业数和总资本额的 30.3%和 28.2%②，不仅领导了长江流域的经济之潮，振兴了长江经济，更促进了近代中国资本主义经济的发生和发展，从而成为近代长江流域工商文明的杰出代表。

其三，在教育和文化传播上，经过洋务运动、维新运动、辛亥革命，长江流域的教育及文化传播日益走向近代化。随着新式学堂的兴盛、学术团体的繁荣以及近代报刊的盛行，长江的教育开始冲破书院式的传统框架，教育日渐得到普及，知识日益推广至民间，教育形式也呈现多样化，并开始建立起一定的近代教育体系，遂使长江流域新式教育日益繁荣。不仅为近代中国培养了一大批军事、科技、文化、教育人才，同时也造就了一批为挽救近代中国而不懈奋斗的优秀中国人，为近代中国的历史变革准备了强大的生力军。关于这一点，不妨从清末湖北的教育兴革中略窥一二。

20 世纪初湖北进入了新式教育勃兴时代，到辛亥革命前至少已有各种近代学校 1318 所③，不仅初步建立了一套近代新式学校教育体系，形成了"各省考察学制者必于鄂，延聘教师员者必于鄂，外省学生负笈远来者尤多"④的兴旺局面。而且，它所造就的人才更称荦荦大观。黄兴、刘成禺、李书城、吴禄贞、蓝天蔚、宋教仁、孙武、张继煦、时象晋、张难先、刘公、詹大悲、熊十力……这些人物几乎都与清末湖北的文教兴革有着千丝万缕的联系，他们不仅与辛亥革命结下了不解之缘，而且分别在政治、军事、经济、科技、教育、文化等领域取得了层次不同、轻重有别的历史功绩，成为 20 世纪的湖北乃至全国开风气之先的人物。从文化史的角度看，这是一个崛起的星群，从某种意义上说，如果没有这个崛起的星群就没有划时代的武昌起义。晚清长江教育近代化的价值或许正在于此：它促

① 朱寿鹏编：《光绪朝东华录》，中华书局 1958 年版，第 5 册，第 5287 页。

② 数据转引自苑书义等《中国近代史新编》，人民出版社 1988 年版，下册，第 109 页。

③ 《公论新报》1909 年 2 月 13 日。

④ 张继煦：《张文襄公治鄂记》之一《文襄督鄂之时代及其环境》，湖北通志馆 1947 年版，第 17 页。

成了长江新知识分子星群的诞生，并由此推动了近代流域中国社会变革的进程。

其四，在社会风俗、习尚上，经过晚清一系列的历史变革，长江流域社会开始发生显著变动，风俗习尚日益呈现近代化的趋势。诸如不缠足会、女学会、戒烟会等改良风俗的机构逐渐风行长江流域社会，民间风气得到了初步改造。至辛亥前后，不仅长江中下游各省的风俗日见改观，即使在较为封闭的上游四川等地，“男子解垂辫，女子倡天足”①，终于也迎来了社会风气近代化的曙光。

女子求学图

近代长江文化第二个突出贡献表现在对人的建树上。近代以来，长江文化充分发挥了它的文化功能，培育和造就了一个人数众多的近代长江人才群。据孙谦先生对近代200位著名人物的定量分析，结果发现有177人集中在东南沿海和长江流域，占总数的88.5%。其中广东居全国第1位，有41人；湖南居全国第2位，有26人；浙江居全国第3位，有25人；江苏居全国第4位，有24人；广西居全国第5位，有20人；福建居全国第6位，有12人；四川居全国第7位，有11人；湖北居全国第8位，有7人；安徽居全国第9位，有6人；江西居全国第10位，有5人。而华北、东北、西北、西南地区的人才则极为稀少，连满、蒙、汉在内，也只有23人，仅占总数的11.5%②。褚绍唐先生的统计也大致如此，据他统计，近代中国名人，多诞生于在沿海各地。苏浙闽粤四省，名人总数居全国51.3%，平均每百万人中得名人3位。浙江有名人99位，占15.4%，以省区人口计之，则每百万人中得名人4.6位；江苏省有名人87位，占13.5%，以省区人口计之，则每百万人中可得名人3.6位。人智云集，可称极盛(详见下表)。

① 隗瀛、赵清编：《四川辛亥革命史料》，四川人民出版社1981年版，第27页。

② 孙谦：《试论中国近代人才的地理分布》，《晋阳学刊》1982年第6期。

近代人才的地理分布

区域	类别	政治人才	学术人才	经济人才	军事人才	总计
南方	浙江	12	21	23	4.5	60.5
	江苏	9	18	27	4.5	58.5
	广东	19	14	7.5	9	49.5
	福建	5	10	5.5	6.5	27
	安徽	6	3.5	7.5	3.5	20.5
	湖北	6	3	3.5	6.5	19
	湖南	3.5	7	0	8	18.5
	四川	2.5	2.4	5.5	5.5	15.9
	江西	3.5	4.5	2	5.5	15.5
	贵州	3	0.8	2	5.5	11.3
	云南	1.2	0.8	0	4.5	6.5
	广西	0	0.8	0	3.5	4.3
北方	河北	8	6	7.5	6.5	28
	辽宁	8	0.4	3.5	2.5	14.4
	山东	1.2	2	0	8	11.2
	山西	2.5	1.4	2	4.5	10.4
	河南	1.7	2	0	2.5	6.2
	吉林	1.2	0.4	0	4.5	6.1
	蒙古	3.5	0	0	1	4.5
	陕西	1.2	2	0	1	4.2
	甘肃	0	0	0	2.5	2.5

在这些近代人才中，思想界前有龚自珍、魏源、包世臣、陶澍等近代经世思潮的倡导者引导了长江社会的经世务实之风，中经梁启超、谭嗣同、汪康年等维新思想家倡言变法，救亡图存，后接章炳麟、邹容、陈天华等资产阶级民主革命思想宣传家号召革命，推翻帝制，长江流域遂在一代又一代思想巨子的呐喊助威声中，紧跟时代潮流，保持了与时代同步的精神内涵。在军事上，先有曾国藩、左宗棠、李鸿章、张之洞等致力军事变革，挽救晚清衰局，后有黄兴、彭家珍、喻培伦等青年革命军事家在辛亥革命的炮火中锻炼成长，他们一方面接受长江文化的熏陶成为近代中国军事史上的风云人物，一方面又以他们的军事作为在一定程度上加快了长江文化迈向近代化的步伐。其他如工商界、教育界、文化界等，先后都涌现出了一批力图挽救中国的有识之士。这些人既渊源于长江文化，又

在不同领域积极变革，从而从不同角度推动了长江文化的进一步演变。

近代长江文化的历史作为还在于其文化的思想内涵始终是与时代的精神主题相一致的。鸦片战争前后，当一批识见敏锐之士震于世变，愤起而倡导的经世思潮在中原大地广为流传之前，长江流域早已在一批经世致用论者的推动下发展成为经世之风的极盛之区，为此后长江洋务运动率先实践经世主张准备了理论前提。随着洋务运动的发展，长江流域更因为集中产生了一批洋务企业，举办了洋务教育，训练了新式军队而成为全国洋务运动的主战场。接着，当时代的主题进一步转化为维新变法、改革政治体制时，长江流域又因为上海、湖南、四川等地声势浩大的维新之举而再次成为近代中国的时代中心。至于辛亥革命到来之际，长江流域更是从军事、经济教育、文化风尚等多层次、多侧面积极作为，紧紧跟随着民主革命的时代步伐。这一切无疑表明了一点，即近代长江文化不愧为一方积极进取、自求发展、自我更新的新型文化。

二、近代长江文化的成就

长江流域是中国传统文化最为发达的地区之一，也是接触西方资本主义最早、吸收西方文明最多的文化区域。她经过近百年的继承与扬弃、引进与创新，取得了灿烂辉煌的成就，带来了文学艺术、绘画书法、学术文化与科学技术等方面的发展繁荣，并形成了鲜明的时代特征。

（一）文学艺术

1. 近代早期的长江文学艺术

文学艺术在长江流域有着深厚的根基。进入近代以来，这里的文学艺术仍然居于全国的领先地位，左右着这一领域的全局。在近代文学发展的前期（鸦片战争至甲午战争），桐城派古文和八股时文依旧处于“正宗”的优越地位，旧体诗文充斥文坛诗界。但是，以上海为中心的爱国主义和现实主义新文艺却以磅礴之势异军突起，向旧体诗文挑战，为文学改良运动呼风唤雨。因此，这一时期呈现出新旧对垒的复杂局面。

本来，桐城派古文在嘉庆、道光时期一度衰落下来，但是到了咸丰、同治年间，曾国藩以理学和学术经世相标榜，致力于桐城派古文的振兴，借以树立自己在文坛上的领袖地位。他极力扩大桐城派古文的范围及其影响，并利用自己的政治地位延揽七八十位文人学士入幕，其中多为桐城派古文的名手，从而形成以他为首的桐城派别支——湘乡派，遂使日趋衰微的桐城派古文为之一振。

在诗界，宋诗派称盛一时。宋诗派又称宋诗运动，是道光、咸丰年间形成的一个脱离社会现实、思想保守和内容贫乏的诗歌流派。此派一反明代以来崇尚唐诗、鄙薄宋诗的风气，而尊崇宋诗，提倡以学为诗；其作品大多是官场应酬，或吟咏山水景物，或抒发封建士大夫个人情怀之类的陈词滥调，走上了新的拟古主义的道路。此派由汉学家程恩泽倡导，由其门生何绍基、郑珍、莫友芝等人力行的创作，奠定了宋诗运动的基础。后经曾国藩极力推波助澜，至同治、光绪年间形成了宋诗派的末流——"同光体"诗派。它的代表人物有陈三立、郑孝胥、沈曾植、陈衍等人。其作品大都是抒发封建文人悲伤、孤独和逃避现实的情感，而且诗句艰涩僻奥，故弄玄虚。它扼杀了诗歌反映社会现实的朝气，限制了诗歌的社会功能，而使诗歌自身大有颓衰之势。同上述腐朽没落的所谓"正宗"诗文相对立的进步、爱国的新文学，则以磅礴之势迅速崛起，并且酝酿着即将来临的文学革新运动。自鸦片战争以来，中国人民反帝反封建的爱国激情日益高涨，促使文学产生了新的创作题材和思想内容，一批进步的文学家和诗人积极投身于反帝爱国运动，或热情歌颂人民反抗侵略的壮举，或声讨侵略者的暴行，或揭露封建统治者的昏聩腐败，或倡言改革等等，他们积极为近代文学改良运动的兴起劈山开路。龚自珍等人就是其中的佼佼者。

龚自珍的散文导源于周秦，继往开来，具有纵横奇诡、自成一家的特点，有"一代文学之雄""近代霸才"之称。他的诗作风发云逝，超逸异常，富有浪漫主义的色彩。柳亚子称他是"三百年来第一流"的大诗人①。龚自珍强调诗文"经世匡时"的作用，强调诗文具有揭露黑暗、抨击时弊的反封建精神，并洋溢着爱国救世、呼吁变法的热情。他的文学主张与创作活动，打破了清中叶以来诗歌重"格调"、文章讲桐城"义法"的清规戒律，首开一代关心国事民情的风气，成为近代文学改良运动的先驱。

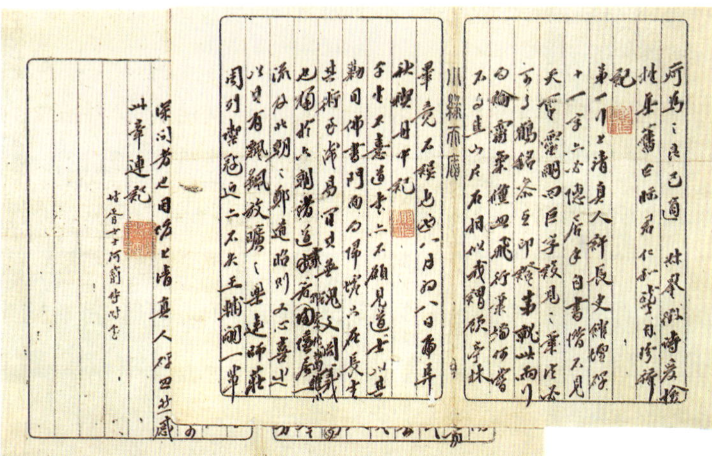

龚自珍手迹

近代启蒙思想家魏源的诗文也很著名，对近代文学的发展产生过积极影响。他的诗

① 郑方泽：《中国近代文学史事编年》，吉林人民出版社1983年版，第10页。

作近800首，大都以歌颂祖国山河、描写自然景物为主，也有一些反映现实生活和社会时事的政治诗篇。“他的散文直抒己见，内容充实不事模拟，与桐城派古文对立，对后来的新体散文有先驱示范的作用”①。

王韬像

这一时期的散文出现了新文风：一是太平天国提倡朴实明晓、力戒浮文的通俗文风，而反对“八股六韵”和“空言无补”的时文。太平天国的公文、奏章、诏书大都采用民间语体文，遂使白话诗、白话文在长江流域流行一时。二是中法战争后出现的报章散文趋向通俗化、社会化的平易畅达的新文风。这种切实有用的新体政论散文是由近代中国早期的新闻工作者王韬开创的，并在上海、江浙等地形成风气。王韬从1874年开始主编《循环日报》长达10年，后到上海担任《申报》编辑。他在散文写作上反对桐城义法的束缚，而用通俗明快的新文风广泛介绍新思想、新事物，使报章散文面目一新。可见，这种文体是由于新闻事业的发达所产生的一种新型文学，谭嗣同称之为“报章文体”，实为政论散文。它的特点是“敢于说话，无所畏忌，对于当前发生的事件，时有极中肯的论断。这种政论，在中日战争年代，已显出了它的力量，到戊戌政变以后，更成为一种无上的权威”②。

这一时期的小说很不景气：作品少，有成就者甚微，倒是内容庸俗的狭邪小说和思想陈腐的侠义公案小说泛滥起来。作品有《品花宝鉴》《花月痕》《青楼梦》《海上花列传》等等。这类狭邪小说相继问世，大都宣扬“才子加流氓”与伶人、妓女厮混的生活及其哀艳情调，内容甚是无聊。

近代历史上还出现了中国最早的文学专业刊物，这就是1872年在上海创刊的《瀛寰琐记》，由申报馆发行。以刊载诗词、散文为主，兼及小说、笔记、政论。两年后先后更名为《四溟琐记》《寰宇琐记》。1873年出版了刘熙载的文艺评论专著——《艺概》，全文共分“文概”“诗概”“赋概”“词曲概”“书概”等六个部分。概，即概论，述其大意之谓也。此书对作家作品的评述，对文学形式的流变及其艺术特点的阐发等等，都有精当的评论，促进了近代文艺评论的发展。

2. 近代后期的长江文学艺术

甲午战争到五四运动兴起的25年间，中国社会变动更为剧烈。救亡图存、变法、革命等等成为时代的最强音。反映这一时代特点的文学活动也十分壮观，尤以上海、江浙、

① 郑方泽：《中国近代文学史事编年》，吉林人民出版社1983年版，第62页。
② 阿英：《关于甲午中日战争的文学》，见《阿英全集》（五），安徽教育出版社2003年版，第562页。

两湖和四川等地最为引人注目。这里文人辈出，各种形式的文艺作品层出不穷，并成为“文界革命”“诗界革命”“小说界革命”“白话运动”等文学革新的主战场。

“诗界革命”的兴起：甲午战后兴起的“诗界革命”，实为诗歌改良运动。由改良派夏曾佑、谭嗣同所倡导。起初，他们主张把西方传来的自然科学、社会科学等方面的“新名词”入诗，仅从形式上进行改良。继而黄遵宪把自己的诗标榜为“新派诗”，主张“我手写吾口，古岂能拘牵？”的写作原则。他们反对统治诗坛的“同光体”诗派僵化的拟古主义和形式主义的诗风，明确提出“诗界革命”，推动诗歌改良运动的发展，形成一种新的诗歌流派。稍后，他们共同强调诗歌要与现实的政治结合，为改良主义的政治服务。但是，随着改良主义运动的失败，“诗界革命”也偃旗息鼓了。1909 年资产阶级的革命文学团体——南社在上海成立后，大张旗鼓地反对拟古主义和形式主义的宋诗派、同光体等诗派，成为“诗界革命”与同光体斗争的继续和发展。南社成立初期，集中了一批爱国青年文人，以上海为中心从事诗歌的创作与评论，并以诗歌、散文、戏曲的形式“鼓吹新学思潮，标榜爱国主义”，宣传推翻清王朝，建立民主共和国，积极为资产阶级民族民主革命服务。主要作家有柳亚子、陈去病、高旭、苏曼殊、马君武等。

“文界革命”的兴起：所谓“文界革命”，是指资产阶级维新派倡导的散文革命。它和“诗界革命”一样，都是为宣传资产阶级改良思想服务的。早在甲午战争之前由王韬开创的报章散文，为“文界革命”奠定了基础。戊戌变法前后的梁启超，大张“文界革命”之旗，指斥桐城派古文和八股文的僵化腐朽，积极倡导文体改良。1896 年王韬在上海创办《时务报》，鼓吹变法图存，发表了一系列的宣传资产阶级改良主义思想的政论文章。这类文章思想新颖，文体半文半白，平易流畅，笔锋常带感情，鼓动性和说服力极强。时人争相效尤，号称“新文体”，又称“时务文体”，风靡全国，取代了传统的旧体散文。国学大师章太炎既反对桐城派，又反对散文改革和新文体，而崇尚魏晋文体，主张复古。但他的政论散文却充满民主革命的精神，亦为时人所称道。

“小说革命”是戊戌变法前后兴起的一种文学改良运动。最先由严复、夏曾佑著文倡导。1897 年他们在天津《国闻报》上发表《本馆附印说部缘起》，是为近代首次论述小说的社会作用的理论文章，强调小说的社会功能“几出于经史上”，它能够左右“天下之人心风俗”，“使民开化”①，他们的鼓吹大大提高了小说的地位。1902 年，梁启超在日本横滨主编《新小说》月刊，次年改在上海出版。这是中国近代最早出现的新型小说刊物，他还在创刊号上发表《论小说与群治之关系》，首次明确地提出“小说界革命”的口号。他说：“今

① 阿英：《晚清文学丛钞》（小说戏曲研究卷），中华书局 1960 年版，第 12 页。

日欲改良群治，必自小说界革命始；欲新民，则必自新小说始。"①这篇论文开创了小说理论研究和新小说创作的新局面，各种小说杂志相继创刊，各种小说作品相继问世，上海成为创作和发表各种小说的中心。当时风行于世的《新小说》《绣像小说》（1903 年）、《月月小说》《小说林》（1907 年）被称为清末四大小说杂志，均在上海出版。其中《月月小说》是第一个刊载短篇小说较多的文艺刊物，对提倡短篇小说的创作和翻译，起了开创的作用。此外，还有《新新小说》等多种小说月刊相继创刊。

20 世纪初期，小说异军突起，至 1907 年持续三年出现小说繁荣高潮，并出现了一批深刻揭露封建统治和社会弊病的谴责小说。其中以李伯元的《官场现形记》、吴趼人（原名沃尧）的《二十年目睹之怪现状》、刘鹗的《老残游记》、曾朴的《孽海花》最享盛名，号称晚清四大著名谴责小说。

福州严复故居

福州严复故居展出的严复像

李伯元（1867—1906），原名宝嘉，字伯元，江苏武进（今常州）人。在上海主编《游戏报》《指南报》《世界繁华报》和《绣像小说》。1903—1905 年间撰写《官场现形记》在《世界繁华报》上连载，署名南亭亭长。未及完稿，伯元即谢世。后数回由其友人茂苑惜秋生（即欧阳巨源）续写完成，全书共 60 回。1905 年崇善堂石印本发行。主要内容是揭露清末官场荒谬、淫秽、贪赃枉法、腐败等丑恶行为；抨击贪官污吏欺压百姓、勾结洋人危害社会等等秽行；并呼吁进行社会改革。

吴趼人（1866—1910），原名沃尧，字小允，又字茧人，号我佛山人。广东南海人。成年后定居上海，曾在江南制造局翻译馆供职，后转入文学生涯。光绪二十九年（1903 年）从事小说创作，以《二十年目睹之怪现状》最负盛名。此书共 108 回，1903 年开始在《新小说》杂志上连载，至 1905 年只刊出 45 回。1906—1910 年上海广智书局分八册出版。作

① 梁启超：《论小说与群治之关系》，张品兴主编：《梁启超全集》，北京出版社 1999 年版，第 884—886 页。

者以“九死一生”第一人称的见闻，无情地揭露清末官吏和洋场才子的阴险、欺诈、卑劣、陷害和相互倾轧的丑恶行为，暴露晚清社会的腐败情状。

刘鹗（1857—1909），字铁云，又字公约，别署洪都百炼生，江苏丹徒（今镇江）人。早年在河南、山东参与督治黄河。光绪十九年（1893年）以知府任用。后弃官经商，对数学、医术、水利、文学等皆悉心钻研，喜金石碑版，为最早收藏甲骨文者之一。一生学术著作甚丰，又擅长于文学创作。1903年以洪都百炼生署名的小说《老残游记》在上海《绣像小说》杂志连载，旋由天津《日日新闻》从首回起载完。1906年由商务印书馆出版单行本，后又有《续集》出版。主要内容是通过江湖医生老残在游历过程中的见闻及其活动的描述，揭露清末官吏贪婪、残酷、虚伪及其危害人民的情状，对社会黑暗腐败的抨击表述得淋漓尽致。

曾朴（1872—1935），字孟朴，笔名东亚病夫，江苏常熟人。光绪举人。早年曾做过中书舍人，参加过维新运动。光绪三十年（1904年）与徐念慈等在上海创办小说林书社，次年出版《孽海花》初集（第1～10回）和二集（第11～20回）。此书原由金松岑写成前5回，就同曾朴共同商定全书60回的题目，交给曾朴一人续写完成。因此初版时署名为“爱自由者发起，东亚病夫编述”。前者是金松岑的笔名，后者是曾朴的笔名。松岑又名天翮，号鹤望，江苏吴江人，江阴南菁书院肄业后在家乡兴办教育。1903年去上海，参与民主革命活动。他痛恨沙俄侵略东北，遂创作《孽海花》，试图以小说的形式反映这一时期的政治、外交情况。金松岑才气横溢，是著名的诗人和文艺评论家。《孽海花》经过曾朴边修改、边发表，直到1930年才成书30回本（1962年中华书局印行35回本）。此书以赛金花和洪钧故事为线索，描述同治、光绪年间政治与文化变迁，揭示了晚清官僚、文人的琐闻轶事。对达官贵人的讽刺、抨击淋漓尽致。此书结构工巧、文采斐然，是一部很有影响的小说。

晚清谴责小说的共同之处是：无情地揭露鞭挞封建官场和社会的种种病态，却又提不出解决社会问题的根本办法，并对清朝封建统治者抱幻想，对帝国主义侵略的本质认识不清。这些作品在艺术上比较粗糙，不注意典型人物的塑造，热衷于抓住一些社会新闻、官场丑闻而草率成篇。后来便堕落为专门揭人阴私、进行人身攻击的黑幕小说。1915年上海的《时事新报》开辟“上海黑幕”专栏，此后黑幕小说大为盛行，几乎弥漫全国小说界。但它遭到社会舆论的强烈反对。一些文人痛斥黑幕小说是“谴责小说的堕落”，是教人“杀人放火、奸淫拐骗的讲义”，它毒害青年最深，在文学价值上“一文不值”。黑幕小说大约风行三年左右，即从文坛上消失。主要作家有平江不肖生（向恺然）、陆士谔等人，代表作品有《绘图中国黑幕大观》及其《续集》等。

从1908年前后开始，写情与嫖界小说逐渐发展成为鸳鸯蝴蝶派小说。到了民国初年，鸳鸯蝴蝶派小说以上海为大本营很快兴盛起来，并风行全国。它“宣扬趣味主义，将文学当作高兴时的游戏，失意时的消遣，一味迎合小市民低级色情的趣味。内容有言情、哀情、艳情、神怪、黑幕、侦探等等”①。它的代表作家和作品有徐枕亚的《玉梨魂》、陈蝶仙的《泪珠缘》、李定夷的《美人福》等。此派的主要出版刊物有《礼拜天》《民权素》等多种，其中以《礼拜天》等刊物影响最大，因此又称“礼拜天派”。直到五四运动以后，它才受到新文学派的批判。

翻译小说的兴起：近代中国最早的长篇翻译小说是1873年蠡勺居士由英文译成白话的《昕夕闲谈》（上卷31回，下卷24回），在上海出版的《瀛寰琐记》杂志连载。1904年经译者删改重订，印成单行本。然而，中国近代翻译文学的正式兴起，则是甲午战争以后的事，并在20世纪初期形成了高潮。1898年，梁启超在《清议报》上发表著名论文《译印政治小说序》，深刻论述了翻译小说的重要性。他把西方一部分在政治斗争中起作用的小说称作“政治小说”，并大力提倡翻译外国政治小说作为宣传改良主义思想的工具。在他的大力提倡下，翻译小说蔚然成风。至1907年前后进入鼎盛时期。仅1907年一年之内，就翻译小说130种以上。从1882年至1913年，共出版翻译小说约628种，约占晚清出版小说总数的“三分之二”②。可见，翻译小说远远超过了创作。从翻译的风气与倾向来看，前后大有不同：在翻译小说的初起时，目的是在做政治宣传，所以译出的“政治小说”居多；后期所译出的大都是侦探小说、言情小说，其恶果是翻译侦探小说与谴责小说同流合污，导致了后来的“黑幕小说”的兴起。

林纾像

在近代著名的外国小说翻译家当中，以林纾最享盛名。林纾（1852—1925），字琴南，号畏庐，别署冷红生，晚称践卓翁，福建闽侯人。他是中国近代以古文笔译西洋小说的第一人，共译书约160余种③。其中最著名的译著是《巴黎茶花女遗事》《黑奴吁天录》（即《汤姆叔叔的小屋》）等。但是，他本人不懂外文，全凭别人口译，他用文言记录和润色，译笔生动、流畅、传神，深为读者所喜爱。但有原本选择不当之弊，误译之处更为屡见不鲜。

除林纾之外，著名的翻译家还有：

周桂笙（1873—1936），字新庵，上海人。以翻译侦探小说见长，助长了中国武侠小说的泛滥。译有《妒妇谋夫案》《福尔摩斯再生案》等。译笔常以浅显的文言和白话，平易畅

① 郑方泽：《中国近代文学史事编年》，吉林人民出版社1983年版，第315页。
② 阿英：《晚清小说史》，作家出版社1955年版，第180页。
③ 阿英：《晚清小说史》，作家出版社1955年版，第182页。

达如报章体文字，深得翻译之法。

徐念慈(1874—1908)，字彦士，别号觉我，江苏常熟人，是与周桂笙齐名的侦探小说翻译家。译笔多以纯粹白话或浅近的文言，且力求保持原著的体裁，对后来的翻译界产生了很好的影响。

吴梼，翻译小说较多，文字修养亦高，以译介俄国文学名著见称。译有俄国作家莱蒙托夫的《银纽碑》、契诃夫的《黑衣教士》，德国作家苏德曼的《卖国奴》及美国、日本作家的某些作品。

包天笑(1876—1973)，名公毅，字朗孙，江苏吴县(今苏州)人。秀才出身，加入南社文学团体。毕生从事报刊编辑和文学著作，以翻译教育题材的小说著称。译有法国作家迦尔威尼的《馨儿就学记》《无名英雄》等。译笔轻灵秀曼，擅长白描，深为读者所称道。

白话文运动的兴起：中国近代文学发展繁荣的另一标志是白话文运动的兴起。“白话文”在长江流域最为盛行。1898 年中国第一份白话报——《无锡白话报》正式出版，裘廷梁在该报发表《论白话为维新之本》，正式提出“崇白话而废文言”的口号，把白话文视为维新之本。文章尖锐地指出：“愚天下之具，莫文言若；智天下之具，莫白话若。”①1900 年 1 月陈荣衮在《知新报》发表《论报章宜改用浅说》，提出“开民智莫如改革文言”，主张报纸应改用白话，使人人能读。于是，各地白话报相继创办，如《杭州白话报》《苏州白话报》《中国白话报》《安徽白话报》等。陈荣衮开创用白话编写通俗小说教科书，从 1895—1900 年先后编出 10 多种初级课本。随之而来的白话小说、白话译著也纷纷出现。白话文运动与文体改革相互促进，有利于近代文学的发展和文化的普及。

3. 近代长江的戏曲与音乐

近代文学改革亦促进了长江流域戏曲的发展与创新，近代长江流域的戏曲有着显著的发展变化。旧有的戏曲不断革新，此外还产生了一些新的剧种和流派。例如同治、光绪年间，上海和浙江一带出现了一种“髦儿戏”，这是全部由青少年女演员演出的戏班，大都演唱京剧和昆剧，改变了女子不能登台演戏的陈腐封建家法，有利于戏曲的发展。这个时期的京剧进一步发展完善起来，主要是长期盛行的昆曲逐渐和进京演出的安徽、湖北一带的徽调、汉调融合起来，形成为新的剧种——京剧。著名的老艺人程长庚、余三胜、张二奎并称为“京剧老三杰”，他们被奉为徽班发展成为京剧的元勋。同治、光绪以后，京剧大为盛行起来。但是，戏曲的改革和新剧的引进主要是 20 世纪初期的事情。

① 《无锡白话报》1898 年 8 月 27 日第 18、19 期。

近代戏曲演员

近代戏曲演员

20 世纪初期，随着资产阶级民主革命运动的逐渐高涨，革命者日益重视利用戏剧的形式做革命宣传鼓动工作，从而推动了戏剧改革。1904 年，柳亚子、陈去病等人创办了戏剧刊物《二十世纪大舞台》半月刊，主要刊登剧本、论文、舞台掌故、梨园杂志等。陈去病署名佩忍在该刊发表《论戏剧之有誉》一文，鼓励青年投身于戏剧事业，与演员为伍，为宣传民族主义而尽力。上海京剧界率先革新，编演时事新剧和历史新剧远比以前盛行。“剧班第一革命巨子”的汪笑侬，在上海演出时，因愤恨清政府腐败、屈辱媚外，遂自编《党人碑》《博浪椎》《桃花扇》等新剧加以讽刺，并积极倡导京剧革新。此外，在上海京剧舞台上还先后演出《波兰亡国惨案》《瓜种兰因》《长乐老》《缕金箱》等新戏。这些影射痛斥清政府的新戏，遭到中外反动势力的禁演和阻止。

20 世纪初出现了话剧，时称“新剧”或“文明戏”，全部用口语对话。1906 年冬，第一个演出话剧的团体“春柳社”在日本东京成立，是由曾孝谷、李叔同等人共同创办的。1908 年 2 月，在春柳社的影响下，王钟声和任天知在上海演出《迦因小传》，使话剧的格式趋于完整。1910 年任天知在上海成立职业新剧团——进化团，并到南京、芜湖、汉口等地演出宣传爱国、革命为内容的话剧，屡遭清朝地方当局的禁演。辛亥革命后，“春柳社”从日本回到上海，用“春柳剧场”名称公演话剧。后因新剧逐渐脱离现实，于 1915 年解散。

电影艺术也在 19 世纪末传入中国，为中国近代文学领域中增添了新的艺术形式。它最早出现于上海，光绪二十二年七月初三日（1896 年 8 月 11 日）首次在上海徐园内的“又一村”放映，当时叫作“西洋影戏”。此后，这里经常放映电影，大多是法国片。宣统三年十月十一日（1911 年 12 月 1 日），由朱连奎和一家名为“美利公司”的洋行共同拍摄的新闻纪录片——《武汉战争》，在上海谋得利戏园首次上映。这是中国首次出现的新闻纪录片。影片较详尽地记录了武昌起义时新军攻占汉口、汉阳的战斗，“是我国记录和颂扬武昌起义的唯一的一部电影”①。1913 年，上海亚细亚影戏公司成功摄制中国第一部电影故事片《难夫难妻》，并于同年 9 月在上海新新舞台上映。影片描述一对青年男女在封建买卖婚姻制度下的不幸，形象地抨击了封建婚姻的不合理。从此，故事片摄制逐渐增多，遂使电影在上海及沿江的大城市里逐渐成为备受欢迎的艺术形式。

西洋音乐的传入：上海是西洋音乐技术、形式和体裁传入中国的门户。同治十一年（1872 年）传教士狄就烈在上海美华书店出版《圣诗谱》，载有 360 首宗教赞美诗乐谱，附有《乐法启蒙》讲解西洋乐理，首次把五线谱传入中国。20 世纪初，在吸收西洋音乐特点的基础上产生的“学堂乐歌”，风行于上海、南京、杭州、武汉等地。所谓“学堂乐歌”是时人对新式学堂里所设音乐和唱歌课程的称呼。当时流行的歌曲有《中国勇儿》《何日醒》《唯我同胞》等反帝爱国歌曲。著名的女革命家秋瑾曾为“学堂乐歌”作过歌词。学堂乐歌大都是填词之作，曲调主要来自日本，也有来自西欧各国的。传播乐歌的简谱记谱法也是由日本传来的。但也有中国音乐家自己作曲、填词的著名歌曲。例如近代音乐家沈心工创作的《黄河》《采莲曲》等就是这类歌曲的代表作。《黄河》是由沈心工作曲、杨度填词，以豪迈的曲调表现了作者强烈的爱国主义情怀。《采莲曲》是表现江南劳动人民采莲藕的欢快心情和水乡的秀丽风光，曲调活泼、欢畅而富于跳跃性，激发人们热爱生活、热爱劳动的情感。

弘一法师像

沈心工（1869—1947），原名叔逵，又名庆鸿，以字行。上海人。辛亥革命前在上海务本女学、龙门师范等校任教，编辑出版《学校唱歌集》（三集）。辛亥革命后出版《重编学校唱歌集》（六集）、《民国唱歌集》（四集）和《心工唱歌集》等，推动了中小学生的音乐教育和近代音乐的发展。

李叔同（1880—1942），也为近代音乐的发展作出过突出的贡献。叔同初名文涛，改名岩、岸、息、哀、婴、倾，号息霜等。浙江平湖人。生于天津，19 岁随母移居上海。光绪三十一年（1905 年）留学日本东京学习西洋美术和音乐。宣统二年（1910 年）归国后先后在天津、上海、南京、杭州等地任教美术和音乐课程。1918 年，他在杭州虎跑寺出家为僧，法名演音，号弘一。他在 1905 年创作的《祖国颂》，以其曲调悠扬、意境深远而风行一时，全国各地的学校都用作音乐教材。他的填词歌曲多是抒情性的独唱和小合唱，在词曲的配合和意境的创造等方面都超过了同时代的学堂乐歌，具有较高的艺术水平。但其间也有消极、伤感的情绪。

① 程季华主编:《中国电影发展史》第 1 卷，中国电影出版社 1963 年版，第 8、27 页。

(二)绘画、书法与篆刻艺术

1. 绘画与名画家

长江流域堪称我国的书画之乡,历来画家、书法家与各派名作辈出,虽然进入近代以来全国画坛上传统的国画明显地衰落,但在画风、笔法等等方面则有创新,特别是诗、书、画、印融于一体,以及这四者在画面上的精绝布局,成为画家追求的一种理想境界。这种带有鲜明时代气息的画风、笔法和境界,在以上海为中心的江浙画坛上表现得最为明显。"海派"画派的出现,使一度衰落、沉寂的国画开始复兴。人物画、肖像画以及民间绘画,也以长江流域最为盛行。西洋画派画风与笔法的传入大都以上海等沿江城市为基地。一些受到欧风美雨感染的画家逐渐脱离传统的窠臼,摆脱陈陈相因的积习,不再着重笔墨师承,而锐意追求革新,尊重生活感受,反对复古与保守,遂在19世纪后期至20世纪初期产生了以赵之谦、任颐、吴昌硕等人为代表的"海上画派"(即海派),并成为近代中国画坛上影响深远的画派。

在近代80年间,国画各流派的情况不尽相同,山水、花鸟与人物画在不同的历史阶段有着不同的发展状况。

山水画:总体说来,近代时期的山水画没有突破性的成就。比较著名的山水画家大都受清初"四王"(王时敏、王鉴、王翚、王原祁)正宗山水画派的影响,拘泥于临摹古人,缺乏创新与个性,缺乏充分的生活气息。著名的山水画家有汤贻汾、戴熙、程怀珍、胡公寿、蒲华、吴石仙、顾沄等。

汤贻芬《花果图》

汤贻汾(1778—1853),字若仪,号雨生,晚号粥翁。江苏武进(今常州市)人。绘画以山水画著称于世，亦能画花卉梅竹。画风文秀，“所画山水，思致疏秀”①，与戴熙并称“汤戴”。辞官退居南京后，作画更精妙，以《江上钓艇图》《种松图》等为其代表作。但仍未脱离娄东派正宗的影响，作品平淡无奇。1842 年，英国侵略军兵临南京城下，贻汾挺身而出，参加守御活动，充分表现了画家的爱国热情。1853 年，太平军攻克南京，投水死。著有《琴隐园集》。

任熊《四红图》

任熊《姚燮诗意图》

戴熙《西溪草堂图》

戴熙(1801—1860)，字醇士，号鹿床、榆庵、莼溪、松屏、井东居士等。浙江钱塘(今杭州)人。咸丰年间翰林，官至兵部右侍郎。辞官后归里主持崇文书院。擅画山水，学王恽笔墨，兼师宋元诸家，尤喜花卉及竹石小品。画作有《芳草白云图》《云岚烟翠图》《忆松图》《溪山流涓图》《山水图册》《秋山清爽图》《秋林远岫图》《芳草白云图》《六桥烟雨图》《湖堤烟柳图》《两峰烟雨图》《西湖采莼图》《西泠读画图卷》《虎跑访泉图卷》《南山瀹茗图》《南屏逭暑图》《南山意境图卷》《湖山清晚图卷》《吴山酒楼望江浦红黄叶图》《南山法相修篁图》《吴山酒楼图》等。

程怀珍，字味蔬，号味吾道人。上海人，丁振妻。山水画用笔精到，意致淡远。传世作品有咸丰九年(1859 年)作《江山清景图》。

胡公寿(1823—1885)，名远，号小樵、瘦鹤、横云山民，以字行。华亭(今上海市松江)人，寓居上海。工画山水、兰竹、梅等花卉，集古今诸家之妙，自成一格。代表作有《桂树图》等。

① 王伯敏：《中国绘画史》，上海人民美术出版社 1982 年版，第 590 页。

蒲华(1832—1911)，原名成，字作英，号种竹道人。浙江嘉兴人。寓居上海，穷困潦倒，工书画，以卖画为生。擅长于水墨山水、花卉、墨竹。水墨淋漓，笔力雄健、潇洒，颇有感染力。喜画竹、兰、荷、松等物，笔意纵横，如天马行空。书与画浑然一体，新意迭出。传世作品有《荷花图》轴、《桐阴高士图》等。

顾法(1835—1896)，字若波，号云壶。江苏苏州人，流寓上海。山水画功力深厚，清秀潇洒，格调清新。传世作品有《仿倪瓒平林远岫图》《仿石涛山水图》，均流入日本。

陈豪(1839—1910)，字蓝洲，号迈庵、墨翁。浙江仁和(今杭州)人。画山水意境超逸，用笔干湿自然。亦工花卉，尤擅画梅。传世作品有1887年作的《秋江归棹图》轴等。

吴石仙(？—1916)，名庆云，以字行，晚号泼墨道人。江苏金陵(今南京)人。寓居上海，擅山水，尤长于绘烟雨景色，意境不凡。笔法参用西洋水彩画技法，所画烟云、峰峦林壑、屋宇桥梁和人物舟车，生动自然，渲染恰到好处，画面别具清新格调。传世作品有光绪十八年(1892年)作《海州全图》通景屏四条，二十九年作《远寺夕照图》轴等。

花鸟画：清代前期，花鸟画大放异彩，名家辈出。到了19世纪中期却衰落下来，专工花鸟画的不多，作品也多为写意。发展到19世纪末20世纪初，“海上画派”(即海派)的崛起，使一度沉寂的花鸟画走向复兴，并对近代花鸟画的发展作出了较大的贡献。海上画派在近代绘画史上有着较大的影响，代表人物有赵之谦、任颐、吴昌硕等名家。

赵之谦(1829—1884)，字益甫、撝叔。浙江绍兴人。集绘画、书法、篆刻于一身，尤以写意花卉为特长，笔力雄劲，用墨饱满，色彩浓丽，富有创新精神。作画常取材于田园农家，所画地瓜、萝卜、蒜头，表现出浓厚的生活气息，有宽博淳厚之趣，开晚清写意花卉新风。其花卉作品以《太华峰头玉井莲》《紫藤萱草》《延年益寿》(菊)等最著名。精于篆刻，初学浙、皖两派，后突破秦汉鉩印规范，吸取古钱币、镜铭及碑版等篆字入印，讲究章法，别创新格，并首创印侧刻画像之风气。著有《二金蝶堂印谱》。

任颐(1840—1896)，初名润，字次远，号小楼，后改名颐，字伯年，别号山阴道上行者、寿道士等，以字行，浙江山阴航坞山(今杭州市萧山区)人。以卖画为生。所画花鸟画生动有神韵，画风清新活泼，富于创新，遂使“海派”绘画声名大振。其画设色或清淡，或浓艳，或二者相兼，恰到好处。此外，在人物画方面擅长肖像画。他画人物，取材广阔，既喜画民间故事，也爱描写现实生活，并勇于揭露社会矛盾，使作品感染力强，雅俗共赏。就其绘画成就而论，花鸟画高于人物画，但他在画坛上的影响却是人物画远过于花鸟画[①]。代表作有《干莫炼剑图》《风尘三侠图》《酸寒尉像》《紫藤翠鸟图》《江楼听雨图》《江干送别图》《皋塘观潮图》等。

① 王伯敏：《中国绘画史》，上海人民美术出版社1982年版，第668、672、674页。

吴昌硕(1844—1927),原名俊,后改俊卿,字昌硕、仓石,号缶庐等。浙江安吉人,寓居苏州、上海。工书法、篆刻,擅写“石鼓文”,能破陈规,自成一家;篆刻雄浑苍劲,自创面目。30余岁始学画,能融合各家之长,70岁以后在艺术上成为“后海派”最杰出的大家。昌硕集诗、书、画、篆刻于一身。1904年“西泠印社”成立时被公推为社长。专精花卉,亦能山水与人物。所画梅、竹、松、石、兰、葡萄、紫藤、荷花等最有特色,气势磅礴,着色独特,“成为历代写意画家中最善于用色者”。并以诗、书、画、印四者巧妙配合而见长,达到艺术上的高度结合,成为晚清画家中最有成就和最杰出的画家,对近代中国的绘画极有影响。其作品传世极多,《红梅》《水仙山茶》《荷花》《墨竹》等等均为匠心独运的精品①。精篆刻,风格遒峭古拙,雄浑苍劲,摆脱浙、皖诸派而自创面目。著有《缶庐印存》。

与任伯年、吴昌硕同时代的著名花鸟画家还有虚谷、蒲华等人。虚谷(1824—1896),僧人。俗姓朱,名怀仁。安徽新安(今歙县)人。移居江苏广陵(今扬州),后出家为僧。名虚白,字虚谷。往来于上海、苏州、扬州一带,卖画为生。擅长画花卉、蔬果、禽鱼,亦能山水。“运用枯笔偏锋,是晚清时期在绘画上最有风格的作家”,被誉为“晚清画苑中的第一家”②。

赵之谦《四时果实图》

任伯年山水、人物二帧

人物画:近代中国的人物画的成就不高,名家寥寥无几,但是肖像画却盛极一时。19

① 王伯敏:《中国绘画史》,上海人民美术出版社1982年版,第677—679页。
② 王伯敏:《中国绘画史》,上海人民美术出版社1982年版,第675页。

世纪中期（道光、咸丰年间）著名的人物画家有苏六朋、苏长春、费丹旭、任熊等人。

费丹旭（1801—1850），字子苕，号晓楼。湖州乌程人。喜画仕女，精于写像，注重刻画人物的性格与特征。

任熊（1822—1857），字渭长，号湘浦。浙江萧山人。清代晚期著名画家，“海派”艺术的代表人物之一。幼时家贫，跟塾师学画人像，寓居苏州、上海以卖画为生。后流浪到宁波，得遇名师姚燮，在其家“大梅山馆”学画，深得宋人笔法。画法宗陈洪绶，以人物画著称，尤工神仙佛道。笔法圆劲，形象古奇夸张，别具一格。亦精于山水、花卉。凡人物、山水、花鸟、虫鱼、走兽，俱擅胜场。画法清新活泼，声望大著于上海与苏、杭。与弟任薰、儿子任预、侄任颐称“四任”，又与朱熊、张熊合称“沪上三熊”。代表作有《范湖草堂图》《十万图册》《姚燮诗意图》《于越先贤传》《剑侠传》《列仙酒牌》等。

任预（1853—1901），名豫，字立凡，浙江萧山人。任熊子。工画，天分秀出尘表，画笔受改琦、费丹旭影响较深。善画仕女、山水、花鸟，不事渲染，秀媚天然，名声噪于清末画坛，为近代六十名家之一。代表作有《金明斋小像》《山水纨扇》《江城春晓图》《翠鸟白猿图》《人骑图》《钟馗图》《携琴访友图》《溪山泛舟图》《风雨归庄图》等。

19 世纪末 20 世纪初，肖像画最有成就、最有影响的画家，首推任伯年。他既精于花鸟，亦精于写像，“是一位杰出的肖像画家”①。

民间绘画：长江流域的民间绘画也很兴盛，尤以苏州、杭州等地最负盛名。苏、杭等地的一些画工还开设画店或画铺，以供民间所需。在近代民间绘画中，木版年画花样繁新，村村镇镇都有年画，成为民间最为普及、最大众化的艺术品。苏州的桃花坞和浙江的杭州等地，成为长江流域木版年画的圣地。桃花坞的年画在 19 世纪后期首先采用由西方传入的石印技术印制，继而采用西方进口的“洋红”“洋绿”等颜料，后来又改用洋连纸（油光纸），色彩更为鲜艳，价格低廉，成为最受民间欢迎的年画之一。在民间绘画中，壁画的历史悠久，普及的范围广阔，画面规模宏大，主要绘制在寺庙、道观、会馆、宗祠中的墙壁上。辛亥革命后一蹶不振。

太平天国的绘画非常繁荣兴盛，在绘画艺术上也有创新。其中以壁画最为发达，年画也有发展。绘画的取材与内容，多以反映太平天国的风物时尚、花卉鸟兽和军民英勇作战、战争景况为主。

① 王伯敏：《中国绘画史》，上海人民美术出版社 1982 年版，第 639 页。

浙江金华太平天国

侍王府壁画《樵夫挑刺》

浙江金华太平天国

侍王府壁画《太平有象》

太平天国的壁画以天京最兴盛，各王府内部都绘有五彩壁画。在已发现的太平天国壁画中，以南京堂子街壁画中的《防江望楼图》最具有代表性。画面上以显著地位突出一座五层高的平顶望楼，真实地描绘了太平军守卫江防的实际情景。此画具有极高价值和历史意义。绩溪曹氏支祠的壁画场面壮观，细致地描绘了太平军英勇地攻城征战、架梯登城的真实情况，生动地描绘了太平军的征战生活。

费丹旭《西溪梅竹山庄图册》之四

任熊《松下丈人图》

任熊《自画像》

任伯年《春江放鸭图》

江苏桃花坞《瑶池献寿图》

近代时期，西方绘画在中国广为传播，西方绘画的透视法、着色等等逐渐被中国画家所采用。例如，著名画家吴友如（？—约 1893）就曾大胆采用西方绘画透视法而构图紧凑，线条流畅、简洁，画风独具一格，对此后的年画、连环画、插图都有不小的影响。友如名嘉猷，以字行，江苏元和（今吴县）人。流寓上海，以卖画为生。光绪十年（1884 年）起主绘上海《点石斋画报》。此报是中国最早的画报之一，1884 年 5 月 8 日在上海创刊，为旬刊，附属于《申报》，由点石斋书局石印，配合时事新闻而刊载有关政治、时事、社会生活等方面的图画。其中有揭露清朝腐败和帝国主义侵略以及中国人民抗争的作品，也有一些庸俗、黄色和迷信之类无谓作品。绘画者多为当时画坛名家，因此这家画报颇有积极的社会影响。

2. 书法与书学

近代长江文化领域中的书法和书学，在中国艺术史上占有显赫的地位，有着突出的贡献。

自古以来，学习书法者大都是从临摹碑帖开始的①。近代的书法界，普遍厌弃传统的法帖，而崇尚新出现的碑版，成为一时的风气。康有为创造性地把法帖称作“帖学”，把碑版称为“碑学”，而且抑帖而尊碑，旗帜鲜明，提倡碑学不遗余力。事实上，清代中晚期的书法家大都得力于碑学或参法于碑学。碑学的提倡与盛行，使书法名家辈出，书法成就超过清代前期，“篆隶与榜书，还超过元、明两代”②。此外，这一时期问世的专论书法艺术、理论及其发展史的书学专著也很多，专论碑学、专论帖学的著作也相继问世。这些专著的学术成就与水平远超前人。康有为在他的书学名著《广艺舟双楫》（即《书镜》）一书里，对清代书法

① 以下有关碑、帖的叙述，主要依据《沙孟海论书丛稿》一书中的《碑与帖》，详见该书第 161—171 页。
② 沙孟海：《沙孟海论书丛稿》，上海书画出版社 1987 年版，第 171 页。

发展的情况及其成就做过精辟的论述。他指出，清代书法在嘉庆、道光以前仍因袭明代帖学之末流；道光之后，汉魏碑志出土渐多，拓本流传日广，书家眼界大开，遂为书法艺术开辟了新天地。咸丰、同治之际，“碑学”以异军突起之势称雄于近代书坛，而一扫宋明帖学之积弊。今人祝嘉也认为：“自碑学勃兴，一扫帖学纤弱衰颓之势，大家辈出，追攀高古，小而造像墓志，大而丰碑摩崖，无体不备，无妙不臻。”①遂把书法艺术推向新的境界。

“碑学”以魏碑（北碑）为主，亦包括秦篆汉隶在内。清代最早正式写北碑，并为碑学劈山开路的是公元18世纪末（乾隆、嘉庆时期）的大书法家邓石如，而最早倡导碑学的则是19世纪初（嘉庆、道光时期）的大学者阮元。其后“包世臣、康有为继之，主张更力”②，遂成风气。包世臣著《艺舟双楫》，康有为著《广艺舟双楫》（即《书镜》），二者论书极精到，尊碑学而抑帖学的文字尤为激扬。包世臣、康有为一致推崇精于篆隶的邓石如为清代书法界的卓然大家，认为他“各体兼善，千年来无与比者”③。包、康之论虽有言过其实之嫌，但邓石如对近代书法发展影响最大则是众所公认的。

邓石如（1743—1805），原名琰，后名石如，字顽伯，号完白山人，安徽怀宁集贤关人。石如生于僻壤，既无功名，也不曾做官，但他的书法却被清代书法界公推为“国朝第一”④，尤以篆、隶最精绝，用力最深。他的“真书的造就，比隶书稍逊一步”⑤，他的篆书比隶、楷、行、草都写得好，因此，他的篆书影响最大。康有为评论说，邓石如的得力之处，在于以“隶笔为篆”，在邓之前，天下书家能写篆字的极少，邓石如“既出之后，三尺竖童，仅能操笔，皆能为篆”⑥。当代书家沙孟海也认为：“自邓石如一出，把过去几百年中的作篆方法，完全推翻，另用一种凝练舒畅之笔写之，蔚然自成一家面目。”⑦邓石如写北碑，为书法独辟蹊径，近世学书法者从之如流。邓石如虽非晚清之人，但对近代书法的贡献与影响却非同一般。

近代书法大放光彩，北碑风靡书坛，篆、隶诸书成就非凡，各有名家，各家自有特长。就连帖学也有新的发展，也有名家涌现。下面仅就近代长江流域的几位有代表性的名家略做介绍：

---

① 祝嘉：《书学史》，成都古籍书店1987年版，第320页。

② 沙孟海：《沙孟海论书丛稿》，上海书画出版社1987年版，第38页，认为阮元首倡碑学。祝嘉在《书学史》一书里则认为：“包氏（世臣）首倡碑学，风气已开，康氏因而广之，论多中肯……”见祝嘉：《书学史》，成都古籍书店1987年版，第321页。

③ 祝嘉：《书学史》，成都古籍书店1987年版，第321页。

④ 蔡冠洛：《清代七百名人传》，中国书店1984年版，下册，第1843页。

⑤ 沙孟海：《沙孟海论书丛稿》，上海书画出版社1987年版，第39页。

⑥ 康有为：《说分》第六，引自《沙孟海讲授书法》，上海书画出版社2013年版，第85页。

⑦ 沙孟海：《沙孟海论书丛稿》，上海书画出版社1987年版，第44页。

包世臣的字多取法邓石如，用邓氏的方笔之法写北碑，颇见功力。何绍基评价他“书名甚重于江南，从学者相矜以包派”；若以“横平竖直”的标准来衡量，便“知其于北碑，未为得髓也”①。康有为批评他论书虽精，但不知“腕平大指横掌”的用笔道理，“故用功至深，而终伤腕弱”②。包世臣著有《艺舟双楫》，为论书之名著。其中《国朝书品》篇，纵论清初至道光年间各体书家，将书家及书体成就分为神品、妙品、能品、逸品、佳品共五品。妙品以下又分上下，共为九等。

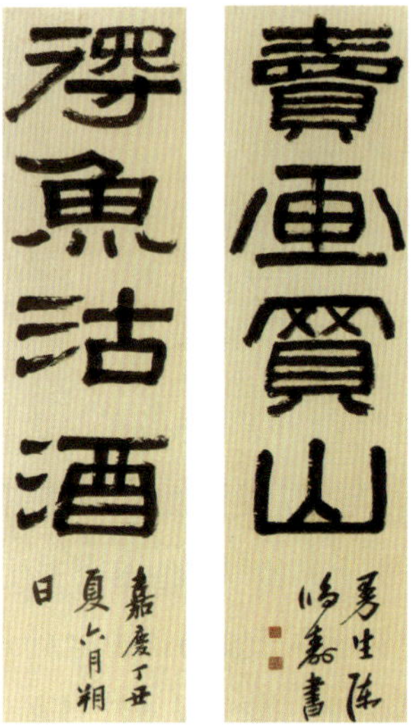

陈鸿寿书法作品

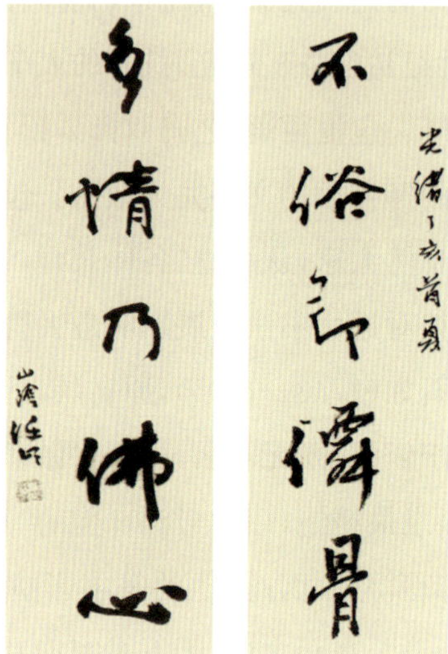

任颐书法作品

何绍基(1799—1873)，字子贞，号东洲，一号暖蝯叟。湖南道州人。官至四川学政。工各体书，隶书第一，真书在其次。早年宗颜体，中年极意北碑，极数十年功力，上追秦汉六朝，探源篆隶，所取极博，功候殊深。他的隶书，用笔灵空，体态洒脱，当为第一流书家。

张裕钊，字廉卿。武昌人。官至内阁中书。工北碑，自信能化北碑为已用，其书劲洁清拔，饱墨沈光，精气内敛，为咸丰、同治年间一大家。康有为对他推崇备至，认为“其书高古浑穆，点画转折，皆绝痕迹，而得态逋峭特甚”。但说他“集碑学之成”“千年以来无与比”等溢美之词，历为书家所诟③。

赵之谦，书、画、篆刻皆名噪一时。书法初学颜体，后习北碑，取法邓石如。纵为草法，体态妍丽，“光彩动人，古未有也。画如其书，随笔渲染，饶有逸趣”；篆刻“结体新奇，

① 何绍基：《跋张黑女志》，见祝嘉：《书学史》，成都古籍书店1987年版，第384页。

② 何绍基：《跋张黑女志》，见祝嘉：《书学史》，成都古籍书店1987年版，第384页。

③ 祝嘉：《书学史》，成都古籍书店1987年版，第298、321页，从该书中转引文学的出处恕不另注。

古艳映发。并代诸子皆莫能及”①。书法的特点是把森严方朴的北碑写得宛转流丽，自成一家，为时人所崇。

赵之谦的同乡陶濬宣，也专写北碑，但写得太板滞，与赵氏优美、流动的风格迥异。当时写北碑者，“不入于赵，便入于陶”，可见赵、陶工北碑，各立门户，各具影响。

吴大澂(1835—1902)，字清卿，号窸斋，又号恒轩。江苏吴县人。同治进士，累官湖南巡抚。博通训诂词章，工篆书，尤精于金石之学，“书法遒丽”②。所写篆字取法邓石如，但结构极严整，整齐如算珠，而少逸气，论者以“绝不足观”贬之③。

赵之谦书法作品

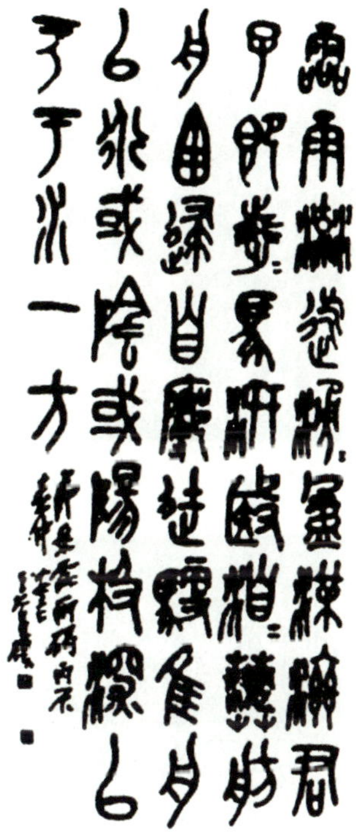

吴昌硕石鼓文书作

吴昌硕，工篆书。作篆取法邓石如，但不主故常，“随时有新意出来”，字体凝练遒劲，常把三代钟鼎陶器文字的体势糅杂其间④，风格不凡。但也有的论者贬之为“纵挺横张，略无含蓄，村气满纸，篆法扫地尽矣”⑤。

① 蔡冠落:《清代七百名人传》，中国书店 1984 年版，下册，第 1826 页。
② 蔡冠落:《清代七百名人传》，中国书店 1984 年版，下册，第 1860 页。
③ 祝嘉:《书学史》，成都古籍书店 1987 年版，第 400 页。
④ 沙孟海:《沙孟海论书丛稿》，上海书画出版社 1987 年版，第 45、42 页。
⑤ 《寠岳楼笔谈》，见祝嘉:《书学史》，成都古籍书店 1987 年版，第 403 页。

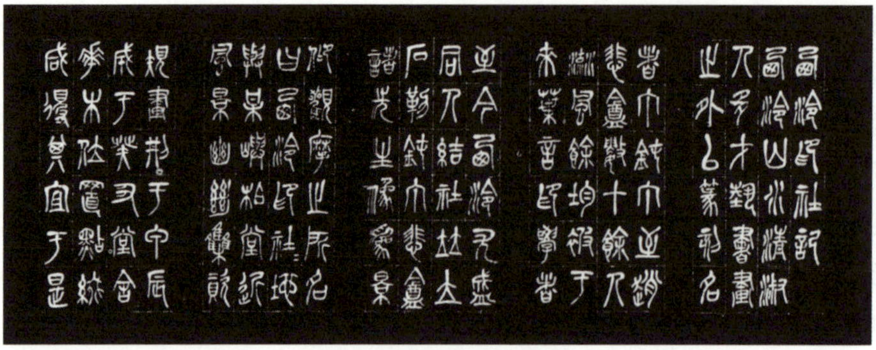

吴昌硕撰《西泠印社记》1

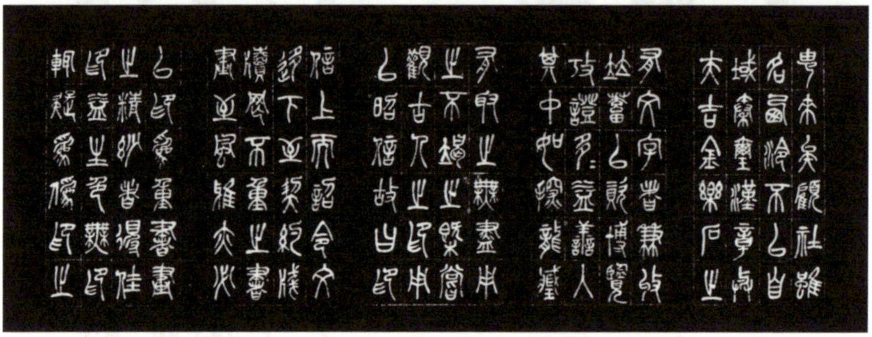

吴昌硕撰《西泠印社记》2

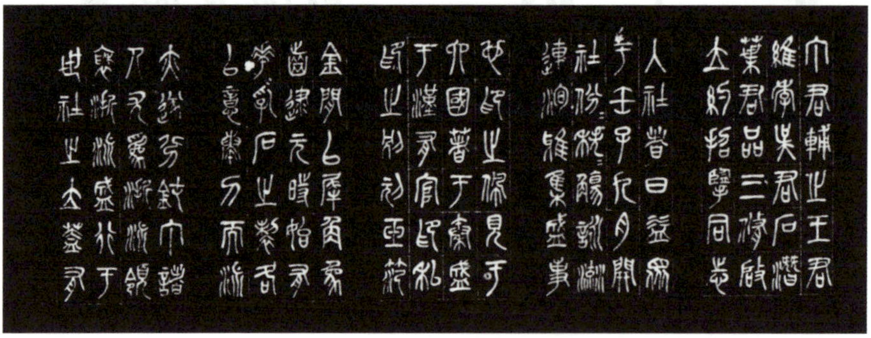

吴昌硕撰《西泠印社记》3

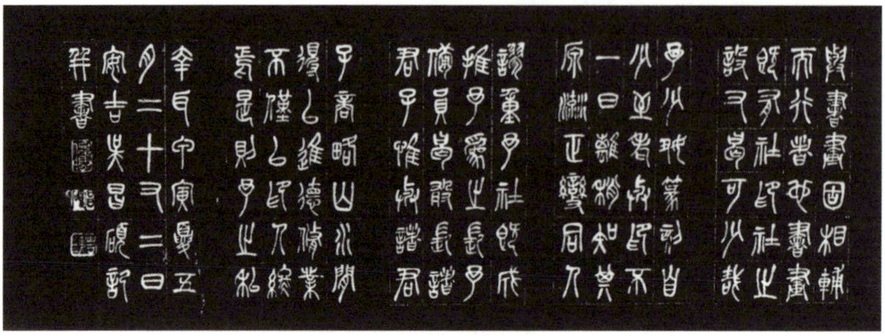

吴昌硕撰《西泠印社记》4

吴昌硕撰书《西泠印社记》5

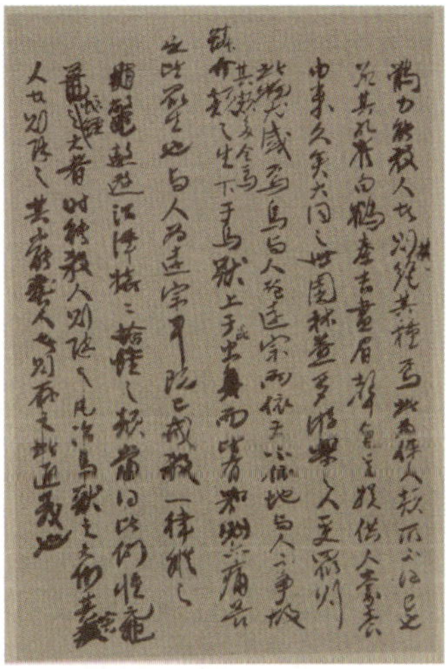

康有为《大同书》手稿

康有为提倡碑学不遗余力，于历朝碑版无所不摹；对邓石如、张裕钊倾心拜倒，作书时常参入邓、张的笔意。用笔力主运腕，笔力矫健，善作大字。所著《广艺舟双楫》(即《书镜》)成书于光绪十五年(1889年)，为近代论书一大名著。所论闳伟博洽，见解精当，被誉为“只千古而无对”①，即千古无可匹敌者。但所说过于尊碑抑帖，未免偏颇。

沈曾植(1850—1922)，字子培，号乙叟，又号寐叟。浙江嘉兴人。光绪进士，官至安徽布政使。工草书。早年曾取法包世臣，晚年取法明代大书法家黄道周，但不拘一格。所作草书“遂尔抑扬尽致，委曲得宜……有清一代草书，允推后劲”②。

清赵之琛《元宵婴戏图》

3. 篆刻艺术

同绘画一样，金石篆刻也是长江文化领域中的瑰宝。尤以江浙地区最为发达繁盛，历代篆刻高手辈出，明清时期就形成了浙派、皖派(又称徽派)、西泠八家和鸳湖四山等不同风格的流派。近代篆刻家继承各派之所长，并有创新，而使篆刻艺术经久不衰。近代篆刻名家不胜枚举，尤以以下数人最为著称：

赵之琛(1781—1860)，字次闲，号献父、穆生，别号宝

① 沙孟海：《沙孟海论书丛稿》，上海书画出版社1987年版，第42、45页。
② 祝嘉：《书学史》，成都古籍书店1987年版，第402页。

月山人。浙江钱塘（今杭州）人。精于金石之学，篆刻师承浙派，兼取众家之长，以工整挺拔见称，尤以单刀著名，为西泠八家之一。著有《朴罗家室印谱》。亦工书善画，以山水、花卉见长，无不逼肖。代表作品有《双勾竹石图》《江天帆影图》《牡丹松石图》《菊石图》等。

达受（1791—1858），字六舟，又字秋楫，别号寒泉、南屏退叟等。浙江海昌（今海宁）人，为白马寺僧人。善篆刻，尤精摩拓古器、碑帖，阮元誉为“金石僧”。工篆、隶书，擅山水、花卉，风格纵逸、洒脱。曾住持杭州西湖净慈寺、苏州沧浪亭大云庵。著有《宝素室金石书画编年录》等。

吴熙载（1799—1870），原名廷飏，字让之，号晚学居士、方竹丈人。江苏仪征人。工四体书，尤精篆、隶，为包世臣弟子。篆刻学邓石如，并参汉印，用刀如笔，以“遒劲凝炼中见流畅”之风格为世人所重。著有《师慎轩印谱》《吴让之印谱》。亦擅花卉，代表作有《兰桂芬芳图》《垂柳芙蓉图》等。

吴咨（1813—1858），字圣俞，又字哂予。江苏武进（今常州）人。精于篆刻，以擅作多字印和镌刻笔画繁难之字见称。亦擅花卉、鱼鸟。著有《适园印存》等。

钱松（1818—1860），字叔盖，号耐青等。浙江钱塘（今杭州）人，流寓上海。工书、画，尤精于篆刻，为西泠八家之一。曾摹汉印二千方，刀法风格雄浑淳朴，在浙派中别具面目。著有《适轩印存》《未虚室印谱》。

吴隐（1867—1922），字石潜，号遯盦，又号潜泉。浙江绍兴人。杭州西泠印社创始人之一。工书、画，尤精于篆刻。篆刻宗浙派，风格苍劲浑朴，著有《遯盦集古印存》等。

西泠印社创始人丁仁、吴隐

近代江浙地区不但篆刻名家辈出，还在杭州出现了以研究篆刻为宗旨的著名学术团体——西泠印社。光绪三十年（1904 年），由篆刻家丁辅之（1879—1949）、王禔（1880—1960）、叶为铭（1867—1948）、吴隐等创办于杭州的孤山西南麓，地近西泠，故名西泠印社。著名书画家、篆刻家吴昌硕为第一任社长。先后出版印学、印谱及书画等著作多种，并收藏汉碑、印章、印谱及名人书画极多，对印学的发展贡献颇多。

吴昌硕“西泠印社”题刻

(三)历史学

近代中国的历史学的发展有两大趋势，一是传统的封建史学抱残守缺，并在曲折中发展；一是西方资产阶级史学的传入和中国新史学体系的建立。这种情势在长江文化领域中表现得最为明显。早在鸦片战争时期，由于战争失败的强烈刺激，一些爱国史学家和爱国士人开始重视当代历史的研究，希图从眼前的历史事变中总结经验教训，寻求抵御外侮和富国强兵之道，并以此教育世人、启迪后代。江浙两省是鸦片战争严重蹂躏和侵扰的地区，这里的文人、史家或撰著、或纂辑有关鸦片战争的著述、日记和资料，记述这场可耻的侵略战争的真实情况。例如曾在浙江前线参加抗英的魏源撰《道光洋艘征抚记》，记述鸦片战争的全过程；袁陶愚撰《壬寅闻见纪略》，专记鸦片战争期间江苏一省被祸之经过，其中记述上海被英军侵扰的情形尤为详尽。张喜撰《探夷说帖》，是作者在镇海时曾六次奉命过海到舟山与英军交涉归还定海的情形。这些记述的出现可以证明传统士绅和史学家开始重视研究当代史的新风气，并为历史学的发展开辟了新途径。自此以后，长江流域同其他地区一样，凡经历一次重大事变，就会有时人记述事变的著述或辑录有关资料。例如太平天国时期，江浙、两湖地区的文人从不同的层面记述他们对天国的见闻、观感和评论，其中包括对天国种种的歪曲和咒骂。其种类之多、内容之广是罕见的。

在近代历史上，长江流域出现了许多位史学家及其名著，对近代学术产生过重大影响。其中魏源、李元度、王先谦、王彦威王亮父子、夏曾佑、王国维、罗振玉等人具有一定的代表性。

魏源(1791—1857)，原名远达，字默深，法名承贯。湖南邵阳人。道光举人，捐赀任内阁中书，与龚自珍、林则徐相友善；是今文经学和经世学派的思想家，尤擅文学、史学等。鸦片战争时期因感愤清朝的衰败和外来侵略，撰《圣武记》一书，成为最享盛名的当代历史著作。全书共 14 卷，体例沿用传统的纪事本末体。前 10 卷历述清朝前期的盛世武功，如清初建国、平定三藩、开疆拓土、外交活动及处理蒙疆问题等等，与鸦片战争中军事失败、国势衰落形成鲜明的对比，并对历次用兵成败之道和各项军事制度多有记述和分析。其目的在于推求盛衰之理和筹划海防之策，并在后 4 卷《武事余记》中大发议论，激扬时政，着重讨论练兵、筹饷和攻守方略等现实问题。

光绪四年（1878 年）该书重订后增入《道光洋艘征抚记》，专记鸦片战争始末，并对清廷之昏聩及疆臣之庸劣予以无情揭露，痛斥穆彰阿、琦善之流妥协误国的勾当，而盛赞林则徐、邓廷桢等抵抗派人物和人民群众的抗英斗争。此书并非专为记叙往事而作，而是作者以敏锐的观察力谈古论今，成为以史为鉴、服务于现实的代表作。

李元度（1821—1887），字次青。湖南平江人。道光举人。咸丰三年（1853 年）入曾国藩幕，参与镇压太平军。同治初年任贵州按察使，迁布政使；撰《国朝先正事略》60 卷，分名臣、名儒、经学、文苑、遗逸、循良、孝义七门，为清朝开国至咸丰朝 500 名人立传，附见者 600 人。琦善、奕经之流虽然官位显赫，因其臭名昭著而贬弃不传，表明作者爱憎分明及其爱国思想。此书是晚清人物传记方面的名著之一。

王先谦（1842—1917），字益吾，湖南长沙人。同治进士。历任翰林院编修、国子监祭酒，曾参与国史馆编纂。他依据《清实录》重修本辑成《东华录》，记载天命、天聪、崇德、顺治、康熙、雍正 120 年内重大事件；又以高宗、仁宗、宣宗实录为依据，编成《九朝东华录》，后又编成咸丰、同治两朝东华录，故有《十朝东华录》之称。这是私人利用档案史料辑成的编年史性质的史料汇编，在《清实录》刊印以前广为流传。王先谦回籍后掌岳麓、南城书院。戊戌变法时期反对变法，攻击梁启超、谭嗣同主讲的时务学堂，阻挠湖南维新新政的实施，还著有《荀子集解》《汉书补注》等多种。

王彦威、王亮父子，也是选录档案汇编成书的高手。王彦威（1843—1904），字弢夫，原名禹堂，字渠城。浙江黄岩人。同治举人。历官工部主事、员外郎、军机章京，方略馆、会典馆纂修。自光绪十二年（1886 年）起，他利用入直军机处之便，抄录大库中所藏鲜为人知的《筹办夷务始末》自己收藏。继而又抄录光绪元年至三十年四月（1875—1904 年 5 月）有关中外交涉之谕奏、函电、照会、条约等档案文件，前后费时近 20 年，辑成光绪朝《筹办夷务始末记》，未及付梓就去世了。其子王亮继承父志，于民国年间补辑光绪三十年五月至三十四年间外交档案文件，终于续成全书，书名《光绪朝外交史料》。全书共 218 卷，另有卷首 1 卷。王亮又续编 1909—1912 年清室覆亡期间的外交史料，书名《宣统朝外交史料》，共 24 卷。两书合称《清季外交史料》。

夏曾佑（1863—1924），字穗生，号穗卿、碎佛。浙江杭州人。光绪进士。光绪二十二年（1896 年）在天津与严复等人创办《国闻报》，宣传新学和鼓吹维新变法，并执教于天津育才馆。1899 年出任安徽祁门知县，任满后寓居上海，致力于中国古代史的研究，1902 年应商务印书馆之约，撰《最新中学中国历史教科书》；1933 年商务印书馆重版时改名《中国古代史》。这是用章节体写成的中国通史著作。全书分两篇 4 章 170 节，记述了自上古至隋朝的历史。采用西方的历史分期法，把中国古代历史分为三大时期：自蒙昧至周末为上古之世，自秦至唐为中古之世，自宋至清为近古之世。进而又以考古学的成就为依据，把这三大时期划分为：传疑期、化成期、极盛期、中衰期、复盛期、退化期、更化期等七个小时期，以此反映历史的进化过程。这是一部用资产阶级新史学体系和进化论史观写成的历史著作，标志着中国新史学体系的基本确立。

王国维(1877—1927)，字静安，号观堂，浙江海宁人。1898 年在上海时务报馆工作，入罗振玉办的"东文学社"学习日文。后赴武昌，江苏通州、苏州等地任教，用西学观点讲授哲学、伦理学、社会学。1906 年赴京任学部图书馆编纂，开始研究戏曲史、古器物、古文献。辛亥革命后流寓日本，撰成《宋元戏曲史》，此后专治古器物、封泥、汉简、甲骨金文。1916 年回上海，着重研究商周汉魏金石文及古代史。著有《胡服考》《毛公鼎考释》《汉代古文考》《魏石经考》《周开国年表》《殷卜辞中所见先公先王考》《殷周制度论》等多种历史著作。1919 年后致力于敦煌所出唐写本、西北史地、唐宋尺度的研究，先后撰成《唐写本敦煌县户籍跋》《西域井渠考》《记现存历代尺度》等。1925 年受聘为清华学校国学研究院教授，并致力于古器物、西北地理、蒙古史研究。他学识渊博，于宋词、元曲致力尤多；精于金文、甲骨和汉晋简牍考释，主张以出土文物参订古籍记载，对史学界影响较深。1927 年自沉于颐和园昆明湖，年仅 50 岁。

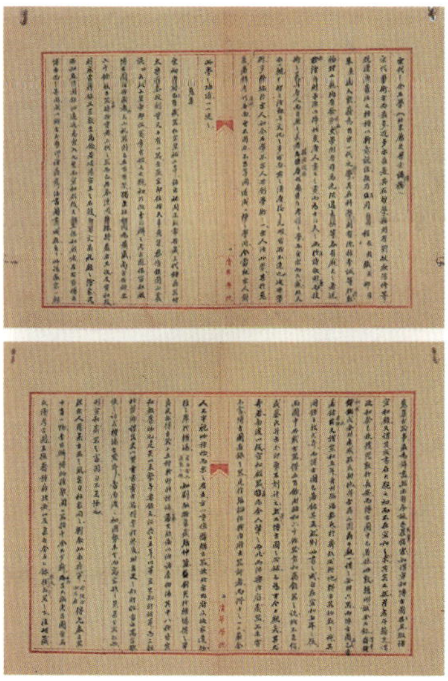

王国维《宋代之金石学》

王国维像

罗振玉(1866—1940)，字叔言、叔蕴，号雪堂、贞松老人。浙江上虞人。光绪二十二年(1896 年)在上海办农学社。1906 年在学部充二等咨议官。宣统元年(1909 年)补参事官。辛亥革命后偕王国维流寓日本，从事整理研究所搜集的甲骨、彝器、敦煌文物等。与王国维合撰《流沙坠简考释》，出版《殷墟书契考释》。1919 年回国后提倡保存封建文化。他对搜集、整理古代文物颇用功力，一生著述甚富，但其为人卑劣。他倒行逆施，于九一八事变后和日本侵略者策划成立伪满洲国。1933 年充任伪满洲国监察院院长，成为卖国投敌的汉奸。

（四）经学

经学是中国传统文化的基础。经学在长江流域的根基深厚，历来都有著名的经学家及名著出现。进入近代社会以后，仍有人皓首穷经，对经学研究颇有造诣。早在乾隆、嘉庆时期形成的"常州学派"，在道光、咸丰年间乃是经学研究的劲旅。此派专治今文经学，利用《春秋公羊传》经义发挥其政见，故有"公羊学派"之称。他们反对当时烦琐的训诂，而用微言大义论政，并使研究的范围扩大，引起近代史界的"疑古""辨伪"之风，促成了此后学术界的革新，促进了近代社会与政治改革。鸦片战争前后这一学派的健将有龚自珍、魏源、宋翔凤等人。除常州学派之外，乾隆、嘉庆时期形成的"扬州学派"到了近代仍有相当的成就、地位和影响。这个学派以汉儒经注为宗，以训诂、考据为治学的主要内容，把史籍列为重要研究对象，尤其重视地方史志、历史地理、学术史和科技史的研究，是清代古文经学派的分支。近代学者刘师培是扬州学派的殿军。下面介绍几位经学家：

宋翔凤（1776—1860），字于庭。江苏长洲（今苏州）人。嘉庆举人。早年从其舅庄述祖治今文经学，为常州学派的代表人物之一。对《论语》有精深的研究，见解独特，但喜附会。著《论语说义》，认为《论语》是孔子言性与天道的"微言"所在；阐述"大一统""通三统""张三世""受命改制"之说是《公羊》学说的精义。

胡培翚（1781—1849），字载屏，号竹邨。安徽绩溪人。嘉庆进士。曾任内阁中书、户部主事，不久罢官归里。早年师从名儒汪莱、凌廷堪，后又得王引之指授。毕生致力于经学研究和传授，先后主讲钟山、惜阴、泾川诸书院。对《毛诗》《三礼》的研究颇著功力，尤尽力于《仪礼》。撰《仪礼正义》40 卷，为儒林所推崇。

刘文淇（1789—1854），字孟瞻，江苏仪征人。嘉庆优贡生。以淹通经史闻名江淮，为扬州学派健将，与刘宝楠有"扬州二刘"之称。毕生致力于《春秋左氏传》的研究，撰《左传旧疏考正》，旁征博引，期于实事求是。所撰《春秋左传旧注疏证》规模浩大，未竟而卒，其子、其孙继其遗志而续修纂，仍未毕其功。

刘宝楠（1791—1855），字楚桢，小字窭十，别号念楼。江苏宝应人。道光进士。早年受业于从叔台拱，初治《毛诗》、郑氏（玄）《礼》，后精心研究《论语》，广泛吸收汉儒、宋儒及近世诸家研究《论语》的成果，撰《论语正义》，可惜未及成书而亡，由其子恭冕续成。

邵懿辰（1810—1861），字位西。浙江仁和（今杭州）人。道光举人。曾任内阁中书，入直军机处。精于经学，著《礼经通论》，认为《仪礼》17 篇并无残佚；乐本无经，而包括在

《诗》《礼》之内。

丁晏(1794—1878)，字俭卿，号柘堂，晚年号石亭居士。江苏山阳(今淮安)人。道光举人。未入仕，毕生以讲学及著述为事。主讲乡里文津、丽正等书院。治经宗汉师传注，尤为推崇郑玄之学，致力于《诗笺》《礼记》的研究，所撰《毛郑诗释》《三礼释注》皆博大精深。所作《尚书余论》，考定伪古文尚书出于王肃之手。在学术界颇负盛名。

柳兴恩(1795—1880)，原名兴宗，字宾叔。江苏丹徒(今镇江)人。道光举人。毕生致力于《毛诗》研究，亦精《春秋谷梁传》。著述有《谷梁春秋大义述》《群经异义》等，对经学发展有所贡献，深受阮元等名儒所推崇。

孙诒让(1848—1908)，字仲容，号籀庼，浙江瑞安人。同治举人。曾任刑部主事，旋去职归里，从事经学和金石学的研究，并积极创办新式教育，以造就维新与实用人才。著《周礼正义》《古籀拾遗》等。

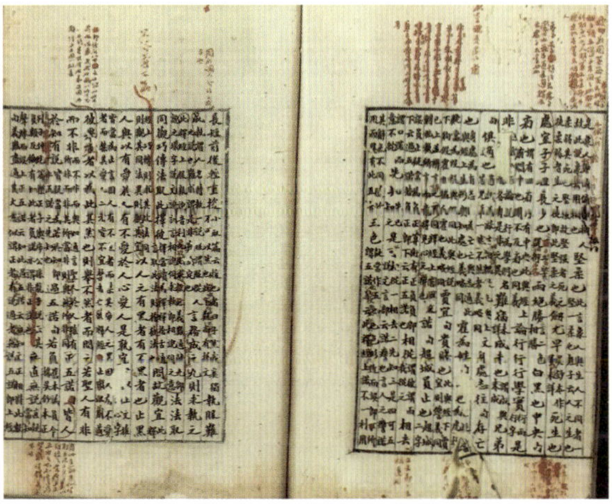

孙诒让《墨子间诂》稿本

孙诒让像

俞樾(1821—1907)，字荫甫，号曲园。浙江德清人。道光进士。曾任翰林院编修，河南学政。后主讲苏州紫阳、上海求志等书院。他毕生致力于经学、古文字学的研究。曾研究《公羊》学，成《经说》16卷。所撰《群经平议》成为经学研究的名著，见解精到，为晚清儒林所推崇。除经学著述之外，还著有《诸子平议》《古文疑义举例》等书，皆被视为乾嘉学派后期的名著。晚年主讲杭州诂经精舍，授徒多人，章炳麟(号太炎)是其弟子中的佼佼者。章氏于文字学、声韵学、经学、史学、哲学等皆有较高造诣，被称为国学大师。

“五四”新文化运动后，经学研究就极度沉寂了。

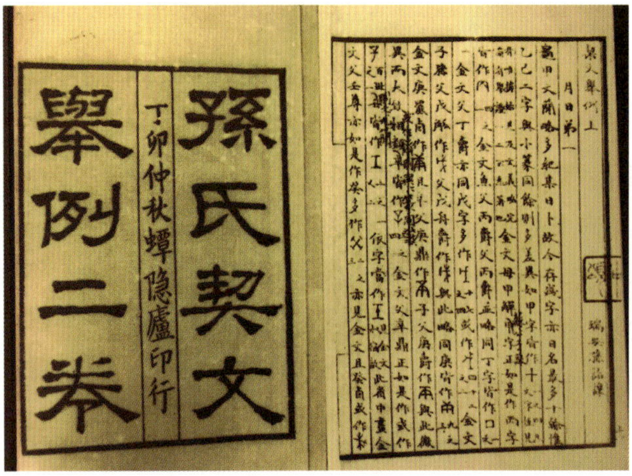

孙诒让《契文举例》

俞樾像

（五）藏书及其他

近代长江文化的发达还表现在藏书事业等方面。晚清时期，中国南北有四大藏书家，而江浙地区居其三：(1)浙江归安陆心源，藏书楼名为“皕宋楼”。“皕宋”取两百部宋版书之意，实际上不过百余种。陆心源，字刚父（一作刚甫），号存斋，晚称潜园老人。咸丰举人。光绪年间官至福建盐运使。他学识渊博，广辑群书及金石文，作《唐文拾遗》《唐文续拾》，精于宋代文献，擅长校勘，以收藏宋、元刻本及名人手抄校本而著称。共藏各类图书约 15 万卷，分别藏于皕宋楼、十万卷楼、守先阁。有《皕宋楼藏书志》。1907 年陆氏后人将所藏全部售给日本人岩崎弥之，现藏静嘉堂文库。(2)江苏常熟瞿绍基，藏书楼名为“铁琴铜剑楼”。瞿绍基，字厚培。他于道光年间广购善本，建恬裕堂收藏图书。同邑稽瑞、爱日两家藏书先后废散，他悉数收藏这两家的宋、元善本，加上原藏图书共 10 万卷，遂改名“铁琴铜剑楼”。其子镛继续收藏，把吴县黄丕烈的士礼居所藏善本百余种全部收购，并辑有《铁琴铜剑楼藏书目录》，共收 1300 多种。(3)浙江钱塘（今杭州）丁丙，藏书楼名为“八千卷楼”。丁丙，字嘉鱼，别字松生，晚年号松存。诸生。咸丰十一年（1861 年）太平军攻入杭州时，与其兄丁申在战乱中收购图书，共万余卷，另建书室收藏，称“后八千卷楼”“善本书室”“小八千卷楼”，总称“嘉惠堂”，收藏图书近 20 万卷。光绪三十三年（1907 年），将全部所藏图书售给南京江南图书馆。丁丙有《善本书室藏书志》，其子立中辑有《八千卷楼书目》。另一位藏书家是山东聊城人杨以增，藏书处名为“海源阁”。

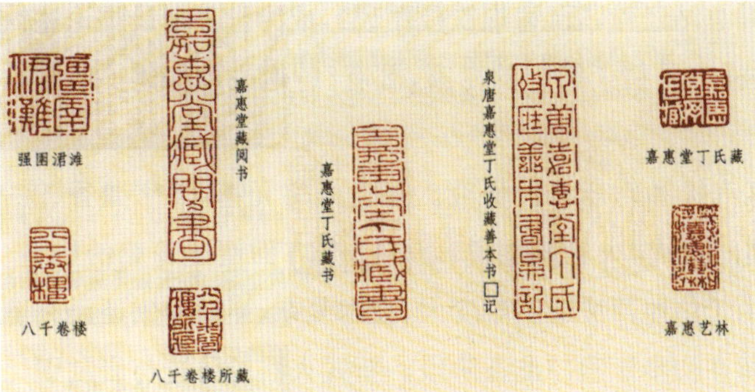

丁丙“八千卷楼”藏书印

丁丙像

古越藏书楼书目

浙江湖州南浔嘉业堂藏书楼

除藏书家之外，还出现一些目录学家及其目录学著作。前面提到的经学家邵懿辰，就是著名的目录学家，所编《四库简明目录标注》，是研究目录版本学的参考书。目录学的发达，表明图书事业与近代文化正同步发展。

（六）近代科学技术

1．学习西方科技的开始

鸦片战争期间，魏源提出“师夷之长技以制夷”的主张引起爱国之士的共鸣，在江浙等地的爱国士人和开明官绅当中影响更为突出。由于战争的急需和当时的客观条件所限，当事者多把学习西方长技局限于仿造西方火炮和兵船等方面。例如，曾任浙江嘉兴县丞的龚振麟精于西洋算法，他和浙江余姚知县汪仲祥、镇海粮台鹿泽长奉调至杭州主持铸炮局的铸炮事宜。他仔细观察英国兵舰的构造，依式仿造出一艘以人力推动叶轮的小轮船，在内湖试航，行驶也较迅捷。他还利用林则徐所送《车轮船图说》和《泰西汤若望造炮之法》，依法试制出用机械作动力的车轮战船。由他制造的四艘这种车轮战船参加了保卫吴淞、抗击英军入侵的战斗。又依照汤若望造炮法制造出120多门新型火炮，分别安放在定海及港口炮台。他还改进铸炮方法，把传统的泥模铸炮法改用铁模铸炮法，大大提高了铸炮效率和质量，并总结经验，著《铸炮铁模图说》，成为世界上最早论述铁模铸造法的科学著作之一。汪仲祥也是精于铸炮的专家，著有《铸炮说》，叙述了西洋火炮的铸造程序。

著名的科学家郑复光对蒸汽机和轮船有所研究。郑复光字元甫，又字瀚香、浣香。安徽歙县人。他在鸦片战争期间著成《火轮船图说》，从11个方面阐述轮船的构造、功能、制造方法和蒸汽机原理。由于仿照西法造船难度大、技术复杂，当时中国还没有造轮船的条件，因此新式造船还停留在初步探索与准备阶段。新式火器的仿造与研制则比较有基础，技术也较简便，更为战争所急需，因此这方面的研制和应用颇有成效。

除此之外，这一时期数学、光学等自然科学的基础学科的研究也有起色。从鸦片战争到洋务运动开始之前的20年间，数学领域的某些研究成果接近西方近代水平；一批传统数学根底深厚的学者开始接触西方近代科学技术知识，并力所能及地汲取其研究成果，以改进和更新传统的研究方法，并在弘扬中国的传统自然科学的基础上积极探索西方近代科学技术，成为近代科技的先驱者。其中，长江流域的郑复光、项名达、徐有壬等最著名。

郑复光是近代第一个有成就的光学家。除机械制造学外，在光学上的造诣尤深，早在鸦片战争之前他曾自制一架符合光学原理的测天望远镜，并对显微镜有所研究。1834年著光学专著《镜镜詅痴》，后经几年的修订增补于1836年定稿、刊行。全书共5卷，约7万余字；分四部分，系统地论述了几何光学的基本原理，介绍几种镜的质料、性能和透镜的特性，重点论述了几种凸、凹镜成像的规律和特点，还介绍了几种光学仪器、器具的制作方法。他的研究结论与西方近代几何光学本质上是一致的。这一重要研究成果为中国近代光学的建立奠定了一定的基础。

项名达（1789—1850），原名万准，字步莱，号梅侣。浙江仁和（今杭州）人。嘉庆举人。曾任国子监学正，后改任知县，旋辞职归里，专心研究数学。他在数学研究中贯通中西成法，是近代早期的著名数学家。1843年撰《三角和较术》一卷，主要探讨直角三角形的勾、股、弦各边相求之法，分有术解和图解两大部分。这是西洋三角术输入以来，中国学者论证角度应用最为精确的著作。1848年，他撰成《象数一原》6卷，附《椭圆求周术》。这是中国数学家第一次提出求椭圆周长的正确方法，与西方近代数学用椭圆积分法所得相同。此书于1857年由项名达的好友戴煦校算增订、补纂完成，并为《椭圆求周术》作图解，列为第7卷。全书及图解共2.5万字，附图11幅。

徐有壬（1800—1860），字君青，别字钧卿。浙江湖州人。早年依其从叔父寄籍宛平县（今属北京市丰台区），爱好天文、算学。1829年中进士。历任户部主事、陕西司郎中等，在京历时15年。工作之余专心研究天文历算，先后撰《椭圆正术》1卷、《弧三角拾遗》

1卷、《表算日食三差》1卷等著作。1843年署理四川按察使，先后任四川、广东按察使等，1859年1月出任江苏巡抚。在任地方官期间，乃致力于算学研究，并结交江浙著名数学家李善兰、戴煦等人，学术研究多所创新，成为道光、咸丰时期最有名的数学家之一。他的著作宏富，仅数学、天文学著作就有13种、21卷。其中以《测圆密率》3卷、《堆垛测圆》3卷、《垛积招差》1卷、《椭圆正术》1卷等最负盛名。

2. 近代科技的引进与发展

第二次鸦片战争后，随着洋务运动的兴起和发展，中国引进西方近代科学技术的规模迅速扩大，范围日益广泛，遂使中国学人在吸收与创新过程中初步奠定了中国近代科技的基础。当时的上海成为中国近代科学技术的最大基地；吸收和传播西方近代科技的最大机构是上海江南制造局译书馆。此馆是同治六年（1867年）由科学家徐寿创议设立的，以翻译西方有用之书为宗旨，主要翻译西方科技著作，成为当时译介西方自然科学、应用科学书籍数量最多、门类最全的翻译机构。当时的中国学者不通英语，于是礼聘英籍传教士傅兰雅主持译书事宜。先后聘请伟烈亚力、玛高温、金楷理、林乐知等英美传教士到馆任职，和中国著名学者李善兰、徐寿、华蘅芳、赵元益、徐建寅等人密切合作，采取由教士口译、中国学者笔述的形式合译西方科技文化书籍，彼此配合契洽，译述宏富。据梁启超《西方书目表》注录，自同治六年（1867年）至光绪二十二年（1896年），该馆翻译出版的174种著作中，由中国学者独立完成的约20种，其余均为中外学人合作编译。傅兰雅学识渊博，通晓多门自然科学和应用技术，而且医术也相当高明，他勤奋工作，译书最多，他一人就译编98种，占译书馆译书总数的一半以上。译书馆翻译出版的科技书籍中，自然科学以数学、物理、化学等类的居多，应用科学以医学、工艺、军工类别的书占优势。在译书馆参加译书工作的中国学者在译书实践中较系统地学习西学并掌握了西方近代科学技术的知识和原理，成为融贯中西的近代科学技术的奇才，他们是中国近代科技的创业者和奠基人，其中成就卓著者有李善兰、徐寿、华蘅芳、徐建寅等一大批杰出的近代科学家和发明家。在为中国近代科技发展所作贡献最大的外国传教士中，傅兰雅名列榜首是当之无愧的。

李善兰（1813—1884），字壬叔，号秋纫。浙江海宁人。早年研究经学，对数学用力尤深。1853年前，他在级数、整数论和三角函数展开式等高等数学研究中，硕果累累，先后写成了《垛积比类》《考数根法》《方圆阐幽》《弧矢启秘》《对数探原》等著作。《垛积比类》一书，通过中国传统的三角垛研究，得出著名的“李善兰恒等式”，为中外同仁所瞩目。太平天国时期避居上海，在墨海书馆与传教士合译了许多西方自然科学的名著。1861年应曾国藩礼聘至安庆内军械所参与研制轮船等事宜。后回到上海参加江南制造局译书馆的译书工作。所译数学类书籍最多，是他最先把西方近代代数学、解析几何学和微积分学等最新成就介绍到中国，他对尖锥求积术、三角函数与对数等近代数学都有精深的研究，成为近代中国融通中西的著名数学家。他在翻译《重学》（即力学）时，认识到枪炮子弹皆行抛物线的原理，为简化发射炮弹前推算命中率的复杂程序和方法，他依据抛物线原理撰成《火器真诀》1 卷，大大简化了推算方法，极大地提高了命中率。著有《则古昔斋算学》13 种、24 卷，荟萃了他研究中国传统数学的心得。

徐寿（1818—1884），字雪村。江苏无锡人。早年研习天文、历法、算学等自然科学。咸丰年间几次到上海，开始接触近代物理、化学和博物等方面的译本和仪器，遂陶醉于钻研近代科技，并做三棱镜的分光原理和抛物线原理等简单试验。1861 年入曾国藩幕，到安庆内军械所专办制造事宜，试造“黄鹄号”轮船。1866 年底被曾国藩委派到上海任江南制造局提调。次年倡议建立译书馆，专事翻译西方自然科学和工程技术等书籍，以探求近代科学技术的原理。所译以化学类书籍为多，他译的《化学鉴原》及其续编、补编，分化学为普通化学、有机化学和无机化学。所译《化学考质》《化学求数》，分别为定性分析和定量分析化学专书。经徐寿和他的合作者共同努力，化学译本是较系统、较齐全的学科之一，为中国近代化学体系的建立奠定了基础。由他制定的一套化学中文名称，至今仍在使用。此外，还译有《西艺知新》《汽机发轫》等工程技术和工艺类的书籍。1874 年他和傅兰雅等在上海创办格致书院，两年后正式开课，他礼聘西人到院讲授化学、矿学等近代科技知识，为科学技术知识的普及作出了卓越的贡献。

徐寿像

华蘅芳（1833—1902），字若汀。江苏金匮（今无锡）人。自 14 岁起就喜好数学。成年后精研《九章算术》及天元、四元等高等代数术，旁及地质、矿物等学。1861 年与李善兰、徐寿等先后入曾国藩幕府，在安庆内军械所参加轮船研制工程，一切绘图、测算、推求动力诸事，蘅芳用力最多。著有《行素轩算稿》6 种、22 卷，《恒河沙馆算稿》《算学须知》等。同治初，调上海任江南制造局提调，该局创建工程多所筹划。旋入该局译书馆和傅兰雅等人合作译书。所译西书达 160 卷之多，包罗各种学科的著作。数学有《代数术》《代数难题解》《三角数理》《积微溯源》等。地质学则译有《地学浅说》等。他最大的贡献之一是把概率论这门新颖的数学分支科学引进中国。所著《学算笔谈》12 卷，深入浅出，文辞流畅，重版 10 余次。他精通数理，对于各种制器原理皆甚了然。先后在天津武备学堂、上海格致书院、湖北自强学堂、西湖书院等任教。

徐建寅（1845—1901），一名寅，字仲虎。徐寿之次子。喜爱科技之学，善制器。早年入曾国藩幕，在安庆军械所协助研制轮船，并累出奇思佐其父。后在江南制造局与傅兰雅等合作译书，先后译出《运规指约》《器象显真》《化学分原》《汽机新制》《轮船布阵》《电学大全》《声学》等书。先后调天津、山东、金陵各制造局，或参与新科技项目的研制，或任提调，或任总办，多有建树，于造船、制火药方面贡献特多，被总署派往欧洲各大国考察，见识益广。1895 年调任福州船政局提调，著《造船全书》10 册。1900 年调湖北，总办全省营务，督办保安火药局。指导工人试制无烟火药，三月而药成。次年 2 月指导工人拌和药料时，因机器磨热起火而引起大爆炸，在场 14 人全部遇难。

傅兰雅（1839—1928），英文名 John Fryer，出生于英国海德城。1861 年被英国圣公会派遣来中国，任香港圣保罗书院院长。1863 年充任北京同文馆英文教习。1865 年到上海任英华书院首任校长。次年出任《上海新报》（1861 年由英人创办）的主笔，试图通过文章和编辑评论来激发中国读者对外交事务、科学和西方教育的兴趣。并撰文呼吁清政府号召中国青年学习西文，然后派往欧洲各大学学习科学新知。1868 年他受聘为江南制造局译书馆专办译书事宜，长达 28 年之久，直到他 1896 年离开中国。

傅兰雅对译书工作抱有极大的热情，尽心尽责，和徐寿、华蘅芳等中国学者通力合作，先后将 174 种英文版科技原著译成中文出版，其中有 98 种①是傅兰雅分别和徐寿等人合译的。他以格致制造诸学而见长，成为向中国输入西方科技知识和译书最多的一位传教士。

1874 年，傅兰雅和徐寿等筹建上海格致书院，1876 年正式开院后兼任该院监督。他亲手安排《格致书院西学课程》，开中国近代实施新式教育之先河。在格致书院经费拮据、师资奇缺的情况下，傅兰雅于 1895 年夏倡行夜校，开设矿务、电务、测绘、工程、汽机和制造 6 门课程，诸学"皆以算学入手"。他亲任算学教习，兼职化学试验。1876 年 2 月，他自筹资金创办我国有史以来最早的科技杂志《格致汇编》，作为广泛传播西方科技知识的阵地，每月一卷（1890 年后改为季刊），由格致书屋发行，全国各大埠出售，直至 1892 年 12 月停刊。凡西方科技新知无不涉猎，除从英、法、美等国科技书刊中摘译"格致要端"外，也刊登中国学者和寓华西人的科技论文，如徐寿的《医学论》、毕利于的《化分中国铁矿》等等。还发表一些关于发展中国科技的建议、刊登中西科学家小传、西方工业新产品广告。梁启超评论说：《格致汇编》"皆言西人格致新理，洪纤并载，多有出于所翻各书之外者，读之可以增益智慧"②。该刊停刊后也多次翻刻再版，有的刊印单行本。可见它备受中国学人的欢迎。1896 年傅兰雅离华赴美，受聘为加利福尼亚大学柏克力分校第一任

① 梁启超在《西学书目表》中著录了 1867—1896 年译书馆出版 174 种，其中傅兰雅占 98 种。

② 梁启超：《读西学书法》，引自黎难秋：《中国科学翻译史料》，中国科学技术大学出版社 1996 年版，第 640 页。

东方语言文学教授。他到美国任教后还抽暇为江南制造局翻译14种科技新书，他一生为把“科学带给中国人”，为沟通中西文化交通确曾起到了桥梁作用。

洋务运动时期建立的各种新式学堂，是传播和普及近代科学技术知识的主要场所。其中，徐寿、傅兰雅等人创办的上海格致书院，是一所专门普及近代科技新知和造就通晓西方近代科学技术人才的科技学校。内设格致堂、藏书楼、博物馆和设备齐全的试验室，延请中西学者主讲格致（即科技）学理，开设外语、数学、化学、矿学、机械等清一色的西方自然科学和应用科学的课程，为普及科技知识和培养科技人才作出颇多贡献。他们还创办了《格致汇编》杂志，内容有自然科学、科学理论、科学方法、科学仪器、应用科学技术、各类工业机器、国人发明创造等等，应有尽有，使读者得以广泛了解西方近代科技知识和新成就，推动了近代科技的发展。

出国留学生是长江科学技术发展的一大因素。近代长江流域各省出国留学者众多，不少人学成归国后成为发展近代科技的骨干力量。以洋务运动时期的上海为例，早在1871年，曾国藩等人在上海设立选拔和培训赴美留学的“幼童出洋肄业局”。从1872—1875年的4年内，每年培训和派出30名幼童赴美留学，共派出120名，其中江苏21名、浙江8名。他们回国后，大都为中国的近代化事业尽力，不少人成为铁路、航运、邮电、制造、矿业等科学技术和工程方面的骨干人才。其中尤以詹天佑最负盛名。

詹天佑（1861—1919），原籍江西婺源，生于广东南海。字春诚。1872年，年仅12岁的詹天佑考取上海幼童出洋留学补习学校（即出洋肄业局）。同年8月11日作为第一批官费留学生赴美留学。1881年毕业于耶鲁大学土木工程科。1888年参与修筑塘沽至天津段铁路，主持铺轨工程。1891年督修古冶至滦州段铁路。1892年修造滦河大桥时，英、日、德籍工程师相继失败，修路总工程师英国人金达把造桥任务交给詹天佑。詹天佑大胆地采用压气沉箱法修筑桥墩，终于建成了雄伟坚固的滦河大桥。1894年他被选为英国土木工程师学会的会员，次年参与修筑天津至卢沟桥这条联结京津的重要铁路。

清代首批赴美留学生在出发前的合影

詹天佑像

1902年清政府拨银60万两，要求在半年之内修成自新城高碑店至易县西陵梁各庄行宫的谒陵专用线。詹天佑被选任为总工程师，他带领全体工程技术人员和民工，艰苦奋战四个月，一举筑成这条40多千米的铁路。这是中国工程师第一次独立负责修筑的一条铁路，是处在半殖民地地位的中国人民的志气与智慧的结晶。

1905年清政府成立京张铁路总局和工程局，詹天佑任修筑总工程师兼会办（1907年升任总办）。同年5月至7月，他带领部分工程技术人员先后察勘了三条路线，最后选定经南口关沟，出居庸关越八达岭的路线。南口关沟地段岗峦重叠，溪涧交错，出居庸关就是山势陡峭的八达岭，地势高低相差极大，工程十分艰险。英国有人断言"中国工程师能建筑通过南口者，此人尚未出世"①。但是，詹天佑不畏艰难险阻，亲自带领工程技术人员，精心设计、精心施工，其中以火车爬越八达岭的"人字形"展线方案和开凿八达岭隧道的中距离开凿两口竖井、六个工作面同时开挖的施工方案最为精绝、独到。1909年7月，京张铁路全线告成，大长了中国人民的志气。

辛亥革命后，詹天佑被民国临时政府任命为粤汉铁路会办，并积极帮助孙中山拟订10年内修筑20万里铁路的计划。1919年2月，他奉命参加协约国西伯利亚铁路和中东铁路监管委员会，任该会技术部的中国代表，他为力争收回中东铁路的管理权，抱病出席海参崴、哈尔滨会议。4月24日，他因心脏病发作，不幸病逝。

从甲午战争到辛亥革命的近20年间，中国引进西方近代科学技术的广度和深度，都大大超过了洋务运动时期，形成中国第二次引进与传播西方科技的高潮。而且，引进的科技门类齐全，基本上把西方自然科学和应用技术的许多重大发现、发明等新成就较及时地引进和介绍到国内。作为传播近代科技基地的上海，在这方面发挥出更大的作用，并使它自身以及长江流域的重要城市也加速了近代化的进程。这一时期引进和传播的重要科学成就主要有：第一，引进了概率论和精确的对数表。华蘅芳译的《决疑数学》于1896年刊行于世，详细地讲述了概率论的理论和计算方法、数理统计知识等。贾步纬译的《弦切对数表》于1899年出版，把当时最精确的三角函数对数表引进国内，使近代数学的发展进入了新阶段。第二，在物理学领域中，把当时最新的两大发现：X射线和镭的发现及其研究与应用介绍到中国。X射线是德国科学家伦琴在1895年发现的。上海出版的《时务报》于1897年以《曷格司射光》为题，首次向中国学人做了介绍。随后上海等地的一些报刊做了详细报道。1898年居里夫人发现了镭，并于1902年成功地提取了纯镭。1903年浙江留日学生在东京出版的《浙江潮》第8期，首次向国人介绍了这一重大发现。第三，在化学领域中，把化学新元素和化学元素周期律等重要发现与研究成果介绍到国

① 载《铁道知识》1984年第3期。

内。第四，在矿物学和地质学研究领域中，主要引进了找矿理论和方法。此外，在医学、生物学和农学等方面，也都有新的引进。这些重要的科学技术的引进和介绍，促进了长江流域乃至全国的文明与进步。

五四运动以后，上海、南京、武汉等沿江大城市的科技文明迈入了全面发展的新阶段。

第六节　近代长江文化的特点

近代长江文化在发展演变过程中，呈现了如下特点：

第一，近代长江文化是率先走向世界、追赶世界潮流的地域文化。经世运动、洋务运动、维新变法、辛亥革命，晚清数十年的历史变革中，长江或成为这些变革的首倡之地，或作为时代潮流的风行中心，始终走在全国其他区域文化的前列，标志时代精神，展现时代主题，领导或推动了其他地域文化参与变革，从而带动了中国文化近代化的进程。

第二，近代长江文化的演进是多层次、多侧面、多角度展开的。在物质层次上，长江先后从军事、经济、教育、城市、社会风俗等领域变革了文化的物质基础，为长江崛起于近代准备了物质前提；在思想层次上，长江文化经过经世思想、洋务思想、维新思想以及革命思想的相继熏染，走过了由务实致用到中体西用、由改良政体到创建新政体的思想轨迹。无论是物质领域还是精神层次，长江文化都保持了旺盛的进取心，从而在 20 世纪初演化成为一种较完整意义上的近代文化。

第三，近代长江文化是以近代军事文明的兴起为起点的。《天津条约》签订后，除上海外，长江流域先后又有南京、镇江、九江、汉口四个城市开辟为通商口岸，外国兵舰商船更获得了在长江自由行驶的特权，加上江淮间日益活跃的民间起义，“外忧内患，至今已极”①，遂使长江的军事地位日形重要，这或许是洋务派首先选择在长江一带创办军事工业、举办军事教育、训练新式军队最直接的一个因素。此外，有清以来，长江流域的军事力量和军事基础向来不弱于其他区域。在镇压太平天国的过程中还诞生了湘军、淮军两个已具近代意义的军事集团，两者分别盘踞长江中下游各省，在洋务运动之前，都已开始购买西洋枪炮。湘军依靠洋炮之威取得了湘潭、岳州两次攻打太平军战役的胜利；淮军则借助洋枪队的实力打退了太平军对上海的进攻。湘、淮两系的实力为洋务运动中长江军事文明的振兴准备了优越于他省他地的军事根基，这恐怕是长江首先以军事奋起的重要前提。再加上主要洋务大员几乎都来自长江流域各省，如曾国藩、左宗棠来自湖南，李

① 《洋务运动》，上海人民出版社 1963 年版，第 2 册，第 221 页。

鸿章来自安徽，张之洞一生主要作为在湖北，遂使近代军事文明成为长江崛起于近代的第一股物质力量。长江由军事起步，开始走向文化的新生。

第四，近代长江文化的发展演变是以沿江通商口岸为中心，逐渐向周围地区影响和辐射的。近代以来，长江是通商口岸比较集中的区域。通商口岸因其沿江靠海的地理优势而成为近代中西人士会集的地区，这里往往厂矿兴盛，商贸繁荣，学堂林立，报刊盛行，经济和人文都比较发达。这一切不仅使长江城市日渐显示出了近代化的都市色彩，而且加强了这些城市文化中心的地位，使之成为长江文化展现近代风采最核心的所在。19世纪中叶以来，举凡工厂、商店、学校、报馆、戏院、图书馆、印刷局、博物馆、邮政、交通等城市经济、文化设施在上海、南京、镇江、武汉、重庆等沿江通商大港的相继出现，集中地显示了近代长江文化的演变和发展。不仅如此，作为长江各省的文化中心，通商口岸往往因其文化的强势地位，对周围相对落后的地区形成了辐射，从而影响并带动了整个长江流域文化的进展。

第五，近代长江文化具有较为浓厚的异化、西化的色彩。从19世纪40年代起，西方势力就侵入了长江流域，由下游渐至中上游，不仅影响了中国的政治、经济，更影响了长江社会及其文化。长江文化的发展流变，在很大程度上，可以说正是西方文明影响的结果。概而言之，西方势力主要从三个方面影响了近代长江文化的发展。其一，从经济上刺激了长江近代工商业的兴起。鸦片战争后，陆续东来的西方商人、资本家在长江流域大小城镇大兴工矿，普设商行，在掠夺长江资源和廉价劳动力的同时，也在客观上激发了有识之士投资设厂、与之争利的爱国热情，从而促成了长江近代工商业的发生、发展以及近代工商文明在长江的建立。其二，各种各样的西方教会不仅在长江城镇乡村建立了大量教堂，传播西方宗教，而且还把势力伸展到教育和文化领域。长江沿线多如繁星的教会学校、教会文化机构以及日渐兴旺的西方报刊，一方面刺激了长江新式教育的兴起以及近代报刊业的起步，推进了长江教育和文化传播的近代化进程；另一方面，它们的存在，也在一定程度上增强了长江文化兴旺繁荣的态势。更有甚者，晚清一些教会人士还利用他们的报刊，开始评论中国时政，倡言变革。如传教士李提摩太、林乐知、李佳白等曾在戊戌维新之际，发表了大量主张中国改弦更张的文章，并积极参与变法活动，充当维新派顾问。1889年教会设在上海的广学会开始发行《万国公报》，"销行最畅，感力伟大，中国维新分子受这报的鼓动者，不在少数"①，表明西方势力已在一定程度上影响了长江乃至中国的政治变革。其三，居住在长江沿岸各大通商口岸大大小小外国租界内的各式

① 中国史学会编：《戊戌变法》，《中国近代史资料丛刊》第八种，神州国光社1953年版，第4册，第235页。

洋人、洋商，不仅从政治、经济和文化上干涉和影响了长江社会，他们在租界内修筑宽敞的马路，建造精巧的洋房，建立卫生医疗、排水系统、电话、电灯、自来水、邮政、通信等城市设施，也把西方的都市文明连同迥异于东方的西洋生活方式和风俗习惯带进了长江社会，影响了长江城市的发展以及社会生活方式和习俗的变迁，促进了长江社会趋新、趋洋，渐渐弥漫着浓郁的洋味洋气。

第六，近代长江文化带着半殖民地半封建社会的畸形色彩。在近代中国特定的历史进程中，长江文化因近代中国日益沉沦为半殖民地半封建的畸形社会而不可避免地被打上了相同的文化烙印，从而只能走向一种残缺不全的近代化。长江文化的畸形色彩至少表现为三个方面：其一，长江会党社会及其文化的兴衰给长江文化抹上了一层封建没落的色彩。近代以来，长江流域会党密布，下游青洪帮、中游哥老会、上游袍哥会，各有严密组织，形成了等级分明的封建式的会党社会。他们互相协助，渐渐成为一股可以左右长江社会乃至近代中国发展的强大群众力量，“会党之力，实足为中国近史之伟观”①，戊戌时期轰动全国的长江自立军起义，辛亥革命中光复会、华兴会、共进会、保路同志会以及一系列反清武装起义，都曾留下过长江会党志士的身影，其业绩是不可抹杀的。然而，会党毕竟是近代中国残余下来的封建社会组织，不仅“近世之文明尚未传布于其间”②，而且辛亥革命后长江会党多流于会匪、地痞流氓混杂其间，成分渐趋复杂的事实，也表明长江会党已不再成为近代中国的推进力量，长江会党及其文化遂日益没落，沦为近代长江文化发展的阻力。其二，建立在长江流域的租界社会以其浓烈的霸气和洋味熏染了长江文化。伴随着武力而来的西方势力日益渗透长江各个角落，异质的文明强行走进长江社会，一方面刺激长江文化向近代转型，一方面也使长江由此陷入了半殖民地社会的深渊。毋庸讳言，长江下游以上海为中心形成了国中之国的租界社会，长江中上游汉口、九江、宜昌、重庆等港口为履行不平等条约而相继开埠，设置租界，亚欧杂处，本身就为这些港口的文化发展打上了半殖民地化的印记。尽管租界社会及其带着异域色彩的西方文化给长江带来了“尺地寸天，阛阓日密，中西肆厂，角胜争奇”③的近世繁华，但繁华中却不可避免地蒙受了不平等、不自由的耻辱，长江的繁华正是带着这种耻辱的低度的、畸形的繁华。其三，日益崇洋、日益奢靡的社会风尚也加剧了长江文化的畸形色彩。辛亥年间曾有人这样描绘上海社会：“脂粉迷天，笙歌遍地，靡尽无数量之财产，养成累巨万之游民，惟兹上海，实卖淫国……娼妓营业之盛，至达于极点。”④时人称之“上海之黑暗社会”。长江沿岸其他

① 《辛亥革命前十年间时论选集》第3卷，第189页。

② 《辛亥革命前十年间时论选集》第3卷，第189页。

③ 吕寅东纂、侯祖畲修：《夏口县志》，张履春序，1920年刊印本。

④ 《辛亥革命前十年间时论选集》第2卷下册，第219页。

城市也同样笼罩着与此类似的晦暗气氛，纸醉金迷，酒色消磨，繁华之中掩饰不住的颓唐与沦落，这是半殖民地半封建社会给长江流域蒙上的特定的历史尘垢。

清佚名油画《仕女家居生活图》

清佚名油画《玩牌》

近代长江文化的发展演进尽管曲折迂回，但也呈现了一定的文化发展轨迹：

就空间而言，近代长江文化的演进是一个由东至西、由下游至上游、由沿海到内地逐渐推移的过程。先是下游的上海一带首先接受西方的影响，文化摆脱传统迈向近代，逐渐发展成为独树一帜的海派文化。到19世纪末，中游文化以两湖为中心，也在近代化潮流面前日益开放，最终发展为以湖湘文化为核心的新型近代文化。上游的巴蜀一带，文化的更新因地域与交通的局限而起步稍迟，到20世纪之初才呈现了日益近代化的趋势。

就时间而言，近代长江文化的发展是与近代中国的历史进程相伴随的。从鸦片战争后的经世思潮，到19世纪60年代开始的洋务实践，从19世纪之末的维新改制，到20世纪之初创建资产阶级共和国，每经历一次变革，长江文化便随着时代变幻发生相应的更新和演进。到辛亥革命前后，长江文化的近代化程度已经不低，不久以后爆发的“五四”思想启蒙运动之所以能够在长江造成强大的声势，可以说，正是近代长江文化半个多世纪文化积淀的结果。

就文化演进的层次而言，近代长江文化的发展是由表及里、由低级走向高级的。先是军事、科技、工商等领域率先发生物质层次的文化变迁，继而教育的更新和发展带来了近代长江人思想和知识的拓展和提高，最终经过辛亥革命刷新世风，长江的社会观念、意识形态、生活风尚、日常习俗遂发生了划时代的巨变，近代长江文化的发展开始进入到以转变旧观念、改造旧思想为核心的思想启蒙的高级阶段。

近代长江文化的成就巨大，对近代中国产生的影响也是深远的。它的兴起与发展，不仅给长江社会带来了勃勃生机，作为一种覆盖面较广的地域文明，它更从文化的角度影响和推动着中国社会的演进过程。在中国文化史上，近代长江文化是一种承上启下的过渡文化，不仅代表了长江文化由封闭到开放、由传统到现代的过渡，同时也表明了整个中国文化由古老的、封建式的农业文化向现代的、资本主义的工业文化的逐渐过渡。

第七节　近代长江文化与海内外文化交流

鸦片战争以来，随着一批批西方人涌入长江流域，在长江各地或居住，或经商，或传教，或从事各种文教事业，近代长江开始与海外有了日渐广泛的文化交流。同时，随着越来越多的长江人走出长江，跨出国门，或经商，或游历，或留学，长江更加强了它与西方各国的友好文化往来。从某种意义上说，长江文化日益成长、发展，走向近代的历程，也就是近代长江与海内外文化交流日益拓展的历程。长江文化不仅通过近代海内外文化交流而发扬光大，走向较完整意义的近代化，同时，也在这一历史进程中，以其开放、积极、高远的姿态推动着整个近代中外文化交流的历史进程。

一群形貌体态都殊异于东方的西洋人，在鸦片战争之后，特别是在长江一些城市开辟为通商口岸之后，纷纷踏上了这块经济与文化向来活跃、发达的区域，在这里建筑房屋，兴修教堂，创办学校，设立医院，发行报刊，建立多种多样的文化机构，开展与当地长江人广泛的文化交流。在客观上，他们确实把一种迥异于东方的西洋文明展示在了近代长江人面前，从而在一定程度上激发了长江人的向往之心。19 世纪中叶以来，近代长江人励精图治，不断兴革，改造长江文化的历次作为，一方面，固然是他们不甘侵略、奋起救亡的决心所致，一方面，也与这群西方人的启发不无关系。从文化交流的角度看，早期进入长江流域的这些西方人成了西方与长江开展近代文化交流的最初使者。

鸦片战争至洋务运动的几十年间，进入长江的西方人形形色色，在他们中间，有传教士、商人、政治家、医生以及工程技术人员等，尽管他们都曾在各自的领域或多或少地从事着西方文明的传播工作，但其中成就最大者，仍然要数那些抱着在长江播撒宗教圣种夙愿的西方传教士。

且不说那些点缀于长江两岸日呈兴旺之势的大大小小的教会学校在助长着长江教育的变革，且不说那些设备与技术日见完善、规模日趋扩大的各种教会医院在把西医的声誉逐渐散布到长江流域的广大民间，我们仅将目光注视在西方传教士所进行的一系列翻译活动上，就不难窥见近代前期中外文化交流的大致面貌。

19 世纪 40 年代以后，在一些著名传教士如麦都思、艾约瑟、伟烈亚力、韦廉臣、傅兰雅等的努力下，在长江下游的上海，首先诞生了一些旨在翻译西书、传播西方近代科技知识的学术文化机构。其中，具有开创意义的一家，则是 40 年代由英国传教士麦都思主持的新式印刷出版机构——墨海书馆。墨海书馆采用新式印刷机印西书，其印刷设备为当时的上海乃至长江所未曾有。不仅如此，它还把当时一些粗通西学的江南名士如学者王韬，数学家李善兰、顾观光、张文虎，物理学家张福僖等会集在周围，或为之工作，或与之保持学术联系，并与这里的传教士伟烈亚力、艾约瑟、韦廉臣等一起，合作译书，出版了一系列介绍西方科技知识的西学书籍，其中著名的就有《几何原本》后 9 卷，《重学》《光论》《谈天》《植物学》《代微积拾级》《六合丛谈》等，内容包括当时西方的数学、物理、化学、生物学等领域的科学成就。这些新书出版后，在长江一带有效地传播了近代科技知识，时人曾誉之“车翻墨海转轮圆，百种奇编宇内传”①。

类似墨海书馆这样的机构在 19 世纪七八十年代的上海还出现过两家，即益智会和广学会。益智会译书侧重于算学、物理学、历史等，广学会则重点翻译了宗教、历史、医学等方面的书籍。参加译书的传教士则有化之安、李提摩太、嘉约翰、尹端模等，他们都是为近代中西文化交流作出过贡献的西方人。

19 世纪 70 年代，英国传教士傅兰雅等人在中国科学家徐寿、徐建寅父子等人的帮助下，在上海创办了格致书院，作为定期讲演西学的学术机构，随后创办《格致汇编》杂志，陆续出版了一套《格致须知》的普及性小书。傅兰雅在传播西方科学知识方面的作为，使之成为近代西方传教士在长江流域致力于中西文化交流事业的突出代表。

除了自行组织译介西书、从事中西学术文化的交流之外，在洋务运动开始后，活跃在长江流域的这批西学之士如伟烈亚力、玛高温、傅兰雅、金楷理、林乐知等，还先后应聘到上海江南制造局的翻译馆，与徐寿、徐建寅、华蘅芳、华世芳、赵元益、蔡锡龄、李凤苞等中国学者一起，继续从事合译西书工作，从一个侧面推动了洋务运动在长江流域的深入展开。据《江南制造局翻译西书事略》的资料统计，从 1868 年至 1880 年的 12 年间，该馆共译成书籍 143 种，其中刊印者 98 种 235 本，销售 31111 部，共 83454 本②，成绩可谓不小。后来梁启超也说：“制造局首重工艺，而工艺必本格致，故格致诸书，虽非大备，而崖略可见。”③这其中当然不能忽略这些致力于中西文化交流事业的西方人士的功绩。

早期西方传教士在长江与西方文化交流中的另一成就是：通过与他们合作译书、交游往来，一批精通西学的新型长江人得以迅速成长起来。洋务运动期间，在江南一带开始出现了一批热心探求西方格致之学的士大夫，诸如松江的韩应陛、上元的管嗣复、慈溪的张斯桂，乃至徐有壬、王韬、吴子登等，与西方传教士都有不同程度的交往。管嗣复为了探求西学，受雇于传教医师合信。吴子登与艾约瑟等交游，学习格致与摄影原理，且

① 龚书铎：《近代中国与近代文化》，湖南人民出版社 1988 年版，第 1329 页。

② 数据引自龚书铎：《近代中国与近代文化》，湖南人民出版社 1988 年版，第 541 页。

③ 《西学书目表序例》，时务报馆印本。

"能以新意造器，其巧思不减泰西"①。江苏巡抚徐有壬精于历算，曾通过王韬结识了墨海书馆的西方教士，喜欢与他们交游纵谈。而李善兰、徐寿、华蘅芳这些近代著名的科学家，则更是在与西方传教士互相交游、互相学习、共同合作、精研西学的过程中，成长为近代长江中西汇通的先驱和近代中外文化交流的前期代表。

如果说，在近代的早期，长江与海外的文化交流在很大程度上还依赖于踏入长江的西方人，且多多少少带着被动的色彩，那么，随着近代人对西方文明认识的深入，随着长江文化近代化程度的日渐加深，越来越多的长江人开始走出长江，迈出国门，游历并留学海外，直接向西方探求救国真理，近代长江与海内外的文化交流遂逐步走向扩展，走向深入。

容闳像

1872年，首批赴美留学幼童在容闳的率领下，由上海扬帆远航，拉开了近代中国派遣留学生的历史序幕。此后，留学海外渐渐成为许多青年的理想前途。于是，在官派留学之外，出现了零零星星的自费留学。尽管甲午战争前，无论官派或是自费的留学生为数都不是很多，但长江流域还是涌现了一些留学欧美的先驱。在他们中间，既产生了马建忠那样的早期改良主义思想家，又造就了王韬式的学贯中西的著名学者，还流传了颜永京、颜惠庆父子先后赴美的留学佳话，更有金雅妹、石美玉等长江女子赴美学医，开创了近代中国女子留学的历史先河。在国外，他们努力学习和钻研西方文化知识，成为近代中国与西方诸国文化交流的友好使者。归国后，他们辛勤工作，积极传播西方文明，在各自的领域推动了近代长江乃至全国社会文化的变革。他们走出长江又回归长江，实际上成了长江与西方文化交流的成果与结晶。

这一时期，在长江与海内外的文化交流中表现最为突出的人物首推马建忠。

马建忠，江苏丹徒人，精通法语。1876年赴欧留学，入法国巴黎政治学堂，专攻国际公法与外交学，成绩优异。留学期间，注意考察法国基层社会，善于把理论知识与客观状况结合起来思考问题，故李鸿章誉其"华学既有根底，西学又有心得"②。归国后，成为当时学贯中西的知名人士。从中西文化交流的角度看，马建忠的突出贡献有两个：一是参考英文、法文、拉丁文、希腊文等西方语言文字研究中国文字，在1898年编撰成第一部语言文法新书——《马氏文通》，为青年学子尽快掌握中文，学习西文，了解中西治国之道，提供了科学有效的学习途径，在学术界引起了极大轰动。其二是从书本与实践相结合出发，深入考察

① 〔清〕王韬：《蘅华馆日记》，咸丰十年三月二十三日丁亥稿本，上海图书馆藏，见《近代中国与近代文化》，539页。

② 〔清〕李鸿章著、吴汝纶编：《李文忠公全书·奏稿》卷三七，清光绪三十一年（1905年）刻本。

西方社会，形成独立见解，提出“民富说”“铁道论”等一系列资产阶级政治学说和经济理论，并逐渐发展而成早期资产阶级改良主义的思想体系，给当时的长江乃至中国的思想界注入了新鲜血液，传播了新思想。这些都使马建忠成为这一代留学生中尤具远见卓识的人。

在甲午战争前，马建忠、王韬等近代长江人的留学海外，不仅加强了长江与西方的文化联系，同时，随着文化交流的加强，长江文化也渐渐走向世界，文化交流加强了长江文化近代化的态势。

“戊戌政变，继以庚子拳祸，清室衰微益暴露。青年学子，相率求学海外。”①19 世纪末 20 世纪初，当亡国灭种的危机降临之际，长江人开始大批走出长江，东渡日本，寻求革命真知，加入一场声势浩大的中日文化交流的浪潮中。

对于这场规模空前的留学热潮，日本人青柳笃恒曾有形象地描写：“学子互相约集……不远千里，北自天津，南自上海，如潮涌来。”②的确，无论是从赴日的数量，还是从留学波及的范围而言，这场留学运动都是前所未有的。在长江一带，近则上海、江浙沿海诸地，远则川、滇、黔各省，整个长江流域几乎没有一处一地不受这场留日浪潮的影响。而就留学人数而言，20 世纪后每年赴日的上千人中，长江人占据了绝大多数，其中又以湖南、四川两省居多，足见波及长江范围之广。从文化交流的角度看，长江各省青年纷纷东渡赴日，意味着近代长江文化与日本文化间交流与沟通的规模与深度都有不同凡响的进展。

20 世纪的前 10 年里，在日本各地的大中学校，尤其是一些著名的留学学校里，如宏文书院、同文书院、成城学校、振武学校、实践女学校等，就活跃着这样一代求学上进的长江文化精英：他们抱着救亡救国、改造中国、建设长江的宏旨大愿，着重学习西方先进的政治法律制度，并注意吸取日本富国强兵的经验；为了把新知识、新思想传播到国内，传播到家乡，他们组织各种团体，编译西书，出版报刊，以极大的热情投入到翻译宣传工作中，在中日文化交流史上写下了尤为光辉的一页。

在留日学生组织的各种学术政治团体中，较著名的就有黄兴、周宏业等湖南留学生组织的湖南编译社，出版《游学译编》月刊；湖北学生组织的新译界社，出版《新译界》杂志；而江浙留日生所组织的国学社，为国内编译出版中小学教科书，从改革教材的角度，促进了近代中国教育的发展，因而在中日文化交流史上尤具特殊地位。这一点，从郭沫若的回忆录就可看出一二：“我们当时又翻译了大量日本中学用的教科书。我个人来日本以前，在中国的

① 〔清〕梁启超：《清代学术概论》，朱维铮校注：《梁启超论清学史二种》，复旦大学出版社 1985 年版，第 79 页。

② 〔日〕实藤惠秀著、谭汝谦等译：《中国人留学日本史》，生活·读书·新知三联书店 1983 年版，第 37 页。下同，略。

中学的几何学，就是菊地大麓先生所编纂的。此外，物理学的教科书则是本多光太郎先生所编的。”①至于他们译书的影响，时人早有公论：“论通欧化，广译世界学术政治诸书，中国开明有大功焉。”②其实，近代长江留日学生的广译新书、创办杂志、传播新识的本身，既是一种文化交流活动，同时，作为一种文化的新现象，它也意味着长江文化的新发展。

此外，近代中日文化交流史上的杰出人物也大多出现在这一代长江留日学生之中。四川邹容写成的《革命军》，较系统地论述了资产阶级民主革命学说，被誉为“中国的《人权宣言》”，为近代中外文化交流树立了一块丰碑。湖南人陈天华，留日时写成的《猛回头》《警世钟》《国民必读》《中国革命史论》，以及小说《狮子吼》等书，以通俗生动的语言，给中国思想界注入了新文化的珍泉。浙江女留学生秋瑾，一生追求天赋人权，个性解放，成为近代女性文化发展的奠基人。还有中国近代资产阶级法学的奠基者之一宋教仁、近代著名军事家蔡锷、文学家鲁迅、艺术家李叔同等，他们在留学中逐渐成长为近代长江文化的建树者，并在各个不同的领域推动了近代长江与日本文化的交流。

几乎与留日潮同时，基于建设第一个资产阶级共和国的需要，近代中美文化交流史上出现了一个以学习现代科学技术知识为主的留美运动，长江也和全国其他地区一起，走出一大批青年远渡重洋，到当时的“自由之邦”——美国去感受“民主”与“科学”的自由空气。他们在那里学习科学知识，进行广泛的中美学术交流，并通过大量译介新书，向国内传播了资产阶级文化思想，为中美文化交流付出了巨大的劳动和辛勤的努力。在“科学”与“民主”精神的感召下，他们中间既涌现了竺可桢、茅以升、赵元任等为中国自然科学和社会科学作出突出贡献的科学英才，又成长了杨铨等为近代中国的民主事业贡献毕生的民主斗士，更造就了顾维钧、宋氏三姐妹这样在近代中外文化交流中举足轻重的人物。这批长江文化的优秀人才，在留美归国后，成为长江文化近代化的又一股推波助澜的力量。

近代中国最后一次中外文化交流高潮爆发在新文化运动前后，这是一场以留法为中心的勤工俭学浪潮。在当时中国人的心目中，法国既是一个“因学理之发达，而精神物质之文明，乃进步而不已”③的科学之国，又是一个“因民权之发达，而平民制度之基础，因以确立，且亦进步而不已”④的民主之邦，因此，赴法勤工俭学一经兴起即发展为一股热潮，几乎成为一种时尚风靡了20世纪20年代的整个中国。“此留法之举乃学界之第一便利

① 〔日〕实藤惠秀著、谭汝谦等译：《中国人留学日本史》，第233页。
② 刘禺生：《世载堂杂志》，中华书局1960年版，第155页。
③ 张允侯：《留法勤工俭学运动》(一)，上海人民出版社1980年版，第101页。
④ 张允侯：《留法勤工俭学运动》(一)，上海人民出版社1980年版，第101页。

事，各省皆云起风涌，一呼百应。”①为了探求新知，人们纷纷走出家园，赴法留学。

在长江流域，人们留法勤工俭学的热情一直十分高涨，上海、江苏、浙江、安徽、江西、湖北、湖南、四川等地，都有大批学子扬帆远行。在湖南，时人甚至用“全省若狂，几乎空国而来”②以形容勤工俭学在这里风行的程度。所有这些，都预示了一场规模宏大的中外文化交流运动在长江与欧洲大陆间蓬勃展开。

为配合这场留法勤工俭学的浪潮，一些形式多样的文化交流机构和学术团体纷纷涌现出来。在上海，中法人士共同组织了华法教育会，“设立之目的，在增进中法两国之友谊，而尤重者，以法国之学术思想输入中国，使中国在道德上、精神上、经济上益形发达”③。同时，留法勤工俭学会、青星学会、华法预备学校、旅沪安徽留法同学会等学生团体和机构也如雨后春笋般成立起来，或组织学生赴法留学，或开办赴法预备班，为准备留法的青年讲授法文及西方科技知识，开展中法文化交流工作。在湖南长沙，热心留法的各界人士发起组织了华法教育会湖南分会、法文晚班、法文新塾、女子留法勤工俭学会等文化机构，有力地推进了湖南赴法留学运动。在四川，有四川华法教育会，“组织极完备”④，成都设立了留法勤工俭学预备学校，川籍学生赴法前多来此学习，“常年如期由预备学校毕业后即以公费送法”⑤。长江其他省份如江西、安徽、江苏、浙江等准备赴法的青年也纷纷到上海等地的组织团体，一面学习，一面候船赴法。可见，留法勤工俭学运动的兴起和高涨，在很大程度上活跃了这一时期的长江社会，也给长江文化带来了勃勃的生机。各省留法勤工俭学会、留法预备学校的设立，既带动了长江学术文化的繁荣，也在实质上推动了长江各省教育的新发展。

在法国，来自长江流域的留学生一边劳动，一边学习，并在学习和劳动之余观察人生，研究社会，还和其他留法学生一起，开办中华印字局，组织中国文化讲习班，成立游艺会，开展各种各样的文化活动，在法兰西土地上播撒着中国文化。其中，以游艺会形式比较生动活泼，故影响力也较大。如 1920 年 3 月 20 日在巴黎拿破仑宫殿外举行的游艺会，就曾引起了极大的轰动。“是日所举行者，为国艺、音乐、国旗操、女子游戏等等，鼓掌如雷，均该折服”。⑥ 而《时事新报》也称：“这次的游艺会，真是俭学生、勤学生等能力的表现，对于法国人在感情、思想上，也有很大影响。”⑦可见，在 20 世纪 20 年代的中法文化交

① 张允侯：《留法勤工俭学运动》（一），上海人民出版社 1980 年版，第 259 页。
② 张允侯：《留法勤工俭学运动》（一），上海人民出版社 1980 年版，第 259、289 页。
③ 张允侯：《留法勤工俭学运动》（一），上海人民出版社 1980 年版，第 259、289 页。
④ 张允侯：《留法勤工俭学运动》（一），上海人民出版社 1980 年版，第 254、361 页。
⑤ 张允侯：《留法勤工俭学运动》（一），上海人民出版社 1980 年版，第 254、361 页。
⑥ 张允侯：《留法勤工俭学运动》（一），上海人民出版社 1980 年版，第 275 页。
⑦ 《时事新报》1920 年 5 月 19 日。

流中，长江流域留法勤工俭学学生作出了不可磨灭的贡献。

至于信仰马克思主义、追求社会主义文化理想的新一代长江人蔡和森、向警予、周恩来、李立三、邓小平、陈毅等，他们在留法归国后，纵横驰骋于20世纪20年代以后的中国历史舞台，影响和左右此后长江流域乃至全国一系列的社会文化变革，并指导近代长江文化走向了发展社会主义的新途。他们为近代长江文化的发展，为近代中国社会的进步，作出了巨大贡献。

从19世纪40年代到20世纪初的近一个世纪里，长江与海内外的文化交流经历了一个并不平凡的历史过程。在鸦片战争至甲午战争几十年的漫长岁月里，长江与西方的文化交流，在与那些主动踏入长江社会，自觉或不自觉地传播先进文明的西方人有着密不可分的联系。长江文化能够开始举步迈向近代意义的新文化，与这批西方人在长江流域所进行的中西文化交流，可以说不无关联。“甲午中日战后，国人始注意留学”①，特别是在进入20世纪之后，随着一代又一代长江人走出国门，留学海外，近代长江与西方的文化交流才逐步走向繁荣，迈向深入，并在与西方文化一次次直接接触中，去粗取精，消化吸收，最终促使近代长江文化走向了社会主义的文化归宿。这是近代长江人对西方文化一次历史性的选择，也是必然的选择。

① 张允侯:《留法勤工俭学运动》(一)，上海人民出版社1980年版，第510页。

后　记

早在 1993 年，我协助李学勤先生主编大型学术著作《长江文化史》时，国内一批在此领域卓有成就的学者，如吴汝祚、张正明、林剑鸣、陈振江、朱士光、倪士毅、陈学文等，积极参与了该书的编纂工作。1995 年 12 月，此书由江西教育出版社正式出版。全书按编年史体例，共分 10 章 69 节，共 98 万字，插有彩色图版 17 幅、黑白图版 4 幅、线条图 109 幅、地图 6 幅、箭头发展关系图 2 幅、统计表 31 个，合计 169 个。这部著作把研究的视角确定在长江流域及长江以南地区，凸显了这一地区的历史文化渊源与成就。正如李先生在序中所说，"通过历代的长江流域文化史的探索，展示出这一大区域在中华文明中的重要地位"。它纠正了以往中国文化"根植于黄河中下游，由此为中心向四周扩散，而南方在文化上落后于北方，长期处于被开发态势"这种一元传播论的学说，其研究成果有力地说明了"中华文化是多元、多根系的，长江地区早在史前时代就有相当高度的文化，亦是我国古代文明的摇篮"。正是因为该书选题新颖、内容丰富、史料翔实、立论精当、文字清新，出版后得到了学术界的好评，学术界普遍认为它是近年文化史研究的成功之作，填补了区域文化研究的一个空白，具有较高的学术品位和较强的可读性。① 著名的文史学家、南京博物院院长梁白泉先生赞道："从撰写到出书，前后仅有两年，真是合乎时代呼唤的高效率和高速度。我们非常感谢作者、编者和出版家，向社会贡献出这样一部空前的学术专著。"②1996 年，《长江文化史》获第十届中国图书奖，1997 年获国家图书奖提名奖，并与《现代汉语词典》《邓小平文选》等书一起被网民评选为"改革开放三十年来最具影响的三百本书"。

图文本《长江文化史》是在前书的基础上编纂而成的。由于《长江文化史》出版至今已经二十多年，而这段时间，我国的学术有了大的发展，考古发掘成果也是不胜枚举，因此，要在前书的基础上有所突破，我们做了以下几项工作：一是力图从广义的文化思路和最新的研究方法出发，全面、系统而深入地审视长江文化的各个层面及其在中华文明史

① 汉言：《〈长江文化史〉座谈会述要》，《中国史研究动态》1996 年第 8 期。寄墨：《长江文明的历史画卷——读长江文化史》，《中国图书评论》1996 年第 8 期。

② 梁白泉：《长江万里图——读〈长江文化史〉有感》，《浙江学刊》1996 年第 5 期。

上的地位与贡献。二是增补大量的第一手资料，特别是揭示前人所未注意的重要资料（如绘画和考古资料等的充分利用），博采众长，不囿于一家之言，对长江文化进行新观察，提出许多新颖的见解。为使本书的内容更加丰满，论点更加有力，使书读起来轻松愉快，我们共选用了1600多幅精美的文物照片、线绘图等，尽力做到图文互证，相得益彰，同步编排。在学术著作中选用如此多的图片，可以说是一个全新的尝试。其实，这样的尝试，我们早就应该做的。近代史学大师王国维早在民国初年就在《古史新证》中提出了“二重证据法”，极力主张“地下之新材料”与“纸上之材料”相互印证。现在我们已经进入了21世纪，这是一个学术大发展的时代，也是一个学术创新的时代，一个读图的时代。如何适应时代的需要，使学术图书走向市场，贴近大众，让读者更易读懂，并获得快感和美感，是值得我们探索的，也是我们努力的方向和追求的目标。三是利用我们和学术界近年来的相关研究成果，对《长江文化史》一书进行大幅度的修改，增补了大量的最新学术研究成果，有的章节甚至是全部改写，使研究成果与时代同步。四是根据当今学术发展的要求，对注释等进行规范化处理。

图文本《长江文化史》是一部集体编写而成的大型学术著作，凝聚着各位参与者的心血。它采用分头执笔、主编统纂的方式。全书共设11章。现将全书主要执笔者的学术简历，按章次介绍如下：

序言，原定由李学勤先生撰写，不料项目刚一启动，李先生竟驾鹤仙去，令我们悲痛不已。现只好将李先生为《长江文化史》写的序作为替代。李学勤为著名的历史学家和古文字学家，一生致力于汉以前的历史文化研究，注重将传世文献与考古学、出土文献研究成果相结合，在甲骨学、青铜器、战国文字、简帛学以及与其相关的历史文化研究等众多领域，均有卓越建树。曾任中国社会科学院历史研究所所长、研究员，清华大学出土文献研究与保护中心主任、教授，国际欧亚科学院院士，国务院学位委员会历史评议组组长，夏商周断代工程专家组组长、首席科学家，中国先秦史学会理事长等职。一生著述等身，主要著作有《殷墟文字缀合》《殷代地理简论》《古文字学初阶》《新出青铜器研究》《李学勤集》《比较考古学随笔》《简帛佚籍与学术史》《走出疑古时代》《古文献丛论》《失落的文明》《缀古集》《四海寻珍》《夏商周年代学札记》《重写学术史》《李学勤文集》《中国青铜器的奥秘》《东周与秦代文明》《马王堆汉墓帛书（肆）》《睡虎地秦墓竹简》《中国美术全集·青铜器》《新出青铜器研究》《周易经传溯源》《欧洲所藏中国青铜器遗珠》《中国青铜器概说》《殷墟甲骨分期研究》《中国青铜器萃赏》《重写学术史》《中国古代文明十讲》《中国古代文明研究》《青铜器与古代史》《文物中的古文明》等。

第1章史前部分，由吴汝祚先生主笔，个别内容由我补充。吴先生为中国社会科学院考古研究所研究员，享受国务院颁发的政府特殊津贴。研究方向为中国史前史，曾主持“中华古代文明社会产生的特色”专题研究。独著有《炎黄汇典(考古卷)》《中原地区中华古代文明发展史》,合著有《长江文化史》《黄河文化史》《胶县三里河》《良渚文化兴衰史》等,并在《考古学报》《考古》和《文物》等杂志上发表有《中国史前时期稻作农业的起源、发展及其问题的探讨》《中华古代文明与巫》等数十篇论文。

第 2 章先秦部分,由张正明、万全文两位先生合著。张先生从 1980 年冬起在湖北省社会科学院工作,创办了楚文化研究所,曾先后任副院长和顾问。2002 年受聘于华中师范大学,去世前为华中师范大学历史文化学院教授、博士生导师,曾担任中国民族史学会副会长、中国屈原学会副会长、湖北省屈原学会会长、中国国际交流协会理事、中国民族史学会理事。著有《楚文化史》《楚史》《长江流域民族格局的演变》等重要学术著作,主编有《楚学文库》《楚文化志》《楚美术图集》《上古长江流域美术图集》等丛书,任大型学术丛书《长江文化研究文库》副总主编,为楚文化和长江文化研究作出了开拓性贡献。万先生现任湖北省博物馆、湖北省文物考古研究所党委书记兼任常务副所长,二级研究员。兼湖北省民间文艺界协会第五届委员会副主席,湖北美术学院客座教授,湖北省社会科学院、武汉大学、湖北大学兼职教授。享受国务院特殊津贴。学术研究以中国古代青铜文化、楚文化为主,主持了该馆大型常设陈列《楚文化展》。学术专著主要有《文明之光——楚国青铜器》《饰石镂金　长江流域青铜冶炼与铸造》《长江中游先秦考古学文化》《国之重宝》《荆楚文化的朝圣之地——湖北省博物馆》。与人合著《荆楚百件馆藏瑰宝》《荆楚文物奇观》。主编或参编《图说楚文化——恢诡谲怪惊采绝艳》《长江文化史》《湖北出土文物精华》等。

第 3 章秦汉部分,由林剑鸣先生主笔,彭卫先生和我做了补充修订工作。林先生 1972—1988 年在西北大学历史系任讲师、副教授、教授。1988 年 12 月调任中国政法大学研究生院教授、博士生导师兼法律史研究所所长。1991 年 6 月任法律出版社总编辑。曾任中国秦汉史研究会会长、陕西省文物管理委员会副主任。著有《秦史稿》《秦汉史》《秦汉社会文明》《法与中国社会》等。彭卫先生现任中国社会科学院历史研究所研究员、《中国史研究》杂志主编和《史学理论研究》杂志副主编。2018 年中国社会科学院新增选学部委员。主要学术著作有:《汉代婚姻形态》《汉代社会风尚研究》《中国风俗通史·秦汉卷》《中国饮食史·秦汉饮食篇》等。

第 4 章魏晋南北朝部分,由张承宗先生主笔。张先生现为苏州大学历史系教授、中国历史文献研究会理事、江苏省六朝史研究会常务理事。主要研究方向为中国史学史、魏晋南北朝史、江南学术文化史,曾主编《六朝史》《青峰学记》,合著有《叶德辉评传》《中国古代音乐》,参编《中国史学发展史》《中国史学史纲要》《长江文化史》《黄河文化史》《中国风俗通史·魏晋南北朝卷》《中国妇女通史·魏晋南北朝卷》等,发表史学论文数十篇,其中部分已汇编为《江南文化与经济生活研究》。

第5章隋唐部分，由朱士光、拜根兴两位先生主笔。朱先生曾任陕西师范大学西北历史环境变迁与经济社会发展研究中心主任、教授、博士生导师，中国古都学会会长，中国地理学会历史地理专业委员会副主任等学术职务。主要著作有《黄土高原地区环境变迁及其治理》《西安历史地图集》《中国都城辞典》等。拜根兴现为陕西师范大学历史文化学院教授、博士生导师，主要从事中韩、中日关系史及中国古代史的教学研究工作，在海内外学术杂志上发表论文70余篇，出版专著3部，合著2部，参编著作5部。代表作有《七世纪中叶唐与新罗关系研究》《唐朝与新罗关系史论》等，其中前书获陕西省政府第八次哲学社会科学优秀成果一等奖(2007年)。

第6章五代十国部分，由倪士毅先生主笔，我做了增补修订工作。倪先生曾任杭州大学(现并入浙江大学)教授，中国古都学会首届理事，专长于宋史、浙江地方史和中国目录学史的研究。主要著作有《浙江古代史》《中国目录学史》《古代杭州》等，并参与《中国都城辞典》《中国历史辞典·宋史卷》《长江文化史》《黄河文化史》等的编写。

第7章宋代部分，由我撰写。我现为浙江省社会科学院历史研究所所长、二级研究员，浙江工业大学中国钱塘江文明研究中心主任，浙江工商大学大运河文化研究院副院长，浙江师范大学人文学院、浙江理工大学浙江丝绸(服饰)文化研究中心兼职教授，杭州市社会科学院南宋史研究中心(浙江省社科重点基地)副主任，浙江省中青年突出贡献专家，第二批浙江省宣传文化系统"五个一批"人才，浙江省哲学社会科学"十一五"学科组专家。主要研究中国文化史、宋史和浙江地方史，曾协助李学勤、陈高华、傅璇琮、陈桥驿等先生主编《长江文化史》《黄河文化史》《中国风俗通史》《中国服饰通史》《中国妇女通史》《中国藏书通史》《中国饮食史》《中国都城辞典》《西湖通史》等多部大型学术著作和辞典等；独著或合著包括《南宋全史(八)》《南宋史稿》《南宋都城临安》《南宋临安工商业》《南宋临安社会生活》《宋代衣食住行》《宋代风俗》《中国丧葬史》《中国殡葬史(宋代卷)》《中国丧葬礼俗》《浙江文化史》《浙江历代名人录》《扇动风发》等。多次获中国图书奖、国家图书奖提名奖和省市哲学社会科学优秀成果奖。

第8章元代部分，由陈高华、张帆、刘晓三位先生合著。陈先生曾任中国社会科学院历史研究所所长(1988—1991)，中国社会科学院研究生院历史系主任(1982—1985)、博士生导师，中国元史研究会会长，中亚文化协会副会长，中外关系史学会副会长，国家社科规划中国史组成员(1987—2002)，中国史学会理事(1988年至今)，1992年享受国务院颁发的政府特殊津贴。现为中央文史研究馆馆员、中国社会科学院文史哲学部委员，中国元史研究会顾问、中国海外交通史研究会会长。主要著作有《中国妇女通史·元代卷》《陈高华说元史》《元史研究论稿》《元史研究新论》《元大都》《陈高华文集》《元朝史事新证》等，合著有《宋元时期的海外贸易》《中国史稿》(第5册)《中国古代史史料学》《元上都》《中国政治制度通史·元代卷》《中国经济通史·元代经济卷》《中国风俗通史·元代卷》《中国海外交通史》《元代文化史》《元大都元上都研究》等。张帆现任北京大学历史学系系主任、教授，中国蒙古史学会、中国元史研究会理事，代表作有《元代宰相制度研究》《中国古代简史》《辉煌与成熟:隋唐至明中叶的物质文明》等。刘晓现为中国社会科学院历史研究所研究员，宋辽金元史研究室主任、研究生院博士生导师，南开大学历史学院教授、博士生导师，兼任中国元史研究会副会长，入选"国家百千万人才工程""有突出贡献中青年专家"，享受政府特殊津贴。代表作有《耶律楚材评传》《元史研究》等，合著或合译有《元代文化史》《元史新编》《二十世纪中国人文学科学术研究史丛书:元史研究》《剑桥中国辽西夏金元史》等。

第9章明代部分，由陈学文、董郁奎、陈宝良三位先生合著。陈学文先生曾任浙江省社会科学院历史研究所所长、研究员，中国明史学会、中国经济史学会、中国商业史学会、中国海外交通史学会理事。主要从事江南区域史、明清市镇史、明清契约文书和商业书、商人书研究，代表作品有《明清时期太湖流域的商品经济与市场网络》《明清社会经济史研究》《龙游商帮研究》《陈学文集》，参编有《中国十大商帮史》《中国十大古都商业史略》《浙江籍海外和港澳人物录》等书。董郁奎现任浙江省地方志编纂委员会办公室副主任、浙江省社会科学院研究员，著有《新史学宗师——范文澜传》，参编《长江文化史》《明史研究备览》等。陈宝良曾任职于中国社会科学出版社、新加坡国立大学中文系、北京师范大学历史系，现任西南大学历史文化学院、民族学院教授，博士生导师，兼任北京大学明清研究中心研究员、中国明史学会理事。著有《悄悄散去的幕纱——明代文化历程新说》《中国流氓史》《中国的社与会》《飘摇的传统　明代城市生活长卷》《明末清初的耶稣会士》《明代社会生活史》《明代儒学生员与地方社会》《中国风俗通史·明代卷》等专著，并在《历史研究》《中国史研究》《光明日报》(史学版)等报刊发表学术论文数十篇。

第10章清代部分，由林永匡、王熹、袁立泽三位先生合著。林永匡为中国社会科学院历史研究所研究员，独著或合著有《清代西北民族贸易史》《中国屯垦史》《长江文化史》《中华文明史》《中国节令史》《中国饮食史》《中国服饰通史》《清代社会风俗史》《北疆通史》《清代饮食文化研究》等。王熹曾供职于中国地方志指导小组办公室，任年鉴处处长兼《中国地方志年鉴》编辑部主任，现为澳门理工学院中西文化研究所研究员，担任明史学会理事、常务副秘书长，主要从事明清社会经济史研究。代表作有《中国明代习俗史》《永乐皇帝大传》《建文帝永乐帝》《明代服饰研究》。袁立泽现为中国社会科学院历史研究所研究员，代表作有《清代风俗》《中国风俗通史·清代卷》等。

第11章近代部分，由陈振江、吴星云两位先生合著。陈振江先生曾任南开大学历史系主任、教授，南开大学国家重点学科中国近现代史学科学术带头人，1980—1992 年兼任《南开史学》主编、中国义和团研究会会长、天津市历史学会理事长。享受国务院颁发政府津贴。代表作有《简明中国近代史》《发微集》《新编中国通史——晚清史》（大学丛书之一，被教育部推荐为高校文科教材）《义和团文献辑注与研究》（合）等专著。吴星云为南开大学汉语言文化学院教授，代表作有《乡村建设思潮与民国社会改造》。

全书由我统纂，并补写了个别章节的内容。照片和插图主要由我负责搜集，其中，万全文先生提供了第 2 章先秦部分的图片，拜根兴提供了隋唐部分的一些图片，南宋官窑博物馆的付国静提供了明清部分的图片，浙江教育出版社编审梁明女士也参与了图片的搜集和配图等工作。

本书的编写和出版，得到了有关单位和朋友的大力支持与帮助。湖北省社会科学院副院长刘玉堂先生，向长江出版社推荐我协助李学勤先生主编图文本《长江文化史》。长江出版社社长赵冕和责任编辑等，更是全力配合我们的工作。又，本书的写作除运用我们长期积累的资料和研究成果外，还参考和引用了许多学者的相关研究成果。在本书出版之际，我谨代表本书的所有作者，表示衷心的感谢！

徐吉军

2019 年 12 月

图书在版编目(CIP)数据

长江文化史：共四卷 / 李学勤，徐吉军主编.
—武汉：长江出版社，2019.12
（长江专门史丛书）
ISBN 978-7-5492-5962-5

Ⅰ.①长… Ⅱ.①李… ②徐… Ⅲ.①长江流域－文化史 Ⅳ.①K295

中国版本图书馆 CIP 数据核字(2020)第 055078 号

长江文化史：共四卷　　李学勤 徐吉军 主编

出版策划：赵冕 张琼
责任编辑：陈辉 钟一丹 罗紫晨 江南
装帧设计：刘斯佳
出版发行：长江出版社
地　　址：武汉市解放大道 1863 号　　邮　　编：430010
网　　址：http://www.cjpress.com.cn
电　　话：(027)82926557（总编室）
　　　　　(027)82926806（市场营销部）
经　　销：各地新华书店
印　　刷：武汉市金港彩印有限公司
规　　格：787mm×1092mm　1/16　117.5 印张 32 页彩页　2400 千字
版　　次：2019 年 12 月第 1 版　2021 年 2 月第 1 次印刷
ISBN 978-7-5492-5962-5
定　　价：780.00 元（共四卷）